Der Florist 2

Der Florist 2

Ingeborg Wundermann
Gabriele Berger, Gisela Bornemann
Gundel Granow, Peter Möhring

Pflanze, Pflege, Material- und Geschäftskunde

Vierte, völlig überarbeitete Auflage
130 Farbfotos
154 Zeichnungen
 65 Tabellen

VERLAG
EUGEN
ULMER

Der Florist

Lehr- und Fachbuch in drei Bänden

Band 1 Gestaltungslehre und floristisches Gestalten
Band 2 Pflanze, Pflege, Material- und Geschäftskunde
Band 3 Verkauf, Werbung, Marketing

Lehrerband zum Band 3
Didaktik/Methodik/Lösungen/Unterrichtsmedien

ISBN 3-8001-1164-0

© 1971, 1999 Eugen Ulmer GmbH & Co.
Wollgrasweg 41, 70599 Stuttgart (Hohenheim)
Printed in Germany
Lektorat: Werner Baumeister
Herstellung und DTP: Elke Stirn und Otmar Schwerdt
Umschlaggestaltung: Alfred Krugmann, Freiberg a. Neckar
Druck und Bindung: Pustet, Regensburg

Vorwort

Der Florist Band 2 hat sich als Unterrichtsmittel aber auch als Informationsquelle und Nachschlagewerk sehr gut bewährt. Das Autorenteam, welches die dritte Auflage so entscheidend geprägt hat, aktualisiert die Inhalte auch für die 4. Auflage. Es bleibt bei der Einteilung in fünf Sachgebiete:

Die botanischen Grundkenntnisse, die für das Verständnis des Lebewesens Pflanze sowie für den sachkundigen und einfühlsamen Umgang mit ihnen notwendig sind (geschrieben von Gisela Bornemann).

Die Pflanzenkenntnis ist hier der größte Themenkreis, weil die versierte Fachkraft alles Tun auf einer umfassenden Pflanzenkenntnis aufbaut, das Gestalten, das Ein- und Verkaufen und das Beraten (geschrieben von Gundel Granow).

Die Pflanzenbehandlung enthält das Wissen, welches für das Bereitstellen der Schnittware und die Pflege der Topfpflanzen wichtig ist. Außerdem ist nur mit diesen Kenntnissen eine fachlich gute Beratung möglich (geschrieben von Gabriele Berger).

Die Materialkunde beschäftigt sich mit den nicht floralen Werkstoffen, Dekorationsmitteln, Maschinen und Werkzeugen sowie mit der Werkstatt des Floristen. Die große Gliederung in gestalterische Mittel und Werkstoffe, technische Hilfsmittel und die Einrichtung des Betriebes ordnet alle Themen überschaubar, sodass die gesuchten Informationen leicht zu finden sind (geschrieben von Ingeborg Wundermann).

Die Berufskunde enthält alle wichtigen Informationen über die Berufsbildung und Weiterbildung, über berufsständische Organisationen, Arbeitsrecht und soziale Belange. Jeder Florist oder jeder, der es werden möchte, findet hier alle notwendigen Hinweise auf organisatorische, rechtliche und Verfahrensfragen, die er in seinem Berufsleben braucht und die in den Berufsprüfungen so gern abgefragt werden (geschrieben von Peter Möhring).

Die Aufgliederung des Buches in relativ kurze, gut überschaubare Kapitel und Abschnitte, die reiche Bebilderung und die Merksätze und Aufgaben am Schluss jeden Kapitels sind für jede Form des Unterrichts in Berufs- und Fachschulen hilfreich. Da nach der Verordnung über die Berufsausbildung zum Floristen/zur Floristin aus dem Bundesgesetzblatt 1997, Teil 1, Nr. 13, bei der Abschlussprüfung neben drei »Arbeitsproben« eine »komplexe Prüfungsaufgabe« gefordert wird und in der schriftlichen Prüfung an Hand praxisbezogener Fälle der Prüfling zeigen soll, dass er »fachliche, wirtschaftliche und ökologische Zusammenhänge im Floristbetrieb« kennt und versteht, wird auch in der schulischen Ausbildung mehr der »handlungsorientierte Unterricht« praktiziert. Bezogen auf ein Werkstück wird alles Wissenswerte zusammengestellt, sodass »alle Fertigkeiten und Kenntnisse für selbstständiges Planen, Durchführen und Kontrollieren« vermittelt werden. Dazu braucht man Informationsquellen. Das Fachbuch »Der Florist« mit seinen drei Bänden ist hierfür ein ideales Nachschlagewerk und für die Vertiefung der vermittelten Kenntnisse eine gute Lern- und Übungshilfe, was übrigens für jeden in der Floristik Tätigen gilt, nicht nur für Azubis und Schüler! Um sich in dem vorliegenden Buch gut zurechtzufinden, sind das klar gegliederte Inhaltsverzeichnis und das Sachregister hilfreich. Das Pflanzenregister ist so angelegt, dass alle im Buch genannten Pflanzen im Text leicht aufzufinden sind. Das Literaturverzeichnis hilft vor allem dem, der sich über die Inhalte des Buches hinaus gründlicher unterrichten möchte. Und sollten einige Angaben vor allem in der Berufskunde in unserer schnelllebigen Zeit schon wieder ergänzungsbedürftig geworden sein, so teilen die Literaturhinweise und die Angabe von Quellen mit, wo ständig aktuelle Informationsblätter zu erhalten sind.

Zum Schluss dieses Vorwortes soll noch ein Sprichwort zitiert werden: »Gut Ding will Weile haben!« Die Autoren und der Verlag haben es sich nicht leicht gemacht. In Verantwortung gegenüber dem Berufsstand, den Lesern und »Gebrauchern« des Buches hat jeder seine Arbeit gründlich und gewissenhaft ausgeführt. Schließlich ist ein solches Standardwerk nicht nur als Lern- und Unterrichtshilfe anzusehen, das den Anforderungen der Berufspraxis und der Lehrpläne gerecht wird, sondern es ist zugleich der Spiegel des Berufsniveaus. So wünschen Autorenteam und Verlag, dass dieses Buch vielen während der Ausbildung und Weiterbildung eine gute Hilfe sei. »Bücher sind Waffen im Kampf mit sich selbst und den Anforderungen des Lebens.« Mögen Sie sich im Umgang mit dieser friedlichen Waffe erfolgreich üben und durch sie viele kleine und große Siege erringen.

Die Autoren

Inhalts-
verzeichnis

Vorwort

A Pflanzenkunde

Teil A
Pflanzenkunde

Grundlagen

1 Einführung

Welche Bedeutung hat die Pflanzenkunde für den Floristen?

Der Beruf des Floristen gehört zu den handwerklichen und gestalterischen Berufen wie z. B. auch Dekorateure, Kunsthandwerker, Innenraumgestalter, Modeschöpfer. In jedem dieser Berufe ist es notwendig, sich mit den Eigenschaften und Verarbeitungsmöglichkeiten der verwendeten Werkstoffe vertraut zu machen. Wie z. B. der Töpfer Kenntnisse über Tone und Glasurmassen, der Modeschöpfer über Stoffe erwerben muss, so muss der Florist über sein wichtigstes Gestaltungsmaterial, die Pflanze, Bescheid wissen.

Ein wesentlicher Unterschied zu den vorgenannten Berufen besteht darin, dass der Florist mit lebendem Material arbeitet. Lebende Pflanzen erfordern jedoch eine besondere Behandlung und Pflege, wenn wir sie am Leben erhalten und uns möglichst lange an ihnen erfreuen und begeistern wollen. Pflanzenkundliches Wissen ist die Grundlage dafür.
Gestalten mit Blumen bedeutet nicht nur, Pflanzen nach dekorativen und repräsentativen Gesichtspunkten zusammenzustellen, sondern auch, sich mit der einzelnen Pflanze auseinander zu setzen. Jede Pflanze, jedes Pflanzenteil ist ein Stück Natur, das in einer Gestaltung zum Leben erweckt werden kann.
Kenntnisse in der Pflanzenkunde können dem Floristen helfen, Pflanzen bewusster zu sehen und zu erleben und so ihre individuelle Ausstrahlung in floristischen Werkstücken zum Ausdruck zu bringen.

Womit beschäftigt sich die Pflanzenkunde?

Die Pflanzenkunde, meist Botanik genannt (griechisch botane = Kraut), befasst sich mit dem Bau von Pflanzen und allen pflanzlichen Lebenserscheinungen. Sie ist neben der Lehre vom Tier (= Zoologie) und der Lehre vom Menschen (= Anthropologie) eines der Teilgebiete der Biologie und gehört somit zu den Naturwissenschaften. In Lehrbüchern findet man häufig eine Einteilung der Pflanzenkunde in folgende Teilbereiche:

- Äußerer Bau der Pflanzen (Morphologie)
- Innerer Bau der Pflanzen (Anatomie)
- Lebenserscheinungen (Physiologie)
- Vererbungslehre (Genetik)
- Ordnung des Pflanzenreiches (Systematik)
- Pflanze und Umwelt (Ökologie)
- Verbreitung von Pflanzen (Geobotanik)
- Lebensgemeinschaften von Pflanzen (Pflanzensoziologie)

Schwerpunkte einer »floristischen« Botanik

Die oben beschriebene Aufteilung ist notwendig und sinnvoll, um das umfangreiche Gebiet der Botanik zu gliedern und sich eine Übersicht zu verschaffen. Die einzelnen Teilgebiete sind jedoch eng miteinander verflochten. So ist zum Beispiel der äußere und innere Bau von Pflanzenteilen an die dort ablaufenden Lebensvorgänge angepasst. Verschiedene Umwelteinflüsse haben sich im Laufe der pflanzlichen Entwicklungsgeschichte prägend auf Bau und Lebensweise der Pflanzen ausgewirkt. Ein Kaktus aus der heißen, trockenen Wüste sieht völlig anders aus als eine Sumpfpflanze und stellt andere Ansprüche. Gerade solche Zusammenhänge sind jedoch für die Gestaltung und Pflanzenpflege bedeutungsvoll. Daher zielt unsere Darstellung der Pflanzenkunde darauf ab, die Vielgestaltigkeit von Pflanzen zu verdeutlichen und Beziehungen zwischen Bau und Funktion der Pflanzenteile und Umwelteinflüssen aufzuzeigen.

Der Florist befasst sich nicht mit der Pflanzenkunde, um ein möglichst umfangreiches botanisches Wissen anzuhäufen, sondern sie ist eine der Grundlagen und Hilfen für seine berufliche Tätigkeit. Demzufolge ist es wichtig, Verbindungen zu knüpfen zwischen botanischen Lehrinhalten einerseits und **Gestaltung** und **Pflanzenpflege** andererseits. Botanisches Wissen ist dann von Nutzen, wenn es in der Arbeit des Floristen umgesetzt und angewendet werden kann.

Einige Inhalte der Botanik sind für die floristische Tätigkeit nicht so bedeutungsvoll. Sie werden daher im Rahmen dieses Buches nur in Grundzügen behandelt oder entfallen ganz (zum Beispiel Vererbungslehre). Der interessierte Leser kann sich in botanischen Fachbüchern weiter informieren, von denen einige im Literaturverzeichnis aufgeführt sind.

!!!Merksätze
- Die Pflanzenkunde oder Botanik befasst sich mit Bau und Leben der Pflanzen.
- Der Florist beschäftigt sich mit der Pflanzenkunde, um:
  - sich mit der Formen- und Artenvielfalt vertraut zu machen,
  - die Bedürfnisse des Lebewesens Pflanze zu kennen und bei der Pflanzenpflege berücksichtigen zu können,
  - die Gestaltungselemente einer Pflanze zu erkennen und in floristischen Werkstücken zur Wirkung bringen zu können.

???Aufgaben
1. Formulieren Sie Ihre eigene Meinung: Welche Bedeutung hat die Botanik für den Floristen?
2. Verschaffen Sie sich mit Hilfe des Inhaltsverzeichnisses eine Übersicht über die Lerninhalte der Pflanzenkunde.

2 Bau und Lebensdauer von Blütenpflanzen

Leben existiert auf unserer Erde nach heutigen Erkenntnissen seit etwa dreieinhalb Milliarden Jahren. Im Laufe dieser langen Zeit haben sich im Pflanzenreich als Anpassung an sehr verschiedenartige Lebensräume unzählige im Aussehen und in der Lebensweise verschiedene Formen herausgebildet. Die ersten Pflanzen auf der Erde waren Bakterien und einzellige Algen. Lange Zeit danach entwickelten sich mehrzellige Algen, Pilze, Moose und Farne. Als letzte und höchste Entwicklungsstufe entstanden die **Samen-** oder **Blütenpflanzen**. Zu ihnen gehört die Mehrzahl der vom Floristen verwendeten Pflanzen. Ihre Vielfalt an Farben, Formen, Strukturen und Wuchsbewegungen bietet Anreiz zu immer wieder neuen Gestaltungen. Trotz dieser Vielfalt gibt es grundlegende Gemeinsamkeiten im Aufbau und in Wachstum und Entwicklung der Blütenpflanzen. Wer im Berufsleben ständig mit Pflanzen umgeht, sollte dieses grundlegende Wissen beherrschen.

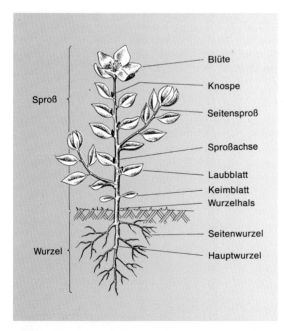

Abb. 1.
Aufbau einer Blütenpflanze (schematisch).

Bauteile einer Blütenpflanze

Die typische Blütenpflanze besteht aus der sich unterirdisch entwickelnden **Wurzel** und dem oberirdisch wachsenden **Spross** (siehe Abbildung 1). Zum Spross gehören Sprossachse, Laubblätter, Blüten und Knospen. Bereits die im Samenkorn enthaltene junge Pflanze (Keimling) zeigt diese Gliederung in Wurzel (Keimwurzel) und Spross (Sprossknospe). Die Keimwurzel wird zur Hauptwurzel, die sich durch die Bildung von Seitenwurzeln mehr oder weniger stark verzweigt. Es entsteht ein Wurzelsystem, das der Pflanze einen festen Halt verschafft und der Aufnahme von Wasser und Nährsalzen dient.
Der Übergang zwischen Wurzel und Spross heißt Wurzelhals. Ebenso wie die Wurzel ist bei vielen Pflanzen auch der Spross in Haupt- und Seitensprosse gegliedert. Die Sprossachse trägt Blüten- und Laubblätter und bringt diese in eine möglichst günstige Stellung zum Licht. Sie verbindet die Laubblätter mit den Wurzeln und ermöglicht so den Transport von Stoffen in beide Richtungen. Die Laubblätter produzieren mit Hilfe von Lichtenergie Traubenzucker. Dieser Vorgang ist die Grundlage für das Wachstum von Pflanzen (siehe auch Seite 227 und 56 »Fotosynthese«.)
Bei der Samenkeimung werden als erste Laubblätter die **Keimblätter** (Kotyledonen) gebildet. Sie haben meist nur eine kurze Lebensdauer und sind einfacher gebaut als die späteren Laubblätter. Nach der Anzahl der Keimblätter unterscheidet man zwischen einkeimblättrigen Pflanzen (**Monocotyledónae**, z. B. Gräser, Palmen, Zwiebelpflanzen) und zweikeimblättrigen Pflanzen (**Dicotyledónae**, zum Beispiel Laubbäume, viele Sommerblumen). Nadelhölzer besitzen mehrere Keimblätter (siehe Abbildung 2).
Wurzeln, **Sprossachse** und **Laubblätter** gehören zum vegetativen Teil der Pflanze, ihre Entwicklung wird als **vegetatives Wachstum** bezeichnet.
Das **generative Wachstum** dient der Vermehrung der Pflanze durch Samen, generative Teile sind **Blüten** und **Früchte**. Blüten werden an den Enden der Sprossachse gebildet. Nach der Bestäubung und Befruchtung wird aus der Blüte die Frucht, die den Samen beinhaltet.
Außer Laubblättern und Blüten entstehen an der Sprossachse Knospen, aus denen später Blüten, Laubblätter oder wiederum Sprosse hervorgehen. Neben diesen Übereinstimmungen im Aufbau und

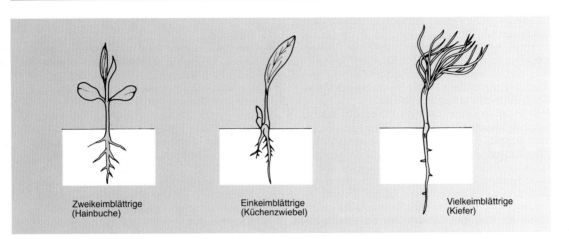

Abb. 2.
Beispiele für Zweikeimblättrige, Einkeimblättrige und Vielkeimblättrige.

im Wachstumsverlauf weisen Blütenpflanzen grundsätzliche Unterschiede hinsichtlich ihrer Lebensdauer und ihrer Wuchsform auf. Es gibt kurzlebige Pflanzen und ausdauernde Pflanzen, die über viele Jahre hinweg regelmäßig blühen und Früchte bilden. Nach der Beschaffenheit der Pflanze unterscheidet man zwischen krautigen Pflanzen und Holzgewächsen.

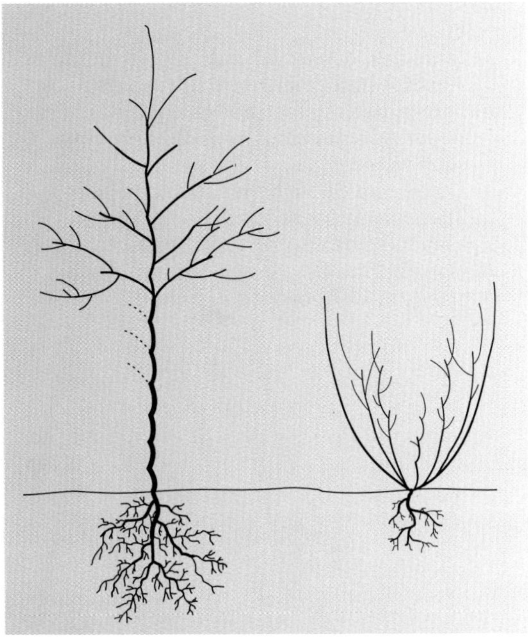

Krautige Pflanzen

Zu den Pflanzen mit krautigen, also mehr oder weniger saftigen Sprossachsen gehören einjährige Pflanzen, zweijährige Pflanzen und Stauden.
Bei **einjährigen** (anuellen) Pflanzen verläuft die gesamte Entwicklung innerhalb einer Vegetationsperiode, die bei uns mit beginnender Erwärmung im Frühjahr bis zu den ersten Nachtfrösten im Herbst dauert. Nach der Aussaat im Frühjahr erfolgt zunächst vegetatives Wachstum, im Laufe des Sommers entwickeln sich Blüten und Früchte. Die reifen Samen werden ausgestreut und überwintern im Boden, die eigentliche Pflanze stirbt ab. Einjährige Pflanzen sind zum Beispiel viele Sommerblumen zum Schnitt wie Ringelblumen (*Caléndula officinális*), Sommerastern (*Callístephus chinénsis*), wohlriechende Wicke (*Láthyrus odorátus*) und Beet- und Balkonpflanzen wie zum Beispiel Lobelien (*Lobélia erínus*) und Petunien (*Petúnia*-Hybriden).
Zweijährige (bienne) Pflanzen benötigen zwei Vegetationsperioden für ihre Entwicklung. Sie werden im Sommer oder Herbst ausgesät und wachsen im Jahr der Aussaat nur vegetativ. Nach der Überwin-

Abb. 3.
Wuchsformen von Bäumen und Sträuchern.

terung als grüne Pflanze entwickeln sich im darauf folgenden Jahr Blüten und Früchte. Nach der Samenreife im Sommer sterben auch diese Pflanzen mit allen ihren Teilen ab. Zweijährige Pflanzen sind zum Beispiel Gänseblümchen (*Béllis perénnis*), Stiefmütterchen (*Víola-Wittrockiana*-Hybriden), Bartnelke (*Diánthus barbátus*).

Mehrjährige (perenne) krautige Pflanzen werden auch als **Stauden** bezeichnet. Zu ihnen gehören zum Beispiel Rittersporn (*Delphínium*-Hybriden), Pfingstrosen (*Paeónia officinális*), Schleierkraut (*Gypsóphila paniculáta*). Sie bilden jedes Jahr neue Sprosse, Laubblätter und Blüten. Nach der Samenreife sterben die oberirdischen Teile ab, unterirdische Teile, wie zum Beispiel Knollen, Zwiebeln, Rhizome, überwintern. Stauden werden vom Gärtner durch Teilung oder durch Aussaat vermehrt.

Holzgewächse

Zu den mehrjährigen Pflanzen mit verholzter Sprossachse gehören Bäume, Sträucher und Halbsträucher.

Bei **Bäumen**, wie zum Beispiel Buche (*Fágus*), Eiche (*Quércus*), Birke (*Bétula*), treiben die oberen Seitensprosse stärker aus als die unteren, es entsteht eine Baumkrone.

Sträucher, wie zum Beispiel Goldglöckchen (*Forsýthia*), Schneeball (*Vibúrnum*), Liguster (*Ligústrum*), verzweigen sich bereits am Boden, wobei sich die Seitentriebe an der Basis stärker entwickeln als die oberen und vielfach auch kräftiger sind als der Hauptspross (siehe Abbildung 3).

Sommergrüne Bäume und Sträucher werfen im Herbst ihre Blätter ab, bei den immergrünen Holzgewächsen (zum Beispiel *Ílex, Búxus, Thúja*) bleiben sie auch im Winter erhalten.

Als Halbsträucher bezeichnet man niedrig bleibende Sträucher, deren Sprossachsen nur sehr langsam verholzen.

Im Winter erfrieren daher die oberen, krautig gebliebenen Sprossteile meistens.

Die Knospen zur Überwinterung sitzen dicht über dem Boden, somit sind sie durch Schnee gut vor starken Frösten geschützt. Halbsträucher sind zum Beispiel Lavendel (*Lavándula angustifólia*) und Schleifenblume (*Ibéris sempérvirens*), auch die Heidekrautarten gehören dazu.

!!!Merksätze

- Blütenpflanzen bestehen aus Wurzeln, Sprossachsen, Laubblättern, Blüten und Knospen; die oberirdisch wachsenden Teile werden zusammen als Spross bezeichnet. Bei der Entwicklung von Pflanzen unterscheidet man zwischen vegetativem Wachstum (Bildung von Wurzeln, Sprossachsen, Laubblättern) und generativem Wachstum (Entstehung von Blüten, Früchten und Samen zur geschlechtlichen Fortpflanzung).
- Zu den krautigen Pflanzen gehören einjährige Pflanzen, zweijährige Pflanzen und Stauden.
- Holzgewächse sind Bäume, Sträucher und Halbsträucher

???Aufgaben

1. Ordnen Sie die in Ihrem Ausbildungsbetrieb verwendeten Schnittblumen, die bei uns normalerweise im Sommer blühen, den einjährigen, zweijährigen Pflanzen und den Stauden zu.
2. Nennen Sie
   a) Sträucher, deren blühende Zweige in Ihrem Ausbildungsbetrieb verwendet werden;
   b) immergrüne Laub- und Nadelgehölze, die in der Advents- und Trauerfloristik eingesetzt werden;
   c) Baum- und Straucharten, deren belaubte Triebe als Beiwerk Verwendung finden.
3. Zeichnen Sie den Sprossaufbau verschiedener Blütenpflanzen. Beschriften Sie Ihre Zeichnungen gemäß Abbildung 1, Seite 12

3 Zelle und Gewebe

Bei der gestalterischen Arbeit des Floristen steht der äußere Bau von Pflanzen in all seiner Vielfalt im Vordergrund. Pflanzen sind jedoch nicht nur Gestaltungsmittel, sondern Lebewesen, die eine ihren Bedürfnissen entsprechende Behandlung und Pflege verlangen. Durch Pflegemaßnahmen beeinflussen wir die Lebensvorgänge bei Topf- und Schnittblumen. Es ist ratsam, Kenntnisse über den inneren Bau und die Lebensvorgänge zu erwerben, damit diese Beeinflussung möglichst nur positive Folgen zeigt.

Die kleinste Lebenseinheit ist die **Zelle,** bei einzelligen Pflanzen spielen sich alle Lebenserscheinungen in einer Zelle ab (z. B. Bakterien, Kugelalgen). Höhere Pflanzen sind aus einer Vielzahl von Zellen zusammengesetzt, die sich in ihren Aufgaben spezialisiert haben und zu verschiedenen Geweben und Organen zusammengeschlossen sind. Daher können Form und Größe von Pflanzenzellen sehr unterschiedlich sein. Es gibt rundliche, vieleckige und lang gestreckte Pflanzenzellen. Kleinste Bakterienzellen haben einen Durchmesser von 0,0002 mm. Die längsten Pflanzenzellen sind Fasern, die der Festigung dienen. Sie werden beim Flachs z. B. 7 cm, bei Ramie, einem tropischen Brennnesselgewächs, bis zu 50 cm lang.

Zellbestandteile

Eine Zelle besteht aus dem Zellplasma (Zytoplasma), in das verschiedene Zellorganellen eingebettet sind. Sie ist von einer festen Hülle, der Zellwand, umgeben.

Die **Zellwand** schützt die inneren Teile der Zelle und sorgt für Festigkeit. Sie ist zum größten Teil aus einem Geflecht von Zellulosefäden (Zellulose = Zellstoff, Kohlenhydrat wie zum Beispiel Zucker, Stärke) aufgebaut (s. Abb. 4).

Die Zellwand junger Zellen ist durchlässig für Wasser und darin gelöste Stoffe sowie für Gase. Wenn die Zelle älter wird, wird die Wand nach und nach durch weitere Zelluloseschichten von innen verstärkt. Zusätzlich können in die Hohlräume des Geflechtes noch verschiedene Stoffe eingelagert werden, die die Zellwand weiter stabilisieren und teilweise wasserundurchlässig machen, wie z. B. Holzstoffe (Lignin). Eine Vielzahl von

abgestorbenen Zellen mit dicken, verholzten Zellwänden sorgt z. B. bei Bäumen für eine enorme Festigkeit des Stammes. Korkstoffe (Suberin) und Wachsstoffe (Cutin) werden an der Außenseite der Wand aufgelagert. Zellen mit verkorkten Zellwänden finden sich vorwiegend im Rindengewebe von Pflanzen. Sie sind weitgehend wasserdicht und schützen somit vor Wasserverlusten. Den gleichen Zweck erfüllen Wachsauflagerungen zum Beispiel auf der Oberhaut von Laubblättern.

Um den notwendigen Stofftransport von Zelle zu Zelle zu gewährleisten, werden bei der Verdickung der Zellwände bestimmte Stellen ausgespart, die **Tüpfel.** Durch die Tüpfel ist das Plasma zweier Zellen durch feine Plasmafäden miteinander verbunden.

Das **Zellplasma** (Zytoplasma) besteht zum größten Teil aus Wasser (60 bis 95%) und aus verschiedenen festen und gelösten Stoffen wie z. B. Eiweiß, Fette, Öle, Kohlenhydrate und anorganische Verbindungen, z. B. Salze. Temperaturen von ca. 50 °C führen zur Gerinnung der Eiweißstoffe und damit zum Absterben des Plasmas. Zur Zellwand hin ist das Plasma durch das **Plasmalemma,** eine dünne Haut, abgegrenzt. Im Plasma sind teilweise nur mit dem Elektronenmikroskop erkennbare Zellorganellen eingeschlossen, die verschiedene

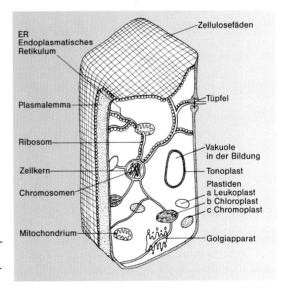

Abb. 4.
Die Pflanzenzelle.

Aufgaben im Stoffwechselgeschehen erfüllen.
Der Zellkern steuert alle Lebensvorgänge in der Zelle und koordiniert die Tätigkeit der Zellorganellen. Im Zellkern befinden sich Chromosomen, auf denen die Erbinformationen über alle Einzelheiten des Pflanzenbaus und der Lebensvorgänge gespeichert sind.
Das Endoplasmatische Retikulum (ER) stellt eine Verbindung zwischen den verschiedenen Zellorganellen her (s. Abb. 4). Es ist ein fein verzweigtes Kanalsystem, das ständig auf und abgebaut wird und der Weiterleitung von Stoffwechselprodukten dient. Am Endoplasmatischen Retikulum und auch frei im Plasma befinden sich **Ribosomen,** in denen Eiweißstoffe hergestellt werden. In den **Mitochondrien** findet die Zellatmung statt. Energiereiche Kohlenstoffverbindungen (z. B. Zucker) werden abgebaut. Dadurch wird Energie freigesetzt, die für andere Stoffwechselvorgänge benötigt wird (siehe Seite 58).
Der Golgi-Apparat besteht aus tröpfchenförmigen Gebilden und produziert zum Beispiel Zellwandstoffe und Pflanzenschleime.

Farbstoffträger (Sammelbegriff Plastiden) sind typisch pflanzliche Zellorganellen. Sie kommen in tierischen Zellen nicht vor. Neben der Ausbildung von Pflanzenfarben haben sie wichtige Aufgaben im Stoffwechselgeschehen zu erfüllen (siehe nächster Abschnitt).
Vakuolen sind mit Zellsaft gefüllte Hohlräume in der Zelle. Bei jungen Zellen füllt das Plasma den gesamten Zellraum aus. Mit der Vergrößerung der Zelle und zunehmendem Stoffwechselgeschehen bilden sich kleine Vakuolen aus, die immer größer werden und schließlich zu einer einzigen Vakuole verschmelzen können (s. Abb. 5). Das Plasma wird dabei an den Rand gedrängt. Der Vakuoleninhalt kann von Zelle zu Zelle ganz unterschiedlich zusammengesetzt sein. Neben Wasser kann er z. B. organische Säuren (z. B. Fruchtsäure, Gerbsäure), Zucker, Salze, Pflanzengifte (z. B. Nikotin bei Tabak, Morphium bei Schlafmohn, Atropin bei Tollkirschen) und Farbstoffe enthalten. Vakuolen dienen entweder der Speicherung von Stoffen, die z. Zt. in der Zelle nicht benötigt werden, oder der Ablagerung von Ausscheidungsprodukten.

Farbstoffe in der Pflanzenzelle

Die Farbigkeit von Pflanzen ist ein wesentliches Gestaltungselement in der Floristik. Um das Zustandekommen der Vielzahl von Pflanzenfarben und Farbveränderungen zu verstehen, benötigt der Florist Kenntnisse über Farbstoffe, ihre Bedeutung und Verteilung in der Pflanze.
Das **Blattgrün** (Chlorophyll; Chlorophyll a = blaugrün, Chlorophyll b = gelbgrün) befindet sich in den **Chloroplasten** der Zellen von Laubblättern, unreifen Blüten und Früchten und krautigen Sprossachsen. Dieser Farbstoff ist in der Lage, Lichtenergie chemisch zu binden und damit Voraussetzung für die Fotosynthese (= Produktion von Traubenzucker aus CO_2 und H_2O mit Hilfe von Lichtenergie, s. Kap. 9). Chloroplasten findet man nur in Pflanzenteilen, die dem Licht ausgesetzt sind, da sich das Blattgrün nur im Licht bildet.
Karotinoide sind gelbe, orangefarbene und rote Farbstoffe, die sich in den **Chromoplasten** befinden. Chromoplasten sind vorwiegend in Blüten (z. B. Stiefmütterchen, Forsythien, Kapuzinerkresse) und Früchten (z. B. Hagebutten, Tomaten, Zitronen, Apfelsinen) enthalten. Auch in Wurzeln (Möhre) kommen sie vor. Karotinoide in Blüten

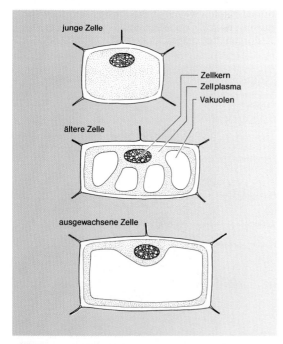

junge Zelle

Zellkern
Zellplasma
Vakuolen

ältere Zelle

ausgewachsene Zelle

Abb. 5.
Vakuolenbildung und Zellstreckung.

und Früchten dienen als Reifezeichen und sollen Insekten zur Bestäubung und Tiere zur Samenverbreitung anlocken. Chlorophylle und Karotinoide sind beide an Eiweiße und Fette angelagert und wasserunlöslich, aber fettlöslich.

Zu den Plastiden gehören weiterhin die farblosen **Leukoplasten**. Sie befinden sich zum Beispiel in unterirdischen Organen wie Wurzeln und Knollen (z. B. Kartoffel), im Mark vieler Gehölze (z. B. Holunder) und in den gelblich- weißen Blattteilen **panaschierter** Pflanzen. So bezeichnet man Pflanzen, deren Blätter eine weiß-grüne Musterung aufweisen. Leukoplasten können Zucker in Stärke umsetzen und diese speichern. Alle Plastidenarten können sich ineinander umwandeln: Das Rot werden von Früchten bei der Reife beruht zum Beispiel auf einem Abbau des Blattgrüns und einer Zunahme der Karotinoide. Ähnlich verhält es sich bei Pflanzen, deren Blütenknospen zunächst grün sind und die ihre Farbe erst beim Aufblühen erhalten (Tulpe, Trollblume). Die Leukoplasten panaschierter Pflanzen werden bei Lichtmangel in Chloroplasten umgewandelt, um das Licht besser ausnutzen zu können. Dadurch kommt es zu einer Vergrünung der Pflanzen. Die herbstliche Gelbfärbung der Blätter von Laubgehölzen entsteht dadurch, dass das Chlorophyll zur Nährstoffrückgewinnung abgebaut wird und die Karotinoide zurückbleiben. Hingegen wird die herbstliche Rotfärbung durch eine Anreicherung von Anthozyanen im Zellsaft verursacht.

Anthozyane sind wasserlösliche rot-blaue Farbstoffe, die in gelöster Form im Zellsaft der Vakuolen vorliegen. Sie kommen in vielen Blüten (z. B. Pelargonien, Kornblumen, Rittersporn, Primeln), im stark färbenden Saft von Früchten (zum Beispiel Weintraube, Heidelbeere, Sauerkirsche, Holunder) und in Blättern (zum Beispiel Rotkohl, Blutbuche, Blutpflaume) vor. Bei den rotlaubigen Pflanzen wird das Chlorophyll vom Anthozyan überdeckt. Anthozyane können eine rote, violette oder blaue Farbgebung hervorrufen. Dies ist unter anderem abhängig vom Säuregrad des Zellsaftes. Verbinden sich Anthozyane mit Säuren (niedriger pH-Wert), erscheinen sie rot, verbinden sie sich mit Basen (hoher pH-Wert), entsteht eine blaue Färbung. Die Änderung des Säuregrades kann zum Beispiel beim Aufblühen einen Farbwechsel von Rosa über Violett nach Blau bewirken (zum Beispiel Vergissmeinnicht) oder das Verblauen roter Rosen beim Verblühen.

Bei **Hortensien** ist nicht der Säuregrad des Zellsaftes, sondern der des Bodens entscheidend. Pflanzt man blaublühende Hortensiensorten in den Garten, so erlebt man oft, dass die Hortensien nach einiger Zeit nicht mehr blau, sondern rosa blühen. Die blaue Farbe kommt hier durch die Verbindung von Anthozyanen mit Aluminium-Ionen zu Stande. Aluminium-Ionen sind für die Pflanzen jedoch nur bei stark sauren Verhältnissen (pH-Wert zwischen 3 und 4,2) im Boden verfügbar. Diese Verhältnisse liegen aber normalerweise in Gartenböden nicht vor, daher kommt es zu dem oben beschriebenen Farbwechsel. Durch eine entsprechende Düngung mit sauer wirkenden Düngemitteln und löslichen Aluminiumsalzen kann die Blaufärbung erhalten werden.

Die gelben **Flavone** sind ebenfalls wasserlösliche Vakuolenfarbstoffe. Sie kommen z. B. in den Blüten von Dahlien und Primeln vor.

Bei vielen Pflanzen wird die Färbung durch Überlagerung verschiedener Farbstoffe erzeugt z. B. bei bräunlichen Stiefmütterchen. Mehrfarbigkeit einer Blüte entsteht durch unterschiedliche Verteilung der Farbstoffe. Die weiße Blütenfarbe vieler Pflanzen ist ähnlich wie beim Schnee auf eine Reflexion des gesamten einfallenden Lichtes zurückzuführen (s. Farbenlehre Band I).

Zellteilung

Jede Pflanze wächst, solange sie sich in der vegetativen Phase befindet und die äußeren Wachstumsbedingungen günstig sind. Das Wachstum von Pflanzen wird ermöglicht, indem an der Sprossspitze und an der Wurzelspitze (Vegetationspunkte) durch Zellteilung (Mitose) ständig neue Zellen gebildet werden, die sich anschließend strecken und vergrößern. Von besonderer Bedeutung ist die Teilung des Zellkerns, da er die Steuerungszentrale der Zelle ist und alle Erbinformationen enthält. Bei der Zellteilung muss sichergestellt werden, dass jede neue Zelle die vollständige Erbinformation erhält. Anzahl und Gestalt der Chromosomen müssen also in allen Zellen gleich sein. Jedes Lebewesen besitzt einen in Gestalt und Größe für die jeweilige Art typischen Chromosomensatz, z. B. der Mensch 23, das Maiglöckchen 19 und der Wurmfarn 82. In Körperzellen ist dieser Chromosomensatz doppelt vorhanden, der Mensch hat also 46 Chromosomen.

Normalerweise liegen die Chromosomen im Zellkern als lange Fäden vor, die sich zum Kerngerüst zusammenschließen (s. Abb. 6.1). Zu Beginn der Zellteilung verkürzen sich die Chromosomen und werden dadurch unter dem Mikroskop einzeln sichtbar (s. Abb. 6.3 u. 6.4), gleichzeitig löst sich die Zellkernhaut auf. Die verkürzten Chromosomen wandern nun in die Mitte der Zelle, auch Äquatorialebene genannt, und beginnen, sich der Länge nach in zwei Hälften zu teilen. An den Polen werden Spindelfasern gebildet (s. Abb. 6.5 u. 6.6). Jetzt werden die Spindelfasern an die Chromosomenhälften angeschlossen. Durch Verkürzung der Fasern werden die Chromosomenhälften zu den Zentren der neu entstehenden Tochterzellen befördert (s. Abb. 6.8 u. 6.10).

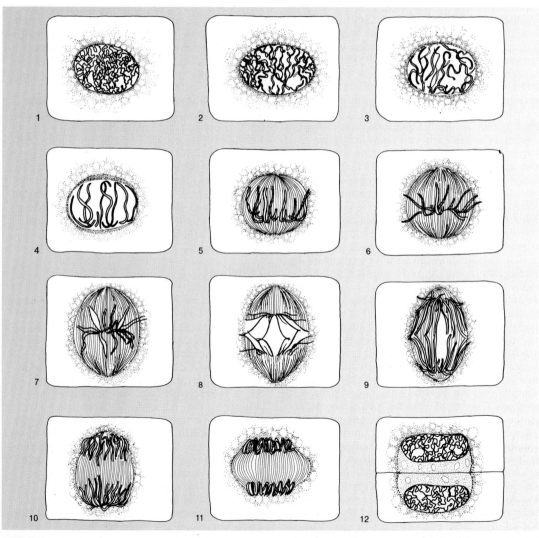

Abb. 6.
Verlauf der Zellteilung.

Tab. 1. Verschiedene Dauergewebe

Gewebeart	Vorkommen/Bedeutung	Merkmale der Zellen
Hautgewebe	Abschlussgewebe bei Blättern u. Spross-achsen als Schutz gegen Wasserver-dunstung und ungünstige äußere Ein-flüsse	lückenlos aneinander gefügte Zellen, Auflagerungen von Cutin, durch Ausstülpungen einzelner Zellen ent-stehen Haare, Stacheln
Grundgewebe	bei krautigen Pflanzen Hauptanteil des Pflanzenkörpers, zur Durchlüftung, Assimilation, Stoffspeicherung	verschieden geformte Zellen bilden ein lockeres Gewebe mit Zellzwischen-räumen (Interzellularen), Zellwände meist nicht verdickt
Festigungsgewebe	Verbesserung der Zug-, Biege- und Druckfestigkeit pflanzlicher Organe, besonders der Sprossachse	verstärkte Zellwände, langgestreckte Zellen bilden Fasern, z. B. bei Flachs, Sisal, Bastpalme; rundliche Steinzellen z. B. bei Birnen
Leitungsgewebe	Holzteil (Transport von Wasser und gelösten Nährstoffen aufwärts) Siebteil (Transport von Assimilaten abwärts)	langgestreckte Zellen ohne Querwände bilden Röhren Zellen mit siebartig durchbrochenen Querwänden

Bereits jetzt beginnen die Chromosomenhälften, sich wieder zu ganzen Chromosomen zu vervoll-ständigen.Gleichzeitig wird eine Haut um die neu-en Zellkerne gebildet. Die Chromosomen schlie-ßen sich erneut zum Kerngerüst zusammen. Nach Aufteilung der übrigen Zellorganellen entsteht ei-ne Zellwand zwischen den Tochterzellen (siehe Abbildung 6.11 und 6.12). In einer Art Ruhe-phase werden die Chromosomen endgültig wieder vervollständigt, ehe eine erneute Zellteilung statt-findet und der ganze Vorgang wieder von vorne beginnt.

Mit zunehmender Entfernung der Zellen vom Vegetationspunkt lässt die Teilungsfähigkeit nach, die Zellen vergrößern sich und spezialisieren sich auf ihre Aufgaben. Durch diese Differenzierung entstehen die verschiedenen nachstehend beschrie-benen Gewebe.

Gewebe

Die aus der Zellteilung hervorgegangenen Verbän-de von Zellen mit gleicher Funktion und gleicher Bauart werden als **Gewebe** bezeichnet. Man unter-scheidet Bildungsgewebe und Dauergewebe. **Bildungsgewebe** (Meristeme) bestehen aus kleinen Zellen, die sich ständig teilen. Primäres Bildungs-gewebe finden wir v. a. in den Vegetationspunkten (Sprossspitze, Wurzelspitze, Seitenknospen). Dort bleibt die Teilungsfähigkeit der Zellen erhalten, solange die Pflanze lebt. Sekundäres Bildungsge-webe entsteht neu aus Dauerzellen, was z. B. bei der Regenartion nach Verletzungen eine Rolle spielt. **Dauergewebe** setzen sich aus ausgewachse-nen Zellen zusammen, die sich nicht mehr teilen. Eine Übersicht über verschiedene Dauergewebe zeigen Tabelle 1 und Abbildung 7 (siehe Seite 20).

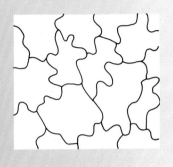

Hautgewebe

Blattoberseite
Draufsicht

Festigungsgewebe

Steinzelle mit
Tüpfelkanälen

Bündel aus
Faserzellen

Leitungsgewebe

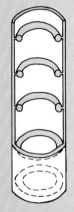

Wasserleitungsgefäß
mit ringförmigen
Festigungselementen

Siebröhren

Abb. 7.
Verschiedene Gewebe.

!!! Merksätze

- Alle Lebewesen bestehen aus Zellen. Die Zelle ist die kleinste lebensfähige Einheit, in ihr spielen sich alle Lebensvorgänge ab.
- Eine Zelle besteht im Wesentlichen aus der Zellwand, dem Zellplasma, dem Zellkern und verschiedenen Zellorganellen, die bestimmte Aufgaben im Stoffwechselgeschehen erfüllen.
- Farbstoffe sind entweder in wasserunlöslicher Form an Farbstoffträger (Plastiden) gebunden oder liegen in wasserlöslicher Form in den Vakuolen vor. Zu ersteren gehören das grüne Chlorophyll und die gelben, orangefarbenen und roten Karotinoide; Vakuolenfarbstoffe sind die blau-roten Anthozyane und die gelben Flavone.
- Bei der Zellstreckung vergrößern sich die Vakuolen und füllen schließlich den größten Raum in der Zelle aus. Mit zunehmendem Alter werden die Zellwände verstärkt und verlieren ihre Dehnungsfähigkeit. Sie schützen das Zellinnere.
- Der Zellkern steuert alle Lebensvorgänge, in ihm sind die Erbinformationen auf den Chromosomen gespeichert.
- Bei der Zellteilung wird durch Längsspaltung der Chromosomen sichergestellt, dass alle Tochterzellen die vollständige Erbinformation erhalten. Die Zellteilung ist Voraussetzung für das Wachstum, sie findet im Bildungsgewebe z. B. an der Spross- und Wurzelspitze statt.

??? Aufgaben

1. Betrachten Sie unter einem Mikroskop Hautgewebe von Zwiebelschalen oder Tradescantienblättern. Zeichnen Sie den Zellverband und erkennbare Zellbestandteile.
2. Ordnen Sie die genannten Farbstoffe den Farben des zwölfteiligen Farbkreises zu.
3. Erklären Sie die Blattfärbung bei folgenden Pflanzen: Dieffenbachie (*Dieffenbáchia maculáta*), Wunderstrauch (*Codiáeum variegátum*) und Blutbuche (*Fágus sylvática* ›Atropunicea‹).
4. Beschreiben Sie die Farbveränderungen, die beim Welken vieler roter Blüten (z. B. Rose ›Baccara‹) auftreten und finden Sie eine Erklärung (s. Kap. 47, Seite 297).

Die Wurzel

4 Bau der Wurzel
5 Aufnahme von Wasser und Nährsalzen

4 Bau der Wurzel

Wurzel, Blatt und Sprossachse sind die drei Grundorgane der höher entwickelten Pflanze. Fast alle Samenpflanzen werden durch ihr Wurzelsystem fest am Standort verankert. Die Wurzeln nehmen Wasser und darin gelöste Nährsalze aus dem Boden auf und leiten sie zur Sprossachse weiter.
Bei Pflanzarbeiten und bei der Pflege von Topfpflanzen muss darauf geachtet werden, dass das Wurzelsystem nicht geschädigt wird. Die Förderung und Erhaltung eines gesunden Wurzelwerks ist lebensnotwendig für die Versorgung und das Wachstum der oberirdischen Pflanzenteile.

Äußere Gestalt der Wurzel

Wurzeln sind in ihrem Aufbau den verschiedenen Aufgaben angepasst. Durch wiederholte und immer feinere Verzweigungen entsteht ein engmaschiges Netzwerk von Wurzeln, das den Boden in allen Richtungen durchwächst. Somit wird die Pflanze fest verankert und der Nährsalzgehalt des Bodens intensiv ausgenutzt. Die Gesamtlänge der Wurzeln kann dabei beträchtliche Ausmaße erreichen. Würde man z. B. sämtliche Wurzeln einer freistehenden Roggenpflanze aneinander reihen, so ergäbe sich eine Gesamtlänge von ca. 80 km. Durch die feinen Verzweigungen wird die aufnehmende Wurzeloberfläche vergrößert und somit die Wasser- und Nährsalzaufnahme verbessert. Vergleicht man die Wurzelsysteme verschiedener Pflanzen, so lassen sich deutliche Unterschiede feststellen (s. Abb. 8). Bei zweikeimblättrigen Pflanzen und Nadelhölzern bleibt die ursprüngliche Keimwurzel erhalten und wird zur **Hauptwurzel,** die sich durch Bildung von **Seitenwurzeln** verzweigt.
Bei den **Tiefwurzlern** entwickelt sie sich sehr stark und ist deutlich länger und dicker als die Seitenwurzeln, die nur in vergleichsweise geringer Anzahl gebildet werden. Eine solche Hauptwurzel wird **Pfahlwurzel** genannt. Pflanzen mit Pfahlwurzel sind z. B. Löwenzahn, Lupine, Eiche, Kiefer, sie sind angepasst an Böden mit niedrigem Grundwasserstand.
Bei den **Flachwurzlern** entwickelt sich die Hauptwurzel nur schwach. Durch Bildung zahlreicher Seitenwurzeln entsteht ein stark verzweigtes

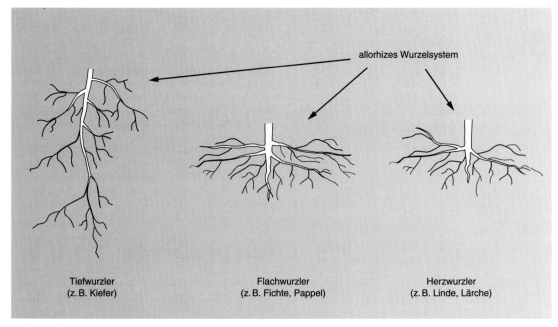

Abb. 8. Wurzelsysteme bei zweikeimblättrigen Pflanzen und Nadelhölzern.

Wurzelsystem in den oberen Bodenschichten. Flachwurzler sind an Standorten mit hohem Grundwasserstand und auf flachgründigen Böden beheimatet. Beispiele sind Kartoffeln, Rhododendron, Erika-Arten, Birke und Fichte. Zu den Flachwurzlern gehören auch viele einkeimblättrige Pflanzen, z. B. Gräser. Bei einkeimblättrigen Pflanzen verkümmert die Hauptwurzel nach der Keimung. Es entstehen viele etwa gleichstarke Wurzeln aus dem unteren Teil der Sprossachse; sie werden daher sprossbürtige Wurzeln genannt und können sich ebenfalls weiter verzweigen. Wurzelsysteme dieser Art heißen **Büschelwurzeln**. Sie kommen z. B. bei Gräsern und Zwiebelblumen vor.

Förderung der Wurzelbildung

Neben der Pflanzenart beeinflussen auch die Bodenverhältnisse das Wachstum und die äußere Gestalt der Wurzel. Wurzeln sind wasser-, luft- und nährstoffwendig, d. h. sie wachsen dorthin, wo sie genügend Wasser, Luft und Nahrung finden. Bei Pflanzen in Tontöpfen z. B. ist das Wurzelwerk am Rand der Töpfe besonders dicht. Die Wurzeln orientieren sich zur porösen Topfwand hin, da hier das Sauerstoffangebot am größten ist. In Plastiktöpfen hingegen wachsen die meisten Wurzeln nach innen bzw. nach unten zum Abflussloch hin. Dadurch ist der Wurzelballen nicht so fest wie bei Tontöpfen.

In Untersuchungen hat man festgestellt, dass Pflanzen an nährstoffarmen und trockenen Standorten mehr Wurzeln bilden als an gut versorgten, sie müssen sich Wasser und Nährsalze suchen. Das oberirdische Wachstum bleibt an solchen Standorten allerdings zurück. Diese Erkenntnis macht man sich bei der Vermehrung von Pflanzen zu Nutze, indem man für die Anzucht von Stecklingen oder Sämlingen Substrate mit geringem Nährstoffgehalt verwendet, um zunächst die Bildung von Wurzelwerk zu fördern.

Die Entstehung von Wurzeln wird auch durch einige andere gärtnerische Maßnahmen begünstigt. Sämlinge werden pikiert, d. h. die jungen Pflanzen werden nach dem Auflaufen aus dem Saatbeet oder -gefäß herausgenommen und einzeln in neues Substrat gepflanzt (s. Kap. 38).

Beim Pikieren reißen einige feine Wurzelspitzen ab. Dadurch wird die Bildung von Seitenwurzeln angeregt. Durch Anhäufeln von z. B. Kartoffeln, Bohnen oder tiefes Einsetzen von Jungpflanzen wie z. B. Tomaten, erreicht man, dass an der Sprossachse vermehrt Adventivwurzeln (= hinzugekommene Wurzeln) entstehen.

Adventivwurzeln entwickeln sich aus der Sprossachse oder auch aus Laubblättern. Sie werden von der Pflanze durch äußere Reizwirkung an solchen Stellen gebildet, an denen normalerweise keine Wurzeln entstehen. Äußere Reizwirkungen können z. B. auch Verletzungen sein. Die Fähigkeit zur Bildung von Adventivwurzeln ist Voraussetzung für die Vermehrung von Pflanzen durch Stecklinge (siehe Kapitel 38).

Bau der Wurzelspitze

Das Längenwachstum der Wurzel erfolgt durch Zellteilung im **Vegetationspunkt** an der Wurzelspitze

(siehe Abbildung 9). Die zarten Zellen werden durch die **Wurzelhaube** vor Verletzungen geschützt. Die äußeren Zellen der Wurzelhaube verschleimen und erleichtern so das Eindringen der Wurzel in den Boden.

Über dem Vegetationspunkt befindet sich die nur wenige Millimeter lange **Streckungszone**. Hier vergrößern sich die neu gebildeten Zellen; sie spezialisieren sich und schließen sich zu Geweben zusammen.

Die **Wurzeloberhaut** (Rhizodermis) besteht aus einer Schicht dünnwandiger Zellen. Im Bereich der **Ernährungszone** wachsen einige Zellen der Oberhaut zu ca. ein bis acht mm langen, feinen **Wurzelhaaren** aus. Sie zwängen sich zwischen die kleinsten Bodenteilchen und nehmen Wasser und Nährsalze auf. Wurzelhaare sind in der Regel nur wenige Tage lebensfähig. Während zur Spitze hin ständig neue Wurzelhaare entstehen, sterben die älteren ab, sodass die Wurzelhaarzone immer etwa den gleichen Abstand zur Wurzelspitze hat. Dadurch werden laufend neue Bodenbereiche für

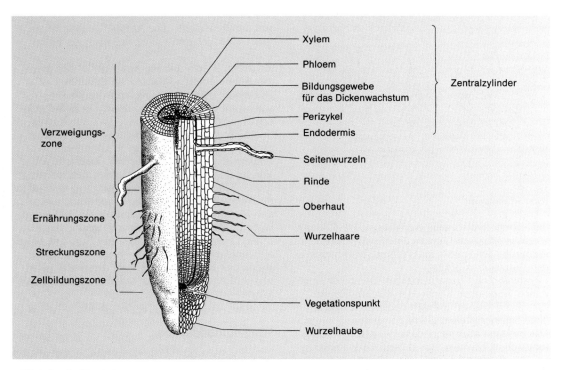

Abb. 9. Bau der Wurzelspitze.

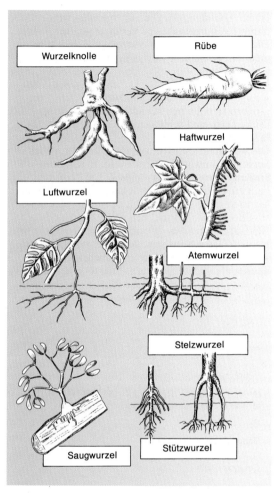

Wurzelknolle

Rübe

Haftwurzel

Luftwurzel

Atemwurzel

Stelzwurzel

Saugwurzel

Stützwurzel

Abb. 10.
Wurzelmetamorphosen.

die Nährstoffversorgung erschlossen. Die Bildung von Wurzelhaaren führt zu einer enormen Vergrößerung der Wasser und Nährstoffe aufnehmenden Wurzeloberfläche.
Oberhaut- und Wurzelhaarzellen haben nur eine dünne Wand ohne Kork- oder Wachsauflagerungen, damit Wasser und darin gelöste Nährsalze ohne Schwierigkeiten hindurchwandern können. Das bedeutet aber auch, dass sie keinen Verdunstungsschutz besitzen. Aus diesem Grund müssen bei ausgetopften oder gerodeten Pflanzen die Wurzelspitzen z. B. durch Einschlagen in feuchte

Erde vor dem Austrocknen bewahrt werden.
Mit den Wurzelhaaren sterben auch die übrigen Oberhautzellen in diesem Bereich ab. Den Abschluss bilden bei älteren Wurzelteilen die äußeren Rindenzellen (Exodermis). Sie sind lückenlos aneinander gefügt und bis auf wenige Durchlasszellen mit Korkeinlagerungen in den Wänden ausgestattet. Dadurch werden sie weitgehend undurchlässig. Die Wasser- und Nährsalzaufnahme erfolgt also nur durch die jüngeren Wurzelteile, während die älteren eher der Festigung dienen.
Das **Rindengewebe** ist ein mehrschichtiges Grundgewebe, das der Weiterleitung und Speicherung von Stoffen dient. Bei Speicherwurzeln ist es besonders stark ausgebildet (s. nächster Abschnitt).
Im Inneren der Wurzel befindet sich der **Zentralzylinder,** der die Leitbahnen (Holzteil = Xylem, Siebteil = Phloem) enthält. Im Xylem werden Wasser und Nährsalze zu den oberirdischen Pflanzenteilen transportiert, das Phloem befördert den bei der Fotosynthese gebildeten Traubenzucker bis zur Wurzelspitze. Die Xylemteile sind sternförmig angeordnet. Zwischen den Xylemstrahlen, die in der Mitte des Zentralzylinders aufeinander treffen, liegen die Phloemteile. Die Anzahl der Strahlen ist unterschiedlich und richtet sich nach der Pflanzenart.
Zwischen Xylem und Phloem befindet sich bei zweikeimblättrigen Pflanzen ein Bildungsgewebe (Kambium), das neue Zellen für das Dickenwachstum der Wurzel produziert. Die **Endodermis** umschließt den Zentalzylinder. Ihre durch Holz und Kork verstärkten Zellwände sorgen für zusätzliche Festigkeit der Wurzel. Gleichzeitig verhindern sie den unkontrollierten Durchtritt von Wasser und gelösten Stoffen in den Zentralzylinder (s. Seite 27). In der **Verzweigungszone** oberhalb der Wurzelhaare werden die Seitenwurzeln gebildet. Sie gehen aus einem ringförmigen Bildungsgewebe (= Perikambium, Perizykel) hervor, das zwischen Leitbahnen und Endodermis liegt. Die Seitenwurzeln müssen demzufolge erst die gesamte Rinde durchwachsen, ehe sie in den Boden gelangen. Auf diese Weise sind sie fest mit dem übrigen Wurzelsystem verbunden.

Wurzelumbildungen

Im Laufe ihrer Entwicklungsgeschichte haben sich Pflanzen an die Klima- und Wachstumsbedingungen verschiedener Standorte angepasst. Anpassungserscheinungen sind z. B. Umwandlungen der Wurzel, die zusätzliche oder andere Aufgaben als die normale Erdwurzel erfüllen. Solche Umwandlungen nennt man **Wurzelmetamorphosen** (s. Abb. 10).

Wurzeln sind im Boden einigermaßen gegen Kälte und Trockenheit geschützt. Daher speichern viele Pflanzen in ihnen Reservestoffe, um ungünstige Witterungsperioden (Winter, Trockenzeiten) zu überdauern.

In unserem Klima sind viele Stauden und zweijährige Pflanzen auf solche **Speicherwurzeln** angewiesen. Wird die Hauptwurzel verdickt und als Speicherorgan angelegt, wie z. B. bei Möhren und Zuckerrüben, so spricht man von **Rüben. Wurzelknollen** sind verdickte Seitenwurzeln oder sprossbürtige Wurzeln, wir finden sie z. B. bei Dahlien und Orchideenarten.

Mit Hilfe von **Haftwurzeln,** die oberirdisch an der Sprossachse gebildet werden, klettert zum Beispiel Efeu an Baumstämmen, Felsen und Mauern empor. Die Pflanzen bringen so ihre Blätter aus dem Waldschatten oder vom Erdboden ins Sonnenlicht, ohne selbst kräftige, tragende Sprossachsen zu besitzen.

Viele tropische Pflanzen wie z. B. *Mónstera, Philodéndron, Fícus*-Arten und Orchideen (*Dendróbium, Cattléya, Odontoglóssum*) bilden meist unverzweigte sprossbürtige **Luftwurzeln**, die Wasser und Nährstoffe aus der Luft aufnehmen können. Luftwurzeln sind durch Schleimabsonderungen vor übermäßiger Verdunstung geschützt. Gelangen sie in den Erdboden, so verzweigen sie sich und werden zu normalen Erdwurzeln. Luftwurzeln sind besonders wichtig für Pflanzen, die sich im Konkurrenzkampf um das Licht im dichten tropischen Regenwald als Aufsitzer (Epiphyten s. Seite 85 und 191) angesiedelt haben und keine Verbindung zum Erdboden besitzen. **Atemwurzeln** ermöglichen der Sumpfzypresse (*Taxódium dístichum*) das Überleben an sumpfigen Standorten mit schlechter Sauerstoffversorgung des Bodens. Die Atemwurzeln entstehen an den Erdwurzeln und erheben sich über die Erd- und Wasseroberfläche, um den Luftsauerstoff aufnehmen zu können. Mangroven wachsen am Ufer von Flussmündungen und im Küstenbereich geschützter Buchten in tropischen Gebieten, wo sie neben dem sauerstoffarmen Boden mit der ständigen mechanischen Beanspruchung durch den Gezeitenhub zu kämpfen

haben. Außer Atemwurzeln bilden sie sprossbürtige **Stelzwurzeln**, die zunächst durch die Luft schräg nach unten wachsen und sich nach dem Eindringen in den Boden stark verzweigen. Auf diese Weise wird die Pflanze in dem schlickigen und sumpfigen Boden fest verankert. Eine ähnliche Aufgabe erfüllen die **Stützwurzeln** beim Schraubenbaum *(Pandánus)* und beim Mais.

Zu den Wurzelmetamorphosen gehören auch die Saugorgane **(Haustorien)** von Schmarotzerpflanzen (= Parasiten). Als **Parasiten** bezeichnet man Lebewesen, die sich auf Kosten anderer Lebewesen ernähren. Während Vollparasiten vollständig von ihrem Wirt leben, sind Halbparasiten in der Lage, wenigstens einen Teil ihrer Nahrung selbst zu produzieren.

Ein für Floristen wichtiges Beispiel ist die Mistel, die als Halbparasit auf Bäumen lebt. Ihre Haustorien dringen bis tief in den Holzteil des Stammes ein, verankern auf diese Weise die Mistel fest auf dem Baum und entziehen ihm Wasser und darin gelöste Nährsalze. Als Halbparasit kann die Mistel selbst organische Substanz durch Fotosynthese herstellen.

!!!Merksätze

- Aufgaben der Wurzel sind die Verankerung der Pflanze im Boden und die Aufnahme und Weiterleitung von Wasser und Nährsalzen.
- Die Ausprägung des Wurzelsystems kann sehr unterschiedlich sein:
  - Tiefwurzler
  - Flachwurzler
  - Büschelwurzel.
- Neben der Pflanzenart sind die Bodenverhältnisse entscheidend für die Entwicklung des Wurzelsystems, was bei Kultur- und Pflegearbeiten, z. B. bei der Stecklingsvermehrung, eine Rolle spielt.
- Das Längenwachstum der Wurzel erfolgt durch die Bildung von Zellen im Vegetationspunkt an der Wurzelspitze und durch die Streckung der Zellen in der Streckungszone.

Fortsetzung folgt auf der nächsten Seite

- Die Wurzelhaube schützt den Vegetationspunkt beim Eindringen in den Boden.
- Wasser und Nährsalze werden durch die Wurzelhaare aufgenommen, diese sind nur wenige Tage lebensfähig und werden kurz hinter der Wurzelspitze durch die Ausstülpung von Oberhautzellen ständig neu gebildet.
- Seitenwurzeln entstehen oberhalb der Wurzelhaarzone aus einem ringförmigen Bildungsgewebe im Zentralzylinder.
- Im Zentralzylinder befindet sich das Leitungsgewebe, im Xylem werden Wasser und Nährsalze zu den oberirdischen Pflanzenteilen transportiert, das Phloem befördert den bei der Fotosynthese gebildeten Traubenzucker.
- Metamorphosen sind Umwandlungen von Wurzeln zur Übernahme anderer oder zusätzlicher Aufgaben, die Anpassungen an Klima- und Standortbedingungen darstellen. Zu den Wurzelmetamorphosen gehören Speicherwurzeln, Haftwurzeln, Atemwurzeln, Stütz- und Stelzwurzeln und Haustorien.

???Aufgaben

1. Vergleichen Sie die Wurzelsysteme eines Löwenzahns und einer Getreidepflanze.
2. Lassen Sie möglichst große Samen, z. B. Bohnen, auf feuchtem Vliespapier keimen. Beobachten Sie die Entwicklung der Wurzel.
3. Schneiden Sie eine Möhre der Länge nach auf und benennen Sie die verschiedenen Gewebe.

5 Aufnahme von Wasser und Nährsalzen

Wasser ist zum Leben und Gedeihen von Pflanzen notwendig. Es wird für den Aufbau von Stoffwechselprodukten benötigt; alle Lebensvorgänge in den Zellen können nur ablaufen, wenn Wasser vorhanden ist. Krautige Pflanzen bestehen in der Hauptsache aus Wasser, sind ihre Zellen nicht genügend mit Wasser gefüllt, sehen sie schlaff und welk aus. Ständiger Wassermangel führt zum Absterben. Aufnahme und Transport der Nährstoffe können nur mit dem Wasser erfolgen. Bis auf wenige Ausnahmen, z. B. epiphytisch wachsende Bromelien, wird Wasser durch die Wurzeln aus dem Boden aufgenommen. Kenntnisse über die grundlegenden chemisch-physikalischen Vorgänge bei der Wasser- und Nährstoffaufnahme erleichtern dem Floristen das Verständnis für Pflegemaßnahmen und helfen, Fehler zu vermeiden.

Quellung

Unter Quellung versteht man die Volumenzunahme einer Substanz durch Einlagerung von Wasser. Sie spielt eine wichtige Rolle bei der Keimung von Samen (s. Seite 78). Im trockenen Samen sind Eiweiß und Kohlenhydratmoleküle dicht in den Zellen gelagert. Wenn sie mit Wasser in Berührung kommen, saugen sie es mit großer Kraft auf. Das Wasser wird an die quellbaren Moleküle, die sich sowohl im Plasma als auch in den Zellwänden befinden, angelagert. Die Moleküle weichen auseinander und es entsteht ein Quellungsdruck, der schließlich zum Zerplatzen der Samenschale führt. Auch an der Oberhaut der Wurzel tritt in geringem Umfang Quellung auf, sie reicht jedoch längst nicht aus, um den Wasserbedarf zu decken. Die Wasseraufnahme der Wurzel erfolgt hauptsächlich durch Osmose.

Diffusion und Osmose

Gibt man in ein Glas Wasser vorsichtig etwas gefärbte Zuckerlösung oder Tinte, so bleiben die beiden Flüssigkeiten zunächst deutlich voneinander getrennt. Nach einiger Zeit jedoch kann man beobachten, dass die Lösung eine gleichmäßige Farbe annimmt: Die gelösten Teilchen bewegen sich in Richtung des reinen Wassers, während die Wassermoleküle in die andere Richtung wandern (s. Abb. 11). Diesen Vorgang nennt man **Diffusion**. Die treibende Kraft für die Diffusion ist das Bestreben der Wassermoleküle und der gelösten Teilchen, sich miteinander zu vermischen und Konzentrationsunterschiede der beiden Flüssigkeiten auszugleichen.

Die Erscheinung der Diffusion lässt sich auch bei Gasen beobachten, z. B. nimmt man den Duft von Blüten oder Pflanzen auch noch in einiger Entfernung wahr – die Duftstoffe diffundieren. Überträgt man nun die beschriebenen Verhältnisse auf die Pflanzenwurzel, so lässt sich feststellen, dass die Konzentration gelöster Stoffe in den Wurzelhaarzellen höher ist als im Bodenwasser. Bei Konzentrationsausgleich durch Diffusion würden die Wassermoleküle aus dem Bodenwasser in die Zelle hinein-, gleichzeitig aber die gelösten Teilchen aus der Zelle herauswandern. Dieses wäre durch die junge Zellwand problemlos möglich.

Die Zellwand kann man sich als ein stabiles Fasergeflecht vorstellen (siehe Seite 15). Die Zwischenräume dieses Geflechtes sind groß genug, um Wasser und die meisten anderen Moleküle hindurchzulassen. Entscheidende Barriere ist das Plasmalemma.

Das Plasmalemma ist eine dünne Haut, die kleine Poren enthält. Diese Poren sind gerade so groß, dass Wassermoleküle hindurch passen, gelöste Stoffe jedoch in der Regel nicht. Das Plasmalemma ist also **halbdurchlässig** (semipermeabel). Ein Konzentrationsausgleich zwischen der Lösung in der Wurzelzelle und der Bodenlösung kann somit nur erfolgen, wenn sich Wassermoleküle durch das Plasmalemma in die Zelle hineinbewegen. Eine solche einseitig gerichtete Diffusion durch eine halbdurchlässige Membran zum Zwecke des Konzentrationsausgleichs heißt **Osmose** (s. Abb. 12). Durch Osmose werden die Wassermoleküle regelrecht in die Wurzelhaarzelle hineingesogen. Die osmotische Saugkraft ist umso größer, je stärker das Konzentrationsgefälle zwischen dem Zellsaft und der Bodenlösung ist.

Der Transport des Wassers durch das Rindengewebe der Wurzel hindurch erfolgt nach dem gleichen Prinzip. Die Konzentration in den innen liegenden Zellen steigt gegenüber den äußeren an. Das Wasser wird also durch Osmose von Zelle zu

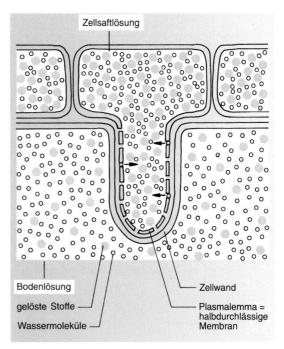

Abb. 12.
Osmose.

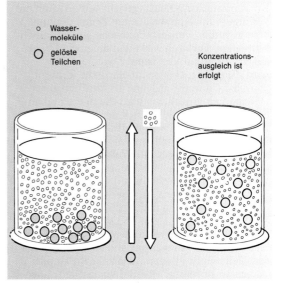

Abb. 11.
Diffusion.

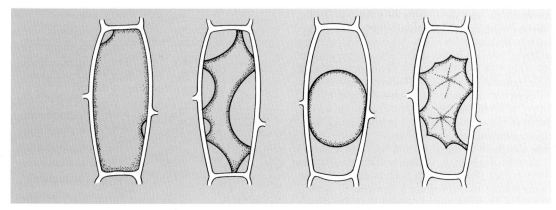

Abb. 13.
Plasmolyse. Durch Wasserentzug schrumpft das Plasma und löst sich von der Zellwand ab.

Zelle gesogen, bis es das Leitgewebe erreicht hat. Dort sind andere Kräfte für den Weitertransport zuständig (s. Kap. 7).

Turgor

Theoretisch müsste die Wasseraufnahme durch Osmose so lange erfolgen, bis ein vollständiger Konzentrationsausgleich erreicht wäre. Durch die ständige Aufnahme werden die Zellen prall mit Wasser gefüllt, vergleichbar einem aufgeblasenen Luftballon. Dadurch wirkt von innen ein Druck auf die Zellwand, der **Turgor**. Durch den Turgor wird die stabile, aber leicht elastische Zellwand zunächst ein wenig gedehnt. Ist die Grenze der Dehnbarkeit erreicht, so wird durch die Stabilität der Zellwand und den Druck der benachbarten Zellen eine weitere Wasseraufnahme unterbunden. Die Zelle ist jetzt prall mit Wasser gefüllt, man spricht von »**voll turgeszenten Zellen**«. Die Bedeutung des Turgors vor allem für krautige Pflanzenteile wird z. B. bei Schnittblumen deutlich, die längere Zeit ohne Wasser gelagert oder transportiert wurden. Sie sind schlapp und welk. Schneidet man sie neu an und stellt sie in Wasser ein, so steigt der Turgor in den Zellen an, Stängel und Blätter richten sich auf und werden wieder fest. Bei einigen Pflanzen, wie z. B. Rosen oder Tulpen, muss hierbei eine Stützmanschette angelegt werden, damit die Sprossachsen gerade bleiben.

Plasmolyse

Normalerweise ist die Konzentration gelöster Stoffe in der Pflanzenzelle höher als in der Bodenlösung. Der umgekehrte Fall kann bei Überdüngung eintreten. Dies hat zur Folge, dass das Wasser durch die Osmose aus den Zellen in den Boden wandert. Die Pflanzenzellen vertrocknen regelrecht, man spricht vom »Verbrennen« der Pflanze. Betrachtet man Zellen einer überdüngten Pflanze unter dem Mikroskop, so kann man beobachten, dass das Plasma zusammengeschrumpft ist und sich von der Zellwand abgelöst hat. Diese Erscheinung nennt man **Plasmolyse** (s. Abb. 13).
Sind die Pflanzenzellen noch nicht abgestorben, so lässt sich die Plasmolyse durch starke Wassergaben rückgängig machen. Um Schäden durch Überdüngung von vornherein zu vermeiden, sollte man die für das Düngemittel angegebenen Konzentrationen einhalten und die Pflanze nur im voll turgeszenten Zustand düngen, nicht etwa, wenn der Topfballen eingetrocknet ist.

Nährstoffaufnahme

Um wachsen zu können, benötigen die Pflanzen nicht nur Wasser, Licht und Luft, sondern auch Nährstoffe, wie z. B. Stickstoff, Kalium, Phosphor usw. (s. Seite 236). Diese Nährstoffe werden durch die Wurzel in Form von Ionen aus dem Boden aufgenommen. **Ionen** sind positiv oder negativ elektrisch geladene Teilchen, die entstehen, wenn Mineralsalze in der Bodenfeuchtigkeit gelöst werden.

Düngt man z. B. mit Kaliumsulfat, einem schwefelhaltigen Kaliumdünger mit der chemischen Formel K_2SO_4, so zerfällt dieses Salz in der Bodenlösung in zwei positiv geladene Kaliumionen (K^+) und ein doppelt negativ geladenes Sulfation (SO_4^{2-}):

$$K_2SO_4 \rightarrow 2\ K^+ + SO_4^{2-}$$

Die so entstandenen Ionen befinden sich in der Bodenlösung oder werden an Bodenteilchen angelagert. Auch organische Düngemittel, wie zum Beispiel Hornspäne, müssen durch biologische und chemische Vorgänge im Boden zu Nährionen umgewandelt werden, ehe sie von der Pflanzenwurzel aufgenommen werden können.

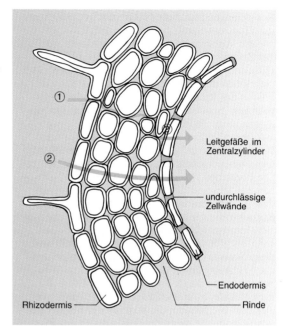

Abb. 14.
Wege der gelösten Nährsalze in die Wurzel.
1: Diffusion durch Zellwände und Interzellularen.
2: Aktive Ionenaufnahme durch das Plasmalemma.

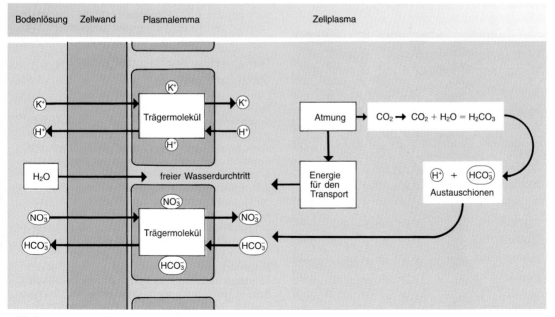

Abb. 15.
Schematische Darstellung der Nährstoffaufnahme.

Wie gelangen nun diese Nährionen in die Zellen der Pflanzenwurzel? Sie können zunächst genau wie die Wassermoleküle in das Zellulosegeflecht der Zellwände eindringen und sich dort durch Diffusion bewegen. Auf diese Weise können die Nährionen durch die Zellwände und die Interzellularen des Rindengewebes bis zur Endodermis gelangen. Spätestens hier müssen sie das Plasmalemma einer Zelle passieren, denn die Zellwände zwischen den Endodermiszellen sind undurchlässig für Wasser und gelöste Stoffe (s. Seite 29, Abb. 14). Dabei ergeben sich folgende Schwierigkeiten: Die Poren des Plasmalemmas sind für die Nährionen zu klein und der Transport muss entgegen dem Konzentrationsgefälle erfolgen, denn die Konzentration von Nährionen ist in der Zelle meistens um ein Vielfaches höher als in der Bodenlösung. Es gibt verschiedene Theorien, wie Pflanzen diese Schwierigkeiten bewältigen. Eine anschauliche Erklärung liefert das Modell der aktiven Ionenaufnahme durch Trägermoleküle. Diese Trägermoleküle lassen sich mit einer Art Fähre vergleichen. Sie nehmen die positiv oder negativ geladenen Ionen auf und bringen sie durch das Plasmalemma hindurch in das Zellplasma (siehe Abbildung 15).

Abb. 16.
Knöllchenbakterien bei Gartenbohnen.

Um das elektrische Gleichgewicht zwischen Bodenlösung und Pflanzeninnerem zu erhalten, geben die Trägermoleküle für jedes aufgenommene Ion ein Ion mit entsprechender Ladung wieder an den Boden ab; es werden also Ionen zwischen Boden und Pflanze ausgetauscht. Die der Pflanze zur Verfügung stehenden Austauschionen entstehen bei der Atmung im Zellinneren. Wie alle anderen Lebewesen, so produziert auch die Pflanze bei der Atmung Kohlendioxid CO_2 (s. Kap. 9). Das Kohlendioxid verbindet sich mit Wasser zu Kohlensäure H_2CO_3. Diese wiederum zerfällt in positiv geladene H^+-Ionen und negativ geladene HCO_3^--Ionen, welche für den Austausch verwendet werden (s. Abb. 15). Die Aufnahme von Ionen durch das Plasmalemma ist ein aktiver, energieverbrauchender Vorgang. Die notwendige Energie wird ebenfalls durch die Zellatmung zur Verfügung gestellt. Innerhalb des Pflanzengewebes werden die Nährionen durch die Plasmabrücken zwischen den Zellen mittels Diffusion transportiert. Der Transport über längere Strecken erfolgt mit dem Wasser als Transportmittel in den Leitungsbahnen des Xylems. Man hat festgestellt, dass Pflanzen in der Lage sind, aus dem zur Verfügung stehenden Angebot an Nährionen in der Bodenlösung auszuwählen; also manche Arten können bevorzugt, andere ganz ausgeschlossen werden.

Verbesserung der Nährstoffaufnahme durch Symbiose

Bei einigen Pflanzen wird die Nährstoffaufnahme durch eine **Symbiose** (= Lebensgemeinschaft zum gegenseitigen Nutzen) mit Pilzen oder Bakterien verbessert. Die Wurzeln vieler Waldbäume und Orchideen sind von Pilzfäden umgeben, teilweise dringen diese auch in das Wurzelgewebe ein. Sie geben Wasser und gelöste Nährsalze an die Wurzel ab und können somit die Wasser- und Nährstoffaufnahme erhöhen. Als Gegenleistung erhalten die Pilze organische Stoffe, vor allem Kohlenhydrate. Diese Lebensgemeinschaft zwischen höheren Pflanzen und Pilzen bezeichnet man als **Mykorrhiza**.
Leguminosen, wie zum Beispiel Lupinen, Wicken, Erbsen besitzen an ihren Wurzeln kleine, knollenförmige Verdickungen (siehe Abbildung 16), die so genannten **Knöllchen-Bakterien,** die den in der Luft enthaltenen Stickstoff aufnehmen und in

organischen Verbindungen festlegen können. Hierzu sind höhere Pflanzen selbst nicht in der Lage. Die Stickstoffverbindungen werden von den Bakterien teilweise an die Pflanzenwurzeln weitergegeben. Im Gegenzug erhalten die Bakterien wiederum vor allem Kohlenhydrate.

!!!Merksätze

- Die Wurzelhaare nehmen Wasser durch Osmose aus der Bodenlösung auf.
- Die Wassermoleküle wandern zum Zwecke des Konzentrationsausgleichs aus der niedriger konzentrierten Bodenlösung durch das halbdurchlässige Plasmalemma in die Wurzelhaarzellen.
- Durch die ständige Wasseraufnahme werden die Zellen prall mit Wasser gefüllt, es entsteht ein Druck gegen die Zellwand, der Turgor.
- Die Wasseraufnahme erfolgt, bis die Zellen voll turgeszent sind.
- Ist die Konzentration der Bodenlösung höher, z. B. bei Überdüngung, wandert das Wasser aus den Zellen hinaus, die Pflanze »verbrennt« (= vertrocknet).
- Die Pflanze kann Nährsalze nur in Form gelöster Ionen aus dem Boden aufnehmen; dabei handelt es sich um einen aktiven, energieverbrauchenden Vorgang.
- Die positiv oder negativ geladenen Nährionen werden an Trägermoleküle angelagert und durch das Plasmalemma in das Zellinnere transportiert. Zum Ausgleich der elektrischen Ladung gibt die Pflanze für die aufgenommenen Ionen wieder Ionen mit entsprechender Ladung an den Boden ab.
- Die Nährstoffaufnahme wird bei einigen Pflanzenarten durch Symbiose mit Pilzen (= Mykorrhiza) oder mit Knöllchenbakterien verbessert.

???Aufgaben

1. Legen Sie ein Löwenzahnblatt für kurze Zeit in konzentrierte Kochsalzlösung und anschließend wieder in reines Wasser. Beobachten und erklären Sie.
2. Plasmolyse unter dem Mikroskop.
   a) Legen Sie ein kleines Stück Oberhaut von Schalen der Küchenzwiebel auf einen Objektträger, auf den Sie vorher einen Wassertropfen aufgebracht haben. Legen Sie ein Deckglas auf und betrachten Sie die Zellen der Zwiebelhaut unter dem Mikroskop.
   b) Saugen Sie nun mit Hilfe eines Lösch- oder Filterpapiers etwas Traubenzucker- oder Salzlösung unter dem Deckglas hindurch. Beobachten und erklären Sie die Veränderung der Zellen. Was geschieht, wenn Sie anschließend wieder Wasser durch das Präparat saugen?
3. a) An welchen Merkmalen kann man erkennen, dass die Zellen einer Pflanze oder eines Pflanzenteils nicht voll turgeszent sind?
   b) Blumen und Pflanzenteile sollten nur im voll turgeszenten Zustand zu Sträußen, Kranzschmuck, Brautsträußen etc. verarbeitet werden. Begründen Sie!

Die Sprossachse

6 Äußerer Bau der Sprossachse

Während niedere Pflanzen an das Leben im Wasser angepasst sind oder dem Substrat flach aufliegen, wie z. B. Moose und Flechten, erheben sich die höheren Pflanzen zum Teil weit in den Luftraum hinein. Dies wird durch die Ausbildung einer Sprossachse ermöglicht, die die Laubblätter trägt und sie in eine möglichst günstige Stellung zum Sonnenlicht bringt.

Die Sprossachse dient ferner dem Stofftransport zwischen Wurzeln und Blättern: Wasser und gelöste Nährsalze werden aus den Wurzeln aufwärts transportiert, von den Laubblättern gebildete Assimilate werden abwärts geleitet.

Diese Aufgaben der Sprossachse sollte der Florist beim Umgang mit Pflanzen bedenken. Insbesondere bei Schnittblumen müssen die Sprossachsen sorgfältig behandelt werden, damit Aufnahme und Transport von Wasser ungehindert möglich sind.

Die Festigkeit und zum Teil gleichzeitige Elastizität vieler verholzter Sprossachsen ermöglichen die Anfertigung von Gerüsten oder Bündelungen verschiedenster Art, die als natürliche Steckhilfen genutzt werden können und gleichzeitig auch gestalterisch wirksam sind (s. Abb. 17).

Auch bei Verwendung unbelaubter Zweige in einem Arrangement oder bei der Anordnung von langstieligen Blumen, z. B. in einem Stehstrauß, können Sprossachsen als Gestaltungselement eine Rolle spielen.

Die Vielfalt im Aufbau, in der Beschaffenheit und Wuchsbewegung von Sprossachsen sollte dem Floristen bekannt sein.

Gliederung der Sprossachse

Wie bei der Wurzel erfolgt das Längenwachstum der Sprossachse an deren Spitze. Der Vegetationspunkt, in dem ständig neue Zellen gebildet werden, ist von schützenden jungen Blättern umgeben. Im Laufe des Wachstums vergrößern und entfalten sich die jungen Blätter, und die Zellen im oberen Teil der Sprossachse strecken sich. Die Ansatzstellen der Blätter werden **Knoten** oder **Nodien** genannt. Bei vielen Pflanzen, wie z. B. bei Nelken und Gräsern, sind sie als deutliche Verdickungen der Sprossachse sichtbar (s. Abb. 18). Zwischen den Blattknoten befinden sich die

Abb. 17.
Verschiedene Sprossachsen als Gestaltungselement.

Zwischenglieder oder **Internodien**, deren Länge ganz unterschiedlich sein kann. Bei **Rosettenpflanzen**, wie z. B. *Prímula, Sáintpaúlia, Echevéria*, unterbleibt die Streckung der Internodien. Die Sprossachse ist so stark gestaucht, dass die Blätter scheinbar alle der Basis entspringen.

Beim Zypergras folgen auf ein lang gestrecktes Internodium viele dicht zusammensitzende Knoten, die die schopfartige Beblätterung bilden.

Durch Bildung von Seitensprossen kommt es zur Verzweigung der Sprossachse. Anzahl und Anordnung der Seitentriebe sind typisch für die jeweilige Pflanzenart, hängen aber auch von äußeren Einflüssen ab. Entfernt man z. B. die Spitze des Hauptsprosses, so kommt es verstärkt zur Bildung von Seitensprossen. Diese Erkenntnis macht man sich beim Stutzen von Pflanzen zu Nutze, um einen buschigen Wuchs zu erzielen, deutlich wirksam bei geformten Hecken. Bei vielen Pflanzen, z. B. bei einkeimblättrigen, tritt gar keine oder nur eine schwache Verzweigung auf.

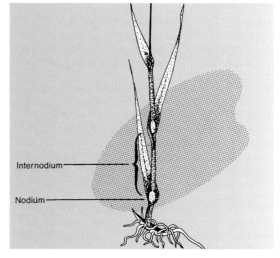

Abb. 18.
Gliederung der Sprossachse.

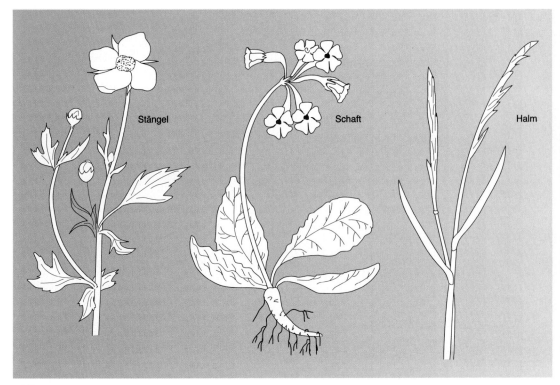

Abb. 19.
Sprossachsen krautiger Pflanzen.

Blüten, Blätter und Seitentriebe werden an der Sprossachse in Form von **Knospen** angelegt.
Man unterscheidet Knospen nach ihren besonderen Aufgaben oder nach dem Entstehungsort an der Pflanze.
Blattknospen sind an ihrer länglichen, spitzen Form zu erkennen. **Blütenknospen** sind meist dicker und rundlicher. Neben der Blütenanlage beinhalten sie teilweise einige Laubblattanlagen. **Endknospen** (Terminalknospen) befinden sich am Ende der Sprossachse, sie enthalten die Sprossspitze und Blattanlagen. Beim Abschluss des Wachstums wird bei vielen Pflanzen als Endknospe eine Blütenknospe ausgebildet.
Seiten- oder **Achselknospen** werden in den Blattachseln angelegt, sie entwickeln sich zu Seitensprossen oder Blüten. Achselknospen, deren Austrieb noch nicht erfolgt ist und die äußerlich nicht sichtbar sind, bezeichnet man als **Reserveknospen** oder **schlafende Augen**. Sie befinden sich im Ruhe-

zustand und treiben erst aus, wenn zum Beispiel nach Verletzungen oder Rückschnitt Ersatztriebe benötigt werden.

Arten der Sprossachse

Grundsätzlich unterscheidet man zwischen krautigen und verholzten Sprossachsen. Einjährige Pflanzen, zweijährige Pflanzen und Stauden besitzen häufig krautige Sprossachsen, die folgendermaßen unterteilt werden können: Der **Stängel** von z. B. Sommeraster, Ringelblume, Löwenmaul ist beblättert und verzweigt (s. Abb. 19).
Viele Zwiebelblumen (z. B. Narzissen, Nerinen, Ritterstern) und Rosettenpflanzen (z. B. Primeln, Gerbera, Alpenveilchen) bilden einen **Schaft**, an dessen Ende eine Blüte oder ein Blütenstand entsteht. Der Schaft besitzt weder Blätter noch Seitentriebe, bei einigen Pflanzen ist er hohl.

Abb. 20.
Kriechende Wuchsbewegung bei Lamiástrum (Goldnessel).

Als **Halm** bezeichnet man die Sprossachse der Gräser. Er ist beblättert und unverzweigt, die Blattknoten sind deutlich sichtbar.

Verholzte Sprossachsen kommen bei Bäumen, Sträuchern und Halbsträuchern vor. Durch Einlagerung von Holzstoffen werden die zunächst krautigen Sprossachsen besonders fest und stabil.

Im Einzelnen unterscheidet man zwischen Stamm (= Hauptsprossachse), Ast und Zweig.

Die unterschiedliche Beschaffenheit der Sprossachsen muss bei deren Verarbeitung, z. B. bei der Behandlung der Stielenden von Schnittware, berücksichtigt werden. Grundsätzlich sollten Blumen mit einem scharfen Messer angeschnitten werden (s. Kap. 47). Dies gilt auch für verholzte Sprossachsen. Bei Pflanzen mit sehr weicher, krautiger Sprossachse muss besonders darauf geachtet werden, dass die Schnittstelle nicht gequetscht wird. Schäfte, die innen hohl sind, spalten leicht auf und die einzelnen Enden biegen sich nach außen. Dem kann z. B. durch eine Umwicklung im unteren Abschnitt vorgebeugt werden.

Die Beschaffenheit der Sprossachse wirkt sich ebenfalls auf das Präparieren (Stützen und Biegen) von Schnittware aus. Beblätterte Stängel werden üblicherweise durch das Umwinden mit Draht gestützt, bei fleischigen oder hohlen Schäften kann man den Draht von der Blüte oder der Schnittstelle aus in den Stiel einführen.

Elastische Zweige, z. B. Weide und Hasel, lassen sich leicht biegen und damit formen. Fleischige Stängel und Schäfte vieler krautiger Pflanzen brechen leicht, auch wenn sie vor dem Biegen mit Draht gestützt worden sind.

Wuchsbewegungen

Die Aufgabe der Sprossachse, die Blätter in eine möglichst günstige Position zum Licht zu bringen,

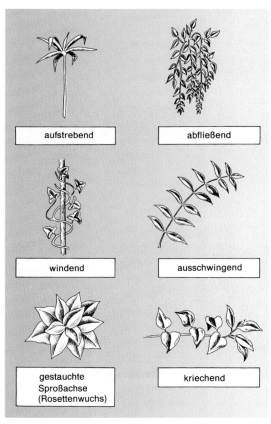

Abb. 21.
Wuchsbewegungen von Sprossachsen.

Abb. 22.
Rosettenwuchs bei Echevéria.

wird auf unterschiedlichste Weise gelöst (siehe Abb. 21). Pflanzen mit aufstrebenden, standfesten Sprossachsen (zum Beispiel Bäume) versuchen die oberste Vegetationsschicht zu erreichen, um sich im vollen Licht zu entfalten. Seitensprosse, besonders bei Sträuchern, wachsen häufig zunächst schräg aufwärts und lassen dann ihre Spitzen nach unten ausschwingen (zum Beispiel *Cýtisus, Spiráea × argúta*).

Die dünnen und nicht tragfähigen Sprossachsen von zum Beispiel Kletterficus, Russischer Wein, Feuerbohne oder Hopfen klettern an anderen Pflanzen oder Felsen zum Licht empor, indem sie Haftwurzeln oder Ranken als Kletterhilfen benutzen oder indem die Sprossachse selbst durch windende Wuchsbewegungen andere Pflanzen um-

schlingt und sich so fest hält. Solche Pflanzen können als Topfpflanzen auch hängend wachsen, wenn ihnen keine Kletterhilfe geboten wird (z. B. Efeu, Kletterficus, Efeutute). Als heimische Wildpflanzen (z. B. Clematis, Knöterich) bilden sie häufig verflochtenes Rankenwerk aus (s. S. 85), zum Teil mit herabhängenden Sprossachsenteilen. Andere Pflanzen vollführen eine kriechende Wuchsbewegung und bilden sprossbürtige Wurzeln, um sich möglichst großflächig auf dem Erdboden auszubreiten, z. B. *Vínca*, Gundermann, Nesselarten (s. Abb. 20).

Bei Rosettenpflanzen mit gestauchter Sprossachse werden die Blätter so versetzt angeordnet, dass eine optimale Lichtausnutzung erzielt wird. Diese Pflanzen bilden eine lagernde Bewegungsform aus,

die gestalterisch als sammelnde Form genutzt wird (zum Beispiel *Sempervívum, Echevéria*).
Die verschiedenen Bewegungsformen sollen in floristischen Werkstücken ihrer Natur gemäß verwendet werden (siehe Florist Bd. 1).

Farbe und Oberfläche

Neben der Wuchsbewegung sind außerdem Farbe und Oberfläche ausschlaggebend für die gestalterische Wirkung.
Krautige Sprossachsen sind zumeist grünlich oder rötlich gefärbt, verholzte Sprossachsen weisen häufig eine grau-braune Farbe auf. Gerade bei unbelaubten Zweigen sind Farbe und Struktur der Rinde wesentliche gestalterische Elemente. Besondere Farben tauchen z. B. auf bei *Córnus álba* (scharlachrot), *Córnus serícea* (gelb), *Cýtisus scopárius* und *Jasmínum nudiflórum* (grün).
Die Oberfläche von Sprossachsen kann glatt (z. B. *Ornithógalum, Neríne, Narcíssus, Diánthus*), behaart (z. B. *Centauréa, Heliánthus, Leontopódium*) oder rau und rissig sein.

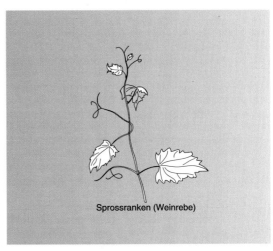

Sprossranken (Weinrebe)

Abb. 24.
Sprossranken beim Wein.

Letzteres ist bei vielen Bäumen der Fall. Bei einigen Pflanzen ist die Sprossachse von besonderem grafischem Reiz, so z. B. bei Korkenzieherhasel (*Córylus avellána* ›Contorta‹) und -weide (*Sálix matsudána* ›Tortuosa‹) durch die drehenden Wuchsbewegungen oder bei der Bänderweide (*Sálix sachalinénsis* ›Sekka‹) durch die bandartige Verbreiterung und die Krümmung an der Spitze der Sprossachse.

Sprossmetamorphosen

Wie bei der Wurzel treten auch bei der Sprossachse Umbildungen zwecks Übernahme anderer oder zusätzlicher Aufgaben auf.
Knollen, Zwiebeln und **Rhizome** sind zumeist unterirdische Sprossachsen, die der Speicherung von Reservestoffen dienen. Sie kommen bei vielen Stauden als Überwinterungsorgan vor (s. Abb. 23).
Knollen von Alpenveilchen, Gloxinien oder Knollenbegonien sind verdickte Sprossachsen, die Blätter, Blüten und Knospen tragen. Bei Kartoffelknollen handelt es sich um verdickte unterirdische Seitensprosse.
Bei den so genannten **Zwiebelknollen** von z. B. Gladiolen und Krokus ist die Knolle von Hüllblättern umgeben, sodass sie äußerlich einer Zwiebel ähnelt.

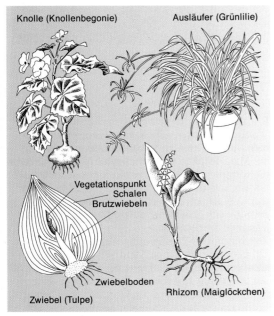

Knolle (Knollenbegonie)

Ausläufer (Grünlilie)

Vegetationspunkt
Schalen
Brutzwiebeln

Zwiebelboden

Zwiebel (Tulpe)

Rhizom (Maiglöckchen)

Abb. 23. Sprossmetamorphosen zur Speicherung oder vegetativen Vermehrung.

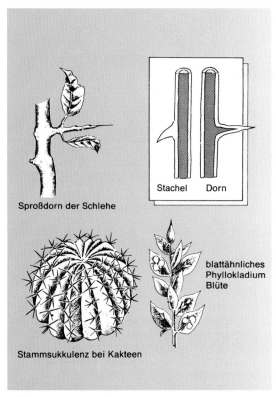

Stachel Dorn

Sproßdorn der Schlehe

blattähnliches
Phyllokladium
Blüte

Stammsukkulenz bei Kakteen

Abb. 25.
Sprossumwandlungen bei Pflanzen trockener Standorte.

Abb. 26.
Rúscus aculeátus. Die Früchte sitzen auf den Phyllokladien.

Zwiebeln von Tulpen, Narzissen oder Hyazinthen bestehen aus der gestauchten Sprossachse (Zwiebelboden) und zu Speicherorganen umgewandelten Laubblättern (Zwiebelschalen). Im Gegensatz zur Knolle ist in der Zwiebel zur Pflanzzeit im Herbst die Blüte für das kommende Jahr bereits voll ausgebildet. Bevor sie austreiben kann, müssen zunächst eine Zeit lang niedrige Temperaturen einwirken (ca. frostfrei bis –9 °C). Anschließend lassen sich die Zwiebeln durch Wärmebehandlung rasch treiben (Hyazinthe auf Wasserglas). Im Gartenbau sind Methoden der Temperaturbehandlung entwickelt worden, mit denen sich z. B. Tulpen lange vor der natürlichen Blütezeit treiben lassen (s. a. Kap. 13).

Rhizome sind unterirdische Sprossachsen mit gestauchten Internodien; sie kommen z. B. bei Maiglöckchen und Schwertlilien vor. Bei einigen Pflanzen breiten sich die waagerecht wachsenden Rhizome durch Verzweigung flächig aus.

Während die älteren Teile absterben, werden immer wieder Seitentriebe gebildet, so zum Beispiel bei Maiglöckchen und Buschwindröschen. Rhizome werden auch als Wurzelstock bezeichnet. Im Unterschied zu Wurzeln entwickeln sich an ihnen jedoch Knospen und schuppenförmige Niederblätter, auch gleicht der innere Bau dem der oberirdischen Sprossachse.

Zur vegetativen Vermehrung werden z. B. von der Grünlilie, vom Judenbart und von Erdbeeren **Ausläufer** gebildet. Das sind lang gestreckte Sprossachsen, aus deren Knospen Jungpflanzen entstehen. Nach dem Einwachsen der Jungpflanze in den Erdboden stirbt die verbindende Sprossachse ab (s. Abb. 23), die Jungpflanze ist nun selbstständig. Wie oben bereits erwähnt, werden z. B. bei der

Weinrebe, beim Wilden Wein und bei der Passionsblume **Sprossranken** als Kletterhilfen ausgebildet (siehe Abbildung 24).

Ebenfalls zu den Sprossmetamorphosen zählen **Sprossdornen**, die z. B. bei Sanddorn, Feuerdorn oder Schlehe vorkommen. Es sind umgewandelte Seitensprosse, die als Schutz gegen Tierfraß dienen. Im Gegensatz zu Stacheln stehen Dornen mit den Leitbündeln der Sprossachse in direkter Verbindung und sind fest mit ihr verwachsen. Sie lassen sich also nur schwer entfernen. **Stacheln** von zum Beispiel Rosen und Brombeeren sind Ausstülpungen der Oberhaut, die sich durch leichten Druck beseitigen lassen (s. Abb. 25).

Bei **stammsukkulenten Pflanzen,** z. B. bei Kakteen- und Euphorbienarten, ist die Sprossachse als Anpassung an Trockenstandorte verdickt und dient als Wasserspeicher. Da die Blätter dieser Pflanzen häufig zu Dornen umgewandelt sind, übernehmen die Sprossachsen die Fotosynthese (siehe Abbildungen 25 und 46).

Bei vielen *Epiphýllum*-Arten und dem Mäusedorn (*Rúscus aculeátus*) wird die Fotosynthese von blattartig verbreiterten Seitensprossen, den **Phyllokladien** übernommen, während die eigentlichen Blätter verkümmert oder zu Dornen umgewandelt sind (s. Abb. 25). An den Phyllokladien entstehen auch die Blüten. Deswegen hat es beim Mäusedorn den Anschein, als würden die Blüten und Früchte aus den »Blättern« herauswachsen (s. Abb. 26).

!!!Merksätze

- Die Sprossachse ist Träger von Blättern und Blüten und bringt sie in eine günstige Position zum Licht. Sie dient ferner dem Stofftransport zwischen Blättern und Wurzeln.
- Die Sprossachse ist in Nodien und Internodien gegliedert, Seitensprosse können aus Knospen in den Blattachsen hervorgehen.
- Knospen werden unterschieden nach ihren Aufgaben oder dem Entstehungsort an der Sprossachse. Es gibt Blüten- und Blattknospen, Endknospen, Achselknospen und Reserveknospen.
- Die Beschaffenheit der Sprossachsen — krautig oder holzig — wirkt sich auf ihre Behandlung in der Floristik aus.

- Krautige Sprossachsen sind Stängel, Halm und Schaft, verholzte Sprossachsen sind Stamm, Ast und Zweig.
- Sprossachsen können aufstrebend, ausschwingend, windend, kletternd, rankend, kriechend, lagernd oder herunterhängend wachsen.
- Außer der Wuchsbewegung sind Farbe und Oberfläche von Sprossachsen gestalterische Elemente.
- Sprossmetamorphosen dienen der Stoffspeicherung (Sprossknolle, Zwiebelknolle, Rhizom), der vegetativen Vermehrung (Ausläufer), der Wasserspeicherung und Fotosynthese (Stammsukkulenz, Phyllokladien), als Kletterhilfen (Sprossranken) und als Fraßschutz (Dornen).

???Aufgaben

1. Betrachten Sie den Sprossaufbau einer Spraynelke und benennen Sie die einzelnen Teile der Sprossachse.
2. Nennen Sie weitere Beispiele für Pflanzen mit Stängel, Halm und Schaft.
3. Nennen Sie Pflanzen mit aufstrebenden, ausschwingenden, windenden, kletternden, abfließenden und gestauchten Sprossachsen (Rosettenpflanzen) und berichten Sie über ihre Verwendung in der Floristik.
4. Stellen Sie verschiedene Wuchsbewegungen zeichnerisch dar.

7 Innerer Bau und Aufgaben der Sprossachse

Die Sprossachse ist durch äußere Gestalt und inneren Bau an ihre Aufgaben angepasst. Für den Stofftransport zwischen Wurzel und Blättern sind besondere Leitungsbahnen angelegt. Die Stützfunktion der Sprossachse wird bei vielen Pflanzen durch die Bildung von Festigungsgewebe gewährleistet.

Querschnitt durch die Sprossachse

Betrachtet man den Querschnitt einer jungen Sprossachse unter dem Mikroskop, so lässt sich folgender Aufbau feststellen:
Den äußeren Abschluss bildet eine einschichtige **Oberhaut** (Epidermis). Darunter befindet sich das **Rindengewebe,** ein locker aufgebautes Grundgewebe, in das Reservestoffe eingelagert werden können (s. Abb. 27). Bei vielen krautigen Pflanzen befinden sich in den äußeren Schichten der Rinde Zellen, die der Festigung der Sprossachse dienen. Sie haben verdickte, elastische Zellwände, sind

lang und dehnbar, aber sehr reißfest. Bei einigen Pflanzen, wie z. B. Hanf und Flachs, bilden sie lange Fasern, die zu Bündeln oder Schichten zusammengeschlossen sind.
Solche Festigungsgewebe bewirken eine hohe Biegefestigkeit (Wind!) bei Landpflanzen.
Von Festigungsgewebe umgeben sind auch die **Leitbündel,** die im Inneren der Sprossachse liegen. Sie enthalten **Gefäße,** die Wasser und gelöste Nährsalze von der Wurzel aufwärts transportieren (Xylem) und **Siebröhren,** die Assimilate von den Blättern abwärts leiten (Phloem). Gefäße sind Röhren, die aus mehreren Zellen durch Auflösung der Querwände entstanden sind oder lang gestreckte Einzelzellen (bei Nadelhölzern). Sie bestehen nur noch aus der verholzten Zellwand und haben keinen lebenden Inhalt mehr. Siebröhren dagegen sind lebende Zellen, deren Querwände durchlöchert sind (s. Abb. 28).
Bei **zweikeimblättrigen Pflanzen** sind die Leitbündel ringförmig angeordnet; dabei ist das Xylem stets nach innen, das Phloem nach außen gerichtet. Zwischen Xylem und Phloem befindet sich ein Bildungsgewebe, das als **Kambium** bezeichnet wird. Das Grundgewebe im Inneren des Leitbündelringes heißt **Mark,** zwischen den Leitbündeln verlau-

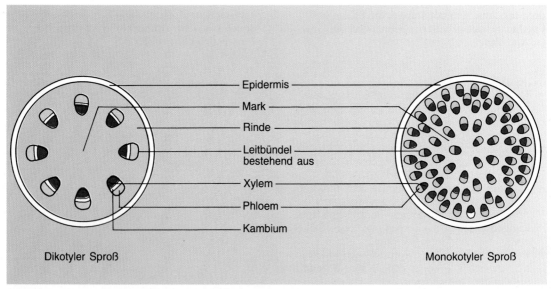

Epidermis

Mark

Rinde

Leitbündel bestehend aus

Xylem

Phloem

Kambium

Dikotyler Sproß   Monokotyler Sproß

Abb. 27.
Querschnitt durch die Sprossachse bei ein-und zweikeimblättrigen Pflanzen.

fen die **Markstrahlen.** Bei hohlen Sprossachsen ist das Mark zerrissen. Bei **einkeimblättrigen Pflanzen** liegen die Leitbündel verstreut im Grundgewebe. Auch hier ist das Xylem nach innen, das Phloem nach außen gerichtet, das Kambium zwischen den beiden fehlt jedoch (s. Abb. 27).

Sekundäres Dickenwachstum

Im Laufe der Entwicklung einer Pflanze zeigt die Sprossachse nicht nur Längenwachstum durch Bildung neuer Zellen im Vegetationspunkt an der Spitze, sondern sie kann auch an Umfang erheblich zunehmen. Dieses **Dickenwachstum** wird anfänglich hervorgerufen durch die Vergrößerung der einzelnen Zellen.

Später werden bei zweikeimblättrigen Pflanzen, besonders bei Bäumen und Sträuchern, und auch bei Nadelhölzern über die ganze Länge der Sprossachse neue Zellen gebildet, die zu einem zusätzlichen Dickenwachstum führen. Man nennt es **sekundäres Dickenwachstum.**

Zunächst erweitert sich das zwischen Xylem und Phloem liegende Bildungsgewebe zu einem Kambiumring (s. Abb. 29). Durch Zellteilung produziert es laufend neue Zellen, die nach innen als sekundäres Xylem = Holz, nach außen als sekundäres Phloem = Bast abgegeben werden.

Bei Holzgewächsen überwiegt im Laufe der Zeit die Holzproduktion; Kambium, Bast und Rinde bilden nur eine dünne äußere Schicht. Der eigentliche Holzkörper nimmt den größten Teil der Sprossachse ein. Er dient der Wasserleitung und der Festigung der Sprossachse.

Durch die ständige Verdickung der Sprossachse werden Rinde und Oberhaut gedehnt, bis sie schließlich zerreißen und als **Borke** nach und nach abgestoßen werden. Den äußeren Abschluss bildet nun ein **Korkgewebe,** das schon vorher in der Rinde gebildet wird.

Innerhalb einer Vegetationsperiode werden verschieden große Gefäße gebildet: Beim Austrieb im Frühjahr müssen große Mengen Wasser nach oben geleitet werden. Es werden Holzzellen mit großem Durchmesser (= weitlumig) und dünnen Wänden angelegt. Die im Spätsommer und Herbst entstehenden Gefäße sind englumig und haben dicke Wände. Frühholz und Spätholz bilden zusammen einen **Jahresring.** Anhand der Jahresringe kann der jährliche Holzzuwachs und das Alter von Bäumen abgelesen werden.

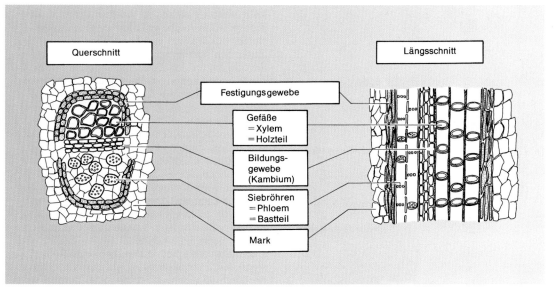

Abb. 28.
Bau der Leitbündel bei zweikeimblättrigen Pflanzen.

Die Jahresringe sind als helle Ringe (Frühholz) und dunkle Ringe (Spätholz) bei solchen Baumscheiben sichtbar, die zum Beispiel als Unterlage für Advents- und Trockengestecke verwendet werden.

Auch die typische Holzmaserung von Brettern kommt durch die Jahresringe zu Stande, allerdings sind sie hier nicht im Quer-, sondern im Längsschnitt zu sehen. Auch Astansätze sind daher sichtbar.

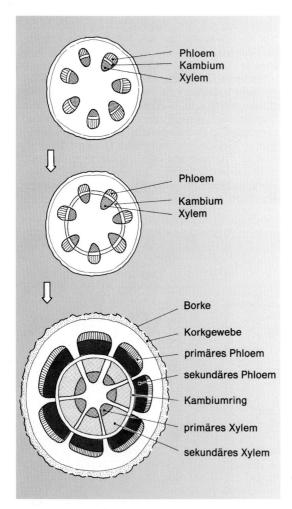

Abb. 29.
Sekundäres Dickenwachstum.

Die älteren Xylemteile im Inneren des Stammes werden für die Wasserleitung nicht mehr benötigt. Sie verstopfen und unterliegen verschiedenen chemischen Veränderungen. Dieses widerstandsfähige Holz wird auch als Kernholz bezeichnet (siehe Abbildung 30). Einkeimblättrige Pflanzen besitzen kein Kambium, infolgedessen ist ihr Dickenwachstum auf die Vergrößerung der Zellen begrenzt. Der Stamm z. B. von Palmen bleibt über die gesamte Länge gleichmäßig schlank (s. Abb. 31).

Transport des Wassers

Das von der Wurzel aufgenommene Wasser und darin gelöste Nährsalze müssen durch die Leitungsbahnen in enorme Höhen transportiert werden (z. B. beim Eucalyptus bis 120 m). Dabei werden verschiedene Kräfte wirksam.

Die entscheidende Kraft ist die Saugwirkung, die von den Blättern ausgeht. Durch Spaltöffnungen, vornehmlich an der Unterseite der Laubblätter (s. S. 52), wird Wasser verdunstet. Eine ausgewachsene Birke zum Beispiel gibt am Tag etwa 60 bis 70 Liter Wasser ab, an einem heißen Sommertag können es mehrere hundert Liter sein. Die Blattzellen ergänzen das verlorene Wasser aus den Leitungsbahnen, sodass ein **Transpirationssog** entsteht, der sich bis zu den Wurzeln fortsetzt. Der Transpirationssog bewirkt letztendlich das Aufsteigen des Wassers in große Höhen.

Zusätzlich sind jedoch noch weitere Kräfte erforderlich, die für den Zusammenhalt des »Wasserfadens« in den Leitungsbahnen sorgen. Würde der Wasserfaden nämlich reißen, wäre der Transpirationssog völlig unwirksam.

Durch die **Kohäsionskraft** werden die Wassermoleküle untereinander zusammengehalten, die **Adhäsionskraft** ist dagegen die Anhangskraft zwischen den Wassermolekülen und den Wänden der Leitungsbahnen. Beide Kräfte gemeinsam bewirken, dass der Wasserfaden in den engen Röhren nicht abreißen kann und dass er darüber hinaus sogar selbsttätig bis in geringe Höhen aufsteigen kann. Diesen selbstständigen Wasseranstieg in feinen Röhren nennt man **Kapillarität**.

Der **Wurzeldruck** spielt immer dann eine Rolle, wenn der Transpirationssog für den Wassertransport nicht ausreichend ist, also zum Beispiel wenn bei hoher Luftfeuchtigkeit kaum Verdunstung stattfindet (s. a. Guttation, s. Seite 61). Dann

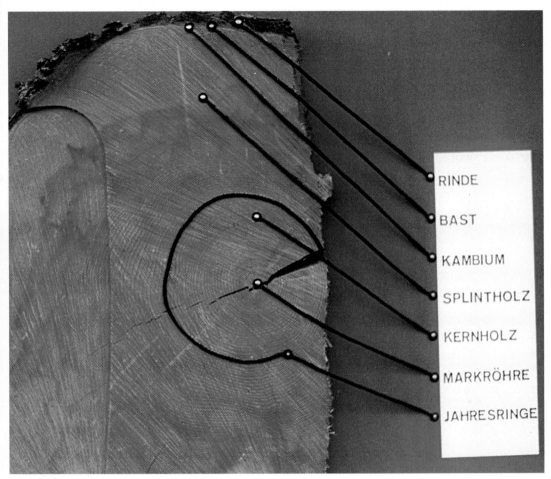

Abb. 30.
Querschnitt durch einen Baumstamm.

Labels in the figure:
RINDE
BAST
KAMBIUM
SPLINTHOLZ
KERNHOLZ
MARKRÖHRE
JAHRESRINGE

wird laufend Wasser von der Wurzel in die Xylemzellen im Zentalzylinder befördert und von dort nach oben gedrückt. Der Wurzeldruck funktioniert besonders gut bei Bäumen vor dem Blattaustrieb, wenn das System der Wasserleitung in Gang gesetzt werden muss. Schneidet man im Frühjahr Zweige von z. B. Ahorn, Birke, Weinrebe ab, so tritt aus den Verletzungen für längere Zeit Flüssigkeit aus, der Fachmann spricht von »Bluten«. Der Wurzeldruck lässt im Laufe der Vegetationsperiode nach und hat insgesamt eine geringe Bedeutung für den Wassertransport.

Bei Schnittblumen wird der Wasserstrom durch die Trennung von der Wurzel unterbrochen. Angesaugte Luftblasen, Schmutz und Bakterien können die Leitungsbahnen verstopfen und so die Wasseraufnahme und den Wassertransport behindern. Der Florist muss durch geeignete Maßnahmen, wie zum Beispiel Erneuerung des Anschnittes mit einem scharfen Messer, sofortiges Einstellen in frisches Wasser und Zugabe von Frischhaltemitteln dafür sorgen, dass das Wasser ungehindert in die Leitbahnen eintreten und transportiert werden kann (s. Kap. 47).

Abb. 31.
Links: Eiche, allmähliche Verdickung des Stammes. Rechts: Palme, kein sekundäres Dickenwachstum; der Stamm bleibt gleichmäßig schlank.

!!! Merksätze

- Den äußeren Abschluss der Sprossachse bilden Oberhaut und Rinde; innen befinden sich die Leitbündel, die bei zweikeimblättrigen Pflanzen ringförmig, bei einkeimblättrigen Pflanzen verstreut angeordnet sind.
- Die Leitbündel bestehen aus Gefäßen (Xylem), die Wasser und gelöste Nährstoffe von der Wurzel aufwärts leiten, und Siebröhren (Phloem), die Assimilate von den Blättern zu den anderen Pflanzenteilen transportieren.
- Der aufwärts gerichtete Transport des Wassers wird in erster Linie durch den Transpirationssog ermöglicht, der von den verdunstenden Blättern ausgeht und sich bis zu den Wurzeln fortsetzt. Weitere wirksame Kräfte sind Kohäsion und Adhäsion, Kapillarität und Wurzeldruck.
- Bei zweikeimblättrigen Pflanzen liegt zwischen Xylem und Phloem ein Kambium, das sich zum Kambiumring schließt und durch Neubildung von Zellen zum sekundären Dickenwachstum führt.

??? Aufgaben

1. Stellen Sie frisch angeschnittene Blumen mit weißen oder hellen Blüten für mehrere Stunden in eine farbige Lösung, z. B. Blumen-Einstellfarbe oder Tinte ein. Verwenden Sie möglichst zweikeimblättrige Pflanzen (z. B. Nelken, Chrysanthemen) und einkeimblättrige Pflanzen (z. B. Tulpen, Lilien).
   a) Erklären Sie Ihre Beobachtungen.
   b) Welche Möglichkeiten sehen Sie für den Einsatz in der Floristik?
   c) Schneiden Sie den Stängel der Schnittblumen mit einem scharfen Messer gerade ab. Beschreiben und erklären Sie. Vergleichen Sie den Anschnitt bei ein- und zweikeimblättrigen Pflanzen.
2. Zeigen Sie an einer Baumscheibe die Jahresringe und erklären Sie deren Zustandekommen.
3. Das Festigungsgewebe von Pflanzen wird seit alters her für die Herstellung von Flechtwerk genutzt. Nennen Sie Pflanzen, deren Fasern zu Matten oder Körben verarbeitet werden.

Das Blatt

8 Bau des Blattes

Laubblätter erfüllen wichtige Aufgaben im Stoffwechselgeschehen der Pflanze. Aus Wasser und Kohlendioxid stellen sie mit Hilfe von Blattgrün und Sonnenlicht Traubenzucker her. Darüber hinaus ermöglichen die Blätter durch Wasserverdunstung den Transport von Wasser und Nährstoffen in den Leitungsbahnen und sorgen durch die entstehende Verdunstungskälte für eine Herabsetzung der Blatttemperatur bei hohen Lufttemperaturen. Der Florist muss dafür sorgen, dass die Blätter ihren Aufgaben nachkommen können und somit eine gesunde Entwicklung der Pflanze ermöglicht wird. Auch sollte er in der Lage sein, die Kunden diesbezüglich fachgerecht zu beraten.

Bei der gestalterischen Arbeit des Floristen spielen Blätter eine wichtige Rolle. Gestaltungen aus Schnittblumen werden in ihrer Wirkung abgerundet durch die Verwendung vielfältigen Beiwerks, wozu in erster Linie Blätter gehören. Ihre gestalterische Bedeutung ist so groß, dass man sich scheut, nur von Beiwerk zu sprechen. Form, Farbe und Oberfläche der Blätter müssen auch beim Gestalten von Gefäßbepflanzungen berücksichtigt werden. Blätter sind durch ihre äußere Gestalt und den inneren Bau an ihre Aufgaben und die herrschenden Umweltbedingungen angepasst.

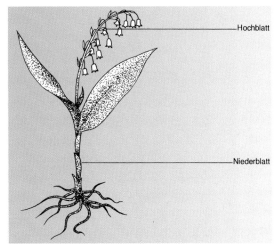

Abb. 32.
Niederblätter und Hochblätter bei Maiglöckchen.

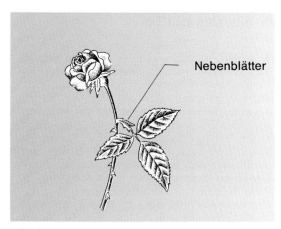

Abb. 33.
Nebenblätter bei Rose.

Abb. 35.
Jugendblätter (links) und Altersblätter (rechts) bei Hédera hélix.

Flächige Ausgestaltung des Blattes ermöglicht eine intensive Ausnutzung der Sonnenstrahlung, eine große Oberfläche ist vorteilhaft für den Gasaustausch mit der umgebenden Luft. Außer Laubblättern befinden sich an den meisten Pflanzen weitere Blattarten, die andere Aufgaben übernommen haben.

Blattarten

Die Blätter entstehen am Vegetationskegel an der Spitze der Sprossachse. Nach der Reihenfolge ihrer Entstehung und ihren Aufgaben unterscheidet man Keimblätter, Niederblätter, Laubblätter und Nebenblätter sowie Hochblätter.

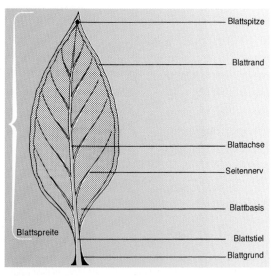

Abb. 34.
Bau des Laubblattes.

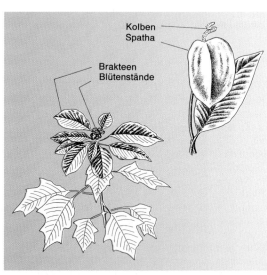

Abb. 36. Spatha bei Anthúrium-Scherzerianum-Hybriden und Brakteen bei Euphórbia pulchérrima.

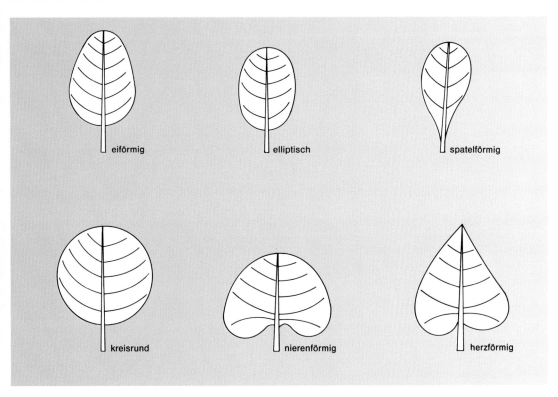

Abb. 37.
Rundliche Blattformen.

Keimblätter (Kotyledonen) sind die ersten Blätter, die sich während der Samenkeimung entfalten. Sie sind einfach gebaut und dienen der Ernährung des Keimlings. Ihre Lebensdauer ist nur kurz (siehe Seite 78).

Niederblätter befinden sich unterhalb der Laubblätter. Sie sind meist unvollkommen entwickelt und schützen als Schuppen häufig junge Blatt- und Blütenanlagen (siehe Abbildung 32).

Nebenblätter werden bei manchen Pflanzen am Blattgrund von Laubblättern ausgebildet, zum Beispiel bei Rosen und Wicken. Sie werden auch **Stipeln** genannt (siehe Abbildungen 33 und 45). Auch die schuppenförmigen Blätter, die als Knospenschutz dienen, sind Nebenblätter.

Laubblätter können sehr vielgestaltig sein (siehe unten). Den Bau eines normalen Laubblattes einer zweikeimblättrigen Pflanze zeigt Abbildung 34. Bei manchen Pflanzenarten sind die Laubblätter an einer Pflanze verschiedenartig geformt, man kann Jugend- und Altersblätter unterscheiden. Wichtige floristische Beispiele sind Efeu (*Hédera hélix*) und Wacholder (*Juníperus chinénsis*). Beim Efeu werden die gelappten Jugendblätter durch ganzrandige Altersblätter abgelöst (siehe Abbildung 35), beim Wacholder sitzen an den jungen Sprossteilen nadelförmige, an den älteren Teilen schuppenförmige Blätter.

Hochblätter befinden sich in der Blütenregion und übernehmen teilweise spezielle Aufgaben. Bei Pflanzen mit unscheinbaren Blüten nehmen sie häufig eine besondere Färbung an, um Insekten anzulocken. Die auffälligen Hochblätter beim Weihnachtsstern und bei der Rispenwolfsmilch nennt man **Brakteen**, einzeln stehende Hochblätter bei Pflanzen aus der Familie *Aráceae* (Anthurie, *Spathiphýllum*, Cálla) heißen **Spatha** (siehe Abbildung 36).

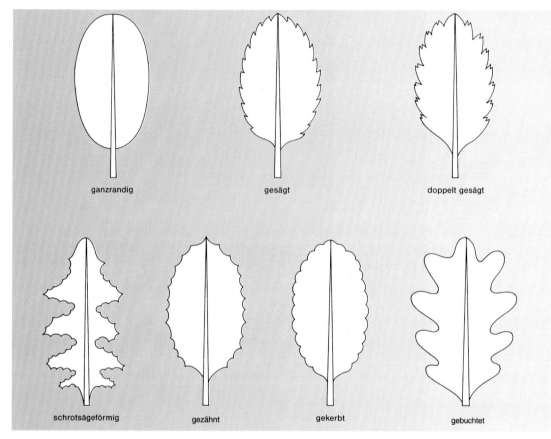

Abb. 38.
Blattränder.

Blattformen und Blattränder

Für den Pflanzenkundler stellt die äußere Gestalt
der Blätter ein wichtiges Unterscheidungsmerkmal
bei der Bestimmung von Pflanzen dar. Der Florist
betrachtet die Vielfalt an Formen, Farben und
Oberflächen aus der Sicht des Gestalters. Er ist
bemüht, die verschiedenen Blätter gemäß ihren
gestalterischen Ansprüchen und passend zum
übrigen Material einer Gestaltung zu verwenden.
Aus dieser Sichtweise heraus lassen sich Blattformen folgendermaßen unterteilen:
Runde Blätter oder Blätter, die auf den Kreis als
Grundform zurückzuführen sind, wie z. B. eiför-
mige, elliptische, spatelförmige, nierenförmige und

auch herzförmige Blätter, haben eine flächige,
sammelnde Wirkung (siehe Abbildung 37).
Sie bringen Ruhe in eine Gestaltung und stellen
einen Ausgleich zu spritzigen und raumgreifenden
Formen dar. Bei Sträußen und Gestecken nutzt
man daher die sammelnde Kraft solcher runden
Blätter für die Ausgestaltung des Bewegungsmittelpunktes (siehe Florist Band 1). Die Wirkung
wird noch unterstützt, wenn der Blattrand der
Form entspricht und z. B. ganzrandig oder nur
leicht gesägt, gezähnt oder gekerbt ist (siehe Abbildung 38).
Spitz zulaufende längliche Formen, wie z. B. dreieckige, lanzettförmige, rautenförmige, längliche,
pfeil- und spießförmige Blätter wirken richtungs-

weisend und raumgreifend, besonders, wenn es sich um große Blätter handelt (s. Abb. 39).

Sie verleihen einer Gestaltung Spannung und Dynamik und stellen einen reizvollen Kontrast zu runden Formen her. Auf Grund ihrer raumgreifenden Wirkung werden sie bevorzugt in den äußeren Bereichen eines Arrangements angeordnet.

Zusammengesetzte und geteilte Blattformen, wie z. B. gefiederte Blätter, fingerförmig oder handförmig geteilte Blätter, wirken locker und eher unruhig (siehe Abbildung 40). Sie können die Strenge einer Gestaltung auflockern und ihr Fülle und Lebendigkeit verleihen. Häufig lässt sich der Umriss dieser Blätter wieder auf die runde oder dreieckige Grundform zurückführen.

Blattfärbung und Oberflächen

Das Grün der Blätter kann in vielerlei Farbschattierungen von Gelbgrün (z. B. Gelbe Mooszypresse) bis Blaugrün (z. B. Blaue Atlaszeder) variieren, je nachdem, in welchen Anteilen Chlorophyll a und Chlorophyll b vorliegen (s. Seite 16). Auch die Umweltbedingungen wirken sich auf die Blatt-

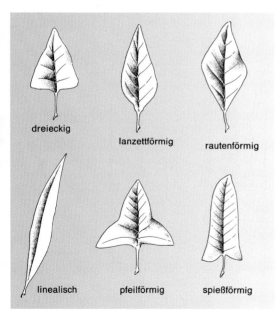

dreieckig

lanzettförmig

rautenförmig

linealisch

pfeilförmig

spießförmig

Abb. 39.
Dreieckige und spitz zulaufende, längliche Blattformen.

färbung aus. Ausreichend mit Licht und Nährstoffen versorgte Blätter sind saftig grün, bei Mangel entstehen krankhafte Farbveränderungen, z. B. **Chlorosen** (= Blattaufhellungen und -vergilbungen). An Standorten mit hoher Lichteinstrahlung zeigen die Blätter von dort beheimateten Pflanzen häufig weiß-graue Farben. Sie kommen zu Stande durch Kalküberzüge und Reifschichten (z. B. Agave) oder Haarfilze (zum Beispiel Greisenhauptkaktus), die vor übermäßiger Verdunstung schützen sollen. Pflanzen solcher Standorte haben vielfach fleischige Blätter mit harten, ledrigen oder wolligen, haarigen Oberflächen (siehe Abb. 41), während Pflanzen feuchter Standorte eher zarte, weiche Blätter aufweisen.

Sind die grünen Chloroplasten an einigen Stellen des Blattes durch gelbe, orangefarbene oder rote Chromoplasten ersetzt, so ergeben sich gesprenkelte (z. B. *Aucúba japónica* »Variegata«), gefleckte oder marmorierte (z. B. *Codiáeum-* und *Dieffenbáchia-*Sorten) oder gestreifte Blätter (z. B. *Dracáena margináta* »Tricolor«). Bei weißbunten Pflanzen sind die Chloroplasten teilweise durch Leukoplasten ersetzt, man spricht von **panaschierten** Blättern (z. B. *Hédera hélix* »Variegata«). Die rötliche oder violette Farbe der Laubblätter von zum Beispiel Blutbuche, Blutpflaume kommt durch den Farbstoff Anthocyan im Zellsaft zu Stande (siehe Seite 16).

Blattnervatur

Das System der Leitungsbahnen eines Blattes wird als Blattnervatur bezeichnet. Es sichert für alle Bereiche des Blattes die Versorgung mit Wasser und den Abtransport der Assimilate. Gleichzeitig wird die Blattspreite besonders durch die Hauptleitungsbahnen stabilisiert. Der Verlauf der Blattnerven ist ein wichtiges Unterscheidungsmerkmal zwischen ein- und zweikeimblättrigen Pflanzen. Die Blätter einkeimblättriger Pflanzen sind **parallel-** oder **bogennervig** (s. Abb. 42). Der Verlauf dieser Nerven verstärkt die richtungsweisende Wirkung solcher Blätter in floristischen Gestaltungen. Die Blätter zweikeimblättriger Pflanzen besitzen Hauptnerven, von denen seitliche Verzweigungen ausgehen, sie sind **hand-** oder **fiedernervig** (Sammelbegriff: netznervig). Bei handnervigen Blättern entspringen die Hauptadern aus einem Punkt. Verwendet man solche Blätter z. B.

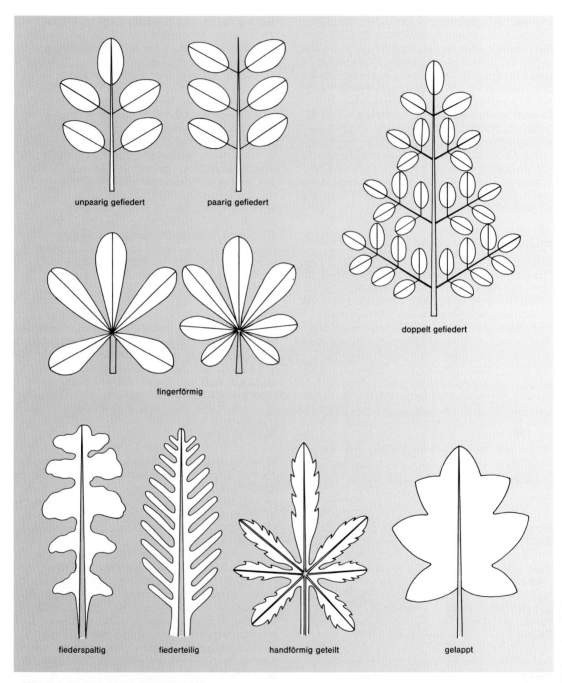

unpaarig gefiedert   paarig gefiedert

doppelt gefiedert

fingerförmig

fiederspaltig   fiederteilig   handförmig geteilt   gelappt

Abb. 40. Zusammengesetzte und geteilte Blattformen.

Abb. 41. Blätter von Pflanzen trockener Standorte. Links: Senécio-Arten, rechts: Kalánchoë beharénsis, dahinter: Kalánchoë tubiflóra.

in einem Strauß, so führen die Blattadern zum Bewegungsmittelpunkt des Straußes hin.

Innerer Bau des Blattes

Die Anordnung der verschiedenen Gewebe im Blattinneren ist so gestaltet, dass das Blatt seinen Aufgaben in bestmöglicher Weise nachkommen kann. Die Blattspreite ist ober- und unterseits von einer meist einschichtigen, chlorophyllfreien Oberhaut (Epidermis) überzogen (s. Abb. 43). Betrachtet man die Oberhaut unter dem Mikroskop, so kann man feststellen, dass die einzelnen Zellen in der Draufsicht ähnlich wie die Teilchen eines Puzzlespiels eng und lückenlos miteinander verzahnt sind und so für Festigkeit und Schutz sorgen. Eine Auflagerung von wachsähnlichen Stoffen (Kutin) auf der Oberhaut schützt das Blatt vor starker Austrocknung. Dieses Häutchen heißt **Kutikula.** Die Kutikula schränkt die Abgabe von Wasserdampf ein, unterbindet sie jedoch nicht völlig. So wie durch die Kutikula in geringem Umfang Wassermoleküle nach außen abgegeben werden können, werden umgekehrt Wassermoleküle und auch Nährionen aufgenommen. Dies macht man sich bei der Blattdüngung zu Nutze. Die Kutikula kann je nach Pflanzenart unterschiedlich stark ausgebildet sein, was sich auf das Ausmaß der Wasserabgabe auswirkt. Ein zusätzlicher Verdunstungsschutz wird durch Wachsschichten (z. B. Geweihfarn) oder Behaarung (z. B. Lavendel) erreicht. Wird die verdunstungshemmende Schicht zerstört (z. B. Zerstörung der Kutikula durch Spinnmilben, die die Epidermiszellen anstechen, oder »Abputzen« der mehligen Wachsschicht beim Geweihfarn), vertrocknen die Blätter und die Pflanze stirbt ab.

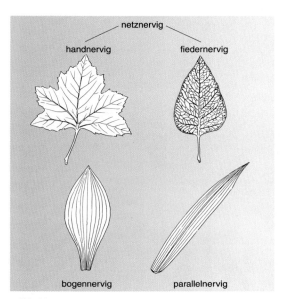

Abb. 42.
Blattnervatur.

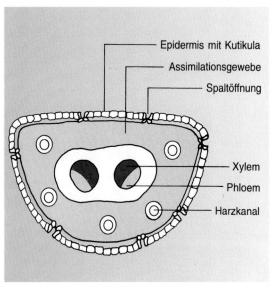

Abb. 44.
Querschnitt durch eine Kiefernnadel (vereinfacht).

Unterhalb der oberen Epidermis befindet sich ein ein- oder mehrschichtiges, chlorophyllreiches Gewebe, das auf Grund der Form und Anordnung seiner Zellen **Palisadengewebe** genannt wird. Es enthält 70 bis 85 % der Blattgrünkörner des gesamten Blattes. Die Fotosynthese findet hauptsächlich in diesem Gewebe statt. Das darunter liegende

Schwammgewebe zeigt einen lockeren und mehrschichtigen Aufbau. Es erhielt seinen Namen wegen der vorhandenen Zellzwischenräume (**Interzellularen**), die es unter dem Mikroskop wie ein Schwamm aussehen lassen. Das Schwammgewebe dient der Durchlüftung des Blattes. Bereits äußerlich als Blattadern sichtbar sind die Leitbündel,

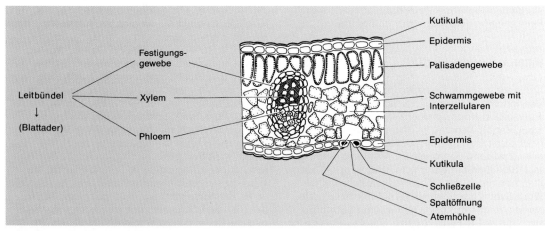

Abb. 43.
Der innere Bau des Blattes (Blattquerschnitt).

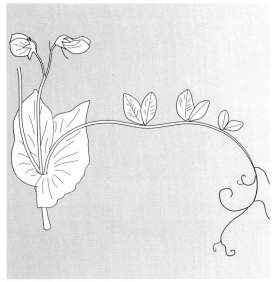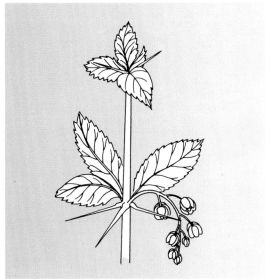

Abb. 45.
Blattmetamorphosen. Links: Blattranken bei Erbsen und Wicken. Rechts: Blattdornen der Berberitze.

die in Palisaden- und Schwammgewebe eingebettet sind. In der unteren Epidermis befinden sich die **Spaltöffnungen,** die die Wasserdampfabgabe regeln (siehe Seite 60). Durch die Spaltöffnungen wird auch Kohlendioxid für die Fotosynthese aus der Luft aufgenommen und Sauerstoff abgegeben (siehe Kapitel 9).

Vom hier beschriebenen Grundbauplan des Blattes gibt es viele Abweichungen, die zum Teil auf Umweltbedingungen zurückzuführen sind (siehe auch Kapitel 9 und 10), zum Teil auch von der Pflanzenart abhängen. Nadelhölzer zum Beispiel zeigen einen etwa spiegelbildlichen Aufbau der Ober- und Unterseite, die Leitbündel befinden sich zentral in der Mitte des Blattes. Nadelblätter sind von einer besonders dicken Epidermis und Kutikula umgeben, dadurch sind sie gut vor Austrocknung geschützt (siehe Abbildung 44).

Blattmetamorphosen

Auch Laubblätter übernehmen zusätzliche oder andere Aufgaben und zeigen dadurch Abweichungen von der normalen Gestalt. Zu den Blattmetamorphosen gehören Blattdornen, Speicherblätter, Blattranken und die Fangblätter der insektenfangenden Pflanzen. Zwischen »normalen« Blättern und den eigentlichen Blattmetamorphosen gibt es Übergänge. wie zum Beispiel die eingangs beschriebenen Hochblätter oder die Mantelblätter des Geweihfarns (siehe Seite 85). Als Schutz gegen Tierfraß und zur Verringerung der Verdunstungsfläche haben vorwiegend Pflanzen trockener Standorte **Blattdornen** ausgebildet. Bei Kakteen sind sämtliche Blätter zu Dornen umgewandelt, bei der Berberitze, der Madagaskarpalme und beim Christusdorn wird nur ein Teil der Blätter durch Blattdornen ersetzt (siehe Abbildung 45).

Ebenfalls eine Anpassung an trockene Standorte ist die Speicherung von Wasser und anderen Stoffen in den Blättern. Durch einen Wasservorrat können **blattsukkulente Pflanzen** wie zum Beispiel *Crássula*, Agave, *Echéveria*- und *Sédum*- Arten (siehe Abbildungen 46 a und b) längere Trockenperioden überdauern.

Den gleichen Zweck erfüllt die Speicherung von Reservestoffen, wie zum Beispiel Stärke und Eiweiß, in **Speicherblättern** (zum Beispiel die Schalen der Zwiebel). Zwiebeln stellen also gleichzeitig eine Spross- und eine Blattmetamorphose dar. Einige Kletterpflanzen, wie zum Beispiel Wicke, Erbse, Kürbis oder *Gloriósa*, haben vollständige

Abb. 46 a.
Links: Stammsukkulenz und Blattdornen bei Helianthocéreus peche-
retiánus. Rechts: Blattsukkulenz bei Echevéria coccínea.

Blätter oder Teile der Blattspreite zu **Blattranken**
umgebildet (siehe Abbildung 45).
Besondere Blattmetamorphosen weisen die insektenfangenden Pflanzen (Insektivoren) auf. Sie leben an nährstoffarmen, insbesondere stickstoff-
armen Standorten. Zu ihrer ausreichenden Ernährung haben sie **Fangblätter** ausgebildet, mit denen
sie Insekten einfangen und verdauen. Es haben
sich verschiedene Fangmechanismen entwickelt
(siehe Abbildung 47). Der Sonnentau lockt durch
ein klebriges Sekret Insekten an. Diese bleiben an
den Klebdrüsen haften und werden schließlich
verdaut. Die Fangblätter der Venusfliegenfalle
arbeiten wie eine Klappfalle. Berührt ein Insekt
die Fühlborsten des geöffneten Blattes, so klappen
die Blatthälften blitzartig zusammen und halten
die Beute fest. Bei der Kannenpflanze ist die Blattspreite zu einer mit Flüssigkeit gefüllten Kanne
mit Deckel umgebildet, deren Rand sehr glatt ist.
Insekten und kleine Tiere, die durch die bunte
Färbung und Nektardrüsen angelockt werden und
sich auf den Rand setzen, rutschen aus und fallen
in die Flüssigkeit. Sie ertrinken und werden verdaut.

Abb. 46 b.
Hinten: Stammsukkulenz und Blattdornen bei Echinópsis
terschéckii. Vorn: Blattsukkulenz bei Sédum x rubrotínctum.

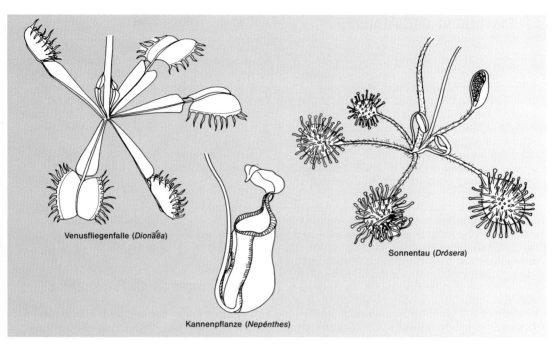

Venusfliegenfalle (*Dionáëa*)

Kannenpflanze (*Nepénthes*)

Sonnentau (*Drósera*)

Abb. 47. Fangblätter einiger insektenfangender Pflanzen.

!!! Merksätze
- Nach der Reihenfolge ihrer Entstehung an der Sprossachse unterscheidet man zwischen Keimblättern, Niederblättern, Laubblättern, Nebenblättern und Hochblättern.
- Die Blattformen lassen sich zurückführen auf die Grundformen Kreis und Dreieck und sind entsprechend in floristischen Gestaltungen einzusetzen.
- Form, Farbe und Oberfläche der Blätter weisen eine große Vielfalt auf und sind wichtige Gestaltungselemente.
- Der Querschnitt des Laubblattes zeigt von oben nach unten folgende Gewebeanordnung:

Epidermis mit Kutikula Schutz und Festigkeit
Palisadengewebe Fotosynthese
Schwammgewebe Durchlüftung
Leitbündel Transport von Wasser
undAssimilaten
untere Epidermis s. o.,
mit Kutikula und Verdunstung,
Spaltöffnungen Gasaustausch

- Zu den Blattmetamorphosen gehören Blattdornen, Blattranken, Fang-, Speicherblätter.

??? Aufgaben
1. Sammeln Sie Blätter floristisch bedeutsamer Pflanzen! Beschreiben Sie Form, Farbe und Oberfläche und berichten Sie über ihre Verwendung bei floristischen Gestaltungen.
2. Legen Sie aus gepressten Blättern, getrockneten Blättern oder Abbildungen (Prospektmaterial) von Blättern, die als Beiwerk verwendet werden, eine Mappe an. Ordnen Sie die Blätter nach Form, Farbe und Oberflächenbeschaffenheit und schreiben Sie die exakten botanischen Namen auf.
3. Zeichnen Sie den Querschnitt eines Laubblattes.

9 Fotosynthese und Atmung

Pflanzen besitzen als einzige Lebewesen die Fähigkeit, sich vollständig von anorganischen Stoffen zu ernähren. Sie nehmen Wasser und Nährsalze aus dem Boden und Kohlendioxid und Sauerstoff aus der Luft auf und stellen daraus sämtliche in ihnen enthaltene Verbindungen her. Solche Verbindungen sind vor allem Eiweiße, Kohlenhydrate und Fette; sie enthalten Kohlenstoff und werden als organische Stoffe bezeichnet. Die Umwandlung anorganischer Ausgangsstoffe in organische Substanz erfolgt, indem die Pflanze mit Hilfe von Licht aus Wasser und Kohlendioxid Traubenzucker aufbaut und daraus alle weiteren Verbindungen herstellt. Dieser Vorgang wird auch **Kohlenstoff-Assimilation** genannt (Assimilation = Umwandlung von körperfremden in körpereigene Stoffe). Gebräuchlicher ist der Begriff **Fotosynthese**, da Licht die notwendige Energie für die Assimilation liefert.

Um wachsen und gedeihen zu können, muss die Pflanze ausreichend organische Substanz produzieren. Dazu müssen die Voraussetzungen für die Fotosynthese erfüllt sein. Bei Standortwahl und Pflegemaßnahmen, z. B. bei der Innenraumbegrünung, sollten Gärtner und Floristen darauf achten, dass die jeweiligen Pflanzenarten optimale, mindestens aber ausreichende Bedingungen vorfinden.

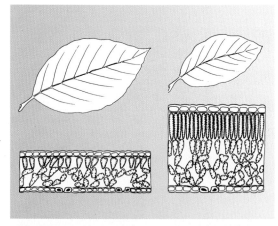

Abb. 48.
Schattenblatt (links) und Lichtblatt (rechts) der Rotbuche mit den entsprechenden Blattquerschnitten.

Ablauf der Fotosynthese

Die Fotosynthese ist ein komplizierter chemischer Vorgang, der sich aus mehreren Teilprozessen zusammensetzt. Die Chlorophyllkörner in den Chloroplasten absorbieren die Lichtstrahlen, deren Energie für den Aufbau des Traubenzuckers genutzt wird. Als »Abfallprodukt« der Fotosynthese tritt Sauerstoff auf, der von den Blättern abgegeben wird (s. Abb. 49).

Zusammenfassend und stark vereinfacht ergibt sich folgende Gleichung:

Kohlendioxid + Wasser + Lichtenergie
$6\ CO_2$ + $6\ H_2O$ + 2822 kJ
= Traubenzucker + entweichender Sauerstoff
= $C_6H_{12}O_6$ + $6\ O_2$

Voraussetzungen für die Fotosynthese

Fotosynthese findet nur in grünen Pflanzenteilen statt. Das in den Chloroplasten enthaltene **Blattgrün** (Chlorophyll) absorbiert Teile des Sonnenlichtes und nutzt die Lichtenergie zum Aufbau des Traubenzuckers. Orte der Fotosynthese sind also vor allem die Laubblätter. Leidet die Pflanze z. B. auf Grund von Nährstoffmangel oder Krankheitsoder Schädlingsbefall an Chlorophyllmangel, so ist die Fotosynthese eingeschränkt. Panaschierte (= grün-weiße) Pflanzensorten enthalten weniger Chlorophyll und zeigen daher unter sonst gleichen Bedingungen auch ein schwächeres Wachstum als ihre grünen Artgenossen. Im Winter neigen diese Pflanzen manchmal zur Vergrünung, d. h. sie bilden grüne an Stelle grün-weißer Blätter, um das schwache Licht besser ausnutzen zu können.

Sonnenlicht liefert die notwendige Energie für die Kohlenstoff-Assimilation. Für Zimmerpflanzen kann Licht, vor allem im Winter, rasch zum Mangelfaktor werden, da die Lichtmenge in Wohnräumen im Allgemeinen wesentlich geringer ist als im Freiland. Mit einem Luxmeter kann die Lichtmenge gemessen werden. Das Lichtbedürfnis von Pflanzen ist unterschiedlich. Schattenpflanzen zeigen auch an lichtärmeren Standorten noch ein befriedigendes Wachstum, Sonnenpflanzen benötigen einen sehr hellen Standort (s. Kap.16). Lichteinstrahlung und Bau der Blätter stehen in enger Wechselbeziehung. Selbst an einer Pflanze

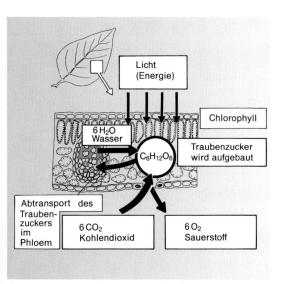

Abb. 49.
Schematische Darstellung der Fotosynthese.

reiche unterschiedlich und spiegelt Anpassungen an die jeweiligen Standorte wider (s. a. Kap. 16). **Kohlendioxid** wird durch Spaltöffnungen der Blätter aus der Luft aufgenommen. Normalerweise reicht die in der Luft vorhandene Menge an CO_2 (0,03–0,04 %) völlig aus. In den heutigen gut isolierten Gewächshäusern kann CO_2 besonders im Winter zum begrenzenden Wachstumsfaktor werden. Bei einigen Pflanzen wird eine CO_2-Düngung (Begasung) durchgeführt, um die CO_2-Konzentration im pflanzennahen Raum zu erhöhen und damit das Wachstum zu verbessern. **Wasser** ist als Grundstoff für die Produktion von Traubenzucker unentbehrlich. Bei Wassermangel wird jedoch auch aus einem anderen Grund die Assimilation herabgesetzt: Die Spaltöffnungen schließen sich, und es kann nicht genügend CO_2 aufgenommen werden. Entscheidend für die Fotosynthese ist das Zusammenwirken der einzelnen Voraussetzungen.

können Licht- und Schattenblätter vorkommen, die sich im Bau deutlich unterscheiden (siehe Abb. 48).
Sonnenblätter sind kleiner und dicker als Schattenblätter, ihr Palisadengewebe ist mehrschichtig und die einzelnen Zellen liegen dicht beieinander. Das reichlich vorhandene Licht kann auch noch in die tieferen Schichten des Blattes vordringen. Schattenblätter haben ein einschichtiges, lockeres Palisadengewebe. Sie sind dünner und größer, um möglichst viel Licht einzufangen.
Neben der Lichtmenge spielt auch die Lichtqualität eine Rolle. Man hat festgestellt, dass vor allem die roten und blauen Anteile des Lichtspektrums (s. Florist Bd. 1) für die Fotosynthese benötigt werden. Speziell entwickelte Pflanzenleuchten sind auf die Bedürfnisse der Pflanzen abgestimmt (s. Seite 230).
Außer Licht benötigen die Pflanzen auch Wärme zur Assimilation. Einige Teilprozesse der Fotosynthese laufen nur ab, wenn bestimmte **Temperaturvoraussetzungen** gegeben sind. Mindestens muss die Frostgrenze überschritten sein. Höhere Temperaturen als 45 bis 50 °C führen meistens zu dauerhafter Schädigung. Ausschlaggebend ist die Blatttemperatur, die von der Temperatur der umgebenden Luft abweichen kann. Das Temperaturoptimum ist bei den Pflanzen verschiedener Klimabe-

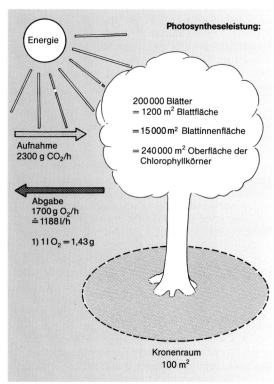

Abb. 50.
Was Bäume für ihre Umwelt leisten.

Das Wachstum der Pflanze kann nur optimal sein, wenn sich alle Faktoren im Optimum befinden. Pflanzen, die im Wohnzimmer stehen, finden im Winter zumeist günstige Temperaturen für die Fotosynthese, sie werden ausreichend mit Wasser und CO_2 versorgt und zeigen dennoch kaum Wachstum, da die Lichtmenge nicht ausreicht. Der jeweils im Minimum vorliegende Faktor begrenzt also die Intensität der Fotosynthese.

Bedeutung der Fotosynthese

Pflanzen leben **autotroph**, d. h. sie ernähren sich selbstständig durch die Umwandlung anorganischer in organische Stoffe. Mensch und Tier sind auf das Vorhandensein von Pflanzen als Nahrungsquelle angewiesen, da sie nicht selbst zur Herstellung organischer Substanz fähig sind, sie sind **heterotroph**. Auch der als Nebenprodukt auftretende **Sauerstoff** ist lebensnotwendig, er wird bei der Atmung aller Lebewesen benötigt. Würden die Pflanzen keinen Sauerstoff nachliefern, wären die Vorräte auf der Erde bald verbraucht. Durch die Sauerstoffproduktion können Grünanlagen in Städten und Grünpflanzen in Wohnungen und Büros zur Luftverbesserung beitragen (s. Abb. 50).

Verwertung des Traubenzuckers

Der größte Teil des tagsüber gebildeten Traubenzuckers wird sofort in Stärke umgewandelt und vorübergehend in den Chloroplasten gelagert. Stärke besteht aus sehr großen Molekülen, die durch Aneinanderkettung von Zuckermolekülen gebildet werden. Sie ist licht- und wärmeunempfindlich und nicht löslich. Nachts wird die Stärke wieder in wasserlösliche Zucker umgesetzt, damit ein Abtransport möglich ist und somit die Zellen am nächsten Tag wieder mit voller Intensität assimilieren können. Der Zucker wird durch die Siebröhren (Phloem) zu den anderen Pflanzenteilen transportiert, wo er der Bildung weiterer organischer Verbindungen, wie zum Beispiel Stärke, Zellulose, Eiweiße, Fette, Farbstoffe, Duftstoffe usw. dient. Assimilate, die die Pflanze nicht sofort als Baustoffe benötigt, werden gespeichert. Ein Teil der bei der Fotosynthese entstandenen Produkte wird von der Pflanze zur Freisetzung von Energie wieder abgebaut.

Atmung

Wie alle Lebewesen benötigt auch die Pflanze Energie für die Lebensvorgänge in den Zellen. Diese Energie gewinnt sie, indem sie Traubenzucker in den Mitochondrien (s. Seite 16) unter Verbrauch von Sauerstoff stufenweise in die Ausgangsstoffe CO_2 und Wasser zerlegt. Dabei wird Energie frei. Diese **Atmung** der Pflanze lässt sich mit folgender Gleichung beschreiben:

Traubenzucker	+	Sauerstoff	
$C_6H_{12}O_6$	+	$6\ O_2$	
=Kohlendioxid	+	Wasser	+ Energie
=6 CO_2	+	$6\ H_2O$	+ 2822 kJ

Die Gleichung verdeutlicht, dass es sich bei der Atmung um die Umkehrung des Fotosynthesevorganges handelt, man nennt sie daher auch **Dissimilation**.

Im Gegensatz zur Fotosynthese findet der Atmungsvorgang Tag und Nacht in allen Pflanzenteilen statt. Dennoch wird durch Fotosynthese mehr Zucker erzeugt als bei der Atmung verbraucht wird. Wäre dies nicht der Fall, so würde bei der Pflanze ein Wachstumsstillstand eintreten (Zimmerpflanze im Winter) oder sie würde sogar allmählich an Substanzverlust eingehen.

Die Atmungsintensität kann je nach Energiebedarf in verschiedenen Pflanzenteilen unterschiedlich sein und hängt auch von äußeren Faktoren ab. Hohe Atmungsraten treten in schnell wachsenden Geweben oder auch als Stressreaktion auf Verletzungen (Schnittblumen!) oder Krankheitsbefall auf. Ruhende Samen hingegen atmen kaum, bei der Keimung allerdings steigt die Atmung rapide an. Auch die Temperatur beeinflusst die Atmungsintensität, bei sinkenden Temperaturen verringert sie sich und die Lebensvorgänge laufen langsamer ab. Diese Erkenntnis nutzt der Florist bei der Kühllagerung von Schnittblumen. Durch die niedrigen Temperaturen verlängert sich die Entwicklungszeit und damit die Haltbarkeit von Schnittblumen. Bei Zimmerpflanzen sollte darauf geachtet werden, dass nicht durch zu hohe Nachttemperaturen ein Großteil des tagsüber produzierten Traubenzuckers wieder abgebaut wird. Die Absenkung der Nachttemperatur sollte sich jedoch auf wenige °C beschränken, da eine gewisse Atmungsintensität bei wachsenden Pflanzen zur Aufrechterhaltung der Lebensvorgänge notwendig ist.

!!!Merksätze

- Bei der Fotosynthese oder Kohlenstoff-Assimilation wird mit Hilfe des Sonnenlichts und des Chlorophylls aus Wasser und Kohlendioxid Traubenzucker in den Chloroplasten aufgebaut. Dieser Vorgang ist die Grundlage für das Wachstum von Pflanzen.
- Die einzelnen Faktoren der Fotosynthese müssen in einem für die jeweilige Pflanzenart optimalen Bereich liegen und in einem ausgewogenen Verhältnis zueinander stehen.
- Die Fotosynthese ist durch die Produktion organischer Substanz als Nahrungsquelle und durch die Freisetzung von Sauerstoff Voraussetzung für das Leben auf der Erde.
- Die Assimilate werden von der Pflanze als Baustein für andere organische Verbindungen genutzt, als Reservestoffe gespeichert oder veratmet.
- Durch die Atmung wird die im Traubenzucker festgelegte Energie wieder freigesetzt und für die Lebensvorgänge in den Zellen verbraucht.
- Atmung findet Tag und Nacht in allen Pflanzenteilen statt. Die Atmungsintensität hängt ab vom Pflanzenteil und von äußeren Faktoren, sie steigt z. B. mit zunehmender Temperatur.

???Aufgaben

1. Beschreiben Sie das Zusammenwirken der einzelnen Faktoren bei der Fotosynthese.
2. Zimmerpflanzen in Wohnräumen leiden häufig an Lichtmangel und reagieren darauf mit Blattaufhellungen und -vergilbungen.
   Informieren Sie sich, durch welche Faktoren die Helligkeit an verschiedenen Standorten in Wohnräumen beeinflusst wird (s. a. Kap. 33).
3. Erklären Sie die Zusammenhänge zwischen Fotosynthese und Atmung.
4. Begründen Sie, warum eine Kühllagerung von Schnittblumen deren Haltbarkeit verbessert.

10 Wasserabgabe

Bedeutung

Der größte Teil des von den Wurzeln aufgenommenen Wassers wird durch die Blätter in Form von Wasserdampf wieder abgegeben (**Transpiration**). Viele Pflanzen sind außerdem in der Lage, das Wasser in Tropfenform auszuscheiden (**Guttation**), dieser Vorgang ist jedoch von geringerer Bedeutung als die Transpiration.
Die Transpiration ist die Triebkraft für den Transport von Wasser und Nährsalzen in den Leitungsbahnen. Sie hat gleichzeitig eine kühlende Wirkung, die eine Überhitzung der Blätter bei hoher Sonneneinstrahlung verhindert. Aus eigener Erfahrung wissen wir, dass bei der Verdunstung Verdunstungskälte entsteht (Frösteln nach dem Baden, Schwitzen). Durch starke Transpiration sind zum Beispiel einige Wüstenpflanzen in der Lage, ihre Blatttemperatur gegenüber der Lufttemperatur um bis zu 15 °C abzusenken.

Transpiration

Die durch Verdunstung abgegebenen Wassermengen sind beträchtlich. Eine Sonnenblume zum Beispiel verdunstet etwa einen Liter Wasser am Tag, ein Baum gibt an einem heißen Sommertag mehrere hundert Liter Wasser ab.
Die Transpiration erfolgt überwiegend über die **Spaltöffnungen** der Laubblätter, die zahlreich an der Blattunterseite vorliegen. Pro mm^2 Blattfläche befinden sich zwischen 100 und 700 Spaltöffnungen, ein Sonnenblumenblatt hat etwa 13 Millionen Spaltöffnungen. Nur etwa 5 bis 10 % der insgesamt verdunsteten Wassermenge wird über die nur schwach durchlässige Kutikula abgegeben.
Vielfach sind auch die Sprossachsen über Poren in der Oberhaut an der Transpiration beteiligt, dagegen verdunsten Blüten kaum Wasser.
Pflanzen sind in der Lage, die Transpiration durch die Spaltöffnungen in gewissem Umfange zu regulieren. Jede Spaltöffnung besteht aus zwei bohnenförmigen und chlorophyllhaltigen Schließzellen, deren Zellwände ungleich verdickt und damit unterschiedlich elastisch sind (siehe Abbildung 51 oben). Werden die Zellen durch Wasseraufnahme prall, so dehnt sich die unverdickte, elastische

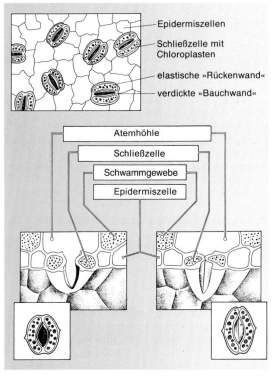

Abb. 51.
Spaltöffnung. Oben: Spaltöffnung an der Blattunterseite. Unten: Spaltöffnung im geöffneten (l.) und geschlossenen (r.) Zustand.

Rückenwand aus. Die verdickte Bauchwand kann sich nicht mitdehnen, wird aber stärker gekrümmt und der Spalt öffnet sich. Bei nachlassendem Turgor schließt sich der Spalt wieder (siehe Abbildung 51). Die Öffnungs- und Schließbewegungen der Spaltöffnungen werden durch verschiedene Mechanismen gesteuert. Bei Belichtung öffnet sich der Spalt weit, um genügend CO_2 für die Fotosynthese aufnehmen zu können. Herrscht in den Blättern gleichzeitig Wassermangel, zum Beispiel bei starker Sonneneinstrahlung, so schließt sich der Spalt wieder. Auf diese Weise wird eine zu starke Austrocknung verhindert, was allerdings auf Kosten der Fotosyntheseleistung geht. Im Allgemeinen sind die Spaltöffnungen nachts und bei hohen Temperaturen, zum Beispiel in der Mittagszeit, geschlossen. Luftfeuchtigkeit, Temperatur und Wind wirken sich entscheidend auf den Umfang der Transpiration aus. Die Pflanze gibt umso mehr Wasser ab, je trockener und wärmer die umgebende Luft ist und je schneller die ausgetretenen Wasserdampfmoleküle vom Wind weggeführt werden.

Das Ausmaß der Transpiration hängt auch ab vom Bau der Pflanze. Pflanzen, die an heißen, trockenen Standorten leben, haben Einrichtungen zum Verdunstungsschutz entwickelt. Hierzu gehören zum Beispiel Verkleinerung der Blätter bis hin zur Umwandlung in Blattdornen, Verstärkung von Epidermis und Kutikula, Einsenkung der Spaltöffnungen in windgeschützte Vertiefungen, filzige Behaarung. Hingegen besitzen Feuchtpflanzen meist große, dünne Blätter mit zarter Epidermis und emporgehobenen Spaltöffnungen zur Förderung der Verdunstung, damit überhaupt ein Wasser- und Nährstoffstrom fließen kann. Sumpf- und Wasserpflanzen, deren Blätter flach auf dem Wasser aufliegen, haben ihre Spaltöffnungen auf der Blattoberseite angelegt.

Für immergrüne Pflanzen besteht im Winter die Gefahr des Austrocknens. Bei gefrorenem Boden können sie kein Wasser aufnehmen, dennoch können zum Beispiel an einem sonnigen Nachmittag oder bei starkem Wind erhebliche Mengen verdunstet werden. Die Pflanzen schützen sich, indem sie ihre Blätter einrollen oder schlaff herunterhängen lassen (zum Beispiel *Rhododéndron*). Immergrüne Nadelgehölze haben sich durch ihre kleine Blattfläche, eine dicke Epidermis und Kutikula sowie abgesenkte Spaltöffnungen an diese Verhältnisse angepasst.

Der Florist kann durch geeignete Maßnahmen bei der Pflanzenpflege die Transpiration fördern oder einschränken. Durch Temperaturerhöhung und Lüften wird die Verdunstung gesteigert, durch Verstäuben von Wasser wird die Luftfeuchtigkeit erhöht und damit die Transpiration vermindert. Besonders bei Schnittblumen ist es notwendig, die Wasserverluste so gering wie möglich zu halten. Zugluft und hohe Temperaturen sollten vermieden werden. Um die Transpirationsfläche zu verringern, sollten sämtliche Blätter entfernt werden, die für die gestalterische Wirkung nicht bedeutungsvoll sind. Bei der englischen Technik in der Brautstraußfloristik (s. Band 1) werden Blätter und Sprossachse sogar vollständig abgeschnitten. Die Blüte wird angedrahtet, der verbleibende Ansatz der Sprossachse und der Draht mit Florist-Tape abgewickelt. Obwohl die Blüten nicht mit Wasser versorgt werden, sind sie relativ lange haltbar, da kaum eine Verdunstung stattfindet. Gebinde, die nicht in Wasser eingestellt werden können und daher rasch welken, wie zum Beispiel Brautsträuße, Anstecker, Kopfschmuck, sollten möglichst in feuchter und kühler Luft aufbewahrt werden, zum Beispiel unter einer Folienhaube.

Guttation

Als Guttation bezeichnet man das Ausscheiden von Wassertropfen durch besondere Wasserspalten (Hydathoden) der Blätter, die treibende Kraft dafür ist der Wurzeldruck (s. Kap. 7). Diese Form der Wasserabgabe ermöglicht es, auch dann einen Wasserstrom in der Pflanze aufrecht zu erhalten, wenn die Transpiration infolge hoher Luftfeuchtigkeit nur schwach ist oder ganz entfällt. Guttation tritt daher z. B. im tropischen Regenwald oder in unserer Klimazone nachts auf. Die Ausscheidung von Wassertropfen kann unter anderem bei *Mónstera, Philodéndron, Scindápsus* beobachtet werden, besonders frühmorgens im Gewächshaus, wenn die Temperaturen über Nacht abgesenkt wurden und dadurch die relative Luftfeuchte angestiegen ist. Im Freiland findet man Guttation häufig an Blättern von Erdbeeren und Alchemílla.

!!!Merksätze

- Die Transpiration ermöglicht den Wasser- und Nährstofftransport in der Pflanze und bewirkt eine Kühlung der Blätter bei hohen Außentemperaturen.
- Das Ausmaß der Verdunstung ist abhängig von äußeren Faktoren wie Luftfeuchtigkeit, Temperatur, Wind und vom Bau der Pflanzen.
- Die Transpiration erfolgt hauptsächlich durch die Spaltöffnungen der Blätter; die Pflanze ist in der Lage, die Spaltöffnungen zu öffnen und zu schließen und so die Transpiration zu regulieren.
- Bei hoher Luftfeuchtigkeit können Pflanzen Wassertropfen durch die Blätter ausscheiden (= Guttation), um so den Wasser- und Nährstoffstrom aufrecht zu erhalten.

???Aufgaben

1. Stellen Sie jeweils die gleiche Menge frisch angeschnittener, beblätterter Schnittblumen oder einzelne große Blätter (z. B. Farn) in drei Gefäße mit gleicher Wassermenge ein und gießen Sie auf die Wasseroberfläche vorsichtig etwas Öl. Bewahren Sie die Gefäße an verschiedenen Standorten auf:
   a) im »normalen« Wohnraum,
   b) unter einer Folienhaube an einem kühlen Ort,
   c) an einem sonnigen, zugigen Platz, z. B. am geöffneten Fenster.
   Beobachten und erklären Sie, wie sich die unterschiedlichen Bedingungen auf die Haltbarkeit und die Wassermenge im Gefäß auswirken.
2. Nennen Sie Maßnahmen, durch die die Verdunstung bei Arrangements aus Schnittblumen herabgesetzt wird und erklären Sie ihre Wirkung.
3. Fertigen Sie eine schematische Zeichnung einer vollständigen Pflanze. Zeichnen Sie den Weg des Wassers ein, benennen und erklären Sie die Vorgänge bei Wasseraufnahme, Wasserleitung und Wasserabgabe.

Blüte und Frucht

11 Bau und Aufgaben der Blüte

Blüten sind wohl die auffälligsten Organe der höheren Pflanzen. Sie zeigen eine schier unerschöpfliche Vielfalt an Formen und Farben. Ihrer Schönheit wegen sind sie seit altersher von besonderem Reiz für den Menschen und spielen eine wichtige Rolle im Kult und im Brauchtum aller Völker. Blumen strahlen Harmonie, Lebensfreude und Wärme aus. Beim größten Teil aller floristischen Gestaltungen sind Blüten die wesentlichen Gestaltungselemente. Jede Blüte hat eine ihr eigene Ausstrahlung, die durch Form, Farbe, Oberfläche und Charakter bestimmt wird. Es ist Aufgabe des Floristen, diese entsprechend zur Wirkung zu bringen.

Botanisch gesehen stellen Blüten die Organe zur geschlechtlichen (generativen) Fortpflanzung dar. Nach Bestäubung und Befruchtung bildet sich aus der Blüte eine Frucht mit Samen, die Bauplan und Anlage für eine neue Pflanze beinhalten.

In der großen Gruppe der Samen- oder Blütenpflanzen haben sich bei Nacktsamern (Gymnospermae) und Bedecktsamern (Angiospermae) unterschiedliche Blüten entwickelt. Der wesentliche Unterschied wird durch die vom Laien oft als belustigend empfundenen Namen gut wiedergegeben: Bei den Bedecktsamern sind die Samenanlagen vom Fruchtknoten umhüllt, bei den Nacktsamern liegen sie frei.

Bei näherer Betrachtung einer typischen Blüte von Bedecktsamern erkennt man, dass die Blätter in Form von Kreisen um die in diesem Bereich gestauchte Sprossachse (= **Blütenboden**) angeordnet sind. Sie erfüllen verschiedene Funktionen (siehe Abbildung 52).

Bestandteile einer Blüte und deren Aufgaben

Den unteren Blattkreis bilden die grünen **Kelchblätter** (s. Abb. 53). Während sie bei geöffneter Blüte meist klein und unscheinbar sind, hüllen sie die Blütenknospe ein und schützen sie vor ungünstigen Witterungsbedingungen. Teilweise geben sie auch der geöffneten Blüte Halt, z. B. bei Nelken. Die **Kronblätter (Blumenblätter)** dienen bei Pflanzen, die durch Insekten oder kleine Tiere bestäubt werden, als Lockorgan und sind daher auffällig in

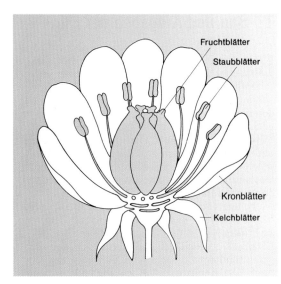

Abb. 52.
Längsschnitt durch eine Blüte.

Bei einigen Pflanzen, zum Beispiel Lilien oder Amaryllis, sind die Pollen intensiv gefärbt und können auf der Kleidung unschöne und schwer entfernbare Flecken hervorrufen. Die Staubblätter sollten vom Floristen entfernt werden, wenn diese Gefahr besteht.

Oberhalb oder unterhalb der Staubblätter befinden sich die Honigdrüsen oder **Nektarien**. Sie sondern eine zuckerhaltige Lösung (Nektar) ab, die den Insekten als Nahrung dient. Dadurch werden diese veranlasst, die Blüten regelmäßig zu besuchen. Oft sind in der Blüte zusätzliche Duftdrüsen enthalten, die ebenfalls der Anlockung dienen.

Im Mittelpunkt der Blüte befindet sich der **Stempel**, der den weiblichen Teil der Pflanze bildet. Er besteht aus **Narbe, Griffel** und **Fruchtknoten**. Die Narbe scheidet eine klebrige Flüssigkeit ab. Gelangt der Pollen durch Bestäubung auf die Narbe, so bleibt er fest darauf haften und wächst mit einem Pollenschlauch durch den Griffel zum Fruchtknoten weiter. Länge und Form des Griffels sind häufig angepasst an die bestäubenden Insek-

Farbe, Form und Größe. Gleichzeitig übernehmen sie eine Schutzfunktion für die inneren Teile der Blüte. Wenn die äußeren Bedingungen für eine Bestäubung ungünstig sind, also zum Beispiel nachts oder bei regnerischem und kühlem Wetter, schließen sich die Kronblätter vieler Pflanzen und schützen somit Staubblätter und Stempel. Bei windbestäubten Pflanzen sind die Kronblätter weniger prächtig ausgebildet, sie sind klein und unscheinbar. Kelchblätter und Kronblätter bilden zusammen die **Blütenhülle (Perianth)**. Bei einigen Pflanzen, wie zum Beispiel Tulpe, Lilie, Narzisse, fehlen die Kelchblätter scheinbar, sie haben Farbe und Form der Kronblätter angenommen. Eine solche Blütenhülle bezeichnet man als **Perigon**.

Oberhalb des Kronblattkreises befinden sich die ebenfalls kreisförmig angeordneten **Staubblätter**, die sich aus **Staubfaden und Staubbeutel** zusammensetzen. Im Staubbeutel entwickelt sich der **Pollen**, der bei der Bestäubung auf den **Stempel** übertragen wird und dort als männlicher Teil an der Befruchtung teilnimmt. Das Aussehen der Pollen ist unterschiedlich und typisch für die jeweilige Pflanzenart. Insektenbestäubte Pflanzen haben Pollen mit Ausstülpungen, sodass sie am Insektenkörper haften bleiben. Die Pollen von Windbestäubern sind leicht und häufig mit kleinen Luftsäcken versehen.

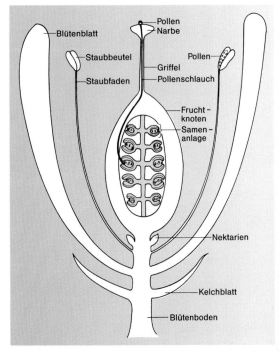

Abb. 53.
Schematischer Bau der Blüte.

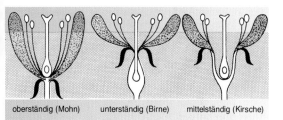

oberständig (Mohn)   unterständig (Birne)   mittelständig (Kirsche)

Abb. 54.
Stellung des Fruchtknotens.

ten oder Vögel. Bei einigen Pflanzen fehlt der Griffel völlig. Der Fruchtknoten wird aus einem oder mehreren **Fruchtblättern** gebildet, die die Samenanlagen enthalten. Nach Befruchtung der Samenanlagen entwickelt sich aus dem Fruchtknoten die Frucht. Bei der Stellung des Fruchtknotens innerhalb der Blüte unterscheidet man drei Formen (s. Abb. 54):
Der Fruchtknoten befindet sich oberhalb des Blütenbodens (oberständig), er wird vom Blütenboden umhüllt und ist fest mit diesem verwachsen (unterständig), oder er wird zwar vom Blütenboden umgeben, ist jedoch nicht mit diesem verwachsen (mittelständig). Die Stellung des Fruchtknotens hat eine direkte Auswirkung auf die Bildung der Früchte (s. Seite 74).

Geschlechtsverteilung bei Blüten

Bei der Mehrzahl der Blütenpflanzen werden wie oben beschrieben Staubblätter und Stempel in einer Blüte ausgebildet. Solche Blüten, die gleichzeitig einen weiblichen und einen männlichen Teil enthalten, heißen **Zwitterblüten** (s. Abb. 55). Dagegen besitzen eingeschlechtliche Blüten nur Staubblätter (männliche Blüten) oder nur einen Stempel (weibliche Blüten). Befinden sich männliche und weibliche Blüten an einer Pflanze wie zum Beispiel bei Hasel, Erle, Kiefer oder Knollenbegonien, so spricht man von **einhäusigen** (monözischen) Pflanzen. Bei **zweihäusigen** (diözischen) Pflanzen trägt die Einzelpflanze nur weibliche oder nur männliche Blüten, zum Beispiel Sanddorn, Weide, Eibe und einige *Ilex*-Arten. Wünscht man bei diesen Pflanzen also reichlichen Fruchtansatz, ist es notwendig, männliche und weibliche Exemplare anzupflanzen.

Manche Pflanzen bilden so genannte »Schaublüten« aus. Diese Blüten besitzen weder Stempel noch Staubblätter und sind unfruchtbar. Sie dienen der Anlockung von Insekten, damit die weniger auffälligen fruchtbaren Blüten bestäubt werden, z. B. bei Hortensien, Schneeball.

Blütenformen

In der Natur findet man vielfache Variationen des oben beschriebenen Grundbauplanes, wobei häufig Zusammenhänge bestehen zwischen Aufbau, Form und Farbe der Blüten und den Bestäubungsverhältnissen. Einzelne Blütenblattkreise können entfallen oder mehrfach auftreten, die Blätter können einzeln stehen oder ganz oder teilweise miteinander verwachsen sein. Die Anzahl der Blätter in den einzelnen Kreisen ist je nach Pflanzengruppe unterschiedlich. Bei einkeimblättrigen Pflanzen findet man meist Dreizähligkeit, d. h., jeder Kreis besteht aus drei Gliedern. Zweikeimblättrige Pflanzen sind vier- oder fünfzählig.
Blütenfüllungen lassen die Blüte besonders üppig wirken. Sie entstehen durch eine Vervielfachung der Blütenblätter, die häufig durch züchterische

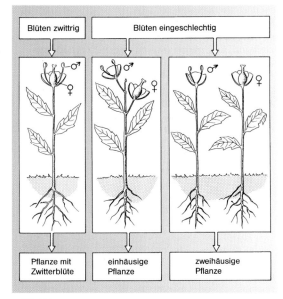

Blüten zwittrig | Blüten eingeschlechtig

Pflanze mit Zwitterblüte | einhäusige Pflanze | zweihäusige Pflanze

Abb. 55.
Geschlechtsverteilung bei Blütenpflanzen.

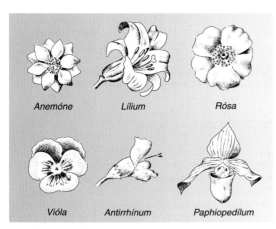

Anemóne   Lílium   Rósa

Vióla   Antirrhínum   Paphiopedílum

Abb. 56.
Symmetrieverhältnisse bei Blüten. Oben: Radiärsymmetrische Blüten. Unten: Monosymmetrische oder zygomorphe Blüten.

Maßnahmen gefördert wird. Blütenfüllungen können z. B. hervorgerufen werden durch die Umwandlung von Staubblättern (Ranunkel) oder durch Spaltung der Blütenblätter (Nelke).
Bedingt durch Form und Anordnung der einzelnen Bestandteile zeigen Blüten unterschiedliche **Symmetrieverhältnisse.**
Radiärsymmetrische Blüten lassen sich durch verschiedene Längsschnitte in spiegelgleiche Hälften zerlegen, ihre gleich großen und gleichmäßig geformten Blütenblätter sind in regelmäßiger Abfolge um die Blütenachse angeordnet (z. B. Anemone, Tulpe, Narzisse, Lilie). Je nach Anzahl und Anordnung der Blütenblätter lassen sich hierbei strahlige, rosetten- und trichterförmige Blüten unterscheiden (s. Abb. 56). In der Draufsicht weisen sie einen runden, gleichmäßigen Umriss auf. Dennoch haben die meisten dieser Blüten ein »Gesicht«, eine Vorderseite, die beim Gestalten zu beachten ist. Bei fülligen Anordnungen sollte sie nach oben oder außen gewendet werden, bei grafischen Gestaltungen können sich Blütengruppen regelrecht »ansehen«.
Die Ausprägung einer Vorder- und Rückansicht findet man noch stärker bei Blüten, die sich nur durch eine oder zwei Symmetrieebenen in deckungsgleiche Hälften zerlegen lassen (**monosymmetrische** oder **zygomorphe** Blüten) oder **asymmetrisch** sind. Solche Blüten entstehen durch ungleich geformte oder auch verschieden gefärbte

Blütenblätter. Auch die Anordnung um die Blütenachse kann unregelmäßig sein.
Besonders auffällige zygomorphe Blüten weisen zum Beispiel viele Orchideen auf; sie müssen vom Floristen entsprechend zur Geltung gebracht werden.

Blütenfarben

Die Pflanzenwelt zeigt uns eine große Fülle an verschiedenen Blütenfarben, sämtliche Farben sind in allen möglichen Nuancen vorhanden. Die uns aus der Farbenlehre bekannten Regeln zur Kontrast- und Harmoniebildung (siehe Band 1) finden wir in der Natur vielfach verwirklicht. Bei vielen Blüten tritt zum Beispiel die Farbe in verschiedenen Helligkeitsstufen auf und bildet somit einen Gleichklang. Dieser kann an einer Einzelblüte oder an einem Blütenstand auftreten, wie zum Beispiel bei *Cýclamen*, Dahlien oder auch im Farbenspiel verschiedener Sorten, wie zum Beispiel beim Staudenrittersporn, wo zwischen Weiß und Ultramarinblau eine Vielzahl von Blautönen vertreten sind. Harmonie der Nachbarfarben finden wir bei Aussaaten von einjährigen Wicken und Kornblumen, die Farbmischungen von Purpurrot bis Ultramarinblau in verschiedenen Helligkeiten aufweisen. Gelbe und orangerote Farbtöne zeigen zum Beispiel Tagetes und Ringelblumen, wobei auch trübe Farbnuancen bis hin zu den verwandten Brauntönen vorkommen.
So genannte Saftmale (= Flecken und Striche) auf Kronblättern sollen zur Anlockung beitragen und heben sich daher farblich stark ab, wie zum Beispiel die goldgelben Flecken auf ultramarinblauen Iris oder Primeln, die einen Komplementärkontrast bilden. Diesen finden wir auch bei leuchtend roten Blüten, deren Farbe vor dem passiven, ruhigen Grün von Spross und Blättern besonders gut zur Geltung kommt (beispielsweise bei Mohn oder Hibiskus).
Aufmerksames Beobachten der Farbkompositionen in der Natur kann dem Floristen dazu verhelfen, Farben bewusster wahrzunehmen, Kenntnisse in der Farbenlehre zu vertiefen und in seiner gestalterischen Tätigkeit entsprechend umzusetzen. Die Entstehung der Blütenfarben durch verschiedene Farbstoffe in den Farbstoffträgern und Vakuolen der Zelle wurde bereits in Kapitel 3 erläutert (siehe Seite 16).

!!! Merksätze

- Blüten dienen der generativen Fortpflanzung, aus ihnen gehen nach Bestäubung und Befruchtung Früchte und Samen hervor.
- Die einzelnen Bestandteile der Blüte sind kreisförmig um den Blütenboden angeordnet und erfüllen verschiedene Funktionen:
- Kelchblätter schützen die Blütenknospe.
- Kronblätter dienen der Anlockung von Insekten und schützen die inneren Teile der Blüte.
- Staubblätter sind der männliche Teil der Blüte und enthalten den Pollen.
- Der Stempel ist der weibliche Teil der Blüte, er besteht aus Narbe, Griffel und Fruchtknoten, nach Bestäubung und Befruchtung bildet sich hieraus die Frucht.
- Bei Bedecktsamern sind die Samenanlagen vom Fruchtknoten umhüllt, bei Nacktsamern liegen sie frei.
- Zwitterblüten enthalten Stempel und Staubblätter, eingeschlechtliche Blüten nur einen Stempel oder nur Staubblätter.
- Bei einhäusigen Pflanzen kommen männliche und weibliche Blüten an einer Pflanze vor, bei zweihäusigen befinden sie sich an verschiedenen Pflanzen.
- Vom beschriebenen Grundbauplan einer Blüte gibt es in der Natur eine Vielzahl von Variationen, wobei Unterschiede in der Anzahl, Form und Anordnung der Blütenbestandteile sowie bei den Symmetrieverhältnissen bestehen.
- Farbkompositionen in der Natur folgen häufig den uns aus der Farbenlehre bekannten Regeln der Harmonien und Kontraste, so z. B. Gleichklang bei verschiedenen Rittersspornsorten, Nachbarfarben bei Tagetes und Ringelblumen.

??? Aufgaben

Betrachten und zerlegen Sie Blüten verschiedener Pflanzen.

1. Benennen Sie die einzelnen Blütenbestandteile und erläutern Sie deren Aufgaben.
2. Beschreiben Sie Unterschiede im Bau der Blüten, z. B. hinsichtlich Zahl und Anordnung der Blütenblätter, Stellung des Fruchtknotens, Symmetrie.
3. Fertigen Sie Zeichnungen von verschiedenen Blüten an.

12 Blütenstände

Bei vielen Pflanzen sind die teilweise kleinen Einzelblüten dicht an dicht angeordnet, wodurch die Farb-, Form- und Duftwirkung gesteigert und damit das Anlocken von Insekten verstärkt wird. Eine solche Häufung von Einzelblüten nennt man **Blütenstand (Infloreszenz)**. Blütenstände entstehen oberhalb des vegetativen Bereiches am Ende der Sprossachse und bilden in der Regel den Abschluss des Wachstums. Man unterscheidet sie nach Art der Verzweigung bzw. Anordnung der Blüten.

Betrachtet man die Sprossachse mit Blütenstand und Laubblättern, so lässt sich noch die Wuchsbewegung erspüren, die von der Jungpflanze durch das Wachstum an der Vegetationsspitze zur Entwicklung der aufgeblühten Pflanze geführt hat. Diese Wuchsbewegung ist bei den meisten Pflanzen zunächst aufwärts gerichtet, bei Ausbildung des Blütenstandes werden jedoch unterschiedliche Bewegungsformen deutlich, deren Wirkung und Ansprüche bei floristischen Gestaltungen entsprechend berücksichtigt werden müssen (s. Bd. 1). Aus diesem Grund erfolgt die Einteilung der Blütenstände nicht nach botanischen Gesichtspunkten, sondern nach Bewegungsformen (Tab. 2).

Eine **aufstrebende Bewegung** zeigen **Traube, Ähre, Kolben und Rispe**. Gemeinsames Merkmal dieser Blütenstände ist das Aufblühen von unten nach oben (Ausnahme: *Liatris*) und das fortlaufende Wachstum an der Spitze der Hauptachse. Es werden immer neue Blütenknospen gebildet, von denen die letzten sich auf Grund von Witterungsbedingungen meist nicht mehr voll entwickeln. Dieses durch Neubildung von Knospen spürbare Wachstum der Sprossspitze unterstützt optisch die aufstrebende Wuchsbewegung. In manchen Fällen zeigen solche Blütenstände auch eine seitlich ausschwingende (z. B. *Dicentra spectabilis*) oder abfließende Bewegung (z. B. Rispen der Weintraube und *Amaranthus*-Sorten).

Eine sich **allseitig entfaltende Bewegungsform** finden wir bei der **Dolde, Doldentraube, Doldenrispe und Trugdolde**. Je nach Anzahl und Größe der Einzelblüten entfalten sich die Dolden und doldenartigen Blütenstände stark und beanspruchen Freiraum z. B. Amaryllis, Lilien, *Eucharis* oder sie zeigen nur eine schwache Entfaltung und bilden Übergänge zu runden Formen wie Primeln und Bartnelken.

Tab. 2. Blütenstände

aufstrebende Bewegungsform

Traube	Ähre	Kolben	Rispe
			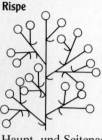
Blüten mit Stiel an einer langen Hauptachse	sitzende Blüten an einer langen Hauptachse	sitzende Blüten an einer verdickten Hauptachse	Haupt- und Seitenachsen mit gestielten Blüten
Convallária, Muscári, Delphínium	viele Gräser, *Vriesea, Álcea rósea*	Mais, Rohrkolben, Anthurien	Flieder, *Amaránthus, Astílbe*

sich allseitig entfaltende Bewegungsform

Dolde	Doldentraube	Doldenrispe	Trugdolde
		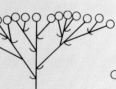	
Einzelblüten mit etwa gleich langen Stielen entspringen alle am Ende der Sprossachse	Traube, bei der die Stiele der unteren Blüten länger sind, daher liegen Blüten alle in einer Ebene	ungleich lange Verzweigungen der Rispe bringen Blüten in eine Ebene	Hauptachse bildet endständige Blüte und wird von Seitenachsen überragt, dies setzt sich mit den nächsten Seitenachsen fort usw.
Primel, *Agapánthus, Állium, Neríne*	*Ibéris*	*Sédum, Bouvárdia, Sórbus, Phlox*	*Sambúcus, Vibúrnum*

Siehe Abbildung 57, Seite 70.

Tab. 2. (Fortsetzung)

mit geringer Entfaltung

Köpfchen	Körbchen

verdickte keulen- oder kugelförmige Hauptachse, z. T. umgeben von einem Kreis auffälliger Hochblätter	Hauptachse tellerförmig abgeflacht (Blütenboden), zahlreiche fruchtbare Röhrenblüten, am Rand unfruchtbare Zungen- oder Strahlenblüten zur Anlockung; bei manchen Pflanzen nur Röhrenblüten, bei gefüllten Sorten auch in der Mitte Zungenblüten
Erýngium, Echínops, Acácia-Arten, *Scabiósa*	Blütenstand der Korbblütler (Compositae), z. B. *Gérbera, Áster, Béllis, Zínnia, Heliánthus*

Sonstige

Schraubel	Wickel	Kätzchen	Zapfen
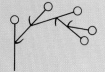	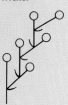		

Achse schließt Wachstum mit einer endständigen Blüte ab und wird von Seitenachse überwachsen		herabhängende Achse mit gestielten oder ungestielten Blüten	Achse mit Deckschuppen, weibliche Samenanlagen nicht von Fruchtknoten umgeben
Achsen entstehen immer an der gleichen Seite	Achsen entstehen immer an der gegenüberliegenden Seite		
Hemerocállis, Binsen	*Myosótis, Bergénia Crocósmia, Freésia*	*Álnus, Córylus, Bétula*	*Pínus, Pícea, Ábies*

Siehe Abbildung 57,
Seite 70.

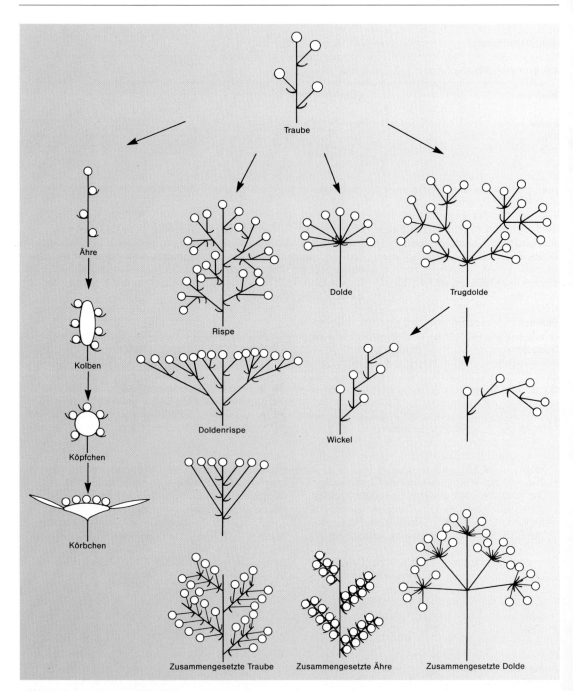

Abb. 57. Zusammengesetzte Blütenstände.

Geringe Entfaltung zeigen auch **Köpfchen** und **Körbchen**. In aller Regel vertragen beide in floristischen Gestaltungen enge Nachbarschaft oder lassen sich als sammelnde Form nutzen. **Wickel** und **Schraubel** lassen sich nicht einer gemeinsamen Bewegungsform zuordnen. Je nach Wuchsrichtung, Anzahl und Größe der Einzelblüten finden wir aufstrebende Formen (z. B. *Crocósmia*), Entfaltungsformen (z. B. *Íris*-Arten) oder ausschwingende Formen (z. B. *Fréesia*). Als **Kätzchen** bezeichnet man die männlichen Blütenstände vieler Bäume und Sträucher, wie z. B. Erle, Hasel, Birke. Meist zeigen sie eine lockere abfließende Bewegung. Botanisch gesehen handelt es sich um Ähren oder Trauben. Bei Weiden heißen die männlichen und die weiblichen Blütenstände Kätzchen. Die meisten Nadelgehölze bilden rundliche oder längliche **Zapfen** als weibliche Blütenstände aus. An einer Achse sitzen auf der Oberseite von später verholzenden Deckschuppen die Samenanlagen, die nicht von einem Fruchtknoten umhüllt sind (Nacktsamer). Zusammengesetzte oder doppelte Blütenstände ergeben sich, wenn mehrere Blütenstände wiederum dicht an dicht angeordnet sind. Beispiele sind die Doppeldolde des Herkuleskrauts und die Doppelähre bei Roggen. Bei *Achilléa* sind die Körbchen in Form einer Doldenrispe angeordnet (s. Abb. 57).

!!!Merksätze
- Als Blütenstand bezeichnet man eine dichte Anordnung von Einzelblüten. Sie dient der verstärkten Anlockung von Insekten.
- Blütenstände unterscheiden sich durch die Art der Verzweigung und die Anordnung der Einzelblüten. Sie zeigen verschiedene Bewegungsformen, die in der Floristik entsprechend berücksichtigt werden müssen.

???Aufgaben
1. Zeigen Sie an einem blühenden Haselzweig männliche und weibliche Blüten.
2. Finden Sie weitere Beispiele für die verschiedenen Blütenstände.
3. Stellen Sie die Blütenstände verschiedener Pflanzen unter besonderer Berücksichtigung ihrer Bewegungsform zeichnerisch dar.

13 Entwicklung von Blüte und Frucht

Blütenbildung und Entwicklung von Früchten und Samen dienen der generativen Vermehrung der Pflanze. Vom Anlegen der Blütenknospen bis hin zur Fruchtreife laufen viele komplizierte Einzelvorgänge ab, die häufig von äußeren Bedingungen abhängig sind. Sie werden im Folgenden dargestellt, wobei starke Vereinfachungen an den Stellen erfolgen, an denen der Florist nicht unbedingt ausführliche Kenntnisse benötigt.

Voraussetzungen für die Blütenbildung

Für die Entstehung von Blütenknospen müssen bestimmte Voraussetzungen erfüllt sein. Zunächst einmal muss die Pflanze ein gewisses Mindestalter erreicht haben. Dieses **Mindestalter** ist bei den einzelnen Pflanzenarten sehr verschieden. Einige blühen bereits als ganz junge Pflanzen (z. B. Vogelmiere), andere müssen mehrere Jahre oder sogar Jahrzehnte wachsen, bevor sie zum ersten Mal Blüten ausbilden (viele Gehölze). Noch wichtiger ist die Optimierung der äußeren **Wachstumsvoraussetzungen**. Sie müssen günstig sein, damit die Pflanze genügend Fotosynthese betreiben und so Reservestoffe für die Blütenbildung anlegen kann. Wichtig ist vor allem eine ausreichende **Belichtung**. Usambaraveilchen z. B. blühen in den meisten Wohnungen auf Grund von Lichtmangel im Winterhalbjahr nicht. Auch die **Ernährung** der Pflanze spielt eine Rolle. Das vegetative Wachstum wird in erster Linie durch Stickstoff gefördert. Für die Blütenbildung und Fruchtreife benötigt die Pflanze Phosphate. Daher werden in diesem Entwicklungsabschnitt besonders phosphorbetonte Düngemittel verabreicht.

Bei vielen Pflanzen ist die Länge der täglichen Licht- und Dunkelzeiten entscheidend für die Blütenbildung. **Langtagpflanzen,** wie z. B. Fingerhut, Sonnenhut, Löwenmaul, setzen dann Blütenknospen an, wenn die Tageslänge eine bestimmte Dauer überschreitet. Für die Blütenbildung bei **Kurztagpflanzen** wie z. B. *Kalánchoë*, Weihnachtsstern, Chrysanthemen muss eine bestimmte Tageslänge unterschritten werden bzw. die Dunkelperiode eine Mindestdauer ohne Unterbrechungen erreichen.

Tagneutrale Pflanzen blühen unabhängig von der Tageslänge, zu ihnen gehören z. B. *Béllis,* Gerbera, Pelargonien, Usambaraveilchen. Die Wahrnehmungsfähigkeit der Pflanzen für die Länge der täglichen Licht- und Dunkelzeiten und ihre Reaktionen darauf bezeichnet man als **Fotoperiodismus.** Seit Wissenschaftler diese Zusammenhänge entdeckt haben, werden manche Kulturen im Zierpflanzenbau durch gezielte Verdunkelungs- und Belichtungsmaßnahmen zu ziemlich genau planbaren Terminen zum Blühen gebracht (s. Kap. 39). Manche Pflanzen benötigen nach Abschluss der Jugendphase eine **Kältezeit** zur Ausbildung von Blüten (Vernalisation). Hierzu gehören viele zweijährige Pflanzen, wie z. B. Levkojen und Fingerhut, und mehrjährige Pflanzen, wie z. B. Kakteen, *Colúmnea, Agapánthus,* Freesien. Auch unsere Wurzelgemüse, z. B. Möhren, Rote Beete, Sellerie, Rüben, benötigen eine Kälteperiode, bevor sie zum Blühen befähigt sind. Würden wir sie nicht ernten, um ihre Speicherorgane zu verzehren, so würden sie im nächsten Jahr nach Einwirkung niedriger Temperaturen Blütenstände ausbilden.

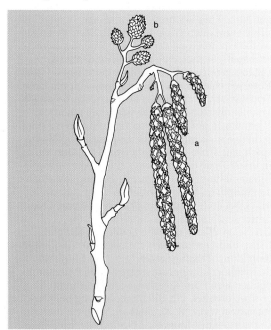

Abb. 58.
Windbestäubte Pflanze: Erle; a=männliche, b=weibliche Blütenstände (einhäusige Pflanze).

Die notwendige Dauer der Kühlperiode und die erforderlichen Temperaturen sind je nach Pflanzenart und Sorte verschieden. Während z. B. für Wintergetreide Temperaturen um den Gefrierpunkt optimal sind, reichen bei Kakteen etwa 10 °C aus, um die Blütenbildung anzuregen. Für die weitere Entwicklung der Blüten sind diese Temperaturen allerdings zu niedrig, die Pflanzen benötigen dann wiederum einen wärmeren Standort.

Bestäubung

Wenn sich die Blüte geöffnet hat und Staubblätter und Stempel herangereift sind, so muss zunächst einmal Pollen einer Blüte auf die Narbe einer anderen Blüte übertragen werden, damit eine Befruchtung stattfinden und neues Leben entstehen kann. Diesen Vorgang nennt man **Bestäubung.** Sie kann durch den Wind, durch Insekten oder bei tropischen Pflanzen auch durch kleine Vögel oder Fledermäuse erfolgen. Windbestäubte Blüten sind meist klein und unscheinbar, die Blütenhülle wird nicht oder nur verkümmert ausgebildet, damit der Wind freien Zugang zu den Blütenorganen hat. Die Pollen sind leicht und trocken und werden in riesiger Menge produziert. Der Bau der Narbe bietet gute Chancen, dass Pollen an ihr haften bleiben; sie ragt weit heraus und ist oft großflächig aufgegliedert. Viele Windblütler blühen im Frühjahr vor dem Laubaustrieb, wenn die Blätter den Pollentransport noch nicht behindern können. Zu ihnen gehören z. B. Hasel, Erle, Birke; weitere Windblütler sind Gräser und Nadelbäume (siehe Abbildung 58).
Insekten und Vögel fliegen die Blüte als Nahrungsquelle gezielt an. Sie werden durch Duft und Farbe angelockt. Häufig treten Anpassungserscheinungen zwischen dem Bau der Blüte und dem bestäubenden Insekt auf. Pollenkörner der Insektenblütler sind vielfach klebrig und mit Ausstülpungen versehen, sodass sie am nahrungssuchenden Insekt haften bleiben und zur nächsten Blüte transportiert werden (s. Abb. 59). Dort gelangen sie auf die Narbe und werden von der lappigen, teilweise feuchten oder schleimigen Narbenoberfläche fest gehalten. Bei Zwitterblüten kann der Pollen leicht auf die Narbe ein- und derselben Blüte gelangen, dies ist jedoch nur bei den wenigen typischen **Selbstbefruchtern,** wie zum Bei-

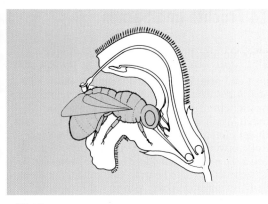

Abb. 59.
Insektenbestäubte Pflanze: Wiesensalbei. Das Insekt streift zuerst an der Narbe vorbei. Mit dem Kopf drückt es den Staubfaden herab und belädt sich mit Pollen.

spiel Erbsen, erwünscht. In der Natur gibt es vielfältige Einrichtungen, die Selbstbefruchtung verhindern und **Fremdbefruchtung** fördern sollen. Beispielsweise reifen Staubblätter und Narben einer Blüte nacheinander heran, wodurch eine Selbstbestäubung verhindert wird. Auch gibt es **selbststerile** Pflanzen, deren Pollen nicht auf den Narben von Blüten der gleichen Pflanze keimt.

Befruchtung

Während des Reifungsvorgangs der Blüte finden im Pollen und im Fruchtknoten besondere Zellteilungen statt, die zur Entstehung von männlichen und weiblichen **Geschlechtszellen** führen. Man bezeichnet diese Teilung als Reifeteilung (**Meiose**). Im Gegensatz zu normalen Körperzellen, in denen jedes Chromosom doppelt vorhanden ist (siehe Seite 18), enthalten Geschlechtszellen nur einen einfachen Chromosomensatz. Bei der **Befruchtung** verschmelzen der Zellkern einer weiblichen und einer männlichen Geschlechtszelle miteinander, sodass die Zellen des neu entstehenden Lebewesens wieder einen doppelten Chromosomensatz besitzen, in dem Erbinformationen vom Vater und von der Mutter enthalten sind.

Gelangt der reife Pollen auf die Narbe, so keimt er aus und bildet einen Pollenschlauch, der durch den Griffel bis zur Samenanlage im Fruchtknoten wächst. Dort findet die Verschmelzung der männlichen und weiblichen Zellkerne statt.

Frucht- und Samenbildung

Nach der Befruchtung entwickeln sich durch »normale« Zellteilung (Mitose, s. Seite 17) aus den Samenanlagen im Fruchtknoten die Samenkörner. Der Fruchtknoten selbst wird zur Frucht, die dem Samen bis zu seiner Reife Schutz bietet und seine Verbreitung fördert (s. Kap. 14). Die übrigen Blütenbestandteile vertrocknen überwiegend und fallen ab. Teilweise ist der Blütenboden an der Fruchtbildung beteiligt, wie z. B. bei Apfel und Birne (s. Seite 76). An manchen Früchten sind noch die Kelchblätter vorhanden, so z. B. bei der Tomate und der Erdbeere.

Bei den **Nacktsamern,** zu denen in erster Linie die Nadelhölzer gehören, fehlt der Fruchtknoten. Die Fruchtblätter mit den Samenanlagen sitzen direkt an der Blütenachse der weiblichen Blüten. Häufig sind viele solcher Blüten zu einem zapfenartigen Blütenstand zusammengefasst, an dessen Achse sich neben den Blüten Schuppenblätter befinden. Während der Reife verholzen Achse und Schuppen, der unbedeckte Samen wird freigegeben. Bei reifen Tannenzapfen fallen die Schuppenblätter ab, daher können diese in der Floristik nicht verwendet werden.

!!!Merksätze
- Für die Bildung von Blüten und Früchten sind Assimilate erforderlich, daher blühen Pflanzen erst dann, wenn sie ein Mindestalter erreicht bzw. eine Mindestzahl von Laubblättern entwickelt haben.
- Bei vielen Pflanzen ist die Dauer der täglichen Belichtung entscheidend für die Blütenbildung. Es gibt Langtagpflanzen, Kurztagpflanzen und tagneutrale Pflanzen.
- Einige Pflanzen benötigen eine Kälteperiode zur Ausbildung von Blüten.
- Als Bestäubung bezeichnet man die Übertragung von Pollen auf die Narbe, sie kann durch Wind oder Insekten erfolgen; es gibt Anpassungserscheinungen zwischen dem Bau der Blüte und den Bestäubungsverhältnissen.
- Bei der Befruchtung verschmelzen die Zellkerne einer männlichen und einer weiblichen Geschlechtszelle miteinander.

Fortsetzung folgt auf der nächsten Seite!

- Die Befruchtung findet in den Samenanlagen des Fruchtknotens statt, nachdem der Pollen auf der Narbe gekeimt ist und einen Pollenschlauch gebildet hat, der durch den Griffel zum Fruchtknoten wächst.
- Aus der Samenanlage entwickelt sich der Samen, der Fruchtknoten wird zur Frucht.
- Nacktsamer besitzen keinen Fruchtknoten, die Samenanlage sitzt unbedeckt an der Blütenachse der weiblichen Blüten.

???Aufgaben

1. *Dendránthema-Grandiflorum*-Hybriden und *Kalánchoë blossfeldiána* sind beliebte Pflanzen, die dem Kunden ganzjährig angeboten werden können. Informieren Sie sich, durch welche Kulturmaßnahmen das ganzjährige Angebot dieser Kurztagpflanzen ermöglicht wird!
2. Wodurch unterscheiden sich die Blüten von Wind- und Insektenblütlern?
3. Beschreiben Sie die Vorgänge bei Bestäubung und Befruchtung.
4. Nennen Sie Zapfenarten, die man in der Advents- und Trauerfloristik verwendet. Warum gehören Zapfen von Tannenarten nicht dazu?

14 Früchte und Samen

Früchte umschließen und schützen die Samenkörner bis zu ihrer Reife, d. h. bis sie keimen und neue Pflanzen aus ihnen entstehen können. Außerdem ermöglichen sie durch verschiedene Einrichtungen die Verbreitung der Samen durch Wind, Wasser oder Tiere.

In der Floristik spielen Früchte eine bedeutende Rolle. Zweige von schönfrüchtigen Gehölzen werden z. B. in Sträußen oder Gestecken verarbeitet. Einzelfrüchte weisen häufig eine runde, sammelnde Form auf und eignen sich so gut für die Ausgestaltung des Bewegungsmittelpunktes oder einer Strukturfläche. Auch bei Gestaltung mit Trockenblumen werden vielfach Früchte verwendet. Da sie Samen beinhalten, gehören Früchte als Symbol für Leben und Erneuerung zu den traditionellen Gestaltungsmitteln in der Advents- und Weihnachtsfloristik. Sie sind ebenso fester Bestandteil von Grabschmuck, der zu den Totengedenktagen angefertigt wird.

Für den Floristen ergibt sich hieraus die Notwendigkeit, möglichst viele Fruchtarten zu kennen und über ihre Verwendungsmöglichkeit Bescheid zu wissen. Kenntnisse über den Aufbau eines Samenkorns sowie über Voraussetzungen und Ablauf der Samenkeimung sind für die Arbeit im Blumenfachgeschäft von geringerer Bedeutung. Dennoch sollte man sich auch hierüber ein Grundwissen aneignen, um diesbezügliche Fragen von Kunden beantworten zu können.

Fruchtformen

Früchte entstehen nach Bestäubung und Befruchtung aus dem Fruchtknoten, dabei kann sich die Fruchtwand ganz unterschiedlich entwickeln. Sie kann eintrocknen, verholzen oder ein fleischiges und saftiges Fruchtgewebe ausbilden. Während Einzelfrüchte (z. B. Kirsche) aus einem Fruchtknoten hervorgehen, entwickeln sich aus Blüten mit mehreren Fruchtknoten Sammelfrüchte (zum Beispiel Himbeeren).

Neben den genannten Kriterien ist die Verbreitungsart ein weiteres Merkmal zur Unterscheidung von Früchten: **Streufrüchte** (z. B. *Nigélla*) öffnen sich bei Reife noch an der Pflanze und geben den Samen frei, **Schließfrüchte** (z. B. Nüsse) lösen sich

Tab. 3. Trockenfrüchte

Fruchtform	Merkmale	Pflanzenbeispiele
a) Streufrüchte **Balg**	entsteht aus einem Fruchtblatt, das sich bei Reife an der Bauchnaht öffnet	vielfach bei Hahnenfußgewächsen, z. B. Rittersporn, Eisenhut, Akelei, Christrose
Hülse	entsteht aus einem Fruchtblatt, bei Reife öffnen sich Bauch- und Rückennaht	typische Fruchtform der Schmetterlingsblütler, z. B. Goldregen, Wicken, Erbsen, Bohnen
Schote	entwickelt sich aus zwei Fruchtblättern, in der Mitte befindet sich eine dünne Scheidewand, auf der die Samen sitzen	typische Fruchtform der Kreuzblütler z. B. Silberling (*Lunária ánnua*), Kohl, Raps
Kapsel	entsteht aus mehreren Fruchtblättern; Samen werden freigegeben durch Spaltung, Ablösen eines Deckels oder Öffnungen in der Fruchtwand	Mohn, *Nigélla*, Lotosblume, Tulpen, Lilien, Schwertlilien, Löwenmaul, Stechapfel
b) Schließfrüchte **Nuss**	einsamig, hartschalige Fruchtwand	Hasel, Eiche, Linde, Buche
Karyopse	einsamig, Samenschale und Fruchtwand sind miteinander verwachsen	typische Fruchtform der Gräser

im reifen Zustand als Ganzes von der Pflanze. Ihre Fruchtwand muss verrotten oder vom Keimling gesprengt werden.

Es gibt verschiedene Einteilungen der Fruchtformen, die diese Ordnungskriterien in unterschiedlicher Weise berücksichtigen. Für den Floristen bietet es sich an, die Früchte zunächst einmal in **Trockenfrüchte und Saftfrüchte** einzuteilen. Trockenfrüchte weisen eine lange Haltbarkeit auf, sie können gelagert und ganzjährig verwendet werden. Demgegenüber sind Saftfrüchte nur kurze Zeit haltbar, sie beginnen schnell zu faulen oder einzutrocknen. Ihre Haltbarkeit lässt sich zum Beispiel durch Lack oder Wachsüberzüge verbessern. Eine Übersicht über verschiedene Trocken- und Saftfrüchte zeigen die Tabellen 3 und 4.

Neben den hier aufgeführten Fruchtformen gibt es noch Sonderformen, zu denen **Scheinfrüchte** und **zusammengesetzte Früchte** gehören. Bei den Scheinfrüchten sind außer dem Fruchtknoten noch andere Blütenteile an der Fruchtbildung beteiligt. Bei den Kernfrüchten Apfel und Birne z. B. schwillt der Blütenboden, der mit dem unterständigen Fruchtknoten verwachsen ist, an und bildet das

Tab. 4. Saftfrüchte (immer Schließfrüchte)

Fruchtform		Merkmale	Pflanzenbeispiele
Steinfrucht		einsamig, innere Fruchtwand hart (Stein) äußere Fruchtwand fleischig	Walnuss, Kokosnuss, Kirsche, Pflaume, Holunder, Stechpalme
Beere		meist vielsamig, Samen in fleischige Fruchtwand eingebettet	Weintraube, Johannisbeere, Zitrusfrüchte, Mahonie, Schneebeere, Torfmyrte
Sammelfrucht		Einzelfrüchte, die aus vielen Fruchtknoten einer Blüte entstanden sind, verbinden sich zu einer Frucht; häufig ist der Blütenboden an der Fruchtbildung beteiligt, die Einzelfrüchte sitzen auf dem Blütenboden oder sind in ihn eingebettet	Hagebutte und Erdbeere (Einzelfrüchte sind Nüsschen), Himbeere und Brombeere (Einzelfrüchte sind Steinfrüchte)

Fruchtfleisch. Nur das Kerngehäuse entsteht aus dem Fruchtknoten. Die Frucht der Lampionblume (*Phýsalis alkekéngi*) geht aus dem Fruchtknoten und den Kelchblättern hervor. Da bei Erdbeeren und Hagebutten der Blütenboden ebenfalls fleischig anschwillt, können auch sie zu den Scheinfrüchten gezählt werden. Zusammengesetzte Früchte oder Fruchtstände entstehen aus einem Blütenstand, zum Beispiel bei Ananas und Feigen. Die kolbige Achse des Blütenstandes und die Deckblätter der dicht zusammensitzenden Blüten werden während des Reifevorganges zu saftigem Fruchtfleisch.

Verbreitung von Früchten und Samen

Früchte und Samen können durch Wind, Wasser, Tiere oder auch durch die Pflanze selbst verbreitet werden; sie sind durch Besonderheiten in ihrem Bau an die jeweilige Verbreitungsart angepasst.

Samen und Früchte, die durch den **Wind** verbreitet werden, sind sehr leicht (Orchideen, Begonien, *Kalánchoë*) und/oder haben Flugorgane wie z. B. Haare (Weide, Pappel), Flügel (Birke, Linde), Fallschirme (Löwenzahn) oder Propeller (Ahorn). Die meisten Samen sind schwimmfähig und können somit durch **Wasser** transportiert werden. Typische »Schwimmer« unter den Samen besitzen zusätzlich eine nicht benetzbare Hülle und luftgefüllte Kammern (Kokosnuss, viele Sumpf- und Wasserpflanzen).
Die Verbreitung durch **Tiere** kann auf verschiedene Weise erfolgen. Viele saftige Früchte werden vor allem von Vögeln gefressen, die Samen werden unverdaut wieder ausgeschieden. Die leuchtenden Farben solcher Früchte sind ein Reifezeichen und locken Tiere an (zum Beispiel Sanddorn, Weißdorn, Feuerdorn). Durch Haftvorrichtungen, wie zum Beispiel bei Klette und Labkraut, werden die Früchte im Haarkleid von Tieren über größere Entfernungen verschleppt. Haselnüsse, Eicheln

und Bucheckern werden zum Beispiel von Eichhörnchen als Wintervorrat vergraben oder von Eichelhähern in Ritzen und Spalten der Baumrinde versteckt. Da diese Vorräte nicht immer aufgebraucht werden, erfolgt auch auf diese Weise eine Samenverbreitung.

Durch Schleudermechanismen (z. B. Springkraut) tragen **Pflanzen** selbst zur Ausbreitung der Samen bei.

Bau des Samenkorns

Im Samen befindet sich eine junge Pflanze, der **Keimling**, der sich während des Reifevorganges aus einer befruchteten Eizelle entwickelt. Er besteht aus einer Keimwurzel, Keimblättern und Keimachse. Keimwurzel und Keimachse besitzen jeweils einen Vegetationspunkt. Zur Ernährung des Keimlings sind im Samen Reservestoffe, wie zum Beispiel Fette, Öle, Eiweiße und Kohlenhydrate, eingelagert.

Sie befinden sich entweder in einem speziellen **Nährgewebe** (Gräser) oder sind in den Keimblättern enthalten (Hülsenfrüchte) (siehe Abbildung 61). Im letzteren Fall sind die Keimblätter entsprechend groß ausgebildet. Orchideensamen enthalten keinerlei Reservestoffe, der Keimling ist daher auf eine Symbiose (= Lebensgemeinschaft zum gegenseitigen Nutzen, siehe Seite 30) mit bestimmten Pilzen angewiesen, die ihn während der Keimung mit Nährstoffen versorgen. Die junge Pflanze im Samen befindet sich im Ruhestadium. Alle Stoffwechselvorgänge laufen sehr langsam ab, der Samen enthält nur sehr wenig Wasser und atmet kaum.

Die **Samenschale** umhüllt den Keimling und das Nährgewebe. Sie ist häufig durch Festigungsgewebe und eine dicke Kutikula verstärkt. Die mechanische Festigkeit der Samenschale und ihre

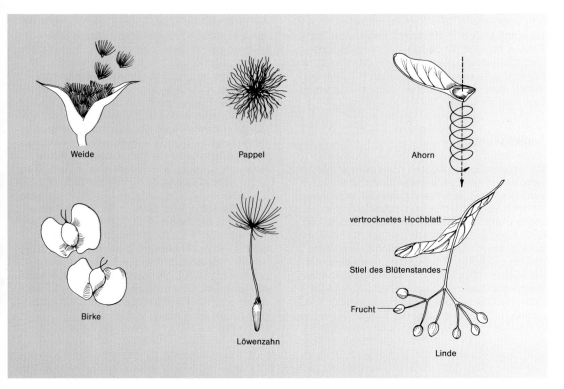

Abb. 60. Samen und Früchte, die durch den Wind verbreitet werden.

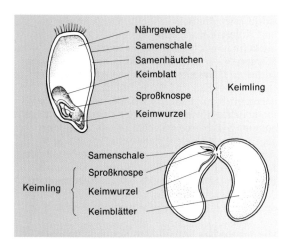

Abb. 61.
Längsschnitt durch das Samenkorn.
Oben: Roggen. Unten: Gartenbohne.

äußerst geringe Durchlässigkeit machen Samen sehr widerstandsfähig. Sie können bei trockener Lagerung längere Zeitspannen überdauern, zum Beispiel keimten die Samen einer Mimosenart nach 220 Jahren Lagerzeit, als sie mit Wasser in Berührung kamen. Für die meisten Pflanzen gilt jedoch, dass die Keimfähigkeit mit zunehmender Lagerung abnimmt.

Samenkeimung

Die meisten Samen keimen nicht unmittelbar nach ihrer Entstehung, auch wenn die äußeren Bedingungen günstig sind. Sie durchlaufen zunächst eine Nachruhe, in der einige chemische Veränderungen in ihnen stattfinden oder auch der Keimling noch fertig gestellt werden muss (z. B. Anemone). Bei einigen Pflanzen sind bestimmte Umweltbedingungen (Kälte, Feuchtigkeit) notwendig, um die Samenruhe aufzuheben. Dabei werden keimhemmende Stoffe im Samen abgebaut, und die Wasserdurchlässigkeit harter Samenschalen wird gefördert. Nach Beendung der Ruhephase beginnt

der Samen zu keimen, wenn die äußeren Voraussetzungen gegeben sind. Hierzu gehören ausreichend **Wasser, Sauerstoff und Wärme.**
Die Keimung beginnt mit der Quellung des Samens (s. S. 250). Durch das Andrücken des Samenkorns bei der Aussaat wird es in engen Kontakt mit der Bodenfeuchtigkeit gebracht. Die **Wasseraufnahme** macht die Zellwände durchlässig und fördert den Abbau der Reservestoffe, die für die Keimung notwendig sind. Gleichzeitig vergrößern sich durch die Wassereinlagerung Keimling und Nährgewebe, so dass die Samenschale gesprengt wird. Als Erstes durchbricht die Keimwurzel die Schale und beginnt mit der Ausbildung von Seitenwurzeln. Dadurch wird der Keimling im Boden verankert und die Aufnahme von Wasser und Nährstoffen ermöglicht. Als Nächstes streckt sich der Keimstängel und die Keimblätter entfalten sich. Nach dem Ergrünen der ersten Blätter ist die Pflanze zur autotrophen Ernährung fähig und der Keimvorgang beendet. Bei einigen Pflanzen verbleiben die Keimblätter als Reservestoffspeicher in der Erde und die ersten Laubblätter übernehmen die Aufgabe der Fotosynthese. Während des Keimvorganges findet eine intensive Atmung statt, da sehr viel Energie freigesetzt werden muss. Daher ist eine ausreichende **Sauerstoffversorgung** des Staatgutes notwendig. Samen, die in durchnässter, verdichteter Erde, unter verkrusteter Oberfläche oder zu tief im Boden liegen, leiden an Sauerstoffmangel. Dadurch kann die Keimung erheblich beeinträchtigt werden. Eine weitere Voraussetzung für die Keimung ist ein Mindestmaß an **Wärme,** wobei die optimale Keimtemperatur je nach Pflanzenart verschieden ist (z. B. *Cýclamen* 10 °C, *Állium*-Arten 5–10 °C, Gloxinien 25 °C). Bei einigen Pflanzenarten spielen auch die Lichtverhältnisse eine Rolle. **Lichtkeimer** (z. B. *Kalánchoë,* Levkojen) benötigen Licht für die Keimung, **Dunkelkeimer** (z. B. Freesien, *Cýclamen*) werden durch Licht gehemmt. Die meisten Pflanzen keimen allerdings unabhängig vom Licht. Alle genannten Voraussetzungen müssen in einem für die jeweilige Pflanzenart günstigen Bereich liegen, wenn ein optimales Keimergebnis erzielt werden soll.

!!!Merksätze

- Früchte entstehen nach Bestäubung und Befruchtung aus dem Fruchtknoten, sie schützen den Samen und sorgen für seine Verbreitung.
- Je nach Ausbildung der Fruchtwand unterscheidet man zwischen Trockenfrüchten (Balg, Hülse, Schote, Kapsel, Nuss, Karyopse) und Saftfrüchten (Steinfrucht, Beere, häufig auch Sammelfrüchte, Scheinfrüchte, zusammengesetzte Früchte).
- Nach der Verbreitungsart wird unterschieden zwischen Streufrüchten (reife Frucht öffnet sich an der Pflanze und gibt den Samen frei) und Schließfrüchten (reife Frucht fällt als Ganzes ab).
- Die Verbreitung der Früchte erfolgt durch Wind, Wasser, Tiere oder durch die Pflanze selbst.
- Im Samenkorn befinden sich der Keimling und Reservestoffe im Nährgewebe oder in den Keimblättern.
- Die Samenschale schützt Keimling und Nährgewebe.
- Voraussetzungen für die Samenkeimung sind Keimfähigkeit des Saatgutes, Wasser, Sauerstoff, Wärme und bei einigen Pflanzen auch Licht oder Dunkelheit.
- Die Samenkeimung läuft folgendermaßen ab:
  - Quellung
  - Stoffwechselvorgänge setzen ein
  - Sprengung der Samenschale
  - Keimwurzel durchbricht die Samenschale und beginnt Seitenwurzeln zu bilden
  - Keimblätter entfalten sich.

???Aufgaben

1. Nennen Sie Fruchtarten, die in Ihrem Ausbildungsbetrieb verwendet werden.
2. Zerlegen Sie einen gequollenen Bohnensamen und benennen Sie die einzelnen Teile.
3. Leiten Sie aus den genannten Voraussetzungen und dem Ablauf des Keimvorganges Maßnahmen ab, die bei der Aussaat zu beachten sind (s. Kap. 38).

Pflanze und Umwelt

15 Reizbewegungen

In den vorhergegangenen Kapiteln wurden äußerer und innerer Bau von Pflanzen sowie wichtige Lebensvorgänge beschrieben. Hierbei wurden bereits Zusammenhänge zwischen Bau und Funktion der Pflanzenorgane und verschiedenen Umwelteinflüssen aufgezeigt. Pflanzen weisen vielfältige Beziehungen zu ihrer Umwelt auf. Wie Tiere und Menschen können auch Pflanzen Reize der Umwelt aufnehmen und darauf mit Bewegungen einzelner Organe oder Organteile reagieren. Pflanzenbewegungen werden z. B. ausgelöst durch Licht-, Temperatur-, Berührungsreize, Reize durch die Schwerkraft der Erde oder chemische Substanzen. Nach der Ausrichtung der Reizbewegung unterscheidet man zwischen **Tropismen** und **Nastien**. **Tropismen** sind Wachstumsvorgänge, die durch einen einseitigen Reiz ausgelöst und in ihrer Richtung bestimmt werden. Dabei kann die Bewegung zur Reizquelle hin oder von dieser weg erfolgen. **Nastien** sind solche Bewegungen, deren Ablauf allein durch den Bau des reagierenden Organs festgelegt ist. Der Reiz dient hier nur als Signal und hat keinen Einfluss auf die Richtung der Bewegung.

Fototropismus (Lichtwendigkeit)

Pflanzen wachsen zum Licht hin. Diese Erscheinung ist bei Zimmerpflanzen zu beobachten, die zumeist einseitigem Lichteinfall ausgesetzt sind. Die Sprossachse wächst der Lichtquelle entgegen. Die Blätter richten sich (i. d. R.) so aus, dass sie das einfallende Licht optimal zur Fotosynthese nutzen können. Hervorgerufen werden diese Bewegungen durch ungleichmäßiges Wachstum. Die Zellen an der lichtabgewandten Seite der Sprossachse strecken sich stärker als an der belichteten Seite, dadurch krümmt sie sich zur Lichtquelle hin. Von Blumenfreunden werden Zimmerpflanzen auf der Fensterbank gedreht, damit die »schönere Seite« zu sehen ist. Diesen Vorgang sollte man jedoch nicht zu häufig wiederholen, da jede Pflanzenbewegung Energie verbraucht und die Pflanze schwächt. Auch werfen einige Pflanzen ihre Blüten und Blütenknospen ab, wenn sie auf der Fensterbank gedreht werden (z. B. *Caméllia japónica, Hatíora gáertneri, Schlumbérgera truncáta*).

Gravitropismus (auch Geotropismus oder Erdwendigkeit)

An einer keimenden Pflanze kann man beobachten, dass die Hauptwurzel immer auf den Erdmittelpunkt zu wächst (positiv geotrop), die Sprossachse immer den Weg vom Erdmittelpunkt weg hin zum Licht findet (negativ geotrop). Seitenwurzeln und Seitensprosse erster Ordnung wachsen meist horizontal oder in einem bestimmten Winkel schräg abwärts bzw. aufwärts. Dadurch wird eine gute Verankerung der Wurzel im Boden sowie eine optimale Lichtausnutzung durch den Spross erreicht. Auslösende Kraft für diese Reizbewegung ist die Schwerkraft (Gravitation) der Erde. Befestigt man eine Keimpflanze waagerecht, ohne ihr weiteres Wachstum zu behindern, so kann man nach einigen Stunden feststellen, dass sich die Sprossspitze aufwärts, die Wurzelspitze abwärts gekrümmt hat (siehe Abbildung 62). Die Zellen an der Sprossunterseite bzw. an der Wurzeloberseite strecken sich stärker als an der gegenüberliegenden Seite, wodurch die Krümmungen hervorgerufen werden. Auch an einem Steilhang kann man beobachten, dass Hauptwurzeln und Sprossachsen der Pflanzen nicht senkrecht zur Erdoberfläche, sondern direkt auf den Erdmittelpunkt zu bzw. von diesem weg wachsen. Bei abgeknickten oder von Tieren umgetretenen Sprossachsen von krautigen Pflanzen wachsen die Seitentriebe und auch die Spitze der Sprossachse ebenfalls wieder senkrecht vom Erdmittelpunkt weg. Wir haben uns an diese Erscheinungen so sehr gewöhnt, dass wir sie gar nicht als etwas Besonderes empfinden. Die Pflanzen allerdings müssen über ausgeklügelte Wahrnehmungs- und Reaktionsmechanismen verfügen, um so reagieren zu können.

Die Erdwendigkeit führt auch dazu, dass zum Beispiel Baumstämme im Wald oder Grashalme auf einer Wiese weitgehend parallel zueinander ausgerichtet sind. Dieses Ordnungsprinzip haben wir für die Floristik übernommen und wenden es zum Beispiel bei der Gestaltung von Parallelgestecken an (siehe Florist Band 1).

Thigmotropismus (Berührungswendigkeit)

Wachstumsbewegungen auf Grund von Berührungsreizen spielen eine wichtige Rolle bei Pflanzen, die sich durch Winden oder Ranken an Stützen festhalten, um aufrecht wachsen zu können. Junge Sprosse oder Blattranken führen zunächst kreisende Suchbewegungen aus, die ohne Einwirkung äußerer Reize zu Stande kommen. Berührt die Ranke eine Stütze, so reagiert sie mit verstärktem Wachstum an der gegenüberliegenden Seite. Dadurch krümmt sie sich und umwickelt die Stütze. Bei Blattranken setzt das verstärkte Wachstum an der Blattunterseite ein, wodurch die Ranke ebenfalls die Stütze umschlingt. Die Richtung der Bewegung wird hier allerdings nicht durch den Reiz, sondern lediglich durch den Bau der Ranke bestimmt. In diesem Fall handelt es sich um Thigmonastie.

Thermonastie

Manche Blüten (zum Beispiel Tulpen, Krokus, Schneeglöckchen) öffnen sich bei steigenden Temperaturen und schließen sich bei Abkühlung. Stellt man Tulpen in ein warmes Zimmer, so öffnen sie sich weit. Kommen sie anschließend in einen kühlen Raum, schließen sie sich wieder. Hervorgerufen werden diese Bewegungen durch abwechselndes Wachstum an der Oberseite und der Unterseite der Kronblätter.
Bei höheren Temperaturen wächst die Oberseite stärker, wodurch es zur Öffnungsbewegung kommt. Bei jedem Öffnen und Schließen vergrößern sich die Kronblätter. Die Bewegungen der Kronblätter stellen eine Anpassung an die bestäubenden Insekten dar, die nur bei bestimmten Temperaturen aktiv werden. Sind infolge kühler Witterung keine Insekten zu erwarten, so werden die Stempel und Staubblätter durch die Kronblätter geschützt.

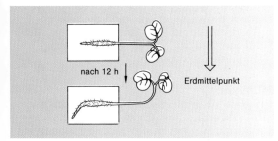

Abb. 62.
Versuch zum Geotropismus. Die Wurzel wächst zum Erdmittelpunkt, der Spross von ihm weg.

Fotonastie

Die Blüten vieler Pflanzen (z. B. Gänseblümchen, Ringelblumen, Seerosen) öffnen sich
bei Tagesanbruch und schließen sich in der
Abenddämmerung. Die Reizbewegung erfolgt
wie bei der Thermonastie beschrieben, nur ist
hier nicht die Temperatur, sondern das Licht
der auslösende Reiz. Teilweise reichen bereits
Intensitätsschwankungen des Lichtes aus, um
Schließ- bzw. Öffnungsbewegungen auszulösen.
So zeigt z. B. eine sommerliche Blumenwiese an
trüben Tagen ein anderes Bild als an hellen Son-
nentagen. Bei Dunkelheit erfolgt i. d. R. keine
Bestäubung, da sich die meisten Insekten nicht
orientieren können. Somit werden die männlichen und weiblichen Blütenteile in dieser Zeit
durch die geschlossenen Kronblätter geschützt.
Auch die Laubblätter mancher Pflanzen ändern
ihre Blattstellung nach einem tagesperiodischem
Rhythmus. Tagsüber nehmen sie eine horizonta-
le Stellung ein, in der sie das Licht besonders
gut ausnutzen können, nachts hängen sie herab.
Bei manchen Pflanzen hat es den Anschein, als
gingen sie regelrecht »schlafen«, zum Beispiel
bei Oxalis und Mimosa. In Versuchen mit Boh-
nenpflanzen wurde festgestellt, dass diese Bewegungen auch ausgeführt werden, wenn die
Pflanzen mehrere Tage im Dauerlicht stehen.
Sie sind also nicht direkt auf einen Reiz zurückzuführen, sondern eine Folge der ererbten inneren Uhr, die bei Pflanzen genau wie bei Tieren
und Menschen vorhanden ist. Die Tag- und
Nachtlänge bewirkt lediglich den Anstoß, um
die Uhr in Gang zu setzen und sie an die Jahreszeiten anzupassen.

Seismonastie (seismos = Erschütterung)

Einige Pflanzen reagieren auf Erschütterung
durch schnelle Bewegungen, die nicht auf Wachstum, sondern durch Turgoränderungen hervorgerufen werden. Die bekannteste derartige Reaktion
ist das Zusammenklappen der Fiederblätter und
das Abknicken des Blattstieles bei *Mimósa
púdica* nach einer Berührung (s. Abb. 63). Diese
Pflanze besitzt an der Basis der Blattstiele und der Fiederblätter jeweils ein Gelenk. Als Reaktion auf eine
Erschütterung vermindert sich der Turgor in den
Gelenkzellen, die Blätter klappen zusammen.

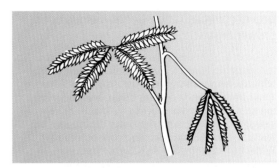

Abb. 63. Seismonastie. Reaktion von Mimósa púdica auf Berührung.

Nach Abklingen des Reizes füllen sich die
Gelenkzellen wieder mit Wasser, Blattstiele und Fiederblätter richten sich auf. Auch die schnelle Klapp-
bewegung der Venusfliegenfalle erfolgt auf Grund
eines Stoßreizes. Berührt ein Insekt die Haare der
Blattspreite, so klappen die Blatthälften auf Grund
von Turgoränderungen zusammen (s. S. 28).

!!! Merksätze

- Pflanzen können Reize der Umwelt aufnehmen
  und darauf mit Wachstums- oder Turgorbewe-
  gungen reagieren.
- Tropismen sind Wachstumsvorgänge, die durch
  einen einseitigen Reiz ausgelöst und in ihrer
  Richtung bestimmt werden.
- Zu den Tropismen gehören Fototropismus
  (Lichtreiz), Geotropismus (Schwerkraftreiz)
  und Thigmotropismus (Berührungsreiz).
- Nastien sind Wachstums- oder Turgorbewegun-
  gen, deren Richtung nur durch den Bau des
  Pflanzenorgans, nicht durch den auslösenden
  Reiz, bestimmt wird.
- Beispiele für Nastien sind die Öffnungs- und
  Schließbewegungen vieler Blüten (durch Licht-
  reiz = Fotonastie, durch Temperaturreiz =
  Thermonastie) und die Turgorbewegungen der
  Mimose und der Venusfliegenfalle (durch
  Stoßreiz = Seismonastie).

??? Aufgaben

1. Stellen Sie junge Pflanzen der Kapuzinerkresse
   an ein Fenster. Beobachten und erklären Sie.
2. Erklären Sie, warum sich die Blütenblätter von
   Tulpen und Krokussen während der Blütezeit
   vergrößern.

16 Vegetationszonen und Anpassungen an den Lebensraum

Pflanzen haben sich durch Bau und Lebensweise an die Umweltbedingungen ihrer Standorte angepasst. Umweltbedingungen, die einen entscheidenden Einfluss auf Pflanzen ausüben, sind Klima (Licht, Temperatur, Niederschläge) und Boden (Feuchtigkeit, Nährstoffversorgung, pH-Wert). Auf der Erde lassen sich verschiedene Klimazonen unterscheiden, in denen sich eine jeweils typische Vegetation entwickelt hat. Die **Vegetationskunde** befasst sich mit der Verbreitung von Pflanzen auf der Erde, also mit den Heimatgebieten von Pflanzen und den dortigen Standortbedingungen.

Für den Floristen sind Kenntnisse über klimatische Bedingungen am Heimatstandort von Pflanzen und über Anpassungserscheinungen aus verschiedenen Gründen von Nutzen:

Zum einen gibt uns die Herkunft einer Pflanze wichtige Hinweise auf die Ansprüche, die sie an Standort und Pflege stellt. Oft ist schon an typischen Merkmalen im äußeren Bau zu erkennen, welchen Klimabedingungen eine Pflanze in ihrer Heimat ausgesetzt ist, sodass sich daraus wesentliche Pflegeansprüche ableiten lassen.

Zum anderen sind Zusammenhänge zwischen dem Erscheinungsbild von Pflanzen und Umwelteinflüssen auch aus gestalterischer Sicht interessant. In jeder Pflanze, in jedem Pflanzenteil werden Bildungskräfte der Natur sichtbar. Je mehr man diese Zusammenhänge erkennen und verstehen lernt, desto besser wird es gelingen, die Schönheit von Pflanzen und ihre individuelle Ausstrahlung in floristischen Werkstücken zum Ausdruck zu bringen und die jeweiligen im Wesen passenden Partner zuzuordnen.

Dieser Gesichtspunkt ist besonders wichtig bei vegetativen Gestaltungen (s. Band 1). Für ein vegetatives Gesteckt werden Pflanzen nach soziologischen Kriterien ausgewählt (**Pflanzensoziologie** = Lehre von den Pflanzengesellschaften) und entsprechend ihrer natürlichen Wuchshaltung angeordnet. Aus den genannten Gründen wird im Folgenden beschrieben, unter welchen Bedingungen Pflanzen in verschiedenen Klimazonen leben und welche typische Vegetation sich dort entwickelt hat. Die Vegetationskunde kann im Rahmen dieses Buches nur in groben Umrissen und an ausgewählten Beispielen behandelt werden. Die Darstellung beschränkt sich auf wichtige Vegetationszonen, in denen viele vom Floristen verwendete Pflanzen beheimatet sind. Eine vereinfachte Übersicht über die Klima- und Vegetationszonen der Erde zeigt Abb. 64.

Immergrüner tropischer Regenwald

Tropische Regenwälder haben sich in den heißen Klimaten Afrikas, Südamerikas und Asiens in Äquatornähe ausgebildet. Das Klima dort ist gekennzeichnet durch gleichmäßig hohe Temperaturen (24 bis 30 °C im Jahresdurchschnitt, 18 °C werden nicht unterschritten) und durch extrem hohe Niederschläge (2000 bis 5000 mm und mehr im Jahr). Der Regen fällt fast täglich in Form eines Wolkenbruchs.

Diese ständige hohe Wärme und Feuchtigkeit hat einen **üppigen Pflanzenwuchs** zur Folge (s. Abb. 65). Die Pflanzen wachsen dicht gedrängt und es herrscht eine immense Artenvielfalt. Durch die dichte Vegetation besteht zwischen den Pflanzen ein ständiger Konkurrenzkampf um das Licht. Eindeutig im Vorteil sind hierbei die hohen Bäume, die das oberste Blätterdach bilden. Im tropischen Regenwald gibt es eine Vielzahl **immergrüner Baumarten** in unterschiedlichen Größen, die höchsten Riesenbäume können bis zu 60 m erreichen. Die Bäume haben meist gerade aufstrebende Stämme und verzweigen sich nur wenig. Da in den oberen Schichten des Regenwaldes die ansonsten extrem hohe relative Luftfeuchtigkeit auf bis zu 40 % absinken kann, schützen sich die Pflanzen durch Ausbildung von Blättern mit lediger und glänzender Kutikula vor übermäßiger Verdunstung. Gleichzeitig sind diese harten Blätter auch ein Schutz gegen herabprasselnde Regentropfen. Tropenpflanzen mit solchen Blättern, wie z. B. viele *Fícus*-Arten, *Mónstera*, *Philodéndron*, gedeihen auch in unseren Wohnungen bei trockener Heizungsluft.

Nach unten hin wird der Regenwald immer dichter. Der Unterwuchs besteht zu einem großen Teil aus Jungpflanzen der Gehölze, daneben gibt es **Riesenstauden** wie z. B. *Helicónia*, *Músa*. Am Waldboden hat sich eine **niedrige Krautschicht** entwickelt. Typische Vertreter sind z. B. *Caláthea*, *Maránta*, *Syngónium*, *Caládium*, *Fittónia*, Blattbegonien,

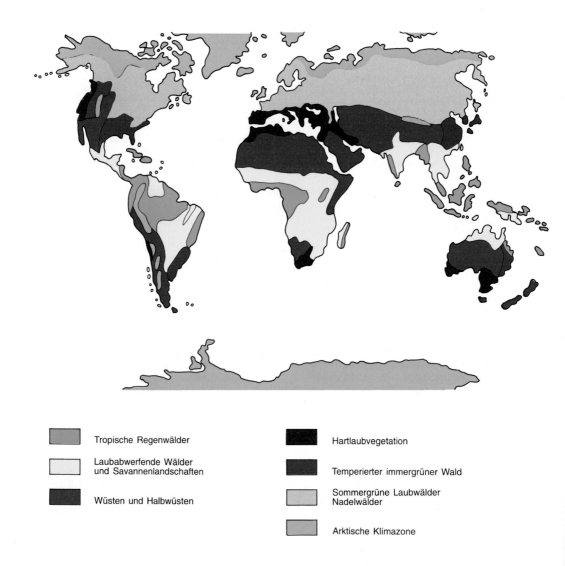

Tropische Regenwälder		Hartlaubvegetation	
Laubabwerfende Wälder und Savannenlandschaften		Temperierter immergrüner Wald	
Wüsten und Halbwüsten		Sommergrüne Laubwälder Nadelwälder	
		Arktische Klimazone	

Abb. 64.
Verteilung der Klima- und Vegetationszonen der Erde (vereinfacht).

tropische Farne und Palmen, Gesneriengewächse und Acanthazeen. Sie weisen häufig prächtige Blattfärbungen auf. Wie in ihrer Heimat, so kommen diese Pflanzen auch bei uns mit weniger Licht aus. Keinesfalls sollten sie direkter Sonnenbestrahlung ausgesetzt werden. Da in den unteren Waldschichten ständig eine hohe Luftfeuchtigkeit herrscht, sind die Blätter sehr zart mit dünner Kutikula (*Caládium*) oder weisen besondere Einrichtungen zur Förderung der Verdunstung auf. Hierzu gehören emporgehobene Spaltöffnungen oder lebende Haare, die dem Blatt eine samtartige Oberfläche verleihen (Gloxinien). Häufig erfolgt auch eine Wasserabgabe durch Guttation (s. Seite 61). Auch im Zimmer oder Gewächshaus benötigen diese Pflanzen eine hohe Luftfeuchtigkeit. Besonders empfindliche Pflanzen gedeihen nur im Gewächshaus oder im Tropenfenster.

Schling- und Kletterpflanzen (Lianen) versuchen, aus dem Dunkel am Boden des Waldes zum Licht zu gelangen, indem sie an den glatten Stämmen der Bäume emporklettern. Hierzu zählen z. B. Wurzelkletterer wie *Fícus*-Arten, *Mónstera* und *Philodéndron* und klimmende Palmen wie z. B. die Rotangpalme (*Cálamus rótang*), aus deren Holzkörper Peddigrohr gewonnen wird (s. Seite 334). Die Baumkronen können ganz von kletternden und rankenden Pflanzen umsponnen werden. Durch das üppige, dicht gedrängte Wachstum wird auch eine große Menge abgestorbener Pflanzenteile produziert, die unter den feucht-warmen Bedingungen sehr schnell verrotten. Es bildet sich eine nährstoffreiche Humusschicht, die allerdings nur sehr dünn ist. Werden tropische Regenwälder zerstört, so können sie kaum regenerieren, da der Urwald auf Grund seiner schnellen Umsetzungsprozesse aus sich selbst heraus lebt. Wie in ihrer Heimat gedeihen die bisher genannten Pflanzen am besten in einem humusreichen Substrat mit einem pH-Wert von 5–6.

Als besondere Lebenskünstler im Kampf um das Licht erweisen sich die **Epiphyten** (Aufsitzer). Sie siedeln sich in den Baumkronen an und versorgen sich mit Wasser und Nährstoffen aus der Luft (siehe Abbildung 65). Die Wurzeln dienen überwiegend der Verankerung am Baum, dringen jedoch nicht in diesen ein. Es handelt sich also nicht um Schmarotzerpflanzen. Allerdings können die Bäume manchmal so dicht mit Epiphyten besiedelt sein, dass ihre Äste abbrechen. Epiphyten sind zum Beispiel sehr viele Bromelien

(*Vrīēsea Guzmánia, Neoregélia*), Farne (*Platycérium, Asplénium*) und Orchideen (*Dendróbium, Phalaenópsis, Cymbídium*-Arten). Epiphytisch wachsende Bromelien bilden durch ihren rosettenförmigen Wuchs Trichter aus, in denen sie Wasser, herabfallendes Pflanzenmaterial und die Ausscheidungen von Vögeln und kleinen Tieren sammeln. Am Grunde der Blätter befinden sich schuppenförmige Saughaare, die Wasser und Nährstoffe aufnehmen. Der Geweihfarn (*Platycérium*) besitzt ein besonderes Mantel- oder Nischenblatt zum

Abb. 65.
Einen Eindruck vom üppigen Pflanzenwuchs eines tropischen Regenwaldes bekommt man in den Tropengewächshäusern botanischer Gärten.

Auffangen von Wasser und abgestorbenen Pflanzenresten. Der Nestfarn (*Asplénium*) sammelt zwischen seinen trichterförmig nach oben stehenden Blättern Streu, Humusteilchen und Wasser. In dieses humusreiche, feuchte Nest wachsen die Wurzeln hinein. Andere Epiphyten (wie z. B. viele Orchideen) bilden Luftwurzeln aus, die sich bei Niederschlägen wie Schwämme vollsaugen. Tropische Epiphyten müssen bei uns im Zimmer oder Gewächshaus warm stehen und stellen besonders hohe Ansprüche an die Luftfeuchtigkeit. Da sie nicht auf dem humusreichen Boden wachsen, sind sie gewohnt, mit weniger Nahrung auszukommen; sie sind salzempfindlich. Als Substrat bevorzugen sie eine Mischung aus groben organischen Materialien wie z. B. Rindenschnitzel, Lauberde, Wurzeln, Torf mit einem pH-Wert von 4–5,5. Direkte Sonneneinstrahlung vertragen sie nicht.

Tropischer laubabwerfender Wald und Savanne

In tropischen Gebieten mit geringeren Niederschlägen und Trockenzeiten haben sich je nach Höhe der Niederschläge und Ausdehnung der Trockenperiode laubabwerfende Wälder, Dornbuschwälder und Savannen entwickelt. Neben dem Wechsel von Regen und Trockenzeit sind die Pflanzen hier auch stärkeren täglichen Temperaturschwankungen ausgesetzt.

Auch im tropischen laubabwerfenden Wald, z. B. in den Monsunwäldern Südostasiens, wachsen noch Lianen und Epiphyten; die Vegetation ist jedoch nicht so üppig wie im immergrünen Regenwald. Die Bäume sind kleiner und wachsen langsamer. Sie schützen sich vor übermäßiger Verdunstung durch kleinere Blätter und durch den Laubfall während der etwa zweimonatigen Trockenzeit.

Dehnt sich die Trockenzeit noch weiter aus, bei gleichzeitiger Abnahme der Niederschläge, wird der Baumbewuchs spärlicher. Der Boden wird durch Gräser und krautige Pflanzen bedeckt. Die Pflanzen weisen neben einem ausgeprägten Wurzelsystem vielfältige Einrichtungen als Schutz gegen Verdunstung und zu starke Erhöhung der Blatttemperatur auf. Die Blätter sind klein und derb, mit dicker Kutikula (z. B. *Eucalýptus*). Sie weisen Haar-, Wachs- oder Kalküberzüge auf

(z. B. *Echevéria*, *Agáve*, *Eucalýptus*). Die Spaltöffnungen sind eingesenkt. Durch graugrüne Farben der Blätter wird das Sonnenlicht reflektiert. Viele Pflanzen dieser Standorte können Wasser speichern.

Dauert die Trockenzeit länger als etwa ein halbes Jahr, verschwinden die Bäume und Sträucher ganz, es entstehen Savannen und Dornbuschsavannen. Als Savanne bezeichnet man tropische Graslandschaften, die durch hohe, horstbildende, an Trockenheit angepasste Gräser geprägt werden. Sie kommen z. B. in Afrika und Südamerika (Brasilien) vor.

Zwischen den Gräsern finden sich einzeln oder gruppenweise Sträucher oder Bäume. Einer der bekanntesten ist der Affenbrotbaum in Afrika, der bei einer Stammhöhe von 20 m einen Umfang von 20 m erreicht und in seinem weichen Holz bis zu 120 000 l Wasser speichern kann.

In den Dornbuschsavannen herrschen **Dornengehölze** wie z. B. *Euphórbia mílii* vor. Hier sind auch viele andere sukkulente **Euphorbien**arten sowie **Kakteen** und **Crassulaceen** zu Hause. Neben vielfältigen Einrichtungen zum Verdunstungsschutz (s. o.) werden sie durch ihre Fähigkeit zur Wasserspeicherung in die Lage versetzt, die langen Trockenzeiten zu überstehen (s. Abb. 66). Pflanzen, die aus diesen Vegetationszonen stammen, gedeihen als Zimmerpflanzen recht gut. Auch bei uns wollen sie einen hellen, warmen Standort und können direkter Sonneneinstrahlung ausgesetzt werden. Mit dem Gießen sollte man eher sparsam sein. Besonders während der Ruhezeit im Winter sollten die Pflanzen trockener und auch kühler stehen. Man verwendet am besten ein Substrat aus Humus- und Sandanteil, der pH-Wert sollte zwischen 6 und 7 liegen.

Wüsten und Halbwüsten

Bei extremer Trockenheit und hohen Temperaturen gehen die Dornbuschsavannen in Halbwüsten und Wüsten über. Neben den nur selten auftretenden, dann aber heftigen Niederschlägen, wird das Klima an diesen Standorten bestimmt durch eine starke Lichteinstrahlung, außerordentliche Lufttrockenheit und extreme Schwankungen zwischen Tag- und Nachttemperatur (tagsüber bis 50 °C, nachts unter 0 °C). In diesen Gebieten ist der Pflanzenwuchs vergleichsweise spärlich. Dennoch gibt es zahlreiche Pflanzenarten, die sich auf vielerlei Weise den extremen Klimabedingungen angepasst haben.

Die so genannten »**Regenpflanzen**« überdauern die Trockenzeit als Samen, Knollen oder Zwiebeln im Boden. Nach einem Regen entfalten sie sich sehr schnell und blühen und fruchten innerhalb eines sehr kurzen Zeitraumes, um dann den größten Teil des Jahres wieder im Ruhestadium zu verbringen (z. B. *Eschschólzia caespitósa*).

Bekannter sind bei uns die **typischen Trockenpflanzen**, die auch noch mit geringen Wassermengen auskommen (s. Abb. 66).

Blattsukkulente Wüstenpflanzen sind z. B. *Agáve, Crássula, Epiphýllum, Sanseviéria*. Zur großen Gruppe der stammsukkulenten Pflanzen gehören die meisten Kakteen und sukkulente Euphorbienarten. Zu den interessantesten sukkulenten Pflanzen gehören die »**Lebenden Steine**« aus der Familie *Aizoáceae* (Mittagsblumengewächse), z. B.

Líthops, Conóphytum, Fenestrária. Sie bestehen nur aus einem einzigen Paar gegenständiger, stark sukkulenter Blätter, das kegelförmig zusammengewachsen ist. In Gestalt und Farbe passen sich diese Pflanzen oft dem Boden oder Gestein an, in dem sie wachsen. Daher auch der Name »Lebende Steine«. In ihrer Heimat sind sie fast völlig im Erdboden verborgen, nur die Endflächen der Blätter gelangen an das Sonnenlicht. Diese sind mit chlorophyllfreiem aber wasserreichem Gewebe, den so genannten »Fenstern« ausgestattet. Das Wassergewebe dient als Sammellinse und lenkt die von oben einfallenden Lichtstrahlen an die seitlichen, mit Assimilationsgewebe ausgekleideten Blattabschnitte. Somit wird eine gute Lichtausnutzung bei gleichzeitigem optimalem Verdunstungsschutz erzielt. Am Grunde der beiden Blätter befindet sich der Vegetationspunkt, der im darauf folgenden Jahr ein neues Blattpaar ausbildet. Dabei wird das alte Blattpaar völlig ausgesogen.

Abb. 66.
Pflanzen aus südamerikanischen Savannen- und Wüstengebieten in einem Gewächshaus.

Es vertrocknet und legt sich als schützende Hülle während der Trockenzeit um das heranwachsende Blattpaar.

Trockenpflanzen, die in Wüstengebieten beheimatet sind, verlangen während der Wachstumszeit einen warmen Standort und volle Sonne, sie eignen sich also bestens für einen Platz im Südfenster. In den Sommermonaten entwickeln sie sich gut an einem sonnigen, geschützten Platz im Freien. Diese Pflanzen sollten nur wenig, d. h. in großen Zeitabständen, dann aber durchdringend, gegossen werden. Im Winter sollten die Pflanzen trocken gehalten werden und auch kühl stehen. In der Regel ist nur nach einer solchen Ruhezeit eine Blüte zu erwarten, z. B. bei Kakteen. Das Substrat für diese Pflanzen sollte sehr durchlässig sein und etwa zur Hälfte grobe mineralische Bestandteile wie z. B. Sand, Kies, Blähton enthalten.

Hartlaubvegetation

Im sommertrockenen und winterfeuchten Klima des Mittelmeergebietes mit mittleren Temperaturen von etwa 25 °C in den Sommermonaten und ca. 10 °C in den Wintermonaten sind Hartlaubgehölze beheimatet. Wie der Name schon sagt, handelt es sich dabei um **immergrüne Gehölze** mit kleinen, harten und ledrigen, teilweise auch behaarten Blättern oder Nadeln. Typische Vertreter sind z. B. Oleander, Buchsbaum, Ölbaum, Lorbeer, Feige, Kirschlorbeer, *Rúscus* und Myrte, die in verschiedenen Regionen des Mittelmeerraumes zu Hause sind. Diese Sträucher bilden die typische Vegetation an lichten Rändern der Hartlaubwälder. In den Hartlaubwäldern findet man z. B. die Flaumeiche (*Quércus pubéscens*), die immergrüne Steineiche (*Quércus ílex*), und die Korkeiche (*Quércus súber*). Auch Kiefern wie die Pinie (*Pínus pínea*), die Strandkiefer (*Pínus pináster*) und die Seekiefer (*Pínus halepénsis*) spielen eine wichtige Rolle. Ihre großen Zapfen werden in der Advents- und Trauerfloristik verwendet.

Auf flachgründigen und steinigen Böden haben sich **Felsheiden** herausgebildet, die reich sind an bunten und aromatisch duftenden Gewächsen (s. Abb. 67).

Hier wachsen niedrig bleibende Zwergsträucher wie Rosmarin, Lavendel und die Baumheide sowie flachwachsende Stauden wie Thymian oder Majoran. Im Frühjahr entfalten sich die Blüten der **Zwiebel-** und **Knollengewächse**. *Állium, Túlipa, Scílla, Ornithógalum, Muscári, Narcíssus, Hyacínthus, Crócus, Íris, Gladíolus* sind hier beheimatet. Ihre Blütezeit beschränkt sich auf wenige Monate. Wenn die Sommertrockenheit beginnt, sterben die oberirdischen Teile der Pflanzen ab.

Bei Zierpflanzen, die aus dem Mittelmeergebiet stammen, sollten auf jeden Fall Ruhezeiten eingehalten werden. Kübelpflanzen wie z. B. Oleander und Lorbeer überwintern am besten in einem hellen, kühlen Raum bei hoher Luftfeuchtigkeit. Im Sommer sollten sie warm und sonnig, aber nicht trocken gehalten werden. Robustere Pflanzen wie der Buchsbaum können im Freien überwintern.

Dem Mittelmeergebiet vergleichbare Klimazonen findet man z. B. im Kapland (Südafrika) und im südlichen Australien. Viele der von uns verwendeten Pflanzen stammen aus Südafrika, z. B. *Eríca grácilis, Agapánthus, Clívia, Chloróphytum, Aspáragus*-Arten. Auch viele Zwiebel- und Knollenblumen sind hier zu Hause: *Hippeástrum, Haemánthus, Neríne, Frēēsia*. Im Gegensatz zu den meisten Zwiebel- und Knollengewächsen des Mittelmeergebietes können diese jedoch bei uns nicht im Freien überwintern. Sowohl aus Südafrika als auch aus Australien werden viele Trockenmaterialien bei uns eingeführt. Als wichtige Vertreter seien hier nur die Proteen (Afrika) und die Banksien (Australien) genannt.

Temperierter immergrüner Wald

Die Pflanzengesellschaften des temperierten immergrünen Waldes gedeihen in milden, feuchten Klimagebieten und hauptsächlich dort, wo sich warme Meeresströmungen günstig auswirken. Das Klima ist ausgeglichen, es treten nur geringe Temperaturunterschiede zwischen Tag und Nacht auf. Die Winter sind mild und frostarm. Große Feuchtwaldgebiete finden sich z. B. im Süden Chinas. Ursprünglich war aber auch Südjapan von Feuchtwäldern bedeckt. Wichtige Zierpflanzen aus diesen Gebieten sind Azaleen-Arten, *Caméllia, Gardénia, Ardísia, Cýcas, Fátsia*. Sie gedeihen gut an einem hellen Standort bei hoher Luftfeuchtigkeit und gleichmäßiger Wasserversorgung. Große Hitze und Trockenheit sowie intensive Sonneneinstrahlung über einen längeren Zeitraum vertragen sie nicht.

Abb. 67.
Felsheide im Mittelmeerraum.

Sommergrüner Laubwald und Nadelwald

In den gemäßigten Klimabereichen der nördlichen Erdhalbkugel, die gekennzeichnet sind durch warme Sommer, kalte Winter und Jahresniederschläge um 1000 mm, sind sommergrüne Laubwälder mit dem charakteristischen Blattabwurf im Herbst und Nadelwälder die typische Vegetation.

Bevor der Mensch eingriff und ausgedehnte Kulturlandschaften schuf, war Mitteleuropa fast vollständig von Laubwäldern bedeckt. Wichtige **heimische Laubgehölze** sind Eiche, Buche, Hainbuche, Eberesche, Hasel, Holunder, Weißdorn, Liguster. Mit dem Blattabwurf im Herbst reduzieren diese Gehölze ihre Lebenstätigkeit auf ein Minimum und sind somit geschützt gegen Kälte und Frosttrockenheit.

Der Boden des Waldes ist bedeckt von **Kräutern**, **Gräsern** und **Farnen** wie z. B. Buschwindröschen,

Leberblümchen, Lungenkraut, Sauerklee, Salomonsiegel, Immergrün (*Vinca*), Waldmeister, Perlgras, Waldsegge, Rippenfarn, Wurmfarn, Hirschzungenfarn (s. Abb. 68).

Die oberirdischen Teile dieser krautigen Pflanzen sterben im Herbst ab, unterirdische Teile wie Wurzeln, Rhizome, Zwiebeln und Knollen überwintern.

Heimische Waldstauden, -gräser und -farne sind angepasst an geringe Lichteinstrahlung und bevorzugen daher auch im Garten einen schattigen Platz. Pflanzen, deren Hauptwachstumszeit vor dem Laubaustrieb der Bäume liegt oder die an Waldrändern oder auf Lichtungen ihren natürlichen Standort haben, fühlen sich am wohlsten in wechselsonniger Lage. Hierzu gehören z. B. Anemone, Bärenlauch, Akelei, Fingerhut.

Neben den beschriebenen Buchen- und Buchenmischwäldern gibt es andere durch Lage und Bodenbeschaffenheit bedingte Vegetationen wie

Auwälder im Überschwemmungsgebiet von Bächen und Flüssen, Bergwälder, Moore. Je weiter man nach Norden fortschreitet, desto kürzer werden die Sommer und desto härter und länger die Winter. Die kurze Vegetationsperiode reicht für Laubgehölze nicht mehr aus, um genügend Reserven für den Austrieb im folgenden Jahr anzulegen. In diesen Gebieten, die sich über die gesamte nördliche Halbkugel von Alaska bis Ostsibirien erstrecken, sind **Nadelwälder** mit Fichten, Kiefern, Tannen und Lärchen die vorherrschende Vegetation. Es gedeihen nur noch wenige anspruchslose Laubbäume, z. B. Birke und Zitterpappel. Die **Bodenflora** ist artenarm. Häufig findet man Heidelbeere, Preiselbeere, Bärlapp. An sumpfigen Standorten ist der Porst, *Lédum palústre*, beheimatet. Die untere Schicht aus **Moosen** und **Flechten** ist im Nadelwald wesentlich stärker entwickelt als im Laubwald.

Tundra und alpine Vegetation

In der arktischen Klimazone nördlich der Nadelwaldvegetation verringert sich die Vegetationszeit noch weiter. Dauerfrost ist in diesen Regionen die Regel. Lediglich in den Sommermonaten tauen die obersten Bodenschichten auf und ermöglichen ein Wachstum. Es finden sich nur noch wenige, strauchig wachsende Gehölze wie z. B. Zwerg-Birken und Krüppelkiefern. **Moose** und **Flechten** (Islandmoos!) bedecken neben **Zwergsträuchern** und einigen Heide-Arten den feuchten Boden. Die Pflanzen sind durch kleine ledrige, oftmals eingerollte Blätter vor Verdunstung und damit vor Frosttrockenheit geschützt. Ihr Wurzelsystem ist stark verzweigt, um den nährstoffarmen Boden ausnutzen zu können. Wachstumsbegünstigt sind **Pionierpflanzen** wie z. B. Stickstoffsammler (Süßklee, Silberwurz). Sie leben in Symbiose mit Knöllchenbakterien (s. Seite 30) und können dadurch den Stickstoff der Luft aufnehmen. Flechten stellen eine Symbiose aus Algen und Pilzen dar. Die Pilze scheiden Säuren aus, die Nährsalze selbst aus Steinen auslösen können. Die grünen Algen sind zuständig für die Fotosynthese. Diese Lebensgemeinschaften können auch auf sehr nährstoffarmen, kühlen und schattigen Standorten noch existieren und sind oft Wegbereiter für andere Pflanzen.

Vergleichbare klimatische Verhältnisse wie in der nördlichen Tundra finden sich im Hochgebirge. Auch hier ist die Vegetationszeit nur kurz, die Winter sind lang und hart. Daher haben sich teilweise ähnliche Vegetationen entwickelt. Pflanzen, die man an beiden Standorten findet, sind z. B. Silberwurz (*Dryas octopétala*), Leimkraut (*Siléne*), Roter Steinbrech (*Saxífraga oppositifólia*). In den Hochgebirgen hat sich allerdings je nach Boden- bzw. Gesteinsart und der kleinklimatischen Lage eine sehr unterschiedliche **alpine Flora** herausgebildet, deren Kennenlernen ein Studium für sich erfordern würde.

Zu den Zierpflanzen alpinen Ursprungs gehören z. B. Edelweiß, Enzian, Alpenaurikel, Alpendistel und viele polsterbildende Steingartenpflanzen. Sie können bei uns nicht im Gewächshaus kultiviert werden, sondern benötigen direkte Sonneneinstrahlung. Auch wenn sie einen sonnigen Platz bekommen, verlieren sich ihre oft sehr intensiven Blütenfarben im Flachland ganz erheblich. Gründe dafür sind die geringere Einstrahlung ultravioletten Lichts und die andere Zusammensetzung der Luft.

Pflanzengesellschaften

Die beschriebenen Vegetationsgebiete stellen eine grobe Einteilung dar, die der Einteilung großflächiger Klimazonen in Abhängigkeit vom Breitengrad entspricht. Innerhalb dieser Gebiete ist die Vegetation zwar typisch, aber natürlich nicht völlig einheitlich, da auch wichtige Standortfaktoren wie z. B. Höhenlage, Wasserführung, Zusammensetzung und Zustand des Bodens nicht einheitlich sind.

Betrachtet man räumlich begrenzte Standorte mit gleichen Boden- und Klimabedingungen, so findet man immer wieder charakteristische Gemeinschaften vor. Sie bestehen aus Pflanzen, die sich unter den gegebenen Bedingungen des Standortes besonders gut durchsetzen konnten. Man findet solche Gemeinschaften z. B. im Moor, auf einer Feuchtwiese, in einem Buchenmischwald usw.. Neben typischen Pflanzen gibt es dort auch typische Tierarten und Mikroorganismen. Alle zusammen bezeichnet man als **Biozönose**, den Lebensraum den sie bewohnen, nennt man **Biotop**.

Links: Abb. 68.
Wald mit Baum-, Strauch- und Krautschicht im Frühjahr.

Die Zahl und Verteilung der Arten in einem Lebensraum wird nicht nur durch die abiotischen (= nicht lebenden) Faktoren eines Standortes geprägt, sondern auch durch die Konkurrenzfähigkeit der Arten und ihre Wechselbeziehungen untereinander. Ganz entscheidend greift der Mensch in solche Lebensgemeinschaften ein, viele wären ohne menschliche Beeinflussung gar nicht entstanden, z. B. Heidelandschaften, Wiesen.

Bei **vegetativen Gestaltungen** orientiert der Florist sich an solchen natürlich vorkommenden Pflanzengesellschaften. Es werden Pflanzen kombiniert, die aus einem Lebensbereich stammen. Sie werden in natürlicher Wuchshaltung angeordnet. Um diesem Anspruch gerecht werden zu können, sind Naturstudien solcher Lebensbereiche notwendig. Darüber hinaus kann die intensive Beobachtung von Pflanzenformationen in der Natur auch Anregungen für nicht vegetative Gestaltungen bieten.

!!!Merksätze

- Aufgrund unterschiedlicher Klima- und Bodenbedingungen sind auf der Erde verschiedene Vegetationszonen entstanden, die einen jeweils typischen Pflanzenwuchs aufweisen.
- Die Pflanzen haben sich durch Bau und Funktion ihrer Organe und durch ihre Lebensweise den jeweils herrschenden Umweltbedingungen ihres Heimatstandortes angepasst.
- Viele unserer Zimmerpflanzen stammen aus dem tropischen immergrünen Regenwald, aus Savannen und Wüsten, aus temperierten immergrünen Wäldern oder aus den Gebieten der Hartlaubvegetation.
- Zierpflanzen des Freilandes sind überwiegend in heimischen Laubwäldern, Nadelwäldern, in der Tundra und im Hochgebirge sowie ebenfalls in der Region der Hartlaubgehölze zu Hause.
- Alle Pflanzen gedeihen am besten, wenn Standort und Pflege den Bedingungen in ihrer Heimat angepasst werden.
- In abgegrenzten Lebensräumen mit gleichen Boden- und Klimabedingungen haben sich charakteristische Pflanzengesellschaften entwickelt. Sie dienen dem Floristen als Vorbild bei vegetativen Gestaltungen.

???Aufgaben

1. a) Beschreiben Sie Anpassungserscheinungen bei Pflanzen heißer und trockener Standorte (Wüsten, Dornbuschsavannen).
   b) Nennen Sie zehn Zierpflanzen, die an solchen Standorten beheimatet sind.
   c) Welche Tipps geben Sie einem Kunden für die Pflege dieser Pflanzen?
2. a) Erklären Sie die Lebensweise von Epiphyten.
   b) Nennen Sie zehn epiphytisch wachsende Pflanzen.
3. Beschreiben Sie typische Merkmale von Feuchtpflanzen, die in der Krautschicht des immergrünen tropischen Regenwaldes zu Hause sind.
4. Nennen Sie fünf Pflanzen des tropischen Regenwaldes, die mit wenig Licht auskommen.
5. a) Beschreiben Sie die besonderen Merkmale der Hartlaubgehölze aus dem Mittelmeergebiet.
   b) Nennen Sie drei Hartlaubgehölze, die bei uns als Kübelpflanze verwendet werden.
   c) Welche Ansprüche an Standort und Pflege haben diese Pflanzen? Unterscheiden Sie zwischen Sommer und Winter.

17 Pflanzensystematik

Systematik heißt Ordnung. Die Pflanzensystematik beschäftigt sich mit der Beschreibung und Benennung von Pflanzen sowie mit Untersuchungen verwandtschaftlicher Beziehungen und der stammesgeschichtlichen Entwicklung von Pflanzen.

Bis jetzt sind auf der Erde etwa 430 000 Pflanzenarten bekannt, täglich werden neue Arten beschrieben, andere sterben aus. Schon früh haben Botaniker versucht, Pflanzen nach Verwandtschaftsverhältnissen in Gruppen zusammenzufassen und so zu einer Übersicht und Ordnung des Pflanzenreiches zu gelangen. Der schwedische Botaniker Carl von Linné (s. a. Kap. 18) z. B. gruppierte die ihm bekannten 7700 Pflanzenarten im Jahre 1735 in einem System, das sich allein an der Zahl und Anordnung der Staubgefässe orientierte.

Die moderne Systematik bezieht neben diesen äußeren Merkmalen zahlreiche weitere Ergebnisse wissenschaftlicher Forschung in ihre Arbeit ein und kommt so zu Systemen, die z. B. Kenntnisse über den inneren Bau der Pflanzen, Feinstrukturen des Zellaufbaus, Inhaltsstoffe und Stoffwechselvorgänge, Erbfaktoren, Verbreitungsgebiete und vieles mehr berücksichtigen.

Für Floristen ist eine Übersicht über wichtige Gruppen des Pflanzenreiches von Nutzen, weil sich aus der Zugehörigkeit der Pflanzen zu diesen Gruppen auch Eigenschaften ableiten lassen, z. B. können alle Moose durch die Blätter eine große Menge Wasser aufnehmen.

Eine stark vereinfachte Übersicht über die Gliederung des Pflanzenreiches nach Strasburger, Lehrbuch der Botanik, 33. Auflage, zeigt Abb. 69. Hier wird zunächst einmal in zwei große Gruppen unterschieden, die *Prokaryota* und die *Eukaryota*, die große Unterschiede im Zellaufbau aufweisen. Innerhalb dieser beiden Gruppen gibt es 7 Organisationstypen die sich wiederum in 19 Abteilungen gliedern

In dieser Übersicht sind nur die Abteilungen beim Typ Moose und Gefäßpflanzen aufgeführt. Von links nach rechts gelesen haben sich die Organisationstypen bzw. Abteilungen nacheinander entwickelt. Als Erstes entstanden also Bakterien, die erdgeschichtlich jüngsten Pflanzen sind die Bedecktsamer.

Bakterien

Bakterien sind kugel- oder stäbchenförmige Einzeller mit einer Größe von ein bis fünf Tausendstel Millimeter. Sie vermehren sich durch Teilung, was sehr schnell vonstatten gehen kann. Unter optimalen Bedingungen können sich manche Arten mehrmals in einer Stunde teilen, sodass aus einer Bakterienzelle innerhalb eines Tages mehrere Billionen Nachkommen entstehen können. Außerdem sind sie widerstandsfähig gegen äußere Einflüsse. Das alles hat dazu geführt, dass Bakterien überall im Boden, im Wasser, im Staub, in der Atmosphäre in riesigen Stückzahlen vorhanden sind, z. B. 100 Millionen in einem Gramm Boden, bis 10 Milliarden in einem Gramm Abwasser.

Bakterien ernähren sich auf sehr verschiedenartige Weise. Einige sind autotroph, d. h. sie können selbst organische Substanz produzieren. Die meisten Bakterienarten sind heterotroph, also auf das Vorhandensein organischer Substanz angewiesen. Diese zerlegen sie in kleinste Bestandteile und spielen somit eine entscheidende Rolle für das Funktionieren von Kreisläufen im Naturhaushalt, z. B. bei der Humusbildung im Boden und bei der Mineralisierung organisch gebundenen Stickstoffs. (Darunter versteht man die Umwandlung von Stickstoff in eine Ionenform, die von der Pflanzenwurzel aufgenommen werden kann.) Lebewesen, die sich von abgestorbenem, organischem Material ernähren, nennt man allgemein **Saprophyten**. Viele Bakterien leben auch in **Symbiose** (= Lebensgemeinschaft zum gegenseitigen Nutzen mit anderen Lebewesen), z. B. die Knöllchenbakterien mit den Leguminosen (s. Seite 30) oder Darmbakterien mit Mensch und Tier.

Der Mensch nutzt die Leistungfähigkeit von Bakterien bei Produktions- und Entsorgungsprozessen, z. B. bei der Herstellung von Antibiotika und Impfstoffen, bei der Produktion von Milchprodukten und Essig, bei der Abwasserreinigung und Abfallbeseitigung. Allerdings gibt es aus menschlicher Sicht auch zahlreiche schädliche Bakterien, z. B. als Krankheitserreger bei Mensch, Tier und Pflanze.

Für Floristen spielen Bakterien eine wichtige Rolle als Verschmutzer des Vasenwassers, wo sie sich an der Schnittstelle der Pflanzen rasch vermehren können. Durch Verstopfung der Wasserleitungsbahnen führt dies zur vorzeitigen Welke der Schnittblumen (s. Kap. 47).

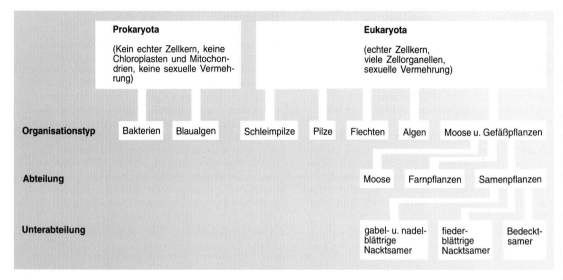

Organisationstyp	**Prokaryota** (Kein echter Zellkern, keine Chloroplasten und Mitochondrien, keine sexuelle Vermehrung)			**Eukaryota** (echter Zellkern, viele Zellorganellen, sexuelle Vermehrung)			
	Bakterien	Blaualgen	Schleimpilze	Pilze	Flechten	Algen	Moose u. Gefäßpflanzen
Abteilung					Moose	Farnpflanzen	Samenpflanzen
Unterabteilung					gabel- u. nadel-blättrige Nacktsamer	fieder-blättrige Nacktsamer	Bedeckt-samer

Abb. 69.
Vereinfachte Übersicht über das Pflanzenreich.

Blaualgen

Blaualgen sind kleine, einzellige Algen, die überwiegend im Süßwasser, aber auch im Boden leben. Sie ernähren sich autotroph durch Fotosynthese und sind selbst wiederum wichtige Nahrung für Kleinstlebewesen im Wasser. Bei Massenauftreten kann es aber auch durch Ausscheidungsprodukte der Blaualgen zu Vergiftungserscheinungen bei Fischen und Wasservögeln kommen. Viele Blaualgenarten können, ähnlich wie die Knöllchenbakterien, Luftstickstoff binden. Andere sind bei der Symbiose der Flechten beteiligt (siehe Seite 95).

Schleimpilze

Die Zugehörigkeit der Schleimpilze zum Pflanzenreich ist umstritten. Es sind einzellige Lebewesen ohne Zellwand. Durch eine Art Kriechbewegung können sie ihre Form und ihren Aufenthaltsort verändern. Schleimpilze ernähren sich auf sehr verschiedenartige Weise, die meisten, indem sie sich andere Mikroorganismen einverleiben und diese verdauen. Andere sind Verursacher von Pflanzenkrankheiten. Am bekanntesten

ist die Kohlhernie, eine Krankheit, bei der die Wurzeln der befallenen Kohlgewächse mit der Bildung von Tumoren reagieren. Befallene Pflanzen sollten möglichst vernichtet und nicht kompostiert werden.

Pilze

Auch die Pilze nehmen eine Sonderstellung innerhalb des Pflanzenreiches ein; sie besitzen kein Chlorophyll und ernähren sich ausschließlich heterotroph. Als Zersetzer von organischer Substanz spielen sie eine wichtige Rolle bei der Humusbildung im Boden und beim Abbau abgestorbenen Holzes. Verbautes Holz und auch Pflanzgefäße aus Holz sind besonders in feuchter Umgebung durch holzzerstörende Pilze erheblich gefährdet.
Zahlreiche Pilzarten leben als Pflanzenparasiten, d. h. sie befallen lebende Pflanzen. Von den wichtigsten Pflanzenkrankheiten in Mitteleuropa werden 83 % durch Pilze verursacht (s. Kap. 45). Als Partner in Symbiosen sind Pilze beteiligt bei der Mykorrhiza von Waldbäumen und bei den Flechten. Im Gegensatz zu den Schleimpilzen sind die Zellen der Pilze von einer festen Zellwand umge-

ben. Sie sind zu feinen Fäden (= **Hyphen**) aneinander gereiht, die ein reich verzweigtes System (= **Mycel**) bilden. Dieser Teil des Pilzes ist bei allen Arten ziemlich gleich, für uns jedoch nicht sichtbar, da er sich z. B. im Boden oder innerhalb eines Pflanzengewebes befindet. Große Unterschiede gibt es in der Form und Größe von Sporenträgern und Fruchtkörpern, die meist den sichtbaren Teil des Pilzes ausmachen und zu Vermehrungszwecken gebildet werden. Am bekanntesten sind die Fruchtkörper von Speisepilzen oder die der in der Floristik verwendeten »Baumpilze«. Aber auch z. B. der auf geschwächten Pflanzenteilen oder falsch gelagerten Schnittblumen zu findende Grauschimmelrasen besteht aus Sporenträgern.

Flechten

Als Flechten bezeichnet man Lebensgemeinschaften aus den Hyphen bestimmter Pilzarten und meist kugelig geformten Blau- oder Grünalgen, die in das Pilzgeflecht eingebettet sind (siehe Abbildung 70). Die beiden Arten leben in enger Symbiose miteinander. Die Algen sind für die Traubenzuckerbildung durch Fotosynthese zuständig und teilen ihre Produkte mit dem Pilz. Die Pilzhyphen nehmen Wasser und Nährstoffe auf und leiten sie an die Algen weiter. Nach der Wuchsform unterscheidet man zum Beispiel Bartflechten, Laubflechten und Strauchflechten (siehe Abbildung 71). Flechten wachsen auf dem Erdboden, auf Ge-

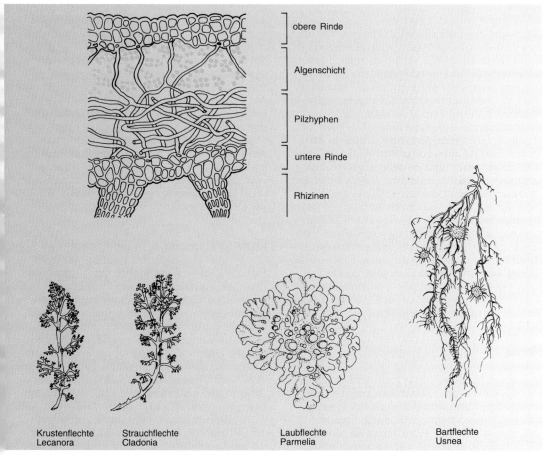

obere Rinde

Algenschicht

Pilzhyphen

untere Rinde

Rhizinen

| Krustenflechte | Strauchflechte | Laubflechte | Bartflechte |
| Lecanora | Cladonia | Parmelia | Usnea |

Abb. 70. Oben: Aufbau eines Flechtenkörpers. Unten: Wuchsformen bei Flechten.

stein und Baumrinden in den verschiedensten Klimagebieten der Erde. Sie sind widerstandsfähig gegenüber extrem hohen und extrem niedrigen Temperaturen und gegenüber Austrocknung. Sie sind häufig Erstbesiedler karger Standorte und bereiten den Boden für andere Pflanzenarten vor. Besonders reichen Flechtenwuchs findet man in luftfeuchten Wäldern und in den Tundragebieten. In der Floristik verwendet man die nordeuropäische Rentierflechte (*Cladónia rangiferina, Cladónia stelláris*), die als Islandmoos im Handel ist. Wegen des langsamen Wachstums von Flechten sollte das »Islandmoos« nur unter kontrollierten Bedingungen geerntet werden.

Algen

Algen sind ein- oder vielzellige Pflanzen von unterschiedlicher Gestalt und Größe. Sie verbringen ihr Leben meist im Wasser, wo sie entweder frei schweben oder an Gestein, Sand oder ähnlichem festgewachsen sind. Algen enthalten Chlorophyll und betreiben Fotosynthese. Außerdem sind in ihnen noch andere Farbstoffe enthalten; man unterscheidet zum Beispiel Braunalgen (Tange), Rotalgen, Grünalgen. Man findet Algen in den Meeren und im Süßwasser; auch im Boden kommen einige vor. In Teichen oder Wasserbecken oder auch in feucht gehaltenen, lichtdurchlässigen Pflanzgefäßen kann die Algenbildung zum Problem werden. Eine Massenvermehrung von Algen kann zum »Umkippen« von Gewässern führen, wenn es durch die Zersetzung von Mengen abgestorbener Algen zu Sauerstoffmangel kommt, sodass Fäulnisprozesse überwiegen und Lebewesen, die auf Sauerstoff angewiesen sind, dort nicht mehr existieren können. Für den Gartenfreund sind Produkte aus Meeresalgen zur Düngung und Bodenverbesserung auf dem Markt.

Moose

Moose werden unterteilt in die einfacher gebauten, lappenförmigen Lebermoose und die Laubmoose, die in Stämmchen und Blättchen gegliedert sind. Sie vermehren sich durch Sporen. Im Gegensatz zu den Algen gelten die Moose als Landpflanzen, allerdings sind sie hauptsächlich an besonders feuchten Standorten, wie z. B. Wäl-

dern und Mooren zu finden. Ihr System zur Aufnahme, Leitung und Abgabe von Wasser ist viel einfacher gebaut als das höherer Pflanzen. Moose haben keine echten Wurzeln, sondern einfachere, eher den Wurzelhaaren vergleichbare Gebilde (= Rhizoide) zur Wasseraufnahme. Ihre Kutikula ist sehr zart; Spaltöffnungen fehlen den meisten Arten. Somit erfolgen sowohl die Wasserabgabe als auch die Wasseraufnahme über die gesamte Oberfläche. Bei Wassermangel hat dies eine rasche Austrocknung zur Folge. Ein Ausgleich wird dadurch geschaffen, dass die Moose enorme Wassermengen speichern können, Torfmoose z. B. bis zum zwanzigfachen ihres Körpergewichtes. Außerdem können viele Moose längere Zeit in trockenem Zustand überdauern, ohne ihre Lebensfähigkeit einzubüßen. Auf Grund ihrer Fähigkeit zur Wasserspeicherung und ihrer Struktur wurden Moose in der Floristik vor der Erfindung synthetischer Produkte als Steckmasse genutzt. Verwendet wurden hauptsächlich Torfmoose (*Sphágnum*-Arten). Diese sind jedoch ganz wesentlich an der Bildung von Hochmooren beteiligt. Aus Naturschutzgründen und weil die industriell hergestellten Steckmassen einfacher zu handhaben sind, werden Torfmoose nur noch in eingeschränktem Umfang verwendet.

Zur Gestaltung von Bodenflächen in Pflanzschalen und Gestecken sowie als samtige Struktur oder als lagernd-sammelnde Form werden Polster- und Plattenmoose bei vielen floristischen Werkstücken eingesetzt.

Farne

Farne weisen in ihrem Aufbau schon sehr viele Ähnlichkeiten mit den Samenpflanzen auf. Sie besitzen echte Wurzeln und Blätter mit Kutikula und Spaltöffnungen. Im Inneren befinden sich Leitbündel mit Gefäßteilen zur Wasserleitung und Siebteilen zur Leitung von Assimilaten. Der auffälligste Unterschied zu den Samenpflanzen ist das Fehlen von Blüten und Früchten. Farne vermehren sich durch Sporen. Diese werden bei den meisten Arten an der Unterseite der Blätter gebildet, bei einigen auch an speziellen Sporenträgern (s. Abb. 71). Aus einer reifen Spore entwickelt sich auf dem feuchten Boden ein so genannter Vorkeim, der in seinem Aussehen einem einfachen Lebermoos ähnlich (s. Abb. 72). Auf diesem Vorkeim

Abb. 71.
Sporenhäufchen an der Unterseite eines Wurmfarnblattes.

entstehen männliche und weibliche Geschlechts-
organe (Antheridien und Archegonien). Nach er-
folgter Befruchtung wächst die eigentliche Farn-
pflanze heran. Die generative Vermehrung von
Farnen ist also nicht ganz einfach und wird nur in
Spezialbetrieben durchgeführt. Die meisten Farne
lassen sich jedoch durch Teilung oder Ausläufer
vegetativ vermehren. In der Floristik wird ein
großes Sortiment von Farnen als Topf- und
Schnittware verwendet (s. Kap. 26). Zur Abteilung der Farnpflanzen gehören auch Bärlapp- und
Schachtelhalmgewächse sowie die Moosfarne, zu
denen die Topfpflanze *Selaginélla* zu rechnen ist.

Samenpflanzen

Zu den Samen- oder Blütenpflanzen gehört die
Mehrzahl der in der Floristik verwendeten Pflanzen. Wie der Name schon sagt, ist ihr wichtigstes
Merkmal die Ausbildung von Blüten und Früchten mit Samen. Die Abteilung wird in drei Unterabteilungen gegliedert, die gabel- und nadelblät-

trigen Nacktsamer (z. B. *Pináceae, Taxáceae, Cu-
pressáceae, Ginkgoáceae*), die fiederblättrigen
Nacktsamer (z. B. Palmfarne) und die Bedecktsamer. Für unsere Zwecke können die beiden ersten
Unterabteilungen zusammengefasst betrachtet
werden. Bei **nacktsamigen Pflanzen** liegen die Samen
frei auf den Fruchtblättern; sie sind nicht vom
Fruchtknoten und später auch nicht von einer geschlossenen Frucht umhüllt. Ihre Blüten sind ein-
geschlechtlich und meistens einhäusig. Da sie
durch den Wind bestäubt werden, fehlen ihnen
aufwändig gestaltete Kronblätter. Die Laubblätter
sind meist nadel- oder schuppenförmig; bei *Gínk-
go bíloba* sind sie fächerförmig. Alle Nacktsamer
wachsen baum- oder strauchförmig und zeigen sekundäres Dickenwachstum. In der Floristik finden
sie Verwendung als Bindegrün und Beiwerk; ihre
Zapfen werden in der Advents- und Trauerfloristik genutzt (s. Kap. 31). Typisches Merkmal der
Bedecktsamer ist die Ausbildung von Früchten. Ihre
Blüten sind meist zwittrig, es gibt jedoch auch eingeschlechtliche Blüten. Die Bestäubung erfolgt
überwiegend durch Tiere, seltener durch den

Wind. Die Bedecktsamer sind die stammesgeschichtlich jüngste und gleichzeitig die artenreichste Pflanzengruppe auf der Erde. Sie haben einen enormen Reichtum an Formen, Farben und Lebensweisen in Anpassung an die verschiedenartigsten Standorte hervorgebracht. Pflanzensystematiker unterscheiden innerhalb der Unterabteilung Bedecktsamer zwei Klassen: Die zweikeimblättrigen Bedecktsamer (*Dicotyledonae*) und die einkeimblättrigen Bedecktsamer (*Monocotyledonae*). Auf ihre wesentlichen Unterscheidungsmerkmale wurde bereits in vorangegangenen Kapiteln eingegangen.

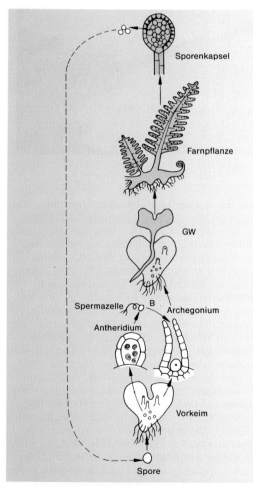

Abb. 72. Entwicklungskreislauf bei Farnpflanzen.

!!!Merksätze
- Die Pflanzensystematik befasst sich mit der Beschreibung und Benennung von Pflanzen und ordnet sie nach Verwandtschaftsverhältnissen und Abstammungsgeschichte in ein überschaubares System.
- Bakterien und Blaualgen sind Einzeller ohne echten Zellkern. Bakterien kommen in riesiger Menge überall auf der Erde vor und spielen eine wichtige Rolle bei Zersetzungsvorgängen.
- Schleimpilze und Pilze besitzen kein Chlorophyll und ernähren sich ausschließlich heterotroph. Sie sind häufig Verursacher von Pflanzenkrankheiten.
- Flechten stellen eine Lebensgemeinschaft aus Algen und Pilzen dar. Sie können an kargen Standorten wachsen. Zu ihnen gehört die Rentierflechte (»Islandmoos«).
- Algen sind Wasserpflanzen. Sie entwickeln sich überall dort, wo es Wasser, Licht und Nährstoffe gibt.
- Moose kommen an feuchten und schattigen Standorten vor. Sie können große Mengen Wasser durch die Oberfläche aufnehmen und speichern. Nach Austrocknung können die meisten Arten weiterleben, wenn sie wieder mit Wasser in Berührung kommen.
- Farne und Samenpflanzen besitzen echte Wurzeln, Leitbündel mit Gefäßteil und Siebteil sowie Blätter mit Spaltöffnungen und Kutikula.
- Farne vermehren sich durch Sporen.
- Bei den Samenpflanzen unterscheidet man Nacktsamer und Bedecktsamer.

???Aufgaben
1. Stellen Sie die Unterscheidungsmerkmale von ein- und zweikeimblättrigen Pflanzen in einer Übersicht zusammen. Berücksichtigen Sie dabei Unterschiede in der Anzahl der Keimblätter, im Wurzelsystem, im Bau der Blätter, in der Leitbündelanordnung und im Dickenwachstum.
2. Nennen Sie wichtige Pflanzenfamilien, die zu den zweikeimblättrigen Bedecktsamern, zu den einkeimblättrigen Bedecktsamern und zu den Nacktsamern gehören.
3. Berichten Sie über die Verwendung von Flechten und Moosen in Ihrem Ausbildungsbetrieb.

Pflanzenkenntnis

18 Die Benennung der Pflanzen

Wenn sich Menschen über eine Sache verständigen wollen, so müssen sie diese Sache mit einem einheitlichen Namen bezeichnen, also dieselbe Sprache sprechen. Im Laufe der Zeit haben sich für die heimischen Pflanzen häufig unterschiedliche Namen überliefert. In Norddeutschland z. B. schenkt man Osterglocken und Weidenkätzchen als österlichen Strauß. Im süddeutschen Raum verlangt der Kunde für das gleiche Gebinde nach Märzenbechern und Palmkatzerln. So kann es oft zu recht interessanten Erfahrungen in der Verständigung kommen.

Dieses kleine Beispiel zeigt, wie wichtig es ist, Pflanzen mit einheitlichen Namen zu benennen. Das gilt für den täglichen Blumeneinkauf auf dem Großmarkt, beim Händler oder beim Erzeuger, vor allem wenn er per Telefon oder Telefax erfolgt, aber auch bei Bestellungen aus dem Katalog. Die Blumenspenden-Vermittlung ins In- und Ausland wie auch die qualifizierte Beratung anspruchsvoller Kunden setzen beim Floristen die Kenntnis der allgemein gebräuchlichen, auch international genutzten botanischen Namen der Pflanzen voraus. Wie es zu diesen allgemein gültigen Namen kam und wie diese aufgebaut sind, wird uns im folgenden Kapitel beschäftigen.

Die Suche nach dem einheitlichen Namen

Im Mittelalter bestanden die Pflanzen aus vielen aneinander gereihten Eigennamen, um den Unterschied zu ähnlichen Pflanzen möglichst treffend hervorzuheben. 1753 ordnete der schwedische Wissenschaftler Carl von Linné all diese bestehenden Pflanzennamen und beschränkte sie auf einen Gattungsnamen mit dem dazu gehörenden wesentlichen Artnamen.

Das war der historische Einschnitt in der Pflanzenbenennung, nämlich die Einführung der sogenannten »binären Nomenklatur«. Das bedeutet, dass der botanische Name aus zwei Wörtern besteht. Um dennoch Verwechslungen auszuschließen, wird in der Botanik das Namenskürzel des benennenden Botanikers hinzu gefügt; zum Beispiel L. für Linné, wie bei *Béllis perénnis* L. – Tausendschön. Diese Namenszusätze sind für uns Floristen in der Praxis im Allgemeinen nicht von

Bedeutung und werden im Folgenden auch nicht aufgeführt. Da häufig verschiedene Wissenschaftler die gleiche Pflanze an unterschiedlichen Orten entdeckt und benannt haben, hat man sich darauf geeinigt, dass der Name gültig ist, der nach dem 1. Mai 1753 zuerst veröffentlicht wurde: Prioritätsregel.

Pflanzen haben zwei Namen

Durch Linnés Ordnung vereinfachte sich die Pflanzenbenennung auf zwei Namen, nämlich den Gattungs- und den Artnamen. Die Worte dafür stammen meistens aus dem Lateinischen, aber auch aus dem Griechischen. Diese so genannten »toten« Sprachen haben den Vorteil, dass sie weder regionalen Spracheinflüssen unterliegen, noch durch irgendwelche Entwicklungen »lebendiger« Sprachen beeinträchtigt werden und somit international anerkannt sind.

Der Gattungsname als Hauptwort wird groß, der Artname als Eigenschaftswort kleingeschrieben, zum Beispiel *Pínus nígra,* die Schwarzkiefer. Der Akzent kennzeichnet die betonte Silbe. Dabei kennzeichnet der Gattungsname, in diesem Fall *Pínus,* die Zugehörigkeit der Pflanze zu einer Gruppe einander eng verwandter Pflanzen, hier die Kiefern.

Der Artzusatz identifiziert die Art innerhalb der Gattung. Die Gattung beschreibt also eine Gruppe ähnlicher, zusammengehörender Pflanzen. Der Artname, hier *nígra* (schwarz), identifiziert die Pflanze innerhalb ihrer Gattung. Gattungsnamen sind entweder Eigennamen (zum Beispiel *Pínus,* Kiefer oder *Ábies,* Tanne) oder sie geben Aufschluss über die Eigenarten der Gattung. *Heracléum,* die Herkulesstaude, erinnert mit ihrem gewaltigen Wuchs an die sprichwörtliche Kraft des sagenhaften griechischen Helden Herkules. Ebenso kann der Gattungsname auch die Verwendungsmöglichkeit ausdrücken, wie bei der Immortelle, der »Unsterblichen«, bei der eine Verarbeitung nach dem Schnitt als Trockenblume möglich ist.

Bei der Passionsblume (*Passiflóra*) verweist der Gattungsname auf die charakteristische Gestalt der Blüte, welche in christlicher Tradition die Marterwerkzeuge Christi symbolisiert. Tabelle 5 führt einige wichtige Eigenschaften der Pflanzen auf, die der Artname bezeichnen kann.

Tab. 5. Pflanzenbenennung

Der Artname kennzeichnet oft eine wichtige Eigenschaft der Pflanze, z. B. die Farbe. Dazu gehören:

Ábies álba	Weißtanne
Festúca rúbra	Rotschwingel
Philodéndron erubéscens	Baumfreund, mit rötl. Blättern

Er kann auch die Form von Blättern oder Blüten kennzeichnen:

Císsus rhombifólia	Königswein mit rautenförmigen Blättern
Fícus lyráta	Geigenfeige, Blätter sind geigenförmig
Hydrangéa macrophýlla	Hortensie, großblättrig

Artnamen können aber auch die Herkunft der Pflanzen beschreiben:

Íris germánica	Deutsche Schwertlilie
Juníperus chinénsis	Chinesischer Wacholder
Sparmánnia africána	Zimmerlinde, Herkunft S-Afrika
Zantedéschia aethiópica	weiße Zimmercalla, Herkunft Äthiopien

Ein anderer Gesichtspunkt könnte das Wuchsverhalten sein:

Asplénium nídus	Nestfarn, Blätter bilden ein Nest
Juníperus horizontális	Kriechwacholder

Manchmal reichen zwei Namen nicht aus

Eine durch Gattungs- und Artnamen bezeichnete Pflanzenart umfasst alle Pflanzen, die sich untereinander in der Natur geschlechtlich fortpflanzen können. Oftmals ist es aber erforderlich, noch weiter zu unterscheiden, weil sich innerhalb dieser Art noch weitere charakteristische Unterschiede feststellen lassen, wie z. B. hinsichtlich Farbe oder Blütenform, die gerade für den Floristen von Bedeutung sind. Diese weitere Unterscheidung wird durch Hinzufügen weiterer Namen an den Gattungs- und Artnamen vorgenommen. Diese Namen können sein

- eine Unterart, das sind leicht von der Art abweichende Pflanzengruppen, bezeichnet durch das Kürzel ssp. Für subspezies: zum Beispiel *Pínus nígra* ssp. *nígra*
- eine Varietät, das ist eine Abart von Unterarten, die kleinste Unterteilung einer Art, bezeichnet durch das Kürzel var. für varietas: z. B. *Pínus nígra* ssp. *nígra* var. *austríaca*
- ein Sorte, das ist die Sortenbezeichnung einer Züchtung, die vom Züchter vergeben wird, bezeichnet entweder durch das cv. für cultivar oder häufiger durch die Angabe des Sortennamens in Anführungszeichen hinter dem Artnamen, z. B. *Pínus nígra* »Nana«. Sortennamen sind in der Regel Fantasie- oder Eigennamen.

Neben den Sorten als Ergebnis von Züchtungen sind für Floristen auch Kreuzungen von Bedeutung, die aus Pflanzen verschiedener Arten oder Gattungen gezüchtet sind. Die Kreuzungen oder Bastarde werden durch das Voransetzen des × vor den Gattungs- oder Artnamen gekennzeichnet:

- Bei der Kreuzung unterschiedlicher Gattungen steht das × vor dem Gattungsnamen, z. B. × *Fatshédera lízei* (Efeuaralie) als Kreuzung aus *Fátsia* und *Hédera;* diese so genannten Gattungskreuzungen kommem im Floristenalltag eher selten vor.
- Bei der Kreuzung unterschiedlicher Arten derselben Gattung steht das × zwischen Gattungs- und Artnamen, z. B. *Forsýthia* × *intermédia* als Kreuzung zweier *Forsýthia*-Arten.
- Sind bereits Hybriden an der Kreuzung beteiligt, so wird der Artname großgeschrieben, die einzelnen Namen werden durch Bindestriche miteinander verbunden, z. B. *Prímula-Elátior*-Hybriden.

Jede Pflanze gehört zu einer Familie

Die Gliederung des botanischen Pflanzennamens in Gattungs-, Art- und Sortennamen hat bereits gezeigt, dass die Pflanzen von den Botanikern in eine gestuft aufgebaute (hierarchische) Ordnung eingeteilt werden. Diese Gliederung erfolgte, um die Vielfalt des Pflanzenreiches besser überschauen zu können. Sie richtet sich nach der Verwandtschaft der Pflanzen hinsichtlich innerem und äußerem Aufbau, Erbanlagen, Wuchseigenschaften und anderem. Die höchste Stufe in diesem Gliederungssystem ist die Abteilung, z. B. die Abteilung der Moose, der Nacktsamer und der Bedecktsamer. Die Abteilungen gliedern sich in Klassen, diese sich in Ordnungen und jene wiederum in Familien. Die Familien bestehen aus den bereits genannten Gattungen, die sich in Arten und Unterarten gliedern. Die folgende Darstellung (Tabelle 6) soll das anhand der *Rudbéckia hírta* ›Gloriosa‹ (Sonnenhut) verdeutlichen:

Für den Floristen und Gärtner sind diese Ordnungsstufen nur im unteren Bereich, allenfalls bis zur Familie, von Bedeutung. Der Florist hat Vorteile, wenn er auch die Familienzugehörigkeit kennt, da die Pflanzen einer Familie Gemeinsamkeiten haben. *Compósitae* (Korbblütler) dürfen z. B. nicht knospig geschnitten werden, sonst welken sie. Wer das weiß, behandelt alle Korbblütler (z. B. *Achilléa, Gérbera, Rudbéckia*) richtig. Auch sind die Lebensgewohnheiten und Pflegeansprüche der Pflanzen aus einer Familie teilweise

Tab. 6. Gliederung des Pflanzenreiches

Abteilung	– Bedecktsamer	
Klasse	– Zweikeimblättrige	
Ordnung	– *Campanuláles* (Glockenblumenartige Gewächse)	Kenntnis ist zur Pflanzenbestimmung
Familie	– *Compósitae* (Korbblütler)	notwendig
Gattung	– *Rudbéckia*	Gestufter
Art	– *Rudbéckia hírta*	botanischer
Sorte	– *Rudbéckia hírta* 'Gloriosa'	Pflanzenname

gleich oder ähnlich, wie z. B. der Wärmeanspruch der aus den Tropen und Subtropen stammenden *Gesneriáceae*. Wer also die Pflegemaßnahmen einer Pflanze kennt, weiß über alle zu dieser Familie gehörenden Arten Bescheid!
Innerhalb der Familie sind Kreuzungen möglich. Fast alle Familiennamen enden auf **aceae**, z. B.

<u>Liliáceae</u>	Liliengewächse
<u>Primuláceae</u>	Primelgewächse

Daneben gibt es einige wenige Ausnahmen, für die aber alternative Familiennamen (abgekürzt alt.) auf aceae gültig sind. Es handelt sich dabei um

Compósitae	(alt.: Asteráceae)	Korbblütler
Crucíferae	(alt.: Brassicáceae)	Kreuzblütler
Gramíneae	(alt.: Poáceae)	Gräser
Guttíferae	(alt.: Clusiáceae)	Johanniskrautgewächse
Labiátae	(alt.: Lamiáceae)	Lippenblütler
Leguminósae	(alt.: Fabáceae)	Schmetterlingsblütler
Pálmae	(alt.: Arecáceae)	Palmen
Umbélliferae	(alt.: Apiáceae)	Doldengewächse

Pflanzen haben auch eine Kurzbeschreibung

Pflanzen werden durch Zeichen und Abkürzungen beschrieben. Neben der Benennung der Pflanzen gibt es eine Reihe von Zeichen und Abkürzungen zu ihrer Beschreibung, die weithin gebräuchlich sind. Der Florist sollte diese kennen, da sie ihm beim Lesen von Fachbüchern, Pflanzenlexika, Katalogen, Preisverzeichnissen, Listen und anderen Broschüren nützlich sind.
So wie es für die deutsche Rechtschreibung den Duden gibt, ist für die Pflanzenbenennung der **Zander** das maßgebliche Nachschlagewerk. Es enthält die verbindlichen Pflanzennamen und deren Kurzbeschreibung. Diese erfolgt mit Hilfe von Zeichen und Abkürzungen, die ebenfalls im Zander beschrieben sind. Die für den Floristen wichtigsten davon enthält Tabelle 7.

Tab. 7. Botanisch-gärtnerische Zeichen und Abkürzungen

⊙	einjährige Pflanze	Hybride	= Bastard
⊙	zweijährige Pflanze	hybr.	Hybride = Bastard
♃	mehrjährige Pflanze (Staude)	cv.	Sorte (cultivar)
♄	Halbstrauch		
♄	Strauch	spec.	Art (species)
♄	Baum	ssp.	Unterart (subspecies)
○	Sonnenpflanze		
◐	Halbschattenpflanzen		
●	Schattenpflanzen	var.	Varietät = Abart (varietas)
⌇	Hänge-, Ampelpflanze		
⌇	Kletterpflanze	♂	männlich
↝	Kriechpflanze	♀	weiblich
◡	Topfpflanze	⚥	zwittrig
✂	Schnitt für Vasenschmuck	I–XII	Blütezeit (Monatsnamen)
Ⓦ	Warmhaus (10–30 °C)		
Ⓚ	Kalthaus (5–10 °C)	40–70	Höhe der Pflanzen in cm
Ⓣ	Temperiertes Haus (12–18 °C)		
▭	Kasten		
∧	Winterschutz nötig	gf. bl.	gefüllt blühend
ஃ	Pflanzen mit Fruchtschmuck	Fr	Frucht
		Grü	Botanisches Beiwerk
☠	Giftpflanze		
Ⓝ	Nutzpflanze	Trei	zum Treiben geeignet
▽	Nach der Bundesartenschutzverordnung (BArtSchV) vom 19.12.1986 geschützte einheimische, europäische oder außereurop. Art (gilt für alte und neue Bundesländer)		
*	Nach dem Washingtoner Artenschutzübereinkommen geschützte Art (vgl. Gesetz vom 22. Mai 1975)		
E	Einfassungspflanze		
△	Steingartenpflanze	Tro	als Trockenmaterial geeignet
⌓	Polsterpflanze		
~	Ufer-, Sumpfpflanze		
≈	Wasserpflanze		

!!!Merksätze

- Die Pflanzen werden durch ihren botanischen Namen eindeutig gekennzeichnet. Dieser stammt aus dem lateinischen und griechischen Wortschatz.
- Der botanische Name besteht aus – Gattungsname (großgeschrieben) – Artname (kleingeschrieben)
- Der botanische Name kann ergänzt werden durch:
  - Sortenbezeichnung –
  - Hybridbezeichnung –
  - Angabe Unterart oder Varietät –
  - Angabe des Botanikers, der den Namen vergeben hat

???Aufgaben

1. Wählen Sie fünf Schnittblumen- und fünf Topfblumenarten aus Ihrem Ausbildungsbetrieb. Benennen Sie diese mit dem botanischen Namen. Geben Sie deren Familienzugehörigkeit an und ordnen Sie ihnen die botanischen Zeichen und Abkürzungen zu.
2. Wenn Sie Blüten und Blätter der Pflanzen pressen, trocknen und aufkleben, das Blatt mit den gefundenen Benennungen und Bezeichnungen beschriften, haben Sie den Beginn eines Herbariums (Sammlung getrockneter Pflanzenteile). Stellen Sie fest, wo Sie das Handwörterbuch der Pflanzennamen, den Zander, einsehen können (Betrieb, Schule, Büchereien) und suchen Sie aus Teil V (Deutsche Pflanzennamen) die Gattungsnamen folgender Blumen heraus: Weihnachtsstern, Maiglöckchen, Paprika und Australische Silbereiche. Nach dem gefundenen Gattungsnamen stellen Sie die vollen botanischen Namen fest.
3. Beschaffen Sie sich Kataloge mit Pflanzenangeboten und kontrollieren Sie, ob Sie die hier genannten Bezeichnungen wieder finden (Name und Zeichen).

19 Schnitt- und Trockenblumen

Für den Floristen lässt sich das Sprichwort »Jede Jahreszeit hat ihre Reize« sogar um den Zusatz erweitern – und ihr besonderes Angebot an Schnittblumen!

In den kalten Wintermonaten ist das Sortiment naturgemäß etwas eingeschränkt, doch ist es heutzutage längst möglich, durch gezielte Anzucht und ausgedehnte Importmöglichkeiten auch in dieser Zeit ein reichhaltiges Angebot auf dem Markt bereitzustellen.

Bedingt durch unser natürliches Empfinden würde es uns aber befremden, im verschneiten Dezember Sommerblumen anzubieten. Statt dessen wird gern winter- und weihnachtliche Binderei präsentiert, die der besonderen Jahreszeit entspricht.

Dann naht aber auch bald die Zeit der Tulpen und anderer Frühlingsblüher, die allerdings nur sehr kurz ist.

Die Auswahl und das Angebot in den Vasen wechseln; recht bunt und farbenfroh kündigt sich der Sommer an.

Dabei erfreuen sich gerade heutzutage die »einfachen« Gartenblumen immer größerer Beliebtheit. Schon längst haben die Gärtner die Vorlieben der Floristen für die Verarbeitung heimischer Blumen erkannt. In gemeinsamer Abstimmung bieten sie ein reichhaltiges Sortiment an, welches eben auch die Wünsche der blumenliebenden Verbraucher erfüllt. Interessierte Floristen verschließen sich nicht modischen Strömungen und beweisen mit ihrer Kreativität Aufgeschlossenheit gegenüber neuen Trends.

Naturbetonte Binderei mit der Blume als Gestaltungsmittel steht besonders hoch in der Kundengunst. Die Vielfalt an Gestaltungsmöglichkeiten, gerade in der Straußbinderei, ermöglicht den Umgang mit allem Pflanzlichen zu unterschiedlichsten Verarbeitungsweisen.

Oftmals fragt der interessierte Kunde, ob das gefertigte Gebinde oder Werkstück sogar später getrocknet werden könne, um sich die Freude daran zu verlängern. Ist das nicht gleichzeitig ein Kompliment an die gelungene Zusammenstellung? Fast alle Schnittblumen eignen sich zum Trocknen, besonders jedoch solche, die kompakte, runde Blütenköpfe besitzen, wie z. B. Rosen, Ranunkeln oder Paeonien sowie viele Korbblütler. Gladiolen, Freesien oder Wicken ziehen ihre flattrigen, frei stehenden Blütenblätter so stark ein, dass sie ihre ursprüngliche Schönheit verlieren. Während des Eintrocknens verändern sich auch die einstigen frischen Farben der Blütenblätter. Sie wechseln über in ganz neue, eher »müde«, morbide Farbmischungen und präsentieren sich mit völlig anderem Erscheinungsbild.

Wir Floristen verarbeiten tagtäglich ein-, zwei- und mehrjährige Pflanzen, wobei dem Kunden diese Unterscheidungen oftmals recht unbekannt sind. Manchmal ergibt es sich, dass Hinweise auf die Zugehörigkeit der verwendeten Blüten und Pflanzenteile gegeben werden können, z. B. während der Zeit des Straußbindens. Von den Kunden werden diese Erläuterungen bestimmt gern zur Kenntnis genommen. Sie erhalten nicht nur die Bestätigung, in einem Fachgeschäft zu kaufen, sondern es zeichnet den Floristen auch als eine Fachkraft aus, die es versteht, auf Eigenarten der Pflanzen hinzuweisen.

Einjährige Pflanzen

Die Benennung dieser Pflanzen deutet schon auf deren Kurzlebigkeit hin. Das Keimen aus dem Samen wie das Heranwachsen und Blühen bis hin zur Fruchtbildung geschehen innerhalb der frostfreien Monate eines Jahres – also vom Frühjahr bis zum Spätherbst. Da diese Pflanzen nicht winterhart sind, sterben sie in unseren Breiten nach dieser einen Vegetationsperiode ab, obwohl sie in ihrer warmen Heimat oft mehrere Jahre überdauern können.

Daher müssen sie alljährlich neu aus Samen gezogen werden. Ihre Aussaat geschieht entweder schon in den letzten Frühjahrsmonaten in Gewächshäusern oder aber direkt im Freiland, sobald die Fröste vorbei sind. Diese Einjährigen oder auch annuellen Pflanzen (lat. ánuus = einjährig; Symbol: ⊙) sind uns als Sommerflor, zum großen Teil auch als Gemeinschaftsblüher und Massenblüher bekannt. In ihren Herkunftsländern blühen sie dicht gedrängt nebeneinander, also in Massen und nicht etwa vereinzelt, wie z. B. die Kosmeen (*Cósmos bipinnátus*) in Mexiko, Petunien (*Petúnia*-Hybriden) in Südamerika, Sommerphlox (*Phlóx drummóndi*) in Nordamerika oder Ringelblumen (*Caléndula officinális*) in Italien. Aus dieser Kenntnis heraus sollte man solche Blumen entsprechend verarbeiten, sie also zu wir-

kungsvollen Einheiten mit lockerer oder dichter Fülle zusammenbringen. Sie sind ideale Gestaltungsmittel, wenn es darum geht, flächige oder strukturierte Werkstücke zu erstellen (s. Bd. 1). Die folgenden Tabellen enthalten eine Zusammenstellung der für den Floristen wichtigsten Schnitt- und Trockenblumen.

Bei der Ernte der zum Trocknen geeigneten Sommerblumen kommt es auf die jeweilige Schnittreife an. Gräser werden nach der Blüte, jedoch noch vor der Samenreife, geschnitten. Strohblumen dürfen nicht allzu weit erblüht sein, da sie sonst schon beim Trocknen oder bei der Verarbeitung auseinander fallen. Am besten wird bei warmem, trockenem Sonnenwetter geerntet.

Kurzstieliges oder Fruchtstände sollten auf Netzen oder engem Maschendraht ausgebreitet werden. Längerstieliges wird in Bündeln mit Hilfe eines Gummibandes zusammengefasst und mit den Blütenköpfen nach unten aufgehängt. Beim Trocknen verdunsten die Pflanzen und ihre Stiele schrumpfen ein; das elastische Gummiband bleibt jedoch eng anliegend, währenddessen die Stiele aus einer Bastbindung oder Drahthalterung bald herausrutschen würden.

Durch das Hängen oder Liegen wird eine Krümmung oder ein Verziehen der Pflanzen verhindert. Der Trockenplatz für das Erntegut sollte luftig und trocken gewählt sein. Durch die starke Verdunstung könnte sich ansonsten Schimmel bilden und Fäulnis auftreten. Wichtig ist auch, dass der Trockenplatz nicht direkter Sonnenbestrahlung ausgesetzt ist. So werden das Ausbleichen der Farben und ein Überblühen verhindert und die Trockenblumen behalten ihre Farb- und Formschönheit. Es gibt auch einen Trocknungsapparat (s. Seite 395), in welchem die Blumenbündel schnell trocknen und die Farben gut erhalten bleiben.

Zweijährige Pflanzen

Bei dieser Pflanzengruppe, den so genannten »Biennen« (lat. biénnis = zweijährig; Symbol ☉), handelt es sich um die Sommerblumen, die erst im folgenden Jahr nach ihrer Aussaat zum Blühen gelangen. Ihre Vegetationszeit erstreckt sich demnach auf zwei durch den Winter getrennte Jahreshälften. In der ersten erfolgt ihr vegetatives Wachstum, d. h. nach dem Keimen wachsen sie

Tab. 8. Beliebte Schnittblumen, Ein- und Zweijahresblumen

Botanischer Name	Familie	Deutscher Name	WST	Bewegungsform	Blütezeit	Bemerkung
Agerátum houstoniánum	Compósitae	Leberbalsam	3	allseitig entfaltend	V –X	⊙, Gemeinschaftsform
Amaránthus caudátus (Abb. 84)	Amarantháceae	Gartenfuchs-schwanz	1	abfließend	VII–X	⊙, besonders hoch hinauswachsend
Amaránthus cruéntus	Compósitae	Gartenfuchsschwanz	2	aufstrebend	VII–X	⊙, aufrechtstehende Blütenähren
Ambérboa moscháta	Compósitae	Wohlriechende Flockenblume	2, 3	allseitig entfaltend	VII–X	⊙, Gemeinschaftsform
Antirrhínum május	Scrophulariáceae	Löwenmaul	2	aufstrebend	VI –IX	⊙
Caléndula officinális	Compósitae	Ringelblume	2, 3	allseitig entfaltend	VI –X	⊙, Gemeinschaftsform
Callistephus chinénsis	Compósitae	Sommeraster	2, 3	allseitig entfaltend	VII–X	⊙, Gemeinschaftsform
Campánula médium (Abb. 76)	Campanuláceae	Marienglockenblume	1, 2	aufstrebend	VI –VII	⊙, an frischer Schnitt-stelle Milchsaftaustritt
Celósia argéntea var. *cristáta*	Amarantháceae	Hahnenkammcelosie	1, 2	aufstrebend	VII–X	⊙, kammähnlicher Blütenstand
Celósia argéntea var. *plumósa*	Amarantháceae	Federbuschcelosie	2	aufstrebend	VII–IX	⊙, buschiger Blütenstand
Centauréa cyánus	Compósitae	Kornblume	2, 3	allseitig entfaltend	V –VII	⊙, Gemeinschaftsform
Cheiránthus cheíri	Cruciferae	Goldlack	3	aufstrebend, allseitig entfaltend	IV –VI	⊙, Gemeinschaftsform
Chrysánthemum carinátum (Abb. 80, S. 113)	Compósitae	Wucherblume	2, 3	allseitig entfaltend	VI –IX	⊙, Gemeinschaftsform
Chrysánthemum ségetum	Compósitae	Wucherblume	2, 3	allseitig entfaltend	VII–X	⊙, Gemeinschaftsform
Cleóme spinósa (Abb. 79)	Capparáceae	Spinnenpflanze	1	allseitig entfaltend	VII–X	⊙, besonders hoch hinauswachsend
Cósmos bipinnátus	Compósitae	Kosmee, Schmuckkörbchen	2, 3	allseitig entfaltend	VII–X	⊙, besonders hoch hinauswachsend
Delphínium ajácis	Ranunculáceae	Rittersporn	1, 2	aufstrebend	VI –VIII	⊙, besonders hoch hinauswachsend
Diánthus barbátus	Caryophylláceae	Bartnelke	2, 3	allseitig entfaltend	VI –VIII	⊙ – ⁴, Gemeinschaftsform
Dimorphothéca sinuáta	Compósitae	Kapkörbchen	2, 3	allseitig entfaltend	VI –VIII	⊙, Blüten schließen sich bei Dunkelheit
Euphórbia margináta	Euphorbiáceae	Schnee-auf-dem-Berge	2, 3	allseitig entfaltend	VII–X	⊙, Gemeinschaftsform
Gaillárdia pulchélla	Compósitae	Kokardenblume	2, 3	allseitig entfaltend	VI –IX	⊙, Gemeinschaftsform
Heliánthus ánnuus	Compósitae	Sonnenblume	1–3	allseitig entfaltend	VII–X	⊙, besonders hoch hinaus-wachsend
Láthyrus odorátus	Leguminósae	Duftwicke	2	aufstrebend	VI –IX	⊙, kletternd mit Ranken
Lavátera triméstris (Abb. 81)	Malváceae	Bechermalve	2, 3	allseitig entfaltend	VII–X	⊙, Gemeinschaftsform

Tab. 8. (Fortsetzung)

Botanischer Name	Familie	Deutscher Name	WST	Bewegungsform	Blütezeit	Bemerkung
Matthíola incána	Cruciferae	Levkoje	2	aufstrebend	V–VIII	⊙ zarter Duft
Molucélla laévis	Labiátae	Muschelblume	1, 2	aufstrebend	VII–VIII	⊙ trichterf. Kelche an langen Stielen
Myosótis-Hybriden	Boragináceae	Vergissmeinnicht	3	allseitig entfaltend	III–IV	⊙ Gemeinschaftsform, gern als Tuff verarbeitet
Nicotiána sánderae	Solanáceae	Ziertabak	1, 2	allseitig entfaltend	VII–IX	⊙ Gemeinschaftsform; besonders hoch hinauswachsend
Penstémon-Hybriden	Scrophulariáceae	Bartfaden	2	aufstrebend	VI–IX	⊙ bei Winterschutz mehrjährig
Phlox drummóndii	Polemoniáceae	Einjahrsphlox	2, 3	allseitig entfaltend	VII–IX	⊙ Gemeinschaftsform;, hoch hinauswachsend
Rudbéckia hírta	Compósitae	Sonnenhut	2, 3	allseitig entfaltend	VII–IX	⊙–⊙ hoch hinauswachsend
Sálvia víridis	Labiátae	Salbei	3	aufstrebend	VI–VIII	⊙–♃
Scabiósa atropúrpurea	Dipsacáceae	Purpurskabiose	2, 3	allseitig entfaltend	VII–X	⊙
Tagétes-Erecta-Hybriden	Compósitae	Studentenblume, Sammetblume	3	allseitig entfaltend	VII–IX	⊙ Gemeinschaftsform
Zinnia angustifólia	Compósitae	Schmalblättrige Zinnie	2, 3	allseitig entfaltend	VI–IX	⊙ Gemeinschaftsform
Zinnia élegans	Compósitae	Zinnie	2, 3	allseitig entfaltend	VII–IX	⊙ Gemeinschaftsform

WST = Wertstufe

Tab. 9. Zum Trocknen besonders gut geeignet

Botanischer Name	Familie	Deutscher Name	Pflanzen gruppe	Blütezeit
Acánthus hungáricus	Acantháceae	Akanthus	♃	VI –VIII
Achilléa filipendulína	Compósitae	Schafgarbe; Kulturform	♃	VI –IX
Achilléa millefólium	Compósitae	Schafgarbe; Wildforum	♃	VI –X
Alchemílla móllis	Rosáceae	Frauenmantel	♃	VI
Állium christóphii	Liliáceae	Sternkugellauch	♃	VI –VII
Allium gigantéum	Liliáceae	Riesenlauch	♃	VI –VII
Amaránthus caudátus	Amarantháceae	Gartenfuchsschwanz	⊙	VII –X
Ammóbium alátum	Compósitae	Papierknöpfchen, Sandimmortelle	⊙	VII –IX
Anáphalis margaritácea	Compósitae	Silberimmortelle	♃	VII –IX
Carlína acaūlis	Compósitae	Silberdistel, Kulturform	♃	VII –IX
Carlína vulgáris	Compósitae	Golddistel, Eberwurz	⚇	VII –IX
Cárthamus tinctórius (Abb. 77)	Compósitae	Färberdistel, Saflor	⊙	VII –VIII
Celósia argéntea var. *cristáta*	Amarantháceae	Hahnenkammcelosie	⊙	VII –IX
Centauréa macrocéphala	Compósitae	Gelbe Flockenblume	♃	VII –VIII
Cýnara cardúnculus	Compósitae	Artischocke	♃	VIII–IX
Dáhlia-Hybriden	Compósitae	(Pompon-) Dahlie	♃	VII –X
Delphínium ajácis	Ranunculáceae	Rittersporn	⊙	VI –VIII
Dípsacus satívus	Dipsacáceae	Kardendistel	⚇	VII –VIII
Echinácea purpúrea	Compósitae	Roter Sonnenhut	♃	VII –IX
Echínops rítro	Compósitae	Kugeldistel	♃	VII –IX
Erýngium alpínum	Umbellíferae	Alpendistel	♃	VII –VIII
Gomphréna globósa	Amarantháceae	Kugelamarant	⊙	VIII–X
Goniolímon tatáricum	Plumbagináceae	weiße Statice, Meerlavendel	♃	VIII–X
Gypsóphila élegans	Caryophylláceae	Schleierkraut	⊙	VII
Gypsóphila paniculáta	Caryophylláceae	Staudenschleierkraut	♃	VI –VII
Heliánthus ánnuus	Compósitae	Sonnenblume	⊙	VII –X
Helichrýsum bractéatum	Compósitae	Strohblume	⊙	VII –IX
Helípterum manglésii	Compósitae	Sonnenflügel, 'Rhodanthe' stark verästelt	⊙	VII –VIII
Helípterum róseum	Compósitae	Sonnenflügel; wenig verzweigt	⊙	VII –IX
Heracléum mantegazziánum	Umbellíferae	Herkulesstaude	⚇	VII
Leontopódium soulíei	Compósitae	Edelweiß, Kulturform	♃	VI –VII
Limónium latifólium	Plumbagináceae	Meerlavendel, Strandflieder, Statice	♃	V –VII
Limónium sinuátum	Plumbagináceae	Meerlavendel, Strandflieder, Statice	⚇–♃	VII –IX
Limónium suworówii	Compósitae	Meerlavendel; rosa Rispen	⊙	VII –IX
Lónas ánnua	Compósitae	Gelbes Ageratum, Leberbalsam	⊙	VIII–X
Lunária ánnua	Crucíferae	Silberling	⚇	V –VI
Matricária perforáta	Compósitae	Mutterkraut	⊙	VI –X
Moluccélla lāevis	Labiátae	Muschelblume	⊙	VII –VIII
Nigélla damascéna	Ranunculáceae	Jungfer im Grünen (→ Samenstände)	⊙	VI –IX

Tab. 9. (Fortsetzung)

Botanischer Name	Familie	Deutscher Name	Pflanzen gruppe	Blütezeit
Papáver orientále	Papaveráceae	Türkischer Mohn	♃	V –VI
Papáver rhőéas	Papaveráceae	Klatschmohn	☉	V –VII
Phýsalis alkekéngi	Solanáceae	Lampionblume	♃	V –VIII
Rudbéckia fúlgida	Compósitae	Sonnenhut	♃	VIII–X
Rúmex acetósa var. *horténsis*	Polygonáceae	Gartensauerampfer	♃	V –VIII
Sálvia farináceae	Labiátae	Salvie; blaue Rispen	♃	V –X
Sálvia víridis	Labiátae	Salvie; gefärbte Hochblätter	☉–♃	VI –VIII
Scabiósa caucásica	Dipsacáceae	Skabiose	♃	VII –IX
Scólymus hispánicus	Compósitae	Spanische Golddistel	☉	VIII–X
Sédum teléphinum	Crassuláceae	Fetthenne	♃	VII –VIII
Verbáscum densiflórum	Scrophulariáceae	Königskerze, Wildform	☉	VII –VIII
Verbáscum bombycíferum (Abb. 78)	Scrophulariáceae	Königskerze, Kulturform	☉	VI –IX
Xeránthemum ánnuum	Compósitae	Papierblume	☉	VII –IX

sowie einjährige Ziergräser (siehe Kapitel Gräser)

Abb. 73.
Epimédium pinnátum (Elfenblume). Tab. 11

Abb. 76.
Campánula mediúm (Marienglockenblume). Tab. 8

Oben: Abb. 74. Lysimáchia clethroídes (Schneefelbereich).Tab. 10. Unten: Abb. 75. Stáchys byzantína (Wollziest).Tab. 11.

Abb. 77.
Cárthamus tinctórius (Färberdistel, Saflor). Tab. 9

Abb. 80.
Lavátera triméstris (Bechermalve). Tab. 8.

Abb. 79.
Cleóme spinósa (Spinnenpflanze). Tab. 8

heran, ohne jedoch zu blühen. Zur Blütenbildung bedarf es der Überwinterung und im Laufe der zweiten Jahreshälfte vollzieht sich ihr generatives Wachstum. Sie blühen dann und gelangen zur Fruchtreife.

Nach dieser dennoch kaum ein gutes Jahr überschreitenden Vegetationsperiode sterben sie im Herbst ab und müssen erneut ausgesät werden. Sie bilden eine relativ kleine Gruppe zwischen den Ein- und Mehrjährigen; ihre bekanntesten Vertreter sind in Tabelle 8 aufgeführt.

Die Stauden

Den größten Bereich unserer Gartenblumen decken die winterharten Stauden ab. Sie sind immer wiederkehrende, mehrjährige, ausdauernde krautige Pflanzen, die nicht oder nur teilweise am Stengelgrund verholzen. Sie werden auch als »Perenne« (lat. perénnis = mehrjährig; Symbol ⊹) bezeichnet. Bei der großen Gruppe der »Sommergrünen« sterben die krautigen oberirdischen Trie-

Abb. 78.
Verbáscum bombyciférum (Königskerze). Tab. 9

Oben: Abb. 81. Chrysánthemum carinátum (Kiel-Wucherblume). Tab. 8. Unten: Abb. 82. Mímulus-Hybride (Gauklerblume). Tab. 13.

Abb. 83. Salpiglóssis sinuáta (Trompetenzunge).Tab. 14

Abb. 84. Amáranthus caudátus (Gartenfuchsschwanz). Tab. 8;
Sanvitália procúmbeus (Husarenknöpfchen). Tab. 13

Tab. 10. Beliebte Schnittstauden (ohne Zwiebel- und Knollengewächse)

Botanischer Name	Deutscher Name	Familie	WST	Bewegungsform	Blütezeit	Bemerkung
Acánthus longifólius	Bärenklau, Akanthus	Acantháceae	1, 2	aufstrebend	VI –VIII	Blattform als Verzierung im Kapitell korinthischer Säulen zu finden
Achilléa filipéndulina	Schafgarbe, Kulturform	Compósitae	3	allseitig entfaltend	VIII –IX	bis 120 cm hoch werdend; flache große Doldentrauben
Achillea millefólium	Schafgarbe, Wildform	Compósitae	3	allseitig entfaltend	VI –X	10 bis 40 cm hoch
Aconítum napéllus	Eisenhut	Ranunculáceae	1, 2	aufstrebend	VI –VIII	Giftig! Blüten ähnlich den mittelalterlichen eisernen Sturmhauben mit Spornen
Anemóne-Japonica-Hybriden	Herbstanemone	Ranunculáceae	2, 3	allseitig entfaltend	VII –IX	gehören zu den schönsten Herbstblühern
Aquilégia-Hybriden	Akelei	Ranunculáceae	1, 2	allseitig entfaltend	V –VI	sehr sortenreich und farbenfroh
Áster améllus	Bergaster	Compósitae	3	allseitig entfaltend	VII –IX	Stengel steif, aufrecht, oben stark verzweigt; Blätter unterseits behaart
Áster nóvae-ángliae	Rauhblattaster	Compósitae	3	allseitig entfaltend	IX –X	150 bis 180 cm hoch; Pflanze weich behaart
Áster nóvi-bélgii	Glattblattaster	Compósitae	3	allseitig entfaltend	IX –X	bis 150 cm hoch; keinerlei Behaarung
Astílbe-Arendsii-Hybriden	Waldspiere	Saxifragáceae	2	aufstrebend	VII –IX	nach dem Schnitt sofort ins Wasser stellen!
Astrántia máxima	Sterndolde	Umbellíferae	3	allseitig entfaltend	VI –VIII	handförmige, 3- bis 5teilige Blätter; beliebter Füller für dicke runde Sträuße
Campánula glomeráta	Knäuelglockenblume	Campanuláceae	2	allseitig entfaltend	VI –VIII	rötl. Stengel; Blätter rau behaart
Campánula persicifólia	Pfirsichblättrige Glockenblume	Campanuláceae	1, 2	aufstrebend	VI –VIII	Blätter schmal, glänzend; 3 bis 8 breitglockige Blüten am Stengel
Centauréa macrocéphala	Gelbe Flockenblume	Compósitae	2	allseitig entfaltend	VII –VIII	bis 90 cm hoch; Blütenkorb von braunen trockenen Hüllblättern umgeben
Chelóne oblíqua	Schildblume	Scrophulariáceae	2	aufstrebend	VII –IX	Blüten rosa, rot, weiß in dichten achsel- und endständigen Ähren; Blätter gesägt, gegenständig
Chrysánthemum-Indicum-Hybriden	Gärtner-Chrysantheme	Compósitae	3	allseitig entfaltend	IX –XII	große, dekorative Blüte

Tab. 10. (Fortsetzung)

Botanischer Name	Familie	Deutscher Name	WST	Bewegungsform	Blütezeit	Bemerkung
Chrysánthemum leucánthemum	Compósitae	Wiesenmargerite	2, 3	allseitig entfaltend	VI –IX	bis 60 cm hoch; Massenblüher
Chry.-Maximum-Hybriden		Staudenmargerite	2, 3	allseitig entfaltend	VI –VII	in allen Teilen größer als Wiesenmargerite
Cimicífuga racemósa	Ranunculáceae	Silberkerze	1, 2	ausschwingend	VII –VIII	Blüten weiß, in dichten, langen, verzweigten, am Ende überhängenden Trauben, unangenehmer Geruch!
Coreópsis grandiflóra	Compósitae	Großblütiges Mädchenauge	3	allseitig entfaltend	VI –VIII	Massenblüher; für dicke runde Sträuße
Delphínium-Hybriden	Ranunculáceae	Gartenrittersporn	1, 2	aufstrebend	VI –IX	bis 180 cm hoch werdend; beliebt für parallele Gestaltungen
Diánthus caryophýllus	Caryophylláceae	Edelnelke	2	allseitig entfaltend	I –XII	ganzjährig in Kultur zu ziehen
Dicéntra spectábilis	Papaveráceae	Tränendes Herz	1, 2	ausschwingend	IV –V	nach der Blüte zieht die Pflanze bald ein
Echinácea purpúrea	Compósitae	Roter Sonnenhut	2, 3	allseitig entfaltend	VII –IX	Zungenblüten bis 6 cm lang, Röhrenblüten bilden hohe schwarze Kegel
Erígeron-Hybriden	Compósitae	Berufkraut, Feinstrahl	2, 3	allseitig entfaltend	VI –VIII	nach erster Blüte Rückschnitt erforderlich, danach 2. Blüte im Herbst
Gaillárdia-Hybriden	Compósitae	Kokardenblume	2, 3	allseitig entfaltend	VI –IX	ganze Pflanze behaart; Blütenkörbe meist zweifarbig
Gérbera-Hybriden	Compósitae	Gerbera	1, 2	allseitig entfaltend	I –XII	Blätter als Schnittgrün
Helénium-Hybriden	Compósitae	Sonnenbraut	3	allseitig entfaltend	VII –X	bis 160 cm hoch; Massenblüher
Heliánthus atrórubens	Compósitae	Staudensonnenblume	2, 3	allseitig entfaltend	VII –X	60 bis 150 cm hoch; Blütenkörbe bis 15 cm groß
Helíopsis helianthoídes	Compósitae	Sonnenauge	2, 3	allseitig entfaltend	VII –IX	bis 130 cm hoch werdend
Helléborus níger	Ranunculáceae	Christrose	1, 2	allseitig entfaltend	XII –III	kostbare Blüten
Heúchera-Hybriden	Saxifragáceae	Blutströpfchen, Purpurglöckchen	3	aufstrebend	V –VII	Blütenstand zierlich; einzeln gestellt in vegetativen Gestaltungen verwendbar
Liátris spicáta	Compósitae	Prachtscharte	1, 2	aufstrebend	VII –IX	Blütenkörbe blaurot in dichter Ähre; beliebt für parallele Gestaltung
Lupínus-Polyphýllus-Hybriden	Leguminósae	Lupine	1, 2	aufstrebend	VI –VIII	bis 120 cm hoch; seidig behaart; beliebt für parallele Gestaltung

Tab. 10. (Fortsetzung)

Botanischer Name	Deutscher Name	Familie	WST	Bewegungsform	Blütezeit	Bemerkung
Lysimáchia clethroídes (Abb. 74)	Schneefelberich	Primuláceae	2	ausschwingend	VI –VII	Blüten weiß; in dichten, end- oder achselständigen, leicht überhängenden Trauben
Lysimáchia punctáta	Goldfelberich	Primuláceae	2	aufstrebend	VI –VIII	Blüten gelb, zu mehreren in den Blattachseln, bilden eine lange endständige Traube
Paeónia-Lactiflora-Hybriden	Pfingstrose, Edelpäonie	Paeoniáceae	2	allseitig entfaltend	VI	gefüllte Sorten sind besonders haltbar
Papáver orientále	Türkischer Mohn	Papaveráceae	2	allseitig entfaltend	V –VI	bis 150 cm hoch; Blüten bis 15 cm breit; Stiele müssen nach Anschnitt abgebrannt werden → erhöht die Haltbarkeit
Phlox-Paniculata-Hybriden	Flammenblume	Polemoniáceae	2, 3	allseitig entfaltend	VI –VIII	kühle Frühsommernächte fördern die Blütenbildung
Physostégia virginiána	Gelenkblume	Labiátae	2	aufstrebend	VII –IX	bis 120 cm hoch; Blüten in langen, endständigen Ähren; Blüten sind beweglich
Prímula-Elatior-Hybriden	Gartenschlüsselblume	Primuláceae	3	allseitig entfaltend	IV –V	bis 30 cm hoch; beliebt für kurze runde Frühlingssträuße
Rudbéckia fúlgida	Sonnenhut	Compósitae	2, 3	allseitig entfaltend	VIII– IX	Blätter rau behaart; Blütenkörbe einzeln oder zu mehreren an langen Stielen
Rudbéckia laciniáta	Sonnenhut, Goldball	Compósitae	2, 3	allseitig entfaltend	VII –IX	bis über 200 cm hoch; Blütenkörbe groß, einzeln auf langen Stielen
Rudbéckia nitida	Fallschirmrudbeckie	Compósitae	2, 3	allseitig entfaltend	VIII–IX	herabhängende Zungenblüten
Scabiósa caucásica	Skabiose	Dipsacáceae	2, 3	allseitig entfaltend	VII –IX	Blüten an langen Stielen
Solidágo-Hybriden	Goldrute	Compósitae	2	ausschwingend	VII –IX	Stauden mit sehr buschigem Wuchs
× Solidáster lúteus	Solidaster	Compósitae	3	allseitig entfaltend	VII –IX	Kreuzung von Áster ptarmicoídes mit einer Solidágo-Art
Tanacétum coccíneum	Bunte Margerite, Pyrethrum	Compósitae	2, 3	allseitig entfaltend	V –VI	Blütenblätter rosa-rot
Tróllius-Hybriden	Trollblume	Ranunculáceae	2, 3	allseitig entfaltend	V –VI	Pflanzen sind giftig! In der Natur geschützt!
Viola odoráta	Duftveilchen	Violáceae	3	entfaltend	III –IV	stets als Tuff oder Sträußchen zu verarbeiten

WST = Wertstufe

Tab. 11. Blätter für gebundene und gesteckte Werkstücke (ohne Farne und Gräser)

Botanischer Name	Familie	Deutscher Name	Verfügbar	Farbe	Umriss, Form	Struktur
Alchemílla móllis	Rosáceae	Frauenmantel	VI –X	gelbgrün-graugrün	rund, gelappt, gezähnt	flauschig, rustikal
Bergénia-Hybriden	Saxifragáceae	Bergenie	III –X	dunkelgrün	oval, elliptisch	ledrig
Convallária majális	Liliáceae	Maiglöckchen	V –IX	gelbgrün-dunkelgrün	breit-lanzettlich	glatt, metallisch
Duchésnea índica	Rosáceae	Indische Erdbeere	ab VI	dunkelgrün	dreizählig gefingert	rustikal
Epimédium pinnátum (Abb. 73)	Berberidáceae	Elfen-, Sockenblume	ab IV	dunkelgrün, rotbraun	herz-eiförmig	metallisch
Euphórbia myrsinítis	Euphorbiáceae	Walzen-Wolfsmilch	V –VII	blaugrün bereift	lanzettlich	glatt, metallisch
Gérbera-Hybriden	Compósitae	Gerbera	I –XII	hell-dunkelgrün	gelappt	rustikal
Héuchera sanguínea	Saxifragáceae	Blutströpfchen	ab V	rot-schwarz	gelappt	metallisch
Hósta críspula	Liliáceae	Riesenweißrandfunkie	ab VII	grün, weiß gerandet	eirund-herzförmig	ledrig
Hósta fortúnei	Liliáceae	Großblättrige Graublattfunkie	ab VII	gelbgrünlich	eirund-herzförmig	ledrig
Hósta plantagínea	Liliáceae	Lilienfunkie	ab VII	hellgrün	eirund-herzförmig	ledrig
Hósta sieboldiána	Liliáceae	Blaublattfunkie	ab VI	blaugrün	eirund-herzförmig	metallisch
Hósta unduláta	Liliáceae	Wellblattfunkie (kleinblättrig)	ab VII	gelbgrün	eirund-herzförmig	ledrig
Pachysándra terminális	Buxáceae	Ysandra, Dickanthere	I –XII	dunkelgrün	grob gezähnt, rhombisch	ledrig
Paeónia-Lactiflora-Hybr.	Paeoniáceae	Pfingstrose	ab VI	dunkelgrün	doppelt dreizählig	rustikal
Senécio bicolor	Compósitae	Silberblatt, Kreuzkraut	ab V	silbrig grau	fiederteilig	filzig, rustikal
Stáchys byzantína (Abb. 75)	Labiátae	Wollziest, Eselsohren	VII–IX	wollweiß	elliptisch	flauschig, rustikal

be nach jeder Wachstumsperiode im Herbst ab. Dieses ist zum einen durch die niedrigen Temperaturen und zum anderen durch die abnehmende Lichtmenge dieser Jahreszeit bedingt. Außerdem dient dieses »Einziehen« des Grüns ihrer Kräftigung. Sie sind also nur im Sommer belaubt und überdauern in ihren so genannten »Überwinterungsknospen«, die sich unmittelbar in Erd- oder auch Wasseroberflächennähe befinden. Diese, auch als »Erneuerungsknospen« bezeichneten Anlagen sind in Form von unterirdischen Zwiebeln oder Knollen, Rhizomen und Wurzelstöcken bekannt.

Im Frühjahr treiben diese erneut aus, bilden einen jungen oberirdischen Spross und nehmen ihren Lebensrhythmus wieder auf.

Die andere große Gruppe, die der »Winter- und Immergrünen« zieht ihr Grün nicht ein; es bleibt mehr oder weniger ansehnlich erhalten. Hier liegen die Überwinterungsknospen über der Erde.

Meistens sind es Bodendecker wie die Kriechstauden (zum Beispiel Saxifragen) oder Polsterstauden (*Phlox subuláta*–Teppichphlox).

Wie ihre Namen schon vermitteln, behalten beide ihr Laubwerk. Die wintergrünen Arten erneuern jedoch im Frühjahr ihre Blätter, so zum Beispiel die Bergenien.

In diesem Kapitel seien jedoch nur die Stauden erwähnt, die sich als Schnitt- oder Trockenblumen besonderer Beliebtheit erfreuen oder eben spezielle Sprossteile, welche für Floristen von besonderem Wert sind. Alle bedeutenden Gräser, Sumpf- und Wasserpflanzen, wie auch die Zwiebel- und Knollengewächse, werden später gesondert behandelt. Die Unterteilung der gebräuchlichsten Schnittstauden auch in ihre verschiedene Bewegungsformen möge bewusst machen, wie sehr uns die Natur mit ihren gewachsenen Besonderheiten zu einer formgerechten und wesensgemäßen Verarbeitung anspornen sollte.

!!! Merksätze

- Ein-, zwei- und mehrjährige Pflanzen sind die Lieferanten unserer Schnitt- und Trockenblumen.
- Einjährige Pflanzen (Annuelle) entwickeln sich aus dem Samen innerhalb einer Wachstumsperiode und sterben im Spätherbst ab.
- Zweijährige Pflanzen (Bienne) haben eine Vegetationszeit, die sich über zwei durch einen Winter getrennte Jahreshälften erstreckt. Sie blühen und fruchten erst im zweiten Jahr.
- Mehrjährige Pflanzen oder Stauden (Perenne) sind immer wiederkehrende, ausdauernde krautige Pflanzen, die nicht oder nur teilweise am Stengelgrund verholzen.

??? Aufgaben

1. Nennen Sie die drei Gruppen mit krautigen Pflanzen und beschreiben Sie diese unter botanischen, gärtnerischen und floristischen Gesichtspunkten.
2. Stellen Sie einen abfließenden Brautstrauß aus einjährigen Sommerblumen in farbverwandter Erscheinung zusammen und versehen Sie ihn mit einem auffälligen Farbakzent. Fertigen Sie eine Skizze an und begründen Sie die gewählte Werkstoff- und Farbzusammenstellung.
3. Viele der mehrjährigen Sommerblumen sind Korbblütler (Compositen). Ordnen Sie dem Gelb- und Orange-Bereich der Farbfamilien jeweils fünf Gattungen zu.
4. Legen Sie sich ein Pflanzennamen-Notizbuch zu, in welchem Sie monatlich geordnet die Schnittblumen eintragen, die in Ihrem Ausbildungsbetrieb verkauft werden. Dabei machen Sie folgende Angaben:
   a) Name der Schnittblume
   b) Ein Bild aus einem Katalog oder eine Zeichnung
   c) Sortennamen mit Angaben der Blütenfarben
   d) Stückpreise von bis
   e) Anbauland, -gebiet

20 Pflanzen für Balkone und Beete

Vielen Menschen ist es ein Bedürfnis, ihren Wohnbereich mit Pflanzen zu verschönern. Dazu zählen auch Balkon und Terrasse, die gerade an wärmeren Tagen zum »Draußen Genießen« einladen. Auf die jeweilige Jahreszeit abgestimmt, bietet das Blumenfachgeschäft eine reiche Artenvielfalt bekannter und aktueller Beet- und Balkonpflanzen an.

Geschmackvoll aufeinander abgestimmte Kombinationen betören durch faszinierende Farben und Formen der Blütenpracht sowie durch interessante Strukturen und verlockende Düfte.

Das Angebot wird durch ständige Neuzüchtungen erweitert und manches davon muss sich erst bewähren. Über die gängigsten, aber auch über neue Arten, sollte der/die Florist/in den interessierten Kunden informieren können und wissen, welche Besonderheiten gerade im Trend liegen. Dazu gehören sowohl Kenntnisse über die unterschiedlichen Standortansprüche und Pflegemaßnahmen, als auch Ideenreichtum hinsichtlich Kombinationsmöglichkeiten.

Nicht nur die gestaltende, sondern auch die beratende Fachkraft ist hier gefordert.

Im häuslichen Bereich ist es fast immer die Freude am Umgang mit Pflanzen, am »Gärtnern«, die nicht selten Beete und Balkone in ungeahnte Blütenpracht verzaubert. Ansporn für besonders üppige und gepflegte Pflanzungen sind oftmals auch kommunale Balkonschmuckwettbewerbe, die vielerorts abgehalten werden.

Aber auch die Grabbepflanzungen sollten nicht vergessen werden. Auch hier wird liebevoll ein Stückchen Erde bepflanzt, oftmals sogar kunstvoll und ornamentiert gestaltet.

Die richtige Pflanzzeit

Ist erst die Lust am Pflanzen erwacht, muss jedoch auch der richtige Zeitpunkt abgewartet werden können. Dieses gilt insbesondere für die Sommerbepflanzung.

Mitte Mai, eine Bauernregel besagt, nach den Eisheiligen, also nach den letzten Nachtfrösten, sollte mit der Außenbepflanzung begonnen werden. Doch schon Wochen vor diesem Termin werden Beet- und Balkonpflanzen mit all ihrer Sortenviel-

Tab. 12. Frühlingsblüher für die erste Bepflanzung (ohne Zwiebelblumengewächse)

Botanischer Name	Familie	Deutscher Name	Pflanzen gruppe	Blütezeit
Béllis perénnis	Compósitae	Tausendschön	☉–♃	IV–VI
Cheiránthus cheíri	Crucíferae	Goldlack	☉	IV–VI
Dorónicum orientále	Compósitae	Gemswurz	♃	IV–V
Hepática nóbilis	Ranunculáceae	Leberblümchen	♃	III–IV
Myosótis sylvática	Boragináceae	Waldvergissmeinnicht	♃	V –VII
Myosótis-Hybriden	Boragináceae	Vergissmeinnicht	☉–♃	III–IV
Prímula vulgáris	Primuláceae	Kissenprimel	♃	III–IV
Prímula denticuláta	Primuláceae	Kugelprimel	♃	III–IV
Prímula-Elatior-Hybriden	Primuláceae	Gartenschlüsselblume	♃	IV–V
Prímula japónica	Primuláceae	Etagenprimel	♃	V –VI
Prímula-Juliae-Hybriden	Primuláceae	Kissenprimel	♃	IV
Pulsatílla vulgáris	Ranunculáceae	Kuhschelle, Küchenschelle	♃	III–IV
Víola cornúta	Violáceae	Hornveilchen	♃	VI–VIII
Víola odoráta	Violáceae	Duftveilchen	♃	III–IV
Víola-Wittrockiana-Hybriden	Violáceae	Gartenstiefmütterchen	☉	III–XI

Tab. 13. Beet- und Balkonpflanzen für die Sommerbepflanzung mit überwiegend aufrechtem Wuchs

Botanischer Name	Familie	Deutscher Name	Pflanzen-gruppe	Blütezeit	Standort/Bemerkung
Agératum houstoniánum	Compósitae	Leberbalsam	♄	V –X	sonnig
Antirrhínum május	Scrophulariáceae	Gartenlöwenmaul	⊙–♃	VI –IX	sonnig
Argyránthemum frutéscens	Compósitae	Strauchmargerite	♄	I –XII	sonnig-halbschattig
Asteríscus marítimus	Compósitae	Goldtaler	♃	VIII–IX	sonnig
Bégonia-Knollenbegonien-Hybriden	Begoniáceae	Knollenbegonie	♃	V –IX	halbschattig bis schattig windempfindlich
Bégonia-Semperflorens-Hybriden	Begoniáceae	Immerblühende Begonie	♃	V –X	sonnig
Calceolária integrifólia	Scrophulariáceae	Pantoffelblume	♄	V –IX	sonnig; windempfindlich
Callístephus chinénsis	Compósitae	Sommeraster	⊙	VII –X	sonnig
Cánna-Indica-Hybriden	Cannáceae	Indisches Blumenrohr	♃	VII –IX	sonnig
Celósia argéntea var. *cristáta*	Amarantháceae	Hahnenkamm-Celosie	⊙	VII –IX	sonnig
Celósia argéntea var. *plumósa*	Amarantháceae	Federbusch-Celosie	⊙	VII –IX	sonnig
Cleóme spinósa	Capparáceae	Spinnenpflanze	⊙	VII –X	sonnig
Cóleus-Blumei-Hybriden	Labiátae	Buntnessel	♄	I –XII	halbschattig bis schattig
Cuphéa ígnea	Lathráceae	Zigarettenblümchen	♃	V –IX	halbschattig bis schattig
Dáhlia-Hybriden	Compósitae	Dahlie	♃	VII –X	sonnig
Diánthus chinénsis	Caryophylláceae	Kaiser-, Heddewigsnelke	⊙	VII –IX	sonnig
Dorothéanthus bellidifórmis	Aizoáceae	Mittagsblume	⊙	VII –IX	sonnig
Felícia amelloídes	Compósitae	Kapaster	♃–♄	I –XII	sonnig
Fúchsia fúlgens	Onagráceae	Streichholzfuchsie, Röhrenfuchsie	ħ	VI –VIII	halbschattig bis schattig
Fúchsia-Hybriden	Onagráceae	Gartenfuchsie	ħ	V –X	halbschattig bis schattig; windempfindlich
Gazánia-Hybriden	Compósitae	Gazanie, Mittagsgold	♃–⊙	VII –IX	sonnig
Helichrýsum bracteátum	Compósitae	Gelbblühende Strohblume	⊙–♃	VII –IX	sonnig-halbschattig
Heliotrópium arboréscens	Boragináceae	Heliotrop, Vanilleblume	♄	V –IX	sonnig; windempfindlich
Ibéris umbelláta	Crucíferae	Schleifenblume	⊙–⊙⊙	VI –VIII	sonnig
Impátiens-Neu-Guinea-Hybriden	Balsamináceae	Springkraut, Fleißiges Lieschen	♃	I –XII	halbschattig bis schattig
Impátiens walleriána	Balsamináceae	Springkraut, Fleißiges Lieschen	♃	I –XII	halbschattig bis schattig
Lantána-Camara-Hybriden	Verbenáceae	Wandelröschen	ħ	VI –IX	sonnig, windempfindlich
Mímulus lúteus (Abb. 82)	Scrophulariáceae	Gauklerblume	♃	V –VIII	sonnig
Nemésia-Hybriden	Scrophulariáceae	Elfenspiegel	⊙	VI –VIII	sonnig
Nicotiána × sánderae	Solaniáceae	Ziertabak	⊙	VII –IX	sonnig

Tab. 13. (Fortsetzung)

Botanischer Name	Familie	Deutscher Name	Pflanzengruppe	Blütezeit	Standort/Bemerkung
Osteospérmum ecklónis	Compósitae	Lila Polarstern	⊙-♄-♃	VII –IX	sonnig
Pelargónium-Grandiflorum-Hybriden	Geraniáceae	Edelpelargonie	♄	IV –VI	sonnig
Pelargónium-Zonale-Hybriden	Geraniáceae	Zonalpelargonie, Gürtel-Geranie	♄-♃	IV –X	sonnig
Penstémon-Hybriden	Scrophulariáceae	Bartfaden	♃	VII –IX	sonnig
Phlox drummóndii	Polemoniáceae	Einjahrsphlox, Flammenblume	⊙	VII –IX	sonnig
Sálvia spléndens	Labiátae	Salbei	♃-♄	V –IX	sonnig bis schattig; wind-empfindlich
Sanvitália procúmbens (Abb. 84, S. 109)	Compósitae	Husarenknopf	⊙	VII –X	sonnig
Sútera polyántha	Scrophulariáceae	Schneeflockenblume	♄	VI –IX	sonnig-halbschattig
Tagétes-Erecta-Hybriden	Compósitae	Sammetblume, Studentenblume	⊙	VII –IX	sonnig bis schattig; bis 120 cm
Tagétes-Patula-Hybriden	Compósitae	Sammetblume, Studentenblume	⊙	VII –X	sonnig bis schattig; kleinbuschig
Tagétes tenuifólia	Compósitae	Sammetblume, Studentenblume	⊙	VIII –X	sonnig bis schattig; bis 70 cm
Verbéna-Hybriden	Verbenáceae	Gartenverbene, Eisenkraut	⊙	VII –X	sonnig
Zinnia élegans	Compósitae	Zinnie	⊙	VIII –IX	sonnig

Tab. 14. Windende, kriechende, hängende Beet- und Balkonpflanzen

Botanischer Name	Deutscher Name	Familie	Pflanzengruppe	Blütezeit	Wuchsverhalten/Standort/Bemerkung
Antirrhinum péndula	Hängendes Löwenmaul	Scrophulariáceae	♃	VI –IX	herabhängend; sonnig
Bácopa monniéri		Scrophulariáceae	♃	V –IX	ausladend, überhängend; sonnig
Begónia-Knollenbegonien-Hybriden	Knollenbegonie	Begoniáceae	♃	V –IX	ausladend, überhängend; windempfindlich, halbschattig bis schattig
Brachýcome iberidifólia	›Blaues Gänseblümchen‹	Compósitae	⊙	VII –IX	üppig überhängend; sonnig
Campánula isophýlla	Glockenblume	Campanuláceae	♃	VII –IX	üppig überhängend; sonnig
Cobǽa scandens	Glockenrebe	Polemoniáceae	♄	VII –X	schnell kletternd, dichter Wuchs; bis 600 cm; halbschattig bis schattig; erst spät im Herbst blühend
Convólvulus cneórum	Silberwinde, Weiße Winde	Convolculáceae	♃-♄	V –X	schnellwachsend, windend; sonnig
Convólvulus sabátius	Blaue Mauritius, Blaue Winde	Convolculáceae	♃-♄	V –X	schnellwachsend, windend; sonnig
Convólvulus tricolor	Winde	Convolvuláceae	⊙	VI –IX	kriechend, windend; bis 45 cm; sonnig; reich blühend
Cuphéa ígnea	Zigarettenblümchen	Lathráceae	♃	V –IX	ausladend, überhängend; schattig bis halbschattig
Cuphéa pállida	Lila Köcherblume	Lathráceae	♃	V –IX	ausladend, überhängend; sonnig
Cucúrbita pépo	Garten-, Zierkürbis	Cucurbitáceae	⊙	VI –X	kriechend, windend; sonnig bis schattig; vielfarbige Früchte bildend
Diánthus caryophýllus	Tiroler Gebirgshängenelke	Caryophylláceae	♃	VII –IX	ausladend, überhängend; sonnig
Diánthus chinénsis	Kaiser-, Heddewigsnelke	Caryophylláceae	⊙	VII –IX	ausladend, überhängend; sonnig; Blütenduft
Dorothéanthus bellidifórmis	Mittagsblume	Aizoáceae	⊙	VII –IX	ausladend, überhängend; sonnig; Blüten nur in der Sonne geöffnet
Felícia amelloides	Kapaster	Compósitae	♃-♄	I –XII	ausladend, überhängend; sonnig; Rückschnitt fördert Blütenbildung
Fúchsia-Hybriden	Gartenfuchsie	Onagráceae	♄	V –X	ausladend, überhängend; schattig bis halbschattig; windempfindlich
Glechóma hederácea	Gundermann	Labiátae	♃	IV –VI	lang herabhängend; sonnig ausladend überhängend;
Helichrýsum petioláre	Rundblättrige, Silberblättrige Strohblume	Compósitae	♄	VIII –IX	sonnig-halbschattig

Tab. 14. (Fortsetzung)

Botanischer Name	Familie	Deutscher Name	Pflanzen-gruppe	Blütezeit	Wuchsverhalten/Standort/ Bemerkung
Ipomóea violácea	Convolvuláceae	Prunkwinde	4 (⊙)	VII–X	kletternd, bis 300 cm, sonnig; erblüht blau, verblüht violett mit weißem Schlund
Lámium maculátum	Labiátae	Taubnessel	4	VI –VIII	überhängend; sonnig
Láthyrus odorátus	Leguminósae	Wohlriechende Wicke	⊙	VI –IX	kletternd; sonnig; Duft
Lobélia erínus	Campanuláceae	Männertreu	⊙–4	V –VIII	ausladend, überhängend; sonnig bis schattig; Rückschnitt fördert Blütenbildung
Lobulária marítima	Crucíferae	Duftsteinrich	⊙	VI –IX	ausladend, überhängend; schattig bis halbschattig; dichter Blütenteppich
Lótus bertheloíi	Leguminósae	Hornklee	4	III –IX	ausladend, überhängend; sonnig
Lysimáchia congestiflóra	Primuláceae	Asiatischer Felberich	4	V –IX	überhängend; sonnig-halbschattig
Pelargónium-Peltatum-Hybriden	Geraniáceae	Efeupelargonie	♄	VI –X	ausladend, überhängend; sonnig
Petínia-Hybriden	Solanáceae	Gartenpetunie	⊙	V –IX	ausladend, überhängend; sonnig; windempfindlich
Petúnia 'Surfínia'	Solanáceae	Surfinia	⊙	V –IX	lang überhängend; sonnig
Phaséolus coccíneus	Leguminósae	Feuer-, Prunkbohne	⊙	VI –IX	schnell windend, gegen den Uhrzeigersinn, bis 400 cm; sonnig; Früchte essbar
Plectránthus fruticósus	Labiátae	Mottenkönig, ›Weihrauch‹	♄	II –V	ausladend, lang überhängend; sonnig bis schattig; stark nach Weihrauch duftend
Portuláca grandiflóra	Portulacáceae	Portulak-Röschen	⊙	VI –VIII	ausladend, überhängend; sonnig
Salpiglóssis sinuáta (Abb. 83)	Solanáceae	Trompetenzunge	⊙	VI –VIII	überhängend; sonnig
Sálvia officinális	Labiátae	Gartensalbei	♄	VI –VII	überhängend; sonnig
Sanvitália procúmbens	Compósitae	Husarenknopf	⊙	VII–X	ausladend, überhängend; sonnig
Scaévola salígna	Goodeniáceae	Blaue Fächerblume	4–♄	V –IX	ausladend überhängend; sonnig
Thunbérgia aláta	Acantháceae	Schwarzäugige Susanne	(4), ⊙	V –X	schnell kletternd; Blüten sehr kurzlebig; blühend; Blüten sehr kurzlebig
Tropaéolum május	Tropaeoláceae	Kapuzinerkresse	(4), ⊙	VII–X	kriechend, windend, üppig überhängend; sonnig
Tropaéolum peregrínum	Tropaeoláceae	Kapuzinerkresse	⊙	VII–X	kriechend, windend; Blüten kleiner, gelb, gefranst; Blätter kleiner, werden nicht so schnell gelb wie bei Tropaéolum május
Verbéna-Hybriden-Tapien®	Verbenáceae	Hängendes Eisenkraut	⊙	VII–X	ausladend überhängend; sonnig

Tab. 15. Herbstbepflanzung – die letzte Bepflanzung

Botanischer Name	Familie	Deutscher Name	Pflanzengruppe	Blütezeit	Bemerkung
Áster nóvi-bélgii	Compósitae	Glattblattaster	♃	IX –X	gedrungener, horstartiger Wuchs; reichblühend vielfarbig
Brássica olerácea	Crucíferae	Zierkohl, Wildkohl	⊙	V –IX	meist kein geschlossener Kopf; stark gewellte bis gekräuselte Blattränder; meist zweifarbig
Callúna vulgáris	Ericáceae	Besenheide	♄	VI –X	Blüten rosa bis lila in dichten, langen Trauben
Calocephalus brównii	Compósitae	›Stacheldraht‹	♄	IX –I	gelblichgraue, unbeblätterte Triebe, an ein Drahtgespinst erinnernd; kleine gelbe Blüten; Pflanze mumifiziert, wenn sie abgestorben ist
Chrysánthemum-Indicum-Hybriden	Compósitae	Gärtner-Chrysantheme	♃	IX –XII	einfach und gefüllt blühend; alle Farben vertreten außer Blau
Erica grácilis	Ericáceae	Glockenheide	♄	IX –XII	Blüten in rosa Glöckchen
Erica herbácea	Ericáceae	Schneeheide	♄	XII –IV	meist verbreitete Art; niederliegender Wuchs
Festúca cinérea	Gramíneae	Blauschwingel	♃	V –VI	15 bis 20 cm hohe, geschlossene Polster; Blätter schmal, blaugrün
Festúca scopária	Gramíneae	Bärenfellschwingel	♃	V –VI	10 cm hohe, hellgrüne Polster; wintergrün
Hébe-Andersonii-Hybriden	Scrophulariáceae	Strauchveronika	♄	VIII–X	immergrüne, ledrige Blätter; Blütenfarbe violett, blau, dunkelrot, weiß
Sédum spectábile	Crassuláceae	Fetthenne	♃	VIII–IX	dickfleischige, bereifte Blätter; Blüten rosarot, in großen, flachen Trugdolden
Senécio bícolor	Compósitae	›Silbereiche‹, Kreuzkraut	♄	VII –X	Blätter grauweiß, filzig
Vínca mínor	Apocynáceae	Kleinblättriges Immergrün	♄	IV –V	Blätter grauweiß, filzig; Blätter wintergrün
Víola-Wittrockiana-Hybriden	Violáceae	Gartenstiefmütterchen	⊙	III –XI	ein- und mehrfarbige Sorten; Winterblühende!

falt in den Geschäften angeboten. Den ungeduldigen, voreiligen Pflanzenliebhabern sollte beim Kauf der Hinweis auf Frostnächte mit auf den Weg gegeben werden. Das Abdecken mit Tüchern oder Folien kann als bewährte Vorsichtsmaßnahme empfohlen werden.

Saisonpflanzen

Oftmals werden Balkon- und Terrassenkübel nur einmal im Jahr bepflanzt, nämlich für die Sommermonate. Im Spätherbst trennt man sich von den Pflanzen, es sei denn, man möchte einige ausdauernde Arten wie Pelargonien, Fuchsien oder Lantanen überwintern. Oftmals fehlt es jedoch am geeigneten Platz und das Ergebnis befriedigt auch nicht immer, sodass eine Überwinterung vergleichsweise selten stattfindet.

Mit jahreszeitlich liebevoll zusammengestellten Pflanzbeispielen in ansprechenden Gefäßen gelingt es, so manchen Pflanzenliebhaber für zusätzliche Bepflanzungen zu begeistern. Blumen haben keine Saison, denn sie erfreuen zu jeder Zeit!

Richtiges Pflanzen im richtigen Gefäß

So wie jede Topfpflanze einen ihrer Größe angemessenen Topf zum Gedeihen benötigt, verlangen auch unsere Kübel- und Balkonpflanzen danach. Meistens sind es Jungpflanzen, also Pflanzen, die sich erst im Laufe des Sommers voll entwickeln, die angeboten werden. Dieser Zuwachs soll unbedingt berücksichtigt werden, was auch gleichzeitig den richtigen Pflanzenabstand mit anspricht. Etwa 15 bis 20 cm sollte dieser zur Nachbarpflanze betragen. Ebenso sollte auch die Kastenbreite ausfallen. Empfehlenswert ist es, Pflanzen nicht tiefer auszupflanzen, als sie vorher im Topf herangewachsen waren. Im Kastenboden sollen sich Abflusslöcher befinden, auf die jeweils eine Topfscherbe gelegt wird. Diese verhindert ein Verstopfen, damit keine Staunässe bei zu starkem Gießen oder Regen auftritt, welche die Wurzeln abfaulen lässt.

Gutes Pflanzsubstrat zeichnet sich durch durchlässige, nährstoffreiche Qualität aus und sollte jedes Jahr ausgewechselt werden. Alte Erden sind ausgezehrt durchwurzelt und daher unbrauchbar. Wenn die Erdoberfläche nach dem Andrücken

zwei bis drei cm unterhalb des Kastenrandes liegt, entsteht ein ordentlicher Gießrand. Nach vier bis sechs Wochen, wenn sich die Pflanzen eingewurzelt haben, empfiehlt sich regelmäßige wöchentliche Düngung. Das Einbringen von Depot- oder Langzeitdüngern beim Pflanzen sorgt für eine langanhaltende Nährstoffzufuhr, die frühstens nach 8 Wochen ergänzt werden könnte.

Aus welchem Material der Balkon- oder Fensterkasten besteht, ist für das Gedeihen der Pflanze unwesentlich. Zur leichten und sicheren Anbringung sollte er möglichst handlich und nicht zu schwer sein. Kastenlängen über 100 cm sind nicht empfehlenswert. Ideale Maße haben solche von 60 bis 80 cm Länge und 15 cm Höhe.

Holz, Ton (Terrakotta), Kunststoff oder Eternit sind die am häufigsten angebotenen Materialien. Terrakotta- und Holzkästen sind jedoch sehr schwer, wobei Holz vergleichsweise rasch verwittert. Am gängigsten und leichtesten sind die dauerhaften Kunststoffkästen, die in verschiedenen Farben und Ausführungen angeboten werden. Ideal sind sie auch als »Kasten im Kasten«, also als versenkbare Gefäße, die in Schmuckkästen (z. B. Holz) gestellt werden. Der Balkon- oder Fensterkasten hat in erster Linie tragende Funktionen und nur in wenigen Ausnahmen Schmuckwert. In einem solchen Fall jedoch muss die Pflanzung auf das Gefäße abgestimmt werden, damit es nicht an Wirkung verliert.

Wir freuen uns, wenn Pflanzenwuchs und Blütenflor möglichst üppig ausfallen.

Die richtige Pflanzenauswahl

Nach dem Winter können viele Pflanzenliebhaber kaum das Frühjahr erwarten und möchten sich mit einer ersten Bepflanzung das Erwachen in der Natur nahe bringen. Auch sind sie es meistens, die nach einer üppigen Sommerbepflanzung noch eine Herbstbepflanzung vornehmen. Für jede Jahreszeit hält der Gärtner und Florist ein reichhaltiges Angebot bereit. Kleine Hinweise zur Pflanzenzusammenstellung und zu den jeweiligen Ansprüchen werden von jedem Kunden gern entgegengenommen und umgesetzt.

Meist sind es einjährige Beet- und Balkonpflanzen, die das reichhaltige Angebot darstellen. Sie entfalten ihre volle Schönheit in einer Periode. Im Frühjahr unter Glas vorgetrieben, haben sie die richtige Größe, um in Balkonkästen, auf Beeten oder Rabatten sowie Grabstätten ausgepflanzt zu werden und sich dort schnell weiterzuentwickeln. Einteilungen nach unterschiedlichen Gesichtspunkten verdeutlichen, wie umfangreich das Angebot ist und wie viele Kombinationsmöglichkeiten zu Harmonien führen können.

!!!Merksätze

- Beet- und Balkonpflanzen werden nach ihren Ansprüchen und ihrer Eignung unterschieden.
- Kombinationen von stehenden und hängenden Pflanzen in farblichem Kontrast sind besonders wirksam.

???Aufgaben

1. Stellen Sie jeweils eine Balkonkastenbepflanzung für sonnige Lagen in den Farben Rot, Blau und Gelb zusammen.
2. Welche Grabbepflanzung für den Halbschatten können Sie einem Kunden empfehlen?
3. Fassen Sie zehn höher wachsende Beet- und Balkonpflanzen in einer Liste zusammen (Benennung, Pflanzengruppe, Blütezeit, Standort, Besonderheiten).
4. Beurteilen Sie fünf dieser ausgewählten Pflanzen auf ihre Haltbarkeit als Schnittblume hin.
   - Zu welchem Ergebnis gelangen Sie?
   - Welche Verarbeitungsmöglichkeiten kommen in Betracht?

21 Kübelpflanzen

Aus Aufzeichnungen ist bekannt, dass die ersten Kübelpflanzen in Deutschland schon im 17. Jahrhundert bewundert werden konnten. Diese sorgfältig gehegten Exemplare befanden sich zu der Zeit hauptsächlich im Besitz von Schlossherren und adligen Gutsbesitzern. Um deren Pflege und Anzucht kümmerten sich eigens »Herrschaftsgärtner«, die sich mit viel Liebe der Kultur dieser Pflanzen widmeten. Sie wurden in Gewächshäusern und Orangerien gezogen und frostfrei überwintert.

Die Bezeichnung »Orangerie« bürgerte sich ein, da die ersten Überwinterungshäuser eigens für Orangen- und Zitronenbäume errichtet wurden. Es sind Häuser mit nur einer, nach Süden ausgerichteten Belichtungsseite. Die Pflanzen werden entlang der gemauerten Hauswand aufgestellt; das Sonnenlicht fällt durch die großen Fenster, wobei es das Gebäude im Winter erhellt und erwärmt. Wichtig ist, dass die Fenster sich zum Lüften öffnen lassen.

In der Renaissance- und Barockzeit erreichte die Gartenkunst einen ihrer Höhepunkte. Ornamental gestaltete Gärten umgaben Fürsten- und Königsschlösser. Die Parkanlagen wurden von Gartenkünstlern mit unzähligen Kübelpflanzen bereichert, die eine subtropische Atmosphäre vermitteln sollten. Orangen und Zitronen, Feigen, Granatäpfel, Ölbäume, Myrten, Lorbeerbäume sowie Palmen gehörten zu den dekorativen, kostbaren Gewächsen. Die Sammelleidenschaft und das Präsentieren dieser exotischen Besonderheiten führte zum Bau großer Orangerien.

Bedeutende Sammlungen, oftmals sogar mehrere hundert Jahre alte Kübelpflanzen, finden sich noch heute in den Gärten von Herrenhausen (Hannover), Nymphenburg (München), Pillnitz bei Dresden, Sanssouci (Potsdam), Schwetzingen und Versailles (bei Paris).

Diese Schlossgärten gehören jetzt zu öffentlichen Park- und Grünanlagen, die sich jedoch meistens etwas außerhalb des Stadtzentrums befinden. Heutzutage bemüht man sich aber auch mehr denn je darum, die Städte selbst zu begrünen. Nicht nur mit Hilfe dauerhafter Baumbepflanzungen möchte man ein Gegengewicht zum Steinernen unserer Städte schaffen, sondern auch durch das Aufstellen großer Pflanzkübel. Diese sind mei-

Tab. 16. Grünende Kübelpflanzen mit zurückhaltendem Blütenschmuck

Botanischer Name	Familie	Deutscher Name	Standortansprüche	Bemerkung
Agáve americána	Agaváceae	›Hundertjährige Aloe‹ Amerikanische Agave	vollsonnig	⌾; Blätter enden in einem kräftigen Stachel
Agáve attenuáta	Agaváceae	Drachenbaumagave	sonnig, vor Regen geschützt	⌾; Sukkulente, Stammbildung, auf dem die Rosette wächst
Aloë véra	Liliáceae	Echte Aloe	sonnig	♭; ⌾; Sperrig abstehende, fleischige Blätter mit hornigen Zähnen, traubiger Blütenstand
Aucúba japónica	Cornáceae	Aukube	schattig	♮; ⌾; besonders unempfindlich gegen Abgase
Chamǽrops húmilis	Pálmae	Zwergpalme	sonnig	♯; ⌾; Vermehrung durch Kindel
Cordyline austrális	Agaváceae	Keulenlilie	hell, sonnig	♯; ⌾; ausladender, dichter Blattschopf aus schwertförmigen harten Blättern
Corókia cotoneáster	Saxifragáceae	Zickzackstrauch	hell-halbschattig	♭; ⌾; Triebe ändern nach jedem Knoten die Richtung
Cýcas revolúta	Cycadáceae	Sagopalme	hell-halbschattig	♭; ⌾; am Stammende Krone von großen, harten einfach gefiederten, farnähnlichen Blättern
Dracǽna dráco	Agaváceae	Drachenbaum	hell, keine direkte Sonne	♭; ⌾-☾; empfindliche Reaktion auf Blattglanzmittel!
Enséte ventricósum	Musáceae	Zierbanane	hell, sonnig	♮; ⌾; Stamm an der Basis stark verdickt, konisch geformt, Blätter bis zu 6 m lang und 1 m breit
Eucalýptus gúnnii	Myrtáceae	Eukalyptus	sonnig	♭; ⌾; blaugrüne, stiellose, kreisrunde Jugendblätter; hängende, lanzettlich zugespitzte Altersblätter
Ficus cárica	Moráceae	Echter Feigenbaum	hell, keine direkte Sonne	♭; ⌾; wohlschmeckende Früchte
Hébe travérsii	Scrophulariáceae	Strauchveronika	hell, sonnig	♭; ⌾; regelmäßig stutzen
Hóweia forsteriána	Pálmae	Kentia-Palme	halbschattig	♯; ⌾-☾; Ballen nie austrocknen lassen
Láurus nóbilis	Lauráceae	Lorbeerbaum	hell, sonnig	♭; ⌾; älteste Kübelpflanze; auch als Hochstamm
Lavándula angustifólia	Labiátae	Echter Lavendel	vollsonnig	♭; Duft; Ernte der Blüten nur bei Sonne, da sonst Duft- und Aromaverlust
Myrtus commúnis	Myrtáceae	Brautmyrte	hell, sonnig	♭; ⌾; Duft; Ballen nie austrocknen lassen; auch als Hochstamm
Ólea europǽa	Oleáceae	Ölbaum	vollsonnig	♭; ⌾; eine der ältesten Kulturpflanzen äußerst anspruchslos

Tab. 16. (Fortsetzung)

Botanischer Name	Familie	Deutscher Name	Standortansprüche	Bemerkung
Phoénix canariénsis	Pálmae	Kanarische Dattelpalme	sonnig	♄; ⊡; Umtopfen erst bei völliger Topfdurchwurzelung
Phórmium ténax	Liliáceae	Neuseeländer Flachs	hell, keine direkte Sonne	♃; ⊡; Vermehrung durch Teilung
Phyllóstachys áurea	Gramíneae	Bambus-Gattung	sonnig	♄; ∧; äußerst pflegeleicht in der Sonne gelbliche Blattfärbung
Pistácia lentíscus	Anacardiáceae	Pistazie, Mastrixstrauch	sonnig	♄; ⊡; äußerst robust, fast nie auftretende Krankheiten oder Schädlingsbefall
Pittósporum tenuifólium	Pittosporáceae	Klebsame	hell-sonnig	♄-♄; ⊡; ledrige, dunkelgrüne Belaubung mit stark duftenden weißlichen Blüten; weit verbreitete Heckenpflanze im Mittelmeerraum
Pittósporum tobíra	Pittosporáceae	Klebsame	sonnig	♄; ⊡; dunkelgrüne ledrige Blätter, süßduftende cremefarbige Blüten in endständigen Doldenrispen
Prúnus laurocérasus	Rosáceae	Kirschlorbeer	hell, halbschattig	♄; ✗; Pflanze ist in allen Teilen giftig!
Rhápis húmilis	Pálmae	Niedrige Steckenpalme Rutenpalme	halbschattig	⊡; dicht zusammenneigende, schmale, elegant nach hinten gebogene Fächerstrahlen
Rícinus commúnis	Euphorbiáceae	Wunderbaum, Palma Christi	hell, sonnig	♄-♄; ⊡-⊛; Früchte sehr giftig!
Rosmarínus officinális	Labiátae	Rosmarin	vollsonnig	△-⊡; Duft; Blattränder sind nach unten eingerollt
Trachycárpus fortúnei	Pálmae	Chinesische Hanfpalme	sonnig-halbschattig	♄; ⊡; sehr robust, verträgt sogar leichte Fröste; kann pro Jahr bis zu 6 Blätter entwickeln
Washingtónia filifera	Pálmae	Fächerpalme	hell, sonnig	♄; ⊡; junge Blätter auf ganzer Stiellänge bestachelt, herabhängende Fäden an jungen Fächerblättern

Tab. 17. Blühende Kübelpflanzen

Botanischer Name	Familie	Deutscher Name	Standortansprüche	Blütezeit	Bemerkung
Abutilon-Hybriden	Malváceae	Samt-, Schönmalve	hell, sonnig	I –XII	♄; ⊡; jährlicher Rückschnitt bis in verholzte Triebe erforderlich
Acácia dealbáta	Leguminósae	Mimose, Silberakazie	vollsonnig	I –IV	♄; ⊡; gelbe, duftende Blüten in Kugelköpfchen zu großen Rispen vereint
Agapánthus africánus	Liliáceae	Liebesblume, Schmucklilie	vollsonnig	VII –VIII	♃; ⊡; Blütenschaft bis 120 cm hoch
Albízia lophántha	Leguminósae	Seidenbaum	halbschattig	III –IV	♄; ⊡; ähnlich der Akazie; gelbe Blüten in flaschenbürstenartigen Rispen
Angiozánthos-Hybriden	Haemodoráceae	Kängurublume	vollsonnig	V –VI	♃; ⊡; Blütenschaft mit samtigem Flaum; Blüte wie Kängurupfote
Anisodóntea capénsis (Abb. 85, S. 153)	Malváceae	Scheinmalve, Fleißiges Lieschen	halbsonnig	VI –IX	♄; ⊡; kleine rosa-rote, innen dunkler gefärbte Blüten; ausdauernd blühend
Argyránthemum frutéscens	Compósitae	Strauchmargerite	hell, sonnig	I –XII	♄; ⊡; Entfernen der verblühten Blüten fördert Knospenbildung; auch als Hochstamm
Bougainvíllea spectábilis	Nyctaginaceae	Bougainvillie, Drillingsblume	vollsonnig	IV –VI	♄; ⊛; Blütenbildung nur in praller Sonne
Brugmánsia suavéolens	Solanáceae	Engelstrompete	vollsonnig	VII –X	♄; ⊡; ✗; Blüten 20–30 cm lang, stark duftend
Callistémon citrínus	Myrtáceae	Zylinder-, Flaschenputzer, Schönfaden	sonnig	VI –VII	♄; ⊡; Blüten wie walzenförmige Ähren; Blätter duften beim Zerreiben nach Zitronen durch Öl- oder Harzdrüsen
Callistémon lanceolátus	Myrtáceae	Zylinder- oder Flaschenputzer	vollsonnig	VI –VII	♄; ⊡; Rückschnitt nach der Blüte
Caméllia japónica	Theáceae	Kamelie	halbschattig-schattig	I –IV	♄–♃; ⊡; bei praller Sonne → Blattverbrennungen; Blütenabwurf bei Lichtmangel u. zuviel Wärme
Cássia didymobótrya (Abb. 86)	Leguminósae	Kassie, Gewürzrinde	hell, sonnig	VII –X	♄; ⊡; bis 300 cm Höhe, reichblühend in gelben Doldentrauben und schwärzlichen Knospen
Céstrum élegans (Abb. 87)	Solanáceae	Hammerstrauch	vollsonnig-halbschattig	IV –IX	♄; ⊡; purpurrote, röhrenförmige hängende Blüten in dichten langen Rispen an Treibenden
Cýtisus canariénsis	Leguminósae	Geißklee	hell, sonnig	IV –VI	♄; ⊛; leuchtend, goldgelbe Blüten in langen Trauben; früh blühend
Erica arbórea	Ericáceae	Baumheide	sonnig	V –VI	♄; ⋀; grauweiße Blüten in wohlriechend pyramidenförmigen Rispen

Tab. 17. (Fortsetzung)

Botanischer Name	Familie	Deutscher Name	Standortansprüche	Blütezeit	Bemerkung
Erýthrina crísta-gálli (Abb. 88)	Leguminósae	Korallenstrauch	vollsonnig	VII –IX	♄; Pflanzen dürfen nicht gestutzt werden, da Blütentrauben stets am Stengel stehen
Éuryops athánasiae	Compósitae	Gelbes Margeritenbäumchen	vollsonnig	III –V	♄; (K); Entfernen der verblühten Blüten fördert neue Knospenbildung; auch als Hochstamm
Fremontodéndron califórnicum	Sterculiáceae	Flanellstrauch	sonnig	V –VI	♄; (K); schalenförmige, gelb gefärbte Kelchblätter außergewöhnlicher Größe
Fúchsia-Hybriden	Ornagráceae	Fuchsien	halbschattig	V –X	♄; auch als Hochstamm
Grevíllea bánksii	Proteáceae	Rotblühende Silbereiche	hell, sonnig	VI –VIII	♄–♄; (K); harte, tief fiederspaltige Blätter, leuchtendrote Blüten, endständig aufrecht wachsend
Heliánthus ánnuus	Compósitae	Sonnenblume	hell, sonnig	VII –X	⊙; durch Höhe und Gewicht sehr windempfindlich
Heliotrópium arboréscens	Boragináceae	Vanillestrauch, Heliotrop	hell, sonnig	V –IX	♄; (K); auch als Hochstamm; Duft!
Hibíscus rósa-sinénsis	Malváceae	Chinesischer Roseneibisch	hell, sonnig	III –X	♄; (W); auch als Hochstamm; Knospenabwurf durch wechselnde Umweltbedingungen
Lantána-Camara-Hybriden	Verbenáceae	Wandelröschen	hell, sonnig	VI –IX	♄; (K); auch als Hochstamm
Leonótis leonúrus	Labiátae	Löwenohr	hell	IX –XI	♄; (K); orangefarbige, langröhrige, wollige Lippenblüten in vielen übereinanderstehenden Quirlen in oberen Blattachseln; windempfindlich
Leptospérmum scopárium	Myrtáceae	Teebaum	hell, sonnig	V –VI	♄–♄; (K); ✂; Blattabwurf bei zu viel Nässe!
Mandevílla láxa	Apogynáceae	Chilenischer Jasmin, Duftende Mandevilla	vollsonnig	VI –VIII	♄; (K)–(W); einfach blühend rosa oder weiß; harte kleine Blätter enthalten ätherische Öle
Melaléuca hypericifólia	Myrtáceae	Myrtenheide	hell-halbschattig	VI –VIII	♄; (K); Ähnlichkeit mit *Callistemon*; heideähnliche Belaubung
Nérium oleánder	Apocynáceae	Oleander	hell, sonnig	VI –IX	♄; (K); ☠ alle Pflanzenteile sind hochgiftig!
Nicotiána aláta	Solanáceae	Tabak	hell, sonnig	VII –IX	⊙–♃; bis 150 cm Höhe, Blüten nachts geöffnet, stark duftend
Passiflóra caerulea	Passifloráceae	Passionsblume	sonnig	VI –IX	♄; (K); Sonnenintensität beeinflusst Farbe und Reichblütigkeit positiv
Pelargónium-Zonale-Hybriden	Geraniáceae	Geranie, Pelargonie	hell, sonnig	IV –X	♄–♄; (K); sehr stark wüchsig; auch als Hochstamm

Tab. 17. (Fortsetzung)

Botanischer Name	Familie	Deutscher Name	Standort-ansprüche	Blütezeit	Bemerkung
Plumbágo auriculáta	Plumbagináceae	Bleiwurz	hell, sonnig	VI –IX	♄; ⌂; zahlreiche hellblaue Blüten stets an jungen Trieben; auch als Hochstamm
Púnica granátum	Punicáceae	Granatapfelbaum	hell, sonnig	VII –VIII	♄–♄; ⌂; feurigrote Blüten, eher selten fruchtend
Solánum rantonnétii	Solanáceae	Blauer Kartoffelstrauch	vollsonnig	VII –X	♄; ⌂; blauviolette Dauerblüte
Sparmánnia africána	Tiliáceae	Zimmerlinde	hell, sonnig	I –III	♄; ⌂; Blätter beidseitig weich behaart
Strelízia reginae	Musáceae	Paradiesvogelblume	vollsonnig	II –VIII	♄; ⌂; Entfernen älterer Blätter!
Sutherlándia frutéscens	Leguminósae	Ballonerbse, Blasenstrauch	sonnig	VII –IX	♄; ⌂; pergamenthäutige, eiförmig aufgeblasene Früchte, leuchtend gelbe oder rote Blüten
Tibouchína urvilleána (Abb. 90)	Melastomatáceae	Prinzessinnenblume	sonnig	VIII –V	♄; ⌂; behaarte Blätter mit 5 starken, bogenförmig zur Spitze verlaufende Längsrippen; blaue Blüten
Vibúrnum tínus	Caprifoliáceae	Lorbeerschneeball, Laurustinus	sonnig-halbschattig	V –VIII	♄; ⌂; weißliche, duftende Blüten, bläulich-metallisch erscheinende Früchte
Yúcca gloriósa	Agaváceae	Palmlilie	vollsonnig	VII –IX	⌂; Stammhöhe bis 200 cm

Tab. 18. Fruchtende Kübelpflanzen

Botanischer Name	Familie	Deutscher Name	Standortansprüche	Bemerkung
Asclépias fruticósa	Asclepiadáceae	Seidenpflanze, Milchbusch, Blasenfrucht	vollsonnig	♄; ⌾; Fruchtstände kleinen aufgeblasenen grünen Ballons ähnelnd
Citrus auróntium	Rutáceae	Pomeranze, Bittere Orange	hell, sonnig	♄; ⌾; Äste tragen lange, stumpfe, biegsame Dornen; Früchte für Orangenmarmelade
Citrus límon	Rutáceae	Zitrone, Limone	hell, sonnig	♄; ⌾; auch als Hochstamm; Blüten in der Knospe rötlich überlaufen; Früchte eiförmig oder länglich, 7 bis 12 cm lang
Citrus sinénsis	Rutáceae	Apfelsine, Orange	hell, sonnig	♄; ⌾; Blüten in Büscheln zu 1 bis 6, stark duftend; auch als Hochstamm
Ficus cárica	Moráceae	Echter Feigenbaum	hell, keine direkte Sonne	♃; ⌾; Früchte wohlschmeckend
Fortunélla margaríta	Rutáceae	Kumquat, Swingle, Goldorange	hell, sonnig	♄; ⌾; reichtragende, eiförmig bis ellipsoide Früchte
Pérsea americána	Lauráceae	Avocado	hell	♄; ⓦ–⌾; einfache Vermehrung durch Samen
Púnica granátum (Abb. 89)	Punicáceae	Granatapfelbaum	hell, sonnig	♄–ℏ; ⌾; meist sehr reich blühend, doch sehr selten fruchtend
Ricinus commúnis	Euphorbiáceae	Wunderbaum, Palma Christi	hell, sonnig	♄–ℏ; ⓦ–⌾; Samen sind sehr giftig! Sollten, wo Kinder sind, entfernt werden
Zéa máys	Gramíneae	Mais	hell, sonnig	☉; Hüllblätter und Kolben violett gestreift; auch buntlaubige Sorten

stens der Jahreszeit entsprechend bepflanzt. Vielfach kommen aber auch große dekorative Solitärpflanzungen zum Einsatz.

Dieses so genannte »mobile Grün« hat den Vorteil, dass es sich ganz nach Belieben auf- und umstellen lässt und vor dem Frost wieder entfernt und zur Uberwinterung in Gärtnereien untergebracht werden kann.

»Mobiles Grün« Zuhause

Die Vorteile der Kübelpflanzen werden auch im privaten Bereich genutzt. Es ist nicht nur eine Modeerscheinung, sich wenige große Einzelpflanzen zu halten, sondern entspricht auch praktischen Bedürfnissen. Kübelpflanzen können eine Ergänzung zur Terrassenbepflanzung sein, den Garten bereichern oder auf dem Balkon bzw. Dachgarten als dekorativer Akzent erscheinen. Sie können zum einen ergänzen, zum anderen sich auch als wirkungsvolle Einzelpflanzen präsentieren. Kübelpflanzen lassen sich beliebig stellen und verrücken. Aber auch sie haben bestimmte Standortansprüche, die man nicht außer Acht lassen darf. Bis auf Fuchsien sind sie fast alle sonnenhungrig und müssen während der Sommermonate reichlich gegossen und gedüngt werden. Ballentrockenheit kann durch das Freistehen und die somit allseitige Sonnenbestrahlung des Kübels schnell auftreten! Ist die Pflanze im Garten aufgestellt, könnte ein schlichter Kübel sogar bis zur Hälfte im Erdreich versenkt werden, was auch die Standfestigkeit verbessert. Ein sicherer Stand ist besonders für höhere Pflanzen und Hochstämme unbedingt erforderlich. Hat der Herbst begonnen, muss man an das Überwintern denken.

Wichtig ist, dass die Pflanzen einen hellen und kühlen Ort um die 10 °C während der Wintermonate erhalten. Oftmals ist das Treppenhaus dafür ein geeigneter Platz, aber auch ein verglaster Balkon oder Wintergarten, sowie ein heller Keller können diesen Zweck erfüllen. All diese wichtigen Tipps sowie Hinweise auf Rück und Formschnitte (zum Beispiel bei Lorbeerbäumen) sollte der Florist den Käufern und Liebhabern dieser Pflanzengruppe mit auf den Weg geben können, damit ein guter Vegetationsrhythmus gewährleistet ist.

Kübelpflanzen – das besondere Pflanzenangebot

Das Angebot solcher Pflanzen richtet sich in den meisten Fällen nach den räumlichen Gegebenheiten des Geschäftes. In den Sommermonaten ist oftmals eine Präsentation dieser Besonderheiten vor dem Ladenbereich möglich, was als Blickfang auch Passanten zum Stehenbleiben veranlasst. Schließt sich ein Verkaufsgewächshaus an, bietet sich erst recht die Möglichkeit einer großzügigen Ausstellung.

Meist befinden sich die Pflanzen in schwarzen Plastikcontainern, in denen sie in den Gärtnereien herangezogen wurden. Diese dienen eigentlich nur als vorübergehendes Gefäß. Der Florist sollte deshalb eine Auswahl an großen Tonkübeln, schmuckvollen Terrakottatöpfen oder Holzkübeln bereithalten. Ab 60 cm Durchmesser sind Holzkübel empfehlenswert, da sie zum einen nicht so schwer sind und zum anderen durch die beidseitig angebrachten Metallhenkel leichter transportiert werden können. In den Tabellen 16, 17 und 18 sind die bekanntesten und beliebtesten Kübelpflanzen aufgeführt.

Rechts: Abb. 85.
Anisodóntea capénsis (Scheinmalve). Tab. 17

Abb. 86.
Cássia didymotótrya (Kerzenstrauch). Tab. 17

Abb. 88.
Erythrina crísta-gálli (Korallenstrauch). Tab. 17

Abb. 87.
Céstrum élegans (Hammerstrauch). Tab. 17

Abb. 89.
Púnica granátum (Granatapfelbaum). Tab. 18

Abb. 90. Tibouchína urvilleána (Prinzessinnenblume). Tab. 17

!!! Merksätze

- Kübelpflanzen sind meistens ausdauernde aber auch schnellwüchsige einjährige Solitärpflanzen in großen transportablen Gefäßen.
- Infolge allseitiger Sonnenbestrahlung des Kübels sind diese Pflanzen in besonderem Maße von Ballentrockenheit betroffen. Regelmäßiges Gießen ist deshalb besonders wichtig, wobei der Einsatz eines Bewässerungssystems von Nutzen sein kann.
- Zur Uberwinterung benötigen sie einen hellen, frostfreien, jedoch kühlen Ort.
- Kübelpflanzen werden je nach Eignung auch als Hochstämme gezogen, um Blütenpracht in Augenhöhe und Duft in Nasenhöhe genießen zu können!

??? Aufgaben

1. Kübelpflanzen werden auch als »mobiles Grün« bezeichnet. Erläutern Sie diesen Begriff.
2. Viele Kübelpflanzen werden durch Stecklinge vermehrt (Fuchsien, Brugmansien, Myrte, Pelargonien u. a.). Lassen Sie sich von einem Kollegen die Stecklingsvermehrung zeigen und ziehen Sie selbst einige Stecklinge heran.
3. Der Erde von Kübelpflanzen können zur besseren Wasserversorgung der Pflanzen wasserhaltende Mittel beigemischt werden. Experimentieren Sie mit a) Torf b) Hygromull c)Grodan um festzustellen, wie viel Wasser diese Stoffe aufnehmen können und wie schnell sie wieder austrocknen.

22 Küchen- und Gewürzkräuter

Erst das Gewürz verleiht den Speisen den richtigen Geschmack. Dazu gehören längst nicht mehr nur Salz und Pfeffer, sondern eine Vielzahl inzwischen allgemein bekannt gewordener Kräuter. Meistens frisch verwendet, verfeinern und bereichern sie mit ihrem Aroma und ihrer Farbe unsere Gerichte und wirken dabei zusätzlich appetitanregend.

Die Küchen- und Gewürzkräuter enthalten viele Wirkstoffe, wie zum Beispiel ätherische Öle, Bitterstoffe, Vitamine, Mineral- und Farbstoffe, dazu Eiweiß und Fette, um nur einige zu nennen. Dass diese Bestandteile nicht nur zur Bekömmlichkeit der Speisen beitragen, sondern vielfach außerdem auch heilende Wirkung besitzen, war schon den Ägyptern bekannt und wurde bereits im Alten Testament erwähnt. Die Verbreitung vieler Arten diesseits der Alpen verdanken wir den Römern, die viele Kräuter und Gewürzpflanzen in ihren eroberten Gebieten einführten. Aber auch die Mönche trugen dazu bei. Aus ihren Klöstern im Mittelmeerraum gelangten die Pflanzen in heimische Klostergärten. Von dort aus verbreiteten sie sich über ganz Mitteleuropa. Unsere heutige Ernährungsweise wird vielfach bewusst kalorienarm und vitaminreich gestaltet. Salate und Rohkost haben daher in den letzten Jahren ihren festen Platz auf dem Speisezettel eingenommen. Frische Kräuter bereichern und runden diesen nicht nur ab, sondern sind auch aromatischer als getrocknete. In manchen Fällen, wie zum Beispiel beim Porree, dem Sellerie oder der Zwiebel, können diese nicht nur Gewürz, sondern gleichzeitig auch Gemüse sein. Den Ruf »Zurück zur Natur, zum gesunden Leben« sollte auch der Florist nicht überhören und seinen Kunden eine gut sortierte Kräuterecke präsentieren. Junge Pflanzen werden in kleinen Töpfen angeboten, eventuell mit kurzem Hinweis auf ihre Verwendung und die notwendigen Pflegemaßnahmen. Entweder lässt man diese dann im Topf weiter heranwachsen und setzt sie erst später um, oder man pflanzt sie gleich in einen Balkonkasten bzw. im Freiland aus. Mit Folie ausgeschlagene Holzkisten oder Körbe sind bestens geeignet, um würzige Arrangments unseren Kunden zu präsentieren. Unterschiedliches Aussehen, Wuchsverhalten und lebhafte Strukturen verleiten zum überlegten Zusammenpflanzen und schenkt all unseren Sinnen reichen Genuss. Oberstes Gebot ist, dass die Kräuter nicht mit giftigen Pflanzenschutzmittel behandelt werden, da sie zum ständigen Verzehr bestimmt sind. Die meisten Kräuter sind einjährig (☉), aber es gibt auch ausdauernde mehrjährige (♃), wie zum Beispiel Thymian oder Rosmarin, die sogar als Beeteinfassungen im Garten angepflanzt werden können.

Wie jede andere Beet- und Balkonpflanze haben auch die Küchenkräuter ihre Standortansprüche, die beachtet werden sollten. Die anschließende Auflistung enthält die bekanntesten und gebräuchlichsten Gewürzkräuter.

Das Kräuterangebot im Blumenfachgeschäft

Bärenlauch, *Állium ursínum* (Liliáceae)
♃; bekannt als Wilder Knoblauch; frische Blätter als Würze wie Schnittlauch verwenden
Basilikum, *Ócimum basílicum* (Labiátae)
☉; gut als Topfpflanze und zur Garteneinfassung geeignet; Ernte der untersten Blätter kurz vor der Blüte, zum Trocknen geeignet
Beifuß, *Artemísia vulgáris* (Compósitae)
♃; Verwendung nur der Rispen mit den noch geschlossenen Blüten; die bitteren Blätter sind zum Würzen ungeeignet
Bohnenkraut, *Saturéja horténsis* (Labiátae)
☉; Ernte des grünen Krautes noch während der Blütezeit, zum Trocknen geeignet
Boretsch, Gurkenkraut, *Borágo officinális* (Boragináceae)
☉; ständige Ernte der Blätter und jungen Triebspitzen; Zubereitung als Gemüse möglich, ähnlich wie Spinat
Brunnenkresse, *Nastúrtium officinále* (Crucíferae)
♃; Ernte der Triebspitzen meist von Oktober bis Mai; Aufbewahrung der geschnittenen Pflanzenteile unter Wasser
Dost, Origano, *Oríganum vulgáre* (Labiátae)
♃; Haupterntezeit während der Blüte; sonst nach Bedarf
Estragon, *Artemísia dracúncalus* (Compósitae)
♃; sehr anspruchslos; Frostschutz notwendig; ganzjährige Ernte der Triebspitzen möglich
Gartenkresse, *Lepídium satívum* (Crucíferae)
☉; Erntebeginn schon nach zwei bis drei Wochen;

alle 14 Tage sollte nachgesät werden, um ständig neues Kraut schneiden zu können
Kapuziner Kresse, *Tropáeolum peregrínum* (Tropaeoláceae)
☉; die Blätter sind ein bitterliches, aromatisches Gewürz für Salate; grüne Samenkapseln süßsauer einlegbar wie Kapern
Kerbel, Gartenkerbel, *Anthríscus cerefólium* (Umbellíferae)
☉; Ernte vor der Blüte; um ständig ernten zu können, sollte alle 14 Tage nachgesät werden
Koriander, *Coriándrum satívum* (Umbellíferae)
☉; Blätter mit dem Stiel pflücken; frisch oder zum Trocknen
Kümmel, *Cárum cárvi* (Umbellíferae)
☉; auch wild wachsend; Blätter nur frisch verwenden, Samen trocknen; Blatternte erst im zweiten Jahr zur Schonung der Pflanze
Lavendel, Echter Speick, *Lavándula latifólia* (Labiátae)
♃; Zier-, Heil- und Gewürzpflanze; Verwendung der frischen Blätter und Triebspitzen
Liebstöckel, Maggikraut, *Levísticum officinále* (Umbellíferae)
♃; sehr ausdauernd, kann bis zu 15 Jahre stehen bleiben; zur Laubentwicklung sollten die Blütentriebe herausgeschnitten werden; Pflücken der Blätter nach Bedarf; zwei- bis dreimaliger Krautschnitt im Jahr; Verwendung möglichst gekocht
Majoran, Wurstkraut, *Oríganum majoróna* (Labiatae)
☉; selten G3; ausdauernder Halbstrauch; Ernte kurz vor oder während der Blüte, den ersten Schnitt nicht zu tief führen, da sonst kein neuer Austrieb; zweite Ernte im Herbst möglich; getrocknetes Kraut ist in geschlossenem Gefäß sehr lange haltbar
Petersilie, *Petroselínum críspum* (Umbellíferae)
☉; auch Heilpflanze; sehr vitaminreich; Vertreter: Glattblättrige, Krause und Mooskrause; fast winterhart; sehr Feuchtigkeit liebend; Verwendung möglichst der frischen Blätter
Pfefferminze, *Méntha × piperíta* (Labiátae)
♃; kräftiger, aromatischer Geruch; Vermehrung durch Wurzelausläufer; ständiger Schnitt der jungen Triebe und Blätter möglich; auch Heilpflanze
Pimpinelle, *Sanguisórba mínor* (Rosáceae)
♃; Rückschnitt der Blüten zu Gunsten des Blattwachstums; Pflanzen alle zwei – drei Jahre erneuern; ständige Blatternte, Blätter nicht mitkochen
Portulak, *Portuláca olerácea* (Portulacáceae)
♃; dickfleischige Blätter und Stängel; häufiges Nachsäen erforderlich; ständiges Ernten möglich; nicht mitkochen

Rosmarin, *Rosmarínus officinális* (Labiátae)
ђ; Arznei-, Gewürz- und Zierpflanze; holziger, immergrüner Halbstrauch; in den ersten Jahren besonders frostempfindlich ~ als Topfpflanze kultiviert; sonnenhungrig; Haupternte während der Blütezeit

Salbei, *Sálvia officinális* (Labiátae)
ђ; auch Heil- und Zierpflanze; bei mildem Winter Überwinterung mit Blättern; windgeschützter Standort wichtig; Vermehrung durch Stecklinge oder Teilung; volle Aromaentfaltung erst im zweiten Jahr; Schnitt der jungen Triebe

Sauerampfer, *Rúmex acetósa* (Polygonáceae)
4; klein- und großblättrige Sorten; hoher Gehalt an Eisen, Säuren und Vitamin C; sehr anspruchslos; vollständig winterhart; ständige Ernte möglich

Schnittlauch, *Állium schoenóprasum* (Liliáceae)
4; ausdauerndes Zwiebelgewächs; hoher Vitamin-C-Gehalt; Vermehrung durch Aussaat oder Teilung; mehrmaliger Schnitt im Jahr möglich; leichter Frost fördert die Treibfähigkeit

Thymian, *Thýmus vulgáris* (Labiátae)
ђ; auch Heilpflanze; da alte Stöcke verholzen, nicht länger als drei bis vier Jahre stehen lassen ~ Rückgang der Würzkraft; als Beeteinfassung im Garten geeignet; Verwendung des blühenden Krautes

Tripmadam, *Sédum refléxum* (Crassuláceae)
4; immergrüne fleischige, nadelförmige Blättchen; ganzjährige Ernte möglich; nicht mitkochen

Waldmeister, *Gálium odorátum* (Rubiáceae)
4; auch wild wachsend; roh verwenden vor der Blüte; Blatternte erst vom zweiten Jahr an

Weinraute, *Rúta gravéolens* (Rutáceae)
4 -h; × ! Blätter können Hautreizungen verursachen !; sparsame Verwendung der Blätter; ständige Ernte möglich

Wermuth, Absinth, *Artemísia absínthium* (Compósitae)
ђ; Pflanze nicht zu anderen Kräutern setzen, da Wermuth wachstumshemmende Stoffe ausscheidet; sparsame Verwendung der Blätter; mitkochen

Zitronenmelisse, Melisse, *Melíssa officinális* (Labiátae)
4; kann bis 100 cm hoch werden; Vermehrung durch Aussaat, Stecklinge oder Teilung; Erneuern der Pflanze nach 4–5 Jahren ~ Abnahme der Widerstandsfähigkeit; Ernte der jungen Blätter und Triebspitzen vor der Blüte; zum Trocknen ungeeignet, da Aromaverlust; Blütentrieb ständig entfernen!

!!!Merksätze

- Die meisten Gewürzpflanzen sind einjährige Kräuter.
- Küchenkräuter können sowohl Gewürz als auch Gemüse sein (zum Beispiel Porree, Sellerie, Zwiebel).
- Frische Kräuter entfalten mehr Wirkstoffe als getrocknete.
- Zu den Wirkstoffen gehören ätherische Öle, Bitterstoffe, Vitamine, Mineral- und Farbstoffe, Eiweiße und Fette.

???Aufgaben

1. Pflanzen Sie eine »Kräuterkiste« und versehen Sie diese mit hineingesteckten Tontopfscherben, auf welchen die Namen der verwendeten Kräuter zu lesen sind. Besondere Pflanzungen werden von interessierten Kunden begeistert angenommen.
2. Informieren Sie sich über Bezugsquellen von Küchenkräuterpflanzen in Ihrem Bereich (Anzuchtgärtnereien, Großmarkt, Gartencenter, u. a.) und notieren Sie, welche Arten Sie im Angebot finden.
3. Beschaffen Sie sich Samen von Gartenkresse und säen Sie etwas aus. Beobachten Sie Keimung und Wachstum.

23 Zwiebel- und Knollengewächse

Der Winter ist noch nicht ganz vorüber, schon blitzen die ersten Schneeglöckchen und Winterlinge aus der letzten dünnen Schneedecke hervor. Sie sind die ersten Frühlingsvorboten, denen alsbald Märzenbecher, Krokusse, Narzissen, Tulpen und viele andere folgen.

Aber nicht nur in dieser Jahreszeit können wir uns an Zwiebel- und Knollengewächsen erfreuen, sondern bis in den späten Herbst hinein.

Ihr eigentlicher Schmuck sind die Blüten, die unterschiedlich langlebig sind. So haben gerade die beliebten Frühlingsblüher nur eine recht kurze Blütezeit. Anders ist es jedoch bei vielen Lilien- oder Amaryllisgewächsen, die besonders als Schnittblumen Verwendung finden.

Die Blätter all dieser ausdauernden Arten sind eher schmucklos und ziehen zur Kräftigung ihrer unterirdischen Pflanzenteile nach dem Blühen ein. Lange, schmale, grasähnliche Blätter mit parallel laufenden Nerven sind das Merkmal einkeimblättriger Pflanzen (*Monocotyledóneae*), wie z. B. *Íris,* Narzissen oder Hyazinthen.

Die Zweikeimblättrigen (*Dicotyledóneae*), die beim Keimen also zwei Blätter ausbilden, haben hingegen netzartig verlaufende Blattnerven und unterschiedliche Blattformen. Einige ihrer Vertreter sind Anemonen, Cyclamen, Dahlien und Winterlinge. Die Zwiebel- und Knollenpflanzen werden vielfach unter dem Sammelbegriff »Zwiebelblumengewächse« zusammengefasst. Zu ihnen gehören jedoch nicht nur solche mit zwiebel- oder knollenartigen Überdauerungsorganen, die zwar zur Namensgebung beigetragen haben, sondern auch jene mit anders geformten »Speichern«. Aus diesen unterirdischen Verdickungen bringen die Pflanzen alljährlich neue Sprosse hervor, die eine Vegetationsperiode überdauern. Ist diese beendet, wird eine Ruhepause eingelegt. Die oberirdischen Pflanzenteile ziehen ein, d. h. sie werden allmählich gelb und sterben ab. Ihre Inhaltsstoffe wandern zurück in den unterirdischen Pflanzenteil, wo sie als Reservestoffe gespeichert werden. Durch die Rückführung dieser wichtigen Baustoffe kann sich der unterirdische Teil vergrößern, vermehren und erneut nach der »Überwinterung« einen Austrieb hervorbringen. Genau genommen müsste eigentlich von »Übersommerung« gesprochen werden, denn fast alle Zwiebel- und Knollengewächse

stammen aus tropischen oder subtropischen Gegenden und legen dort während der heißen trockenen Jahreszeit, also im Sommer, ihre Ruheperiode ein.

Ihre Vermehrung erfolgt vegetativ durch Pflanzenteile, wie z. B. Brutknollen oder -zwiebeln. Sie kann auch künstlich über Teilung der Wurzelknollen oder Rhizome stattfinden. Eine generative Vermehrung (durch Samen) ist ebenfalls möglich, doch sehr aufwändig. Am bekanntesten ist die Aufzucht aus Saatgut bei Cyclamen.

Nicht alle Zwiebelblumengewächse sind winterhart. Frostempfindliche Arten dürfen während der Wintermonate nicht im Boden verbleiben, sondern müssen frostfrei aufbewahrt werden. Zu ihnen zählen Gladiolen, Dahlien, Canna, Crocosmia oder auch Knollenbegonien, um nur einige zu nennen. Sie werden in mit Torf gefüllten Kästen überwintert und gelegentlich mit Wasser übersprüht, damit sie nicht austrocknen. Im Frühling setzt man sie erneut aus.

Frühlingsblüher in der Floristik

Noch ehe der Frühling draußen Einzug hält, werden in den Blumengeschäften bereits vorgetriebene Frühlingsblüher präsentiert. Das Angebot erstreckt sich von der eingetopften Tulpe oder dem Krokus über das gepflanzte Frühlingsarrangement in Schalen oder Körben bis hin zum kleinen Schneeglöckchenstrauß. Von den Zwiebel- und Knollengewächsen werden für die Pflanzungen hauptsächlich die frühjahrsblühenden Arten bevorzugt. Mit ihnen lassen sich wahre Frühlingslandschaften gestalten, da sie mit ihrem Wuchs und ihrem Charakter als Gemeinschaftsblüher gerade dazu herausfordern.

Beliebte Schnittblumen

Nicht nur als Pflanzware nehmen die Zwiebel- und Knollenpflanzen einen besonderen Stellenwert ein, sondern auch im Schnittblumenbereich. Angefangen bei dem bescheidenen Schneeglöckchen- oder Cyclamenblütenstrauß über das prunkvolle Lilien- oder Gloriosa-Gebinde bis hin zum wirkungsvollen Amaryllis-Arrangement sind ihre Vertreter wesentlicher Bestandteil des Schnittblumensortiments. Ihre Blütenstände

Tab. 19. Überdauerungsorgane der Zwiebel- und Knollengewächse (ausgewählte Beispiele)

Überdauerungs-organ	Botanischer Name	Familie	Deutscher Name	Blütezeit	Verwendungsbereich
Zwiebel	*Állium gigantéum*	Liliáceae	Riesenlauch	VII –VIII	✗; formal-lineares, paralleles Gestalten
	Galánthus nivális	Amaryllidáceae	Schneeglöckchen	II –III	✗; kurze Sträuße; Pflanzungen
	Hyacinthus orientális	Liliáceae	Gartenhyazinthe	VI –VI	✗; Blüten einzeln zu Rispen aufreihbar
	Íxia-Hybriden	Iridáceae	Afrikanische Kronlilie, Klebschwertel	IV –VI	✗; bräutliche Floristik; formal-lineares Gestalten
	Túlipa kaufmanniána	Liliáceae	Tulpe, niedriger Wuchs, sternförmige Blüte	III	✗; paralleles, vegetatives Gestalten; Pflanzungen
Zwiebelknolle	*Cólchicum autumnále*	Liliáceae	Herbstzeitlose	VIII –X	✗; Pflanzungen; vegetatives Gestalten
	Crócus neapolitánus	Iridáceae	Gartenkrokus	III –IV	Pflanzungen; vegetatives Gestalten
	Freésia-Hybriden	Iridáceae	Kapmaiblume, Freesie	VI –VII (XI –V)	✗; formal-lineares Gestalten
	Gladiolus-Hybriden	Iridáceae	Gladiole, Siegwurz	IV –IX	✗; formal-lineares, paralleles, dekoratives Gestalten
Sprossknolle	*Anemóne coronária*	Ranunculáceae	Garten-, Kronenanemone	III –V	✗; formal-lineares, dekoratives Gestalten
	Begónia-Knollen-begonien-Hybriden	Begoniáceae	Knollenbegonie	V –IX	⬙; Pflanzungen; Blüten für Braut-schmuckbinderei
	Cyclamen pérsicum	Primuláceae	Alpenveilchen	VIII –IX	✗; ⬙; Blätter als Gestaltungsmittel
	Sinníngia-Hybriden	Gesneriáceae	Gloxinie	IV –VIII	⬙; Pflanzungen
Wurzelknolle	*Dáhlia*-Hybriden	Compósitae	Dahlie, Georgine	VII –X	✗; dekoratives Gestalten
	Eremúrus robústus	Liliáceae	Steppenkerze	VI –VII	✗; formal-lineares, paralleles Gestalten
	Ranúnculus asiáticus	Ranunculáceae	Ranunkel	V –VI	✗; dekoratives Gestalten; Brautschmuck-binderei
	Zantedéschia aethiópica	Aráceae	Zimmerkalla	I –VI	✗; formal-lineares, vegetatives, paralleles Gestalten
Knollig verdickte Rhizome	*Agapánthus africánus*	Liliáceae	Liebesblume, Schmucklilie	VII –VIII	✗; formal-lineares, paralleles, dekoratives Gestalten; Kübelpflanze
	Alstroeméria aurantiáca	Amaryllidáceae	Inkalilie	VI –VIII	✗; dekoratives Gestalten
	Anemóne nemorósa	Ranunculáceae	Buschwindröschen	III –V	✗; vegetatives Gestalten
	Convallária majális	Liliáceae	Maiglöckchen	IV –V	✗; Brautschmuckbinderei; vegetatives Gestalten
	Iris kaémpferi	Iridáceae	Sumpfiris	VI –VII	✗; alle Gestaltungs-Arten

Tab. 20. Beliebte Schnittblumen

Botanischer Name	Familie	Deutscher Name	Blütezeit	Höhe in cm	Bewegungsform	WST	Verwendungsbereich
Agapánthus praécox	Liliáceae	Schmucklilie	VII –VIII	40 bis 65	aufstehend, sich entfaltend	1	formal-lineares, dekoratives, paralleles Gestalten
Állium aflatunénse	Liliáceae	Iranischer Blumenlauch	V	100 bis 150	aufstrebend, allseitig entfaltend	1, 2	formal- lineares, dekoratives, paralleles Gestalten
Állium christóphii	Liliáceae	Sternkugellauch	VI –VII	30 bis 60	allseitig entfaltend	2, 3	kurze, runde Sträuße, paralleles Gestalten
Állium gigantéum	Liliáceae	Riesenlauch	VII –VIII	100 bis 150	allseitig entfaltend	1, 2	formal-lineares; dekoratives, paralleles Gestalten
Állium móly	Liliáceae	Goldlauch	V –VI	25 bis 30	aufstrebend, allseitig entfaltend	2, 3	kurze runde Sträuße, dekoratives Gestalten, Brautschmuck
Állium nígrum	Liliáceae	Weißer Zierlauch	II –III	60 bis 80	aufstrebend, allseitig entfaltend	1, 2	formal-lineares, paralleles Gestalten
Állium sphaerocéphalon	Liliáceae	Zierlauch	VI –VII	60 bis 80	allseitig entfaltend	1, 2	formal-lineares, dekoratives, paralleles Gestalten
Alstroeméria-Hybriden	Amaryllidáceae	Inkalilie	VI –VIII	60 bis 90	sich entfaltend	1, 2	dekoratives Gestalten
Amaryllis belladónna	Amaryllidáceae	Echte Amaryllis Belladonnalilie	III –IX	50 bis 80	aufstrebend, sich entfaltend	1	formal-lineares, paralleles Gestalten; Einzelblüte
Anemóne coronária	Ranunculáceae	Garten-, Kronenanemone	III –V	25 bis 40	allseitig entfaltend	2, 3	kurze, runde Sträuße; paralleles, vegetatives Gestalten
Árum itálicum	Aráceae	Aronstab	IV –V	bis 60	aufstrebend	1	formal-lineares, paralleles, vegetatives Gestalten
Convallária majális	Liliáceae	Maiglöckchen	IV –V	bis 20	aufstrebend	2	kurze, runde Sträuße; Brautschmuck
Crocósmia × crocosmiiflóra	Iridáceae	Montbretie	VII –IX	60 bis 100	ausschwingend	2	formal-lineares, dekoratives Gestalten
Cýclamen pérsicum	Primuláceae	Alpenveilchen	VIII –IX	bis 20	sich entfaltend	2	kurze, runde Sträuße; Brautschmuck
Dáhlia-Hybriden	Compósitae	Dahlie, Georgine	VII –X	30 bis 180	allseitig entfaltend	2, 3	runde Sträuße; dekoratives Gestalten; rund ausgesteckte Kränze
Eremúrus robústus	Liliáceae	Steppenkerze	VI –VII	200 bis 300	aufstrebend	1	formal-lineares, paralleles, vegetatives Gestalten
Eúcharis amazónica	Amaryllidáceae	Herzenskelch, Eucharis	XII–I, V –VIII	40 bis 60	aufstrebend, sich entfaltend	1	formal-lineares Gestalten; Brautschmuck, Einzelblüte
Freésia-Hybriden	Iridáceae	Kapmaiblume, Freesie	VI –VII (XI –X)	30 bis 50	ausschwingend	2	formal-lineares, dekoratives Gestalten

Tab. 20. (Fortsetzung)

Botanischer Name	Familie	Deutscher Name	Blütezeit	Höhe in cm	Bewegungsform	WST	Verwendungsbereich
Fritillária imperiális	Liliáceae	Kaiserkrone	III –V	90 bis 120	sich entfaltend	1	formal-lineares, paralleles Gestalten; Einzelblüte
Fritillária maleágris (Abb. 91)	Amaryllidáceae	Schachbrett-, Kiebitzblume	IV –V	bis 30	aufstrebend, sich entfaltend	2	formal-lineares, paralleles vegetatives Gestalten; Brautschmuck
Fritillária pérsica	Amaryllidáceae	Schwarze persiche Kaiserkrone	IV	bis 120	aufstrebend	1	formal-lineares, paralleles Gestalten
Galánthus nivállis	Amaryllidáceae	Schneeglöckchen	II –III	10 bis 20	aufstrebend	3	dekoratives, vegetatives Gestalten; kurze runde Sträuße, Brautschmuck
Galtónia cándicans (Abb. 92)	Liliáceae	Riesen-, Sommerhyazinthe	VII –VIII	100 bis 150	aufstrebend	1, 2	formal-lineares, paralleles Gestalten; Einzelblüte
Gladíolus-Hybriden	Iridáceae	Gladiole, Siegwurz	VI –IX	bis 120	aufstrebend	1, 2	formal-lineares, paralleles, dekoartives Gestalten
Gloriósa rothschildiána	Liliáceae	Gloriosa-Lilie	VI –VIII	bis 200	sich entfaltend	1	formal-lineares, dekoratives Gestalten; Einzelblüte
Haemánthus katharínae	Amaryllidáceae	Blutblume	VII –VIII	20 bis 60	allseitig entfaltend	2	formal-lineares, paralleles Gestalten
Hedychium coronárium	Zingiberáceae	Ingwerlilie	IV –V	100	aufstrebend	1	formal-lineares, paralleles Gestalten, Einzelblüte
Hippeástrum-Hybriden	Amaryllidáceae	Ritterstern, Falsche Amaryllis	I –IV	30 bis 100	allseitig entfaltend	1	formal-lineares, dekoratives Gestalten; Einzelblüte
Hyazinthóides hispánica	Liliáceae	Glockenhyazinthe, Spanischer Blaustern	III –VI	30 bis 40	aufstrebend	2, 3	formal-lineares, paralleles, vegetatives, dekoratives Gestalten; Brautschmuck
Hyacínthus orientális	Liliáceae	Gartenhyazinthe	IV –V	bis 30	aufstrebend	2	formal-lineares, paralleles Gestalten; Blüten auch einzeln zu Ranken aufgereiht
Iris germánica	Iridáceae	Deutsche Schwertlilie	V –VII	bis 70	sich entfaltend	2	formal-lineares, dekoratives Gestalten
Iris-Hollandica-Hybriden	Iridáceae	Holländische Iris	V	bis 70	sich entfaltend	2	formal-lineares, dekoratives Gestalten
Íxia-Hybriden	Iridáceae	Ixie, Afrikanische Kronlilie, Klebschwertel	IV –VI	bis 60	aufstrebend	2	formal-lineares gestalten; Brautschmuck

Tab. 20. (Fortsetzung)

Botanischer Name	Familie	Deutscher Name	Blütezeit	Höhe in cm	Bewegungsform	WST	Verwendungsbereich
Kniphófia-Hybriden	Liliáceae	Fackellilie, Tritome	VI -X	70 bis 100	aufstrebend	1, 2	formal-lineares, paralleles, vegetatives Gestalten
Leucójum vérnum	Amaryllidáceae	Frühlingsknotenblume, Märzenbecher	III -IV	20	aufstrebend	2, 3	dekoratives, paralleles, vegetatives Gestalten; kurze runde Sträuße, Brautschmuck
Lilium-Auratum-Hybriden	Liliáceae	Goldbandlilie	VI -VIII	90 bis 240	aufstrebend, sich entfaltend	1	formal-lineares, dekoratives Gestalten; Einzelblüte
Lilium cándidum	Liliáceae	Madonnenlilie	VI -VII	bis 150	aufstrebend, entfaltend	1	formal-lineares, dekoratives Gestalten; Einzelblüte
Lilium lancifólium	Liliáceae	Tigerlilie	VIII -IX	100 bis 200	aufstrebend, sich entfaltend	1	formal-lineares, dekoratives Gestalten; Einzelblüte
Lilium longiflórum	Liliáceae	Langblütige Lilie Osterlilie	VIII -IX	30 bis 90	aufstrebend, sich entfaltend	1	formal-lineares, dekoratives Gestalten; Einzelblüte
Lilium mártagon	Liliáceae	Türkenbundlilie	VI -VII	60 bis 120	aufstrebend, sich entfaltend	1	formal-lineares, dekoratives Gestalten; Einzelblüte
Lilium régale	Liliáceae	Königslilie	VII	60 bis 120	aufstrebend, sich entfaltend	1	formal-lineares, dekoratives Gestalten; Einzelblüte
Lilium-Speciosum-Hybriden	Liliáceae	Prachtlilie	VIII -IX	90 bis 180	aufstrebend, sich entfaltend	1	formal-lineares, dekoratives Gestalten; Einzelblüte
Muscári botryóides	Liliáceae	Traubenhyazinthe	III -IV	10 bis 45	aufstrebend	2	kurze runde Sträuße; Brautschmuck, vegetatives Gestalten
Narcíssus poéticus	Amaryllidáceae	Dichternarzisse	IV -V	35 bis 40	allseitig entfaltend	2	kurze runde Sträuße; vegetatives, dekoratives Gestalten
Narcíssus pseudonarcíssus	Amaryllidáceae	Trompeten-narzisse, Osterglocke	III -IV	40 bis 50	allseitig entfaltend	2	kurze runde Sträuße; vegetatives, dekoratives Gestalten
Narcíssus tazétta	Amaryllidáceae	Tazette	I -III	bis 30	allseitig entfaltend	2	kurze runde Sträuße; vegetatives, dekoratives Gestalten
Nerine bowdénii	Amaryllidáceae	Nerine	IX -X	50 bis 60	aufstrebend, allseitig entfaltend	1, 2	formal-lineares, paralleles Gestalten; Einzelblüte
Ornithógalum arábicum	Liliáceae	Milchstern, kugelig	VI -VII	bis 70	allseitig entfaltend	1, 2	formal-lineares, paralleles, vegetatives Gestalten
Ornithógalum thyrsoídes	Liliáceae	Milchstern, ›Chincherinchee‹	VI -VIII	bis 50	aufstrebend	2	formal-lineares, paralleles, vegetatives Gestalten; kurze, runde Sträuße

Tab. 20. (Fortsetzung)

Botanischer Name	Familie	Deutscher Name	Blütezeit	Höhe in cm	Bewegungsform	WST	Verwendungsbereich
Poliánthes tuberósa	Agaváceae	Tuberose	VII –VIII	30 bis 100	aufstrebend	1, 2	formal-lineares, paralleles Gestalten; Einzelblüte
Ranúncules asiáticus	Ranunculáceae	Ranunkel	V –VI	bis 40	allseitig entfaltend	2, 3	kurze runde Sträuße, Braut-schmuck; dekoratives, vegetatives Gestalten
Sandersónia aurantiaca	Liliáceae	Sandersonie	IV –VII	50 bis 60	aufstrebend	1, 2	formal-lineares, vegetatives Gestalten; Einzelblüte; Braut-schmuck
Tricýrtis hirta	Liliáceae	Krötenlilie	VIII –IX	bis 90	aufstrebend	1, 2	formal-lineares, vegetatives Gestalten; Einzelblüte; Braut-schmuck
Triteléia láxa	Liliáceae	Brodiaea	VI	bis 60	sich entfaltend	2	kurze, runde Sträuße; Braut-schmuck; dekoratives Gestalten
Tróllius-Hybriden	Ranunculáceae	Trollblume	V –VI	60 bis 80	allseitig entfaltend	2, 3	kurze runde Sträuße, Braut-schmuck; dekoratives Gestalten
Túlipa-Fosteriana-Hybriden	Liliáceae	Tulpe	IV	bis 25	allseitig entfaltend	2	kurze runde Sträuße; dekora-tives, vegetatives Gestalten
Túlipa-Garten-Tulpen	Liliáceae	Tulpe	IV –VI	bis 50	allseitig entfaltend	2	kurze, runde Sträuße; dekora-tives, vegetatives Gestalten
Vallóta speciósa	Amaryllidáceae	Vallota	VII –VIII	bis 40	allseitig entfaltend	1, 2	formal-lineares, paralleles, vege-tatives Gestalten; Einzelblüte
Zantedéschia aethiópica	Aráceae	Weiße Calla	I –VI	60 bis 100	sich entfaltend	1	formal-lineares, paralleles, vege-tatives Gestalten; Einzelblüte
Zantedéschia elliottiána	Aráceae	Gelbe Calla	VI –VIII	60 bis 70	sich entfaltend	1	formal-lineares, paralleles, vege-tatives Gestalten; Einzelblüte

Wst = Wertstufe

Abb. 91.
Fritillária maleágris (Schachbrett-, Kiebitzblume). Tab. 20

Abb. 93.
Erythrónium hendersónii (Hundszahn). Tab. 21

Abb. 92. Galtónia cándicans (Riesenhyazinthe). Tab. 20

Abb. 94. Acánthus longifólius (Akanthus). Tab. 10;
Pennisétum alopecuroídes (Federborstengras). Tab. 23

Abb. 96.
Lagúrus ovátus (Hasenschwanzgras). Tab. 23

Abb. 95. Hórdeum jubátum (Mähnengerste). Tab. 23

Tab. 21. Zwiebelblumengewächse für Gefäßbepflanzungen im Frühjahr

Botanischer Name	Familie	Deutscher Name	Blütezeit	Überdauerungsorgan/Bemerkung
Állium karataviénse	Liliáceae	Blauzungenlauch	IV–V	Zwiebel ✂!
Anemóne blánda	Ranunculáceae	Strahlenanemone	III–IV	Knolle
Anemóne coronária	Ranunculáceae	Anemone	III–V	Knolle
Anemóne nemorósa	Ranunculáceae	Buschwindröschen	III–V	knollig verdickte Rhizome; ✂!
Chinodóxa luciliae	Liliáceae	Schneestolz, Schneeglanz	III–IV	Zwiebel
Crócus vérnus	Iridáceae	Krokus	III–IV	Zwiebelknolle
Cyclamen cóum	Primuláceae	Wildalpenveilchen	III–IV	Knolle *! daher nur als Kulturform!
Eránthis hyemális	Ranunculáceae	Winterling	II –III	Knolle ✂!
Erythrónium hendersónii (Abb. 93)	Liliáceae	Hundszahn	IV–V	Knolle
Fritillária meleágris	Liliáceae	Schachbrett-, Kiebitzblume	IV–V	Zwiebel ✂!
Galánthus nivális	Amaryllidáceae	Schneeglöckchen	II –III	Zwiebel *! daher nur als Kulturform!
Hyazinthoídes hispánica	Liliáceae	Glockenhyaz., Span. Hyazinthe	III–VI	Zwiebel
Hyazinthus orientális	Liliáceae	Gartenhyazinthe	IV–V	Zwiebel
Íris reticuláta	Iridáceae	Frühlingsiris	III	Zwiebel
Leucójum vérnum	Amaryllidáceae	Märzenbecher	III–IV	Zwiebel ✂!
Muscári botroyídes	Liliáceae	Traubenhyazinthe	III–IV	Zwiebel
Narcíssus juncifólius	Amaryllidáceae	Kleinblütige Narzisse	III–IV	Zwiebel ✂!
Narcíssus pseudonarcíssus	Amaryllidáceae	Osterglocke	III–IV	Zwiebel ✂!
Narcíssus tazétta	Amaryllidáceae	Tazette	I –III	Zwiebel
Scílla sibérica	Liliáceae	Blausternchen	III–IV	Zwiebel
Túlipa-Kaufmanniána-Hybriden	Liliáceae	Sternblütige Tulpe	III	Zwiebel
Túlipa tárda	Liliáceae	Zwergtulpe	IV	Zwiebel

zeichnen sich nicht nur durch Formschönheit und -vielfalt aus, sondern oft auch durch besondere Haltbarkeit.

Ihr Angebot ist meistens jahreszeitlich orientiert, obwohl einige Gattungen, wie z. B. Alstroemerien, Nerinen oder Iris, ganzjährig verfügbar sind.

???Merksätze

- Zwiebel- und Knollengewächse besitzen unterirdische Überdauerungsorgane
- Diese Überdauerungsorgane können Zwiebeln, Zwiebelknollen, Sprossknollen, Wurzelknollen oder Rhizome sein.
- Der eigentliche Schmuck der Zwiebel- und Knollengewächse sind ihre Blüten. Die Blätter sind eher schmucklos.
- Die Tabellen 19, 20 und 21 mögen die Vielfalt und den Artenreichtum dieser Pflanzenfamilien aufzeigen.

???Aufgaben

1. Stellen Sie eine gepflanzte »Frühlingslandschaft« mit starkem Farbkontrast zusammen und erläutern Sie Ihre Auswahl.
2. Die Überwinterungsphase der Zwiebel- und Knollengewächse ist eigentlich ihre Übersommerungsphase. Erläutern Sie diesen scheinbaren Widerspruch.
3. Lesen Sie in den Kapiteln über den Bau der Pflanzenorgane nach, wie Zwiebeln, Knollen und Rhizome gewachsen sind.

24 Gräser, Sumpf- und Wasserpflanzen

Ein Spaziergang durch die Natur kann in vielen Fällen auch als Suche nach der Natürlichkeit angesehen werden. Natürlich ist alles, was sich als unbearbeitet und unbeeinflusst darstellt und um seiner selbst Willen existiert. Welche Schönheiten und Raritäten stehen da oftmals nebeneinander – zu Gemeinschaften vereint!

Sie erscheinen im Kontrast und in Harmonie, ergänzen einander oder grenzen sich gegenseitig ab. So ist es auch in unserer Pflanzenwelt, der wir auf Spaziergängen begegnen. Jeder Lebensraum (Biotop) hat seine typischen Vertreter und wird durch sie gekennzeichnet. Solche Biotope sind z. B. Flussränder, See- und Teichufer, Sümpfe, Heide- und Moorlandschaften. Dort sind auch all jene Pflanzen zu finden, mit denen wir uns in diesem Kapitel beschäftigen.

Biotope und das vegetative Gestalten

Beim vegetativen Gestalten, also dem wuchshaften Gestalten, sollte man stets das »Naturgewachsene« vor Augen haben. Eine Pflanzarbeit mit ausgesuchten Sumpfpflanzen ist erst dann als eine einstimmige, harmonische vegetative Gestaltung anzusehen, wenn das Pflanzenmaterial ohne Ausnahme dem Biotop »Sumpf« entstammt. Obwohl diese Pflanzengemeinschaft von uns ausgewählt und gepflanzt wurde, soll sie wie gewachsen erscheinen.

Um eine solche Aufgabe gezielt lösen zu können, bedarf es Kenntnissen über Vertreter dieser Lebensräume.

Nicht nur in der freien Natur begegnen uns solche Pflanzen, sondern sie werden inzwischen vermehrt auch als Kulturform in Spezialgärtnereien oder Gartencentern bereitgehalten. Die Spezialisierung bestimmter Gärtnereien auf die Kultivierung bedrohter, sowie auch geschützter Pflanzenarten ist nicht nur eine positive, notwendige Reaktion auf den Artenerhalt, sondern sicherlich auch eine Orientierung an Floristen- und Kundenwünschen. Der naturbetonte Trend hat der Verbreitung dieses Angebotes Vorschub geleistet, sodass viele Gartenplaner diese Gewächse längst in ihr Repertoire aufgenommen haben und vielerorts sogar in weitläufigen Gärten und öffentlichen Grünanlagen gekonnt verschiedenartige Biotope entstehen lassen. Auch sie gestalten dabei vegetativ, allerdings auf eine recht großzügige Weise.

Die Familien der Gräser

Für Floristen zählen Gräser zu beliebtem Blattwerk, als Ergänzung zu frischen oder auch getrockneten Blumen. Gräser sollten aber auch eigenständiges Gestaltungsmittel sein. Gestaltungen ganz in Grün räumen dem Gras einen eigenen herausragenden Stellenwert ein, ohne dass es sich als »Beiwerk« oder »Füller« präsentiert. Aber auch Sträuße aus verschiedenartigen Gräsern, frisch oder getrocknet, gehören zu den floristischen Besonderheiten.

Die Gräser unterteilen sich in zwei große Familien:

1. die Familie der Süßgräser oder Echten Gräser (*Gramíneae*) mit etwa 8000 Arten. Zu ihnen gehören alle Getreide- und Futterpflanzen sowie viele Wild- und Kulturpflanzen;
2. die Familie der Riedgrasgewächse (*Cyperáceae*)mit etwa 3700 Arten, die wegen ihres Standortes auch als Sauergräser bezeichnet werden.

Sie wachsen auf nassen, sumpfigen, sauren Böden. Auf solchen sind auch die Binsen- und Simsengewächse mit etwa 300 Arten zu finden. Die meisten Gräser sind ein- und zweijährig. Sie werden durch Aussaat vermehrt, die Mehrjährigen hingegen durch Teilung der Wurzelstöcke.

Sie sind es auch, die mehr oder weniger dichte Horste, so genannte »Rasenfilze«, bilden. Dies geschieht durch oberirdischen Wuchs der beblätterten Triebe, den Stolonen, oder mit Hilfe der unterirdischen, mit Schuppen besetzten Triebe, den Rhizomen.

Die Halme der Gräser sind krautig und überdauern daher nicht länger als ein Jahr. Eine Ausnahme macht der Bambus. Seine Triebe sind dickwandig und holzig; sie können viele Jahre überdauern. Bei den Ein- und Zweijährigen tragen fast alle Triebe Blütenstände, während bei den ausdauernden Arten auch noch vegetative Triebe vorhanden sind. Die Blütezeit beträgt meist nur eine Woche und erstreckt sich über den ganzen Monat Mai sowie Ende Juni/Anfang Juli. Alle Grasarten haben fast regelmäßige tägliche Blütezeiten, die jedoch von der Witterung beeinflusst werden. Gewöhnlich blühen sie schon ganz früh morgens, doch bei schlechtem Wetter bleiben die Blüten geschlossen. Die meisten einjährigen Gräser sind Selbstbefruchter; alle anderen Arten werden fremdbestäubt. Sie besitzen lange Staubbeutel, die aus den Blüten heraushängen, sodass ihr Pollen vom Wind weitergetragen werden kann. Diese Windbestäubung ist äußerst unangenehm für Heuschnupfenanfällige.

Ziergräser

Auch Gräser zeichnen sich durch einen bestimmten Schmuckwert aus. In Gärten und Parkanlagen werden sie wegen ihrer Blattformen und -färbungen sowie ihrer hübschen Blütenstände angepflanzt. Sie sind als Begrenzung oder Einrahmung anderer Pflanzungen anzutreffen oder aber auch als wirkungsvolle Akzente. Besonders hohe und großwüchsige Arten können auch als Sicht- oder Windschutz dienen (z. B. *Miscánthus saccháriflórus*). Wie immer Gräser auch gepflanzt werden, sie verschönern jede Gartenanlage.

Die Unterteilung nach Blatt- und Blütenschmuck in den Tabellen 22 und 23 mag nur eine Auswahl von dem aufzeigen, was an unterschiedlichen Gräsern uns Floristen zur Verfügung steht und soll daran erinnern, diesen Schönheiten doch verstärkt Geltung in den von uns gestalteten Werkstücken zu verschaffen.

Sumpfpflanzen

Im Gegensatz zu den Gräsern, die uns sowohl auf trockenen als auch auf feuchten Böden begegnen, sind die Sumpfpflanzen gänzlich an ein feuchtes Milieu gebunden. Sie benötigen auf jeden Fall das Wasser, obwohl sie sich auch für kurze Zeit auf Trockenheit umstellen können. Sie sind also sehr anpassungsfähig. Bei anhaltender Trockenheit sind sie sogar in der Lage, ihre Blätter umzuwandeln: Um ihren Wasserverbrauch und ihre Verdunstungsfläche zu verringern, drosseln sie ihr Wachstum; alle neuen Blätter bleiben kleiner und sind derber und dickwandiger, alle älteren vorhandenen großen Blätter aus der Feuchtperiode werden abgestoßen.

Tab. 22. Ziergräser mit besonderem Blattschmuck

Botanischer Name	Familie	Deutscher Name	Blattfarbe	Höhe in cm	Blattform	Standort/Bemerkung
Arundinária pygmáea	Gramíneae	Zwergbambus	grün	30 bis 50	schmal, überhängend	trockene Randzonen von Teichen
Arúndo dónax	Gramíneae	Pfahlrohr, Riesenschilf	grün	400 bis 500	schwertförmig, sehr lang	Sumpf
Cárex buchanánii	Cyperáceae	Fuchsrote Segge	rotbraun	40 bis 60	schmal eingerollt, interessant	sonniger, feucht-frischer Gartenboden
Cypérus involucrátus	Cyperáceae	Wechselblättriges Zypergras	grün	bis 120	zu Quirlen verwachsen	Topfpflanze
Cypérus grácilis	Cyperáceae	Wechselblättriges Zypergras	grün	bis 40	kleiner und zierlicher als C. invol.	Topfpflanze
Fargésia spatáceae	Gramíneae	Hellgrüner Schirmbambus	blaugrün	bis 300	lanzettlich zugespitzt bis 10 cm lang	nährstoffreicher, lehmiger Gartenboden
Festúca cinérea	Gramíneae	Blauschwingel	bläulich	20 bis 80	zusammengefaltet	Kulturgras, immergrün
Festúca rúbra	Gramíneae	Rotschwingel	rötlich	20 bis 80	zusammengefaltet	dicke Horste bildend
Festúca scopária	Gramíneae	Bärenfellschwingel	grün	20 bis 80	zusammengefaltet	sandige Böden, immergrün
Helictótrichon sempérvirens	Gramíneae	Blaustrahlhafer	bläulich, bereift	50 bis 80	schmal, flach	immergrün, sonnig, trocken
Miscánthus sacchariflórus	Gramíneae	Chinaschilf	grün mit braunen Mittelstreifen	90 bis 120	flach, 1 bis 2 cm breit, überhängend	vollsonnig, benötigt viel Wasser
Miscánthus sinénsis	Gramíneae	Eulalie	grün mit braunen Mittelstreifen	bis 250	flach, 1 bis 2 cm breit, überhängend	vollsonnig, benötigt viel Wasser
Molinia caerúlea	Gramíneae	Pfeifengras	bläulich	bis 120	schmal, lang	frische, feuchte Böden
Panicum virgátum	Gramíneae	Rutenhirse	braunrot	bis 100	schmal, lang	sonniger Gartenboden
Phaláris arundinácea 'Picta'	Gramíneae	Rohrglanzgras, Kanariengras	grünweiß gestreift	100 bis 200	schmal, stehend	halbschattig; feuchter Boden
Pseudosása japónica	Gramíneae	Bambus	grün	200 bis 250	schmal, überhängend	halbschattig; Wasserrand; unter Bäumen
Scírpuscérnuus	Cyperáceae	Frauenhaar	grün	überhängender Wuchs	fadendünne Halme	um 18 °C, Topfpflanze auch als Ampelpflanze
Sesléria caerúlea	Gramíneae	Blaugras	bläulich bereift	10 bis 50	linealisch	trockene, sonnige Hänge
Spartina pectináta 'Aureomarginata'	Gramíneae	Goldbandleistengras	gelb gesäumt	bis 180	schmal, sehr lang (bis 100 cm)	feuchtfrische Gartenböden

Tab. 23. Gräser mit besonderem Blüten- oder Fruchtstand

Botanischer Name	Familie	Deutscher Name	Blüte/Frucht	Höhe in cm	Blattform Fruchtreife	Standort/Bemerkung
Achnátherum calamagróstis	Gramíneae	Silberährengras	Rispe	60 bis 100	VI –X	feuchte Wälder, Ufer; Zierpflanze
Áira elegantíssima	Gramíneae	Schmielenhafer	vielästige Rispe	30 bis 50	V –VIII	vernachlässigtes Grünland
Alopecúrus praténsis	Gramíneae	Wiesenfuchsschwanz	walzenförmige Scheinähre	30 bis 100	V –VII	feuchtnasse Dauerwiesen
Arúndo dónax	Gramíneae	Pfahlrohr, Riesenschilf	Rispe, bis 70 cm lang	400 bis 500	IX –X	Sumpf, Zierpflanze
Avéna sativa	Gramíneae	Hafer, Saathafer	lockere Doppeltraube	60 bis 150	VI –VII	angebaute Nutzpflanze auf leichten bis schweren Böden
Bríza máxima	Gramíneae	Zittergras, Riesenz.	lockere Rispe	400 bis 500	IX –X	Zierpflanze
Bríza média	Gramíneae	Zittergras, Herzelgras	Doppeltraube, pyramidenförmige	400 bis 500	IX –X	Zierpflanze, feuchtnasse Dauerwiesen
Bríza mínor	Gramíneae	Zittergras (zierlich)	Doppeltraube, pyramidenförmig	30 bis 50	V –VII	trockene Mager- und Heidewiesen
Bromus arvénsis	Gramíneae	Ackertrespe, Wildhafer	lockere Doppeltraube	30 bis 100	VI –VII	Unkraut an Wegrändern, Schuttplätzen
Calamagróstis epigéjos	Gramíneae	Reitgras, Waldschilf	Rispe	60 bis 150	VI –VIII	lichte Wälder, sandiger Boden
Cárex gráyi	Cyperáceae	Morgensternsegge	morgensternartige Fruchtstände	bis 80	VI	trocken, aber auch sumpfig
Cortadéria sellóana	Gramíneae	Pampasgras	Rispe	200 bis 400	IX –X	Bach- und Flußufer; Zierpflanze
Deschámpsia caespitosa	Cyperáceae	Rasenschmiele	Rispe	30 bis 50	VII –IX	Gräben, feuchte Wiesen
Élymus arenárius	Gramíneae	Haargerste	Ähre	bis 100	VII –VIII	trockene Böden
Hórdeum jubátum (Abb. 95)	Gramíneae	Mähnengerste	Ähre	40 bis 70	VI –IX	sonnig, trocken
Hórdeum vulgáre	Gramíneae	Wintergerste	Ähre	50 bis 120	V –VI	angebaute Nutzpflanze auf kalkreichen Böden
Hýstix pátula	Gramíneae	Flaschenbürstengras	Ähre	60 bis 120	VI –VIII	sonnig, trocken
Koeléria gláuca	Gramíneae	Blaugrünes Schillergras	Scheinähre	30 bis 60	VI –VII	sandig, nährstoffarm
Lagúrus ovátus (Abb. 86)	Gramíneae	Hasenschwanzgras	Scheinähre	15 bis 60	VI –VIII	warm, trocken
Lúzula nívea	Juncáceae	Schneemarbel	viele weiße Blüten in Büscheln	40 bis 60	VI –IX	sonniger Gartenboden

Tab. 23. (Fortsetzung)

Botanischer Name	Familie	Deutscher Name	Blüte/Frucht	Höhe in cm	Blattform Fruchtreife	Standort/Bemerkung
Mélica ciliáta	Gramíneae	Wimperpolgras	walzenförmige, fast weiße Blütenstände	bis 60	V –VI	vollsonnig, trockene Böden
Miscánthus sacchariflórus	Gramíneae	Chinaschilf, Silberfahnengras	Rispe, federbuschähnlich	90 bis 120	VIII	vollsonnig, benötigt viel Wasser
Miscánthus sinénsis 'Gracíllimus'	Gramíneae	Silberfedergras	Rispe, federbuschähnlich	bis 250	VIII-X	nass
Pennisétum alopecuroides (Abb. 94)	Gramíneae	Federborstengras	Rispe, wie Flaschenreiniger	30 bis 150	VIII-IX	sonnig, durchlässiger Boden mit guter Wasserversorgung
Sécale cereále	Gramíneae	Roggen, Saatroggen	Ähre	50 bis 200	V –VI	angebaute Nutzpflanze auf leichten, ärmeren Sandböden
Stipa pennáta	Gramíneae	Federgras	lange, behaarte Grannen	30 bis 70	V –VI	trockener, steiniger Boden
Triticum aestívum	Gramíneae	Weizen, Saatweizen	Ähre	60 bis 120	VI –VII	angebaute Nutzpflanze auf nährstoffreichen Böden
Uniola latifólia	Gramíneae	Plattährengras	lockere Rispe	bis 120	VIII	Gartenböden

Tab. 24. Sumpfpflanzen

Botanischer Name	Familie	Deutscher Name	Blütenfarbe	Blütezeit	Wassertiefe	Bemerkung
Acorus cálamus	Aráceae	Kalmus	braun	V –VI	Sumpf	schwertförmige Blätter
Alisma plantágo-aquática (Abb. 97)	Alismatáceae	Froschlöffel	hellrosa	VI –VIII	0 bis 5 cm	Blüte: dekorative, lockere Rispe
Bútomus umbellátus	Butomáceae	Schwanenblume, Blumenbinse	rosa	VI –VIII	bis 50 cm	Blütenschaft für 150 cm mit breiter Blütendolde
Cáltha palústris (Abb. 98)	Ranunculáceae	Sumpfdotterblume	gelb, weiß	III –V	0 bis 10	glänzend grüne, herzförmige Blätter, ✗! ganze Pflanze
Cárex gráyi	Cyperáceae	Morgensternsegge	grünbraun	VI	Sumpf	morgensternartige Fruchtstände
Cárex eláta	Cyperáceae	Steifsegge	grünbraun	IV –V	Sumpf	große Horste und Blüten bildend
Cárex ripária	Cyperáceae	Ufersegge	grün	V –VI	Sumpf	lanzettliche Blätter
Cálla palústris	Aráceae	Sumpfkalla	weiß	V –VI	Sumpf	kriechender Wurzelstock mit Sprossbildung
Cáltha palústris	Ranunculáceae	Sumpfdotterblume	gelb	III –V	Sumpf	Frühblüher
Cypérus alternifólius	Cyperáceae	Wechselblättriges Zypergras	braun	VII –IX	0 bis 5 cm	nicht winterhart, sehr dekorativ
Cypérus papyrus	Cyperáceae	Papyrus–Zypergras	grün	VII –VIII	10 bis 30 cm	nicht winterhart, sehr wärmeliebend
Eleócharis ariculáris	Cyperáceae	Nadelsimse	braun	VI –VII	Sumpf	sehr selten, Vermehrung durch Sprosse
Elócharis palústris	Cyperáceae	Sumpfsimse	braun	V –VIII	Sumpf	bildet dichten Rasen
Erióphorum angustifólium	Cyperáceae	schmalblättriges Wollgras	weiß	IV –V	Sumpf	silbrig-weiße Samenköpfe aus vielblütigen Ährchen zusammengewachsen
Erióphorum latifólium	Cyperdáceae	breitblättriges Wollgras	gelb	IV –V	Sumpf	Vermehrung nur durch Samen
Erióphorum scheúchzeri	Cyperáceae	Scheuchzers Wollgras	weiß	V –VI	Sumpf	braune Samenstände
Equisétum palústre	Equisetáceae	Sumpfschachtelhalm	braun	VI –IX	Sumpf	stark wuchernd
Iris káempferi	Iridáceae	Japanische Schwertlilie	blau, weiß, rosa, violett	V –VII	Sumpf	winterhart, Blütenschaft bis zu 100 cm
Íris pseudácorus	Iridáceae	Sumpfschwertlilie	gelb	V –VII	bis 20 cm	Blütenschaft bis 150 cm; grüne, später braune Kapselfrüchte
Júncus infléxus	Juncáceae	Blaugrüne Binse	braun	VII –VIII	Sumpf	Horste bildend
Lysíchitan americánus (Abb. 99)	Aráceae	Scheinkalla	gelb	IV –V	0 bis 5 cm	nach der Blüte → großflächige Blätter bildend
Myosótis palústris	Boragináceae	Sumpfvergiss-meinnicht	blau	V –VIII	5 bis 10 cm	ausdauernder Blüher

Tab. 24. (Fortsetzung)

Botanischer Name	Familie	Deutscher Name	Blütenfarbe	Blütezeit	Wassertiefe	Bemerkung
Nelúmbo nucífera	Nymphaeáceae	Ind. Lotosblume	gelb/rot	IV –VIII	5 bis 10 cm	frostfreie Überwinterung in nährstoffreichem Boden
Phragmítes austrális	Gramíneae	Uferschilf	braun	VIII-IX	5 bis 50 cm	stark wuchernd, größtes heimisches Wildgras
Physostégia virginiána	Labiátae	Gelenkblume	rosarot	VI –IX	0 bis 5 cm	gute Schnittblume
Ranúnculus flámmula	Ranunculáceae	Brennender Hahnenfuß	gelb	VI –X	1 bis 5 cm	guter Bodendecker
Sagittária sagittifólia	Alismatáceae	Gewöhnliches Pfeilkraut	weiß	VI –VII	5 bis 10 cm	Vermehrung durch Knollenbildung an langen Ausläufern
Scírpus lacústris ssp. tabernaemontáni 'Zebrinus'	Cyperáceae	Zebra-Simse	braun	IV –VI	5 bis 20 cm	Stengel gelbgrün quer gestreift
Typha angustifólia	Trypháceae	Kleiner Rohrkolben	braun	VII –VIII	5 bis 20 cm	geschützte Pflanze; kolbenförmiger Blütenstand; flächige Ausbreitung
Typha latifólia	Trypháceae	Großer Rohrkolben	braun	VII –VIII	5 bis 20 cm	
Typha mínima	Trypháceae	Zwergrohrkolben	braun	V –VI	0 bis 5 cm	

Tab. 25. Wasserpflanzen

Botanischer Name	Familie	Deutscher Name	Blütenfarbe	Blütezeit	Wassertiefe	Bemerkung
Eichhórnia crássipes	Pontederiáceae	Wasserhyazinthe	hellviolett	VI –IX	ab 20 cm	dekorative Schwimmpflanze, nicht winterhart
Lémna mínor	Lemnáceae	Kleine Wasserlinse	grün	V –VI	ab 1 cm	starke Ausbreitung und Vermehrung
Núphar lútea	Nymphaeáceae	Große Teichrose	gelb	VI –VIII	80 bis 120 cm	Sauerstoffspender
Núphar púmila	Nymphaeáceae	Kleine Teichrose	gelb	VI –VIII	30 bis 50 cm	Sauerstoffspender
Nympháea álba	Nymphaeáceae	Weiße Seerose	weiß	VI –VIII	50 bis 80 cm	geschützte Art *! in der Natur; nur als Kulturform!
Nympháea-Hybriden	Nymphaeáceae	Zuchtform	verschieden	VI –VIII	50 bis 80 cm	Blütendauer nur 3 Tage; winter- und nicht winterharte Sorten, knospig schneiden
Pístia stratiótes	Aráceae	Wassersalat, Muschelblume	weiß	VI –IX	ab 20 cm	nicht winterhart, starke Vermehrung
Ranúnculus aquátilis	Ranunculáceae	Wasserhahnenfuß	weiß	VI –VIII	10 bis 50 cm	weiches Wasser liebend
Stratiótes aloídes	Hydrocharitáceae	Wasseraloë, Krebsschere	weiß	VII –VIII	10 bis 50 cm	rosettenartig angeordnete gesägte Blätter

Aber es gibt auch extrem schmal- und hartblätt-rige Pflanzen unter den Sumpfbewohnern. Einige wachsen als grasähnliche Büschel (z. B. *Eleócharis palústris*-Sumpfsimse), andere bestechen durch die Farbe ihrer Blüten (z. B. *Lysíchitum americánus* – gelbe Scheinkalla).

Neben den winterharten Vertretern unserer Feuchtbiotope gibt es auch eine Reihe von tropi-schen Gewächsen, die auf der hellen Fensterbank überwintern müssen. Zu ihnen zählen die ver-schiedenen Zypergrasarten, die erst ab Mitte Mai ins Freie gesetzt werden dürfen.

Überwintert werden muss auch die dekorative Lotosblume (*Nelúmbo nucífera*), jedoch genügt ihr ein Platz im Keller. In einer mit natürlichem Boden und niedrigem Wasserstand gefüllten Wan-ne überdauern die flachen Wurzelstöcke gesichert die kalte Jahreszeit. Die Tabelle 24 gibt einen Überblick über blühende wie auch grünende Ver-treter dieses feucht-nassen Lebensbereiches.

Wasserpflanzen

Gläserne Gefäße eignen sich besonders, um in ihnen Ausschnitte einer Wasserlandschaft nachzu-bilden. In höheren Aquarien kann die Schaffung einer verschiedenfarbigen Bodenschichtung (Hell-Dunkel-Kontraste) schon der Beginn der Gestal-tung sein. Eine eingefügte Wurzel belebt den transparenten Wasserraum durch ihren Wuchs und schwimmende grüne Teichlinsen (*Lémna mínor*) sowie ein oder zwei Wasserhyazinthen (*Eichhórnia crássipes*) verleihen der Komposition Naturcharakter.

Auch große flache Keramikschalen sind beliebte Behältnisse, um einen Teich entstehen zu lassen. Mit Hilfe von Steckigeln (Kenzan) können die Pflanzenteile wirkungsvoll arrangiert werden. Die-se technische Steckhilfe bietet gerade hier große Vorteile. Sie garantiert durch ihr Gewicht guten Halt, verhindert eine Wasserverunreinigung (an-ders als bei Steckschwämmen) und ermöglicht eine ungehinderte Wasseraufnahme durch die flei-schigen Stiele, die gerade für diese Pflanzengruppe typisch sind.

Die Wasserpflanzen lassen sich in Unterwasserpflan-zen und Schwimmblattpflanzen unterteilen. Letztere Gruppe ist für die floristische Verarbeitung interes-santer, da gerade ihre Blüten besondere Kostbarkei-ten darstellen. In Spezialgärtnereien gezogen, werden

Abb. 97. Alísma plantágo-aquática (Froschlöffel). Tab. 24

Abb. 98. Cáltha palústris (Sumpfdotterblume). Tab. 24

Abb. 100. Mattéuccia struthiópteris (Straußfarn). Tab. 27

sie in den Sommermonaten angeboten. Ihre Schönheit und Haltbarkeit ist leider meist nur von sehr
kurzer Dauer. Frisch geschnittene Lotosblätter
trocknen sogar auf dem Wasser liegend sehr rasch
ein, wie auch die Blüten nur selten mehr als zwei
Tage überstehen und dann unansehnlich werden.

Abb. 99. Lysíchiton americánus (Scheinkalla).Tab. 24

Abb. 101. Onocléa sensíbilis (Perlfarn). Tab. 27

Abb. 102. Polystichum setíferum (Weicher Schildfarn). Tab. 27

!!!Merksätze

- Gräser gliedern sich in die Familie der Süßgräser oder Echten Gräser (Gramíneae) und in die Familie der Sauergräser oder Riedgrasgewächse (Cyperáceae).
- Zu den Riedgräsern gehören die Binsen- und Simsengewächse.
- Sumpfpflanzen gedeihen ausschließlich in feuchtnasser Umgebung, können jedoch auch kürzere Trockenperioden überstehen.
- Wasserpflanzen lassen sich in Unterwasserpflanzen und Schwimmblattpflanzen einteilen.

???Aufgaben

1. Gräser lassen sich zu geflochtenen Matten verknüpfen. Fertigen Sie eine solche an und arbeiten Sie diese als Gestaltungsmittel in einen strukturierten Strauß ein.
2. Beschaffen Sie sich Halme von einer Grasart und einer Binse und stellen Sie die Unterschiede im Aufbau der Halme fest.
3. Zu Bündeln zusammengefasste Halme sind ein beliebtes alternatives Steckhilfsmittel. Skizzieren Sie ein gestecktes Arrangement, in dem Technik und Gestaltungsmittel als eine Einheit hervorgehen.

25 Moose und Flechten

In der Floristik wird Moos recht unterschiedlich verarbeitet. Es ist sowohl Gestaltungsmittel als auch technisches Hilfsmittel. Als synthetische Steckmassen noch unbekannt waren, fanden Blumen fast ausschließlich in Moospolstern ihren Halt. Die Verarbeitung von Moosen sollte stets mit Bedacht vorgenommen werden, da auch sie zu den gefährdeten Arten zählen. Als Steckhilfsmittel haben sich vielfältige andere Möglichkeiten bewährt, sodass gerade in diesem Bereich Alternativen bevorzugt werden sollten.

Der verantwortungsvolle Umgang und das Wissen um bedrohte Pflanzenbestände sollte auch unser Tun beim Gestalten prägen. Dennoch haben »Moostechniken« ihre Berechtigung in der Binderei und sollten daher auch Beachtung finden (siehe Florist Bd. 1). Zu Knäueln zusammengedrückt, wird das Moos mit Wickel- oder Maschendraht umgeben und zusammengebunden. Das darf jedoch nicht zu eng und zu fest geschehen, da sonst ein Hineinstecken sehr mühevoll ist und die Schnittstellen leicht umknicken.

Sphágnum palústre, das hellgrüne Torfmoos, ist hierfür besonders geeignet. Es vermag sehr viel Wasser zu speichern und braucht dank seiner Natürlichkeit nicht abgedeckt zu werden. So wird es auch als Basis für eine Schmuckgestaltung auf dem Kranzkörper angebracht, oder dient als Steckhilfsmittel für gesteckte Arrangements.

Rund ausgesteckte Kränze auf einem Wulst aus feuchtem Moos sind besonders haltbar. Dies gilt nicht nur für die Trauerfloristik, sondern auch für kleine Tischkränze mit frischen Blumen oder bei der Adventsbinderei. Werden sie auf einen Teller mit Wasser gelegt, bleibt das Moos besonders lange frisch und eine Wasserversorgung der aufgearbeiteten Gestaltungsmittel ist gewährleistet.

Auch beim dem Andrahten kurzstieliger Blumen empfiehlt es sich, etwas feuchtes Moos um die Schnittstellen zu legen, um deren Haltbarkeit zu verlängern.

Advents- und Weihnachtskugeln werden gerne auf einen Mooskern gearbeitet. Gleiches gilt auch für Pyramiden größeren Maßes, welche der Handel in gewünschter Größe nicht immer anbietet.

Als Pflanzsubstrat für epiphytische Topfpflanzen ist Sphagnum ebenfalls ideal, hat es doch eine hohe Wasseraufnahmefähigkeit.

Aber Moose können auch noch anders eingesetzt werden. Bei der Schaffung einer gestalteten Bodenmodulation in Pflanzschalen wird gern Platten- oder Polstermoos verarbeitet.

So sind auch Polster-, Wasser- und Islandmoos beliebte Gestaltungsmittel in der Trauerbinderei. Moose besitzen somit neben ihrem dekorativen Wert zusätzlich einen rein zweckmäßigen. So ist Lappenmoos das ideale Abdeckmaterial unserer synthetischen Steckbasen. Egal, ob auf feuchter oder trockener Steckmasse, es verleiht in jedem Fall Natürlichkeit. Mit Hilfe verschieden großer Haften lässt sich das Moos einfach und bequem befestigen. Dabei kann es mehr oder weniger mit in die Gestaltung eingehen, so z. B. bei Friesgestaltungen. Verschiedene Moose, nebeneinander zusammengebracht und verarbeitet, können interessante Oberflächen erzeugen. Bemooste Zweige, Äste oder Steine erweisen sich innerhalb gesteckter oder gepflanzter Arrangements oft als interessanter Blickfang.

Auch Flechten zählen zu den beliebten Beigaben in unseren Gestaltungen. Sowohl in der winterlichen Binderei als auch im Zusammenklang mit Orchideen präsentieren sie sich besonders wirkungsvoll und betonen die Natürlichkeit des Gebindes.

So sind beide von Natur aus eher unscheinbar und erfahren erst bei ihrer Verarbeitung mehr oder weniger gestalterischen Wert. Sie können dabei selbst als Akzent hervortreten und von sich aus wirken, aber sich genauso auch als neutrale Stofflichkeit aller Gestaltung unterordnen.

!!! Merksätze

- Moose sind in der Floristik sowohl gestaltendes Element als auch technisches Hilfsmittel.
- Das Sumpfmoos (*Sphágnum palústre*) kann, zum festen Knäuel oder Bündel mit parallel verlaufenden Fasern zusammengebunden, als Steckbasis für vielseitige Gestaltungsaufgaben dienen. Durch seine Fähigkeit, Feuchtigkeit zu speichern, sorgt es für lange Haltbarkeit der darin gesteckten Pflanzenteile.
- Moose und Flechten eignen sich wegen ihrer Strukturen besonders für flächige Gestaltungen.
- Zur besonderen Beachtung: Umweltaspekte fordern den behutsamen und sparsamen Einsatz von Moosen und Flechten.

??? Aufgaben

1. Die »Moostechnik« gehört zu den vielfältigen Gestaltungsmöglichkeiten bei der Anfertigung eines Brautstraußes. Beschreiben Sie die Vorgehensweise, sowie Vor- und Nachteile dieser alten Technik.
2. Kultiviertes Islandmoos mit Herkunftsnachweis ermöglicht die unbedenkliche Verarbeitung in der Binderei zum Totengedenken. Erläutern Sie wie dieses zu kleinen Polstern angedraht wird, um es für einen rund ausgesteckten Kranz zu verarbeiten. Nennen Sie die gewählte Drahtstärke.
3. Erläutern Sie drei alternative Steckhilfsmittel, welche die Verwendung von Sphagnummoos dabei wirkungsvoll ersetzen können.

26 Farne

Für den Floristen sind Farne von ganz besonderem Wert, wie ihn kaum eine andere Grünpflanze aufweist.

Besonders als Schnittgrünlieferanten erfreuen sie sich größter Beliebtheit. Es ist nicht nur die Formenvielfalt ihrer Wedel, die ihnen den festen Platz unter allem Blattwerk eingeräumt hat, sondern auch deren Haltbarkeit (keine Verunreinigung durch Abfallen wie bei *Asparágus*-Arten!). Hinzu kommen die unterschiedlichen Grünfärbungen und Strukturen, die jede floristische Arbeit beleben und bereichern.

Der letzte Aspekt findet auch bei Pflanzungen besondere Beachtung, wobei die Pflegeansprüche keinesfalls außer Acht gelassen werden dürfen.

Als Topfpflanzen zählen die Farne stets zu den im Trend liegenden Grünpflanzen. Sie sind mehr als eine modische Erscheinung, obwohl bestimmt auch die Fotowerbung der Möbelindustrie zum Bekanntwerden der Artenvielfalt ihren Teil beigetragen hat. Waren Farne früher in erster Linie beliebte grüne Ergänzungen in blühenden Pflanzungen, so werden sie heute als dekorative Pflanzen im Wohnraum platziert.

Auch Zusammenpflanzungen verschiedener Arten in großflächigen Schalen mit eingearbeiteten Wurzeln und Rindenstücken, die geradezu waldhaften Charakter offenbaren und ihrem natürlichen Lebensraum nachempfunden sind, schaffen Atmosphäre und ein besonderes Ambiente.

Farne im Freien und in der Wohnung

Die meisten Farne sind Waldbewohner. Sie lieben windgeschützte schattige Orte mit hoher Luftfeuchtigkeit. Schatten spendende, nicht zu dicht belaubte Baumkronen erfüllen ihnen ihre gewünschten Standortbedingungen. Farne sind Flachwurzler und gedeihen am besten in wasserdurchlässigen Böden, wobei der Laubhumus allen diesen Anforderungen entspricht.

Bei Farnpflanzungen im Garten sollten alle nötigen Wachstumsfaktoren berücksichtigt werden, damit durch ein optimales Wachstum der gewünschte Schmuckwert erzielt werden kann. Die beste Pflanzzeit ist im Frühjahr, gleich zu Beginn der Entwicklung der jungen Farnwedel. Befinden

sich die Pflanzen in Töpfen oder Containern, können sie auch im Herbst ausgepflanzt werden. Zum Winter sollte als Schutz eine dickere Laubdecke um die Pflanzen herum aufgefüllt werden. Die abgestorbenen, gelb gewordenen Wedel bieten ebenfalls einen **Kälteschutz**. Sie haben die Funktion eines schützenden Daches, das gleichzeitig die abfallenden Blätter der darüber stehenden Bäume auffängt und auf sich ruhen lässt. Sie werden erst im Frühjahr entfernt, wenn die jungen Triebe, zu Spiralen gedreht, sich allmählich entwinden.

Die Bedingungen, welche die Farne in der freien Natur vorfinden, sind nur in begrenztem Maße auf Wohnzimmerverhältnisse zu übertragen. Farne lieben keinen zu häufigen Standortwechsel und keine direkte Sonnenbestrahlung. Auf diese Vorlieben sollte unbedingt eingegangen werden. Ferner kann durch regelmäßiges Gießen auch die benötigte feuchte Umgebung geschaffen werden. Aber Vorsicht: Farne vertragen keine Staunässe! Außerdem sind sie dankbar, wenn sie ab und zu mit Wasser übersprüht werden. Die **Wassergaben** richten sich stets nach Größe und Zimmertemperatur, aber auch nach der Blattoberfläche. Arten mit harten ledrigen Wedeln, wie z. B. *Cyrtómium falcátum* (Schildfarn), benötigen weitaus weniger Wasser als solche mit zarten, fast transparenten Blättchen, wie z. B. *Adiántum raddiánum* (Frauenhaarfarn).

Für Pflanzsysteme mit Selbstbewässerung, wie auch Hydrokultur, sind Farne bestens geeignet.

Im Frühjahr, zu Beginn der Vegetationsperiode, ist die beste Zeit zum Umtopfen. Die Topferde sollte dem natürlichen Waldboden möglichst ähnlich sein, also eine Humusbeimischung erhalten, damit die sehr salzempfindlichen Pflanzen ein nicht zu nährstoffreiches Substrat erhalten.

Geweihfarne (*Platycérium bifúrcatum*) zählen zu den Epiphyten. In der Natur wachsen sie als Aufsitzer auf anderen Pflanzen, ohne diesen jedoch zu schaden. Aus dieser Eigentümlichkeit heraus besitzen sie nur ein geringes Wurzelwerk. Sie wachsen daher am besten in sehr flachen Gefäßen oder Körben und brauchen nur selten umgetopft zu werden. Bei ihnen ist das Gießen besonders problematisch, da die unteren, meist braunen und fast papierähnlichen Mantel- oder Nischenblätter, eng auf dem Gefäßrand liegen und diesen umschließen. Diese Pflanzen werden daher besser gelegentlich getaucht, was sogar den Vorteil mit sich bringt, dass gleichzeitig der Salzgehalt der Topferde vermindert wird, da überschüssiges Salz dabei ausgewaschen wird.

Während der Wachstumsperiode sollte 14tägig, im Winter jedoch nur etwa alle zwei Monate, mit Mineraldünger oder organischem Dünger gedüngt werden.

Farne – beliebte Schnittgrünlieferanten

Durch ihre unterschiedlichen Wuchsformen und Blattfarben sowie ihre beachtliche Haltbarkeit sind die Farne zu einem Schnittgrünlieferanten erster Ordnung geworden.

Viele Farnwedel haben ausschwingende Form und werden daher besonders gern für Sträuße und beim dekorativen Gestalten verarbeitet, so z. B. *Adiántum raddiánum* (Frauenhaarfarn), *A. tenérum, A. venústum, Cyrtómium falcátum* (Schildfarn) oder *Nephrolépis excaltáta* (Schwertfarn) in verschiedenen Sorten, um nur einige der Bekanntesten zu nennen.

Im formal linearen Gestaltungsstil, der sich durch besondere Grafik seiner Gestaltungsmittel auszeichnet, finden interessant gewachsene Farne ganz besondere Beachtung, wie z. B. *Asplénium nídus* (Nestfarn), *Platycérium bífurcatum* (Geweihfarn), *Phýllftis scolopéndrium* (Hirschzungenfarn), *Polypódium polycárpon* (Tüpfelfarn) oder *Phlebódium a̅u̅reum* (Gold-Tüpfelfarn).

Für ihre Haltbarkeit ist die **Schnittreife von größter** Wichtigkeit. Nur ausgereifte Wedel oder Blätter können bedenkenlos verarbeitet werden.

Nephrolépis Wedel müssen vollständig entrollt sein und schon eine gewisse Festigkeit aufweisen, da sie sonst an den Spitzen welken und braun werden. Sind an der Blattunterseite Sporen erkennbar, ist es ein sicheres Zeichen dafür, dass dieser Pflanzenteil ausgereift ist. Wichtig ist auch, dass die Farne vor ihrer Verarbeitung gut gewässert werden und ihre Stiele unverletzt, also nirgends gequetscht oder geknickt sind. Sogar das zarte *Adiántum* zählt zu den haltbaren Schnittgrünarten, wenn es eine Spezialbehandlung erfährt (Anbrennen der Stielenden; bei erneutem Anschnitt sollte die Schnittstelle wiederum kurz abgebrannt werden).

Die Wedel der Farne können recht unterschiedlich gestaltet sein. Viele haben eine Dreiecksform wie der bekannte Lederfarn (*Arachníodes adiantíformis*) oder sind schmallanzettlich wie z. B. der

Rippenfarn (*Bléchnum spícant*). *Polypódium phyllítidis*, der Tüpfelfarn, hat linealische Form und dabei einen geschlossenen Blattumriss.

Ganzrandig, also ungeteilt, ist das Blatt vom Nestfarn (*Asplénium nídus*). *Adiántum raddiánum* (Frauenhaarfarn) besitzt ganz zarte, fast transparente, doch stumpfe Fiederblättchen, während *Cyrtómium falcátum* (Schildfarn) durch seine lederartige, glänzende Blatthärte besticht.

Auch zum Trocknen geeignet

Dass sich Farnwedel und -blätter pressen lassen, ist schon an ihrer flachen Gestalt zu erkennen. Oftmals werden sie zuvor gefärbt und präpariert. *Adiántum* ist sogar gebleicht im Handel erhältlich und wird gern als Abschluss zarter duftiger Trockensträuße verarbeitet. Aber auch in Collagen finden gepresste oder getrocknete Farnwedel vielfach Verwendung. So trocknen die lanzettlichen Blätter vom Nestfarn zu interessanten Formen ein und verlieren ihre satte grüne Farbe, die dann zu Gelbbraun überwechselt. Auch *Phlebódium a̅u̅reum* ›Glaucum‹ trocknet leicht zusammengekrümmt ein und erscheint nicht nur in neuer Farbe (früher bläulich, jetzt eher braun), sondern auch in anderer Struktur (früher metallisch, jetzt eher hölzern). Einige Farnarten bilden ihre Sporen nicht an den Blattunterseiten aus, sondern bringen schmale kürzere Wedel hervor, welche die braunen Sporenkapseln tragen. Zu ihnen zählen der Perlfarn (*Onocléa sensíbilis*) sowie der Straußfarn (*Matte̅u̅ccia struthiópteris*) und auch der gewaltige Königsfarn (*Osmúnda regális*). Diese Sporenträger besitzen besonderen Schmuckwert und werden gerne verarbeitet. Aber auch die ganz jungen, gerade sich entrollenden Wedel bestimmter Arten (z. B. *Osmúnda cinnamómea* – Zimtbrauner Königsfarn, Zimtfarn) werden getrocknet und anschließend gehärtet, sodass sie braunschwarz gefärbt, fast hölzern erscheinen. Diese Präparationsmethode ist jedoch nur Trockenblumenverarbeitungsbetrieben vorbehalten. Die Wurzelstöcke des Königsfarnes (*Osmúnda regális*), die zerkleinert als Pflanzensubstrat für Orchideenkulturen verwendet werden, stellen in floralen Gestaltungen bestimmt eine Besonderheit dar.

Vom Wedel bis hin zur Wurzel findet so jeder Pflanzenteil seine Verwendung und besitzt individuellen Schmuckwert.

Tab. 26. In der Floristik verwendete Moose und Flechten

Botanischer Name	Familie	Deutscher Name	Anwendungsbereich
Cladónia rangíférina	Cladoniáceae	Islandmoos, Rentierflechte	Binderei zum Totengedenken; flächige Gestaltungen auf Kränzen, Kissen oder Kreuzen und zur Basisgestaltung; leicht aufzuhaften; winterliche und weihnachtliche Binderei; Abgabe mit Herkunftsnachweis aus kultiviertem Anbau; in der Natur geschützt!
Ctenídium mollúscum	Hypnáceae	wolliges Astmoos, Lappenmoos	Abdeckmaterial für Steckbasen; Werkstoff in Friesgestaltungen
Eurhynchium striátum	Brachytheciáceae	Peitschenästiges Kriechmoos (Stopfmoos)	Werkstoff für Steckbasen; Füllmaterial in Gefäßen um synthetische Steckmasse herum
Leucobryum gláúcum	Leucobryáceae	Weißmoos, Polstermoos, Plattenmoos	Gestaltungsmittel in der Trauerbinderei winterliche und weihnachtliche Binderei; angedrahtet in die Basis formal-linearer Sträuße; dekorative Abdeckung in Pflanzenschalen (Oberflächengestaltung)
Polytrichum commúne	Polytricháceae	Moorbürstenmoos, Wassermoos	Kranzbinderei → für kostbare Kranzkörper; in Pflanzschalen (Milieugestaltung von Feuchtbiotopen) wie gewachsen verarbeitet
Sphágnum némoreum	Sphagnáceae	Spitzblättriges Torfmoos, Sumpfmoos	Pflanzsubstrat für Orchideen und Bromelien (besonders bei der Vorbereitung für Epiphytenstämme), geschützt!
Sphágnum palústre	Sphagnáceae	Kahnblättriges Torfmoos	Material für Steckbasen; Füllmaterial in Gefäßen um synthetische Steckmassen herum; Material für Kranzwulste; um die Schnittflächen kurzstieliger Blumen gelegt und angedrahtet als Feuchtigkeitsspender (z. B. bei rundgesteckten Kränzen); in der Natur geschützte Art!
Úsnea longíssima	Usneáceae	Echte Bartflechte (bis zu meterlange Bärte)	vegetatives Gestalten; adventliche und weihnachtliche Binderei

Tab. 27. Farne

Botanischer Name	Familie	Deutscher Name	Blattfarbe	Blattform	Struktur-gruppe	Verwendung/Bemerkung
Adiántum raddiánum	Adiantáceae	Frauenhaarfarn	hellgrün, leicht bläulich bereift	3- bis 4fach gefiederte Wedel, breit fächerförmig	seidig	Zimmerpflanze, Stiel bis 60 cm lang; dachziegelartig stehende Fiedern; Topfpflanze; ✄; rosa Austrieb
Adiántum ténerum	Adiantáceae	Frauenhaarfarn	zartgrün, rosa bereift	tief gelappte Fiederblättchen	seidig	Zimmerpflanze, raschwüchsig; zarter Gesamtwuchs; rosa Austrieb; ✄
Arachniódes adiantifórmis	Aspidiáceae	Lederfarn	dunkelgrün	dreieckig; 2- bis 3fach gefiedert	rustikal	Zimmerpflanze, Schnittgrün besonders haltbar; epiphytisch wachsend; Wedellänge bis 70 cm
Asplénium nidus	Aspleniáceae	Nestfarn	hellgrün	lanzettlich, ungeteilt	metallisch	Zimmerpflanze; Blätter bilden einen Trichter, bis 100 cm lang; zum Trocknen geeignet, gelb werdend
Bléchnum gibbum	Blechnáceae	Rippenfarn	dunkelgrün	einfach gefiedert	metallisch	beliebte Gartenpflanze; Blätter bleiben im Winter grün; als Zimmerpflanze einzige stammbildende Art
Cyrtómium falcátum	Aspidiáceae	Schildfarn, Stechlanzenfarn	dunkelgrün	einfach gefiedert	metallisch	Garten-, Topfpflanze; wintergrün verträgt sehr dunklen Standort
Davállia bulláta	Davalliáceae	Davallie, Hasen-, Kaninchen-pfotenfarn	hellgrün	fein zerteilte Fiederblättchen	rustikal	epiphytischer Farn; stark behaarte Wurzelstöcke, mit denen er sich auf Wirtspflanzen festklammert; in Hängekörben und flachen Schalen kultiviert; sehr haltbar
Dryópteris filixmas	Aspidiáceae	Wurmfarn	auf der Unterseite hellgrün	einfach gefiedert	rustikal	stark wachsender Freilandfarn; Wedel bilden offenen Trichter; bevorzugt Buchenwälder; Blätter sind wintergrün
Matteúccia stru-thiópteris (Abb. 100)	Onocleáceae	Straußenfarn, Trichterfarn	hellgrün	einfach gefiedert	rustikal	dekorativer Freilandfarn; bis 150 cm hoch; Ausbildung besonderer Sporenwedel; Ausläufer bildend
Microlépia speluncae	Dennstaedtiá-ceae	Grotten-Mikrolepie	hellgrün	3- bis 4fach gefiedert	flauschig	sehr weiches Blatt; wächst in Wäldern mit hoher Luftfeuchtigkeit; Zimmerpflanze

Tab. 27. (Fortsetzung)

Botanischer Name	Familie	Deutscher Name	Blattfarbe	Blattform	Struktur-gruppe	Verwendung/Bemerkung
Nephrólepis exaltáta	Nephrole-pidáceae	Nierenschuppen-farn, Schwert-farn	hellgrün	schmal, gefiedert; Blatt am Rand gewellt	rustikal-flauschig	Wedel bis zu 100 cm lang; einer der bekanntesten Zimmerfarne; ✂; sehr haltbar; Reife an der Blatt-spitze erkennbar (Vermehrung bes-ser durch Ausläufer)
Onocléa sensíbilis (Abb. 101)	Onocleáceae	Perlfarn	hellgrün	oval bis dreieckig	rustikal	Freilandfarn; Ausbildung besonderer Sporenwedel → sehr dekorativ; frostempfindlich
Osmúnda regális	Osmundáceae	Königsfarn	hellgelb	doppelt gefiedert	rustikal	Wurzeln finden Verwendung als Substrat für Orchideenkulturen und epiphytische Pflanzen; Frei-landfarn; 75 bis 200 cm hoch; hübsche gelbe Herbstfärbung; oberster Teil der fruchtbaren Blätter trägt dekorative Sporenhäufchen
Pelláea rotundifólia	Sinopteri-dáceae	Pellaea, Pfennigfarn	braungrün	einfach gefiedert; Fiederblättchen ganzrandig oval	rustikal, metallisch	Zimmerpflanze; wächst auf trockenen Gebieten; kriechender Wurzelstock; nicht für ✂ geeignet, nur mit Wurzeln, sonst Einziehen und Welken der Blätter
Phyllitis scolopéndrium	Aspleniáceae	Hirschzungen-farn	dunkelgrün	lanzettlich, ganzrandig mit gewelltem Rand	rustikal, metallisch	wintergrün; als Zimmerpflanze nur an kühlen Plätzen; in der Natur vorkommende geschützte Pflanze
Platycérium bifurcátum	Polypodiáceae	Geweihfarn	dunkelgrün, bemehlt	geweihartig; braune Mantel-nischenblätter	rustikal	epiphytisch wachsender Farn; Zimmerpflanze, verträgt trockene Zimmerluft → mehlige Schicht auf den Blättern schränkt Verdunstung ein; Hängepflanze; Blätter für formal-lineare Gestaltungsart willkommen
Polypódium vulgáre	Polypodiáceae	Tüpfelfarn, Engelsüß	kräftig grün	tief, einfach federspaltig; leicht über-hängend	rustikal, metallisch	robuster Freilandfarn; Wedel bis 40 cm lang; kriechender Wurzel-stock; wintergrün; Wurzeln wurden früher für Orchideensub-strat verwendet

Tab. 27. (Fortsetzung)

Botanischer Name	Familie	Deutscher Name	Blattfarbe	Blattform	Struktur-gruppe	Verwendung/Bemerkung
Polystichum setiferum (Abb. 102)	Aspidiáceae	Weicher Lanzenfarn, Schildfarn	kräftig grün	doppelt gefiedert	rustikal	Wedel in Büscheln stehend; 30 bis 100 cm lang; sehr schmal; wintergrün; liebt Rhododendron- u. Kiefernnähe; für Steingärten geeignet
Péris crética	Acrostichàceae	Saumfarn	hellgrün	2 bis 6 Fieder-blätter an jeder Seite der Mittelrippe	rustikal, metallisch	Blatt bis 30 cm lang mit gelben oder hellbraunen Blattstielen; sehr sortenreiche Art; robuste Zimmerpflanze
Péris crética 'Albo-Lineata'	Acrostichàceae	Saumfarn	weißer Mittelstreifen	breite Fiedern	rustikal	in Längsrichtung auffallend weißer Mittelstreifen
Péris crética 'Rivertoniana'	Acrostichàceae	Saumfarn	hellgrün	fein gesägte Fiederblatt-ränder	flauschig	gekrauste Wedelspitzen
Péris trémula	Acrostichàceae	Saumfarn	hellgrün	stark aufgeteilt	flauschig	braune Blattstiele; sehr fein-gliedrige Blätter

!!!Merksätze

- Farne gehören zu den wichtigsten Schnittgrün-lieferanten.
- Farne als Topfpflanzen müssen feucht gehalten werden, vertragen jedoch keine Staunässe.
- Farne sind salzempfindliche Pflanzen, dürfen also nicht in allzu nährstoffreichen Substraten gehalten werden.
- Farne lieben windgeschützte, schattige Orte mit hoher Luftfeuchtigkeit.

???Aufgaben

1. Farne eignen sich gut zum Pressen. Sammeln Sie Farnwedel aus Ihrem betrieblichem Angebot sowie von freiwachsenden Exemplaren. Bestimmen Sie die Wedel, beschreiben Sie ihre Herkunft und geben Sie ihre floristischen Verwendungsmöglichkeiten an.
2. Farne zeichnen sich durch unterschiedliche Erscheinungsformen mit abweichenden Oberflächenstrukturen aus. Nennen Sie fünf besonders interessante Vertreter und beschreiben Sie diese. Erläutern Sie deren Verwendungsmöglichkeiten in der Floristik.
3. Farne besitzen Formvielfalt und Schmuckwert. Nennen Sie jeweils drei Vertreter, die bevorzugt werden für kleine, zarte Straußzusammenstellungen und solche, die in dekorativen, großen Gebinden gern verarbeitet werden.
4. Beschreiben Sie jeweils ein Werkstück mit einer detaillierten Angabe der ausgewählten Gestaltungsmittel.

27 Zimmerpflanzen
Warm- und Kalthauspflanzen

»Grün ist Leben« lautet das Motto der Gärtner, und diese Behauptung stimmt, denn was wäre ein Wohnen ohne Grün. Erst dieses Grün schafft Vollkommenheit und Behaglichkeit in unseren eingerichteten vier Wänden.

Für viele Menschen sind Zimmerpflanzen nicht nur schmückende Attribute, sondern gleichzeitig Hobby und Liebhaberei. Wie Kinder werden sie umsorgt und gehegt. Welch große Freude kommt auf, wenn sich ein neues Blatt hervorschiebt, eine Knospe sich öffnet oder ein Ableger entdeckt wird.

Zimmerpflanzen bestechen durch ihren Artenreichtum mit allen ihren Formen, Farben, Strukturen und auch Düften. So unterschiedlich wie ihr jeweiliges Erscheinungsbild ist, so unterschiedlich sind auch ihre Pflegeansprüche. Sie wurden alle in Gewächshäusern herangezogen und werden daher auch als **Unterglaspflanzen** bezeichnet. Da ihre Temperaturansprüche recht verschieden sind, lassen sie sich in die zwei großen Hauptgruppen, die **Warm-** und **Kalthauspflanzen**, unterteilen.

Warmhauspflanzen ⓦ gedeihen bei Temperaturen im Bereich von 18–30°C am besten; Kalthauspflanzen ⓚ lieben eine Standorttemperatur zwischen 5–10°C. Als dritte Gruppe seien die Pflanzen genannt, die Temperaturen zwischen 12–18 °C für ihr optimales Wachstum benötigen. Sie bezeichnet man als Pflanzen für das Temperierte Haus ⓣ.

Aber es ist nicht nur die richtige Temperatur, die den Stoffwechsel einer Pflanze begünstigt. Auch alle übrigen wichtigen Wachstumsfaktoren wie Licht, Luft, Wasser und Nährstoffe tragen zum Gedeihen des grünen Lebens bei. Die Pflanzenkenntnis des Floristen sollte sich deshalb niemals nur auf die verschiedenen Arten und Sorten beziehen, sondern gleichzeitig auch deren Pflege- und Standortansprüche mit beinhalten. Erst das richtige Wissen über die Bedürfnisse und Eigenheiten der Pflanzen ermöglicht ein gesundes Wachstum.

Die Tabellen 28 bis 32 geben einen Überblick über das reichhaltige Angebot an Zimmerpflanzen, gegliedert nach den für den Floristen wichtigen Gesichtspunkten.

Tab. 28. Blühende Kalthauspflanzen

Botanischer Name	Familie	Deutscher Name	Blütezeit	Farbe	Licht	Temperatur/Bemerkung
Abutilon-Hybriden	Malváceae	Schönmalve	I –XII	gelblich, rötlich	○	um 15 °C; jährlicher Rückschnitt bis in verholzte Triebe
Acácia armáta	Leguminósae	Kängurudorn, Topfmimose	III –IV	gelb	○	um 10 °C; Rückschnitt nach der Blüte
Bougainvillea glábra	Nyctagináceae	Bougainvillea	IV –VI	leuchtend rot, rosa, orange, gelb	○	im Winter um 10 °C; ⚥; kletternde Sträucher; Hochblätter leuchtend gefärbt; gekrümmte Dornen in Blattnähe
Browallia speciósa	Solanáceae	Browallie	III –IX	blau, weiß	●	um 18 °C; ☉; Pflanze strauchig verzweigt; Blüten einzeln in den Blattachseln
Calceolária-Hybriden	Scrophulariáceae	Gr. Pantoffelblume	IV –V	gelb, braun, rot getuscht, getigert	○	bis 15 °C; Wuchs rosettig; samtige Blüten
Callistémon citrínus	Myrtáceae	Flaschenbürste	VI –VII	rot	○	bis 10 °C; Blüten steif linealisch, lebhaft rote, lange Staubfäden; Blüten zu vielen dicht um den Zweig sitzend
Caméllia japónica	Theáceae	Kamelie	I –IV	weiß, rosa, rot	●	bis 12 °C; verliert Blüten bei Standortwechsel
Campánula isophýlla	Campanuláceae	Ampelglockenblume	VII –IX	hellblau	○	bis 12 °C; ⚥; Ampelpflanze
Campánula pyramidális	Campanuláceae	Ampelglockenblume	VII –IX	weiß, blau	○	bis 12 °C; ⚥; im 2. Jahr bis 1,5 m lange Blütenstände
Cápsicum ánnuum	Solanáceae	Zierpaprika	VII –VIII	Früchte gelb, rot violett	○	bis 15 °C; ⚔; ⊗; glänzende, lange haltbare Früchte
Catharánthus róseus (syn. Vinca rósea)	Apocynáceae	Singrün, Immergrün	III –X	rosa, weiß	○	um 15 °C; phloxähnliche Blüten
Chrysánthemum-Indicum-Hybriden	Compósitae	Gärtner-Chrysantheme	IX –XII	verschieden	○	kühl; ⚔; nicht für längeren Zimmeraufenthalt geeignet
Clivia miniáta	Amaryllidáceae	Clivie, Riemenblatt	II –V	orange	●	bis 20 °C; Blätter riemenförmig; Blüten trichterförmig, bis zu 20; doldenartig, endständig auf bis 80 cm hohem kräftigen Schaft
Cýclamen pérsicum	Primuláceae	Alpenveilchen	VIII –IV	weiß, rosa, lachsrot, purpur	○	um 15 °C; Blätter herz- oder nierenförmig, langstielig; Blüten groß; unterschiedliche Blütenformen
Cýtisus × racemósus	Leguminósae	Geißklee	IV –VI	leuchtend gelb	●	um 10 °C; Blüten in 10 cm langen Trauben; wertvoller Frühlingsblüher

Tab. 28. (Fortsetzung)

Botanischer Name	Familie	Deutscher Name	Blütezeit	Farbe	Licht	Temperatur/Bemerkung
Éxacum affine	Gentianáceae	Bitterblatt, Blaues Lieschen	VII–IX	blau, weiß	○	um 15 °C; fleischige Stengel mit kleinen eirunden Blättern, von Grund an verzweigt
Haemánthus álbiflos	Amaryllidáceae	Elefantenohr	VII–X	weiß	○–●	um 18 °C; 2 bis 4 fleischige breite, riemenförmige Blätter; sehr robust; viele weiße Blüten mit gelben Staubfäden auf 20 bis 30 cm hohem, dickem Schaft
Hóya carnósa	Asclepiadáceae	Wachsblume, Porzellanblume	V –IX	weiß	●	nicht unter 8–10 °C; alten Blütenstand nicht abschneiden
Hydrangéa macrophýlla	Saxifragáceae	Hortensie	(III–V) VII–VIII	rot, rosa, blau, weiß	●	um 18 °C; Blüten in endständigen flachkugeligen Dolden; Blütenstand bis 20 cm
Kalanchoë blossfeldiána				– siehe Tabelle ›Sukkulente‹ –		
Myrtus communis	Myrtáceae	Brautmyrte	VI –X	weiß	○	kühl; Blätter klein lanzettlich, gegenständig; können wie Buxus kräftig beschnitten werden (Formschnitt); Solitär-, Kübelpflanze; Duft
Nértera granadénsis	Rubiáceae	Korallenmoos	V –VI	Früchte orange	●	um 12 °C; ∞∞∞; Früchte eigentlicher Schmuck; winzige, runde, gegenständige, weiche Blätter auf dünnen Stielchen; Polster bildend
Óxalis déppei	Oxalidáceae	Glücksklee	VII–X	dunkelrosa	○	um 18 °C; Blätter vierzählig auf langem Stiel
Passiflora caerúlea	Passifloráceae	Passionsblume		– siehe Tabelle Kletterpflanzen –	○	um 15 °C
Pelargónium-Grandiflorum-Hybriden	Geraniáceae	Englische Edelpelargonie	IV –VI	weiß, rosa, rot	●	um 18 °C; Blätter schwach gelappt, gezähnt, ohne Zeichnung; Blüten bis 5 cm breit mit dunklen Flecken
Primula malacoídes	Primuláceae	Fliederprimel	I –III	weiß, rosa, rot	○	um 10 °C; Blätter behaart; Blüten in mehrstöckigen, vielblütigen Quirlen; Kelchblätter bemehlt
Primula obcónica	Primuláceae	Becherprimel	I –XII	weiß, rosa, rot, blau, violett	●	bis 15 °C; Blätter langstielig, herzförmig; Blätter bis 8 cm, in vielblütigen endständigen Dolden
Primula praenitens	Primuláceae	Chinesenprimel	XII –IV	weiß, gelb, rosa, rot, blau	●	um 10 °C; Blätter breit, langstielig; Blüten endständig in Dolden, bauchige Kelche

Tab. 28. (Fortsetzung)

Botanischer Name	Familie	Deutscher Name	Blütezeit	Farbe	Licht	Temperatur/Bemerkung
Rhododéndron índicum	Ericáceae	Azalee	VI(XII–V)	weiß, rosa, rot, violett	●	um 12 ° C; kleinblütig, strauchig; zum Treiben geeignet
Rhododéndron-Simsii-Hybriden	Ericáceae	Azalee	V(XII–V)	weiß, rosa, rot, violett	●	um 12 °C großblütig, strauchig
Rósa chinénsis	Rosáceae	Babyröschen, Bengalrose	VI –IX (I –XII)	gelb, rosa, rot, lachs	○	um 18 °C; dünne Zweige, kleine Blüten
Rósa chinénsis 'Mínima'	Rosáceae	Kussröschen	VI –IX	rot	○	um 18 °C; sehr kleine Pflanze (15 bis 25 cm); sehr kleine Blüten
Senécio-Cruentus-Hybriden	Compósitae	Cinerarie, Aschen-, Läuseblume	II –VI	weiß, rot, blau, auch zweifarbig	●	unter 18 °C; Blätter groß, weich, elliptisch; Blüten zu vielen in dichten Dolden, meist gezogen
Sparmánnia africána	Tiliáceae	Zimmerlinde	I –III	weiß mit gelben Staubgefäßen	●	um 15 °C; Blätter handgroß, herzförmig, weichhaarig, Blüten in Trugdolden
Zantedéschia aethiópica	Aráceae	Weiße Zimmercalla	I –IV	weiß	●	um 15 °C; Blätter spießförmig, groß, langstielig; Spatha weiß bis 20 cm lang, 15 cm breit, auf dickfleischigem, starrem Schaft; ✂
Zantedéschia elliottiána	Aráceae	Gelbe Calla	VI –VIII	gelb		bis 18 °C; Blätter oval, herzförmig; Spatha dunkelgelb, bis 15 cm lang; ✂

Tab. 29. Grünende Kalthauspflanzen

Botanischer Name	Familie	Deutscher Name	Blätter/Wuchs	Licht	Temperatur/Bemerkung
Ácorus gramíneus	Aráceae	Kalmus	steif, schmal schilfartig grün oder weißgrün	●	unter 15 °C; Vermehrung durch Teilung des Erdsprosses
Ampelópsis brevipedunculáta	Vitáceae	Scheinrebe	unterschiedlich geformt grünweiß panaschiert; ✂	○	unter 15 °C; kräftiger Rückschnitt im Frühjahr vor Triebbegim
Araucária heterophýlla	Araucariáceae	Zimmertanne	in Etagen erscheinende Seitenäste am Stamm; dunkelgrüne, weiche Nadeln bis 1 m lange ›Fuchsschwänze‹	●	kühl; Solitär- oder Kübelpflanze
Aspáragus densiflórus 'Meyeri'	Liliáceae	Zierspargel	Wedel wie kleine Bäume geformt	●	um 15 °C; ⚥; ✂; dekorativ; Solitärpflanze
Aspáragus densiflórus 'Myriocladus'	Liliáceae	Zierspargel	nadelförmig	●	um 15 °C; ⚥; ✂; dekorativ; Solitärpflanze
Aspáragus densiflórus 'Sprengeri'	Liliáceae	Grobblättriger Zierspargel	anstelle der Nadeln weiche, dünne, lange Blättchen	●	um 15 °C; ⚥; ✂; dekorativ; Solitärpflanze
Aspáragus falcátus	Liliáceae	Sichelförmiger Zierspargel		●	um 15 °C; ⚥; ✂; dekorativ; Solitärpflanze; Ⓚ–Ⓦ
Aspidistra elátior	Liliáceae	Metzger-, Schusterpalme	bis 70 cm lang, bis 10 cm breit gestielt, elliptisch	●	kühl; ✂; ›unverwüstliche, anspruchslose Pflanze‹; für formal-lineare und dekorative Binderei bevorzugt
Aucuba japónica	Cornáceae	Aukube	elliptisch, ledrig glänzend; gelb gefleckt	●	bis 18 °C; Blätter sehr haltbar → ✂ für Trauerkränze anstelle Magnolienblätter; im Freien geschützt; auch winterhart; Kübelpflanze
Beaucárnea recurváta	Agaváceae	Elefantenfuß	linealische Blätter in Schöpfen vereint, bis 2 m Länge	○	um 15 °C; Stamm erhebt sich aus einem breitkugeligen Gebilde; Solitärpflanze
Cárex brúnnea	Cyperáceae	Segge	schmal, schilfartig, überhängend	●	bis 10 °C; auch Ⓦ; Bodendecker
Chamǽrops húmilis	Pálmae	Zwergpalme	fächerförmig tief geschlitzt bis zur Blatthälfte	●	bis 10 °C; gewölbte Blattstiele kräftig weißlich bestachelt
Chlorophýtum comósum	Liliáceae	Grünlilie	rosettenförmiger Wuchs; Blätter linealisch, lanzettlich	●	um 18 °C; Blätter bis 40 cm lang; bis 1 m langer Blütenstengel erhebt sich aus der Blattrosette, an dem sich Blüten und junge Pflänzchen befinden; Ⓚ–Ⓦ

Tab. 29. (Fortsetzung)

Botanischer Name	Familie	Deutscher Name	Blätter/Wuchs	Licht	Temperatur/Bemerkung
Chloróphytum comósum 'Variegatum'	Liliáceae	Grünlilie	rosettenförmiger Wuchs; Blätter linealisch, lanzettlich; weiße Streifen	●	um 18 °C; Blätter bis 40 cm lang; bis 1 m langer Blütenstengel erhebt sich aus der Blattrosette, an dem sich Blüten und junge Pflänzchen befinden; (K)–(W)
Cissus antárctica	Vitáceae	Känguruklimme, Russischer Wein	⚘; eirund; grobgesägt, hart	●	bis 20 °C; Äste und Blattstiele rostfarben; beliebte Kletterpflanze
Cissus rhombifólia	Vitáceae	Königswein	⚘; fiederteilig; dunkelgrünrot; weich, rhombisch	●	bis 20 °C; Blätter unten rötlich behaart; (K)–(W)
Cissus rhombifólia 'Ellen Danica'	Vitáceae	Königswein	⚘; Blätter tiefer eingekerbt	●	bis 20 °C; Blätter unten rötlich behaart; (K)–(W)
Cordýline fruticosa	Agaváceae	– siehe Tabelle ›Besonderer Blattschmuck‹ –		●	bis 10 °C
Corókia contoneáster	Saxifrágaceae	Zickzackstrauch	klein, spatelförmig; Wuchs zickzackartig	●	bis 10 °C; Zweige ändern nach jedem Knoten die Richtung; weiße Behaarung an der Blattunterseite; Solitärpflanze
Cypérus involucrátus	Cyperáceae	schmalblättriges Zypergras	Blattschirm 20–30 cm Ø	●	Solitärpflanze; (K)–(W) Sumpf- bis Wasserpflanze
× *Fatshédera lizei*	Araliáceae	Efeuaralie	3- bis 5lappig, hart	●	nicht über 15 °C; Blüten bis 20 cm lang, glänzend
Ficus púmila	Moráceae	– siehe Tabelle ›Warmhauspflanzen‹ –			
Grevíllea robústa	Proteáceae	Australische Silbereiche	doppelt gefiedert, weich, flattrig	●	bis 15 °C; Blätter bis 20 cm lang; silbergrün; an einen Farn erinnernd
Hédera hélix 'Erecta'	Araliáceae	Aufrechter Efeu	leicht gekraust, verkleinert; straff aufrecht wachsend	●	um 18 °C; im Wasser Wurzeln bildend; Haftwurzeln
Hédera hélix ssp. *hélix*	Araliáceae	Gemeiner Efeu	dreieckig; 3–5lappig; ledrig hart	●	um 18 °C; Haftwurzeln
Hédera hélix 'Sagittaelifolia'	Araliáceae	Spitzblättriger Efeu	pfeilförmige Grundform;	●	um 18 °C; besonders schlanke, lange Triebe; eleganter Wuchs; unscheinbare Haftwurzeln
Hóweia forsteriána	Pálmae	Kentie	langgestielter Wedel mit vielen Fiederblättchen	●	um 18 °C; (K)–(W); Wedel steht fast waagerecht zum Stamm und hängt leicht über
Mónstera deliciósa		– siehe Tabelle ›Warmhaus- und Kletterpflanzen‹ –			
Phoénix canariénsis	Pálmae	Dattelpalme	Wedel mit harten, spitzen Fiederblättchen; glänzend	○	kühl; im Sommer besser im Freiland; Kübel. Solitärpflanze
Pilea cadiérei	Urticáceae	Kanonierblume	siehe Tabelle ›Blattschmuck‹	●	nicht unter 10 °C; (K)–(W)

Tab. 29. (Fortsetzung)

Botanischer Name	Familie	Deutscher Name	Blätter/Wuchs	Licht	Temperatur/Bemerkung
Pilea crassifólia	Urticáceae	Kanonierblume	siehe Tabelle ›Blattschmuck‹	●	bis 25 °C; (K)–(W)
Pilea involucráta	Urticáceae	Kanonierblume	siehe Tabelle ›Blattschmuck‹	●	bis 25 °C; (K)–(W)
Rhoicíssus capénsis	Vitáceae	Klimme, Kapwein	siehe Tabelle ›Kletterpflanzen‹	●	um 18 °C
Saxífraga stolonífera 'Tricolor'	Saxifragáceae	Judenbart	siehe Tabelle ›Blattschmuck‹	●	nicht unter 15 °C
Selaginélla kraussiána	Selaginelláceae	Mooskraut, -farn	rasenbildend; kurz, schuppig; ⟿	●	über 10 °C; (K)–(W)
Soleirólia soleirólii	Urticáceae	Bubikopf	glänzend, groß herznieren-förmig; ⟿	●	um 20 °C; (K)–(W)
Tolmíea menziésii	Saxifragáceae	Henne und Küken	herzförmig, gebuchtet; ⟿	●	kühl; eigentlich ♃; wo der Stiel in die Blattspreite übergeht, entwickeln sich kleine Pflanzen auf dem ›Mutterblatt‹
Tradescántia fluminénsis	Commelináceae	Dreimasterblume	eiförmig; klein; ⟿	●	um 18 °C; (K)–(W); Blattschmuck

Pflanzenkenntnis
172

Tab. 30. Blühende Warmhauspflanzen

Botanischer Name	Familie	Deutscher Name	Blütezeit	Farbe	Licht	Temperatur/Bemerkung
Abutilon-Hybriden	Malváceae	Schönmalve	V –X	gelb, orange, rot	○	um 18 °C; starker Rückschnitt im März
Acalypha hispida	Euphorbiáceae	Fuchsschwanz	I –X	rot	●	möglichst nicht unter 20 °C; keine Staunässe oder Ballentrockenheit
Achimenes-Hybriden	Gesneriáceae	Schiefteller	VII–IX	weiß, rosa, blau	●	20 bis 25 °C; Vermehrung durch Rhizomteilung
Adénium obésum (Abb. 103, S. 183)	Apocynáceae	Adenium, Wüstenrose	I –XII	rosa, dunkelpurpur violett	○	bis 35 °C; Milchsaft ist giftig!; Veredelung auf Oleander-Unterlagen
Aeschynánthus púlcher	Gesneriáceae	Aeschynanthus	VI –VIII	scharlachrot, innen gelb	●	22 bis 25 °C; Kelch purpur an den Spitzen der Ranken
Aeschynánthus rádicans	Gesneriáceae	Aeschynanthus	VI –VIII	feuerrot, gelbe Zipfel	○	22 bis 25 °C; Vermehrung durch Blattknotenbewurzelung; ✄; Blütenkelch ist dunkelpurpur bis schwarz; ✄; flaumig behaart
Allamánda cathártica	Apocynáceae	Goldtrompete	V –XI	gelb	●	nicht unter 18 °C; ✄; kräftig wachsende Schlingpflanze; Rückschnitt im Frühjahr vor dem Neutrieb
Anthúrium-Andreanum-Hybriden	Aráceae	Große Flamingoblume	I –XII	rosa, rot, weiß Kolben weiß	●	nicht unter 22 °C; ✄; Blätter länglich, herzförmig auf langem Stiel; Hochblätter lackartig; Kolben gerade
Anthúrium-Scherzerianum-Hybriden	Aráceae	Kleine Flamingoblume	I –XII	rosa, rot, weiß	●	Kolben gedreht
Aphelándra squarrósa	Acantháceae	Glanzkölbchen	VI –X	gelb	●	nicht unter 18 °C; im Frühjahr stutzen
Ardísia crenáta	Myrsináceae	Ardisie	VI –VIII	Blüten weiß, rote Beeren	○	um 20 °C; besonderer Fruchtschmuck der roten Beeren, können bis 1 Jahr überdauern
Begónia-Elatior-Hybriden	Begoniáceae	Elatior-Begonie	XI –III	vielfarbig	●	20 bis 22 °C; Blätter schief rundlich; empfindlich gegen Echten Mehltau
Begónia limminghéana	Begoniáceae	›Hänge‹-Begonie	III –V	hellrot	●	20 bis 22 °C; ✄; vielblütige Ampelpflanze
Begónia-Lorrainebegonien-Hybriden	Begoniáceae	Lorraine-Begonie	XI –I	rosa, weiß	●	20 bis 22 °C; reichblühend
Belopérone guttáta	Acantháceae	Zimmerhopfen	I –XII	bräunlich, rote Tragblüte	●	um 18 °C; Blütenstand in vielblütiger Ähre, weich
Brunfélsia pauciflóra var. calýcina	Solanáceae	Brunfelsie	I –IV	violett	●	20 bis 22 °C; derbe, ledrige Blätter bis 10 cm Länge

Tab. 30. (Fortsetzung)

Botanischer Name	Familie	Deutscher Name	Blütezeit	Farbe	Licht	Temperatur/Bemerkung
Catharánthus róseus (syn. *Vinca rósea*)	Apocynáceae	Immergrün	III –X	rosa, weiß	○	um 15 °C; phloxähnliche Blüten
Chrysóthemis pulchélla (Abb. 105, S. 183)	Gesneriáceae	Sonnenglocke	VII–VIII	roter Kelch, gelbe, rot gezeichnete Krone	●	nicht unter 16 °C; zählt zu den neueren ♡; kräftiger, vierkantiger Stiel; Blüten gezähnt, mit rötlichen Haaren bedeckt
Clerodéndrum thomsóniae	Verbenáceae	Losbaum	III –VII	Kelchblätter weiß, Blüten dunkelrot	●	nicht unter 18 °C; ♧; Blüten fallen bei trockener Zimmerluft ab
Colúmnea magnífica	Gesneriáceae	Großartiges Feuerzünglein	III –V	scharlachrot	●	nicht unter 20 °C; ♧; Blüten bis 10 cm lang, röhrig
Colúmnea microphýlla	Gesneriáceae	Kleinblättriges Feuerzünglein	III –VII	scharlachrot	●	nicht unter 20 °C; ♧; Blüten bis 5 cm lang, röhrig
Crossándra infundibulifórmis	Acantháceae	Crossandra	V –VIII	lachs, orange	●	um 20 °C; Blätter glänzend grün; Blüten in vierkantigen Ährchen
Euphórbia pulchérrima	Euphorbiáceae	Weihnachtsstern, Poinsettie	XII	Hochblatt rot, rosa, weiß	●●	nicht unter 18 °C; Blüten mit großen lanzettlichen Hochblättern; 20 bis 25 cm Ø; ✂
Gardénia jasminoídes	Rubiáceae	Gardenie	VII–X	cremig-weiß	○	um 15 °C; Blätter elliptisch, dunkelgrün glänzend; Blüten 6 bis 10 cm groß; tellerförmig; wachsartig überzogen; Duft; ✂
Gynúra aurantíaca	Compósitae	Gynura	IX –X	gelb, orange	●	über 18 °C; unangenehmer Duft; – siehe Tabelle ›Blattschmuck‹ –
Hibíscus rósasinénsis	Malváceae	Roseneibisch	III –X	rot, orange, gelb, creme	○	über 20 °C; Blätter dunkelgrün glänzend; eirund; Blüten breit, trichterförmig, bis 15 cm Ø; langer Stempel mit keulenförmiger Narbe; gern Knospenabwurf bei Standortwechsel
Hippeástrum-Hybriden	Amaryllidáceae	Ritterstern, Amaryllis	I –IV	weiß bis rot mit Zwischentönen	○	18–25 °C; bei zu hohen Temperaturen und Nässe Auftreten von Rostpilz ‚Roter Brenner‘
Hóya bélla	Asclepiadáceae	Porzellanblume, Wachsblume	VII–IX	weiß	●	um 18 °C; ♧; siehe Tabelle ›Ampelpflanzen‹
Ixóra coccínea	Rubiáceae	Ixora	IV –VIII	rosa, leuchtend rot	●	nicht unter 18 °C; strauchartiger Wuchs; setzt sich aus vielen Blütchen zusammen (schneeballähnlich)

Tab. 30. (Fortsetzung)

Botanischer Name	Familie	Deutscher Name	Blütezeit	Farbe	Licht	Temperatur/Bemerkung
Jacobínia cárnea	Acantháceae	Jacobinie	VI –VIII	fleischfarben, purpur	●	bis 25 °C; endständige Blütenähre mit grünem Deckblatt und klebrig behaarten Blättern
Kalánchoë blossfeldiána	Crassuláceae	Flammendes Käthchen	II –V	weiß bis rot	○	18–23 °C, farbenprächtig blühende Sukkulente
Mandevílla sandéri	Apocynáceae	Dipladenie	VI –VIII	rosa-rot	●	um 21 °C; siehe Tabelle ›Kletterpflanzen‹; Wurzeln sehr nässeempfindlich
Medinílla magnífica	Melastomatáceae	Medinilla	II –VII	rosa	●	über 20 °C; von Natur aus epiphytisch wachsend; Blätter dick, länglich bis eirund, bis 30 cm lang; viele Einzelblüten in 30 cm langen hängenden Rispen, große hellrosa Tragblätter; holziger, vierkantiger Stengel
Páchystachys lútea	Acantháceae	Gelbe Dickähre	III –X	gelb, weiß	○	bis 25 °C; endständige Blütenähren mit gelbem Deck- oder Hochblatt; kurzlebige weiße, bis 5 cm lange Blüten
Péntas lanceoláta	Rubiáceae	Pentas	IX –I	weiß, rosa, violett	○	um 20 °C; viele langjährige Blüten wachsen in kugeligen Trugdolden; Blätter elliptisch, ganzrandig, weich
Saintpáulia ionántha	Gesneriáceae	Usambaraveilchen	I –XII	violett, blau, rosa, weiß	●	um 22 °C; Blätter fleischig, stark behaart; Blüten in achselständigen, gestielten Trugdolden, einfach und gefüllt
Sanseviéria trifasciáta	Agaváceae	– siehe Tabelle ›Blattschmuck‹ –				
Sinníngia cardinális	Gesneriáceae	Rechsteinerie	III –IV, VII-VIII	orange, rot	●	bis 25 °C; Blätter weich behaart, samtig; bis 15 cm lange Blattpaare; Blüten gestielt, entspringen aus den Blattachseln; Blüten röhrig mit kurzer Unterlippe und länger ausgezogener helmiger Oberlippe
Sinníngia-Hybriden	Gesneriáceae	Gloxinie	VI –VIII	rot, blau, weiß, weiß-rot, weiß-blau	●	über 20 °C; Blätter groß, stark behaart, samtig; brüchig; Blüten sehr groß, trichterförmig,
Solánum pseudocápsicum	Solanáceae	Korallenbäumchen	VI –VII	Blüten weiß; Früchte orange-rot	○	um 20 °C; kugelige Früchte bis 1,5 cm Ø

Tab. 30. (Fortsetzung)

Botanischer Name	Familie	Deutscher Name	Blütezeit	Farbe	Licht	Temperatur/Bemerkung
Spathiphyllum floribundum	Aráceae	Einblatt, Spathiphyllum	I –XII	Spatha weiß	◐	bis 26 °C; Blätter mit Stiel, bis 20 cm lang; Spatha auf 30 cm langem Stiel
Stephanótis floribunda	Asclepiadáceae	Kranzschlinge	VI –IX	weiß	◐	um 20 °C; ⚥; Blätter ledrig, glänzend, bis 10 cm lang; Blüten röhrenförmig, 15 cm lang, wachsartig, 4 bis 5 cm breite, trichterförmige Krone, starker Duft
*Streptocárpus-*Hybriden	Gesneriáceae	Drehfrucht	V –VIII	rot, rosa, weiß, blau, violett	◐	bis 25 °C; wenige sehr große lanzettliche Blätter; rauh, behaart, leicht zerbrechlich; Blüten asymmetrisch, trichterförmig

Tab. 31. Grünende Warmhauspflanzen

Botanischer Name	Familie	Deutscher Name	Blätter/Wuchs	Licht	Temperatur/Bemerkung
Aglaonéma commutátum	Aráceae – siehe Tabelle ›Blattschmuck‹ –	Kolbenfaden	gestielt; 30 cm lang, 10 cm breit, silbergrau gezeichnet	◐	um 20 °C; ideale Hydrokultur-Pflanze; hohe Lebenserwartung
Alocásia sanderiána (Abb. 104, S. 183)	Aráceae – siehe Tabelle ›Blattschmuck‹ –	Alocasie	lang gestielt; oval-pfeilförmig; ganzrandig od. gebuchtet-gelappt	◐	über 22 °C; Blätter metallisch mit weißer Nervatur, unterseits purpur
Anthúrium crystállinum	Aráceae – siehe Tabelle ›Blattschmuck‹ –	Blatt-Anthurie	dunkelgrau, breit-herzförmig mit silberiger Aderung	●	über 22 °C; samtige Blattoberfläche
Aspáragus asparagoides	Liliáceae	glanzblättriger Zierspargel	lange dünne, windende Triebe; grünglänzende Scheinblättchen, eirund zugespitzt	○	um 20 °C; Verwendung ganzer Triebranken; ✂
Aspáragus setáceus 'Plumosus'	Liliáceae	Feinnadeliger Zierspargel, 'Plumosus'	feinnadelig	○	um 15 °C; ✂; für abfließend gearbeitete Werkstücke besonders geeignet
Aspáragus setáceus 'Pyramidalis'	Liliáceae	Pyramiden-Zierspargel	feinnadelig, ausschwingend	●	um 15 °C; ✂; für abfließend gearbeitete Werkstücke besonders geeignet
Brassáia actinophýlla	Araliáceae	Schefflera	wenig verzweigt, kaum strauchartig; Blätter lang-gestielt, handförmig 4- bis 16geteilt, breit	●	um 18 °C; Solitär-, Kübelpflanze; oft in Hydrokultur
Begónia-Rex-Hybriden	Begoniáceae – siehe Tabelle ›Blattschmuck‹ –	Rexbegonie	runzelig; viele Farbkombinationen, gebuchtet, schief	●	18 bis 22 °C; sehr zerbrechlich
Caláthea-Arten	Marantáceae – siehe Tabelle ›Blattschmuck‹ –				
Chamaedórea élegans	Pálmae	Bergpalme	gefiedert, glatt	●	unter 18 °C; einstämmig, nicht besonders großwüchsig
Chlorophýtum comósum	– siehe Tabelle ›Ampelpflanzen‹; ›✂‹, ›Blattschmuck‹ –				
Cissus rhombifólia 'Ellen Danica'	– siehe Tabelle ›✂‹ und ›Kletterpflanzen‹ –				
Codiaeum variegátum var. pictum	– siehe Tabelle ›Blattschmuck‹ –				
Cóffea arábica	Rubiáceae	Kaffeestrauch	ledrig, glänzende Blätter	●	um 20 °C; Topfballen nie austrocknen lassen; rote Früchte tragend
Cóleus-Blumei-Hybriden	– siehe Tabelle ›Blattschmuck‹ –				
Cycas revolúta	Cycadáceae	Palmfarn	ledrige Fiederblätter mit scharfer Spitze	●	nicht unter 15 °C; Kübel-, Solitärpflanze; früher bedeutungsvoll in der Trauerfloristik

Tab. 31. (Fortsetzung)

Botanischer Name	Familie	Deutscher Name	Blätter/Wuchs	Licht	Temperatur/Bemerkung
Dieffenbáchia maculáta	Aráceae	– siehe Tabelle ›Besonderer Blattschmuck‹ –			
Dizygothéca elegantíssima	Araliáceae	Fingeraralie	7- bis 11zählig gefingert	●	nicht unter 18 °C; Blätter an langem Stiel; gezähnte Fingerblätter dunkel-olivgrün mit rötlichem Mittelnerv
Dracaéna dereménsis	Agaváceae	– siehe Tabelle ›Pflanzen mit besonderem Blattschmuck‹ –			
Dracaéna frágrans	Agaváceae	– siehe Tabelle ›Pflanzen mit besonderem Blattschmuck‹ –			
Dracaéna marginata	Agaváceae	– siehe Tabelle ›Pflanzen mit besonderem Blattschmuck‹ –			
Dracaéna sanderiána	Agaváceae	– siehe Tabelle ›Pflanzen mit besonderem Blattschmuck‹ –			
Epiprémnum pinnátum	Aráceae	– siehe Tabelle ›Pflanzen mit besonderem Blattschmuck‹ –			
Fátsia japónica	Araliáceae	Zimmeraralie	7- bis 9lappig an langen Stielen; ledrig; glänzend; Sorten mit gelblichgrün panaschiertem Laub	●	nur 15 °C; bis 40 cm lang; Solitärpflanze; schnellwüchsig
Ficus benjámina	Moráceae	Birkenfeige	klein elliptisch; große hängende Zweige	●	bis 27 °C; verzweigte, überhängende Triebe; eleganter Wuchs
Ficus deltoidea	Moráceae		verkehrt eiförmig; ledrig	●	bis 27 °C; trägt jung schon erbsengroße Feigen
Ficus elástica	Moráceae	Gummibaum	bis 40 cm lang, elliptisch; glänzend grün	●	bis 27 °C; Blätter in lockerer Anordnung; braunroter Stamm
Ficus elástica 'Decora'	Moráceae	Breitblättriger Gummibaum	sehr breit	●	bis 27 °C; Blätter in lockerer Anordnung; braunroter Stamm
Ficus lyráta	Moráceae	Geigenblättriger Gummibaum	geigenförmig, leicht gewellt, verkehrt eiförmig, dunkelgrün	●	Blätter bis 60 cm lang, aufrecht stehend
Ficus púmila	Moráceae	Kletterficus	eirund; papierähnlich	●	Blätter bis 3 cm lang, dünn; dicht an dünnen Zweigen; Ⓚ–Ⓦ
Fittónia verschafféltii	Acantháceae	– siehe Tabelle ›Pflanzen mit besonderem Blattschmuck‹ –			
Höweia forsteriána	Pálmae	– siehe Tabelle ›Kalthauspflanzen‹ –			
Hypoéstes phyllostáchia	Acantháceae	Buntfleckige Hüllenklaue; ›Rosa Pünktchen‹	gegenständig, ganzrandig, elliptisch; klein	●	nicht unter 18 °C; siehe Tabelle ›Blattschmuck‹
Maránta leuconéúra 'Erythroneura'	– siehe Tabelle ›Pflanzen mit besonderem Blattschmuck‹ –				
Maránta leuconéúra 'Kerchoviana'	Marantáceae	– siehe Tabelle ›Pflanzen mit besonderem Blattschmuck‹ –			

Tab. 31. (Fortsetzung)

Botanischer Name	Familie	Deutscher Name	Blätter/Wuchs	Licht	Temperatur/Bemerkung
Microcoélum weddeliánum	Pálmae	Kokospálmchen	zahlreiche dünne Fieder sehr schmal, glatt	●	um 20 °C; einstämmig; grazile Gestalt; erreicht nur geringe Größe
Mimósa pudíca	Leguminósae	Schamhafte Sinnpflanze	langgestielt, in 4 Blättchen geteilt, die wiederum fein gefiedert sind	○	über 20 °C; bei Berühren klappen zunächst die Fiederblätter zusammen, dann knickt der Stiel am Sproß nach unten ab → Ausgangsstellung wird nach 10 bis 30 Minuten wieder eingenommen
Mónstera deliciósa	Aráceae	Fensterblatt	junge Blätter herzförmig, ganzrandig; ⚥; später fiedrig gelappt und durchlöchert	●	über 21 °C; zahlreiche Luftwurzeln; Solitärpfl.; siehe Tabelle ›Kletterpflanzen‹
Nepénthes-Hybriden	Nepentháceae	Kannenpflanze	ganzrandig, linealisch; Blätter umgestaltet	●	bis 30 °C; Blattstiele zu Ranken umgestaltet; dort ist am Ende aus der Blattspreite eine Kanne entstanden; spreitenartig verbreiter Blattgrund
Pachypódium laméréi	Apocynáceae	Madagaskarpalme	schmal-linealisch, ganzrandig	○	um 20 °C; Blätter entspringen schopfartig an der Spitze des säulenförmigen Körpers
Pandánus véitchii	Pandanáceae	Schraubenbaum	lang, schmal, gezähnt; gedreht um Stamm verlaufend	●	um 18 °C; Blätter weiß gestreift, bis 10 cm breit; Blätter in der Natur meterlang; aus dem Stamm wachsen stützende Luftwurzeln in die Erde → Stelzwurzeln
Peperómia argyréia	Pálmae		– siehe Tabelle ›Blattschmuck‹ –	●	über 18 °C
Philodéndron bipinnatifídum	Aráceae		– siehe Tabelle ›Kletterpflanzen‹ –	●	über 20 °C
Philodéndron erubéscens	Aráceae		– siehe Tabelle ›Kletterpflanzen‹ –		
Philodéndron scándens	Aráceae		– siehe Tabelle ›Kletterpflanzen‹ –		
Pilea cadiérei	Urticáceae		– siehe Tabelle ›Blattschmuck‹ –		
Pilea involucráta	Urticáceae		– siehe Tabelle ›Blattschmuck‹ –		
Pogonátherum paniceum	Gramíneae	Zimmerbambus	Grasblätter, leicht überhängende Halme	○	18–20 °C; bei höheren Temperaturen starker, überhängender Wuchs
Rademáchera sínica	Bignoniáceae	Zimmeresche	strauchig, mehrfach gefiedert; bis 70 cm lang	○	15–20 °C; kompakter Wuchs durch Rückschnitt
Rhóeo spatháceae	Commelináceae		– siehe Tabelle ›Blattschmuck‹ –		

Tab. 31. (Fortsetzung)

Botanischer Name	Familie	Deutscher Name	Blätter/Wuchs	Licht	Temperatur/Bemerkung
Schefflera arborícola	Araliáceae	Schefflera	Blätter schmaler, kürzer als bei *Brassáia actinophylla*	◐	um 18 °C; Solitär-, Kübelpflanze, oft in Hydrokultur
Scindápsus píctus	Aráceae	Efeutute – siehe Tabelle ›Kletterpflanzen‹ ›Blattschmuck‹ –	herzförmig	○	über 20 °C
Scírpus cérnuus	Cyperáceae	Frauenhaar	fadendünne grüne Halme	◐	um 18 °C; überhängender Wuchs, daher auch als Ampelpflanze geeignet
Selaginélla kraussiána	Selaginelláceae	Mooskraut, -farn	rasenbildend, kurz schuppig; ⟿	◐	über 20 °C; 🅐; Ⓦ
Selaginélla lepidophýlla	Selaginelláceae	Auferstehungs-pflanze, ›Rose von Jericho‹	rosettig, zusammengerollt		im Handel angebotene Exemplare sind bereits abgestorben, öffnen sich bei Befeuchtung jedoch noch beliebig oft
Soleirólia soleirólii	Urticáceae	Bubikopf, Helexine	glänzend grün; herznieren-förmig; ⟿	◐	um 20 °C; 🅐; Ⓦ
Strománthe sanguínea	Marantáceae	Stromanthe	stumpf, ledrig, lanzettlich, ganzrandig	●	über 22 °C; Blätter langgestielt, bis 1 m; oberseits einfarbig grün, unterseits blutrot
Syngónium podophýllum	Aráceae	Syngonium	leicht glänzend, metallisch, pfeilförmig; ⟿	◐	über 20 °C; – siehe Tabelle ›Blattschmuck‹ –
Tetrastígma voinieriánum	Vitáceae	Elefanten-, Kastanienwein	sehr groß, 3- bis 5teilig; ↟	◐	um 20 °C; – siehe Tabelle ›Kletterpflanzen‹ –
Tradescántia péndula	Commelináceae	Zebrakraut	elliptisch, klein, ganzrandig; ⟿; ↡	◐	nicht unter 15 °C; Ampelpflanze

Tab. 32. Pflanzen mit besonderem Blattschmuck (ohne Bromeliáceae)

Botanischer Name	Familie	Deutscher Name	⬠	Farbe	Oberfläche/Struktur	Blattbeschaffenheit/Blattform
Ácorus gramíneus	Aráceae	Kalmus	K	weiß-grün	glatt, glänzend	steif, schmal schilfartig, hart
Aglaonéma commutátum	Aráceae	Kolbenfaden	W	grünlich-silber, grau gezeichnet	stumpf, metallisch	gestielt; ledrig; ganzrandig
Alocásia sanderiána	Aráceae	Alocasie	W	grün-metallisch, weiße Nervatur	glänzend, metallisch	langgestielt; oval-pfeilförmig, uneben an den Stellen der Nervatur
Anthúrium crystállinum	Aráceae	Blatt-Anthurie	W	dunkelgrün, mit silbriger Aderung	samtig, weich	breit herzförmig, weich
Aphelándra squarrósa	Acantháceae	Glanzkölbchen	W	grün, silber-weiß	ledrig, glänzend	elliptisch; hart, gewellt
Aucúba japónica	Cornáceae	Aukube	W	grün-gelb gefleckt	ledrig, glänzend	schief-oval; leicht zerbrechlich
Begónia-Rex-Hybriden	Begoniáceae	Rex-Begonie	W	rot-schwarz, silbrig-grau	spröde, rauh-runzelig, metallisch	hart, elliptisch
Caládium-Bicolor-Hybriden	Aráceae	Buntwurz	W	grün-weiß, rosa in vielen Kombinationen	rauh, mattglänzend	dünn, flattrig, transparent
Caláthea líetzei	Marantáceae	Korbmarante, Calathea	W	dunkel- bis hellgrün	ledrig, glänzend	langgestielt, breit-lanzettförmig; hart
Caláthea lancifólia	Marantáceae	Korbmarante, Calathea	W	dunkel- bis hellgrün, rote Blattunterseite	ledrig, glänzend	langgestielt, schmal-lanzettförmig; hart
Caláthea leopárdina	Marantáceae	Korbmarante, Calathea	W	hellgrün mit dunkelgrünen Streifen bis zum Rand	ledrig, glänzend	langoval-eiförmig
Caláthea makoyána	Marantáceae	Korbmarante, Calathea	W	dunkel- bis hellgrün rötlich	ledrig, glänzend	langgestielt; abgerundet, elliptisch; hart
Caláthea ornáta	Marantáceae	Calathea	W	rote Blattunterseite, hellrosa Aderung	ledrig, glänzend	langgestielt; abgerundet, schmal; hart
Caláthea picturáta	Marantáceae	Calathea	W	hellgrüne Innenfläche, dunkelgrüner Rand	ledrig, metallisch	langgestielt; breit lanzettlich; hart
Caláthea rotundifólia	Marantáceae	Calathea	W	dunkel- bis hellgrün gestreift	ledrig, metallisch	langgestielt; eiförmig, breit; weich
Caláthea roseopícta	Marantáceae	Calathea	W	dunkel-bis hellgrün, flächig gemustert, rosa Mittelrippe	ledrig, glänzend	langgestielt; sehr breit, besonders großflächig; hart

Tab. 32. (Fortsetzung)

Botanischer Name	Familie	Deutscher Name	⌂	Farbe	Oberfläche/Struktur	Blattbeschaffenheit/Blattform
Caláthea zebrína	Marantáceae	Calathea	Ⓦ	dunkel- bis hellgrün, breit gestreift	matt, samtig	gestielt; weich
Chlorophytum comósum 'Variegatum'	Liliáceae	Grünlilie	Ⓚ Ⓦ	grün-weiß	glatt	linealisch-lanzettlich; fest
Codiáeum variegátum var. pictum	Euphorbiáceae	Croton, Wunderstrauch	Ⓦ	grün-dunkelrot, rosa und gelb	ledrig, glänzend, leicht gewellt	länglich, elliptisch; hart
Cóleus-Blumei-Hybriden	Labiáteae	Buntnessel	Ⓚ	grün, rot, gelb, mehrfarbig	samtig, matt	elliptisch; ganzrandig, leicht gezähnt; weich
Cordylíne fruticósa	Agaváceae	Keulenlilie	Ⓚ	grün – rosa – rot	glatt, glänzend	hart, fest; lanzettlich; ganzrandig
Dieffenbáchia maculáta	Aráceae	Dieffenbachie	Ⓦ	verschiedene Grüntöne, weiß gefleckt	ledrig, stumpf, leicht gewellt	fest; grün; breit; länglich
Dracaéna deremēnsis	Agaváceae	Drachenbaum	Ⓦ	dunkelgrün mit weißen Mittelstreifen oder zwei Streifen zwischen Rand und Mitte	glatt, ledrig	bis 50 cm lang; hart; fest; ganzrandig; schmallanzettlich
Dracaéna frágrans	Agaváceae	Drachenbaum	Ⓦ	dunkelgrün, gelblich	glatt, ledrig	breiter als bei *Dracaéna derémensis*; am Rand leicht gewellt; beliebt als ›Ti-plant‹ (= abgesägte Stämme mit Austrieben an der Spitze)
Dracaéna margináta	Agaváceae	Drachenbaum	Ⓦ	grün-rot gerandet	glatt, ledrig	schmal-lanzettlich; weich überhängend
Dracaéna sanderiána	Agaváceae	Drachenbaum	Ⓦ	gelb-weiß gestreift	glatt, ledrig	breit-lanzettlich, oft in Tuffs zusammengepflanzt
Epiprémnum pinnátum 'Aureum'	Aráceae	Efeutute	Ⓦ	grün mit gelben Streifen	ledrig, glänzend, glatt	herzförmig; ganzrandig
Fittónia verschaffēltii 'Agryoneura'	Acantháceae	Fittonie	Ⓦ	grün-weiß geadert	glatt, ledrig	eiförmig; ganzrandig
Fittónia verschaffēltii 'Minima'	Acantháceae	Fittonie	Ⓦ	grün-weiß geadert, kleinblättrig	leicht wolliger Überzug	eiförmig; ganzrandig
Fittónia verschaffēltii 'Pearei'	Acantháceae	Fittonie	Ⓚ	grün-rot geadert	glatt, ledrig	eiförmig; ganzrandig; aufrecht wachsend
Gynúra aurantíaca	Compósitae	Gynura	Ⓦ	dunkelgrün mit violett gefärbten Haaren	Oberseite glatt, metallisch, Unterseite wollig, samtig	grob gezähnt

Tab. 32. (Fortsetzung)

Botanischer Name	Familie	Deutscher Name	◻	Farbe	Oberfläche/Struktur	Blattbeschaffenheit/Blattform
Hypoéstes phyllostáchia	Acantháceae	›Rosa Pünktchen‹	Ⓦ	dunkelgrün mit rosa Tupfen	glatt, stumpf	klein; elliptisch; ganzrandig
Maránta leuconéūra 'Erythroneura'	Marantáceae Marante	Pfeilwurz,	Ⓦ	bräunlich-oliv mit hellgrüner Aufhellung; Blattadern leuchtend rot	stumpf, ledrig	breit-elliptisch: bis 15 cm lang; steif
Maránta leuconéūra 'Kerchoviana'	Marantáceae	Pfeilwurz, Marante	Ⓦ	smaragdgrün mit dunkelbraunen Flecken	stumpf, ledrig	weicher als 'Erythroneura'; junge Blätter tütenartig zusammengerollt, Stellung oft senkrecht
Peperómia argyréia	Piperáceae	Pfeffergesicht	Ⓦ	silber-weiße Streifen zwischen dunkelgrünen Adern	glänzend, glatt	fest-fleischig, schildförmig; breite silbrig-weiße Streifen zwischen dunkelgrünen Adern; langgestielt
Peperómica caperáta	Piperáceae	Pfeffergesicht	Ⓦ	dunkelgrün mit rötlichem Schimmer	stumpf, runzelig, metallisch	klein schildförmig, hochgewölbte Blattflächen zwischen den Adern
Peperómia obtusifólia	Piperáceae	Pfeffergesicht	Ⓦ	in der Mitte grün, am Rand gelb-weiß	glänzend, glatt	dick, sukkulent; verkehrt eiförmig, kurz gestielt
Pilea cadíerei	Urticáceae	Kanonierblume	ⓌⓀ	weiße Flecken, vierreihig auf grünem Grund	glänzend, metallisch	hart; zwischen den Adern blasig aufgetrieben, glatt
Pilea crassifólia	Urticáceae	Kanonierblume	ⓌⓀ	in der Mitte dunkelrot, sonst olivgrün	rauh, runzelig	fest, leicht zerbrechlich; Blätter behaart, eirund, spitz auslaufend mit gesägtem Rand
Pilea involucráta 'Norfolk'	Urticáceae	Kanonierblume	ⓌⓀ	bronze	stumpf, metallisch	behaart, rund; 2 weiße Längsstreifen im Blatt
Rhóeo spathácea	Commelináceae	Rhoeo	Ⓦ	dunkelgrün-gelb, weinrot	glänzend, ledrig	Blatt groß, fleischig, breit, lanzettlich, grundständig, oben dunkelgrün mit gelben Längsstreifen, unten weinrot

Abb. 103. Adénium obésum (Wüstenrose).Tab. 30

Abb. 104. Alocásia sanderiána (Alokasie).Tab. 31

Abb. 105. Chrisóthemis pulchélla (Sonnenglocke). Tab. 30

Abb. 106. Tolmíea menziésii (Henne und Küken). Tab. 33

Abb. 107.
Laélia purpuráta. Tab. 34

Abb. 108.
Tillándsia ánceps (Tillandsie). Tab. 35

!!! Merksätze

- Zimmerpflanzen sind Unterglaspflanzen, die in Gewächshäusern kultiviert und herangezogen wurden.
- Sie unterscheiden sich voneinander durch –
  Herkunft
- Licht und Temperaturansprüche
- Nährstoff- und Feuchtigkeitsbedarf – Substratansprüche
- Form, Farbe und Oberflächenstruktur ihrer Blüten und Blätter
- Wuchseigenschaften
- Nach ihren Temperaturansprüchen werden sie in Warm- und Kalthauspflanzen unterteilt.
- Warmhauspflanzen bevorzugen auch im Winter Temperaturen von 18 bis 25 °C: Kalthauspflanzen fühlen sich bei Temperaturen bis höchstens 10 °C am wohlsten.

??? Aufgaben

1. Nehmen Sie Bezug zum zweiten Merksatz. Stellen Sie zwei Pflanzen einander gegenüber und beschreiben Sie diese bezüglich der dort genannten Unterscheidungsmerkmale.
2. Finden Sie aus den zwei Temperaturbereichen je eine Pflanzenzusammenstellung für eine landschaftlich gestaltete Schalenbepflanzung.
3. Suchen Sie aus jeder Tabelle fünf Pflanzenarten heraus und benennen Sie die Bewegungsform des Pflanzenhabitus (s. Band 1, Kap. 5 und 6).

28 Zimmerpflanzen
Spezielle Pflanzengruppen

Wurde im vorangegangenen Kapitel ein Querschnitt der bekanntesten blühenden und grünenden Warm und Kalthauspflanzen wiedergegeben, so sind dabei jedoch noch einige Pflanzengruppen unberücksichtigt geblieben.

Um zu einer besseren Übersicht der Pflanzenvielfalt zu gelangen, ist es vorteilhaft, diese gesondert zu betrachten. So nehmen die Familien der **Orchideen, Bromelien, Kakteen** und **Sukkulenten** sowie die **Euphorbien** für den Floristen einen ganz besonderen Stellenwert ein. Es sind nicht nur Pflanzen von oft besonderer Kostbarkeit, sondern auch solche, die genaue Kenntnisse über Ansprüche und Pflege voraussetzen. Gerade die drei letzten Pflanzengruppen besitzen einen speziellen Liebhaberkreis. Der Florist sollte die wichtigsten Vertreter dieser Familien kennen und eine gut sortierte Auswahl bereithalten.

Aber es sind nicht nur die Pflanzen, die ihren eigenen Wert darstellen, sondern sogar einzelne Pflanzenteile, die für floristische Gestaltungen von Bedeutung sein können. Sind es bei den Orchideen die Blüten, die den eigentlichen Pflanzenschmuck ausmachen, so gehören bei den Bromelien vielfach auch die Blätter dazu. **Blattzeichnungen** und **-färbungen** sind wichtige Erscheinungsbilder, die der Florist gestalterisch berücksichtigen sollte. Pflanzen mit **besonderem Blattschmuck** werden in diesem Kapitel getrennt aufgeführt, wobei deren Blattoberflächen bzw. Strukturen, wie auch die jeweilige Blattbeschaffenheit, besondere Aufmerksamkeit verdienen.

Der Pflanzenhabitus, also das Erscheinungsbild der bekanntesten **rankenden, kletternden** und **windenden Pflanzen** sowie einiger **Ampelpflanzen**, ist ebenfalls in einer gesonderten Aufstellung zusammengefasst. Auch die unterschiedlichen Bewegungsformen sowie deren Einsatzmöglichkeiten gehören zu den Kenntnisgebieten eines aufgeschlossenen Gestalters. Die in den Tabellen verwendeten Zeichen und Abkürzungen finden Sie bereits in Tab. 7, S. 102 aufgelistet und erklärt. Deshalb gilt: Je umfangreicher das Wissen über den Artenreichtum unserer Zimmerpflanzen ist, desto vielfältiger und interessanter ergeben sich die Einsatz- und Gestaltungsmöglichkeiten.

Die Tabellen 33 bis 37 sollen dies aufzeigen.

Abb. 109. Cephalocéreus senílis (Greisenhaupt). Tab. 36

Abb. 110.
Paródia ottónis (Buckelkaktus). Tab. 36

Tab. 33. Rank- und Kletterpflanzen, windende Pflanzen, Ampelpflanzen

Botanischer Name	Familie	Deutscher Name		Blüte	Blätter	Licht	Bemerkung
Aeschynánthus púlcher	Gesneriáceae	Aeschynanthus	(w)	rot	hart, glänzend	○	epiphytisch lebender Halbstrauch
Aeschynánthus radicans	Gesneriáceae	Aeschynanthus	(w)	rot	hart	○	epiphytisch
Allamánda cathártica	Apocynáceae	Goldtrompete	(w)	gelb	hart, breit lanzettlich, glänzend	●	kräftig wachsende Schlingpflanze; Rückschnitt im Frühjahr vor Neutrieb
Ampelopsis brevipedunculáta	Vitáceae	Scheinrebe	(K)	–	unterschiedlich geformt, grünweiß panaschiert	○	kräftig wachsend; Rückschnitt im Frühjahr vor Neutrieb
Begónia mingheána	Begoniáceae	Hänge-Begonie	(w)	hellrot	elliptisch, schief leicht glänzend	●	überhängende Triebe
Bougainvillea spectábilis	Nyctagináceae	Bougainville, Drillingsblume	(w)	Hochblätter orange, rot, violett; Blütenweiß	fest, behaart, stumpf	○	Blütenbildung hängt von Sonnenintensität ab
Ceropégia woodii	Asclepiadáceae	Leuchterblume	(K)(w)	unscheinbar hellrosa	herzförmig, fleischig	●	fleischige Blätter an langen Stielen, weiß gefleckt auf der Oberseite
Chlorophytum comósum	Liliáceae	Grünlilie	(K)(w)	unscheinbar weiß	linealisch-lanzettlich	●	rosettenförmiger Wuchs; herabhängende Kindel
Císsus antárctica	Vitáceae	Russ. Wein	(K)	–	eirund, hart, grob gesägt	●	Äste u. Blattstiele rostfarben
Císsus rhombifólia 'Ellen Danica'	Vitáceae	Königswein	(K)(w)	–	fiederteilig, rhombisch	●	Blätter unten rötlich behaart
Clerodéndrum thomsóniae	Verbenáceae	Losbaum	(w)	Kelchblätter weiß, Blüte dunkelrot	gegenständig, ganzrandig, dunkelgrün	●	attraktive Blüten mit langen grünen Staubfäden
Colúmnea gnífica	Gesneriáceae	Großartiges Feuerzünglein	(w)	scharlachrot	klein, eirund	●	in ihrer Heimat meist epiphytisch lebend
Colúmnea microphýlla	Gesneriáceae	Kleinblättriges Feuerzünglein	(w)	scharlachrot	klein, eirund	●	in ihrer Heimat meist epiphytisch lebend
Hédera hélix, ssp. hélix	Araliáceae	Gemeiner Efeu	(K)	–	dreieckig; 3–5 lappig; hart, ledrig	●	Haftwurzeln bildend; ✗ (Früchte)
Hédera hélix 'Sagi Haelifolia'	Araliáceae	Spitzblättriger Efeu	(K)	–	pfeilförmige Grundform	●	besonders schlanke, lange Triebe; eleganter Wuchs

Tab. 33. (Fortsetzung)

Botanischer Name	Familie	Deutscher Name		Blüte	Blätter	Licht	Bemerkung
Hóya bélla	Asclepiadáceae	Wachsblume		weiß	klein, ledrig, gegenständig, ganzrandig, oval	◐	Blüten sternförmig, klein, wachsartige, zu mehreren in Dolden; Kurztrieb der Blüten darf nicht entfernt werden, später dort neuer Blütenansatz
Hóya carnósa	Asclepiadáceae	Wachsblume		rosa	klein, ledrig, gegenständig, ganzrandig oval, bis 8 cm lang, dickfleischig	◐	bis 20 Blüten in Dolden; Blüten bis 1,5 cm breit
Jasmínum polyánthum	Oleáceae	Jasmin		weiß-rosa	gefiedert	◐	duftende Blüten nicht über 18 °C
Mandevílla sandéri	Apocynáceae	Dipladenie		rosa mit gelb	ledrig, glänzend, eiförmig	◐	um 21 °C; Blüten 7 cm breit, trichterförmig mit weit ausgebreitetem Saum
Mikánia ternáta	Compósitae	Mikanie		selten	fünfzählig handförmig geteilt; behaart	◐	purpurgrüne Blätter an braunvioletten, behaarten Stengeln
Mónstera deliciósa	Aráceae	Fensterblatt		weiß, selten	ledrig, glänzend, fiedrig gelappt und durchlöchert	◐	über 21 °C; in ihrer tropischen Heimat schlingen sie sich an großen Bäumen empor; lange Luftwurzeln dienen zur Wasseraufnahme aus dem Boden
Passiflóra caerúlea	Passifloráceae	Passionsblume		weißlich mit blauvioletter Korona	5- bis 7lappig, stumpf	○	um 15 °C; Blüten bis 9 cm; Blüten sollen die Passion Christi symbolisieren
Philodéndron bipinnatifidum	Aráceae	Baumfreund		unscheinbar	geschlitzt, leierförmig	◐	über 20 °C; bis 40 cm lang; im Jugendstadium Blätter anders geformt als im Alter
Philodéndron erubéscens	Aráceae	Baumfreund		unscheinbar	verlängert pfeilförmig	◐	über 20 °C; bis 40 cm lang; oben glänzend; dunkelgrün, unten rötlich; Stengel rot
Philodéndron scándens	Aráceae	›Kletterphilo‹ Kletternder Baumfreund		unscheinbar	herzförmig	◐	über 20 °C; bis 10 cm lang; glänzend grün

Tab. 33. (Fortsetzung)

Botanischer Name	Familie	Deutscher Name			Blüte	Blätter	Licht	Bemerkung
Rhoicíssus capénsis	Vitáceae	Klimme, Kapwein	Ⓦ	⚡	–	gelappt	●	um 18 °C; stark wachsend; Blatt unterseits rötlich behaart
Saxifraga stolonífera 'Tricolor'	Saxifragáceae	Judenbart	Ⓚ	⚡	weiß	nierenförmig	●	nicht unter 15 °C; siehe Tabelle ›Blattschmuck‹
Scindápsus píctus	Aráceae	Efeutute	Ⓦ	⚡	–	herzförmig	○	über 20 °C; siehe Tabelle ›Blattschmuck‹
Sédum morganiánum	Crassuláceae	Ampel-Fetthenne	Ⓚ	⚡	rötlich, endständig	dickfleischig, stielrund	○	schlangenförmiger Wuchs, lang herabhängend
Stephanótis floribúnda	Asclepiadáceae	Kranzschlinge	Ⓦ	⚡	weiß	ledrig, glänzend, elliptisch	●	um 20 °C; siehe Tabelle ›Blühende Warmhauspflanzen‹
Syngónium podophýllum	Aráceae	Syngonium	Ⓦ	⚡	–	leicht glänzend, pfeilförmig	●	über 20 °C; siehe Tabelle ›Blattschmuck‹
Tetrastígma voinieriánum	Vitáceae	Elefanten-, Kastanienwein	Ⓦ	⚡	–	groß, 3- bis 5teilig	●	um 20 °C; Blätter grün, ledrig; auf der Unterseite mit dichtem braunem Haarfilz
Tolmiea menziésii (Abb. 106)	Saxifragáceae	Henne und Küken	Ⓚ	⚡	unscheinbar am Triebende	rundlich-spitz-nierenförmig, samtig behaart	●	am Stielansatz des Blattgrundes entwickeln sich Jungpflanzen
Tradescántia fluminénsis	Commelináceae	Dreimasterblume	Ⓦ	⚡	unscheinbar am Triebende	eiförmig zugespitzt	○	Blätter hellgrün, weißlich längsgestreift; Pflanze sehr robust
Tradescántia péndula	Commelináceae	Dreimasterblume, Zebrakraut	Ⓦ	⚡		elliptisch, klein, ganzrandig	●	nicht unter 15 °C; Blattunterseite purpurviolett

Tab. 34. Orchideen (Orchidáceae)

Botanischer Name	Blütezeit	⌂	Blüte/Bemerkungen
Cattléya labiáta	IV –V	Ⓦ	Blüte bis 15 cm breit, in allen Teilen rosarot; Lab. innen purpurbraun; ✂
Cattléya máxima	X –I	Ⓦ	Blüte bis 8 cm breit, in allen Teilen hellrosa-rot; Lab. innen purpur gestreift; ✂
Cattléya móssiae	V –VI	Ⓚ	Blüte bis 20 cm breit, in allen Teilen dunkelviolett; Lab. innen purpur gestreift und gepunktet; ✂
Coelógyne cristáta var. *hololeúca*	I –IV	Ⓚ	prächtiger Blütenstand mit mehreren reinweißen Blüten; auf der Lippe jeweils mit 5 gelben Kämmen besetzt; hängende Blütentrauben → schöne Ampelpflanze; ✂
Cymbidium gigantéum	IX –X	Ⓚ	Blüte bis 10 cm breit, Sep. und Pet. grün-gelb oder braun-gelb; Lippe gelb mit brauner Zeichnung; ✂; Kübel-, Solitärpflanze
Cymbidium-Hybriden	I –VI	Ⓚ	vielblütige Traube; Blüte fleischig; Sep. und Pet. weiß, gelb oder rosa, Lippe in gleicher Farbe rot gesprenkelt; ✂; Kübel-, Solitärpflanze
sogen. Mini-Cymbidien	IX –III	Ⓚ	kurze vielblütige Trauben; Blüten kleiner, werden selten einzeln verarbeitet; ✂; wegen Größe auch als Topfpflanze interessant
Dendróbium densiflórum var. *galliceánum*	III –V	Ⓦ	vielblütige Traube, Blüte goldgelb; ✂
Dendróbium phalaenópsis	VIII –XII	Ⓦ	Blüten in allen Teilen rosa bis tiefpurpur oder weiß; verbreitete ✂
Dendróbium nóbile	III –VI	Ⓦ	beliebte Topfpflanze; bis 60 cm hoch mit vielen lebhaft gefärbten Blüten
Encíclia citrína (früher *Cattléya citrína*)	IV –V	Ⓚ	Blüte bis 8 cm breit, in allen Teilen gelb; ✂
Laélia purpuráta (Abb. 107)	V –VI	Ⓦ	Blüten bis 16 cm breit; Sep. und Pet. violett-rosa-weiß; Lippe purpurrot; große Ähnlichkeit mit Cattleya; ✂
Masdevállia coccínea	IV –VIII	Ⓚ	Blüte dreizipfelig, leuchtend rot; 4–8 cm lang; ⌂
Miltónia-Hybriden	IV –VII	Ⓚ	Blüte groß, flach, stiefmütterchenartig; weiß, rosa bis dunkelrot, andersfarbiger Fleck in der Mitte; ⌂
Odontoglóssum crispum	II –IV	Ⓚ	bis 20 blumige Triebe; Blüten 8 cm groß, weiß, rosarot gesprenkelt; ✂
Odontoglóssum nóbile	III –V	Ⓚ	Blüten bis 6 cm groß, Sep. und Pet. weiß mit zinnoberroten Flecken, Lippe dunkelgelb; ✂
Oncídium crispum	IX –XII	Ⓦ	Blüten rot mit gelben Rändern, Lippe mit gelbem Fleck
Oncídium spléndidum	X –XII	Ⓦ	reichblütige Rispe; Sep. und Pet. getigert; Lippe gelb; bekannte ✂
Paphiopédilum callósum	III –VI	Ⓦ	Sep. und Pet. grünlich weiß mit purpur-farbenen Streifen; Schuh bräunlich purpur; ✂; ⌂
Paphiopédilum-Hybriden	I –XII	Ⓦ	Venusfrauenschuh; sehr verschiedenartig, weil aus verschiedenen Kreuzungen stammend; ✂; ⌂
Paphiopédilum insigne	XI –III	Ⓦ	Sep. und Pet. grünlich-braun gefleckt; Schuh gelb-grün, braun überlaufen; ✂; ⌂
Paphiopédilum Mandiae	I –XII	Ⓦ	Sep. und Pet. weiß bis hellgrün mit schmalen grünen Streifen; Schuh grün; ✂; ⌂
Phalaenópsis amábilis	X –II	Ⓦ	»Malayenblume«, 6- bis 12blumig; Blüte 8 bis 12 cm groß; weiß, auf der Lippe rote Zeichnung; ✂; ⌂

Tab. 34. (Fortsetzung)

Botanischer Name	Blütezeit	◖	Blüte/Bemerkungen
Phalaenópsis-Hybriden	I –XII	(w)	Blüte etwa 15 cm groß, weiß, flach; ✄; ▢
Phalaenópsis schilleriána	I –III	(w)	vielblumig; Blüte hellrosa-rot, kleiner als *Phalaenópsis amábilis*; ✄; ▢
× *Renantánda* 'Bicross'	I –XII	(w)	Spinnenorchidee; Blüten rosa-rötlich; »Dreigattungsbastard« (→ Renanthéra × Vánda × Renantheránda); ✄
Vánda coerúlea	IX –XI	(w)	vielblumig; Blüte bis 3,5 cm breit; Sep. und Pet. fliederfarben, Lippe mit dunkel violetten Schwielen; bekannte ✄
Vánda trícolor	XI –V	(w)	8- bis 10blumig; Blüte bis 5 cm breit; Sep. und Pet. gelb-braun gefleckt; Lippe violett-rosa mit purpurnen Streifen; ✄
× *Vuylstekeára (Cambria)*	I –XII	(w)	vielblumig an langen Stielen bis 70 cm; raschwüchsig; gezüchtet durch Kreuzung aus drei Gattungen › sogenannter →Dreigattungsbastard‹ (→ Cochlióda × Miltónia × Odontoglóssum); ✄

Orchideenblüten bestehen aus drei Teilen:
den Kelchblättern = Sepalen (Abk.: Sep.), die stets gefärbt sind, den Kronblättern = Petalen (Abk.: Pet.) und der Lippe. Sie ist das mittlere Blatt in der Blüte und meistens verwachsen oder schuhförmig; ist dieses tütenförmig, wird es Labellum (Abk.: Lab.) genannt.

Tab. 35. Bromelien (Bromeliáceae)

Botanischer Name	Deutscher Name	Blätter	Blüten
Aechméa chantínii	Lanzenrosette	breit-lineal; abgerundete Spitze; graue Querbänder; 30 bis 40 cm lang, 5 bis 6 cm breit	Deckblätter und Kelchblätter sind rot mit gelblicher Spitze; gelbe Blütenblätter; Blütenstand verzweigt
Aechméa fasciáta	Lanzenrosette	Rand bestachelt; bis 50 cm lang, 10 cm breit; grau, weiß bemehlt	rosa Hochblätter bilden keulenförmigen Blütenstand; Blüten blau, im Verblühen rot
Aechméa fúlgens	Lanzenrosette	oben oliv-grün, unten violett-rot; 40 cm lang, 6 bis 7 cm breit, abgerundet, leicht bestachelt	Blütenstand verzweigt mit rotem Kelch; Blüten violett, im Verblühen rot
Ananas comósus 'Variegatus'	Zierananas	schmal, bedornt; weiß-grün gestreift, rot überlaufen	Blütenstand zapfenartig; Hochblätter rosa, darüber Schopf grüner oder grün-roter Blätter
Billbérgia nútans	Zimmerhafer	schmal-lineal, langhängend, spitz zulaufend, gezähnt	hängender Blütenschaft mit rosa-roten Hochblättern; Blüten grün-gelb
Cryptánthus bivittátus	Längsgestreifter Erdstern	derb, hart, vielfältig längs gezeichnet, gezähnt, lanzettlich bronzegrün mit helleren Längsbändern; derbledrig; lang-lanzettlich bis schwertförmig zugespitzt	weiß, sehr unscheinbar im Innern der Rosette
Cryptánthus bromelioides	Bromelien-Erdstern		weiß, sehr unscheinbar im Innern der Rosette
Cryptánthus zonátus	Gebänderter Erdstern	dunkelgrün mit intensiv gezeichneten silbriggrauen-weißen Querbändern; breitschwertförmig-lanzettlich, leicht gewellt	weiß, sehr unscheinbar im Innern der Rosette
Guzmánia linguláta	Guzmanie	schmal-linealisch; glatter Rand; weich, elastisch; rötliche Adern; zu einer Rosette zusammenstehend	Hochblätter rot; halten länger als die Blüten; Blüten reinweiß
Guzmánia mínor	Guzmanie	schmal-linealisch; glatter Rand; weich, elastisch; rötliche Adern; zu einer Rosette zusammenstehend	Hochblätter rot oder orange
Neoregélia carolínae	Neoregelia	derb, breit-linealisch; glatter Rand; Blätter enden abgerundet mit kurzer Spitze, wie aufgesetzt (Unterscheidung zu *Nidulárium*)	flascher, sich nicht über die Blattrosette erhebender Blütenstand; lebhaft gefärbte Herzblätter
Nidulárium innocéntii	Nestrosette	Blätter wie *Neoregélia*, doch verjüngen sie sich zur Spitze	Herzblätter kräftig rot gefärbt; Blütenstand legt sich über die innerste Blattrosette

Tab. 35. (Fortsetzung)

Botanischer Name	Deutscher Name	Blätter	Blüten
Tillándsia álbida	Graue Tillandsie, Luftnelke	linealisch, schmal, hart; Triebe rosettenartig zusammengesetzt; Blätter besitzen Saugschuppen zur Wasser- und Nährstoffaufnahme	Besonderheit: viele haben keine Wurzeln; werden deshalb auf Holzstücke aufgebunden; Blüten rosa-blau als Trugdolde am Ende des Triebes; müssen mit Wasser besprüht werden
Tillándsia ánceps (Abb. 108, S. 184)	Tillandsie	linealisch schmal, grasartig, sehr hart	purpur-violettes Schwert mit blau-violetten Blüten, die seitlich austreten
Tillándsia cyánea	Grüne Tillandsie, Luftnelke	linealisch, schmal, bis 30 cm lang, rosettig, sehr vielzählig	grünlich-rötlich, violett-rosa, doch ziegelartig angeordnete Hochblätter, aus denen violett-blaue, sehr kurzlebige Blüten hervortreten
Tillándsia usneoídes	Louisianamoos	weiche, dünne, fadenförmige Triebe; bartähnlich; ⚲; drahtiger Stamm, mehrere Meter lang	unscheinbar, in den Achseln der Triebe wachsend
Tillándsia xerográphica	Luftnelke	linealisch schmal, bandartig; zugespitzte Enden aufgerollt	grünlich-rötlich, gelbschimmernde Hochblätter, kahler Blütenstand ziegelartig angeordnet
Vríesea hieroglýphica	Vriesea	linealisch, an der Spitze abgerundet, hart; grün-gelb gezeichnet	Blütenstand kräftig rot gefärbt
Vríesea spléndens	Flammenschwert	hellgrün mit braunen Querbändern	Blütenstand schwertförmig, bis 70 cm lang; Hochblätter leuchtend rot; Blüten leuchtend gelb

Tab. 36. Kakteen (Cactáceae)

Botanischer Name	Geläufiger Name	Wuchsform/Merkmale
Aporocáctus flagellifórmis	Peitschen- oder Schlangenkaktus	♃; bis 1 m lange Triebe, bis 1,5 cm dick; Ampelpflanze; im Frühjahr violett-rote Blüten an zweijährigen Trieben
Astróphytum myriostígma	Bischofsmütze	Halbkugel mit 8 Rippen, ›stacheloser‹ Kaktus
Astróphytum astérias	Seeigelkaktus	Halbkugel mit 8 Rippen, unbedornt; weiße verstreute Flöckchen
Blossféldia liliputána	–	dicht aneinandersitzende Kugeln bis 1 cm Ø; graufilzige Areolpolster sitzen auf dem Pflanzenkörper; keine Dornen; kleinste Kakteen
Cephalocéreus senilis (Abb. 109)	Greisenhaupt	säulenförmiger Körper mit weißen Borstenhaaren (wie ein Haarschopf)
Céreus azúreus	Säulen-, Felsenkaktus	blaue Bereifung besonders am Neutrieb; kräftig wachsende Kakteen
Chamaecéreus silvéstrii 'Aureus'	›Bananenkaktus‹	chlorophyllfreie (gelbe) Sorte, die aufgepfropft wird
Cleistocáctus stráusii	Silberkerze	dicht bedornte, schlanke, säulenbildende Kaktee; lange weiße Borstenhaare
Echinocáctus grusónii	Goldkugelkaktus, ›Schwiegermuttersitz‹	kugelrunder Pflanzenkörper erreicht bis 1 m Ø; attraktive gelbe Dornen
Echinofossulocáctus lamellósus	›Lamellenkaktus‹	Kugelkaktus mit vielen dünnen gewellten Rippen; besitzt abgeflachte Mitteldornen
Gymnocalýcium baldiánum	Spinnenkaktus	prächtig blühend; schwach bedornte Kugelkaktee; 5–7 anliegende Randdornen, die an eine Spinne erinnern; basaler, röhriger Teil der Blütenachse ist mit nackten Schuppenblättern besetzt
Hatióra salicornióides	–	kleine keulenförmige Sprossglieder; kleinbleibende epiphytische Kaktee; strauchartiger Wuchs; Pflege wie bei Rhipsalis-Arten
Lobívia famatiménsis	Lobivie	Größe nur 3–4 cm; kurzröhrige, große gelbe Blüten, Körper kugelig bis langgestreckt
Mammillária zeilmanniána	›Muttertagskaktus‹, Warzenkaktus	kugelrund oder zu kleinen Säulen verlängert; Blüten erscheinen kranzförmig um die Pflanze herum; Dornen oft zu kleinen Haken umgebogen; diese bekannte Sorte blüht meist zum Muttertag, deshalb diese Namensgebung
Nopalxóchia-Hybriden (Syn. *Phyllocáctus*)	Blattkaktus, Pfingstkaktus	schmale, lange, riemenartige, harte Blätter; Blüten weiß, gelb, orange bis dunkelrot; bis 30 cm lange Blüten
Opúntia micródasys	Feigenkaktus	klein bleibende Art; flache, fast runde Sprossglieder; dunkelbraune Polster aus winzigen Dornen (mit Widerhaken!) sogenannten ›Glochidien‹; sehr artenreich, auch mit langen kräftigen Dornen Vorsicht! Dornen bleiben bei Kontakt fest in der Haut zurück;
Opúntia tunicáta	–	entfernen nur mit einer Zange möglich → hinterlassen große Wunden
Paródia leninghäusii u. *P. ottónis* (Abb. 110, S. 185)	Buckelkaktus	kugeliger, kurzsäuliger Kaktus; Rippen sind durch Querrippen unterbrochen; dichte, goldgelbe, weiche Dornen, selten weiß; im Sommer schon an kleinen Pflanzen grün-gelbe Blüten

Tab. 36. (Fortsetzung)

Botanischer Name	Geläufiger Name	Wuchsform/Merkmale
Rebútia minúscula	Rebutie	flachkugelig bis schlank, kurzsäulig, klein bleibend; ähnlich wie *Mammilária* → Rippen zu Warzen aufgelöst; Dornen kammartig flach auf dem Körper liegend, Blüten oft seitlich und unten an der Basis; sehr blühfreudig
Rhipsalidópsis gaêrtneri	Osterkaktus	flache, abgerundete Sprossglieder, rötlich gerandet (im Gegensatz zu *Schlumbérgera*, dem Weihnachtskaktus → Ränder gezähnt!); Blüten scharlachrot, bis 5 cm Ø; 1 Blütenkranz
Rhipsalis téres *Schlumbérgera gaêrtneri*	Ruten-, Binsenkaktus Weihnachtskaktus	dünne, röhrige Sprossglieder; lange, meist überhängende Triebe; ⚡ Blattglieder bis 5 cm lang; Blattränder leicht gezähnt; Blüten dunkelrosa-lila; 2 Blütenkränze
Senicéreus grandiflórus	Königin der Nacht	Triebe bis 2 cm dick, mehrere Meter lang; mit wenigen weißen Borsten besetzt; Blüten bis 30 cm lang und fast so breit; Duft vanilleähnlich; öffnet sich gegen 22 Uhr–3 Uhr

Tab. 37. Sukkulente und Euphorbien (Euphorbiáceae)

Botanischer Name	Familie	Wuchsform	Merkmale
Aeónium arbóreum 'Atropurpureum'	Crassuláceae	aufrechter Stamm; rosettig	⚘; purpurrote Rosetten aus dicken, fleischigen Blättern, die an kurzen oder langen Stämmen sitzen; können sehr hoch werden
Aeónium tabulifórme (Abb. 112, S.197)	Crassuláceae	lagernd, stammlos; rosettig	⚘; ›Teller-Aeonie‹; stammlose Rosetten, die sich auf dem Untergrund anschmiegen
Agáve americána 'Marginata'	Agaváceae	lagernd, stammlos; rosettig	⚘; Rosetten bildend; weiß-cremefarbene Streifen an den Kanten der scharfgezähnten Blätter; Durchmesser bis zu 3 m; Ausbildung eines imposanten Blütenstandes → im Alter bis zu 8 m → danach stirbt die Pflanze ab
Aloé arboréscens	Liliáceae	stammbildend, rosettig	⚘; Blätter stark gefurcht, hornig
Aloé variegáta	Liliáceae	lagernd, stammlos, rosettig	⚘; dreieckig geformte Blätter, oben stark gefurcht, hornig; Blätter grün mit weißen Querbändern
Ceropégia woodii	Asclepiadáceae	abfließend	⚘ ⚥; ›Leuchterblume‹; herzförmige, fleischige Blätter an langen Stielen; weiß gefleckt auf der Blattoberseite
Crássula obliqua	Crassuláceae	aufrechter Stamm, baumartig	⚘; ›Geldbaum‹, dickfleischige, flache, unten runde Blätter
Crássula perfoliáta var. *falcáta*	Crassuláceae	sichelförmig gebogene Blätter	⚘; Blätter grau und dick; wechselständig; verzweigter Blütenstand mit roten Blüten
Dioscórea vittáta	Dioscoreáceae	kugeliger, fleischiger Stamm	⚥; ›Luftkartoffel‹; Yamswurz; aus dem kartoffelähnlichen Körper entspringen lange, dünne, beblätterte Triebe
Echevéria pulvináta	Crassuláceae	lagernd, rosettig	⚘; dickfleischige Blätter, wie ein Flaum behaart
Echevéria derenbérgii	Crassuláceae	lagernd, rosettig	⚘; Blätter in kugeligen, bis 8 cm großen Rosetten; Blüten rot-gelb, hängend an beschupptem Stiel
Euphórbia capútmedúsae	Euphorbiáceae	lagernd, rosettig	⚘; ›Medusenhaupt‹; keulenförmiger Basisstamm mit zahlreichen halbaufrechten Ästen
Euphórbia grandicórnis	Euphorbiáceae	baumartig	⚘; lange, harte Stacheln, Pflanzenkörper markant eingebuchtet; an Kaktee erinnernd
Euphórbia milii var. *milii*	Euphorbiáceae	strauchartig	⚘ ⚥; Christusdorn; Blüten rot, rosa, gelb; ledrige Blüten, dickfleischige Hochblätter; im Winter Blattabwurf; Milchsaft
Euphórbia trigóna	Euphorbiáceae	baumartig	⚘; dreikantiger Pflanzenkörper; hellgrün, befleckt; Blätter entwickelt
Euphórbia tirucálli	Euphorbiáceae	aufrecht, verzweigt, baumartig	⚘; wächst wie ein (hölzener) glatter Stock → »Stockkaktus«; Äste vielfach verzweigt mit kleinen Blättern an den Seiten und Spitzen, die aber nicht haltbar sind
Faucária tigrína	Aizoáceae	lagernd, gestaucht, gestapelt zweizeilig; im Alter spiralig	⚘; 'Tigermaul'; gezähnte, dickfleischige Triebe
Gastéria verrucósa	Liliáceae		⚘; ›Schwiegermutterzunge‹; weiß-warzige Oberfläche der über 20 cm langen Blätter; Blütenstand über 40 cm lang
Graptopétalum béllum (*Tácitus béllus*)	Crassuláceae	lagernd, rosettig	⚘; hauswurzähnlicher Wuchs; dickfleischige Schuppen, ringförmig um das Zentrum angeordnet

Tab. 37. (Fortsetzung)

Botanischer Name	Familie	Wuchsform	Merkmale
Játropha podágrica	Euphorbiáceae	gestaucht, flaschenförmig	♀; ›Purgiernuss‹; dicker flaschenförmiger Stamm; Blätter groß, 3- bis 5lappig, werden im Winter abgeworfen (Ruhezeit); Blütenstand reich verzweigt, leuchtend rot
Kalánchoë behárensis	Crassuláceae	aufrecht, baumartig	♂; dicker, fester Stamm an dem die fleischigen, großen, dreieckigen Blätter sitzen, Blattränder stark gewellt; Blätter dicht grau behaart; Solitärpflanze; Rarität
Kalánchoë blossfeldiána	Crassuláceae	strauchartig, verzweigt, auf kurzem Stamm	♂; ›Flammendes Käthchen‹; eiförmige, dickfleischige, dunkelgrüne Blätter; Blüten rot, orange, violett, sternförmig in Trugdolden
Kalánchoë pinnáta	Crassuláceae	baumartig, aufrecht	♂; ›Kinderblume‹, ›Brutblatt‹; an den Blättern werden kleine Brutpflanzen mit Wurzeln gebildet, die zu Boden fallend gleich anwachsen
Líthops oliváceae	Aizoáceae	lagernd, herzförmig	♂; ›Lebende Steine‹; Pflanzenkörper besteht aus 2 Blättern, die bis auf einen Spalt zusammengewachsen sind → dort schiebt sich die Blüte hervor (weiß oder gelb); bei zu großer Wassergabe platzen die Pflanzenkörper!
Pachyphytum oviferum	Crassuláceae	aufrecht, kurze Stämmchen	♂; ›Dickblatt‹; dicke, eirunde Blätter dicht nebeneinander zu kurzen Stämmchen; Blätter weißbereift
Pachypódium lamérei	Apocynáceae	verdickter, aufrechter, bedornter Stamm	♀; ›Dickfuß‹, Madagaskarpalme; Blattschopf am Ende des verdickten Stammes
Sansevíéria trifasciáta (Abb. 114, S.198)	Agaváceae	steif aufrecht	›Bogenhanf‹; an älteren Pflanzen erscheinen duftende, grünlich weiße Blüten an langen Trauben
Sédum pachyphýllum	Crassuláceae	herabhängend, wurstförmig	♂; lange Triebe mit kleinen, weiß bereiften, fleischigen Blättern umgeben; Blätter sehr berührungsempfindlich → Blattfall
Senécio radicans	Compósitae	herabhängend; erbsenförmig	♂; ›Perlen an der Schnur‹, ›Rosenkranz‹
Stapélia variegáta	Asclepiadáceae	aufrechte, kurze fleischige Stämmchen	♂; ›Aasblume‹; hellgelbe Blüten, braun-rot gefleckt, bis 8 cm Ø; penetrant stinkend

Abb. 111. Rebútia minúscula (Rebutie). Tab. 36

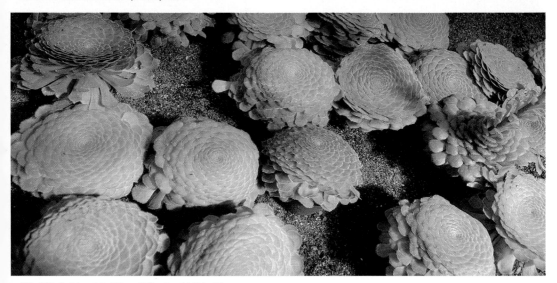

Abb. 112. Aeónium tabulifórme (Teller-Aeonie). Tab. 37

Abb. 113.
Crássula perfoliáta var. falcáta (Sicheldickblatt). Tab. 37

Abb. 114.
Sanseviéria trifasciáta (Bogenhanf). Tab. 37

!!!Merksätze
- Unter den Warm- und Kalthauspflanzen beanspruchen bestimmte Pflanzenfamilien besondere Aufmerksamkeit und Pflege. Dazu gehören:
  - die Bromelien (*Bromeliáceae*)
  - die Kakteen (*Cactáceae*)
  - die Sukkulenten und Euphorbien (*Euphorbiáceae*)
- Pflanzen mit besonderem Blattschmuck sind für die floristische Gestaltung besonders interessant und von Bedeutung.
- Als »lebende Raumteiler« oder »mobiles Grün« sowie für wirkungsvolle grüne Akzente im Wohn- und Lebensbereich erfreuen sich die Rank- und Kletterpflanzen, ebenso wie die Ampelpflanzen immer größerer Beliebtheit.

1. Ein Reisebüro feiert Jubiläum und verlost zu diesem Anlass eine Reise nach Mexiko. Um auf das Reiseziel werbewirksam aufmerksam zu machen, soll das Schaufenster (Maße: 5 m Länge, 2,5 m Höhe, 1,5 m Tiefe) mit Pflanzen dieser Region gestaltet werden. Entwerfen Sie eine Schaufensteransicht und benennen Sie die dafür vorgesehene Pflanzenauswahl. Berücksichtigen Sie die Schaufensterhöhe und wählen Sie entsprechende raumgreifende Dekorationsmaterialien.

2. Ein begeisterter Pflanzenfreund kommt zu Ihnen in das Geschäft und möchte Pflanzen für einen Epiphytenstamm erwerben. Da er nur vage Vorstellungen von einer Gesamtgestaltung hat, möchte er beraten werden. Welche Pflanzenauswahl und -zusammenstellung und welche Tipps für die technische Vorgehensweise können Sie geben?

3. Für ein Speiselokal sollen »grüne Raumteiler« empfohlen werden. Sowohl dekorative Ampeln als auch Kletterpflanzen, die zudem noch schmückende Blattzeichnungen aufweisen, sind dem Auftraggeber willkommen. Welche Pflanzen kommen in Betracht? Durch welchen Habitus und welche Blattstruktur bzw. -zeichnung besitzen sie besonderen Schmuckwert? Wählen Sie zehn Pflanzenbeispiele aus und beschreiben Sie diese.

29 Immergrüne und sonstige Laubgehölze

Es gibt keine Jahreszeit, in der Floristen auf die Verarbeitung von Gehölzteilen verzichten möchten. Bereits in den letzten Wintermonaten, vor Frühlingsbeginn, freuen wir uns schon auf das erste, vorgetriebene, frische Birkengrün, das jeden Tulpenstrauß erst recht frühlingshaft erscheinen lässt.

Wie ungeduldig warten alle Menschen auf das »erwachende Leben« in der Natur nach der grauen, kalten Winterzeit.

Der Florist versucht mit einem reichhaltigen Angebot an vorgetriebenen Blütengehölzen dieser Sehnsucht entgegenzukommen. Das ist auch die Zeit der großen Vasenfüllungen in den Geschäften, um den Kunden den Eindruck prächtiger blühender Sträucher zu vermitteln. Längst sind es nicht mehr nur Forsythien, die mit ihrem Gelb bestechen, sondern auch die obsttragenden Gehölze, die mit ihren meist weißen oder rosafarbenen Blüten und ihrem hübschen verzweigten Wuchs ihre Liebhaber gefunden haben.

Ein bizarr gewachsener Ast vom Apfel- oder Birnbaum, in eine rustikale Keramik gestellt, ist von ganz besonderem Reiz und sollte zu dieser Jahreszeit in keiner Schaufensterdekoration fehlen. Auch Amaryllisgebinde, in die solche Zweige wirkungsvoll arrangiert werden können, erfahren einen gesteigerten optischen Wert durch den grafischen Kontrast.

Gerade für den **formal-linearen Gestaltungsstil** bieten sich die interessanten, linearen Wuchsformen des Geästes an.

Für **dekorative Gestaltungen** werden besonders die belaubten Zweige mit ihrem oft ausschwingenden Wuchs geschätzt. Bei Großraumdekorationen sind sie von gestalterischer Bedeutung und sehr wirkungsvoll; sie besitzen großen gestalterischen Wert. In der **Kranzbinderei** finden vielfach die einzelnen Blätter unserer Gehölze Verwendung. Aus Eichen- oder Blutbuchenblättern, zu Tuffs angedrahtet, lassen sich dekorative rundausgesteckte Kranzkörper arbeiten, denen als einziger Schmuck schon eine kunstvolle Bandgarnierung genügt. Gerömerte Kränze mit Blättern von Efeu, *Ílex*, Kirschlorbeer oder *Rhododéndron* sind zwar sehr arbeitsintensiv, doch gleichermaßen kostbar. Aber auch in kleinen Gebinden, und gesteckten

Tab. 38. Blütengehölze – zur Treiberei geeignet

Botanischer Name	Familie	Deutscher Name	Blütenfarbe	Verwendungsmöglichkeit
Aésculus hippocástanum	Hippocastanáceae	Weiße Rosskastanie	weiß, gelb-rot gefleckt	Vasenfüllungen; formal-lineares Gestalten
Álnus glutinósa	Betuláceae	Schwarzerle	hellgrün	Vasenfüllungen; formal-lineares Gestalten
Álnus incána	Betuláceae	Grauerle, Weißerle	hellgrün	Vasenfüllungen; formal-lineares Gestalten
Amelánchier canadénsis	Rosáceae	Felsenbirne	weiß	Vasenfüllungen
Bétula péndula	Betuláceae	Maibirke, Weißbirke	grün-gelb	Beigabe in Frühlingssträuße; Gestecke
Bétula pubéscens	Betuláceae	Moorbirke	grün-gelb	Beigabe in Frühlingssträuße; Gestecke
Choenoméles-Hybriden	Rosáceae	Zierquitte	rot, rosa	Beigabe in Frühlingssträuße; Gestecke
Forsýthia × intermédia	Oleáceae	Goldglöckchen	tiefgelb	Beigabe in Frühlingssträuße; dekoratives Gestalten, Vasenfüllungen
Labúrnum anagyroídes	Leguminósae	Goldregen	gelb	Beigabe in Frühlingssträuße; Vasenfüllungen
Lédum palústre	Ericáceae	heimischer Sumpf-Porst	hellgelb	Holzfarbe braun; Beigabe in Frühlingssträuße; vegetatives Gestalten
Lédum groenlándicum	Ericáceae	breitblättr. Porst	hellgelb	Holzfarbe braun; Beigabe in Frühlingssträuße; vegetatives Gestalten
Magnólia selláta	Magnoliáceae	Sternmagnolie	weiß	kostbare Vasenfüllung; formal-lineares Gestalten
Málus-Hybriden	Rosáceae	Apfel	weiß-rosa	Vasenfüllung; Barbarazweige; formal-lineares, dekoratives Gestalten
Myrica gále	Myricáceae	Gagelstrauch	hellgelb	Holzfarbe braun; Beigabe in Frühlingssträuße; vegetatives Gestalten
Prúnus ávium	Rosáceae	Süßkirsche	weiß	Barbarazweige; Vasenfüllungen; Sträuße; Gestecke
Prúnus pérsica	Rosáceae	Pfirsich	rosa	Barbarazweige; Vasenfüllungen; Sträuße; Gestecke
Sálix cáprea	Salicáceae	Salweide; Kätzchenweide	grausilbrig	Vasenfüllungen, Beigabe in Frühlingssträuße, Gestecke

sowie alle aufgeführten Gehölze der Tabelle ›Blütengehölze, die im Winter bzw. im zeitigen Frühjahr blühen‹

Tab. 39. Blütengehölze, die im Winter, bzw. im zeitigen Frühjahr blühen

Botanischer Name	Familie	Deutscher Name	Blütenfarbe	Verwendungsmöglichkeit
Córnus mas	Cornáceae	Kornelkirsche	dunkelgelb	Vasenfüllungen; formal-lineares Gestalten
Corylópsis pauciflóra	Hamamelidáceae	Scheinhasel	hellgelb	Sträuße
Córylus avellána	Betuláceae	Haselnussstrauch	gelb-grün	Vasenfüllung; formal-lineares Gestalten
Hamamélis japónica	Hamamelidáceae	Zaubernuss	gelb	kostbare (!) Vasenfüllung
Hamamélis móllis	Hamamelidáceae	Zaubernuss	dunkelgelb	formal-lineares Gestalten; sehr kostbar, da langsam wachsend
Jasminum nudiflórum	Oleáceae	Echter Jasmin, Winterjasmin	gelb	kaum; Zweige dünn; überhängend; Brautschmuck
Prúnus cerasífera Atropurpúrea-Hybriden	Rosáceae	Blutpflaume	weiß-rosa	Vasenfüllungen; dekoratives Gestalten
Prúnus serruláta	Rosáceae	Japanische Zierkirsche	rosa	Vasenfüllungen
Prúnus spinósa	Rosáceae	Schlehe	weiß	Vasenfüllungen; vegetatives, formal-lineares Gestalten
Prúnus subhirtélla	Rosáceae	Zier-, Blütenkirsche	rosa	vegetatives, formal-lineares Gestalten
Prúnus trilóba	Rosáceae	Mandelbäumchen	rosa	Gestecke; Sträuße; Pflanzungen
Rhododéndron × praécox	Ericáceae	Vorfrühlingsalpenrose	hellviolett	Gestecke; Brautschmuck
Sálix cáprea	Salicáceae	Palmkätzchen, Salweide	gelb	Trauerbinderei; Binderei zu Ostern
Sálix × smithiána	Salicáceae	Kätzchenweide	gelb	Trauerbinderei; Binderei zu Ostern
Vibúrnum fárreri	Caprifoliáceae	Duftschneeball	hellrosa	Vasenfüllungen; formal-lineares Gestalten

Tab. 40. Ziergehölze mit besonderem Blütenschmuck

Botanischer Name	Familie	Deutscher Name	Blütezeit	Blütenfarbe	Verwendungsmöglichkeit
Aésculus × cárnea	Hippocastanáceae	Rote Rosskastanie	spätes Frühjahr	hellrot-rosa	Vasenfüllungen; formal-lineares Gestalten
Aésculus hippocástanum	Hippocastanáceae	Weiße Rosskastanie	spätes Frühjahr	weiß, gelb, rot gefleckt	Vasenfüllungen; formal-lineares Gestalten
Amelánchier láevis	Rosáceae	glatte Felsenbirne	Frühjahr	weiß	Vasenfüllungen; formal-lineares Gestalten
Buddléja davídii	Buddlejáceae	Schmetterlings-strauch	Sommer	verschiedene violette Farbtöne	dekoratives Gestalten; Braut-schmuck
Callúna vulgáris	Ericáceae	Heidekraut	später Sommer	vosa-violett	kurze, runde Sträuße; vegetatives Gestalten; Pflanzungen
Caryópteris × clandonénsis	Verbenáceae	Bartblume	VIII–IX	tiefblau	dekoratives Gestalten; Braut-schmuck
Choenoméles-Hybriden	Rosáceae	Zierquitte	Frühjahr	rot-rosa	Vasenfüllungen; formal-lineares Gestalten
Clématis-Hybriden	Ranunculáceae	Clematis	Sommer	verschieden	Brautschmuck; Gerank für Linien-führungen
Clématis × jackmánii	Ranunculáceae	Clematis	Sommer	violett-purpur	Brautschmuck; Gerank für Linien-führungen
Clématis montána	Ranunculáceae	Clematis	Sommer	blassrosa	Brautschmuck; Gerank für Linien-führungen
Cótinus coggýgria	Anacardiáceae	Perückenstrauch	VI –VII	rotbraun	dekoratives Gestalten; Braut-schmuck; Trauerbinderei
Cratáegus laevigáta	Rosáceae	Weißdorn	Sommer	weiß	Vasenfüllungen; dekoratives Gestalten
Cratáegus laevigáta 'Paulii'	Rosáceae	Rotdorn	Sommer	rosa-rot	Vasenfüllungen; dekoratives Gestalten
Cýtisus × praecox	Leguminósae	Elfenbeinginster	Frühjahr	elfenbein	vegetatives Gestalten; Pflanzungen
Cýtisus scopárius	Leguminósae	Besenginster	V –VI	goldgelb	vegetatives, dekoratives Gestalten
Dáphne mezeréum	Thymelaeáceae	Seidelbast	Frühjahr	purpur-rosa	selten ⋈; Pflanzungen,
Déutzia grácilis	Saxifragáceae	Deutzie	Frühjahr	weiß	Vasenfüllungen
Erica cárnea	Ericáceae	Schneeheide	Winter/Frühjahr	weiß-rot	Pflanzungen
Erica grácilis	Ericáceae	Topfheidekraut	Herbst/Winter	weiß-rot	Pflanzungen
Forsýthia × intermédia	Oleáceae	Goldglöckchen	Frühjahr	tiefgelb	Vasenfüllungen; dekoratives Gestalten
Hydrangéa arboréscens 'Grandiflora'	Saxifragáceae	Hortensie	VII –VIII	weiß	Pflanzungen; Blüten samtig, Brautschmuck

Tab. 40. (Fortsetzung)

Botanischer Name	Familie	Deutscher Name	Blütezeit	Blütenfarbe	Verwendungsmöglichkeit
Kérria japónica	Rosáceae	Kerrie, Ranunkelstrauch	VI–V	gelb	Vasenfüllungen
Kolkwitzia amábilis	Caprifoliáceae	Kolkwitzie	V–VI	rosa-weiß	Vasenfüllungen
Labúrnum anagyroides	Legumínosae	Goldregen	V–VI	gelb	Vasenfüllungen
Magnólia kóbus var. kóbus	Magnoliáceae	Strauchmagnolie	Frühjahr	weiß	Vasenfüllungen; formal-lineares Gestalten
Magnólia-Soulangiana-Hybr.	Magnoliáceae	Magnolie	Frühjahr	weiß, außen gerötet	Vasenfüllungen; formal-lineares Gestalten
Magnólia stelláta	Magnoliáceae	Sternmagnolie	Frühjahr	weiß	Pflanzungen
Málus floribúnda	Rosáceae	Zierapfel	Frühjahr	rosa-weiß	Vasenfüllungen; formal-lineares Gestalten
Málus-Hybriden	Rosáceae	Zierapfel	Frühjahr	dunkelroa-purpur	Vasenfüllungen; formal-lineares Gestalten
Philadélphus-Lemoinei-Hybriden	Saxifragáceae	Falscher Jasmin Niedriger Pfeifenstrauch	Sommer	rahm-weiß	Vasenfüllungen; formal-lineares Gestalten
Pieris floribúnda	Ericáceae	Andromeda	VI–V	weiß	Brautschmuck; Pflanzungen
Potentílla fruticósa	Rosáceae	Goldfingerstrauch	V–VIII	gelb	Pflanzungen
Prúnus cerasífera Atropurpúrea-Hybriden	Rosáceae	Blutpflaume	Frühjahr	weiß-rosa	Vasenfüllungen; dekoratives Gestalten
Prúnus padús	Rosáceae	Traubenkirsche	IV–V	weiß	Vasenfüllungen; dekoratives Gestalten; Blüten in hängenden Trauben
Prúnus serruláta	Rosáceae	Japanische Zierkirsche	Frühjahr	rosa	Vasenfüllungen
Prúnus spinósa	Rosáceae	Schlehe	Frühjahr	weiß	Vasenfüllungen, vegetatives, formal-lineares Gestalten
Prúnus tríloba	Rosáceae	Mandelbäumchen	Frühjahr	rosa	Gestecke; Sträuße; Pflanzungen
Rhododéndron catawbiénse	Ericáceae	Rhododendron	V–VI	blass-violett	Brautschmuck; Gestecke; Sträuße
Rhododéndron-Hybriden	Ericáceae	Rhododendron	IV–V	von weiß über violett zu dunkelrot	Brautschmuck; Vasenfüllungen
Rhododéndron lúteum	Ericáceae	Pontische Azalee	V	dunkelgelb	Brautschmuck; Pflanzungen

Tab. 40. (Fortsetzung)

Botanischer Name	Familie	Deutscher Name	Blütezeit	Blütenfarbe	Verwendungsmöglichkeit
Rhododéndron pónticum	Ericáceae	Pontische Azalee	V –VI	purpur-violett	Brautschmuck; Pflanzungen
Ríbes sanguíneum	Saxifragáceae	Blutjohannisbeere	Frühjahr	rot	Vasenfüllungen
Robínia pseudoacácia	Leguminósae	Scheinakazie	V –VI	weiß	Vasenfüllungen; dekoratives Gestalten
Rósa-Floribunda-Gruppe	Rosáceae	Floribunda-Rose	VI –IX	verschieden	kleiner als Edelrosen; Blütenstand in Dolden; vielfältig
Rósa-Floribunda-Grandiflora-Gruppe	Rosáceae	Riesen-Floribunda-Rose	VI –IX	verschieden	Blüten wie Edelrosen; Blütenstand in Dolden; vielfältig
Rósa-Gartenrosen-Gruppe	Rosáceae	Edelrose, Teerose	VI –IX	verschieden	vielfältig
Rósa-Polyantha-Gruppe	Rosáceae	Polyantharose	VI –IX	verschieden	Blüten klein; strauchiger Wuchs; vielfältig
Sálix cáprea	Salicáceae	Salweide, Kätzchenweide	Frühjahr	grausilbrig mit gelben Staubgefäßen	Vasenfüllungen; dekoratives, vegetatives, formal-lineares Gestalten
Sambúcus nigra	Caprifoliáceae	Schwarzer Holunder	VI –VII	weiß	Vasenfüllungen; dekoratives Gestalten
Spiráea × argúta	Rosáceae	Spierstrauch	Frühjahr	weiß	Vasenfüllungen; dekoratives Gestalten
Syrínga-Vulgaris-Hybriden	Oleáceae	Flieder	Frühjahr	weiß-lila, violett	Vasenfüllungen; dekoratives Gestalten
Vibúrnum ópulus 'Sterile'	Caprifoliáceae	Schneeball	Frühjahr	grünlichweiß	Vasenfüllungen; Brautschmuck
Wéigela-Hybriden	Caprifoliáceae	Weigelie	Frühjahr	weiß-rosa, rot	Vasenfüllungen
Wistéria sinénsis	Leguminósae	Glyzine	Frühjahr	zartblau-hellviolett	selten

Tab. 41. Gehölze mit schmückenden Früchten

Botanischer Name	Familie	Deutscher Name	Fruchtfarbe	Verwendungsmöglichkeit
Ácer platanoídes	Aceráceae	Spitzahorn	rötlich-orange, grünrot, braun	Formbinderei; Trockenbinderei; Strukturarbeiten; Tischdekoration
Áesculus hippocástanum	Hippocastanáceae	Weiße Rosskastanie	braun	Formbinderei; Adventsbinderei; Tischdekoration
Álnus glutinósa	Betuláceae	Schwarzerle	dunkelbraun	Formbinderei; Adventsbinderei; Tischdekoration
Bérberis juliánae	Berberidáceae	Immergrüne Berberitze, Sauerdorn	blauschwarz bereift	formal-lineares Gestalten
Callicárpa bodiniéri	Verbenáceae	Liebesperlenstrauch, Schönfrucht	lila-violett	formal-lineares Gestalten
Castánea sátiva	Fagáceae	Esskastanie, Marone	braun	Formbinderei; Trockenbinderei; Strukturarbeiten; dekoratives, formal-lineares Gestalten; Tischdekoration; Brauchtumsbinderei
Celástrus orbiculátus	Celastráceae	Baumwürger	Fruchtkapsel gelborange mit roter Beere	formal-lineares Gestalten; Herbst-, Adventsbinderei
Choenoméles-Hybriden	Rosáceae	Zierquitte	gelb	Formbinderei; Adventsbinderei; Tischdekoration
Córylus avellána	Betuláceae	Haselnussstrauch	braun	Formbinderei; Adventsbinderei; Tischdekoration
Cotoneáster horizontális	Betuláceae	Fächer-Zwergmispel	hellrot-orange	formal-lineares Gestalten
Cotoneáster salicifólius	Betuláceae	weidenblättrige Zwergmispel	hellrot-orange	dekoratives, formal-lineares Gestalten
Cotoneáster-Watereri-Hybriden	Betuláceae	Zwergmispel	hellrot-orange	dekoratives, formal-lineares Gestalten
Cratáegus laevigáta	Betuláceae	Weißdorn	scharlach	formal-lineares Gestalten
Cydónia oblónga	Betuláceae	Quitte	gelb	Adventsbinderei; Tischdekoration
Dáphne mezeréum	Thymelaeáceae	Seidelbast	rot	formal-lineares, vegetatives Gestalten
Euónymus europáea	Celastráceae	Pfaffenhütchen, Kulturform	rosa-rote Kapselhaut, Innenfrüchte gelborange	formal-lineares Gestalten; Herbst-, Adventsbinderei
Fágus sylvática	Fagáceae	Rotbuche	hellbraun	formal-lineares Gestalten; Adventsbinderei
Gledítsia triacánthos	Leguminósae	Lederhülsenbaum, Gleditschie	braunrot	formal-lineares Gestalten; Trockenbinderei; Strukturarbeiten
Hédera hélix, ssp. *hélix*	Araliáceae	Efeu, Altersform	grün-schwarz	dekoratives, formal-lineares Gestalten; Adventsbinderei; Formbinderei; Brauchtumsbinderei
Hippóphaë rhamnoídes	Elaeagnáceae	Sanddorn	orange-gelb	formal-lineares Gestalten; Adventsbinderei
Ílex aquifólium	Aquifoliáceae	Stechpalme	korallenrot	Trauerbinderei; Adventsbinderei; Vasenfüllungen
Ílex verticilláta	Aquifoliáceae	Stechpalme	korallenrot	Trauerbinderei; Adventsbinderei; Vasenfüllungen

Tab. 41. (Fortsetzung)

Botanischer Name	Familie	Deutscher Name	Fruchtfarbe	Verwendungsmöglichkeit
Júglans régia	Juglandáceae	Walnussbaum	hellbraun	Adventsbinderei; Brauchtumsbinderei; Formbinderei; Strukturarbeiten
Ligústrum vulgáre	Oleáceae	Rainweide, gewöhnl. Liguster	glänzend schwarz	kurze, runde Sträuße, Gestecke
Magnólia-Soulangiana-Hybriden	Magnoliáceae	Magnolie	dunkelbraun	Advents-, Trauerbinderei
Mahónia aquifólium	Berberidáceae	Mahonie	blau bereift	vegetatives, formal-lineares Gestalten; Adventsbinderei
Málus-Hybriden	Rosáceae	Zierapfel	verschieden	vegetatives, formal-lineares Gestalten; Adventsbinderei
Méspilus germánica	Rosáceae	Mispel	graubraun	Formbinderei; Brauchtumsbinderei; dekoratives Gestalten; Herbstbinderei; Formbinderei
Pernéttya mucronáta	Ericáceae	Torfmyrte	weiß, rot, violett	Pflanzungen; vegetatives Gestalten; Adventsbinderei
Plátanus × hispánica	Platanáceae	Platane	braun	Advents-, Trauerbinderei; formal-lineares Gestalten; Trockenbinderei; Formbinderei; Strukturarbeiten
Prúnus spinósa	Rosáceae	Schlehe, Schwarzdorn	blau-schwarz	formal-lineares, vegetatives Gestalten; Adventsbinderei
Pyracántha coccínea	Rosáceae	Feuerdorn	scharlach	formal-lineares Gestalten; Adventsbinderei
Pyracántha coccínea 'Soleil d'Or'	Rosáceae	Feuerdorn	gelb	formal-lineares Gestalten; Adventsbinderei
Quércus róbur	Fagáceae	Stieleiche	grün-braun	Advents-, Brauchtumsbinderei; Formbinderei
Rhus typhína	Anacardiáceae	Essigbaum	dunkelbraun-rot	formal-lineares Gestalten; Formbinderei
Rósa canína	Rosáceae	Hundsrose, Heckenrose	rot, je nach Reife	Herbst-, Adventsbinderei; Formbinderei; Brauchtumsbinderei; formal-lineares, dekoratives Gestalten
Rósa moyésii	Rosáceae	Blutrose, Hagebutten flaschenförmig	rot, je nach Reife	dekoratives Gestalten; Herbst-, Adventsbinderei; vielfältig
Rósa multiflóra	Rosáceae	vielblütige Wildrose	rot, je nach Reife	vielfältig; dekoratives Gestalten; Brauchtumsbinderei
Rósa rugósa	Rosáceae	Apfelrose	grün-orange-rot, je nach Reife	vielfältig; dekoratives Gestalten; Brauchtumsbinderei; Herbstbinderei
Rúbus fruticósus	Rosáceae	Brombeere	grün, rot, schwarz	dekoratives, formal-lineares Gestalten; Herbstbinderei; Brauchtumsbinderei, Formbinderei
Sambúcus nigra	Caprifoliáceae	Schwarzer Holunder	schwarz	vegetatives, formal-lineares Gestalten

Tab. 41. (Fortsetzung)

Botanischer Name	Familie	Deutscher Name	Fruchtfarbe	Verwendungsmöglichkeit
Sambúcus racemósa	Caprifoliáceae	Traubenholunder	leuchtend rot	vegetatives, formal-lineares Gestalten
Sórbus aucupária	Rosáceae	Eberesche	leuchtend orange	vegetatives, formal-lineares Gestalten; Vasenfüllungen
Symphoricárpos álbus var. *álbus*	Caprifoliáceae	Schneebeere	weiß	Brautschmuck; Adventsbinderei; formal-lineares Gestalten
Symphoricárpos orbiculátus	Caprifoliáceae	Schneebeere	rosa-lila	Brautschmuck; Adventsbinderei; formal-lineares Gestalten
Tília platyphýllos	Tiliáceae	Großblütige Sommerlinde	hellbraun	Trockenbinderei; Formbinderei; Strukturarbeiten
Vibúrnum lantána	Caprifoliáceae	Wolliger Schneeball	gelblichgrün, rot	vegetatives, formal-lineares Gestalten; Formbinderei; Vasenfüllungen
Vibúrnum ópulus	Caprifoliáceae	Schneeball	gelblichgrün, rot	vegetatives, formal-lineares Gestalten; Formbinderei; Vasenfüllungen
Víscum álbum	Lorantháceae	Mistel	milchig-weiß	Advents- und Weihnachtsbinderei

Tab. 42. Gehölze mit besonderem Schmuckwert
Farbiges (dekoratives) Laub, bzw. intensive Herbstfärbung

Botanischer Name	Familie	Deutscher Name	Laubfarbe	Herbstfärbung	Verwendungsmöglichkeit
Ácer negúndo 'Variegatum'	Aceráceae	Eschenahorn	grünweiß		dekoratives Gestalten
Ácer palmátum 'Atropurpureum'	Aceráceae	Purpurfächerahorn	dunkelrot		Gestecke; Brautschmuck
Amelánchier laévis	Rosáceae	Glatte Felsenbirne	grün	scharlachrot	dekoratives Gestalten
Bérberis thunbérgii	Berberidáceae	Berberitze	grün mit rötlichem Anflug	rot	Gestecke
Córnus álba 'Albo Marginata'	Cornáceae	Hartriegel	grünweiß		Gestecke; Sträuße
Córylus máxima 'Purpurea'	Betuláceae	Bluthasel	schwarzrot		dekoratives Gestalten
Cótinus coggýgria 'Royal Purple'	Anacardiáceae	Perückenstrauch	blutrot	orange	Gestecke; Brautschmuck
Euónymus aláta	Celastráceae	Korkflügelspindelstrauch	grün	glühendrot	dekoratives Gestalten
Fágus sylvática 'Atropuniceae'	Fagáceae	Blutbuche	schwarzrot	dunkelbraunrot	dekoratives Gestalten; Trauerbinderei
Ginkgo biloba	Ginkgoáceae	Fächerblattbaum, Ginkgo	grüngelb	leuchtend gelb	Brautschmuck; Formbinderei; Strukturarbeiten
Hamamélis móllis	Hamamelidáceae	Lichtmeß-Zaubernuss	grün	gelborange, orangerot	dekoratives Gestalten
Ílex aquifólium 'Aurea marginata'	Aquifoliáceae	Stechpalme	gold gerandet		Trauerbinderei; dekoratives Gestalten; formal-lineares Gestalten
Liquidámber styraciflua	Hamamelidáceae	Amberbaum	grün	gelb-karminrot-violett	dekoratives Gestalten
Parthenocíssus quinquefólia	Vitáceae	Wilder Wein	grün	leuchtend karmin	Gestecke
Parthenocíssus tricuspidáta	Vitáceae	Selbstklimmender Wein	grün	rot	Gestecke; kurze runde Sträuße
Prúnus cerasífera 'Atropurpúrea-Hybriden'	Rosáceae	Blutpflaume	blutrot		dekoratives Gestalten
Rhus typhína	Anacardiáceae	Hirschkolbensumach, Essigbaum	grün	orangerot	dekoratives Gestalten
Quércus rúbra	Fagáceae	Amerikanische Roteiche	grün	leuchtend rotbraun	dekoratives Gestalten

Arrangements, werden nicht nur einzelne Blätter, sondern gleichermaßen kleine Zweigpartien verarbeitet.

Buchsbaum oder *Pachysándra* sind sehr beliebtes Füllgrün und zeichnen sich gleichzeitig durch außerordentliche Haltbarkeit aus. Die Ranken vom Efeu, wie auch die grazilen Triebe von *Vínca* und *Cotoneáster,* eignen sich ausgezeichnet für interessante Linienspiele und als abfließende Bewegungsform.

Viele Gehölze gelangen erst im Herbst zu ihrer vollen Schönheit. Einige zeichnen sich durch eine besonders leuchtende **Blattfärbung** aus, andere durch ihren **Fruchtbesatz.**

Für Floristen sind beide Erscheinungsformen wichtige Gestaltungselemente. Ist das Herbstlaub nur für kurze Zeit verfügbar, so können die fruchtenden Triebe teilweise noch in der **Adventsbinderei** verarbeitet werden. Dort sind dann auch gerade die Zweige und Äste besonders beliebt, die erst nach dem Blattabwurf ihre **Formschönheit** oder **Grafik** zur Schau stellen. Zu ihnen zählen die Bänderweide, die Korkenzieherhasel und -weide als bekannteste Vertreter. Andere Ziergehölze besitzen wiederum eine besondere **Borke**; sei es, dass sie eine auffällige Farbe (z. B. *Córnus álba* ›Sibirica‹, rot) oder Oberfläche (z. B. *Euónymus aláta,* Korkleisten) besitzen.

Den Reigen der Gehölze, die in einem Blumenfachgeschäft verarbeitet und angeboten werden, schließen und eröffnen die so genannten **Barbarazweige.** Hierbei handelt es sich um noch nicht vorgetriebene blühwillige Zweige verschiedener Kirscharten oder Forsythien, die am 4. Dezember, am Tage der Heiligen Barbara, in das geheizte Wohnzimmer gestellt werden. Blühen sie am Heiligen Abend, bedeutet dies Glück und Segen für das kommende Jahr.

In den Tabellen 38 bis 42 ist eine Auswahl der für den Floristen interessanten Laub- und Ziergehölze aufgeführt, die nach ihren jeweiligen Besonderheiten unterteilt sind.

!!!Merksätze

- Immergrüne und sonstige Laubgehölze gehören zu den wichtigen gewachsenen Gestaltungsmitteln in der Floristik.
- Sie sind besonders geschätzt wegen
  - ihrer Treibfähigkeit
  - ihrer frühen Blütenpracht, bereits im Winter und im Frühjahr
  - ihrer vielfarbigen Früchte
  - besonderer Blatt- und Borkenfärbungen – besonderer Oberflächen der Sprossachse
  - ihres grafischen Wuchses
  - ihrer Bewegungen
  - ihrer Blätter und Zweige als Schnittgrün.

???Aufgaben

1. Entscheiden Sie sich für zwei Ziergehölze mit schmückenden Früchten. Beschreiben Sie deren floristische Verwendungsmöglichkeit und erläutern Sie jeweils anhand eines Gestaltungsbeispieles ihren Geltungsanspruch innerhalb des Arrangements.
2. Beschreiben Sie die Gestaltung eines vegetativ gearbeiteten Kranzes aus Gestaltungsmitteln unterschiedlicher Ziergehölze und begründen Sie Ihre Auswahl und Zusammenstellung.
3. Skizzieren Sie für jede der vier Jahreszeiten einen formal-linearen Strauß, in dem passende Zweige zu Blumen der Jahreszeiten geordnet sind.

30 Nadelgehölze, Koniferen

Während in den Wintermonaten alle Laubgehölze kahl und leblos erscheinen, präsentieren sich die »Immergrünen« in »grüner Vollkommenheit«. Zu ihnen gehören neben vielen Hartlaubgewächsen die Nadelgehölze, auch Koniferen genannt. Ihr Name leitet sich aus dem Lateinischen ab (lat. conus = Kegel, Zäpfchen; ferre = tragen) und bedeutet so viel wie »Zapfentragende«.

Der Genauigkeit halber muss jedoch bemerkt werden, dass dieser Name eigentlich nicht für alle Nadelgehölze zutrifft. Verschiedene Gattungen tragen keine Zapfen, sondern fleischige, beerenähnliche Früchte. Zu diesen Ausnahmen gehören alle Arten von *Táxus* (Eibe), *Juníperus* (Wacholder) und auch einige Scheinzypressen, zum Beispiel *Chamaecýparis pisífiera* (= erbsentragend). Diese Besonderheit kommt dadurch zu Stande, dass die äußere Haut des Samens in ein Gewebe umgewandelt wurde, das beim Reifen der Frucht nicht verhärtet oder verholzt ist. Ansonsten sind die Zapfen nichts anderes als verholzte Blütenstände. Die Blätter aller Koniferen sind entweder nadel- oder schuppenförmig (z. B. bei *Thúja-Arten*) und meist mehrjährig. Auch hier stoßen wir wieder auf eine Besonderheit: Es gibt einjähriges Grün bei *Lárix decídua* (Europäische Lärche), *Metasequóia glyptostroboídes* (Urwelt-Mammutbaum) oder *Taxódium dístichum* (Sumpfzypresse). Bei ihnen färben sich die Nadeln im Herbst gelb und fallen später ab; im Frühjahr werden sie dann erneut gebildet.

Abb. 115. Arancária araucána. Tab. 43

Immergrünes Material für die Advents- und Weihnachtsschmuckbinderei

Ganz besonders in der Advents- und Weihnachtszeit greift der Florist gern auf das vielfältige Angebot an Koniferen zurück. Fand noch vor etwa 50 Jahren fast ausschließlich Tannengrün Verwendung, so legt man heute wesentlich größeren Wert auf Materialvielfalt.

Das hängt bestimmt auch mit dem Wandel in der Gestaltung zusammen. **Vegetative Gestaltungen** sind in Verbindung mit Tannenspitzen undenkbar, da ihr Wuchs kaum berücksichtigt werden kann. Triebspitzen von *Táxus baccáta* ›Fastigiata‹ (Irische Eibe) oder *Chamaecýparis obtúsa* ›Nana

Abb. 116. Cryptoméria japónica. Tab. 43

Tab. 43. Nadelgehölze, Nadelfarbe ›Grün‹

Botanischer Name	Familie	Deutscher Name	Verwendungsmöglichkeit/Bemerkung
Abies álba	Pináceae	Weißtanne, Edeltanne	Adventskränze; Sträuße; Girlanden
Abies koreána	Pináceae	Koreatanne	großzügiges, dekoratives Gestalten
Abies nordmanniána	Pináceae	Nordmannstanne	Adventskränze; Sträuße; Girlanden; ›gebundener‹ Baum
Araucária araucána	Araucariáceae	Echte Araukarie	sehr kostbares Grün; formal-lineares Gestalten
Chamaecýparis obtúsa 'Nana Gracilis' (Abb. 115)	Cupressáceae	Muschelzypresse	Adventskränze
Cryptoméria japónica 'Elegance' (Abb. 116)	Taxodiáceae	Sicheltanne	Adventskränze; formal-lineares Gestalten
Cupréssus sempérvirens	Cupressáceae	Immergrüne Säulenzypresse	Adventsbinderei; Parallelgestaltung
Juniperus commúnis	Cupressáceae	Säulenwacholder	vegetatives, paralleles Gestalten; Türkränze, Adventskränze
Juniperus horizontális 'Montana'	Cupressáceae	Kriechwacholder	vegetatives, formal-lineares Gestalten
Lárix decídua	Pináceae	Europäische Lärche	dekoratives Gestalten; Schnitt vor Herbstfärbung, da Nadeln abfallen
Metasequóia glyptostroboídes	Taxodiáceae	›Urwelt-Mammutbaum‹	großes, dekoratives Gestalten
Picea ábies	Pináceae	Rotfichte, ›Rottanne‹	sehr preiswertes Grün; nadelt rasch; Girlanden
Picea ábies 'Nidiformis'	Pináceae	Nestfichte	Formbinderei; kostbares Grün, da langsam wachsend
Picea gláuca 'Conica'	Pináceae	Zuckerhut-Fichte	Adventskränze; vegetatives, paralleles Gestalten
Pinus múgo	Pináceae	Berg-, Krummholzkiefer	dekoratives, formal-lineares Gestalten; Einzeltriebe für Parallelgestaltung; kurze, runde Sträuße
Pinus nígra ssp. *nígra*	Pináceae	Schwarzkiefer	dekoratives, formal-lineares Gestalten; Einzeltriebe für Parallelgestaltung; kurze, runde Sträuße
Pseudotsúga menziésii (Abb. 117)	Pináceae	Douglasie	Adventskränze; Girlanden; Sträuße; sehr wohlriechend
Sciadópitys verticilláta (Abb. 118)	Taxodiáceae	Japanische Schirmtanne	sehr kostbares Grün; formal-lineares Gestalten
Táxus baccáta 'Fastigiata'	Taxáceae	Säuleneibe	formal-lineares, paralleles, vegetatives Gestalten; kurze, runde Sträuße; Struktursträuße
Thúja orientális	Cupressáceae	Morgenländischer Lebensbaum	kurze runde Sträuße; Adventskränze; Türkränze
Tsúga canadénsis	Pináceae	Hemlocktanne, Schierlingstanne	dekoratives Gestalten; weihnachtliche Straußbinderei

Tab. 44. Nadelgehölze, Nadelfarbe ›Blau‹ ›Blau-Grün‹ bis ›Blau‹

Botanischer Name	Familie	Deutscher Name	Verwendungsmöglichkeit/Bemerkung
Ábies pinsapo 'Glauca'	Pináceae	Spanische Tanne	Ähnlichkeit mit der 'Edeltanne'; dekoratives Gestalten; Adventsbinderei
Abies procéra 'Glauca' (Abb. 120, S 210)	Pináceae	Echte Blautanne	›Edeltanne‹; dekoratives Gestalten; Adventskränze
Cédrus atlántica 'Glauca'	Pináceae	blaue Atlaszeder	nadelt rasch!; formal-lineares, dekoratives Gestalten
Chamaecýparis lawsoniána 'Alumii'	Cupressáceae	Scheinzypresse	Tür-, Adventskränze; kurze, runde Sträuße
Chamaecýparis lawsoniána	Cupressáceae	Blaue Scheinzypresse	Tür-, Adventskränze; paralleles Gestalten
Chamaecýparis pisífera 'Squarrosa Boulevard'	Cupressáceae	Niedrige Silberzypresse	Tür-, Adventskränze; kurze runde Sträuße; dekoratives Gestalten
Cupréssus arizónica	Cupressáceae	Arizonazypresse	Advents- und Weihnachtsbinderei; dekoratives, paralleles Gestalten
Juníperus chinénsis 'Blaauw'	Cupressáceae	Grauer Chinawacholder	Advents- und Weihnachtsbinderei; formal-lineares, paralleles Gestalten
Juníperus squamáta 'Meyeri'	Cupressáceae	Wacholder	Tür-, Adventskränze; kurze runde Sträuße; paralleles Gestalten
Juníperus virginiána 'Skyrocket'	Cupressáceae	Raketenwacholder	vegetatives, formal-lineares Gestalten
Picea omórika	Pináceae	Serbische Fichte, Omorikafichte	dekoratives Gestalten; Kränze; Girlanden; kurze Sträuße
Picea púngens 'Glauca' (Abb. 119)	Pináceae	Stechfichte; sog. ›Blautanne‹	unangenehm zu verarbeiten; sticht; nicht sehr haltbar; dekoratives Gestalten
Pinus parviflóra 'Glauca'	Pináceae	Mädchenkiefer	kostbares Grün; formal-lineares, vegetatives, paralleles Gestalten
Pinus stróbus	Pináceae	Weymouthskiefer	kurze, runde Sträuße; Kränze; formal-lineares, vegetatives Gestalten
Pinus sylvéstris 'Watereri'	Pináceae	Waldkiefer	kurze runde Sträuße; Kränze; formal-lineares, vegetatives Gestalten

Tab. 45. Nadelgehölze, Nadelfarbe ›Gelb-Grün‹ bis ›Gelb‹

Botanischer Name	Familie	Deutscher Name	Verwendungsmöglichkeit/Bemerkung
Chamaecýparis nootkaténsis 'Aurea'	Cupressáceae	Sitkazypresse	kurze, runde Sträuße; Kränze
Chamaecýparis obtúsa 'Nana Aurea'	Cupressáceae	gelbe Scheinzypresse	kostbares Grün; Kränze; vegetatives, paralleles, formal-lineares Gestalten
Chamaecýparis pisífera 'Plumosa Aurea'	Cupressáceae	gelbe Muschelzypresse	kostbares Grün; Kränze; vegetatives, paralleles, formal-lineares Gestalten
Juníperus chinénsis 'Aurea'	Cupressáceae	gelbe Mooszypresse	kurze, runde Sträuße; Kränze; vegetatives, paralleles Gestalten
Juníperus chinénsis 'Old Gold'	Cupressáceae	gelber Chinawacholder	kurze, runde Sträuße; Kränze; vegetatives, paralleles Gestalten
Juníperus chinénsis 'Plumosa Aurea'	Cupressáceae	gelber Chinawacholder	kurze, runde Sträuße; Kränze; vegetatives, paralleles Gestalten
Pícea orientális 'Aurea'	Pináceae	goldgelber Chinawacholder	kostbares Grün; formal-lineares Gestalten
Táxus baccáta 'Fastigiata Aureomarginata'	Taxáceae	gelbspitzige Orientfichte	kurze, runde Sträuße; Kränze; paralleles, vegetatives, formal-lineares Gestalten
Táxus baccáta 'Summergold'	Taxáceae	gelbe Irische Säuleneibe	kurze, runde Sträuße; Struktur-Sträuße; Kränze; paralleles, vegetatives, formal-lineares Gestalten
Thúja occidentális 'Lutea Nana'	Cupressáceae	gelbe Kriech-Eibe	kurze, runde Sträuße; Kränze
Thúja occidentális 'Rheingold'	Cupressáceae	gelber Abendländ. Lebensbaum	kurze, runde Sträuße; Kränze
Thúja orientális 'Aurea Nana'	Cupressáceae	gelber Abendländ. Lebensbaum	kurze, runde Sträuße; Kränze
Thúja plicáta 'Aurescens'	Cupressáceae	gelber Morgenländ. Lebensbaum	kurze, runde Sträuße; paralleles, vegetatives, formal-lineares Gestalten
Thujópsis dolobráta	Cupressáceae	gelber Riesenlebensbaum	kurze, runde Sträuße; Kränze; dekoratives Gestalten
		Hiba-Lebensbaum	

Abb. 117. Pseudotsúga menziésii. Tab. 43

Abb. 119. Ábies procéra „Glauca". Tab. 44

Abb. 118. Sciadópitys verticilláta „Wintergreen". Tab. 43

Abb. 120. Pícea púngens „Glauca". Tab. 44

Gracilis‹ (Muschelzypresse) haben hingegen sehr hohen gestalterischen Wert, weil ihre Wuchsform besonders ausdrucksstark ist.

Auch **Adventskränze** werden längst nicht mehr nur aus einheitlichem Tannengrün gebunden, obwohl es immer noch die gebräuchlichste Variante ist, sondern vielfach aus unterschiedlichem Koniferengrün. Verschiedenartiges Grün nebeneinander verarbeitet wirkt lebhaft und bedarf eigentlich keines weiteren Schmuckes. Auch für die **Straußbinderei** bieten sich die vielen Koniferenarten an. Wird für dicke runde Sträuße bevorzugt dichtes, büscheliges Gezweig verarbeitet, so ist es schön, wenn man zu einer einzelnen langstieligen Poinsettie mit weißen *Euphórbia fúlgens*-Rispen einen grafischen Kiefernast kombinieren kann.

Die Einordnung der unterschiedlichen Koniferen nach Nadelfarben in den Tabellen 43 bis 45 trägt zur besseren Überschaubarkeit der Nadelgehölzvielfalt bei; kurze Anmerkungen geben Hinweise auf Verarbeitungsmöglichkeiten.

!!! Merksätze

- Nadelgehölze werden auch als Koniferen (= Zapfentragende) bezeichnet.
- *Táxus-*, *Juníperus-* und einige *Cupréssus*-Arten bilden jedoch die Ausnahme. Sie tragen fleischige, beerenähnliche Früchte.
- Blätter der Koniferen sind entweder nadel- oder schuppenförmig und meist mehrjährig (mit Ausnahmen).
- Auch Nadelgehölze unterscheiden sich durch verschiedene Färbungen und Wuchsformen der Zweige sowie durch Dichte und Struktur der Benadelung.

??? Aufgaben

1. Kombinieren Sie für einen Türkranz verschiedenartiges Koniferengrün einer bestimmten Farbrichtung; zeichnen Sie den Kranz und versehen Sie ihn dabei mit einer dekorativen Bandaufhängung.
2. Benennen Sie drei Koniferenarten mit folgenden Eigenschaften:
   a) grafisch interessant, elegant schwingend, hohe Wertstufe
   b) aufstrebender, gerader Wuchs, für Parallelgestaltungen gut geeignet
   c) dichte Verzweigungen und Benadelungen, für kompakte Gestaltungen, wie auch der Formbinderei und Schaffung von strukturierten Flächen oder zur Verdichtung der Bewegungsmitte gut geeignet.
3. Finden Sie fünf Koniferenarten, die bei uns heimisch sind, und nennen Sie weitere fünf Koniferenarten, die zwar in Gärten und Parks bei uns wachsen, aber aus anderen Lebensräumen stammen.

31 Zapfen
Ihre Verwendung

Die gebräuchliche Bezeichnung Koniferen für Nadelgehölze weist darauf hin, dass sie Zapfenträger sind. Zapfen sind verholzte Blütenstände. Sie sind Zierde vieler Arten und Sorten.

Gerade in der Binderei zur Herbst- und Winterzeit werden sie gern verwendet. Laut Überlieferung aus dem Brauchtum der Advents- und Weihnachtszeit sind es die Samenstände, die das Leben und die Erneuerung symbolisieren.

So gehören Sie auch in der Binderei zum Totengedenken zu den schmückenden natürlichen Gestaltungsmitteln. Egal wo, sie werden fast immer mit Koniferen – oder anderem Immergrün – kombiniert. Auch Moose oder Flechten fehlen selten in der Zuordnung.

Zapfen haben waldhaften Charakter. Auf Grund ihrer Stofflichkeit lassen sie sich der rustikalen **Strukturgruppe** zuordnen.

Cupréssus sempérvirens

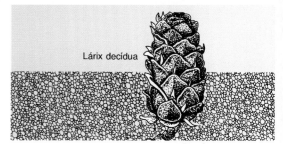

Lárix decídua

Zapfenvielfalt und Verarbeitung

Der Bedarfsartikelhandel hält ein reichhaltiges Angebot an unterschiedlichen Zapfen bereit.

Rund und länglich, klein und groß, mit geschlossener Form oder geöffnet, angesägt oder geraspelt, naturbelassen, gebleicht und auch lackiert sind sie in unterschiedlichen Verpackungseinheiten erhältlich.

Die Befestigung zur Verarbeitung richtet sich ganz nach den jeweiligen Zapfen und der Gestaltung. Wurde früher alles angedrahtet, so kann heute vieles mit Hilfe der Klebepistole befestigt werden. Dies ist besonders dann von Vorteil, wenn keine Steckbasis vorhanden ist oder die Gestaltung nicht dem Regen ausgesetzt wird, so z. B. bei Collagen, Gestaltungen von Friesen und Setzkästen. Das Kleben ist auch bei jenen Zapfen von Vorteil, die sich nur sehr mühevoll andrahten lassen. Dazu zählt der von *Cédrus atlántica,* der wegen seiner geschlossenen Form als »Straußenei« bezeichnet wird. Musste er früher zum Andrahten erst durchbohrt werden, da der Draht nicht wie üblich zwischen den unteren Schuppen eingeführt werden kann, so wird er heute mittels Heißkleber befestigt. Aber Vorsicht! In Verbindung mit Feuchtigkeit hebt sich der Klebekontakt auf!

Ábies balsámea Ábies cóncolor

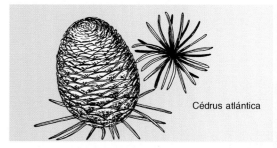

Cédrus atlántica

Abb. 121 oben + Abb. 122 auf Seite 218 Zapfen

Tab. 46. Häufig verarbeitete Zapfen

Botanischer Name	Familie	Deutscher Name	Wuchs	Bemerkung zu Zapfen und Nadeln
Cédrus atlántica	Pináceae	Atlaszeder	↑	groß; 5 bis 8 cm lang und 3,7 bis 5 cm breit; tonnenförmig; ›Straußenei‹; sehr kompakt und hart
Cédrus deodára	Pináceae	Himalajazeder	↑	groß; 8 bis 12 cm lang; wie Cédrus atlántica; reifen braun nach 2 Jahren
Cupréssus sempérvirens	Cupressáceae	Echte Zypresse		klein; 1,8 bis 3 m groß, mit gehörnten Schuppen besetzt
Lárix decídua	Pináceae	Europäische Lärche	↑	klein; unreife Zapfen rot, reife braun; 4 cm groß; Verarbeitung ganzer mit Zapfen besetzter Zweige und einzeln
Lárix kaémpferi	Pináceae	Japanische Lärche	↑	klein; runder, gedrungener als Lárix decídua
Picea ábies	Pináceae	gemeine Fichte, Rotfichte	↑	groß; 15 cm lang, walzenförmig; braun
Picea púngens	Pináceae	Stechfichte, Coloradofichte	→	mittelgroß, 6 cm lang; Schuppen am Rand gezähnt, blasshellbraun
Picea omórika	Pináceae	Serbische Fichte, Omorikafichte	→	klein, 2,5 bis 5 cm lang; gestreckt eiförmig; Schuppen breit und abgerundet
Pinus halepénsis	Pináceae	Seekiefer		mittelgroß, 8 bis 10 cm lang, kegelförmig; sitzen mehrere Jahre am Zweig; 2nadelig
Pinus nigra ssp. nigra	Pináceae	Schwarzkiefer		groß, 4 bis 8 cm lang; 2nadelig
Pinus parviflóra	Pináceae	Mädchenkiefer		klein, bis 5 cm lang; bis 7 Jahre am Ast bleibend; 5nadelig
Pinus pináster	Pináceae	Strandkiefer (Sternkiefer)		groß, unten rund; (→ paßt in die hohle Hand) Zapfen zu 2- bis 4gliedrigen Quirlen sternartig um Ast stehend; 2nadelig
Pinus pínea	Pináceae	Pinie		groß, 10 bis 15 cm lang, 10 cm breit; Zapfenreife erst im 3. Jahr
Pinus stróbus	Pináceae	Weymouthskiefer, Seidenkiefer		groß, 8 bis 20 cm lang; schmal; harzig, öffnen sich weit; 5nadelig
Pinus sylvéstris	Pináceae	Gemeine Kiefer, Föhre	→	klein, gedrungen, 5 bis 7 cm lang; gekrümmt, graubraune Schuppenspitzen; 2nadelig
Pinus wallichiána	Pináceae	Tränenkiefer		groß, 15 bis 30 cm lang; längster Zapfen ›Bananenzapfen‹ mit tränenartigen Harztropfen; 5nadelig
Pseudotsúga menziésii	Pináceae	Douglasie	→	klein, 5 bis 10 cm lang; Schuppen mit Zipfel → Deckschuppen ragen weit über Samenschuppen heraus

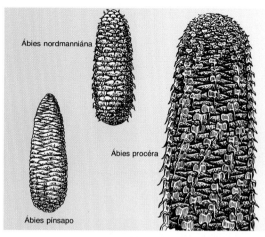

Ábies nordmanniána

Ábies procéra

Ábies pínsapo

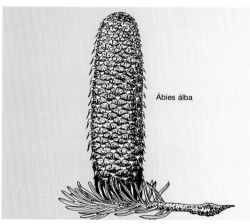

Ábies álba

Pícea ábies

Pícea gláuca

Pícea omórika

Hinweise zur Unterscheidung

So, wie die Unterscheidung der Nadeln von der Fichte und Tanne oftmals schon Schwierigkeiten bereitet, ist es bei den jeweiligen Zapfen nicht anders. Besitzt die Fichte spitze Nadeln und sticht, so sind die Nadeln der Tanne abgeflacht und eher stumpf. Eine solche Eselsbrücke kann man sich auch für die Zapfen bauen:
Fichtenzapfen hängen an den Zweigen nach unten und verlaufen spitz zu, während alle Tannenzapfen stehend wachsen, also auch aufrecht an ihrer Spitze abgeflacht sind.
Kann man diese beiden großen Gruppen gegeneinander abgrenzen, so ist das Zuordnen der übrigen gängigen Zapfenarten auch nicht mehr problematisch.

!!!Merksätze

- Zapfen sind die Samenstände der Nadelgehölze.
- Aus Brauchtumsüberlieferungen ist bekannt, dass sie zu den symbolträchtigen Schmuckelementen gehören.
- Zapfen werden besonders gerne in der Binderei zu Advent und Weihnachten, aber auch zum Totengedenken verarbeitet.
- Sie sind der rustikalen Strukturgruppe zuzuordnen.
- Zapfen haben unterschiedliche Erscheinungsformen und wachsen aufrecht oder herabhängend.

???Aufgaben

1. Drahten Sie Zapfen von *Cupréssus sempérvirens*, *Pínus pináster*, *Pínus wallichiána* und *Cédrus atlántica* an. Beschreiben Sie die Vorgehensweise und zeigen Sie die Unterschiede auf; geben Sie die verwendeten Drahtstärken an.
2. Zeigen Sie jeweils ein Gestaltungsbeispiel auf, wo diese Zapfen verarbeitet werden können.
3. Neben Zapfen werden auch noch andere verholzte Samenstände und Fruchtformen verwendet. Nennen Sie fünf verschiedene Arten mit ihrem handelsüblichen Namen und finden Sie die botanischen Namen dazu (z. B. aus Handelskatalogen und dem botanischen Wörterbuch).

32 Rank- und Kletterpflanzen vom Freiland

Für floristische Werkstücke werden gerne auch rankende Pflanzenteile verwendet, die mit ihrem Bewegungsverlauf interessante Linienspiele aufzeigen. Recht unterschiedlich kann dabei deren Erscheinung sein.
Zart und filigran, einem gewachsenen Gespinst ähnlich, zeigen sich die Triebe der weißblühenden wilden Winde. Sie begegnet uns an Wegrändern und besonders im Spätherbst, wenn sie ihre Blätter bereits verloren hat und wenn kleine Samenkapseln wie aufgereihte Perlen diese schmücken, offenbart sie ihr bewegtes Linienspiel. In der Natur beeindrucken viele wild wachsende Rank- und Blätterpflanzen und ziehen mit ihren gewachsenen Bewegungen unsere Aufmerksamkeit auf sich.
Das vielfältige Angebot kultivierter Arten bietet Floristen eine breite Auswahlmöglichkeit, wenn es darum geht, für bestimmte Werkstücke nach linienführenden Ergänzungen zu suchen. Die Pflanzenteile stammen dabei entweder vom Freiland oder von Topfkulturen. Ein reichhaltiges Angebot ist inzwischen aus Exportländern auf dem Großmarkt zu beziehen, da der Anbau oftmals von den dortigen klimatischen Bedingungen begünstigt wird.

Unterschiedliche Erscheinungsformen

In welcher Weise nun herabhängende, abfließende oder rankende, klimmende oder kletternde Pflanzenteile Verwendung finden, hängt jeweils von der Gestaltung ab, in welche diese eingearbeitet werden.
Belaubt, ausgelichtet oder sogar entblättert, die Bewegungen der Sprossachse aufzeigend, mit Blüten- oder Fruchtbesatz möglicherweise – Rankendes, Windendes oder Kriechendes hat dabei viele Erscheinungsformen.
Für **Linienführung** eignen sich Triebe, die stärkeren Wuchs und äußerst wenige Verzweigungen aufweisen. Auch mehrere parallel verlaufende, dünne Ranken können eine optisch wirksame Bewegung ergeben.
Als **strukturierender Überzug** wird dünnes Gerank bevorzugt. Dieses sollte nicht stark beblättert sein, damit die überspielten Flächen in ihrer Eigenwir-

kung nicht gemindert werden. Ein klarer Linienverlauf infolge ausgelichteter Blätter, lässt so die gestalterische Überlegung erkennen.
Mehrfach nebeneinander verlaufend, teilweise mit Bast, Fäden oder dünnen Drähten zusammengebunden und unterteilt, überspannen oder gliedern Ranken das gefertigte Werkstück.
Filigranes, fadenähnliches Gerank ist besonders für **florale Gespinste** geeignet. Diese können sowohl als eigenständige Struktureinheit in einer Gestaltung erscheinen oder über einer ruhig und zurückhaltend erscheinenden Oberfläche als strukturierender Überzug auf sich aufmerksam machen und zur Steigerung der Gesamtform beitragen.
Die Tabelle 47 (siehe Seite 220) gibt einen Überblick über rankende und kletternde Pflanzen, die für Linienführung (Li), Strukturüberzüge (Stü) oder Gespinste (Gsp) in der Binderei geeignet sind.

!!!Merksätze
- Be- oder entblätterte Ranken können sowohl als Linien, Gespinste oder Strukturüberzüge verarbeitet werden.
- Für abfließende Bewegungen in einer Gestaltung eignet sich hängend gewachsenes mit seiner natürlichen Erscheinung.
- Gewachsene Bewegungen können sowohl Linienführung innerhalb eines einzelnen Werkstückes übernehmen, als auch mehrere Gestaltungseinheiten miteinander verbinden.

???Aufgaben
1. Fertigen Sie eine mehrteilige, asymmetrische Tischdekoration mit ausgeprägten Bewegungsformen an. Das interessante Linienspiel der gewachsenen Gestaltungsmittel sollte die Einzelelemente optisch miteinander verbinden und so zu einer Gestaltungseinheit führen.
2. Beschreiben Sie die Vorbereitungen und Ausarbeitung aus Aufgabe 1 und fertigen Sie dazu eine Skizze an.
3. Definieren Sie den Begriff Ranke botanisch und gestalterisch.

Tab. 47. Rankendes, Windendes, Kletterndes

Botanischer Name	Familie	Deutscher Name	Pflanzengruppe	verfügbar	Verwendungsmöglichkeit
Aristolochia macrophylla	Aristolochiáceae	Großblütige Pfeifenwinde	♄	IV –IX	⚡; entblättert; Li, Stü
Campsis radicans	Bignoniáceae	Trompetenblume	♄	VII –IX	; beblättert; Li, Stü
Celastrus orbiculátus	Celastráceae	Baumwürger	♄	I –XII	; entblättert; Li, Stü
Clématis-Hybriden	Ranunculáceae		♄	VI –IX	; ent-, beblättert; mit Blättern oder Blütenstand; Gsp, Stü
Clématis tangútica	Ranunculáceae	Goldwaldrebe	♄	VI(VIII)	; ent-, beblättert; mit Blättern oder Blütenstand; Gsp, Stü
Clématis vitálba	Ranunculáceae	Waldrebe	♄	VII –IX	; ent-, beblättert; mit Blättern oder Blütenstand; Gsp, Stü
Cobáea scándens	Polemoniáceae	Glockenrebe	♄	VII –X	; entblättert; mit Blütenstand; Gsp, Stü
Cucúrbita pépo var. *óvifera*	Cucurbitáceae	Zierkürbis	☉	VII –X	; ent-, beblättert mit Früchten; Li, Stü
Duchésnea índica	Rosáceae	Indische Erdbeere	⚃	VI –IX	; ent-, beblättert mit Blättern, Früchten; Gsp, Stü
Fallópia aubértii	Polygonáceae	Schlingknöterich	♄	VII –X	; entblättert; Gsp, Stü
Hédera hélix	Araliáceae	Efeu	♄	I –XII	; beblättert; Li, Stü
Hydrangéa anómala ssp. *petioláris*	Saxifragáceae	Kletterhortensie	♄	VII	(entblättert) mit Knospen; Li, Stü
Ipomóea tricolor	Convolvuláceae	Trichterwinde	⚃, ☉	VIII –X	; ent-, beblättert; mit Blüten; Gsp, Stü
Láthyrus latifólius	Leguminósae	Staudenwicke	⚃	VI –VIII	; ent-, beblättert, mit Blüten, Früchten; Gsp, Stü
Láthyrus odorátus	Leguminósae	Duftwicke	☉⚃	VI –IX	; ent-, beblättert mit Früchten; Gsp, Stü
Lonícera caprifólium	Caprifoliáceae	Jelängerjelieber	♄	V –VI	; ent-, beblättert mit Blüten; Li, Gsp, Stü
Lonícera heckróltii	Caprifoliáceae	Geißblatt	♄	V –VI	; ent-, beblättert mit Blüten; Li, Gsp, Stü
Parthenocíssus quinquefólia	Vitáceae	Wilder Wein, Fünfblättrige Jungfernrebe	♄	I –XII	; ent-, beblättert; Li, Gsp, Stü
Parthenocíssus tricuspidáta	Vitáceae	Efeu-Wein, Dreispitzige Jungfernrebe	♄	I –XII	; entblättert, mit Früchten; Li, Stü
Phaseólus coccíneus	Leguminósae	Feuer-, Prunkbohne	☉	VI –IX	; entblättert; Li, Gsp, Stü
Thunbérgia aláta	Acantháceae	Schwarzäugige Susanne	⚃	IX –X	; beblättert mit gelb-schwarzen Blüten; Li, Stü
Thunbérgia gregórii	Acantháceae		⚃	VI –VIII	; beblättert mit orange Blüten; Li, Stü
Tropáeolum-Hybriden	Tropaeoláceae	Kapuzinerkresse	☉	VII –X	; beblättert mit gelb-orange-roten Blüten; Li
Vínca mínor 'Variegata'	Apocynáceae	Kleines Immergrün	♄	VI –V	; beblättert; Li, Stü
Wistéria sinénsis	Leguminósae	China-Glyzine	♄	IV –V	; entblättert; Li, Stü

Abkürzungen: Li = Linienführung, Stü = Strukturüberzüge, Gsp = Gespinst

33 Natur- und Artenschutz, Kultivierte Wildpflanzen

Den wahren Floristen ist es wohl unmöglich, Beruf und Hobby zu trennen. In ihrer Freizeit durchstreifen sie gern die Botanischen Gärten und die Natur. Auf Spaziergängen erlebt man nicht nur ausgedehnte Naturbeobachtungen, sondern auch Anregungen zu Naturstudien lassen sich mit nach Hause nehmen.

Gerne werden dazu Steine, Borken und Aststücke aufgesammelt – und vielfach auch kleine Pflanzen und Pflanzenteile. Der verantwortungsbewusste Florist betreibt dabei aber keinen »Raubbau« an der Natur, indem er das ökologische Gleichgewicht stört oder gar den Bestand von Pflanzenarten gefährdet.

Viele Pflanzen sterben aus

Zur Zeit sterben weltweit täglich zwischen 50 und 100 Tier- und Pflanzenarten für immer aus. Namhafte Wissenschaftler befürchten in den nächsten 50 Jahren eine Verringerung der Artenvielfalt von Pflanzen und Tieren auf ein Drittel bis ein Zehntel des ursprünglichen Bestandes. Die Ursachen des Artenrückgangs sind vielfältig: Zum einen vernichtet der Mensch die natürlichen Lebensräume der Arten, zum Beispiel durch Zersiedelung, Trockenlegung von Feuchtgebieten, Monokulturen, Umweltverschmutzung, Vernichtung des tropischen Regenwaldes. Daneben trägt zunehmend aber auch die **ungezügelte Entnahme wild wachsender Pflanzen aus der freien Natur** zu ihrer Ausrottung bei. Hierbei sind auch und gerade die Floristen aufgefordert, diesem verhängnisvollen Trend aktiv entgegenzuwirken. So sollte sich zum Beispiel jeder Florist konsequent an den Grundsatz halten, keine wildgewachsenen Pflanzen oder Pflanzenteile für den Verkauf aus der Natur zu entnehmen. Auch die Angebote des Handels sind unter diesem Gesichtspunkt aufmerksam zu betrachten.

Achten Sie deshalb beim Einkaufen auf deklarierte Pflanzenangebote; Herkunftsnachweise beseitgen dabei Zweifel und versetzen die Fachkraft in die Lage, verantwortungsbewußt auch den aufmerksamen Kunden zu informieren.

Welchen Schutz erfahren gefährdete Pflanzen?

Für besonders gefährdete Pflanzen hat der Gesetzgeber entsprechende Schutzvorschriften erlassen. In der Bundesrepublik Deutschland sind dieses das **Bundesnaturschutzgesetz** (BNatSchG) von 1976, die **Bundesartenschutzverordnung** (BArtSchV) von 1980 und die entsprechenden Landesverordnungen.

So ist es verboten, »Pflanzen der besonders geschützten Arten oder Teile von ihnen abzuschneiden, abzupflücken, aus- oder abzureißen, auszugraben, zu entfernen oder sonst zu beschädigen.« (§ 22,2 BNatSchG).

Ferner sind der Besitz, der Erwerb und die Veräußerung besonders geschützter wild wachsender Pflanzen verboten. Dieses Verbot umfasst auch getrocknete oder verarbeitete Pflanzen oder Pflanzenteile dieser Arten.

Über die nationalen Bestimmungen hinaus existieren auch internationale Vereinbarungen wie das **Washingtoner Artenschutzabkommen (WA)** von 1973. Es verbietet international den erwerbsmäßigen Handel mit gefährdeten Tier- und Pflanzenarten.

Welche Arten sind gefährdet und geschützt?

Der Bundesminister für Ernährung, Landwirtschaft und Forsten bestimmt, welche Pflanzen besonders gefährdet sind und damit dem gesetzlichen Schutz unterliegen. Darüber hinaus können die Länder weitere Arten unter Schutz stellen.

Bedrohte Pflanzen sind außerdem in Listen erfasst, die man als »**Rote Listen**« bezeichnet. Solche Listen geben verschiedene Institutionen heraus. Der wichtigste Herausgeber ist die »**Internationale Vereinigung für die Bewahrung der Natur**« (International Union for the Conservation of the Nature – IUOCN).

Die Rote Liste der gefährdeten Tiere und Pflanzen in der Bundesrepublik Deutschland von 1984 teilt die Pflanzen in fünf Kategorien ein:

0	ausgestorben oder verschollen
1	vom Aussterben bedroht
2	stark gefährdet
3	gefährdet
4	potenziell gefährdet

Tab. 48. Besonders geschützte wildlebende Pflanzenarten

Botanischer Name	Familie	Deutscher Name
Aconítum-Arten	Ranunculáceae	Eisenhut
Adónis vernális	Ranunculáceae	Adonisröschen
Álnus-Arten	Betuláceae	Erle
Andrósace-Arten	Primuláceae	Mannsschild
Anemóne-Arten	Ranunculáceae	Anemone
Aquilégia-Arten	Ranunculáceae	Akelei
Arméria-Arten	Plumbagináceae	Grasnelke
Árnica montána	Compósitae	Wohlverleih
Artemísia-Arten	Compósitae	Beifuß, Edelraute
Áster améllus	Compósitae	Bergaster
Bétula nána	Betuláceae	Zwergbirke
Bléchnum spícant	Blechnáceae	Rippenfarn
Búxus sempérvirens	Buxáceae	Buchsbaum
Cálla palústris	Aráceae	Sumpfcalla, Drachenwurz
Carlína acáulis	Compósitae	Silberdistel
Cladónia-Arten	Cladoniáceae	Rentierflechte
Clématis alpína	Ranunculáceae	Alpen-Waldrebe
Convallária majális	Liliáceae	Maiglöckchen
Cýclamen-Arten	Primuláceae	Alpenveilchen
Cypripédium calcéolus	Orchidáceae	Marienfrauenschuh
Dactylorhíza maculáta	Orchidáceae	Geflecktes Knabenkraut
Dáphne-Arten	Thymelaeáceae	Seidelbast
Diánthus-Arten	Caryophylláceae	Nelke
Dictámnus álbus	Rutáceae	Diptam
Digitális-Arten	Scrophulariáceae	Fingerhut
Drósera-Arten	Droseráceae	Sonnentau
Erýngium alpínum	Umbellíferae	Alpenmannstreu
Euónymus europaea	Celastráceae	Pfaffenhütchen
Fritillária-Arten	Liliáceae	Schachbrettblume
Galánthus-Arten	Amaryllidáceae	Schneeglöckchen
Gentiána-Arten	Gentianáceae	Enzian, Schwalbenwurz
Gladíolus-Arten	Iridáceae	Gladiole, Siegwurz
Helléborus-Arten	Ranunculáceae	Christrose, Nieswurz
Hippóphaë rhamnoídes	Elaeagnáceae	Sanddorn
Ílex aquifólium	Aquifoliáceae	Stechpalme
Íris sibírica	Iridáceae	Iris
Juníperus commúnis	Cupressáceae	Wacholder
Leontopódium alpínum	Compósitae	Edelweiß
Leucójum vérnum	Amaryllidáceae	Märzenbecher
Lílium-Arten	Liliáceae	Lilie
Mattéuccia struthiópteris	Onocleáceae	Straußen- oder Trichterfarn
Muscári-Arten	Liliáceae	Trauben- oder Perlhyazinthe
Narcíssus-Arten	Amaryllidáceae	Narzisse
Núphar lútea	Nymphaeáceae	Mummel, Teichrose
Nympháea álba	Nymphaeáceae	Seerose

Tab. 48. (Fortsetzung)

Botanischer Name	Familie	Deutscher Name
Osmúnda regális	Osmundáceae	Königsfarn
Phyllítis scolopéndrium	Aspleniáceae	Hirschzungenfarn
Pinguícula vulgáris	Lentibulariáceae	Gewöhnliches Fettkraut
Pinús múgo	Pináceae	Berg- oder Krummholzkiefer
Pópulus-Arten	Salicáceae	Pappel
Prímula-Arten	Primuláceae	Primel, Aurikel
Pulsatílla vulgáris	Ranunculáceae	Küchenschelle
Rhododéndron-Arten	Ericáceae	Alpenrose, Almenrausch
Sálix-Arten	Salicáceae	Weide
Scílla-Arten	Liliáceae	Blaustern
Sempervívum-Arten	Crassuláceae	Hauswurz, Drachenwurz
Sphágnum-Arten	Sphagnáceae	Torfmoos, Sumpfmoos
Stípa pennáta	Gramíneae	Federgras
Táxus baccáta	Taxáceae	Eibe
Trápa nátaus	Trapáceae	Wassernuss
Tróllius europǽus	Ranunculáceae	Trollblume
Túlipa-Arten	Liliáceae	Tulpe

Die Pflanzen der Kategorien 1 bis 3 sind vom Gesetzgeber besonders geschützt.

Solche Listen sind ein wertvolles Hilfsmittel in der Hand des engagierten Floristen, um sich nicht versehentlich bei einem Spaziergang an bedrohten Pflanzen zu vergreifen.

Die folgende Liste soll nicht nur zeigen, wie viele Pflanzen durch den Menschen und die belastenden Umwelteinflüsse bedroht sind, sondern auch als konkrete schnelle Nachschlagemöglichkeit dienen.

Kultivierte Wildpflanzen im Angebot

Das Wissen um die bedrohten Pflanzenarten hat manchen Gärtner ermutigt, sich verschiedener Vertreter der Wildflora anzunehmen. Kultivierte Wildpflanzen haben längst einen festen Platz im Verkaufsangebot eingenommen und erfreuen sich großer Nachfrage. Liebhaber von Steingärten können jetzt Enzian und Edelweiß pflanzen und sich über die rasche Ausbreitung beider Arten freuen. Sogar Wildformen werden in Gärtnereien kultiviert, sodass es manchen in Erstauen versetzt, wenn der die winzigen Blüten von *Cýclamen purpuráscens,* dem Wildalpenveilchen, zum ersten Male entdeckt.

So, wie der Gärtner seine Liebhaber- und Raritäenecke im Gewächshaus hat, gibt es häufig kleine Bereiche im Garten, die gerade diesen pflanzlichen Kostbarkeiten gewidmet sind.

Die Aufgabe des Floristen kann es sein, zu dem Bekanntwerden solcher Pflanzenarten beizutragen. Eine Schaufensterdekoration mit der Ankündigung »Kultivierte Wildpflanzen« stellt bestimmt eine gestalterische Herausforderung dar. Pflanzungen für das Freiland sind in vielfältigen Aus-

führungen darstellbar, ebenso Brautsträuße mit ganz besonderem Charme durch die Verwendung seltener Blüten der heimischen Flora.

Auch für »gepflanzte« Kränze bieten sich die dann unterschiedlichsten Pflanzenkombinationen an.

Die Präsentation solcher Werkstücke bedeutet sicher nicht nur eine interessante Abwechslung im Schaufenster, sondern macht vielleicht auch auf jene Pflanzenarten aufmerksam, die mehr denn je unseres Schutzes bedürfen.

Der Umgang mit kultivierten Wildpflanzen

Auch der Umgang mit kultivierten Wildpflanzen ist durch die Bundesartenschutzverordnung und das Washingtoner Artenschutzübereinkommen geregelt. Die BArtSchV fordert eine genaue Buchführung über

- Erwerb mit Angabe der Bezugsquelle und der Erwerbsberechtigung
- Kultur
- Verkauf, bzw. Verbleib mit Angabe von Zeitpunkt, Name und Anschrift des Empfängers

Um den Handel mit gärtnerisch kultivierten Pflanzen nicht unnötig zu erschweren und damit der Gefahr einer fortschreitenden Entnahme aus den Wildbeständen Vorschub zu leisten, ist ein Großteil der im gärtnerischen Anbau gezogenen Pflanzen gefährdeter Arten von der Aufzeichnungs- und Begleitpapierpflicht (CITIS-Papiere) befreit. Dies gilt aber nur für Gartenbaubetriebe, die von einer zuständigen Landesbehörde überprüft und von der Kennzeichnungspflicht befreit sind.

!!!Merksätze

- Viele Pflanzenarten sind durch Umwelteinflüsse und übermäßige Entnahme aus der Natur in ihrem Bestand gefährdet, bzw. ausgerottet.
- Bedrohte Arten sind nach dem Bundesnaturschutzgesetz, Landesgesetzen und der Bundesartenschutzverordnung geschützt.
- Wild wachsende Pflanzen geschützter Arten dürfen weder gepflückt, von ihrem Standort entfernt noch sonst wie beschädigt werden. Auch Erwerb, Besitz und Verkauf dieser Pflanzen ist verboten.
- Viele geschützte Pflanzenarten werden in Gärtnereien kultiviert und stehen so dem Handel zur Verfügung. Auch der Umgang mit kultivierten Pflanzen geschützter Arten ist nach der Bundesartenschutzverordnung und dem Washingtoner Artenschutzübereinkommen geregelt (Nachweispflicht).

???Aufgaben

1. Benennen Sie aus der Liste der gefährdeten Pflanzen alle im Gartenbau kultivierten Arten, die Sie kennen.
2. Benennen Sie drei Biotope, in denen geschützte Arten vorkommen und ordnen Sie diesen die passenden Pflanzenarten zu.
3. Besorgen Sie sich Listen der in Ihrem Bundesland zusätzlich geschützten Pflanzenarten. Sie sind zugänglich über die Minsterien für Landwirtschaft und Umwelt, über die örtlichen Umwelt- und Naturschutzbehörden oder über regionale Umwelt- und Naturschutzverbände.

Pflege und Behandlung der Topfpflanzen und Schnittblumen

In der heutigen Zeit, in der viele Menschen ein naturfernes Leben führen, versuchen wir unsere Sehnsucht nach Natur mit Pflanzen in der Wohnung oder auf dem Balkon zu befriedigen. Dabei hat die Topfpflanze unterschiedliche Bedeutungen erfahren. Für den einen ist sie nur ein lebendiger, dekorativer Gegenstand in der Wohnung, für den anderen ist sie ein Wesen, mit dem man sich gerne beschäftigt. Zimmergärtnern ist heute ein beliebtes Hobby geworden. Viele der Pflanzenfreunde kaufen ihre Pflanzen und Blumen in einem Blumenfachgeschäft, und der Florist sollte in der Lage sein, jedem Kunden mit Rat und Tat bei allen Problemen der Pflanzenpflege zur Seite zu stehen, denn nur ein Kunde, der gute Erfahrungen mit Blumen und Pflanzen macht, wird ein Stammkunde werden.

34 Wachstumsfaktor Licht

Wie alle anderen Lebewesen, so braucht auch die Pflanze zum Wachsen und Gedeihen bestimmte Voraussetzungen: Licht, Wasser, Wärme, Luft und Nährstoffe. Außerdem ist für jede Pflanzenart der Anspruch an diese Wachstumsfaktoren unterschiedlich, und es bedarf einer genauen Kenntnis und Abstimmung der Wachstumsfaktoren untereinander, um Freude an Topfpflanzen zu haben. Ferner ist zu beachten, dass Pflanzen ihre Gewohnheiten nicht ändern und sich nicht an unsere menschlichen Bedürfnisse (z. B. in Bezug auf die Zimmertemperatur) anpassen können. Wir haben also die Wahl: Entweder wir schaffen den Pflanzen die Voraussetzungen, die sie zum Leben brauchen, oder wir wählen solche Pflanzen aus, die sich unter den gegebenen Bedingungen eines Zimmers oder Balkons wohl fühlen.

Welche Bedeutung hat das Licht für die Pflanzen?

Mehr als alle anderen Lebewesen sind Pflanzen auf das Licht angewiesen, denn sie verarbeiten es und gewinnen daraus die Energie, die sie zum Wachsen brauchen. Diesen Vorgang nennt man Assimilation oder **Fotosynthese**. Was darunter zu verstehen ist, sei hier noch einmal kurz erklärt. Die Pflanze nimmt über die Wurzeln Wasser und über die Spaltöffnungen der Blätter Kohlendioxid auf.
Unter Anwesenheit von Licht wird aus diesen Stoffen Traubenzucker hergestellt. Der dabei anfallende Sauerstoff wird abgegeben. Zur »Wahrnehmung« des Lichtes ist das Chlorophyll notwendig, das sich in allen grünen Pflanzenteilen findet. Etwas benachteiligt sind die panaschierten Pflanzen, da sie an den hellen Stellen der Blätter kein Chlorophyll enthalten. Um diesen Mangel auszugleichen, brauchen sie mehr Licht als andere Pflanzen. Die bei der Fotosynthese gewonnene Energie wird zum Beispiel zum Aufbau neuer pflanzlicher Stoffe benötigt. Außerdem beeinflusst das Licht die Wuchsform und die Blütenbildung der Pflanzen.

Rechts: Abb. 123.
Beleuchtungsstärkemesser.

Wie hell ist es in einem Raum?

Die Ansichten darüber, was man unter einem hellen Standort zu verstehen hat, gehen leider oft weit auseinander. Unglücklicherweise ist das menschliche Auge zur Beurteilung der herrschenden Lichtintensität sehr schlecht geeignet, denn das Auge kann unterschiedliche Helligkeiten ausgleichen, sodass uns viele Stellen in einem Raum etwa gleich hell erscheinen, obwohl sie es, objektiv gesehen, gar nicht sind. Infolgedessen sind auch die Angaben der Kunden über die Lichtverhältnisse in ihrer Wohnung meist ungenau. Welche Möglichkeiten hat man nun, um zuverlässig festzustellen, wie hell es ist?

Messung der Beleuchtungsstärke

Die Maßeinheit für die Beleuchtungsstärke wird Lux genannt. Die entsprechenden Messgeräte heißen Luxmeter und enthalten ein Fotoelement, das das Licht aufnimmt. Die Beleuchtungsstärke lässt sich auf einer Skala ablesen. Brauchbare

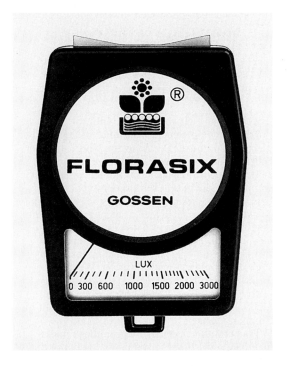

Luxmeter sind ab etwa 100 DM im Handel erhältlich (s. Abb. 123). Führt man öfter größere
Raumbegrünungen aus, so lohnt sich sicher auch
die Anschaffung eines teureren Gerätes, das in
der Lage ist, sehr hohe Beleuchtungsstärken genau anzuzeigen.
Steht kein Luxmeter zur Verfügung, kann man
mit Hilfe des Belichtungsmessers eines Fotoappa-
rates die Beleuchtungsstärke messen. Dazu stellt
man zunächst die Lichtempfindlichkeit des Filmes
auf 100 ASA ein und richtet den Sucher auf eine
weiße Fläche, z. B. ein Blatt Papier, in der Nähe
der Pflanze. Es wird nun Blende 4 gewählt und
die für ein Foto nötige Belichtungszeit abgelesen.
Der Nenner der gefundenen Belichtungszeit wird
mit zehn multipliziert und ergibt die ungefähre
Lux-Zahl. Die Belichtungszeit von 1/100 Sekun-
de entspricht somit einer Beleuchtungsstärke von
1000 Lux. Zum Vergleich seien hier einige Beleuchtungsstärken für verschiedene Standorte genannt.

Im Freien: Sonniger Sommertag:
               80 000–100 000 Lux
               lichter Schatten: 10 000–30 000 Lux
               tiefer Schatten: bis 10 000 Lux

Im Zimmer: am Südfenster: 20 000–30 000 Lux
                am Nordfenster: ca. 6 000 Lux

Die Verteilung der Helligkeit im Raum

Je weiter man sich vom Fenster entfernt, desto geringer wird die Beleuchtungsstärke (siehe Abbildungen 124 und 125). Gemessen wurde an einem
hellen Sommertag um die Mittagszeit. Dies bedeutet, dass die angegebenen Zahlenwerte Ober-
grenzen für die in unseren Breiten erreichbaren
Beleuchtungsstärken in Räumen sind. In der Regel werden diese Helligkeiten nicht erreicht, denn
es gibt viele Faktoren, die den Lichteinfall hemmen können. Zunächst scheint die Sonne vom
Herbst bis zum Frühjahr nicht so intensiv und
auch nur wenige Stunden pro Tag. Wenn es be-
wölkt ist, Gardinen oder Jalousien vor den Fenstern hängen, Bäume oder hohe Gebäude das
Licht abschirmen, wird deutlich weniger Licht ins
Zimmer gelangen.
In Büchern über Zimmerpflanzenpflege findet
man häufig die Begriffe sonnig, halbschattig und

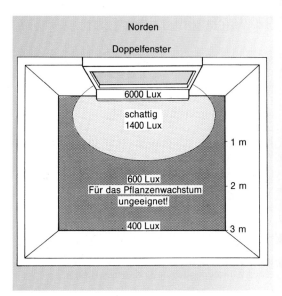

Abb. 124.
Verteilung der Beleuchtungsstärke in einem nach
Norden gelegenen Raum.

schattig als Angabe für den geeignetsten Standort
einer Pflanze. Was hat man nun darunter zu verstehen?
Sonniger Standort. An diesem Platz fällt für einige
Stunden des Tages das Sonnenlicht ungehindert
ein. Dies sind also Fenster, die nach Süden, Süd-
osten oder Südwesten gerichtet sind. An einem
Südfenster kann es erforderlich sein, dass man
zumindest über Mittag das Licht mit einer Gardine oder Jalousie abdämpft, da sonst Verbrennungen auf den Blättern entstehen können (siehe
Abb. 171, S. 285). Ursache für diese Pflanzenschäden ist allerdings nicht die Helligkeit, sondern der Hitzestau, der hinter der Fensterscheibe
entsteht.
Halbschattiger Standort. Gemeint sind hier Ost- oder
Westfenster oder auch nach Süden liegende Fenster, sofern das Sonnenlicht durch einen transparenten Vorhang oder z. B. durch einen vor dem
Fenster stehenden Baum abgeschirmt wird. Die
gleiche Lichtqualität erreicht man, wenn man die
Pflanze ca. 1 bis 1,5 m von einem Südfenster entfernt aufstellt.
Schattiger Standort. Hier haben wir zu keiner Tageszeit direktes Sonnenlicht, dennoch ist dieser

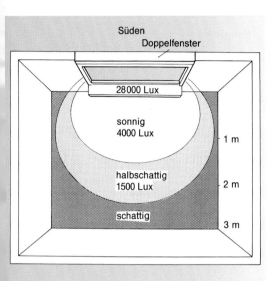

Süden
Doppelfenster

28000 Lux

sonnig
4000 Lux

1 m

halbschattig
1500 Lux

2 m

schattig

3 m

Abb. 125.
Verteilung der Beleuchtungsstärke in einem nach
Süden gelegenen Raum.

Standort für viele Pflanzen keineswegs ungeeignet. Ein schattiger Standort ist z. B. an einem
Nordfenster zu finden oder ca. 1,5 bis 2 m von
einem sonnigen Fenster entfernt. Im Winter kann
es jedoch nötig sein, die Pflanzen näher ans Fenster zu rücken, da man die wenigen Lichtstunden
pro Tag mit einer größeren Helligkeit ausgleichen
muss.

Welche Pflanzen sind für die verschiedenen Standorte geeignet?

Der Vorgang der Fotosynthese kommt schon bei
100 bis 200 Lux in Gang, ist jedoch keineswegs
ausreichend, da die Pflanze mehr Energie bei der
Atmung verbraucht, als sie bei diesen Beleuchtungsstärken gewinnen kann (s. Seite 56). Erst
wenn der Energiegewinn größer ist als der Verbrauch, kann ein Wachstum der Pflanzen erzielt
werden. Bei Pflanzen mit geringen Lichtansprüchen, wie z. B. Philodendron-Arten, liegt
dieser Wert bei etwa 1000 Lux. Erhalten diese
Pflanzen z. B. nur 400 Lux, bleiben sie zwar am
Leben, ein Wachstum ist aber nicht möglich.

Lichtbedarf einiger Zimmerpflanzen

Sonniger Standort (über 1500 Lux)

Abutílon-Hybriden	Zimmerahorn
Áloe variegáta	Aloe
Ánanas cómosus	Ananas
Bougainvíllea spectábilis	Bougainvillie
Chamáerops húmilis	Zwergpalme
Euphórbia mílii	Christusdorn
Fícus benjamína	Birkenfeige*
Hibíscus rósa-sinénsis	Roseneibisch
	Kakteen
Justícia brandegeána	Zierhopfen
Láurus nóbilis	Lorbeerbaum
Nérium oleánder	Oleander
Passiflóra caerúlea	Passionsblume
Phœnix canariénsis	Dattelpalme*

(* Schattierung über Mittag notwendig)

Halbschattiger Standort (800–1500 Lux)

Aechméa fasciáta	Lanzenrosette
Chloróphytum comósum	Grünlilie
Codiǽum variegátum	Wunderstrauch
Dieffenbáchia maculáta	Dieffenbachie
Dracáena dereménsis	Drachenbaum
Fátsia japónica	Zimmeraralie
Fícus lyráta	Geigenfeige
Fícus púmila	Kletterfeige
Sáintpáulia-Ionantha-Hybriden	Usambaraveilchen
Schefflera arboricola	Schefflere

Schattiger Standort (500–800 Lux)

Aglaonéma commutátum	Kolbenfaden
Aspidístra elátior	Schusterpalme
Caláthea makoyána	Korbmarante
Císsus rhombifólia	Klimme
Epiprémnum pinnátum	Efeutute
Mónstera delicósa	Fensterblatt
Philodéndron erubéscens u. a. Arten	Baumfreund
Sanseviéra trifasciáta	Bogenhanf

Die Pflanzenauswahl wird mit abnehmender Beleuchtungsstärke geringer und damit schwinden
auch die gestalterischen Möglichkeiten. Abhilfe
schaffen kann man in diesem Fall mit Kunstlicht.

Was ist Kunstlicht?

Tageslicht ist eine Mischung aus Lichtstrahlen verschiedener Wellenlängen. Für die Fotosynthese von Bedeutung sind vor allem die roten 610 bis 700 nm (Nanometer) und die violettblauen 390 bis 500 nm langen Wellenlängen. Einer Pflanze ist es dabei gleichgültig, ob die Strahlen von der Sonne oder einer künstlichen Lichtquelle stammen. Pflanzenleuchten haben einen hohen Anteil der für die Fotosynthese wirksamen Strahlen.

Einige der für die Pflanzenbelichtung geeigneten Leuchten erzeugen allerdings Lichtfarben, die für das menschliche Empfinden »ungemütlich« sind und die die Farbwiedergabe verfälschen. Dies ist sowohl bei der Raumgestaltung als auch bei der Beleuchtung von Schaufenstern zu beachten.

Welche Pflanzenleuchten gibt es?

Leuchtstofflampen haben eine Lebensdauer von etwa 10 000 Stunden, zeichnen sich durch gute Farbwiedergabeeigenschaften aus, brauchen verhältnismäßig wenig Strom, strahlen nur geringe Mengen Wärme ab und werden ca. 50 cm über den Pflanzen aufgehängt. Sie eignen sich auch für den Einbau in Schrankwände und Regale.

Halogenglühlampen haben eine Lebensdauer von ca. 2000 Stunden, eine angenehme frische Lichtfarbe, zeichnen sich durch besonders kleine Abmessungen aus und sind in vielfältigen Varianten erhältlich (siehe auch Materialkunde, Seite 412).

Glühlampen sind zur Pflanzenbeleuchtung nicht zu empfehlen, denn die Lichtausbeute ist gemessen am Energieverbrauch gering, dafür wird aber viel Wärme erzeugt, was zur Austrocknung der Pflanzen führt. Auch die Lichtzusammensetzung ist für das Pflanzenwachstum ungeeignet, da der Blaulichtanteil zu gering ist.

Von den genannten Pflanzenleuchten sind heute vielfältige Ausführungen im Handel, sodass für jeden Geschmack und jeden Einrichtungsstil etwas gefunden werden kann.

Die Belichtungsdauer liegt bei ca. 12 Stunden pro Tag, Tageslicht- und Kunstlichtstunden zusammengenommen. Dabei gilt: je schwächer die Lampe oder je geringer das Tageslicht, desto länger muss belichtet werden.

!!! Merksätze

- Licht ist für das Pflanzenwachstum unbedingt notwendig, da die Fotosynthese nur mit Hilfe des Lichtes ablaufen kann. Dabei ist der Lichtanspruch der Pflanzenarten sehr unterschiedlich.
- Die Helligkeit lässt sich exakt nur mit einem Luxmeter messen, und die für einen Standort gedachten Pflanzen müssen hinsichtlich ihres Lichtbedarfes ausgewählt werden. Einen ungefähren Anhaltspunkt bieten die Beschreibungen »für einen sonnigen, halbschattigen, schattigen Platz geeignet.«
- Spezielle Pflanzenleuchten können das Tageslicht ersetzen oder ergänzen.

??? Aufgaben

1. Zeichnen Sie den Grundriss eines Zimmers oder des Geschäftes und messen Sie die Beleuchtungsstärke an einem sonnigen Tag zur Mittagszeit an verschiedenen Stellen des Raumes. Notieren Sie die Messwerte im Grundriss. Wiederholen Sie die Messungen bei bedecktem Himmel. Suchen Sie für verschiedene Standorte im Raum je drei geeignete Pflanzen heraus und tragen Sie die Namen in den Grundriss ein.
2. Informieren Sie sich über die im Handel erhältlichen Pflanzenleuchten und vergleichen Sie Leistungen und Preise. Welche Lampen können von Laien installiert werden und bei welchen Modellen ist ein Fachmann nötig?

35 Wachstumsfaktoren Temperatur, Luft und Wasser

Das Lichtangebot unterliegt in unseren Breiten starken jahreszeitlichen Schwankungen. Da aber alle Wachstumsfaktoren in einem ausgewogenen Verhältnis zueinander stehen müssen, sind auch die Temperatur, Luft bzw. Luftfeuchte und das Wasserangebot entsprechend zu variieren. Die herrschende Temperatur hat Einfluss auf alle pflanzenphysiologischen Vorgänge. So erhöhen sich Atmung und Transpiration mit der Temperatur, und auch die Fotosyntheseleistung wird bis zu einem bestimmten Maximalwert gesteigert. Somit wird deutlich, dass die Pflanzenansprüche an Licht, Temperatur und Wasser eng miteinander verknüpft sind. Dabei richtet sich das Pflanzenwachstum immer nach dem Wachstumsfaktor, der, gemessen an den Pflanzenansprüchen, am ungünstigsten dosiert ist. Der Mangel an einem Wachstumsfaktor kann somit nicht durch die Erhöhung eines anderen ausgeglichen werden. Wenn z. B. im Winter ein jahreszeitlich bedingter Lichtmangel auftritt, kann dieser Mangel nicht durch eine Erhöhung der Temperatur kompensiert werden, die Pflanze muss sogar kühler gehalten werden, um einen Ausgleich zwischen den Wachstumsfaktoren wieder herzustellen. Entsprechendes gilt für die Wasser- und Nährstoffgaben.

Welche Temperatur ist für eine Pflanze optimal?

Jede Pflanze hat einen Temperaturbereich, in dem sie besonders gut gedeiht. Dieser optimale (= beste) Bereich ist normalerweise ähnlich den Durchschnittstemperaturen, an die die Pflanze ursprünglich an ihrem Heimatstandort gewöhnt war. Bis zu gewissen Grenzen wachsen die Pflanzen auch noch außerhalb dieses Temperaturbereiches, es ist allerdings mit Wachstumshemmungen zu rechnen. Herrschen über längere Zeit ungünstige Temperaturbedingungen oder erreicht die Temperatur extrem hohe oder niedrige Werte, wird die Pflanze absterben. Das Existenzminimum liegt z. B. für die Zimmertanne bei 5 °C, für das Flammende Kätchen bei 12 °C und für den Croton sogar bei 18 °C, vorausgesetzt, die anderen Wachstumsfaktoren sind ebenfalls eingeschränkt. Die obere Temperaturgrenze, bei der einige Pflanzen noch ohne sichtbare Schäden existieren können, liegt bei etwa 35 °C, wenn ausreichend Licht und Wasser vorhanden sind. Über 45 °C ist kein Pflanzenleben mehr möglich. Nach ihren Optimaltemperaturen teilt man die Zimmerpflanzen in drei Temperaturbereiche ein.

1. Wenig Wärme verlangen **Kalthauspflanzen,** die frostfrei bis höchstens 10 °C überwintern. Geeignete Standorte wären z. B. ein Wintergarten oder ein helles Treppenhaus.
2. Mittlere Temperaturen wünschen die Pflanzen des **temperierten Hauses** mit Wintertemperaturen zwischen 10 und 18 °C. Innerhalb unserer Wohnungen herrschen in Schlafräumen oder auch in der Küche meistens diese Temperaturen.
3. Die höchsten Temperaturansprüche haben **Warmhauspflanzen,** die auch im Winter zwischen 18 und 25 °C gehalten werden müssen. Solche Pflanzen sollten in gut geheizten Wohnräumen stehen.

Temperaturbedarf einiger Zimmerpflanzen:

Warmhaus	temperiertes Haus
Anthúrium	*Aspáragus*
Caládium	*Chamaedórea*
Caláthea	*Císsus*
Codiaéum	*Cypérus*
Cryptánthus	*Hóweia*
Dieffenbáchia	*Pílea*
Fittónia	*Schéfflera*
Maránta	*Soleirólia*
Peperómia	viele Kakteen und
Philodéndron	sukkulente Euphorbien

Kalthaus
Acácia
Bougainvíllea
Caméllia
Cýclamen
Fúchsia
Jasmínum
Laúrus
Myrtus
Nérium
Phoénix

Die Unterteilung der Pflanzen in die genannten drei Temperaturbereiche hat in erster Linie für das Winterhalbjahr Gültigkeit. Für das Sommerhalbjahr ergibt sich eine Verschiebung besonders der unteren Temperaturbereiche nach oben, sodass eine Unterteilung nach Temperaturgruppen nicht mehr durchführbar ist. Im Sommer ist daher eine Einteilung nach Lichtansprüchen sinnvoller. Für alle Jahreszeiten gilt, dass die Nachttemperatur ca. 2 bis 5 °C unter der Tagestemperatur liegen sollte.

Mit welchen Maßnahmen lässt sich die Temperatur regeln?

Übermäßige Erwärmung tritt meist im Sommer durch direkte Sonneneinstrahlung auf. Besonders hinter Glasscheiben kommt es dabei zu einem Hitzestau. Diesen Effekt kann man durch Beschattung der Pflanzen, z. B. durch Jalousien, vermeiden. Dabei sind außen angebrachte Beschattungseinrichtungen wirkungsvoller als innen hinter der Glasscheibe befindliche. Auch durch gezieltes Lüften kann der Hitzestau abgebaut werden. Eine weitere Maßnahme ist das Übersprühen der Pflanzen, was zu einer Kühlung der Blattoberfläche führt, da bei der Verdunstung des Wassers Wärmeenergie verbraucht wird. Eine Unterkühlung der Pflanzen kommt in unseren zentralgeheizten Räumen seltener vor und ist zumeist eine Folge falschen Lüftens im Winter.

Welche Bedeutung hat die Luft für die Pflanzen?

Von den Bestandteilen der Luft sind für die Pflanzen Sauerstoff und Kohlendioxid von Bedeutung. Der Sauerstoff ist für die Pflanzenatmung (Dissimilation) und das Kohlendioxid für die Fotosynthese (Assimilation) erforderlich. In Räumen, in denen sich Menschen aufhalten, steigt der Kohlendioxidgehalt an und der Anteil des Sauerstoffs nimmt ab. Diese stickige Luft führt mit der Zeit zu Wachstumsstörungen und einer Erhöhung der Krankheitsanfälligkeit der Pflanzen, besonders wenn noch Luftverunreinigungen wie etwa Zigarettenrauch hinzukommen. Stehen Pflanzen zu eng nebeneinander, z. B. in einem Blumen- oder Schaufenster, ist der Luftaustausch behindert, vor allem wenn das Fenster zum Raum hin durch eine Gardine abgeschirmt ist. Hier kann es tagsüber zu einem Absinken des Kohlendioxidgehaltes der Luft kommen, da die Pflanzen das Kohlendioxid verbrauchen. Außerdem steigt die Luftfeuchtigkeit bedingt durch die Transpiration der Pflanzen an und Fäulnis kann die Folge sein.

Wie lüftet man richtig?

Besonders im Winter kann falsches Lüften Schäden an den Pflanzen verursachen. Strömt sehr kalte Außenluft an den tropischen und subtropischen Pflanzen vorbei, kommt es schon nach wenigen Minuten zu Erfrierungen – dies ist auch bei Pflanzen, die im Blumengeschäft nahe der Tür stehen, zu beobachten. Es ist also notwendig, Pflanzen im Winter beim Lüften weit genug vom Fenster entfernt aufzustellen oder das Zimmer nur indirekt, also durch die geöffnete Tür zu einem anderen Zimmer zu lüften. Ein weiterer häufiger Fehler ist ständige Zugluft, die durch Temperaturunterschiede, ständig offen stehende oder undichte Fenster und Türen hervorgerufen wird. Der dauernde Luftstrom führt zum Austrocknen der Pflanzen und bewirkt außerdem, bedingt durch die Verdunstung von Feuchtigkeit an der Außenseite der Tontöpfe, eine Unterkühlung des Wurzelbereiches.

Welche Bedeutung hat die Luftfeuchtigkeit?

Viele unserer Zimmerpflanzen wachsen in ihrer Heimat in verhältnismäßig feuchter Luft, die durch ständige Niederschläge und durch Verdunstung von Wasser aus Flüssen und Seen zu Stande kommt. Daher haben diese Pflanzen keine Schutzeinrichtungen gegen zu starke Verdunstung entwickelt und können sich auch nicht in kurzer Zeit an die trockene Luft vieler Wohnungen anpassen. Sie reagieren darauf zunächst mit dem Schließen ihrer Spaltöffnungen, sodass nicht nur der Wasserverlust, sondern auch die für die Fotosynthese wichtige Kohlendioxidaufnahme verringert wird. Die Folgen sind Wachstumsstockungen, Befall mit Schädlingen und Einrollen und Vertrocknen der Blätter, da die ungeregelte Transpiration weitergeht.

Hier wird die Wechselwirkung zwischen Luftfeuchtigkeit und Temperatur deutlich. Da warme Luft mehr Feuchtigkeit aufnehmen kann als kalte Luft, wird bei höherer Temperatur stärker Wasser verdunstet, so auch aus den Blättern der Pflanze. Interessant hierbei ist die **relative Luftfeuchtigkeit,** die angibt, wie viel Wasser die Luft bei einer bestimmten Temperatur enthält, verglichen mit der maximal aufnehmbaren Menge (Sättigungsfeuchte). So kann 20 °C warme Luft maximal 17,3 g Wasserdampf/m^3 aufnehmen. Enthält sie jedoch nur 8,65 g, so liegt eine relative Luftfeuchte von 50 % vor.

Welche Luftfeuchtigkeit behagt den Pflanzen am meisten?

Es ist nicht möglich, die ideale Luftfeuchtigkeit genau anzugeben. Orchideen, Maranten und Farne brauchen besonders feuchte Luft, eine relative Luftfeuchtigkeit von 80 bis 90 % wäre hier ideal. Die meisten anderen Pflanzen begnügen sich mit etwa 60 % relativer Feuchte, die auch für das menschliche Wohlbefinden wünschenswert ist. Kakteen und andere Sukkulenten begnügen sich mit 30 bis 40 % relativer Feuchte. Sogar dieser niedrige Wert wird jedoch besonders im Winter in zentralgeheizten Wohnungen nicht erreicht. Um festzustellen, wie feucht die Luft in einem Raum ist, benötigt man ein Hygrometer. Es gibt auch Geräte, mit denen Temperatur und relative Feuchte gleichzeitig gemessen werden können.

Auf welche Weise lässt sich die Luftfeuchtigkeit erhöhen?

In einem Verkaufsgewächshaus kann man Pflanzen, Tische und Wege übersprühen. Für die Wohnung gibt es Zerstäuber, die einen möglichst feinen Sprühnebel erzeugen sollen. Es muss aber darauf geachtet werden, dass die Pflanzen abends wieder abgetrocknet sind, da sonst leicht Fäulnis auf den Blättern entsteht. Pflanzen mit behaarten Blättern oder empfindlichen Blüten, wie z. B. Usambaraveilchen und Gloxinien, vertragen das Besprühen nicht. Auch sollte man kalkfreies Wasser verwenden, damit sich keine unschönen Kalkablagerungen auf dem Laub bilden können. Die Luftfeuchtigkeit lässt sich ebenfalls durch Auf-

hängen von Verdunstern an Heizkörpern oder durch elektrische Luftbefeuchtungsgeräte erhöhen. Stellt man Blumentöpfe in feuchten Torf oder auf einen großen Untersetzer mit feuchtem Kies, lässt sich ein für die Pflanze angenehmes Kleinklima schaffen (s. Abb. 126).

Welche Bedeutung hat das Wasser für die Pflanze?

Das Gewebe krautiger Pflanzen besteht bis zu 90 % aus Wasser. Ist genügend Wasser in den Zellen, so herrscht ein gewisser Zellinnendruck (Turgor), der das Gewebe straff erhält. Bei Wassermangel lässt der Druck nach und die Pflanze welkt. Ferner dient Wasser als Lösungs- und Transportmittel für Nährstoffe und Assimilate und ist Baustoff bei der Fotosynthese. Der größte Teil des Wassers wird jedoch für die Transpiration benötigt.

Wie viel Wasser brauchen die Pflanzen?

Leider ist es nicht möglich, diese Frage so genau zu beantworten, wie viele Pflanzenfreunde es gerne hätten, denn der Wasserbedarf einer Pflanze ist von vielen Faktoren abhängig und daher starken Schwankungen unterworfen.
Häufig kann man vom **Aussehen** der Pflanze auf ihren ungefähren Wasserbedarf schließen. So haben Pflanzen mit weichen oder dünnen Blättern einen höheren Wasserbedarf als solche mit ledrigen, glänzenden, behaarten oder sukkulenten Blättern. Auch zur Ausbildung der Blüten steigt der Wasserbedarf. Folglich muss man Hortensien, Azaleen, Farne und Zimmerlinden reichlicher mit Wasser versorgen als Bromelien, Kakteen und andere sukkulente Pflanzen.
Der Wasserbedarf schwankt normalerweise stark in Abhängigkeit von der **Jahreszeit.** So brauchen die meisten Pflanzen im Frühjahr ab März reichlich Wasser, da jetzt der Neuaustrieb beginnt. Über den Sommer bleibt der große Wasserbedarf auf Grund steigender Verdunstung erhalten und nimmt zum Herbst hin wieder ab. Wenn das Wachstum aufhört, etwa im Oktober, wird auch der Wasserverbrauch spürbar geringer. Allerdings ist zu beachten, dass durch trockene Heizungsluft viel Wasser verdunstet wird und somit die Regel

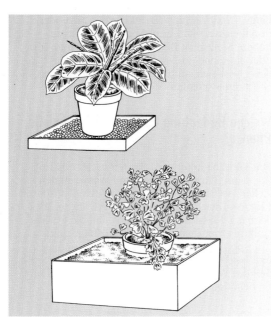

Abb. 126.
Pflanze auf Untersetzer mit feuchtem Kies und
Pflanzen in feuchtem Torf eingefüttert.

der Blätter auf, bevor diese dann abfallen. Allerdings sollte man mit dem Gießen keineswegs so lange warten, bis die genannten Symptome auftreten. Besser ist es, das Substrat zu beobachten, denn feuchte Substrate haben eine dunklere Färbung als trockene. Torfhaltige Substrate werden beim Trocknen hellbraun, stark lehm- oder tonhaltige hingegen grau. Man muss jedoch prüfen, am besten mit den Fingern, ob nur die obere Erdschicht trocken ist, die häufig gar nicht durchwurzelt ist, oder ob dies für den ganzen Ballen gilt. Mit etwas Übung kann man auch das Gewicht eines Topfes als Hinweis für seinen Wassergehalt nehmen, denn feuchte Substrate sind deutlich schwerer als trockene. Ein weiteres Zeichen, dass dringend gegossen werden muss, ist das Schrumpfen des Ballens, sodass zwischen Substrat und Topfwand ein Hohlraum entsteht.

Wie wässert man richtig?

Für die meisten Pflanzen gilt, dass lieber seltener und dafür durchdringend gewässert werden sollte, als ständig kleine Wassermengen nachzugießen. Sonst kann es geschehen, dass nur die oberste Substratschicht befeuchtet wird und im unteren Bereich, in dem sich die Wurzeln befinden, das Substrat trocken bleibt.
Pflanzen mit geringem Wasserbedarf oder zu Fäulnis neigendem Laub, wie z. B. Usambaraveilchen, wässert man von unten. Dabei wird der Untersetzer so oft nachgefüllt, bis das Substrat keine Feuchtigkeit mehr aufnimmt, der Rest des Wassers wird nach einer Weile ausgegossen (siehe Abbildung 127a).
Pflanzen mit mittlerem Wasserbedarf kann man von oben gießen, vorausgesetzt, der Wurzelballen ist noch nicht zu stark ausgetrocknet. Man gießt so viel Wasser auf die Substratoberfläche, bis der Ballen sich ganz vollgesogen hat. Sobald Wasser aus dem Ablaufloch heraustritt, darf nicht weiter gegossen werden. Auch hier darf das überschüssige Wasser nicht im Untersetzer stehen bleiben (s. Abb. 127b).
Pflanzen mit hohem Wasserbedarf oder stark ausgetrocknetem Ballen müssen getaucht werden. Dazu wird der gesamte Topf in einen Eimer mit Wasser gestellt und so lange darin belassen, bis keine Luftblasen mehr aufsteigen. Dann wird der Topf herausgenommen und zum Abtropfen abge-

»im Winter weniger gießen« nur bedingt Gültigkeit hat.
Pflanzen, die eine deutliche **Ruhezeit** durchmachen und während dieser Zeit ihr Laub einziehen, wie z. B. Schiefteller, Ritterstern und Kaladie, dürfen dann fast gar nicht mehr gegossen werden.
Einen gewissen Einfluss auf den Wasserverbrauch hat auch das **Topfmaterial**. Durch die Wand des Tontopfes verdunstet ein Teil des Wassers, sodass häufiger gegossen werden muss. Steht der Tontopf jedoch in einem engen Übertopf, ist kaum noch ein Unterschied zu einem wasserdampfundurchlässigen Kunststofftopf festzustellen.
Alle diese Einflussgrößen können nur ungefähre Hinweise auf den Wasserbedarf geben.

Woran merkt man, dass eine Pflanze gegossen werden muss?

Das auffälligste Zeichen von Wassermangel ist natürlich das Welken der Pflanze. Bei derblaubigen Pflanzen tritt häufig zunächst ein Vergilben

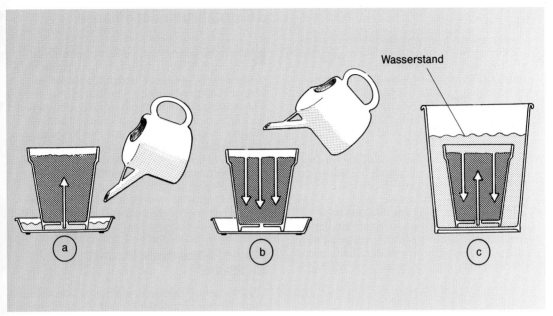

Abb. 127.
Bewässerung: a) von unten; b) von oben; c) tauchen

stellt, bevor er wieder an seinen Standort geräumt wird (siehe Abbildung 127c).

Besonders bei der zuletzt beschriebenen Methode ist die **Wassertemperatur** von Bedeutung. Grundsätzlich sollte mit zimmerwarmem Wasser (ca. 20 °C) gegossen werden. Beachtet man dies nicht, können vor allem im Winter, wenn das Leitungswasser sehr kalt ist, bei empfindlichen Pflanzen Blattflecken (Usambaraveilchen, Gloxinien) oder sogar Blattfall (Azaleen, Gummibaum, Kroton) auftreten.

Auch die **Gießwasserqualität** beeinflusst das Pflanzenwachstum spürbar. Leitungswasser enthält heute zum Teil große Mengen von Kalzium- und Magnesiumsalzen, die das Wasser hart machen. Gelangen diese Verbindungen in das Substrat, steigt der pH-Wert und dies führt zu einer schlechteren Verfügbarkeit einiger Nährstoffe. Wachstumsstörungen sind die Folge. Besonders empfindlich reagieren Azaleen, Eriken, Farne, Orchideen, Primeln, Kamelien und blaue Hortensien auf hartes Wasser.

Die Härte des Wassers wird hier zu Lande in »Grad Deutscher Härte« (°dH) angegeben. Bei 1 °dH enthält ein Liter Wasser 10 mg Kalzium-

oxid (Kalk). Wie hart das Wasser jeweils ist, erfährt man bei dem für das Gebiet zuständigen Wasserwerk.

0–7 °dH	weiches Wasser
8–14 °dH	mittelhartes Wasser
15–21 °dH	hartes Wasser
über 21 °dH	sehr hartes Wasser

Ist eine Wasserenthärtung notwendig, bieten sich verschiedene Methoden an. Am gebräuchlichsten ist immer noch das Abkochen, wobei sich ein Teil des Kalkes als Kesselstein im Kochtopf niederschlägt. Etwas umständlicher ist die Verwendung von Torf als Wasserenthärter. Dazu wird ein halber Liter Torf in einem Stoffsäckchen in einen Eimer mit 10 Liter Wasser gehängt. Über Nacht wird hartem Wasser etwa die Hälfte des Kalkes entzogen. Wasserenthärtungstabletten fällen den Kalk aus, und das nun enthärtete Wasser kann vorsichtig abgegossen werden. Der Kalk bleibt im Bodensatz zurück. Ebenfalls für kleine Wassermengen eignen sich Gießkannen, die Filterpatronen enthalten und das Wasser nach dem Prinzip des Ionenaustauschers enthärten.

- Zimmerpflanzen werden nach ihren Optimaltemperaturen in Warmhauspflanzen, Kalthauspflanzen und Pflanzen des temperierten Hauses unterschieden. Besonders im Winter ist die Einhaltung dieser Temperaturbereiche zur Gesunderhaltung der Pflanze wichtig.
- Bei der Versorgung mit Luft sind Zugluft und starke Abkühlung durch kalte Außenluft zu vermeiden.
- Die meist zu geringe Luftfeuchtigkeit in den Wohnräumen kann z. B. durch Besprühen der Pflanzen oder durch Luftbefeuchtungseinrichtungen angehoben werden.
- Zur Wasserversorgung der Pflanzen ist zimmerwarmes, kalkarmes Wasser am besten geeignet. Die benötigte Wassermenge ist nicht exakt anzugeben, da sie von der Pflanzenart, der Jahreszeit, der Temperatur usw. abhängig ist.

1. Außenjalousien sind ein wirksamerer Schutz vor Überhitzung der Pflanzen als innen angebrachte Beschattungseinrichtungen. Suchen Sie die physikalische Begründung für diesen Sachverhalt.
2. Informieren Sie sich über Luftbefeuchtungsgeräte und vergleichen Sie die Funktionsweisen (Zerstäuber, Verdunster, Verdampfer). Wägen Sie die Vor- und Nachteile der verschiedenen Fabrikate gegeneinander ab.
3. Informieren Sie sich beim zuständigen Wasserwerk über die Wasserhärte an Ihrem Wohnort/Arbeitsort.
4. Beobachten Sie die Farbe des Substrates und das Gewicht des Topfes bei einigen Pflanzen über einen längeren Zeitraum, um Ihr Gefühl für den Feuchtigkeitsgehalt des Substrates zu schulen.

36 Ernährung der Pflanze

Nährstoffe, genauer ist die Bezeichnung Nährelemente, benötigt die Pflanze, um daraus ihre Gewebe aufzubauen und dadurch wachsen zu können. Gelegentlich wird von Kunden behauptet, sie würden ihre Pflanzen niemals düngen und sie wüchsen doch. Solche Äußerungen sind mit Vorsicht zu genießen, denn was hier als Neuzuwachs bezeichnet wird, sind oft nur schwächliche Triebe mit kleinen Blättern. Besonders Topf- und Balkonpflanzen sind auf regelmäßige Düngergaben angewiesen, da das ihnen zur Verfügung stehende Erdvolumen sehr klein und der darin enthaltene Nährstoffvorrat schnell aufgebraucht ist.

Welche Nährelemente benötigt die Pflanze?

Die Pflanzennährelemente werden in Hauptelemente (Makronährelemente) und Spurenelemente (Mikronährelemente) unterschieden. Hauptnährelemente sind Kohlenstoff, Wasserstoff, Sauerstoff, Stickstoff, Phosphor, Schwefel, Kalium, Kalzium, Magnesium und Eisen. Zu den Spurenelementen, die im Regelfall in viel kleineren Mengen benötigt werden, zählt man zum Beispiel Mangan, Kupfer, Zink, Molybdän und Bor.

Welche Bedeutung haben die verschiedenen Nährelemente und woran erkennt man einen Mangel oder Überschuss?

Kohlenstoff (Carboneum = C), Wasserstoff (Hydrogenium = H) und Sauerstoff (Oxygenium = O) sind die wichtigsten Bausteine organischer Moleküle, wie zum Beispiel Zucker, Stärke, Zellulose, Fette und Eiweiße. Kohlenstoff und Sauerstoff nimmt die Pflanze aus der Luft auf, der Wasserstoff ist im Wassermolekül enthalten. Diese drei Elemente werden also normalerweise nicht »gedüngt«.

Die Spurenelemente brauchen nur in sehr geringen Mengen im Boden oder Topfsubstrat enthalten zu sein, damit die Pflanze ausreichend versorgt ist. Topfsubstrate sind normalerweise mit Spurenelementen angereichert, auf Gartenböden zeigen sich zuweilen jedoch Mangelsymptome.

Woher erhält die Pflanze ihre Nährelemente?

Eine Pflanze kann Nährelemente nur in Form von Ionen aufnehmen; das sind kleinste, elektrisch geladene Teilchen, die zudem in Wasser gelöst sein müssen. Diese Ionen stammen auf Böden, die nicht bewirtschaftet werden, zum großen Teil aus den anfallenden pflanzlichen und zuweilen auch tierischen Resten.

Dazu werden z. B. die pflanzlichen Teile von Regenwürmern und anderen Bodentieren zerkleinert. Anschließend werden die zerteilten Pflanzenrückstände von Bakterien und Pilzen weiter zersetzt, bis nur noch Nährionen übrig bleiben. Dieser Vorgang heißt **Mineralisierung**. Die Pflanze kann nun die Nährelemente wieder aufnehmen und verarbeiten und der Kreislauf ist geschlossen (s. Abb. 128).

Wird aber auf einer bebauten Fläche pflanzliches Material geerntet, z. B. Schnittblumen, ist der Kreislauf unterbrochen. Um dies auszugleichen, muss gedüngt werden. Dies kann mit organischen oder anorganischen Stoffen geschehen. Bei einer Topfpflanze ist das Düngen notwendig, weil die in dem geringen Erdvolumen des Topfes enthaltenen Nährelemente nach einiger Zeit verbraucht sind.

Welche Düngemittel gibt es?

Organische Dünger sind z. B. Stallmist und Jauche, die überwiegend in der Landwirtschaft Verwendung finden. Für Garten-, Balkon- und Zimmerpflanzen gibt es organische Düngemittel, die ausschließlich aus tierischen Substanzen bestehen, wie etwa Hornspäne, Knochenmehl oder Guano (Vogelkot). Sie enthalten überwiegend N und P. Da die organischen Stoffe mineralisiert werden müssen, wirken die Dünger erst nach einiger Zeit, dafür aber über einen längeren Zeitraum. Diese Dünger sind also nicht geeignet, wenn die Pflanze schon Mangelsymptome zeigt, weil dann schnell geholfen werden muss. Sie sind jedoch arbeitssparend, denn man muss nicht ständig nachdüngen und eine Überdüngung ist auch kaum möglich. Nachteilig ist nur der unangenehme Geruch einiger Dünger, weshalb man sie lieber bei Balkon- als bei Zimmerpflanzen verwenden sollte.

Anorganische Dünger, auch mineralische Dünger genannt, sind Düngesalze, die nach ihrer Auflösung in Wasser in Ionen zerfallen und daher sofort in pflanzenverfügbarer Form vorliegen. Sie wirken also schneller, da eine Mineralisierung nicht nötig ist. Die Nährelemente aus Düngesalzen entsprechen in ihrem chemischen Aufbau jedoch denen, die durch Mineralisierung der organischen Substanz entstanden sind. Für die zu düngende

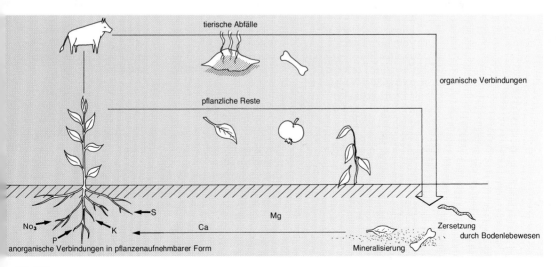

Abb. 128.
Nährstoffkreislauf: Umwandlung organischer Verbindungen im Boden in pflanzenaufnehmbare, anorganische Verbindungen.

Tab. 49. Bedeutung der Nährelemente

Nährelement	Bedeutung	Mangelsymptom	Überschusssymptom
Stickstoff = Nitrogenium = N	1. Wichtiger Baustein von Eiweiß und Chlorophyll 2. Förderung des vegetativen Wachstums (Trieb und Blattbildung)	1. schwacher Wuchs 2. blassgrüne Blätter 3. Chlorose der älteren Blätter (Abb. 129 + 130)	1. große, schwarzgrüne Blätter 2. weiches Pflanzengewebe, Pflanze ist frost- und krankheitsanfällig 3. verzögerte Blüte
Phosphor = Phosphorum = P	1. Energieüberträger beim Aufbau von Kohlenhydraten und Eiweiß 2. Wichtiger Baustein von Eiweiß, auch im Zellkern (DNA) 3. Vermehrungsorgane (Blüte, Frucht, Samen) sind P-reich	1. schwacher Wuchs 2. Blätter rötlich gefärbt und starr 3. Absterben älterer Blätter 4. verzögerte Blüte 5. schlechte Wurzelentwicklung (Abb. 129)	selten
Kalium = Kalium = K	1. Förderung der Gewebefestigkeit und Erhöhung der Widerstandskraft gegen Frost und Schädlingsbefall 2. Förderung der Wasseraufnahme aus dem Boden 3. Förderung der Blattausfärbung, z. B. beim Croton	1. Pflanze welkt 2. Randnekrose älterer Blätter (Abb. 129 u. 138)	Wurzelverbrennungen bei starkem Überschuss
Kalzium = Calcium = Ca	1. Regelung der Nährstoffaufnahme und der Transpiration 2. Baustein der Zellwand 3. Regelung des Säuregrades (pH-Wert) im Boden 4. Förderung der Krümelstruktur des Bodens	1. schlechte Wurzelbildung 2. Absterben der Triebspitzen 3. Chlorose jüngerer Blätter	Hemmung der Aufnahme von Magnesium und Kalium und entsprechende Mangelsymptome
Magnesium = Magnesium = Mg	Baustein des Chlorophylls	Chlorose und Nekrose der Blattspreiten älterer Blätter, Blattadern bleiben grün (135)	selten
Schwefel = Sulphureum = S	Baustein von Eiweiß und anderen Pflanzeninhaltsstoffen	Chlorose jüngerer Blätter	–
Eisen = Ferrum = Fe	Beteiligung bei der Synthese des Chlorophylls	Chlorose bis Weißfärbung jüngerer Blätter, Blattadern anfänglich noch grün (Abb. 136)	–

Links und rechts oben, links mitte: Abb. 129.
Stickstoff-, Phosphor- und Kaliummangel an Ficus-Blättern.

Links und rechts unten Abb. 130.
Sáintpaúlia ‚Diana': Mit Stickstoffmangel und mit NPK-Düngung.

Abb. 131.
Stickstoffmangel an Cróton.

Abb. 132.
Überdüngung von Topfgerbera „Laila".

Abb. 133.
Bor-Überdüngung bei Anthúrium scherzeriánum.

Abb. 134.
Kaliummangel an Paphiopedílum (Venusschuh).

Pflanze macht es somit keinen Unterschied, woher die Nährionen stammen.

Organische und anorganische Dünger können auch gemischt verwendet werden. So ist z. B. in Oscorna Animalin N und P organisch gebunden und K liegt als Salz, also in mineralischer Form, vor.

Nach ihrer Nährelementzusammensetzung werden die Düngemittel auch in **Einnährstoffdünger** und **Volldünger** unterschieden, wobei für die Topfpflanzenpflege heute fast ausschließlich die letztgenannten verwendet werden. Einnährstoffdünger enthalten, wie der Name schon sagt, nur ein Nährelement, z. B. Knochenmehl (P organisch gebunden) oder Kalksalpeter (N anorganisch gebunden), und reichen daher als alleiniger Dünger nicht aus. Bei Volldüngern handelt es sich um eine Kombination aller für die Pflanze notwendigen Nährelemente in ausgewogener Zusammensetzung; daher sind sie sehr viel einfacher in der Handhabung als Einnährstoffdünger. Volldünger enthalten die Nährelemente überwiegend in anorganischer Form, es sind also meist Mischungen verschiedener Salze.

Außer in ihrer Zusammensetzung unterscheiden sich die Düngemittel in ihrer **Wirkgeschwindigkeit**. Wie eingangs erwähnt, wirken organische Dünger langsamer als anorganische, dafür aber über einen längeren Zeitraum. Sie stellen also eine Nährelementreserve dar. Um diese Dauerwirkung auch bei anorganischen Düngern zu erreichen, werden die Salze mit einer Kunststoffhülle umgeben, sodass der Auflösungsprozess erst nach und nach erfolgen kann.

Für den Zimmergärtner gibt es Düngestäbchen und ähnliche Produkte, bei denen die Nährelemente sich ebenfalls nur allmählich herauslösen. Alle Dünger mit längerer Wirkungszeit nennt man **Depotdünger**. Sie sind arbeitsparend, aber zum Teil recht teuer.

Abb. 137.
Manganmangel an Sinningia.

Abb. 138.
Fe-Mangel an Pelargonien.

Abb. 135.
Kupfermangel an Phalaenopsis.

Abb. 136.
Kalimangel an Sáintpaúlia.

Abb. 139.
Fe-Mangel an Hortensie.

Abb. 140.
Kalimangel an Anthúrium scherzerianum.

Für den Laien empfiehlt sich die Unterscheidung der Düngemittel nach ihrer Eignung für bestimmte Pflanzengruppen. Üblicherweise wird die Einteilung nach Eignung für **Grünpflanzen, Blütenpflanzen, Kakteen** und **andere Sukkulenten** vorgenommen. Daneben gibt es noch eine ganze Reihe von Spezialdüngern. Um den Ansprüchen der genannten Pflanzengruppen gerecht zu werden, unterscheiden sie sich in ihrer Nährelementzusammensetzung. Es ist deshalb wichtig, dass wenigstens die Hauptnährelemente Stickstoff, Phosphor und Kalium in Prozenten auf der Packung angegeben sind. Dabei wird immer die Reihenfolge N: P: K eingehalten.

Dünger für Grünpflanzen, bei denen das Blatt- und Triebwachstum gefördert werden soll, enthalten ein geringes Übergewicht an Stickstoff (z. B. 7: 4: 6) oder Stickstoff und Kalium in gleicher Höhe (z. B. 14: 12: 14). Blühfördernd wirken Dünger mit steigendem Nährelementverhältnis wie 8: 12: 16. Kakteendünger ist niedriger konzentriert und enthält verhältnismäßig viel Kalium aber wenig Stickstoff (z. B. 3: 6: 10).

Welche Gesichtspunkte sind bei der Durchführung der Düngung zu beachten?

Wie vorab erläutert, ist das für die **Pflanzenart** entsprechende Düngemittel auszuwählen.

Der **Zeitraum**, in dem gedüngt wird, liegt für Grünpflanzen in der **Hauptwachstumszeit** von März bis Oktober. Blühende Pflanzen sind vor und während der Blüte zu düngen, bei Bedarf also auch im Winter, wobei die Düngergaben aber niedrig dosiert und in größeren Abständen erfolgen sollten. Pflanzen, die ihre **Ruhezeit** während des Sommers haben, dürfen dann natürlich nicht gedüngt werden. So hat z. B. *Hippeástrum* Ruhezeit von September bis November, *Caméllia* von August bis September und die *Zantedéschia* von Mai bis Juli. Eine Pflanze, die gerade umgetopft wurde, sollte erst gedüngt werden, wenn sie neue Wurzeln gebildet hat, bzw. wenn die Nährelemente, die heute den meisten Industrieerden zugesetzt sind, verbraucht wurden; dies ist je nach Pflanzenart und Jahreszeit nach drei bis sechs Wochen der Fall.

Die **Dosierung** des Düngemittels wird heute sehr erleichtert, da auf den Packungen **Düngermengen** und **Zeitabstände** angegeben sind und für die Abmessung des Düngers meist ein Messbecher mitgeliefert wird. Generell gilt, dass lieber mit schwächerer Konzentration gedüngt werden sollte und dafür öfter, als selten mit höherer Konzentration. Die Gefahr der Überdüngung wäre sonst sehr groß. Es darf niemals auf den trockenen Wurzelballen gedüngt werden, da sich so die Düngerlösung nicht mit dem Bodenwasser mischen und weiter verdünnen kann. Eine überdüngte Pflanze welkt und zeigt abgestorbene Wurzeln. Werden Düngestäbchen oder -kegel verwendet, richtet sich die benötigte Menge nach dem Durchmesser des Topfes. Soll der Florist, z. B. für eine Balkonkastenbepflanzung, das Substrat selbst mit einem Depotdünger versehen, so wird der Bedarf nach dem benötigten Erdvolumen bemessen. Für starkwüchsige Balkonpflanzen wäre z. B. eine Mischung aus 4 kg Hornspänen, 3 kg Knochenmehl und 2 kg Patentkali (anorganischer Zweinährelementdünger mit 10 % MgO und 30 % K_2O) pro m^3 Erde angemessen. Die Angaben auf den Düngerpackungen berücksichtigen leider nicht, dass die verschiedenen Pflanzenarten z. T. sehr unterschiedliche Nährelementmengen benötigen. Abweichend von den Durchschnittswerten werden **Schwachzehrer** und **Starkzehrer** unterschieden. Auch Jungpflanzen haben ein geringeres Nährelementbedürfnis als ältere Pflanzen.

Schwachzehrer (1–2 ml oder 0,5–1 g/Liter)

Anthúrium	*Rhododéndron*
Begónia	Bromelien
Eríca	Farne
Orchideen	*Prímula*

Starkzehrer (6–8 ml oder 3–4 g/Liter)

Aspáragus	*Dendránthema*
Hydrangéa	*Pelargónium*

!!!Merksätze
- Die für das Pflanzenwachstum nötigen Nährelemente werden in Haupt- und Spurennährelemente unterschieden. Beim Fehlen bestimmter Nährelemente treten oft charakteristische Mangelsymptome auf (vgl. Übersicht über die zu düngenden Hauptnährelemente).

- Pflanzen nehmen die Nährelemente in Ionenform auf. Bei Verwendung von organischem Dünger entstehen die Ionen durch Mineralisierung der organischen Substanz.
- Anorganische Dünger enthalten die Nährelemente bereits in pflanzenverfügbarer Form.
- Für die Düngung von Topfpflanzen werden meist Volldünger verwendet, die alle für die Pflanze notwendigen Nährelemente enthalten. Der Dünger sollte der Pflanzenart und ihren speziellen Nährelementbedürfnissen entsprechend ausgewählt werden.
- Bei der Anwendung des Düngers sollte der Zeitraum (Wachstums-/Ruhezeit) und die geeignete Dosierung (Stark-/Schwachzehrer) berücksichtigt werden.

??? Aufgaben

1. Düngen Sie einen Geldbaum oder eine ähnliche sukkulente Pflanze mit einem Grünpflanzendünger und beobachten Sie deren Wachstum in den folgenden Monaten.
2. Erklären Sie, warum Pflanzen welken, wenn sie stark überdüngt werden.
3. Erfassen Sie alle in Ihrem Betrieb vorhandenen Düngemittel in Form einer Tabelle. Notieren Sie jeweils %N, %P_2O_5, %K_2O, Spurennährelemente, Wirkungsdauer und sonstige besondere Eigenschaften.
4. Welche Mengen von Hornspänen, Knochenmehl und Patentkali mischen Sie in das Substrat für einen Pflanzenkasten von 1,2 m × 0,4 m × 0,5 m?

37 Standraum der Pflanze

Im Vergleich zu Freilandpflanzen steht Topfpflanzen nur ein verhältnismäßig kleiner Wurzelraum zur Verfügung. Die in einem Blumentopf enthaltene Erde muss deshalb von besonders guter Qualität sein, damit keine Pflanzenschäden auftreten. Einfache Garten- oder Ackererde erfüllt diese Anforderungen nicht.

Welche Qualitätsanforderungen muss eine Blumenerde erfüllen?

Zunächst einmal spricht man heute meist nicht mehr von Erden sondern von **Substraten,** wobei das Wort Substrat für alles verwendet wird, worin Pflanzen wurzeln können. Substrate werden heute in Tüten unterschiedlicher Verpackungsgrößen verkauft. Leider sind die Qualitätsunterschiede sehr groß und viele Substrate genügen den Qualitätsanforderungen nicht.

Ein gutes Substrat muss die Wurzeln gleichmäßig und ausreichend mit Luft, Wasser und Nährelementen versorgen sowie frei von Krankheitserregern sein. Ein Substrat besteht immer zu einem Teil aus fester Substanz, z. B. Torffasern, und dazwischen befindlichen Hohlräumen unterschiedlicher Größe. Die großen Bodenporen enthalten normalerweise Luft und leiten überschüssiges Wasser ab. Somit können sie den Wurzeln genügend Sauerstoff zur Wurzelatmung zur Verfügung stellen (s. Abb. 141). Manche Pflanzen, z. B. Orchideen, brauchen besonders viel Luft im Wurzelraum, was sich meist durch Beimengung gröberer Teilchen, z. B. durch Borkenstücke, erreichen lässt. Die kleinen Hohlräume im Boden dienen der Wasserspeicherung. Entscheidend ist ein ausgewogenes Verhältnis von **Grob- zu Feinporen,** damit ein Substrat ausreichend Luft und Wasser anbieten kann. Ferner soll diese **Porenverteilung** sich möglichst nicht ändern, denn durch Zersetzung der groben Teile würde der Anteil der Grobporen geringer und der Feinporenanteil stiege an. Dies bedeutet aber auch, dass der Luftgehalt im Substrat ab- und der Wassergehalt zunähme. Eine Vernässung und Wurzelfäule wäre die Folge. Ein Substrat, bei dem diese Veränderung nicht eintritt, bezeichnet man als **strukturstabil.** Gute Substrate vermögen Nährelemente zu speichern und

Tab. 50. Optimale pH-Werte für einige Topfpflanzen

pH-Wert

Pflanze	←3	4	5	6	7→
Aechméa				6,0–6,5	
Anthúrium			4,5–5,0	5,5–6,5	
Aspáragus				6,3–6,7	
Begónia-Elatior-Hybr.			5,0–5,5		
Caméllia			4,5–5,0		
Codiáeum				5,5–6,0	
Colúmnea				5,5–6,5	
Cýclamen				5,5–6,5	
Dieffenbáchia			5,0–6,0		
Eríca		4,0–5,0			
Euphórbia mílii				5,5–6,5	
Fícus				5,5–6,5	
Hédera				5,5–6,5	
Hibíscus				5,5–6,5	
Hydrangéa (blau)		4,0–4,5			
Hydrangéa (rot und weiß)				5,5–6,5	
Kalánchoe				5,5–6,5	
Nephrólepis				5,5–6,5	
Passiflóra				5,5–6,5	
Philodéndron				5,5–6,5	
Hatióra				5,5–6,5	
Rhododéndron		4,0–5,0			
Saintpáulia				5,5–6,5	
Schlumbérgera			5,0–6,0		
Stephanótis				5,5–6,0	
Zantedéschia				5,5–6,5	

bei Bedarf abzugeben. Dabei werden die Nährelemente aus dem Bodenwasser von den Bodenteilchen fest gehalten (Adsorption) und somit gegen Auswaschung geschützt. Bei einer Überdüngung werden die Salze gebunden und die Gefahr eines Schadens gemildert. Sinkt der Nährelementgehalt im Bodenwasser, werden die Nährelemente wieder abgegeben. Diese ausgleichende Eigenschaft des Substrates nennt man **Pufferung**. Besonders gute Pufferung zeigen Ton und Schwarztorf. Mit der Nährelementversorgung in Zusammenhang steht auch der **pH-Wert**. Der pH-Wert ist ein Maß für den Säuregrad des Bodens. Die Säurewirkung wird durch Wasserstoffionen verursacht, die entstehen, wenn sich eine Säure im Wasser löst. Diese Säuren bilden sich im Boden durch die Atmung der Pflanzenwurzeln (Kohlensäure) und die

Zersetzung organischer Substanz (Huminsäuren). Saure Böden haben einen niedrigen pH-Wert, bei pH-Wert 7 liegt der so genannte Neutralpunkt und einen pH-Wert über 7 haben alkalische Böden.

Der Säuregrad beeinflusst die Verfügbarkeit der Nährelemente im Boden. Die einzelnen Pflanzenarten sind nur in der Lage, in dem jeweils für sie günstigen pH-Bereich die im Boden vorhandenen Nährelemente aufzunehmen. Wird eine Pflanze zum Beispiel ständig mit kalkhaltigem Wasser gegossen, erhöht sich der pH-Wert allmählich und bestimmte Nährelemente werden im Boden zu stark gebunden und damit für die Pflanze wertlos. Dies führt zu Mangelerscheinungen. Allerdings reagieren nicht alle Pflanzen gleich empfindlich (Tabelle 50).

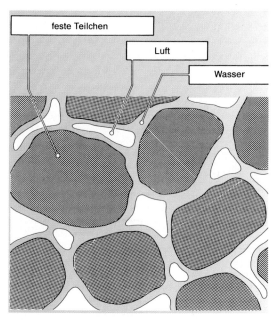

feste Teilchen

Luft

Wasser

Abb. 141.
Zwischen den festen Bodenbestandteilen befinden sich luftgefüllte
Grob- und wassergefüllte Feinporen.

Die Mehrzahl der Pflanzen benötigt ein leicht
saures Substrat, weshalb eine gute Blumenerde einen pH-Wert zwischen 5,0 und 6,5 aufweisen
sollte.

Wie misst man den pH-Wert?

Eine einfache Möglichkeit bietet zum Beispiel das
Hellige Pehameter (siehe Abbildung 142). Auf einer Platte befindet sich eine Mulde, in die eine
bestimmte Substratmenge hineingegeben wird.
Auf die Bodenprobe gibt man einige Tropfen einer Indikatorlösung, die je nach pH-Wert eine unterschiedliche Farbe annimmt. Durch leichtes
Schräghalten der Platte läuft die gefärbte Flüssigkeit aus der Bodenprobe heraus in eine Rinne.
Vergleicht man den Farbton mit der angegebenen
Skala, so kann man den zugehörigen pH-Wert
leicht ermitteln. Inzwischen sind auch preiswerte
batteriebetriebene Geräte mit Mess-Elektrode und
digitaler Anzeige auf dem Markt. Der pH-Wert
wird mit einer Messgenauigkeit von 0,1–0,2 pH
angezeigt.

Welche Industrieerden gibt es?

Da viele Pflanzen ähnliche Ansprüche an ihr Substrat stellen, lag es nahe, eine so genannte **Einheitserde** herzustellen. Ihre Entwicklung geht auf
Prof. Fruhstorfer zurück, weshalb diese Erde
auch Fruhstorfer Erde genannt wird. Sie besteht
zu 60 bis 70 % aus Weißtorf und zu 30 bis 40 %
aus Ton oder Untergrundlehm. Weißtorf ist die
oberste, jüngste und am wenigsten zersetzte
Schicht eines Hochmoores (s. Abb. 143) und gewährleistet trotz hoher Wasserspeicherfähigkeit
eine gute Belüftung der Wurzeln. Ton und Lehm
zeichnen sich durch eine gute Pufferfähigkeit aus.
Durch Zugabe von Kalk sind die Einheitserden
auf einen pH-Wert zwischen 5,6 und 6,5 eingestellt. Einheitserde wird auch in Kleinpackungen
ab 1,5 Liter angeboten (Tab. 51).
Der Einheitserde Werkverband e.V. bietet außerdem einige spezielle Aufbereitungen an, z. B.
Kakteenerde, Orchideenerde, Palmenerde, Bon-
sai-Erde und Wasserpflanzenerde. Neben den Einheitserden sind noch Substrate im Handel, die

Tab. 51. Einheitserden

	Eigenschaften	Verwendung
Einheitserde 0	außer Kalk keine Nährelemente	eigene Aufdün-gung für beson-dere Pflanzen
Einheitserde VM (Vermehrungs-erde)	sehr geringer Nährelementge-halt, viele Grob-poren	Aussaaten, Stecklinge
Einheitserde P (Pikiererde)	halber Nähr-elementgehalt	Pikierstand, Schwachzehrer, Topfen im Winter
Einheitserde T	voller Nähr-elementgehalt	Weiterkultur, Starkzehrer
Einheitserde ED 73	langsam wirken-der Depotdünger	wie EE T

nur aus Weißtorf mit entsprechenden Kalk- und Düngermengen bestehen. Sie nennen sich **Torfkultursubstrate (TKS)**. Da kein Lehm oder Ton enthalten ist, ist ihre Nährelementspeicher- und Pufferfähigkeit schlechter als bei Einheitserde, weshalb besonders sorgfältig dosiert gedüngt werden muss (Tab. 52).

TKS und andere sehr torfhaltige Substrate dürfen nie ganz austrocknen, da Torf sich anschließend kaum wieder benetzen lässt. Außerdem bindet Torf einen Teil des Wassers so fest, dass die Pflanzenwurzeln es nicht aufnehmen können. Folglich muss man nachgießen, wenn sich der Torf noch feucht anfühlt. Auch Torfkultursubstrate sind in Kleinpackungen erhältlich. Hochwertige Substrate werden z. B. zur Hälfte aus Weiß- und Schwarztorf und einem Zusatz von Hygromull gemischt. Schwarztorf ist älterer und daher stärker zersetzter Torf, der wegen seines geringeren Grobporenanteils weniger gut Luft speichert als Weißtorf. Dafür ist seine Pufferfähigkeit besser. Der Zusatz Hygromull ist ein Schaumstoff, der Wasser und Nährstoffe speichern kann und strukturstabilisierend wirkt.

Indikatorpapier ist zur Bestimmung der Bodenreaktion nicht geeignet. Brauchbar sind Indikatorstäbchen oder Flüssigindikator wie der Hellige-Pehameter.

Abb. 142. Das Hellige-Pehameter.

Tab. 52. Torfkultursubstrate

	Eigenschaften	Verwendung
TKS 1	niedriger Nähr-elementgehalt, für 4 bis 6 Wochen ausreichend	Aussaaten, Stecklinge, Schwachzehrer
TKS 2	hoher Nährele-mentgehalt, für bis zu 10 Wochen ausreichend	Weiterkultur

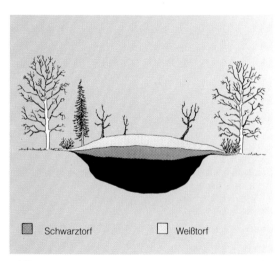

Schwarztorf   Weißtorf

Abb. 143.
Torfschichten in einem Hochmoor.

Ein anderer Zusatzstoff, der besonders für Pflanzen mit leicht faulenden Wurzeln geeignet ist, ist Styromull. Dies ist nichts anderes als zerkleinertes Styropor, das zur Lockerung der Substrate verwendet wird.

Der besseren Durchlüftung dienen ferner einige organische "Abfallprodukte". Reisspelzen sind sehr strukturstabil und sorgen für eine gute Durchwurzelung. Auch Kokosfasern und Flachsschäben (Holzteil der Flachspflanze) werden als

Beimengungen verwendet. Inzwischen sind auch Substrate ohne Torf auf dem Markt. Als Beispiel sei das "Ökosubstrat" genannt, das aus Grünkompost, Rindenhumus, Kokosfasern, Reisspelzen und organischen Düngern besteht. Es wird besonders für Balkonpflanzen empfohlen.

Außerdem sei noch das Sphagnummoos erwähnt, das sich zur Umhüllung der Wurzelballen beim Bepflanzen von Epiphytenstämmen bewährt hat und auch als Beimengung für Epiphytensubstrate Verwendung findet.

In welche Gefäße wird gepflanzt?

Für die Vermehrung von Pflanzen durch Stecklinge oder Samen werden Kunststoffschalen verwendet, die leicht sind und sich gut stapeln lassen. Für die Anzucht von Balkonpflanzen werden häufig Torfpresstöpfe in verschiedenen Formen oder Torfquelltöpfe verwendet. Nach dem Einpflanzen mit dem Torftopf wird dieser durchwurzelt und löst sich nach und nach auf. Sämlinge von Sommerblumen werden oft in Multitopfplatten pikiert. Diese bestehen aus einer Kunststoffplatte, in die topfförmige Vertiefungen eingepresst sind. Hat sich ein fester Wurzelballen gebildet, werden die Pflanzen vorsichtig entnommen und eingepflanzt. Das am häufigsten verwendete Gefäß ist der Blumentopf aus Kunststoff oder gebranntem Ton. Die Frage, welcher Topf der bessere ist, kann nicht so allgemein beantwortet werden. Brauchbar sind beide, wenn man die besonderen Eigenschaften des Materials berücksichtigt. Vielen Kunden ist der Tontopf sympathischer, wohl weil er »natürlicher« wirkt. Untersuchungen haben gezeigt, dass Kunststofftöpfe, die im Farbton dem braunen Ton entsprechen, gegenüber den schwarzen Töpfen vom Endverbraucher bevorzugt werden.

Vergleich von Ton- und Kunststofftopf

Die Wand des Tontopfes ist wasserdurchlässig, die von Kunststofftöpfen nicht. Pflanzen in Tontöpfen müssen daher etwas häufiger gegossen werden, was für viele Kunden jedoch kein Nachteil ist, denn meist wird ohnehin zu viel gegossen. In einem Kunststofftopf treten unter diesen Bedingungen schneller Pflanzenschäden auf. Kunden, die das Gießen öfter vergessen, sind hingegen mit einem Kunststofftopf besser beraten. Die Verdunstung des Wassers durch die Tontopfwand erzeugt Verdunstungskälte, sodass die Erde in einem Tontopf messbar kühler ist als in einem Kunststofftopf. Dieser Effekt ist bei Durchzug, z. B. wegen schlecht schließender Fenster, besonders ausgeprägt und bewirkt bei den Pflanzen ein schlechteres Wachstum.

Da die Tontopfwand der Erde Wasser entzieht, sollten neue Tontöpfe vor Gebrauch einige Zeit gewässert werden; sie sind also nicht gleich gebrauchsfertig.

Mit dem Wasser dringen auch Salze durch die Tontopfwand, die sich an der Außenseite als weiße Krusten absetzen, wodurch die Töpfe unansehnlich werden. Leider sind diese Ablagerungen auch nur schwer wieder zu entfernen. Ein Kunststofftopf zeigt Verschmutzungen dieser Art nicht und ist somit pflegeleichter.

Für hohe, schwere Pflanzen ist das größere Gewicht des Tontopfes von Vorteil, da sich die Standfestigkeit erhöht. Kunststofftöpfe haben im Vergleich zu Tontöpfen bei gleicher Höhe eine größere Standfläche, da sich die Form nach unten nicht so stark verjüngt. Der Nachteil der schlechteren Standfestigkeit auf Grund des geringeren Gewichtes wird hierdurch teilweise wieder ausgeglichen. Gleichzeitig ergibt sich durch diese Form ein etwas größeres Topfvolumen.

Handelsübliche Töpfe gibt es in Durchmessern von 3 bis 30 cm, wobei oben am inneren Topfrand gemessen wird. Die Höhe entspricht dem Durchmesser. Abweichend von diesen Maßen sind noch besonders tiefe Töpfe, z. B. für Palmen, und flachere Töpfe, z. B. für Kakteen, erhältlich. Kunststofftöpfe gibt es auch in eckiger Form und, wie oben erwähnt, in Brauntönen und Schwarz. Alle Töpfe haben mindestens ein Wasserabzugsloch; bei Kunststofftöpfen gibt es daher auch solche mit fest angebrachtem Untersetzer, die für Blumenampeln Verwendung finden.

Bepflanzt man Gefäße ohne Wasserabzugsloch, so sollte eine Dränageschicht eingebracht werden, um einer Vernässung vorzubeugen. Der Wasserstand kann mit einem Holzstab, der innerhalb eines Rohrstückes bis auf den Gefäßboden reicht, kontrolliert werden (vgl. Florist Band 1, Seite 221). Für Epiphyten haben sich würfelförmige Lattenkästchen aus Holz oder Kunststoff bewährt, da der Wurzelballen allseitig belüftet wird.

!!! Merksätze

- Ein gutes Substrat sollte ausreichend Wasser und Luft speichern, ein gutes Puffervermögen haben, strukturstabil und frei von Krankheitserregern sein.
- Der pH-Wert eines Substrates sollte der Pflanzenart angepasst sein, um die Nährstoffversorgung nicht zu beeinträchtigen. Der pH-Wert ändert sich mit der Zeit, z. B. steigt er bei der Verwendung von kalkhaltigem Gießwasser an.
- Die oben genannten Anforderungen erfüllen Einheitserden und Torfkultursubstrate. Einheitserden bestehen aus Weißtorf, Ton, Kalk und Dünger. Torfkultursubstrate enthalten die gleichen Bestandteile, aber keinen Ton.
- Die gebräuchlichsten Pflanzengefäße sind Ton- und Kunststofftöpfe, die beide bei entsprechender Handhabung den Pflanzen gute Lebensbedingungen bieten können.

??? Aufgaben

1. Topfen Sie Pflanzen gleicher Art in verschiedene handelsübliche Blumenerden ein und vergleichen Sie das Wachstum der Pflanzen. Achten Sie auch auf die Wasserspeicherfähigkeit der Erden.
2. Beobachten Sie den Wasserverbrauch von Pflanzen in Ton- und Kunststofftöpfen.
3. Vergleichen Sie Vor- und Nachteile von Untersetzern und den von vielen Kunden bevorzugten Übertöpfen.

38 Vermehrung und Aufzucht der Pflanzen

Will der Florist einem Kunden mit »grünem Daumen« gewachsen sein, der sich auch an schwierigere Kapitel der Pflanzenpflege heranwagt, so muss er über grundlegende Kenntnisse der Vermehrung und Aufzucht von Pflanzen verfügen. Besonders die Kunden, die Pflanzen als ihr Hobby betrachten, erwarten, im Floristen einen kompetenten Gesprächspartner zu finden.

Welche Arten der Pflanzenvermehrung gibt es?

Man unterscheidet die **generative** (= geschlechtliche) Vermehrung durch Samen bei Samenpflanzen oder durch Sporen bei Farnen und Moosen von der **vegetativen** (= ungeschlechtliche) Vermehrung durch Pflanzenteile. Der Florist bedient sich dabei vieler Methoden.

Formen der vegetativen Vermehrung
1. Entwicklung an der Mutterpflanze

Brutknospen: *Kalánchoë daigremontiána, Kalánchoë tubiflóra, Asplénium dimórphum, Tolmíea menziésii*
Brutknollen: *Freésia, Gladíolus, Crócus, Crocósmia*
Brutzwiebeln: *Túlipa, Narcíssus, Hyacínthus, Lílium, Hippeástrum*
Ausläufer: *Chloróphytum, Saxífraga stolonífera, Nephrólepis exaltáta*
Kindel: Bromelien, *Agáve*
Abmoosen: *Fícus, Dieffenbáchia, Cítrus*
Teilung: *Scírpus, Cypérus, Soleirólia, Ácorus, Aspáragus*

2. Entwicklung getrennt von der Mutterpflanze

Stecklinge: *Fúchsia, Pelargónium, Hédera, Hydrangéa, Apheládra, Saintpáulia, Sanseviéria*
Veredlung: *Rósa, Málus, Prúnus, Rhododéndron, Hibíscus, Caméllia*
Gewebekultur: *Pelargónium, Diánthus, Phalaenópsis, Dendránthema*

Wie geht man bei der generativen Vermehrung vor?

Viele Sommerblumen für Balkon und Garten, aber auch Topfpflanzen wie Mimosen, Passionsblumen, Kakteen oder sogar Bananen, lassen sich aus Samen vermehren.
Die Hauptaussaatzeit ist je nach Kulturdauer von Herbst bis Frühjahr. Seit einiger Zeit werden im Handel so genannte »Zimmergewächshäuser« angeboten, die aus einer Kunststoffschale mit glasklarer Abdeckhaube bestehen. Im Grunde ist als Aussaatgefäß jedoch jede beliebige Schale geeignet, die sauber und mindestens fünf cm hoch ist. Als Abdeckung können kleine Glasplatten verwendet werden; sie verhindern das Austrocknen der Samen. Das Substrat muss unbedingt keimfrei sein, weshalb sich die Verwendung von zum

Abb. 144.
Ausstreuen der Samenkörner und
gerade gekeimte Pflanzen.

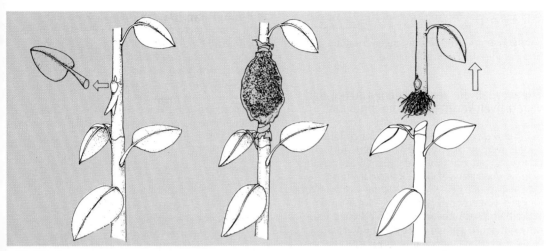

Abb. 146. Abmoosen.

Abb. 145. Die Sämlinge werden vorsichtig herausgehoben. Damit man sie einpflanzen kann, wird mit dem Pikierhölzchen ein Loch in das Substrat gebohrt.

Beispiel TKS 1 empfiehlt. Nachdem das Substrat in die Schale eingefüllt wurde, wird es leicht angedrückt, an den Rändern etwas kräftiger. Die Samen sollen möglichst gleichmäßig aufgestreut und anschließend mit einem kleinen Brett leicht angedrückt werden.

Bei einigen Zierpflanzen ist der Lichteinfluss für die Keimung von Bedeutung. Lichtkeimer, wie z. B. Kakteen, Bromelien, Pantoffelblumen und Petunien, keimen besser, wenn die Samen oben auf dem Substrat liegen. Die Samen von Dunkelkeimern, wie viele Zierspargel und das Alpenveilchen, übersiebt man mit einer dünnen Erdschicht. Die meisten Pflanzenarten keimen jedoch unabhängig vom Licht. Zum Schluss muss die Erde vorsichtig und gleichmäßig befeuchtet und gegen Austrocknung geschützt werden. Große Samenkörner kann man auch direkt in Torfquelltöpfe legen, die bei einigen »Zimmergewächshäusern« gleich mitgeliefert werden.

Die optimale Keimtemperatur ist je nach Pflanzenart unterschiedlich. Der Erfolg ist jedenfalls umso besser, je genauer man sich an die angegebene Temperatur hält.

Nach dem Auflaufen werden die Sämlinge aus der Aussaatschale pikiert (= vereinzelt). Man lockert die Wurzeln des Sämlings vorsichtig mit einem angespitzten Holz- oder Kunststoffstäbchen und hebt die Pflanze an den Blättern aus dem Substrat heraus. Mit Hilfe des Pikierstäbchens wird der Sämling in eine andere Schale oder einen kleinen

Topf umgesetzt (s. Abb. 144 und 145). Wartet
man mit dem Pikieren zu lange, werden die
Sämlinge auf Grund des zu engen Standes lang
und anfällig für Pilzkrankheiten.

Wie werden die verschiedenen Arten der vegetativen Vermehrung durchgeführt?

Bei Pflanzenarten, die von selbst Jungpflanzen
bilden, werden diese einfach von der Mutterpflanze abgetrennt und eingepflanzt. So verfährt
man bei **Ausläufern, Kindeln, Brutknospen** usw..
Das **Abmoosen** ist eine Methode, die sich zur Ver-
jüngung von zu groß gewordenen oder unten
verkahlten Gummibäumen und ähnlichen Pflanzen anbietet. Dazu wird der Trieb unterhalb des
Nodiums seitlich eingeschnitten. Damit die
Wunde nicht wieder zusammenwächst, wird ein
Steinchen eingeklemmt. Die Schnittstelle wird
mit feuchtem Sphagnummoos umwickelt, mit
einer Kunststofffolie umgeben und oben und
unten zugebunden. Wenn sich nach einigen
Wochen neue Wurzeln gebildet haben, wird der
Stamm unterhalb der Wurzeln abgetrennt und
eingepflanzt (siehe Abbildung 146).
Durch **Teilung** lassen sich die Pflanzen vermeh-
ren, die sich durch Neutriebbildung aus dem
Wurzelstock oder durch Rhizome ausbreiten.
Dazu werden die Mutterpflanzen mit den Händen oder einem Messer in Stücke zerlegt. Jedes
Teilstück muss mindestens noch eine Knospe haben.
Bei der **Stecklingsvermehrung** macht man sich die
Fähigkeit von Pflanzen zu Nutze, fehlende Organe neu zu bilden. Stecklinge werden mit einem
scharfen Messer sauber von der Mutterpflanze
abgetrennt. Der richtige Zeitpunkt für den
Schnitt richtet sich nach dem Reifegrad der Triebe. Ist das Gewebe noch zu weich, fault es leicht,
verholzte Triebe bewurzeln schlecht. Die Stecklinge werden in Kisten mit keimfreiem Substrat
gesteckt und warm bei hoher Luftfeuchtigkeit
aufgestellt. Haben sich die Pflanzen bewurzelt,
müssen sie durch häufigeres Lüften abgehärtet
werden.
Kopfstecklinge sind Triebspitzen mit zwei bis drei
Blattpaaren (zum Beispiel bei *Dendránthema,
Pelargónium, Hydrangéa, Fúchsia*).
Teilstecklinge sind Teilstücke von Trieben
(z. B. *Hédera, Colúmnea*).

In beiden Fällen schneidet man den Steckling
dicht unter einem Auge ab, ohne das Auge zu beschädigen. Durch die Verwendung von Bewur-
zelungshormonen als Puder, Paste oder in
flüssiger Form wird die Bewurzelung gefördert.
Bei Gliederkakteen verwendet man die einzelnen
Sprossglieder als Steckling.
Stammstecklinge sind kurze Stammstücke ohne
Blätter, die so geschnitten werden, dass jeweils in
der Mitte eine ruhende Knospe liegt. Geeignet ist

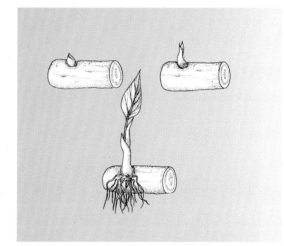

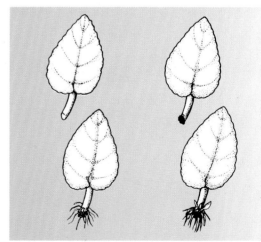

Abb. 147.
Oben: Stammsteckling.
Unten: Blattsteckling.

diese Methode zum Beispiel für *Mónstera, Dief-fenbáchia* und *Fícus.*

Blattstecklinge bestehen nur aus einem ausgereiften Blatt, das mit dem Blattstiel ins Substrat gesteckt wurde. Am unteren Stielende bilden sich Wurzeln und neue Pflanzen. Das Vermehrungsblatt stirbt ab (z. B. bei *Saintpáulia, Begónia, Peperómia*) (siehe Abb. 147).

Sogar **Blatteilstecklinge** genügen bei einigen Pflanzen zur Vermehrung. Man verwendet ent-weder Teilstücke von Blättern, die jeweils eine größere Blattader enthalten oder man legt das ganze Blatt auf das Substrat, beschwert es mit Steinchen und schneidet es in den Blattadern ein. An den Schnittstellen entwickeln sich Wurzeln und neue Pflanzen. Diese Methode ist bei *Begania*-Rex-Hybriden, *Streptocárpus*-Hybriden und *Sanseviéria trifasciáta* gebräuchlich (siehe Abbildung 148).

Die **Veredlung** ist eine Vermehrungsmethode, die

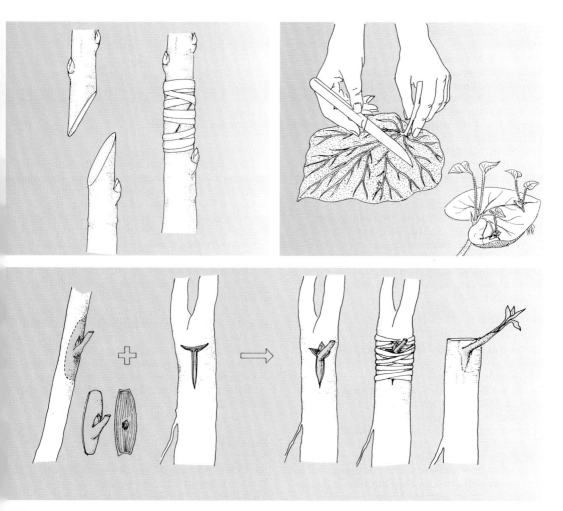

Abb. 149.
Oben links: Kopulation. Unten: Okulation.
Oben rechts: Abb. 148. Regeneration aus Teilen der Blattspreite (Rex-Begonie).

dem Fachmann vorbehalten bleiben sollte. Dabei wird auf eine Unterlagenpflanze, die die Wurzel und eventuell auch einen Stamm liefert, ein Sprossteil einer anderen Pflanze (Edelreis oder Edelauge) aufgebracht, sodass nach dem Verwachsen eine einzige Pflanze daraus wird. Zwei Beispiele zeigt Abbildung 149.

Bei der Okulation wird das Edelauge unter die T-förmig aufgeschnittene Rinde der Unterlagenpflanze geschoben (z. B. *Rósa*). Haben Unterlage und Edelreis etwa die gleiche Stärke, kann durch Kopulation veredelt werden. Dabei werden beide Teile schräg angeschnitten und die Schnittflächen aufeinandergefügt (z. B. *Prúnus, Rhododéndron*).

Bei einigen Kunden beliebt sind auch die gelben oder roten Formen einiger Kakteen, die wegen des fehlenden Blattgrüns allein nicht lebensfähig sind. Diese Kakteen werden auf einen anderen grünen Kaktus veredelt – man sagt auch aufgepfropft – und von diesem mitversorgt. Dazu wird der als Unterlage dienende Kaktus waagerecht abgeschnitten. Den Pfröpfling setzt man mit seiner Schnittfläche so auf, dass die Leitbündel beider Kakteen übereinander liegen. Mit einem Gummi wird der Pfröpfling leicht aufgedrückt, bis er mit der Unterlage verwachsen ist.

Die Gewebekultur ist nur in Spezialbetrieben durchführbar. Dabei werden teilungsfähige Zellen, z. B. aus der Sprossspitze, auf speziellen Nährböden zu neuen Pflanzen herangezogen. Dieses Verfahren ermöglicht die Anzucht von Pflanzen, die frei von Virus- oder Bakterienerkrankungen sind.

Welche Pflegemaßnahmen sollten das Heranwachsen der Pflanzen begleiten?

Das Umtopfen

Wenn der Wurzelballen dicht durchwurzelt ist, wird es Zeit, eine Pflanze umzutopfen, um ein gesundes Weiterwachsen zu gewährleisten. Aber auch wenn das Substrat stark verdichtet ist, die Wurzeln Fäulnis aufweisen oder auf der Substratoberfläche Kalk oder Algenablagerungen zu sehen sind, sollte man umtopfen. Die günstigste Zeit bei den meisten Pflanzen ist das zeitige Frühjahr, bevor die Vegetationsperiode beginnt. Die Pflanze wird vorsichtig aus dem alten Topf herausgelöst ohne die Wurzeln zu beschädigen, was am ehesten gelingt, wenn der Ballen gut durchfeuchtet

Abb. 150.
Erziehung eines Hochstämmchens.

ist. Bei großen Pflanzen kann es notwendig sein, mit einem Messer zwischen Ballen und Topfwand entlangzufahren oder den alten Topf zu zerschlagen. Die Regel, dass der neue Topf ein bis zwei Nummern größer sein soll als der alte, gilt so allgemein nicht. Vielmehr sollte man sich nach der Wachstumsgeschwindigkeit der Pflanzen richten. Vor dem Einpflanzen werden die Wurzeln kontrolliert. Verfaulte Wurzeln werden sauber abgeschnitten, ein stark verfilzter Ballen wird mit einem Stäbchen vorsichtig gelockert. Die anhaftende alte Erde sollte soweit es geht abgeklopft werden. Eine Dränageschicht ist in einem Gefäß mit Wasserabzugsloch bei den heutigen gut Luft führenden Substraten nicht mehr nötig. Der Ballen wird also von neuer Erde umgeben und angedrückt, wobei die Pflanze nicht tiefer als vorher eingepflanzt werden sollte. Nun gießt man die Pflanze an, ein Gießrand verhindert das Herausspülen der Erde.

Stutzen und Formieren

Nicht immer entspricht das natürliche Wachstum der Pflanzen unseren Vorstellungen oder den Platzverhältnissen, sodass wir mit bestimmten Maßnahmen in den Pflanzenwuchs eingreifen müssen.

Um **buschige Pflanzen** zu erzielen, werden die Triebspitzen kurz über einem Nodium abgeschnitten, ohne die Achselknospen zu beschädigen. Die Pflanzen treiben dann aus diesen Knospen aus, werden so voller und setzen auch mehr Blüten an. Haben sich im Winter auf Grund des Lichtmangels Triebe mit langen Internodien gebildet, so sollten auch diese zurückgeschnitten werden. Durch derartige Schnittmaßnahmen lassen sich auch zu groß gewordene Pflanzen noch einige Zeit in der Wohnung halten.

Will man **Hochstämmchen** selbst heranziehen, so lässt man die Pflanzen zunächst eintriebig nach oben wachsen, d. h. es werden alle am Hauptspross wachsenden Seitentriebe entfernt. Hat die Pflanze ihre endgültige Höhe erreicht, entfernt man die Triebspitze, um die Bildung einer Krone anzuregen. Die Krone muss durch jährliche Schnittmaßnahmen in Form gehalten werden (z. B. *Lāurus, Hibíscus, Mýrtus, Pelargónium*) (s. Abb. 150). **Rankende und kletternde Pflanzen** wie *Hóya, Philodéndron, Passiflóra, Jasmínum* können an Stäben, Gittern oder Drahtbügeln aufgebunden und so in Form gebracht werden. Stäbe, die mit Sphagnummoos umwickelt sind, eignen sich besonders für Pflanzen mit Kletter- oder Luftwurzeln, da sie in das Moos hineinwachsen. Von Zeit zu Zeit müssen die Pflanzen in Form geschnitten und neu aufgebunden werden.

!!! Merksätze

- Die Vermehrung der Pflanzen kann generativ oder vegetativ erfolgen. Zur vegetativen Vermehrung eignen sich von der Natur dafür geschaffene Organe wie Brutknospen, Ausläufer usw. oder abgetrennte Pflanzenteile.
- Samen brauchen zur Keimung Feuchtigkeit und eine angemessene Temperatur. Ferner reagieren die Samen einiger Pflanzenarten auf Licht oder Dunkelheit. Nach dem Auflaufen muss pikiert werden.
- Zur Stecklingsvermehrung eignen sich je nach Pflanzenart Teile der Triebe oder Blätter. Zur Bewurzelung ist hohe Luftfeuchtigkeit und Wärme nötig.
- Bei Bedarf muss eine Pflanze umgetopft werden. Die Wurzeln sollen dabei möglichst nicht beschädigt werden.
- Durch besondere Schnitt- und Stützmaßnahmen kann die Gestalt einer Pflanze gezielt beeinflusst werden.

??? Aufgaben

1. Vergleichen Sie die Vor- und Nachteile der vegetativen und generativen Vermehrung. Beachten Sie besonders die notwendige Kulturdauer und das Aussehen bzw. die Eigenschaften der »Nachkommen«.
2. Zum Umtopfen der Pflanzen ist ein besonders dafür hergerichteter Arbeitsplatz nötig. Beschreiben Sie:
   a) Was wird zum Umtopfen benötigt?
   b) Wie sollte der Arbeitsplatz eingerichtet sein?
3. Nennen Sie die in Ihrem Betrieb vorhandenen Materialien und Hilfen, die Sie einem Kunden zum Aufbinden einer Kletterpflanze anbieten können.

39 Steuerung der Blütezeit

Der Florist hat heute ganzjährig ein großes Pflanzensortiment für den Kunden im Angebot. Kalanchoe kann man ganzjährig bekommen und verkaufen, obwohl die Pflanze von Natur aus nur im Herbst blüht. Andere Pflanzen, wie z. B. der Weihnachtsstern, werden nur zu einer bestimmten Jahreszeit vom Kunden gewünscht. Wie schafft der Gärtner es, die Pflanze termingerecht verkaufsfertig zu haben? Bei einige Pflanzen ist es nötig, die Natur ein wenig zu überlisten, um eine Blütenbildung einzuleiten. Wie der Gärtner dies erreicht und wie man bei der Zimmerpflanzenpflege ähnliche Effekte erzielt, soll in diesem Kapitel erläutert werden.

Pflanzen müssen, um blühen zu können, erst eine gewisse Größe erreicht haben. Ein Sämling kann natürlich noch nicht zur Blüte gebracht werden. Wie groß oder alt eine Pflanze sein muss, ist stark von der Pflanzenart abhängig. Ananasgewächse müssen mehrere Jahre alt sein, einjährige Sommerblumen blühen schon nach wenigen Wochen. Vorausgesetzt eine Pflanze hat ihre Blühreife erreicht, sind Licht und Temperatur zwei wichtige, den Blühtermin beeinflussende Faktoren.

Welchen Einfluss hat das Licht?

Langtagpflanzen werden durch lange Tage und kurze Nächte im Sommer zur Blütenbildung angeregt (Induktion). Im Winter, wenn die Tage kurz sind, wachsen diese Pflanzen nur vegetativ (Tab. 53).
Kurztagpflanzen verhalten sich umgekehrt. Wenn im

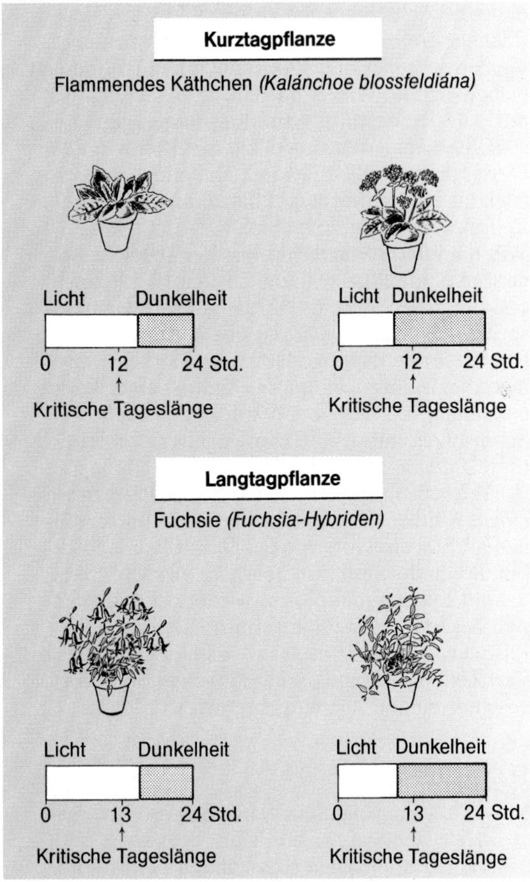

Abb. 151.
Das Verhalten von fotoperiodisch reagierenden Pflanzen im Lang- und Kurztag.

Tab. 53.	
Einige Beispiele für	
Kurztagpflanzen	**Langtagpflanzen**
Dentránthema-Grandiflorum-Hybr.	Campánula isophýlla
Kalánchoë blossfeldiána	Fúchsia-Hybr.
Euphórbia pulchérrima	Diánthus caryophýllus
Euphórbia fúlgens	Calceolária-Hybr.

Herbst die Tage kürzer und die Nächte länger werden, bilden sich nach einiger Zeit Knospen und Blüten, nachdem sie vorher im langen Tag nur vegetativ gewachsen sind. Diese Abhängigkeit der pflanzlichen Entwicklung von der Länge der täglichen Licht- und Dunkelperioden nennt man **Fotoperiodismus**.

Es reagieren jedoch nicht alle Pflanzen fotoperiodisch. Für viele Pflanzen gilt, dass sie blühen, sobald sie eine bestimmte Größe erreicht haben, vorausgesetzt, die sonstigen Wachstumsbedingungen entsprechen ihren Lebensbedürfnissen. Zu diesen tagneutralen Pflanzen zählen z. B. *Saint-*

páulia ionántha, Anthúrium-Scherzerianum-Hybriden und *Aphelándra squarrósa*.
Wie lang oder kurz die Tage sein müssen, damit eine fotoperiodisch reagierende Pflanze blüht, ist nach Planzenart und -sorte sehr verschieden und wird auch von der Temperatur beeinflusst. Die Grenze zwischen Kurz- und Langtag nennt man **kritische Tageslänge**. Die Kalanchoe hat eine kritische Tageslänge von etwa 12 Stunden. Da die Kalanchoe eine Kurztagpflanze ist, blüht sie, wenn sie weniger als 12 Stunden Licht pro Tag erhält. Die meisten Fuchsiensorten zählen zu den Langtagpflanzen. Bei einer kritischen Tageslände von 13 Stunden blühen sie also, wenn diese Grenze überschritten wird (s. Abb. 151).
Abhängig von der kritischen Tageslänge ist im Verlauf des Jahres der Zeitpunkt, an dem für eine Pflanze Kurz- und Langtagperioden beginnen oder enden, verschieden. Je niedriger die kritische Tageslänge liegt, desto später im Herbst fängt die Kurztagperiode an und desto eher im Frühjahr beginnt der Langtag.
Die Tageslängen schwanken mit den Jahreszeiten und in Abhängigkeit vom Breitengrad. Am Äquator ist der Tag von Sonnenauf- bis Sonnenuntergang 12 Stunden lang. Zu den Polen hin werden die jahreszeitlichen Schwankungen immer ausgeprägter. Am 21. Juni ist der längste Tag auf der Nordhalbkugel, und zwar ist es umso länger hell, je weiter nördlich wir uns befinden. Jenseits des Polarkreises herrscht Dauerlicht (s. Abb. 152). Will man versuchen, die unterschiedlich

reagierenden Pflanzen den verschiedenen Klimagebieten der Erde zuzuordnen, so lässt sich folgende Tendenz feststellen:
- In der Nähe des Äquators finden wir viele Kurztagpflanzen.
- Zu den Polen hin nehmen die Langtagpflanzen zu.
- In den dazwischenliegenden subtropischen und gemäßigten Klimagebieten existieren beide Typen nebeneinander.

Wie überlistet man die Natur?

Bei Kurztagpflanzen werden in Gärtnereien außerhalb des natürlichen Kurztages die Beete morgens und abends mit schwarzer Folie oder Tuch für einige Stunden abgedeckt, um den Pflanzen einen kürzeren Tag vorzutäuschen. Mit einer zusätzlichen Belichtung kann entsprechend ein Langtag erzeugt werden, um zum Beispiel Kalanchoe im Winter erst einmal vegetativ wachsen zu lassen, bevor sie Blüten ansetzen. Hat man eine Kurztagpflanze zu Hause und blüht sie auch im Herbst und Winter nicht, so kann dies an künstlichen Lichtquellen wie etwa Fernsehgerät, Lampen oder Straßenbeleuchtung liegen, denn um einen Langtageffekt zu erreichen, bedarf es keineswegs sehr großer Helligkeit. Sind diese Störlichtquellen nicht zu vermeiden, kann man zum Beispiel die Kalanchoe für 30 Tage jeweils von abends 17 Uhr bis morgens 8 Uhr mit einem Karton oder schwarzen Tuch abdecken und so zum Blütenansatz bringen.

Welchen Einfluss hat die Temperatur?

Anlage der Blütenknospen
Viele Pflanzenarten brauchen zur Anlage der Blütenknospen zeitweise niedrige Temperaturen. Werden sie bei ständig höheren Temperaturen gehalten, wachsen sie nur vegetativ. Auch hier müssen die Pflanzen erst ein bestimmtes Alter erreicht haben, bevor der Kältereiz wirksam werden kann. Klagen Kunden darüber, dass ihre Kakteen nicht blühen wollen, sollte man sich nach dem Standort der Pflanzen im Winter erkundigen. Für die meisten Kakteenarten sind zwei bis drei Monate bei 10 °C Voraussetzung, um Blüten ansetzen zu können.

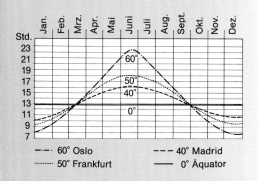

Abb. 152. Tageslängen einschließlich Dämmerung im Jahreslauf auf der Nordhalbkugel.

Austrieb der Knospen/Treiberei

Viele Pflanzenarten machen im Laufe ihrer Entwicklung bestimmte Ruheperioden durch. Sie dienen normalerweise zur Überdauerung ungünstiger Jahreszeiten, wie winterliche Kälte oder sommerliche Trockenheit. Vorher haben diese Pflanzen, z. B. Zwiebelgewächse und im Frühling blühende Gehölze, ihre Knospen aber schon angelegt, um nach der ungünstigen Periode schnell austreiben zu können. Während der Ruhephase laufen in der Pflanze Prozesse ab, die den inneren Wachstumswiderstand allmählich aufheben.

Bei unseren Frühlingsgehölzen ist diese innere Ruhe im Dezember schon beendet. Dass sie dennoch nicht austreiben, liegt an den ungünstigen Außenbedingungen im Winter; es handelt sich also um eine »Zwangsruhe«. In dieser Zeit ist es jedoch möglich, die Gehölze durch höhere Temperaturen zum Austrieb zu bringen und dadurch den Blühtermin zu verfrühen (z. B. *Prúnus, Syrínga, Forsýthia*). Auch der Brauch, dass man Gehölze, die Weihnachten blühen sollen, erst am Barbaratag, dem 4. Dezember schneiden soll, hat seine Begründung in der Wachstumsruhe der Gehölze. Erfahrungsgemäß ist es in unserem Klima bis zum 4. Dezember schon lange genug so kühl gewesen, dass der Wachstumswiderstand

gebrochen ist. Strebt man einen Blühtermin vor Weihnachten an, so müssen die Gehölze im Oktober geschnitten und kühl gelagert werden, um ihnen einen früheren Winter »vorzugaukeln«. Ähnlich verhält es sich mit Blumenzwiebeln. Nachdem die Zwiebeln im Freiland herangewachsen sind, werden sie bei unterschiedlichen Temperaturen, die von der Pflanzenart und dem angestrebten Blühtermin abhängen, gelagert. Während genau einzuhaltender Lagertemperaturen geht die Entwicklung innerhalb der Zwiebel weiter und der Austrieb wird vorbereitet. Durch diese besonderen Methoden können heute Zwiebelblumen schon Monate vor ihrem natürlichen Blühtermin angeboten werden.

Beeinflussung der Blüte durch chemische Mittel

Eine besondere Maßnahme zur Verfrühung der Blüte wird bei Bromelien angewendet. Viele Bromelien blühen von selbst erst, wenn sie schon recht alt und groß sind und auch nicht zu genau vorauszusehenden Terminen.

Um die Blüte zu steuern, verwenden die Gärtner an Stelle des inzwischen verbotenen Ethylengases (Explosionsgefahr!) Bromelien-Ethrel (CEPA) oder »BOH« (Bromblüte). Das Präparat löst die Blütenbildung aus. Am sichersten gelingt dies, wenn die Pflanzen ca. 10 Blätter haben und warm und hell stehen. Hat man zu Hause eine Bromelie durch Kindel vermehrt, kann man sich mit einem kleinen Trick helfen. Die fast ausgewachsene Pflanze wird mitsamt einiger reifer Äpfel oder Birnen für einige Tage in eine durchsichtige Kunststoffhülle gesteckt. Da das Obst auch blühförderndes Gas ausscheidet, kann man mit etwas Glück nach einem Vierteljahr eine blühende Pflanze haben (s. Abb. 153).

Abb. 153.
Das den Äpfeln entströmende Ethylengas kann bei Bromelien die Blütenbildung auslösen.

!!!**Merksätze**
- Die natürliche Blütezeit vieler Pflanzen kann durch Licht, Temperatur oder chemische Mittel beeinflusst werden.
- Langtagpflanzen blühen, wenn die Anzahl der täglichen Lichtstunden ihre kritische Tageslänge überschreitet. Bei Kurztagpflanzen muss die kritische Tageslänge unterschritten werden.

- Bei Kakteen ist zur Einleitung der Blüte eine Kühlperiode nötig. Der Austrieb der Blüten bei Frühlingsgehölzen kann nur erfolgen, wenn durch eine kühle Ruhephase der Wachstumswiderstand in der Pflanze abgebaut wurde.
- Die Blüte der Bromelien wird durch Ethylengas gefördert.

??? Aufgaben

1. Beschreiben Sie, wie man Blütengehölze in der Vase schon bis Weihnachten zur Blüte bringen kann.
2. Welche Ratschläge geben Sie einem Kunden, der Tulpen und Hyazinthen in Töpfen oder Gläsern in der Wohnung antreiben möchte? Informieren Sie sich darüber in Büchern über Zimmerpflanzenpflege.
3. Sammeln Sie Informationsmaterial zur Pflanzenpflege und werten Sie es aus, indem Sie die Blütezeit der wichtigsten Topfpflanzen in einer Übersicht zusammenstellen.

40 Hydrokultur

Die Hydrokultur wird häufig als Erfindung angesehen, die alle Probleme der Zimmerpflanzenpflege lösen kann. Diese, besonders unter Laien verbreitete Ansicht, führt daher leider oft zum Misserfolg. Eine Pflanze in Hydrokultur benötigt die gleichen Voraussetzungen zum Wachsen wie jede in Erde kultivierte Pflanze. Da man jedoch das Wasser- und Nährelementangebot optimieren kann, haben auch Leute ohne »Grünen Daumen« mit Hydrokulturpflanzen beachtliche Erfolge. Voraussetzung dafür ist eine gute Beratung des Kunden.

Was ist Hydrokultur?

Die Übersetzung des Wortes bedeutet »Wasserkultur«, häufig wird auch »erdelose Pflanzenkultur« gesagt. Die Pflanzen wachsen in Wasser, dem alle notwendigen Nährelemente zugesetzt werden. Das Substrat dient nur zur Verankerung der Pflanze und trägt nicht zu deren Ernährung bei. Schon seit über 200 Jahren kultiviert man Pflanzen in Nährlösung, aber erst in neuerer Zeit ist dieses Verfahren für jedermann anwendbar.

Wie funktioniert Hydrokultur?

Die Hydrokulturpflanze steht in einem Kulturtopf aus Kunststoff (s. Abb. 154), der im unteren Bereich mit großen Öffnungen versehen ist. Durch diese Öffnungen tritt die Nährlösung ein, bzw. wachsen die Wurzeln nach außen. Der Boden des Kulturtopfes hat eine Wölbung, in die eine Nährelementbatterie eingesetzt werden kann. Ferner befinden sich im Boden Schlitze, um Haltestäbe für kletternde Pflanzen befestigen zu können. Der Kulturtopf wird in das eigentliche Hydrokulturgefäß gestellt, das je nach Größe für Einzelpflanzen oder Pflanzenarrangements gedacht ist. Bei Großgefäßen werden die verschiedenen Kulturtöpfe, die alle die gleiche Höhe haben müssen, in das Substrat eingefüttert (s. Abb. 155).
Zur Kontrolle des Wasserstandes dient der Wasserstandsanzeiger, der bei Einzelpflanzen in einer speziellen Halterung an der Seite des Kulturtopfes befestigt wird, damit er senkrecht steht. Ein gut funktionierender Wasserstandsanzeiger ist

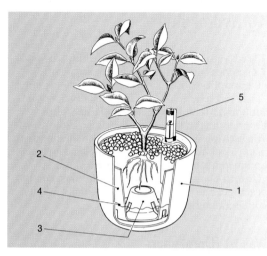

Abb. 154.
Pflanze in Hydrokultur. 1: Gefäß, 2: Kulturtopf, 3: Hohlraum für
Nährstoffbatterie, 4. Nährlösung, 5. Wasserstandsanzeiger.

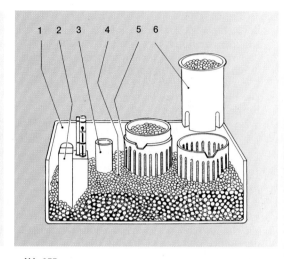

Abb. 155.
Hydrogefäß. 1: Gefäß, 2: Wasserstandsanzeiger mit Absaugrohr, 3:
Asthalter, 4: Blähton, 5: Aussparung, 6: Kulturtopf.

unbedingte Voraussetzung, wenn man keine Ent-
täuschung erleben will. Der Wasserstandsanzeiger
besteht unten aus einer undurchsichtigen Hülse
und oben aus einem durchsichtigen Schauglas mit
den Markierungen Min., Opt. und Max. In der
Hülse befindet sich der Anzeigestab mit
Schwimmer, der sich je nach Wasserstand auf
und ab bewegt. Fehlerhaft konstruierte Wasserstandsanzeiger klemmen oft, weil z. B. Wurzeln
in die unteren Öffnungen hineinwachsen oder der
Schwimmer ist zu schwer, sodass er nicht
genügend Auftrieb hat. Für Großgefäße gibt es
Wasserstandsanzeiger mit Sockel, damit sie
senkrecht stehen. An der Seite ist eine Öffnung
vorgesehen, durch die man die Nährlösung bei
Bedarf herauspumpen kann.

Welches Substrat wird verwendet?

Nachdem in der Vergangenheit mit verschiedenen
Materialien experimentiert wurde, wird heute fast
ausschließlich Blähton verwendet. Zur Herstellung wird der Ton in einem Ofen bei 1200 °C
gebrannt und dabei Pressluft eingeblasen. Ein
Blähtonkügelchen hat im Inneren eine poröse
Struktur, woraus sich sein relativ geringes Gewicht erklärt. Die Außenhaut ist rau aber

wasserdicht (s. Abb. 156). Die raue Oberfläche
sorgt für eine gute Kapillarwirkung, sodass das
Wasser im Substrat aufwärts zu den Wurzeln
wandern kann. Da Blähton ein anorganisches Material ist, kann es nicht faulen; eine unbedingte
Voraussetzung für ein Hydrokultursubstrat. Ferner ist Blähton frei von Krankheitserregern, hat
keine scharfen Kanten, die die Wurzeln verletzen
könnten und wird von den meisten Menschen als
ästhetisch ansprechend empfunden. Ein Problem
ist zuweilen, dass manche Blähtonherkünfte Salze
abgeben, die besonders empfindliche Pflanzen
schädigen können. Daher ist es ratsam, nur
speziellen für Hydrokultur gedachten Blähton und
nicht die Produkte aus dem Baustoffhandel zu
verwenden. Blähton gibt es in verschiedenen
Korngrößen. Die feinsten Körnungen von
2 bis 4 mm und von 4 bis 8 mm verwendet man
zur Jungpflanzenanzucht. Für Topfpflanzen
normaler Größe ist die Körnung von 8 bis 16 mm
gebräuchlich.

Welche Gefäße eignen sich für die
Hydrokultur?

Die Kulturtöpfe für Hydrokulturpflanzen sind in
der Höhe standardisiert. Für Großgefäße, die auf

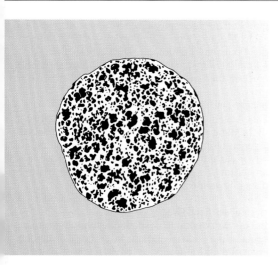

Abb. 156.
Stark vergrößerter Querschnitt
durch eine Blähtonkugel.

den Boden gestellt werden, muss die Höhe daher etwa 23 cm betragen. Bei kleineren Pflanzen, die auf Tischen oder Fensterbänken ihren Platz finden, sind Gefäßhöhen von 13 bis 15 cm oder 9 bis 10 cm gebräuchlich.

An Gefäßmaterialien ist alles geeignet, was folgende Anforderungen erfüllt. Das Gefäß muss absolut wasserdicht sein, was besonders bei manchen Keramikgefäßen, die nach längerem Gebrauch Haarrisse bekommen, nicht immer gegeben ist. Es muss lichtundurchlässig sein, da durch das Tageslicht die Algenbildung im Gefäß angeregt würde. Das Gefäß muss chemisch indifferent sein, d. h. es darf keine schädlichen Stoffe an die Nährlösung abgeben. Besonders bei billiger Keramikware aus südeuropäischen Ländern kommt es vor, dass sich Schwermetalle aus der Glasur lösen und den Pflanzen schaden. Erfüllt ein Material die Anforderungen, die in dieser Hinsicht an Ess- und Kochgeschirr gestellt werden, ist es auch für die Hydrokultur verwendbar. Standfestigkeit, Stabilität, Unempfindlichkeit gegenüber Reinigungsmitteln, Farbbeständigkeit und Bruchsicherheit besonders bei Großgefäßen sind weitere Anforderungen. Vor allem Kleingefäße sollten keine konische Form haben, da sonst das Wasserreservoir nicht ausreichend ist.

Die genannten Anforderungen erfüllen die vielfach verwendeten Kunststoffgefäße, die zudem preiswert, aber nicht jedermanns Geschmack sind. Gefäße aus Keramik erfreuen sich zunehmender Beliebtheit und werden von vielen Firmen angeboten. Weichkeramikarten müssen selbstverständlich fehlerfrei glasiert sein. Einige Hersteller bieten auch schon Hartkeramikgefäße aus Steinzeug oder Porzellan an. Weitere Materialien sind Holz, Kork, Korb, Marmor u. a. Steinarten, Metall, Sicherheitsglas oder Eternit, die aber alle nur mit Kunststoffeinsatz verwendbar sind, da sie die Anforderungen an Dichtigkeit, Lichtundurchlässigkeit oder chemische Indifferenz nicht erfüllen. Wofür man sich letztendlich entscheidet, richtet sich nach dem Geschmack, dem Einrichtungsstil, dem Verwendungszweck und dem Preis.

Welche Pflanzen gibt es in Hydrokultur?

Im Prinzip ist es möglich, jede Pflanze in Hydrokultur heranzuziehen. Hier seien nur einige Beispiele genannt.

Hohe Pflanzen: *Chamaedórea élegans, Fícus benjamína, Fícus lyráta, Mónstera deliciósa, Philodéndron erubéscens, Schéfflera arborícola, Yúcca gloriósa.*

Halbhohe Pflanzen: *Aglaonéma commutátum, Fátsia japónica, Codiaéum variegátum, Dieffenbáchia maculáta, Dracaéna dereménsis, Pandánus véitchii, Peperómia obtusifólia, Sansevíéria trifasciáta.*

Niedrige und rankende Pflanzen: *Císsus rhombifólia, Fícus púmila, Philodéndron scándens, Epiprémnum pinnátum, Syngónium wendlándii.*

Blühende Pflanzen: *Anthúrium-Andreanum-Hybr., Hibíscus rósa-sinénsis, Saintpáulia ionántha, Spathiphýllum wallísii, Aechméa fasciáta, Vríésea spléndens.*

Bei der Zusammenstellung der Bepflanzung müssen natürlich die gleichen gestalterischen und pflanzenpflegerischen Gesichtspunkte berücksichtigt werden, die bei einem Pflanzenarrangement in Erde selbstverständlich sein sollten.

Was ist bei der Pflege zu beachten?

Wasserstandshöhe

Der häufigste Fehler ist, dass der Wasserstandsanzeiger durch beinahe tägliches Nachfüllen des Wassers ständig auf Maximum gehalten wird. Schon nach kurzer Zeit sterben die Wurzeln infolge des Sauerstoffmangels ab und faulen. Viel gesünder für die Pflanzen ist es, nur bis zur Optimummarkierung aufzufüllen, den Wasserstand auf Minimum sinken zu lassen und erst nach zwei bis drei Tagen, bei Großgefäßen erst nach einer Woche, wieder nachzugießen. Denn auch wenn der Anzeiger auf Minimum steht, befindet sich noch eine ein bis zwei cm hohe Wasserschicht im Gefäß.

Wassertemperatur
Noch folgenschwerer als bei Erdpflanzen wirkt sich kaltes Wasser bei Hydrokultur aus, denn es wird ja immer eine relativ große Wassermenge auf einmal eingefüllt, sodass der Ballen kurzfristig stark abkühlen würde. Hier gilt also, dass unbedingt etwa 20 °C warmes Wasser zu verwenden ist.

Wasserhärte
Für Hydrokulturpflanzen ist hartes Wasser ebenso schädlich wie für Erdpflanzen, weshalb auch hier das Wasser enthärtet werden sollte. Sehr viel einfacher ist jedoch die Verwendung eines Ionenaustauscherdüngers.

Düngung mit einem Ionenaustauscherdünger
Ionenaustauscherdünger bestehen meist aus wasserunlöslichen Kunstharzkügelchen, die Nährelemente enthalten. Sie werden lose auf das Substrat gestreut und mit Wasser eingespült oder bei Kleingefäßen in einer Nährelementbatterie unter dem Kulturtopf befestigt. Kommen die Kügelchen ins Wasser, bindet der Ionenaustauscherdünger dort befindliche Salzionen und setzt dafür Nährionen frei. Das Wasser wird also enthärtet und mit Nährionen angereichert, weshalb hier kein enthärtetes Wasser verwendet werden darf. Die Nährionen werden von der Pflanzenwurzel aufgenommen. Im Gegenzug gibt die Pflanze z. B. Wasserstoffionen ab, die wiederum im Wasser für einen Austauschvorgang des Kunstharzkügelchens sorgen. Je stärker die Pflanze wächst, desto mehr Ionen gibt sie über die Wurzeln ab und ruft somit auch eine verstärkte Nährionenfreisetzung hervor. Die Pflanze beeinflusst somit aktiv ihr Nährelementangebot. Eine Überdüngung ist praktisch ausgeschlossen. Je nach Wachstumsgeschwindigkeit und Nährelementbedarf reicht

eine Portion Ionenaustauscherdünger für vier bis sechs Monate, wobei die Portionsgröße sich nach der Pflanzengröße richtet. Die verbrauchten Kunstharzkügelchen müssen nicht aus dem Gefäß entfernt werden.

Düngung mit Nährsalzen und Flüssigdüngern
Das Angebot an diesen Düngern ist reichhaltig, da beinahe jedes Hydrokulturunternehmen seinen eigenen Dünger anbietet. Hartes Wasser sollte zuvor enthärtet werden und die Dosierungsanweisung ist genau zu beachten, da eine Überdüngung sehr leicht möglich ist.

Wechsel der Nährlösung
Bei der Verwendung des Ionenaustauscherdüngers braucht die Nährlösung nur in großen Abständen, etwa einmal im Jahr oder seltener, gewechselt zu werden. Dies setzt allerdings voraus, dass das Hydrokulturgefäß nicht durch Getränkereste oder Zigarettenasche verunreinigt wurde. Werden Nährsalze oder Flüssigdünger eingesetzt, sollte alle zwei Monate die verbrauchte Nährlösung durch eine neue ersetzt werden. Bei Großgefäßen geschieht dies, indem man einen Schlauch durch das Absaugrohr neben dem Wasserstandsanzeiger einführt und die Nährlösung abpumpt.

Pflegedienst
Die genannten Pflegearbeiten, einschließlich Ausputzen, Rückschnitt und Pflanzenschutz, werden von vielen Hydrokulturgärtnereien und Fachgeschäften als Serviceleistungen angeboten. Wer als Florist solche Pflegemaßnahmen durchführt, sollte seine Kenntnisse weit über das hinaus, was in diesem Buch darstellbar ist, vertiefen.

!!! Merksätze
- Bei der Hydrokultur wachsen die Pflanzen in einer Nährlösung heran. Als haltgebendes Substrat wird fast ausschließlich Blähton verwendet.
- Die in einem Kulturtopf stehende Pflanze muss in ein wasserdichtes, chemisch neutrales und lichtundurchlässiges Gefäß eingesetzt werden.
- Der Wasserstand wird über einen Wasserstandsanzeiger kontrolliert.

- Bei der Pflege ist besonders auf die ausreichende Versorgung der Wurzeln mit Luft und auf die Wassertemperatur zu achten. Zur Wasserenthärtung und Düngung haben sich Ionenaustauscherdünger bewährt.
- Besonders bei Verunreinigungen muss die Nährlösung regelmäßig gewechselt werden.

???Aufgaben

1. Sammeln Sie Prospekte der Hydrokulturanbieter und werten Sie sie aus im Hinblick auf Gefäßmaterialien, -formen und -größen.
2. Vergleichen Sie Hydrokultur und Erdkultur. Welche Verkaufsargumente für Hydrokultur können Sie gegenüber einem Kunden anführen?
3. Entwerfen Sie zwei Bepflanzungsbeispiele für unterschiedliche Standorte von Hydrokulturgroßgefäßen. Machen Sie jeweils Vorgaben für Temperatur, Lichtverhältnisse und Einrichtungsstil des Raumes.

41 Bewässerungssysteme im Überblick

In den letzten Jahren hat es auf dem Sektor der Bewässerungssysteme für Pflanzen eine Fülle neuer Entwicklungen gegeben. Der in einem Blumengeschäft arbeitende Florist sollte in der Lage sein, auch über etwas kompliziertere Einrichtungen für die Blumenpflege Auskunft zu geben. Gerade beratungsintensive Bereiche bieten eine Möglichkeit, sich gegenüber weniger qualifizierten Anbietern hervorzuheben. Wenn der Florist das Geschäft mit den Bewässerungssystemen nicht macht, machen es Gartencenter und Heimwerkermärkte.

Welche Bewässerungssysteme gibt es?

Um durch das große Angebot der Bewässerungssysteme hindurchzufinden, bietet es sich an, die Systeme nach den zu Grunde liegenden Funktionsprinzipien zu gliedern. Die Ausführungen unterscheiden sich je nach Hersteller in Qualität, Komfort, Gestaltung und Vielfalt der Gefäße sowie natürlich im Preis.

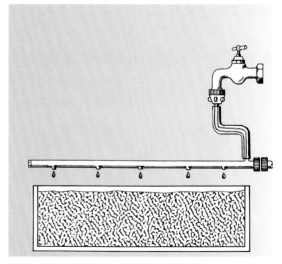

Abb. 157.
a. Bewässerung von oben. Tropfbewässerung passiv.

Soll ein Bewässerungssystem nachträglich installiert werden, so ist eine Bewässerung der Pflanzen von oben zweckmäßig, da die entsprechenden Vorrichtungen für alle Pflanzgefäße brauchbar sind.

Passive Tropfbewässerung (s. Abb. 157a)

Das Wasser wird vom Wasserhahn, an dem ein Druckminderer installiert ist, über einen Zuleitungsschlauch zu den Gefäßen geführt. Dort sind dünne Schläuche angeschlossen, die das Wasser auf die Gefäße verteilen. In den Schläuchen sind kleine Öffnungen, durch die das Wasser langsam heraustropft. Je nach Wasserbedarf der Pflanze und der Größe des Gefäßes müssen unterschiedlich viele Tropfstellen vorgesehen sein. Damit sich das Wasser gleichmäßig verteilt, soll das Gefäß waagerecht hängen oder stehen. Anhand der Bodenfeuchte ist über den Zeitpunkt und die Menge der Wassergabe zu entscheiden. Diese Vorrichtung erleichtert die Bewässerung von Hand und erspart das mühsame Tragen schwerer Gießkannen.

Aktive Tropfbewässerung (s. Abb. 157b)

Zur Grundausstattung gehören die gleichen Teile wie oben beschrieben. Zusätzlich ist eine Vorrichtung zur Automatisierung der Bewässerung erforderlich. Die einfachste Lösung bietet ein batteriebetriebener Bewässerungscomputer, der den Zeitpunkt und die Dauer der Bewässerung steuert. Problematisch ist dieses Verfahren, da auf unterschiedliche Witterungseinflüsse keine Rücksicht genommen werden kann. Genauer arbeitet die Anlage, wenn ein Feuchtesensor als Anhaltspunkt für die Wasserzufuhr dient. Elektronische Feuchtefühler ermitteln die elektrische Leitfähigkeit, ein Tensiometer misst die Saugspannung (= nötige Kraft, um dem Boden das Wasser zu entreißen) des Bodens. Die Feuchtefühler werden zwischen zwei Pflanzen in der Gefäßmitte in die Erde gesteckt, mindestens fünf cm von der nächsten Tropfstelle entfernt. In den ersten zwei Wochen wird mit der Gießkanne gegossen, bis das Substrat sich gesetzt und die Messgeräte dicht umschlossen hat. In der Nähe der Messgeräte sollten sich keine Düngerstäbchen befinden, da das Messergebnis vom Salzgehalt des Bodens abhängt. Werden mehrere Gefäße mit der gleichen Anlage bewässert, muss der Feuchtesensor in das Gefäß eingebracht werden, welches hinsichtlich des Wasserverbrauchs den Durchschnitt der Gefäße darstellt. Abweichungen im Wasserverbrauch müssen durch eine unterschiedliche Anzahl von Tropfstellen je Gefäß ausgeglichen werden. Ein Steuergerät fragt in regelmäßigen Abständen den Feuchtegehalt des Bodens ab und gibt die Daten

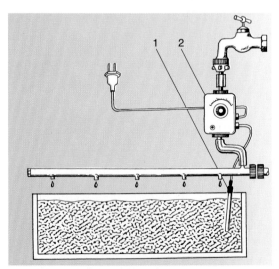

Abb. 157.
b. Tropfbewässerung aktiv. 1: Feuchtefühler, 2: Zeitschaltuhr.

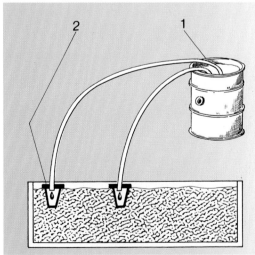

Abb. 157.
c. Ansaugbewässerung. 1: Wasserbehälter, 2: Holzkegel.

an den Bewässerungscomputer weiter. Wenn die Anlage sorgfältig eingestellt ist, kann sie die Bewässerung für lange Zeit übernehmen. Voraussetzung ist, dass Wasser- und Stromanschluss vorhanden sind.

Ansaugbewässerung (s. Abb. 157c)

Bei der Ansaugbewässerung werden Kegel aus Holz oder Ton in die Erde gesteckt, die über eine Leitung mit einem Wasserbehälter verbunden sind. Mittels der Kapillarkraft gelangt das Wasser in das Pflanzgefäß. Dieses Verfahren ist wenig aufwändig, aber nur für die kurzfristige Versorgung der Pflanzen geeignet. Bei längerem Gebrauch verstopfen Mikroorganismen die Leitung. Außerdem ist die Wasserversorgung nicht vom Bedarf der Pflanzen, sondern vom Standort des Wasserbehälters und von der Dicke der Zuleitung abhängig. Bei den folgenden Systemen ist der Wasservorrat fester Bestandteil des Gefäßes. Das Wasser wird von unten nach oben mittels der Kapillarkraft an die Wurzeln geleitet. Entscheidet man sich für ein bestimmtes System, ist man in Bezug auf die Gestaltung des Gefäßes an das Angebot des Herstellers gebunden. Es gibt jedoch inzwischen eine große Auswahl formschöner Pflanzgefäße sowohl für den Innenraum als auch für Balkon und Terrasse.

Ansaugsystem (s. Abb. 158a)

Zwischen Substrat und Wasservorratsraum befindet sich ein Zwischenboden, der mit einem verrottungsfesten aber wasserführenden Gewebe bespannt ist. Stücke des Gewebes hängen bis auf den Gefäßboden herab und leiten das Wasser in den Wurzelbereich. Der Wasserstand kann über ein Sichtfenster kontrolliert werden. Gegossen werden die Pflanzen über eine separate Einfüllvorrichtung. Ist der Wasserstand zu hoch, fließt überschüssiges Wasser aus dem Überlaufstutzen am Gefäßboden ab. Geeignet ist dieses System sowohl für Erdpflanzen als auch für Hydrokultur. Hydropflanzen sollten in ein gut wasserführendes, mineralisches Substrat eingesetzt werden.

Kammersystem (s. Abb. 158b)

Als Substratverdränger dient hier eine dem Boden aufliegende Schale, in deren Hohlraum sich der Wasservorrat befindet. Das Pflanzsubstrat reicht an mehreren Stellen bis auf den Gefäßboden, sodass das Wasser im Substrat aufsteigen kann. Da Substrat und Wasser hier in direktem Kontakt stehen, sollten die Pflanzen wegen der Vernässungsgefahr nicht in Erde, sondern in ein mineralisches Substrat eingefüttert werden. Auch dieses System besitzt einen Wasserstandsanzeiger sowie Überlauf- und Einfüllstutzen.

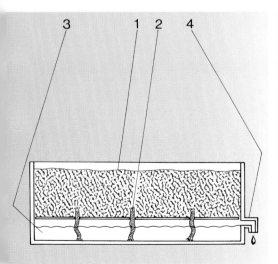

Abb. 158. a. Bewässerung von unten. Ansaugsystem.
1: Substrat, 2: Gewebe, 3: Wasservorrat, 4: Überlauf.

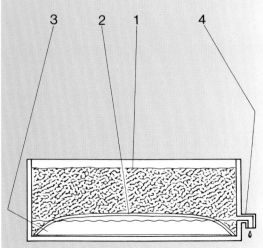

Abb. 158. b. Kammersystem. 1: Substrat,
2: Schale, 3: Wasservorrat, 4: Überlauf.

Schichtsystem (s. Abb. 158c)

Im unteren Bereich des Gefäßes befindet sich die wasserspeichernde Schicht bestehend aus Blähton oder Steinwolle, die etwa 4 cm über dem Wasserüberlauf endet. Zur Trennung zwischen Substrat und wasserspeichernder Schicht kann ein Trennvlies liegen. Als Substrat ist Erde geeignet, da der Wasserspiegel wegen der Lage des Überlaufstutzens nicht mit der Erde in Berührung kommt.

Einsenksystem (s. Abb. 158d)

Hydrokultur- oder Erdpflanzen werden in das Pflanzgefäß gesetzt und ganz in ein mineralisches Substrat eingefüttert. Für Hydrokulturpflanzen eignet sich Blähton, bei Erdpflanzen verfährt man wie beim Kammersystem. Überschüssiges Wasser läuft durch den Überlauf ab. Da hier ein mineralisches Pflanzsubstrat verwendet wird, ist keine Trennung der wasserspeichernden Schicht vom Wurzelraum mehr nötig. Pflanzt man in Blähton kultivierte Pflanzen, entspricht dieses System der im vorigen Kapitel erläuterten Hydrokultur.

Der Wasservorrat in den beschriebenen Gefäßen ist je nach Fabrikat und Gefäßgröße unterschiedlich und meist nicht zur Überbrückung einer längeren Pflegepause ausreichend. Bei Balkonkästen, die wegen des hohen Gewichtes meist keinen so großen Wasservorrat haben wie Standgefäße, kann bei heißer Witterung das Wasser schon nach zwei Tagen verbraucht sein. Möchte man eine wirkliche Langzeitbewässerung einrichten, so sollte man Gefäße wählen, die sich durch Öffnungen und Schläuche miteinander verbinden lassen. Der Gefäßverbund wird an die Wasserleitung angeschlossen. Ein Schwimmer (wie bei einer Toilettenspülung) reguliert die Höhe des Wasserstandes (s. Abb. 159).

Wonach richtet man sich bei der Auswahl der Bewässerungseinrichtung?

Zunächst einmal ist das angestrebte Ziel bedeutsam. Die langfristigste und zugleich bedarfsgerechte Bewässerung ist mit der über einen Feuchtefühler gesteuerten Tröpfchenbewässerung oder mit einem System mit Wasserbevorratung im Gefäß und Wasserzufuhr über Schwimmerregelung zu erreichen. Diese relativ aufwändigen und teuren Einrichtungen lohnen sich immer dann, wenn die Pflanzen oft und über einen längeren Zeitraum nicht betreut werden können. Sollen jeweils nur einige Tage ohne Pflege überdauert werden, sind alle Systeme mit Bewässerung von unten oder die Ansaugbewässerung über Ton- oder

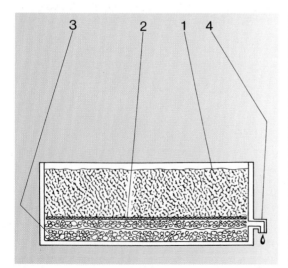

Abb. 158.
c. Schichtsystem. 1: Substrat, 2: Trennvlies, 3: Blähton, 4. Überlauf.

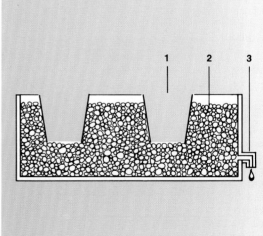

Abb. 158.
d. Einsenksystem. 1: Pflanzenballen, 2: Substrat, 3: Überlauf.

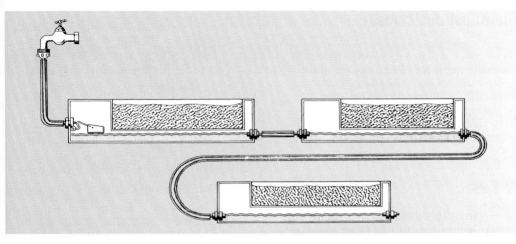

Abb. 159.
Automatische Bewässerung mit konstantem Wasserstand durch Schwimmerregulierung.

Holzkegel zu empfehlen. Bei den Bewässerungssystemen von unten ist zu bedenken, dass sie recht schwer und als Balkonkastenausführung nicht überall anzubringen sind. Am besten ist es, wenn sie in die Konstruktion der Balkonbrüstung gleich mit eingeplant werden. Möchte man sich lediglich die Handbewässerung erleichtern, genügt eine passive Tröpfchenbewässerung. Für diese und alle wirklichen Langzeitbewässerungen muss ein Wasseranschluss vorhanden sein. Letztlich ist für viele Kunden das Aussehen der Gefäße und der Preis ein entscheidendes Kriterium.

Womit düngt man bei diesen Bewässerungsvorrichtungen?

Wenn Erde als Substrat verwendet wird, können alle über einen längeren Zeitraum wirkenden organischen oder anorganischen Volldünger eingesetzt werden. Der Dünger wird in die Erde eingemischt. Bei den Bewässerungssystemen von unten ist auch der Gebrauch eines Ionenaustauscherdüngers möglich. Er funktioniert wie der Dünger Lewatit HD 5 für Hydrokultur. Das Nährelementangebot dieses Düngers ist besonders auf blühende Pflanzen abgestimmt. Stehen die Pflanzen in rein mineralischen Substraten, entspricht die Düngung der von Hydrokulturpflanzen.

!!!Merksätze

- Systeme mit Bewässerung von oben (Tropfbewässerung aktiv und passiv, Ansaugbewässerung) sind nachträglich in jedes Gefäß zu installieren. Für die Tropfbewässerung ist ein Wasseranschluss und ggf. auch ein Stromanschluss erforderlich.
- Für Systeme mit Bewässerung von unten (Ansaugsystem, Kammersystem, Schichtsystem, Einsenksystem) sind jeweils dafür vorgesehene Gefäße notwendig. Das Wasser steigt durch Kapillarkräfte über Saugdochte oder mineralische Substrate in den Wurzelbereich. Über Schwimmerregulierung ist eine Langzeitbewässerung möglich.
- Als Dünger sind Volldünger mit langanhaltender Wirkung geeignet.

???Aufgaben

1. Nennen Sie Systeme, die eher für Innenräume bzw. für Balkon oder Terrasse geeignet sind. Begründen Sie Ihre Entscheidung.
2. Sammeln Sie Prospektmaterial über Bewässerungssysteme und vergleichen Sie deren Angaben mit Ihren Unterrichtsaufzeichnungen. Ergänzen Sie ggf. Ihre Unterlagen.
3. Tauschen Sie Erfahrungen über die verschiedenen Systeme aus und vergleichen Sie Vor- und Nachteile der einzelnen Fabrikate.

42 Die Kunst des Bonsai

Eine besonders reizvolle Art sich mit Pflanzen
zu beschäftigen, ist die Pflege oder Aufzucht
von Bonsai. Jeder, der das Talent hat, »normale
Topfpflanzen« zu kultivieren, kann auch den
Umgang mit einem Bonsai lernen. Besonders für
Menschen, die wenig Platz für Pflanzen und auch
keinen Garten haben, kann ein Bonsai eine
Alternative sein.

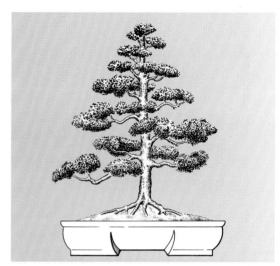

Was ist Bonsai?

Das Wort »Bonsai« bedeutet »Baum im Topf«.
Obwohl die Chinesen als erste die in der Natur
vorkommenden Zwergformen von Bäumen
entdeckten, waren es die Japaner, die die Bonsaikunst zu höchster Vollkommenheit entwickelten.
Die Kunst des Bonsai ist in der östlichen Religion
begründet. Der Mensch verehrt die Natur und
versteht sich als ein Bestandteil ihrer selbst. Der
Baum stellt dabei das Bindeglied zwischen
Himmel und Erde dar. In der Form eines Baumes
kann der Mensch Gefühle zum Ausdruck bringen.
So lässt z. B. ein geneigter oder kaskadenförmig
herabwachsender Baum das Gefühl der Trauer
oder ein streng aufrechter Baum das Gefühl
majestätischer Kraft Gestalt annehmen.
Vielfach wird in der westlichen Kultur die Bonsaikunst mit Misstrauen betrachtet – man hört zuweilen den Vorwurf, Bonsai sei die Verstümme-
lung der Natur, also etwas Gewalttätiges und Un-
natürliches. Dem muss jedoch entgegengehalten
werden, dass wir ja unseren Rasen, die Hecken
und Obstbäume auch ständig durch Schnitt in
eine bestimmte Form bringen und niemand findet
das verwerflich. Besonders zu betonen ist, dass
ein gut gepflegter Bonsai eine absolut gesunde
Pflanze ist – wie könnte er sonst so alt werden?
Nach dem Vorbild der Natur haben sich typische
Bonsaiformen entwickelt, von denen hier einige
dargestellt sind.

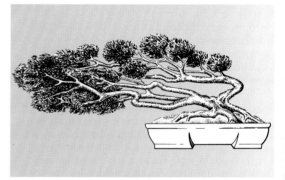

Bonsaiformen (s. Abb. 160)

Chokkan – streng aufrecht: An einem senkrecht
wachsenden Stamm, der im unteren Drittel un-
beastet ist, befinden sich nach allen Seiten gerichtete Äste. Der Aufbau des Baumes ist asym-

Abb. 160.
Bonsaiformen.
S. 268 oben: Chokkan, mitte: Fukinagashi, unten: Hokidachi
S. 269 links oben: Kabudachi, rechts oben: Moyogi; rechts mitte:
Sekijoju, links unten: Kengai, rechts unten: Shakan,
S. 270 oben: Yose-ue.

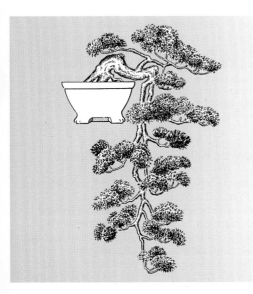

metrisch, da Gegenständigkeit der Äste vermieden wird. Der unterste Ast ist der größte. Die anderen Äste bilden den optischen Ausgleich.

Moyogi – frei aufrecht: Diese Form ist dem Chakkan ähnlich, der durchgehende Stamm zeigt jedoch Windungen, die zur Spitze hin kleiner werden. Die Spitze befindet sich senkrecht über dem Stammansatz und ist leicht auf den Betrachter zugeneigt.

Shakan – geneigte Form: Der Stamm neigt sich nach einer Seite, die Äste wachsen horizontal. Der größte freie Teil der Schale liegt in Neigungsrichtung. Der Wurzelansatz muss deutlich sichtbar sein, wobei die stärksten Wurzeln zur geneigten Seite weisen.

Fukinagashi – windgepeitschte Form: Ähnlich der geneigten Form, aber auch die Äste weisen in die Neigungsrichtung.

Kengai – Kaskadenform: Der Baum steht in einem hohen Gefäß und die Spitze weist weit hinab. Der Stamm ist locker gewunden und die Äste liegen waagerecht.

Hokidachi – Besenform: Der Baum zeigt eine ausgeprägte Krone, die durch Verzweigungen des Haupttriebes oder durch mehrere gleichwertige Äste gebildet wird. Die Proportion Krone zu Stamm beträgt 2:1.

Kabudachi – Mehrfachstamm: Aus einem Wurzelstock entspringen mehrere Stämme, wobei auf eine ungerade Anzahl von Stämmen zu achten ist.

Yose-ue – Waldform: Mehrere Bäume der gleichen Art werden zusammengepflanzt, wobei große vorn und kleinere hinten angeordnet werden, um eine perspektivische Wirkung zu erzielen. Kein Baum soll durch einen anderen verdeckt werden.

Sekijoju und Ishitsuki – Felsenform: Ein oder mehrere Bäume wachsen auf einem Felsen. Bei der Sekijoju-Form umwachsen die Wurzeln den Stein und erreichen das Erdreich, während sie bei der Ishitsuki-Form in einer Spalte oder Vertiefung des Steines Halt finden.

Welche Pflanzen eignen sich als Bonsai?

Eigentlich eignen sich alle einen verholzten Stamm bildenden Pflanzen, vorausgesetzt, die Blätter passen in ihrer Größe zur kleinen Gestalt des Baumes. Außerdem ist auf eine gewisse Robustheit gegenüber den anzuwendenden Kulturmaßnahmen besonders zu achten.

Bonsai werden sowohl aus Nadel- als auch aus Laubbäumen gezogen. Nadelbäume sind das ganze Jahr über grün, Laubbäume hingegen zeigen den Wechsel der Jahreszeiten, indem sie wie ihre großen Verwandten blühen, vielleicht Früchte tragen, uns mit buntem Herbstlaub erfreuen und dann ihre Blätter verlieren.

Ursprünglich wurden für Bonsai nur im Freiland wachsende Pflanzen gewählt. Hier in Europa führte dies in der Einführungsphase der Bonsai häufig zu Missverständnissen, da wir gewohnt sind, Pflanzen in Töpfen im Zimmer aufzustellen, was z. B. bei einem Ahorn natürlich nicht lange gut geht. Heute gibt es viele der uns bekannten Zimmerpflanzen aus tropischen und subtropischen Klimagebieten, die als Zimmerbonsai kultiviert werden. Die Frage, ob ein Kunde einen Zimmer- oder Freilandbonsai erwerben möchte, ist ein wichtiger Punkt in der Kundenberatung (Tab. 54).

In welche Gefäße pflanzt man Bonsai?

Die Bonsaischale darf in ihrer Wirkung nicht mit der Pflanze konkurrieren, vielmehr soll sie in der Form schlicht und in der Farbe zurückhaltend sein, damit ein harmonisches Gesamtbild entsteht. Je dicker der Stamm, desto tiefer muss die Schale sein, um optische Ausgewogenheit zu erreichen. Die Größe des Wurzelballens ist hier kein Auswahlkriterium für die Schalentiefe, da

Tab. 54. Geeignete Pflanzen für Bonsai

Beispiele für Freilandbonsai/Outdoor-Bonsai

Nadelbäume

Chamaecýparis obtúsa	Scheinzypresse
Cryptoméria japónica	Sicheltanne
Juníperus chinénsis	China-Wacholder
Picéa jezoénsis	Yedo-, Ajanfichte
Pínus parviflóra	Mädchenkiefer
Pínus thunbergiána	Japanische Schwarzkiefer

Laubgehölze

Ácer campéstre	Feldahorn
Ácer palmátum	Japanischer Fächerahorn
Cárpinus bétulus	Hainbuche
Choenoméles japónica	Japanische Zierquitte
Prúnus versch. Arten	Pflaume, Kirsche, Mandel
Zelkóva serráta	Zelkowe

Beispiele für Zimmerbonsai/Indoor-Bonsai

Acácia baileyána	Akazie
Callistémon citrínus	Schönfaden, Zylinderputzer
Cítrus aurantiifólia	Saure Limette
Fícus leprieúrii	Buchsbaumblättriger Gummibaum
Jacobínia pauciflóra	Jakobinie
Mýrtus commúnis	Myrte
Ólea europǽa	Ölbaum
Pittósporum tobíra	Klebsame
Púnica granátum	Granatapfel

In ovalen oder rechteckigen Schalen wird der Bonsai asymmetrisch platziert. Nach traditioneller Regel sollen die Farben von Blüten, Blättern und Schale nie gleich oder ähnlich sein. Bei dunklem Laub werden dunkle Schalen bevorzugt, Bonsai mit hellem Laub stehen meist in hellen Schalen. Die Farben Blau und Braun sind am weitesten verbreitet. Blau soll vielfach eine Vorstellung von Wasser vermitteln.

Welche Qualitätskriterien gibt es für Bonsai?

Wie für jedes Kunstwerk ist der materielle Wert eines Bonsai schwer abzuschätzen. Ein hochwertiger Bonsai, der ja auch eine Kapitalanlage sein kann, muss gewisse Kriterien erfüllen. Entscheidend ist das harmonische Gesamtbild von Baumkrone, Blattgröße, Stamm, Wurzelansatz und Schale und nicht etwa allein das Alter des Baumes. Das Alter des Baumes ist allerdings insofern von Bedeutung, als es jahrelanger Mühen bedarf, bis etwa eine bestimmte Baumgestalt vollendet ist und der Stamm eine angemessene Dicke erreicht hat. Natürlich sollte die Pflanze gesund, das Laub oder die Nadeln der Art entsprechend intensiv gefärbt sein. Schnittwunden sind bei einem gut gearbeiteten Bonsai sauber verheilt und daher kaum sichtbar. Bei gedrahteten Pflanzen darf der Draht nicht eingewachsen sein. Am Stammansatz sollen alle Bonsaiformen deutlich erkennbare und möglichst starke Wurzeln haben. Ob ein Bonsai gut bewurzelt ist, kann man nach seiner Standfestigkeit im Gefäß beurteilen. Die Gestaltung der Bodenoberfläche durch Moose oder kleine, bodendeckende Pflanzen erhöht den optischen Reiz der Gestaltung.

Wie pflegt man einen Bonsai?

Standort

Freilandbonsai stehen im Sommer draußen, an einem luftigen, halbschattigen Platz. Im Winter können sie an nicht allzu kalten Tagen an geschützter Stelle auch hinausgestellt werden, sicherer ist jedoch die Überwinterung an einem sehr hellen, luftigen Platz bei höchstens 10 °C. Für Zimmerbonsai gelten die gleichen Regeln wie für Topfpflanzen der entsprechenden Art. Ziel

der Ballen im Laufe der Zeit schrittweise reduziert wird.

Die gebräuchlichsten Formen sind rechteckige, quadratische, runde oder ovale Schalen. Füße unter der Schale sorgen für einen guten Wasserabzug, denn Bonsaischalen haben mindestens ein Wasserablaufloch (s. Abb. 161). Um bei Zimmerbonsai Beschädigungen der Möbel durch austretendes Wasser zu vermeiden, werden heute Schalen mit passendem Untersetzer hergestellt.

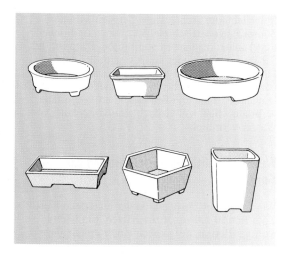

**Abb. 161.
Gefäße für Bonsai.**

soll es sein, die Wachstumsbedingungen dem Klima des Heimatstandortes möglichst anzugleichen. Zur Dekoration können jedoch Freilandbonsai für einige Stunden im Zimmer oder Zimmerbonsai an für das Wachstum zu dunklen Orten aufgestellt werden. Aus optischen Gründen sollte der Hinter- und Untergrund für jeden Bonsai schlicht und zurückhaltend sein. Spitzendeckchen und gemusterte Tapeten sind nicht der passende Rahmen für ein derartiges Kunstwerk.
Bei den folgenden Erläuterungen werden grundlegende Kenntnisse zur Pflanzenpflege vorausgesetzt. Es soll nur noch das aufgeführt werden, was als Besonderheit bei der Bonsaipflege anzusehen ist.

Das Gießen
Da ein Bonsai nur sehr wenig Erde zur Verfügung hat, ist das gespeicherte Wasser besonders im Sommer rasch verbraucht. Bonsaipflanzen müssen daher täglich einmal, im Sommer sogar zweimal kontrolliert und bei Bedarf gegossen werden. Da aus optischen Gründen der Gießrand höchstens 0,5 cm hoch ist, muss man vorsichtig vorgehen, um keine Erde herauszuspülen. Bonsaifreunde machen sich die Mühe, die Pflanzen häufig zu übersprühen und auch mit dem Zerstäuber zu gießen. Ist der Ballen schon sehr trocken, stellt man die Schale in ein Gefäß mit Wasser zum

Vollsaugen. Der Wasserspiegel im Gefäß darf dabei nicht höher stehen, als die Schale hoch ist, damit die Erde nicht herausgeschwemmt und die Bodengestaltung nicht zerstört wird.

Das Düngen
Die traditionellen Bonsaidünger sind organischer Herkunft, wie Blutmehl, Hornspäne und Knochenmehl, die beim jährlichen Umtopfen dem Substrat beigegeben werden. Da Bonsaierde wenig organische Substanz enthält, fördern diese Dünger das Bodenleben, was sich günstig auf die Wurzelentwicklung auswirkt. Man kann auch alle anorganischen Volldünger verwenden, die leicht N-betont zusammengesetzt sind. Da bei Bonsais ein langsames Wachstum angestrebt wird, ist die Hälfte der auf der Düngerpackung angegebenen Konzentration anzusetzen. Die Häufigkeit der Düngung richtet sich nach der Jahreszeit. Soll ein Freilandbonsai draußen überwintern, wird die Düngung im September gestoppt.

Das Umpflanzen
Als Substrat eignen sich die nährstoffarmen Varianten der Einheitserde oder des Torfkultursubstrates, vermischt mit 20 % Bimskies, feinem

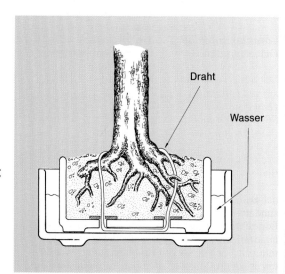

**Abb. 162.
Zur besseren Standfestigkeit kann der Baum mit einem Draht befestigt werden. Gewässert wird durch Einstellen in eine Schale mit Wasser.**

Blähton oder Sand. Es sind auch spezielle Bonsai-substrate erhältlich.

Bei noch wachsenden Bonsai wählt man eine zwei bis drei cm größere Schale, deren Wasserablauf-löcher mit Kunststoffnetzen bedeckt werden, da-mit die Erde nicht herausrieselt. Man nimmt den Bonsai aus der alten Schale heraus und lockert die Wurzeln vorsichtig mit einem Hölzchen. Abgestorbene Wurzeln werden entfernt und alle übrigen um ein Drittel gekürzt. Beim Einpflanzen sind sorgfältig alle Hohlräume zwischen den Wur-zeln mit Erde zu füllen. Der Stammansatz soll nicht mit Erde bedeckt werden. Falls der Baum nicht fest steht, kann er mit einem Draht, der vorsichtig über die Wurzeln am Stammansatz, durch den Ballen und die Ablauflöcher geleitet wird, befestigt werden (s. Abb. 162). Nach dem Angießen sollte der Baum für einige Zeit an geschützter Stelle platziert werden.

Das Bemoosen

Die ästhetische Wirkung kann durch eine Boden-gestaltung gesteigert werden. Für Freilandbonsai nimmt man feines Moos, trocknet es in der Sonne, reibt es durch ein Sieb und streut es auf der Erdoberfläche aus. Die in den Moosresten enthaltenen Sporen lassen bei regelmäßigem Besprühen bald schöne Moospolster entstehen.

Instandhaltungsschnitt

Damit der Baum seine Form und Proportion behält, muss er regelmäßig beschnitten werden. Der Neuaustrieb wird immer wieder auf ein bis zwei Nodien zurückgeschnitten. Bei Nadelgehöl-zen knipst man die Triebspitzen von Hand ab. Stehen die Blätter in einer ungünstigen Propor-tion zur Baumgröße, kann man die gerade aus-gewachsenen Blätter abschneiden. Nur die Blatt-stiele verbleiben am Baum. Bald fallen diese alten Blattstiele ab und es entwickeln sich neue, jedoch wesentlich kleinere Blätter. Eine solche Maß-nahme ist allerdings nur bei einem kräftigen, ge-sunden Bonsai ratsam.

Bonsai ist eine Kunst, weshalb es auch unmöglich ist, das Thema im Rahmen dieses Buches er-schöpfend zu behandeln. Wer sich für Bonsai in-teressiert, sie selbst heranziehen oder im Geschäft verkaufen möchte, sollte sein Wissen durch das Lesen von Fachliteratur vertiefen. Als Anhalts-punkte können dabei die Aufgaben am Ende dieses Kapitels dienen.

!!!Merksätze

- Bonsai ist die in China und Japan beheimatete Kunst, Bäume in Töpfen zu kultivieren, die er-heblich kleiner, aber in der Gestalt Abbilder ihrer in freier Natur wachsenden Artgenossen sind.
- Der Bonsaigestaltung liegen bestimmte traditionelle Formen zu Grunde, z. B. die frei aufrechte, die geneigte oder die windge-peitschte Form.
- Als Bonsai eignen sich alle verholzenden, stammbildenden Pflanzen, deren Laub der Baumgröße in der Proportion entspricht. Man unterscheidet Zimmer- und Freilandbonsai.
- Das wesentlichste Qualitätskriterium eines Bonsai ist sein ästhetisch ansprechendes Gesamtbild.
- Die Pflegemaßnahmen zielen auf ein lang-sames aber stetiges Wachstum, wobei hier bei ausgereiften Exemplaren nicht mehr das Längen-, sondern das Dickenwachstum gemeint ist.
- Durch regelmäßiges Beschneiden der Zweige und evtl. der Blätter müssen Form und Proportion bewahrt werden.

???Aufgaben

1. Informieren Sie sich in Fachbüchern über das, was man in der Bonsaikunst unter »Gestaltung durch Drahten« versteht. Wie führt man diese Maßnahme durch?
2. Erläutern Sie, auf welche Weise man Bon-saipflanzen vermehren kann (s. Kap. 38).
3. Informieren Sie sich über die verschiedenen Schnittmaßnahmen, durch die die unter-schiedlichen Baumformen zu erzielen sind.
4. Schauen Sie sich die im Handel befindlichen Bonsaiwerkzeuge an.
5. Kaufen Sie sich einen kleinen *Ficus benjamina* (nicht panaschiert!) und kultivieren Sie ihn zu einer Bonsaigestalt, z. B. zur Besenform.

43 Pflanzenschutz I
Krankheiten durch falsche Pflege

Welche Krankheitssymptome zeigen Pflanzen?

Jeder Pflanzenfreund hat das Ziel, wüchsige, reichblühende und kräftige Pflanzen zu haben. Treten Probleme auf erwartet er, im Fachgeschäft gut und sachkundig beraten zu werden.
Eine kranke Pflanze unterscheidet sich äußerlich von einer gesunden durch verschiedene Symptome (= Krankheitsbild, Schadbild). Auf Grund der Symptome kann man die mögliche Krankheitsursache bestimmen und Gegenmaßnahmen ergreifen. Je früher die richtige Diagnose gestellt wird, desto größer ist die Chance, die Pflanze zu retten.
Verfärbungen: Die häufigste Verfärbung ist die Chlorose, worunter man eine Vergilbung sonst grüner Pflanzenteile versteht. Manche Pflanzen reagieren bei Erkrankung auch mit einer Rotfärbung.
Absterbeerscheinungen: Bei nachlassendem Turgor in den Zellen tritt **Welke** ein. Blätter, Blüten und Triebspitzen hängen schlaff herab. Sterben die Zellen dann ab, ist dies äußerlich durch braune Verfärbungen erkennbar. Sind die abgestorbenen Bereiche klein und begrenzt, fasst man sie unter dem Begriff **Nekrose** zusammen. Erstreckt sich die Absterbeerscheinung auf große Teile, so bezeichnet man dies als **Fäule.** Je nach Beschaffenheit des Gewebes unterscheidet man Nass- bzw. Weichfäulen und Trocken- bzw. Hartfäulen.
Formveränderungen: Die an Zimmerpflanzen häufigsten Formveränderungen sind Kräuselungen von Blättern und Hemmung des allgemeinen Wachstums. Seltener treten Stauchungen und krankhafte Wucherungen auf.
Überzüge/Ablagerungen: Auf den oberirdischen Pflanzenteilen finden sich Ablagerungen verschiedenster Herkunft. Hierher gehören der Staub ebenso, wie Pilzrasen oder der Kot unterschiedlicher Pflanzenschädlinge. Auf der Oberfläche von Substraten entwickeln sich zuweilen Kalkausblühungen oder Algen.
Beschädigungen: Besonders die Fraßtätigkeit vieler Tiere führt zu Beschädigungen an Pflanzen. Aber auch mechanische Verletzungen, die beim unvorsichtigen Hantieren mit Pflanzen entstehen, verursachen Schäden. Die dabei hervorgerufenen Wunden dienen vielen Krankheitserregern als Eintrittspforte in das pflanzliche Gewebe.
Blattfall: Ursachen für das vorzeitige Abwerfen von Blättern sind Pflegefehler und Pilzinfektionen.
Durch welche Ursachen werden Pflanzenschäden hervorgerufen?
Die Vielzahl möglicher Schadursachen unterteilt man in **biotische** (= belebte) und **abiotische** (= unbelebte Faktoren).

Ursachen von Pflanzenschäden

biotische Faktoren	abiotische Faktoren
Schadtiere	Mangel oder Überschuss
– Insekten	eines Wachstumsfaktors
– Milben	– Licht
– Älchen	– Wasser
– Schnecken etc.	– Wärme
Krankheitserreger	– Luftfeuchte
– Pilze	– Nährstoffe
– Bakterien	Schadstoffe in Luft und
– Viren	Boden

Häufig findet man auch die Bezeichnungen »parasitär« für die biotischen und »nicht parasitär« für die abiotischen Schadursachen. Man drückt damit aus, dass Schadtiere und Krankheitserreger sich von anderen lebenden Organismen ernähren, also Parasiten sind. Bei den biotischen Schadursachen unterscheidet man zwischen den eigentlichen Krankheitserregern und den Schadtieren, die an den Pflanzen Beschädigungen hervorrufen. Fachleute schätzen, dass 80 % der Pflanzenschäden letztendlich abiotischen Ursprungs sind. In Bezug auf Zimmerpflanzen bedeutet dies, dass die Pflanzen »tot gepflegt« werden. Die entstehenden Pflanzenschäden sind in diesen Fällen zwar nicht ansteckend, aber sie sind oft die Ursache für das anschließende Auftreten von Krankheiten und Schadtieren. Durch falsche Pflege geschwächte Pflanzen werden leichter befallen als kräftige, gesunde Exemplare. Insofern ist eine gute und sachgemäße Pflege die beste Vorbeugung. Allerdings werden auch hervorragend gepflegte Pflanzen das Opfer von Schädlingen, die sich von dem Befall aber rasch wieder erholen, wenn man ihn rechtzeitig bemerkt und behandelt.

Welche Symptome zeigen falsch gepflegte Pflanzen?

Zu wenig Licht. Lange Internodien, kleine, helle Blätter (Geilwuchs), Verzögerung der Blütenbildung, mangelhafte Blütenbildung, bunte Blätter verblassen, neue Triebe und vorhandene Blätter panaschierter Pflanzen vergrünen, zum Beispiel bei *Dieffenbáchia.*

Zu viel Licht. Unregelmäßige helle, später nekrotisch werdende Blattflecken (Verbrennungen), Blütenstiele gestaucht (s. Abb. 171, S. 275).

Tageslänge durch Kunstlicht verlängert. Keine Blütenbildung bei Kurztagpflanzen (*Kalánchoë blossfeldiána, Euphórbia pulchérrima*).

Zu niedrige Temperatur. Kälteschäden (über 0 °C): Wachstumsstockungen und Welke durch gehemmte Wasser- und Nährstoffaufnahme, später werden die Triebe glasig und faulen. Frostschäden (unter 0 °C): Absterben durch Eisbildung in den Zellen. Krautige Pflanzen verfärben sich schwarz und faulen, holzige Pflanzen schrumpfen und es zeigen sich Frostrisse.

Zu hohe Temperatur. Verbrennungen bei gleichzeitig zu hoher Lichtintensität, braune Blattränder bei gleichzeitig trockener Luft durch starke Transpiration, Chlorose, Blatt- und Blütenabwurf bei gleichzeitig zu geringer Lichtintensität.

Stark schwankende Temperatur. Vertrocknen und Abfallen der Blütenknospen.

Zu viel Wasser. Welke, Chlorose, Blatt- und Knospenabwurf. Sauerstoffmangel im Wurzelbereich führt zu Fäulnis der Wurzeln und damit zur Behinderung der Wasser- und Nährstoffaufnahme.

Zu wenig Wasser. Welke, Abwurf der Blüten, Eintrocknen der Blätter.

Zu kaltes Wasser. Helle, unregelmäßige Blattflecken durch Zerstörung des Chlorophylls besonders bei *Gesneriáceae.*

Unregelmäßige Wassergaben. Gewebezerreißungen, Abknicken der Blüten bei *Dendránthema, Pelargónium* und *Hyacínthus* durch quer aufgerissenen Blütenstiel.

Zu wenig Luft. Luftmangel im Wurzelraum durch Staunässe führt zum Absterben der Wurzeln.

Zugluft. Blatt- und Blütenabwurf, Kümmerwuchs und Welke, da durch gesteigerte Transpiration die Wasserversorgung unzureichend sein kann. Braune Blattspitzen und -ränder durch starke Transpiration.

Verunreinigte Luft. Sehr plötzliches Eingehen der Pflanzen, vorher Blattaufhellungen, Blattflecken oder Vertrocknen der Blätter. Besonders schädlich sind Schwefeldioxid aus Ölöfen, Terpentin aus Farben, Pentachlorphenol aus Holzbehandlungsmitteln aber auch Ethylen aus Zigarettenrauch.

Zu hohe Luftfeuchtigkeit. Korkflecken auf Blättern und Stängeln (*Fícus, Pelargónium, Kalánchoë, Clívia*), Hemmung der Nährstoffaufnahme durch verminderte Transpiration.

Zu niedrige Luftfeuchtigkeit. Braune Blattränder und -spitzen, Einrollen der Blätter, Abwurf von Blättern und Blüten.

Zu viele Nährstoffe. Bei Luxuskonsum (= Aufnahme überschüssiger Nährstoffmengen, die nicht mehr durch ein verstärktes Pflanzenwachstum verbraucht werden können) weiches Gewebe und daher geringe Widerstandsfähigkeit gegen Krankheitserreger.

Bei plötzlicher Überdüngung Erhöhung des Salzgehaltes im Substrat, die Wasseraufnahme wird erschwert, die Wurzeln sterben ab (Verbrennungen), Welke, braune Blattränder. Überschuss einzelner Nährelemente blockiert die Aufnahme anderer Nährelemente, z. B. erschwert Kalküberschuss die Eisenaufnahme (Kalkchlorose bei hartem Wasser).

Zu wenig Nährstoffe. Wachstumsstockungen, Nährstoffmangelsymptome (s. Kap. A 36).

Beschädigte Wurzeln durch unsachgemäßes Umtopfen. Abwurf von Knospen, Welke und Blattabwurf bei gleichzeitig trockener Luft oder hoher Temperatur.

Falsches Substrat. Schlechte allgemeine Entwicklung, kein Wurzelwachstum, evtl. Nährstoffmangelsymptome.

Auf welche Weise diesen Schäden vorzubeugen ist, wurde in den Kapiteln über die Wachstumsfaktoren der Pflanzen ausführlich dargestellt (s. Kap. A 34 bis A 36).

!!!Merksätze
- Eine erkrankte Pflanze zeigt Krankheitssymptome wie z. B. Chlorosen, Welke, Fäulnis, Wucherungen, Blattfall.

- Die Ursachen können abiotischen (falsche Pflege) oder biotischen (Schadtiere, Krankheitserreger) Ursprungs sein.
- Eine unsachgemäße Pflege begünstigt den Befall der Pflanze mit parasitären Krankheitserregern.
- 80 % aller Pflanzenschäden sind auf falsche Pflege zurückzuführen.

???Aufgaben

1. Erklären Sie den Unterschied zwischen Chlorose und Nekrose.
2. Stellen Sie fest, bei welchen Pflanzen häufig Chlorosen auftreten und versuchen Sie, die Ursachen herauszufinden.
3. Nennen Sie Ursachen für folgende Symptome.
   a) Blätter von *Saintpaúlia ionántha* zeigen unregelmäßige, helle Flecken.
   b) Blätter von *Chloróphytum comósum* werden von der Spitze her braun.
   c) Eine *Dieffenbáchia maculáta* verliert von unten her die Blätter.
   d) Die oberen Blätter von *Hydrangéa macrophýlla* werden gelb.

44 Pflanzenschutz II
Schadtiere

Eine unvorstellbar große Zahl von Insekten und anderen kleinen Tieren bevölkert die freie Natur. Zum Glück sind nur relativ wenige davon für unsere Zimmer- und Balkonpflanzen eine Gefahr. Die Tiere schaden den Pflanzen, indem sie die verschiedenen Pflanzenteile anfressen oder an ihnen saugen. Durch Fraß geschädigte Pflanzen zeigen Beschädigungen, wie z. B. Löcher in den Blättern, während durch die Saugtätigkeit Verfärbungen und Formveränderungen auftreten. Ein schwacher Befall mit Schadtieren ist kaum sichtbar und bleibt oft unentdeckt. Tritt aber durch günstige Lebensbedingungen eine Massenvermehrung auf, kann dies schnell den Tod der Pflanze zur Folge haben. Neu eingekaufte Pflanzen sollten deshalb gründlich auf Schadtiere untersucht werden, denn Befallschäden sind nicht mehr rückgängig zu machen und mindern den Verkaufswert erheblich. In der Kundenberatung muss durch gezielte Analyse der Symptome festgestellt werden, um welchen Schädling es sich handelt.

In diesem Kapitel werden die häufigsten an Zimmerpflanzen anzutreffenden Schadtiere dargestellt. Die Bekämpfungsmaßnahmen sind auf den Seiten 290 bis 294 erläutert.

Blattläuse (s. Abb. 163a und 168)

Blattläuse sind 1 bis 3 mm große, sich träge bewegende Insekten, die an jungen Trieben, Knospen und auf der Unterseite von Blättern sitzen. In Deutschland gibt es 800 verschiedene Blattlausarten, wobei die grüne Pfirsichblattlaus am weitesten verbreitet ist. Andere Läusearten sind außer grün auch gelb, rötlich, braun, grau oder schwarz gefärbt. Mit ihren stechend-saugenden Mundwerkzeugen entziehen sie der Pflanze Zucker- und eiweißhaltigen Saft, wodurch die Pflanze geschwächt wird. Die besaugten Pflanzenteile werden chlorotisch und sterben bei starkem Befall ab. Der Speichel der Blattläuse enthält Giftstoffe, die besonders an jungen Blättern Blattkräuselungen und andere Missbildungen verursachen. Da der Pflanzensaft zwar viel Zucker aber nur wenig Eiweiß enthält, müssen die Läuse, um ihren Eiweißbedarf zu decken, eine große Menge Pflanzensaft zu sich nehmen. Der größte Teil des

Zuckersaftes wird dabei wieder ausgeschieden und überzieht die Blätter als eine klebrige, glänzende Schicht. Dieser Läusekot wird Honigtau genannt und dient Ameisen und Pilzen als Nahrung. Die sich auf dem Honigtau ansiedelnden Rußtaupilze sind ihrem Namen entsprechend schwarz gefärbt und schädigen die Pflanze indirekt, indem sie den Lichteinfall und damit die Fotosynthese behindern. Zudem sind mit Rußtau verunreinigte Pflanzen praktisch unverkäuflich. Blattläuse können auch Viren übertragen, die unheilbare Pflanzenkrankheiten hervorrufen. Ins Zimmer hinein gelangen Blattläuse mit dem Luftzug besonders im Frühjahr und Sommer. In der warmen Jahreszeit draußen und auch ganzjährig im Zimmer vermehren sich die Läuse, indem sie durch Jungfernzeugung, also ohne befruchtet zu sein, lebende weibliche Läuse gebären, die ihrerseits, je nach den Lebensbedingungen, in wenigen Wochen, manchmal schon nach 10 Tagen, selbst wieder vermehrungsfähig sind. Eine Blattlaus kann in ihrem Leben bis zu 150 Junge bekommen. Die meisten Blattläuse sind ungeflügelte Tiere, aber im Sommer werden auch einzelne Läuse mit Flügeln geboren, die dann für die Neubesiedlung weiterer Pflanzen sorgen. Zum Herbst hin kommen Männchen und befruchtungsbedürftige Weibchen zur Welt. Nach der Befruchtung legen die Weibchen Eier, die überwintern. Im Frühjahr schlüpfen aus diesen Eiern weibliche Läuse, die Stammmütter. Sie bringen durch Jungfernzeugung lebende, weibliche Junge zur Welt und die sommerliche Massenvermehrung beginnt von neuem. Trockene Luft und Wärme begünstigt ihre Entwicklung. Gefährdete Pflanzen: Krautige Pflanzen mit weichen Stängeln und Blättern sowie noch krautige Triebspitzen von verholzenden Pflanzen; z. B. *Dendránthema, Cýclamen, Diánthus, Euphórbia pulchérrima, Rósa, Impátiens, Éxacum.*

Schildläuse (s. Abb. 163 b und 170)
Ausgewachsene Schildläuse sind als 2 bis 5 mm lange, runde oder ovale Erhebungen auf Zweigen und Blättern erkennbar. Da ihre Ernährungsweise der der Blattläuse vergleichbar ist, sind auch die Schadsymptome sehr ähnlich. Ihre Honigtauproduktion ist sehr stark und wird häufig eher bemerkt als die Tiere selbst. Die weiblichen, erwachsenen Läuse sind unbeweglich, besitzen also keine Beine mehr und legen ihre Eier unter dem

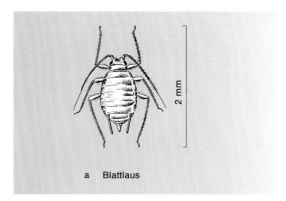

Abb. 163.
An Pflanzen parasitierende Läusearten. a Blattlaus

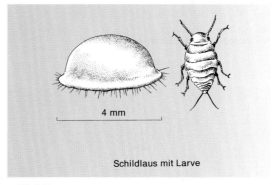

Abb. 163.
An Pflanzen parasitierende Läusearten. b Schildlaus mit Larve

wachsartigen Schild ab, der ihren Körper bedeckt. Aus den Eiern schlüpfen sehr kleine, hell gefärbte, bewegliche Larven, die über die Pflanze wandern oder sich mit dem Wind forttragen lassen, um sich einen neuen Futterplatz zu suchen, bevor sie sich festsetzen. Durch ihren Schild sind erwachsene Schildläuse sehr widerstandsfähig gegen Insektenbekämpfungsmittel. Die Vermehrung erfolgt bei den meisten Arten, wie bei den Blattläusen, ohne Befruchtung. Falls männliche Tiere vorkommen, haben diese Beine und ein Paar Flügel.
Gefährdete Pflanzen: Holzgewächse und immergrüne Pflanzen mit ledrigen Blättern; zum Beispiel *Laúrus, Phoénix* u. a. Palmen, *Nérium, Fícus, Caméllia, Aphelándra, Codiaéum, Schéfflera, Hédera, Asplénium* u. a. Farne.

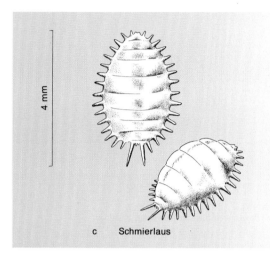

Abb. 163.
An Pflanzen parasitierende Läusearten. c Schmierlaus

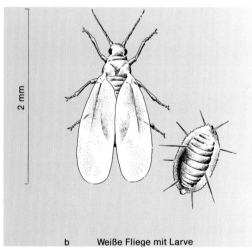

Abb. 163.
An Pflanzen parasitierende Läusearten. d Weiße Fliege mit Larve.

Schmierläuse/Wollläuse (siehe Abbildungen 163c und 167)

Schmierläuse sind nahe Verwandte der Schildläuse mit gleicher Ernährungs- und Vermehrungsweise. Allerdings haben sie keinen Schild, sondern sind von weißen Wachsfäden bedeckt, sodass sie das Aussehen kleiner Watteflusen haben. Sie be-

finden sich bevorzugt an Blattachseln und an der Unterseite von Blättern.
Gefährdete Pflanzen: siehe Schildläuse, weiterhin werden sukkulente Pflanzen befallen, zum Beispiel *Crássula, Echevéria,* Kakteen.

Mottenschildläuse/»Weiße Fliege« (siehe Abbildungen 163d und 169)

Mottenschildläuse haben als erwachsene Tiere große, mit weißem Wachsstaub bepuderte Flügel. Obwohl sie nur 2mm groß sind, erkennt man sie leicht daran. Da sie mit den Schildläusen verwandt sind, ist ihre Lebensweise ähnlich. Das Weibchen legt 100 bis 200 Eier auf die Blattunterseite. Daraus schlüpfen die Larven, die jungen Schildläusen ähneln und später auch unbeweglich sind. Nach der Verpuppung schlüpft das voll entwickelte Insekt.
Gefährdete Pflanzen: Blühende Pflanzen, die in Wintergärten, Gewächshäusern oder im Sommer im Freien stehen; zum Beispiel *Fúchsia, Pelargónium, Hibíscus, Impátiens, Euphórbia pulchérrima.*

Wurzelläuse

Zu den Wurzelläusen zählt man einige Blattlaus- und Schildlausarten, die an den Wurzeln der Pflanzen saugen. Oberirdisch ist dies durch Kümmerwuchs zu erkennen. Topft man die Pflanze aus, findet man an der Topfwand, den Wurzeln und am Wurzelhals kleine, weiße, wattebauschähnliche Tiere. Manchmal durchziehen ihre Wachsfäden das ganze Substrat. Sie breiten sich über das Substrat aus und befallen zahlreiche Pflanzenarten. Die Kaktuswurzellaus bevorzugt Wärme und trockenen Boden. Da diese Bedingungen bei sukkulenten Pflanzen meist erfüllt sind, vermehrt sie sich sehr rasch.
Gefährdete Pflanzen: zum Beispiel *Pelargónium, Saintpaúlia, Áloe, Crássula, Euphórbia,* Bromelien, Farne.

Gemeine Spinnmilbe/»Rote Spinne« (siehe Abbildungen 164a und 166)

Spinnmilben sind so klein (0,1 bis 0,7 mm), dass sie oft nur mit einer Lupe zu sehen sind. Sie gehören nicht zu den Insekten, sondern zu den Spinnentieren und haben wie diese acht Beine. Sie sind nicht unbedingt rot gefärbt, wie ihr umgangssprachlicher Name vermuten ließe. Je nach Nahrungsangebot sind sie auch gelb, grün oder

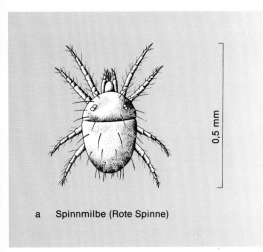

a Spinnmilbe (Rote Spinne)

0,5 mm

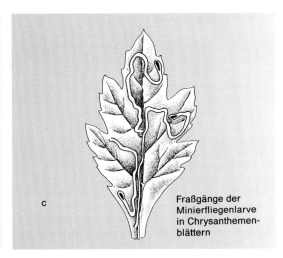

c

Fraßgänge der
Minierfliegenlarve
in Chrysanthemen-
blättern

Abb. 164.
a Spinnmilbe (Rote Spinne), b Blasenfuß, c Fraßgänge der Minierfliegenlarve in Chrysanthemenblättern, d Trauermücke mit Larve.

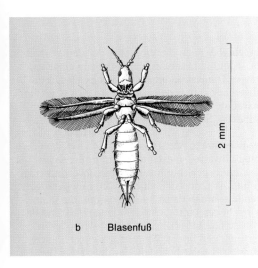

2 mm

b   Blasenfuß

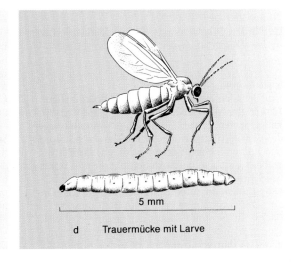

5 mm

d   Trauermücke mit Larve

bräunlich. Die Milben stechen die Epidermiszellen an und saugen deren Inhalt aus. Dadurch entstehen sehr kleine, helle Punkte auf den Blättern. Bei starkem Befall wird das ganze Blatt gelb und vertrocknet, da die zerstörte Epidermis keinen Verdunstungsschutz mehr bietet.
Dauert der Befall schon länger an, sind die Blattunterseiten und Blattachseln mit feinen Spinnweben bedeckt, in denen sich die Tiere aufhalten.

Die Gespinste dienen den Tieren als Schutz und erleichtern ihnen die Verbreitung mit Hilfe von Luftströmungen. Die Vermehrung erfolgt über die Ablage sehr kleiner, weißer Eier auf der Blattunterseite und wird durch Wärme und Trockenheit begünstigt.
Gefährdete Pflanzen: zum Beispiel *Dieffenbáchia, Dracaéna, Fátsia, Hédera, Fatshédera, Impátiens, Polýscias, Sparmánnia, Hibíscus, Cypérus.*

Thripse/Blasenfüße (s. Abb. 164b u. 173)

Thripse sind 1 bis 2 mm lange, schlanke Insekten, die an ihren sechs Beinen Haftblasen tragen. Die Larven sind gelblich-weiß und ungeflügelt. Meist befinden sie sich in kleinen Gruppen auf der Blattunterseite. Die erwachsenen Tiere haben eine schwarz-weiße Körperzeichnung und vier fransige Flügel, mit denen sie von einer Pflanze zur nächsten fliegen. Außer den Tieren findet man auch gut erkennbare schwarze Kottröpfchen auf den Blättern. Thripse schaden den Pflanzen, indem sie die Epidermiszellen aussaugen.
In die leeren Zellen dringt Luft ein, auftreffende Lichtstrahlen werden reflektiert, sodass die besaugten Stellen hell und silbrig glänzend erscheinen. Schreitet der Befall fort, vergilben und vertrocknen die Blätter. Die Vermehrung erfolgt durch Eier, die vom Weibchen mit Hilfe eines Stachels in das Blattgewebe gelegt werden. Unter günstigen Bedingungen, d. h. bei Wärme und trockener Luft, z. B. in zentralgeheizten Zimmern, dauert ein Generationswechsel nur 20 bis 30 Tage.
Gefährdete Pflanzen: z. B. *Fícus, Codiǣum, Cordylíne, Dracǣna, Cypérus, Anthúrium, Cýclamen.*

Minierfliegen (s. Abb. 164c)

Der Schaden entsteht durch die kleinen, hellen Larven der Minierfliegen. Die erwachsenen, dunkel gefärbten, etwa 2,5 mm langen Insekten legen die Eier im Blattgewebe ab. Die daraus schlüpfenden Larven fressen Gänge (= Minen) ins Blatt, wobei sie sich genau zwischen oberer und unterer Epidermis bewegen. Die Minen erscheinen als helle Linien, an deren Ende sich die Larve befindet. Die Verpuppung erfolgt im Blatt oder im Boden. Im Sommer dauert der gesamte Entwicklungsgang nur 30 Tage. Bei starkem Befall können die Pflanzen absterben, da sie nicht mehr genügend assimilationsfähige Blattfläche besitzen.
Gefährdete Pflanzen: z. B. *Dendránthema, Argyránthemum, Leucánthemum, Senecio.*

Trauermücken/Moos- oder Humusfliegen (s. Abb. 164d)

Trauermücken sind ca. 3 mm lange, schwarze Insekten, die feuchte, torfreiche Substrate für ihre Entwicklung benötigen. Aus den in die Erde abgelegten Eiern schlüpfen weiße Maden mit schwarzem Kopf, die bis 7 mm lang werden. Sie ernähren sich von Pflanzenresten, einige Arten

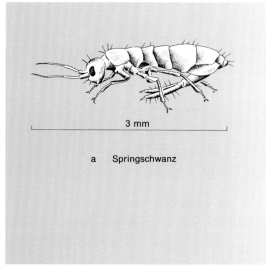

Abb. 165.
a Springschwanz.

befallen aber auch die Wurzeln oder den Wurzelhals, wodurch besonders Jungpflanzen eingehen können. Trauermücken sind ein Hinweis auf unsachgemäßes Gießen.
Gefährdete Pflanzen: z. B. Farnjungpflanzen, Orchideen, Sukkulenten.

Springschwänze (s. Abb. 165a)

Springschwänze sind 1 bis 4 mm große, weiß oder dunkel gefärbte Insekten, die im Erdreich leben und sich mit Hilfe einer Springgabel am Körperende charakteristisch fortbewegen. Sie können nur bei hoher Luftfeuchtigkeit leben und sind daher in zu feucht gehaltenen Substraten oder in Übertöpfen zu finden. Sie vermehren sich durch Eier. Meist ist der Schaden, der durch das Befressen der Wurzeln entsteht, nur gering. Lediglich bei Jungpflanzen, Knollen- und Zwiebelgewächsen kann eine Bekämpfung notwendig werden. Oft genügt es, die Pflanzen weniger zu gießen und ggf. in ein luftigeres Substrat umzutopfen.

Gefurchter Dickmaulrüssler (s. Abb.165b)

Der gefurchte Dickmaulrüssler ist ein bis zu 15 mm lang werdender, schwarzer Käfer, der nachts die Blätter der Pflanzen vom Rand her be-

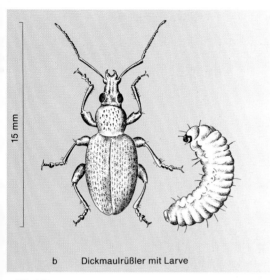

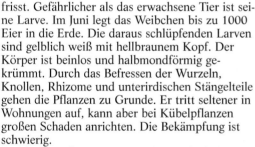

b   Dickmaulrüßler mit Larve

Abb. 165.
b Dickmaulrüssler mit Larve.

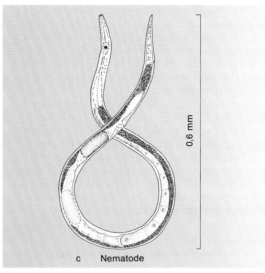

c   Nematode

Abb. 165.
c Nematode.

frisst. Gefährlicher als das erwachsene Tier ist seine Larve. Im Juni legt das Weibchen bis zu 1000 Eier in die Erde. Die daraus schlüpfenden Larven sind gelblich weiß mit hellbraunem Kopf. Der Körper ist beinlos und halbmondförmig gekrümmt. Durch das Befressen der Wurzeln, Knollen, Rhizome und unterirdischen Stängelteile gehen die Pflanzen zu Grunde. Er tritt seltener in Wohnungen auf, kann aber bei Kübelpflanzen großen Schaden anrichten. Die Bekämpfung ist schwierig.
Gefährdete Pflanzen: z.B. *Fúchsia, Rhododéndron, Sanseviéria, Cýclamen,* sukkulente Pflanzen.

Nematoden/Älchen (s. Abb.165 c)
Nematoden sind durchscheinende Fadenwürmer, die mit ihren wenigen Millimetern Länge mit bloßem Auge nicht zu sehen sind. Der Name Älchen bezieht sich auf ihren aalartigen Körperbau. Sie besitzen einen Mundstachel, mit dem sie das pflanzliche Gewebe anstechen und aussaugen. Das Gewebe stirbt ab und fault. Nematoden finden sich an Blättern, Stängeln und Wurzeln. Ihre Verbreitung erfolgt durch verseuchte Erde, Töpfe, Stecklinge, Knollen oder Wasserspritzer. Die Bekämpfung, besonders der im Boden lebenden

Älchen, ist wegen der hohen Giftigkeit der Mittel im Zimmer nicht möglich. Die Pflanzen sollten umgehend vernichtet werden. Achtung – nicht auf den Komposthaufen werfen!
Blattälchen wandern aus dem Boden an feuchten Pflanzen hinauf und dringen durch Spaltöffnungen oder Wunden in die Blätter ein. Dort erzeugen sie helle, später braun werdende Flecken, die von den Blattadern deutlich begrenzt sind, da die Älchen im Blattgewebe die dicken Blattadern nur schwer passieren können. Die Vermehrung erfolgt durch Eier. Gefährdete Pflanzen: z. B. *Bégonia, Dendránthema, Sinnígia* (s. Abb. 172 u. 175)

Stängelälchen leben ähnlich wie Blattälchen. Die Stängel der befallenen Pflanzen sind verkürzt und verwachsen, auch die Blätter sind missgestaltet. Gefährdete Pflanzen: zum Beispiel *Hydrangéa, Hyacínthus, Phlóx, Túlipa.*
Wurzelälchen schädigen das Wurzelgewebe durch ihre Saugtätigkeit. Da die Wasser- und Nährstoffaufnahme behindert ist, wachsen die Pflanzen schlecht oder gar nicht, später vertrocknen sie. Wurzelälchen können frei im Boden oder im Gewebe der Wurzeln leben. Einige Arten erzeugen Gallen, das sind Verdickungen der Wurzeln, in denen sich die Tiere oder deren Eier befinden.

Verfault die Wurzel, gelangen die Nachkommen
in den Boden. Bei anderen Arten findet man an
den Wurzeln stecknadelkopfgroße Kügelchen, so
genannte Zysten, die hell bis braun-rot gefärbt
sind. Es handelt sich dabei um den angeschwolle-
nen Hinterleib eines weiblichen Älchens, in dem
die Eier enthalten sind.

Gefährdete Pflanzen: zum Beispiel *Fícus, Begónia, Hóya, Cýclamen, Sinníngia, Saintpáulia,*
Kakteen. Diese Übersicht stellt eine Auswahl der
am häufigsten bei Zimmerpflanzen vorkommenden Schädlinge dar. Darüber hinaus findet man
v. a. an Freilandpflanzen noch eine Vielzahl anderer Schadtiere. Für eine umfassende Pflanzen-
schutzberatung wird das Studium weiterführen-
der Fachliteratur empfohlen.

Rechts oben: Abb. 166.
Durch Spinnmilben (Tetranychus urticae) stark geschädigte
Efeupflanze.
Rechts unten: Abb. 169.
Weiße Fliege (Trialeurodes vaporariorum) an der Unterseite eines
Poinsettienblattes.
Links unten: Abb. 170.
Schildläuse an einem Oleanderblatt; Honigtau und Rußtau.

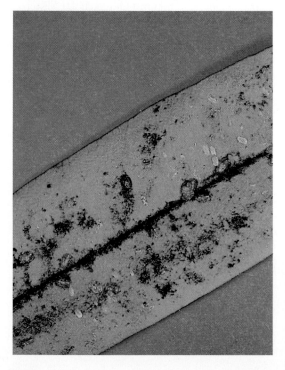

Oben: Abb. 167.
Schmierläuse an Codiaēum.
Unten: Abb. 168.
Blattläuse am Stamm einer Rosenpflanze. Das Blatt ist stark
geschädigt.

!!!Merksätze

- Läusearten (Blatt-, Schild- und Mottenschildläuse) besaugen Blätter, Stängel und Knospen,
  seltener die Wurzeln und schwächen die Pflanze durch Saftentzug. Ferner werden die Pflanzen durch Honigtau und Rußtaupilze verschmutzt.
- Weitere Insekten schädigen die Pflanze durch
  Aussaugen der Zellen (Thripse), Befressen der
  Blätter (Larven der Minierfliegen) oder der
  Wurzeln (Larven der Trauermücken und des
  gefurchten Dickmaulrüsslers, Springschwänze).
- Milben sind sehr kleine Spinnentiere, die die
  Epidermiszellen besaugen und die Blätter mit
  feinen Gespinsten bedecken.
- Älchen sind kleine, farblose Würmer, die auf
  oder in Pflanzen leben und die Zellen aus-
  saugen.

???Aufgaben

1. Finden Sie heraus, bei welchen Schadtieren
   eine Beziehung zwischen ihrem Auftreten und
   unsachgemäßer Pflanzenpflege besteht. Erläutern Sie jeweils Ursache und Wirkung.
2. Untersuchen Sie alle im Geschäft befindlichen
   Pflanzen gründlich auf Schadtiere.
3. Erklären Sie, warum man an Zimmerpflanzen
   keine Blattlauseier findet.

45 Pflanzenschutz III
Pilze, Bakterien und Viren

Pflanzenkrankheiten werden durch Pilze, Bakterien und Viren hervorgerufen, wobei Pilze die größte Anzahl von Krankheiten verursachen.

Pilze

Bis heute sind etwa 300 000 verschiedene Pilzarten bekannt, von denen ungefähr 10 000 Erreger von Pflanzenkrankheiten sind. Eine durch einen Pilz entstandene Pflanzenkrankheit nennt man Mykose.

Pilze (lat. fungi) sind niedere Pflanzen, die kein Chlorophyll enthalten. Ihr Körper ist nicht in Wurzel und Spross gegliedert, sie bilden weder Blätter noch Blüten. Die meisten Menschen denken bei Pilzen zuerst an Speisepilze in Hutform oder an deren giftige Verwandte. Dabei ist in diesem Falle der größte Teil des Pilzes gar nicht sichtbar, denn der Pilzkörper besteht aus mikroskopisch feinen und reich verzweigten Zellfäden, den so genannten Hyphen. Die Gesamtheit der Hyphen, die zu einem Pilz gehören, nennt man Mycel. Dieses Mycel wächst z. B. in der Erde, bei pflanzenschädlichen Pilzen auch auf oder in Pflanzen. Der sichtbare Teil eines Hutpilzes ist nur der Fruchtkörper, der der Vermehrung dient. Die Vermehrung der Pilze erfolgt durch staubfeine, ein- oder mehrzellige Teilchen, die man Sporen nennt und die die gleiche Aufgabe haben wie die Samen der höheren Pflanzen. Sporen werden in sehr großer Zahl gebildet und mit dem Wind, Regentropfen oder auch durch Mensch und Tier verbreitet. Viele Pilze bilden sehr widerstandsfähige Sporenformen, die im Boden lange Zeit überdauern können.

Das Eindringen der Pilze in die Pflanze kann auf verschiedenen Wegen geschehen. Je nach Pilzart erfolgt die Infektion durch Wunden, natürliche Öffnungen, z. B. Spaltöffnungen, oder sogar durch die unversehrte Kutikula. Um dieses Hindernis zu überwinden, wächst aus der Spore eine Hyphe, die mit hohem Druck die Kutikula und anschließend die Zellwand durchstoßen kann. Die meisten Pilzsporen brauchen zur Keimung Feuchtigkeit.

Im Boden lebende Pilze dringen durch die Wurzeln ein, befallen das Wurzelgewebe oder wandern im Inneren der Pflanze hinauf in den Spross. Oberirdisch lebende Pilze können alle dort befindlichen Pflanzenteile befallen. Je nach Pilzart befindet sich das Mycel nur auf der Pflanzenoberfläche oder aber im Gewebe.

Die Pilze ernähren sich von den Zellen der Pflanze, die sie befallen haben, es sind also Parasiten. Dabei werden die Zellen entweder zerstört und der Pilz ernährt sich von den Abbauprodukten oder es werden den noch lebenden Zellen die Nährstoffe entzogen. Dazu schiebt der Pilz spezielle Organe, die so genannten Haustorien, in die Wirtszelle hinein, die die Nährstoffe herausziehen und an die Hyphen weiterleiten. Die befallenen Zellen sterben schließlich ab. Dies wird äußerlich als Nekrose oder Fäulnis sichtbar. Bei vielen Pilzen ist auch das Mycel mit den Sporen als so genannter Schimmelrasen zu erkennen.

Wichtige Pilzerkrankungen an Zimmerpflanzen

Grauschimmel, Botrytis

Der Pilz Botrytis kann sich sowohl von lebendem als auch von totem Pflanzengewebe ernähren. Er ist daher allgegenwärtig. Der Befall beginnt meist auf abgestorbenen Pflanzenteilen, weshalb als wichtigste Vorbeugungsmaßnahme das regelmäßige Ausputzen der Pflanzen anzusehen ist. Der Pilz greift besonders dann auch auf lebendes Gewebe über, wenn die Pflanzen, z. B. durch Lichtmangel, Kälte oder zu große Feuchtigkeit, geschwächt sind. Hohe Luftfeuchtigkeit und geringe Luftbewegung begünstigen den Befall. Erkranktes Gewebe verfärbt sich und stirbt ab. Es entstehen nassfaule Stellen, die sich mit einem weiß-grauen, stark stäubenden Schimmelrasen überziehen. Der Schimmelrasen besteht aus dem Mycel und den grauen Sporen des Pilzes. Auf manchen Pflanzen erzeugt der Pilz gelbe oder braune Flecken. Es ist ihm dann zwar gelungen einige Zellen abzutöten, aber die Pflanze hat schnell mit der Bildung eines Ringes aus Korkzellen rund um die Befallstelle reagiert und sich somit gegen die Ausbreitung des Pilzes gewehrt (siehe Abbildung 176).

Gefährdete Pflanzen: zum Beispiel *Pelargónium, Fúchsia, Cýclamen, Túlipa, Hydrangéa, Saintpaúlia, Prímula*.

Abb. 178.
Echter Mehltau auf Blüten von Saintpaulia ionantha.

Falscher Mehltau

Im Gegensatz zum Echten Mehltau lebt der falsche Mehltau im Inneren der Pflanze. Auf der Blattunterseite sieht man einen weißen Schimmelrasen. Es handelt sich hier um die Sporenträger mit den Sporen, die zur Weiterverbreitung des Pilzes aus den Spaltöffnungen herauswachsen. Auf der Blattoberseite sieht man gelbe oder braunrote Verfärbungen, da das Gewebe im Inneren der Blätter abstirbt. Er befällt auch Stängel und Blütenknospen. Bei starkem Befall welken die erkrankten Pflanzenteile und sterben ganz ab. Auch die falschen Mehltaupilze sind auf bestimmte Wirtspflanzen spezialisiert.
Gefährdete Pflanzen: zum Beispiel *Rósa*, *Senécio*, *Víola*-Wittrockiana-Hybr., *Matthíola*, *Prímula*, *Antirrhínum*.

Rost

Der Befall beginnt mit punktförmigen Chlorosen auf der Blattoberseite. Der Pilz lebt im Inneren der Pflanze. Nach einiger Zeit erscheinen meist auf der Blattunterseite weiße, rostbraune oder dunkelbraune Pusteln, die bei einigen Rostpilzen ringförmig angeordnet sind. Die Pusteln entstehen, weil der Pilz mit seinen Sporenträgern die Epidermis durchbricht, um seine Sporen nach außen zu befördern, die durch Wind oder Wasser verbreitet werden. Hohe Luftfeuchtigkeit und

Echter Mehltau

Der Name des Pilzes sagt schon viel über die hervorgerufenen Symptome aus. Er überzieht die Blattober- und Unterseiten, die Triebspitzen und Knospen mit einem weißen, mehligen Belag. Der Pilz kann nur auf lebendem Gewebe existieren, von dem er sich mit Hilfe seiner Haustorien ernährt. Zunächst zeigen sich kleine Blattflecken, bevor das Mycel sich weiter ausbreitet und den typischen Belag bildet. Das darunter liegende Gewebe verfärbt sich oft rötlich und stirbt schließlich ab. Der Pilz benötigt keine Feuchtigkeit auf den Blättern und wird durch starke Temperaturschwankungen, z. B. zwischen Tag und Nacht, begünstigt. Die meisten der Mehltaupilze sind auf eine oder wenige Wirtspflanzen spezialisiert.
Gefährdete Pflanzen: z. B. *Rósa*, *Begónia*, *Dendránthema*, *Kalánchoë*, *Senécio*, *Eríca*, *Hydrangéa*.

Abb. 171.
Sonnenbrand an Cymbídium (s. S. 275).

Temperaturen bis 18 °C fördern die Rostpilze. Bei
starkem Befall vergilben die Blätter und fallen ab.
Gefährdete Pflanzen: zum Beispiel *Rósa, Pelargónium, Dendránthema* (im Freiland Braunrost,
im Gewächshaus Weißrost), *Diánthus, Eríca,
Antirrhínum* (s. Abb. 177).

Blattfleckenkrankheiten
Hierunter fasst man verschiedene Pilzgattungen
zusammen, die eine ähnliche Lebensweise haben
und überwiegend die Blätter der Pflanzen befallen. Sie erzeugen runde oder unregelmäßige
Flecken von gelblicher, weißgrauer oder grau-
brauner Farbe. Sie können punktförmig bis
pfenniggroß sein und sind meist von einem dunklen Rand umgeben. Das Gewebe im Inneren der
Flecken wird oft trocken und nekrotisch. Einige
dieser Pilze können auch auf abgestorbenen
Pflanzenteilen überleben. Hohe Luftfeuchtigkeit
begünstigt ihr Auftreten.

Abb. 175.
Befall mit Blattälchen.

Abb. 172.
Blattälchen an Asplénium (Streifenfarn).

Abb. 176.
Botrytis an Calcéolaria (Pantoffelblume).

Abb. 173.
Befall mit Blasenfüßen (Thripse) an Fícus.

Abb. 174.
Blattfleckenkrankheit (Alternaria) auf einem Cinerarienblatt.

Abb. 177.
Löwenmaulrost (Puccinia anthirrini).

Abb. 179.
Fusarium-Pilzfäule an einer Lanzenrosette (Aechméa fasciáta).

Gefährdete Pflanzen: z. B. *Anthúrium, Aspidístra, Caméllia, Císsus, Codiáëum, Dracãéna, Fícus,* Orchideen, Palmen, Farne (s. Abb. 174).

Welkekrankheiten

Welkekrankheiten werden überwiegend von Pilzen der Gattungen Fusarium und Verticillium verursacht. Sie befallen die Pflanzen über den Boden, wobei Wunden durch Nematodenbefall das Eindringen von Verticillium erleichtern. Die Pilze wachsen in den Leitbahnen aufwärts und blockieren somit den Wasser- und Nährstofftransport. Dadurch welken besonders die Triebspitzen an warmen Tagen. Später werden zuerst die unteren Blätter nekrotisch, schließlich stirbt die Pflanze ab. Die Wurzeln scheinen anfangs noch gesund, schneidet man sie oder die Sprossachse quer durch, erkennt man aber eine deutliche braune oder rotbraune Verfärbung der Leitbündel, bei Fusariumbefall verfärben sich auch Mark und Rinde. Die Pilze werden hauptsächlich über verseuchte Erde und Pflanzgefäße verbreitet. Gefährdete Pflanzen: Fusarium z. B. an *Diánthus, Cýclamen,* Zwiebel- und Knollengewächsen, Bromelien; Verticillium z. B. an Dendránthema, *Callístephus, Gérbera* u. a. Korbblütlern, *Aphelándra, Rósa, Begónia* (s. Abb. 179).

Während uns gegen Pilzerkrankungen noch einige Bekämpfungsmöglichkeiten gegeben sind, stehen wir gegenüber Bakterienerkrankungen (= Bakteriosen) und Viruserkrankungen (= Virosen) auf verlorenem Posten. Es gibt bis heute keine Mittel, die eine erkrankte Pflanze heilen könnten. Es ist daher besonders wichtig, die Krankheiten rechtzeitig zu erkennen und die Pflanzen zu vernichten, damit keine Ausbreitung stattfinden kann.

Bakterien

Bakterien sind einzellige Organismen von etwa einem tausendstel Millimeter Größe. Pflanzenkrankheiten verursachende Bakterien sind überwiegend von stäbchenförmiger Gestalt, die sich durch Teilung vermehren. Manche besitzen Geißeln zur Fortbewegung. Die Übertragung von einer Pflanze auf die andere geschieht z. B. durch Mensch oder Tier. So kann etwa ein Tröpfchen des sich vielfach bildenden Schleimes, der zahllose Bakterien enthält, mit einer Gehölzschere auf eine gesunde Pflanze gebracht werden. Bakterien befinden sich ferner in der Blumenerde und am Topf der erkrankten Pflanze und können dadurch weiterverbreitet werden. Natürliche Öffnungen und Wunden ermöglichen den Bakterien das Eindringen in die Pflanze. Glücklicherweise werden nur wenige Zimmerpflanzen von Bakterienerkrankungen befallen.

Ölfleckenkrankheit der Begonie: Blattunterseits bilden sich kleine, ölig durchscheinende Flecken, später verfärben sich die erkrankten Stellen braun, die Blattadern heben sich dunkel ab.

Bakterien-Blattfleckenkrankheit und Stängelfäule an Pelargonien: Kleine, ölig durchscheinende Punkte, bis 5 mm groß, braunrot oder graubraun gefärbt, mit gelbgrünem Rand, vorzugsweise an älteren Blättern. Am Stängel trockenfaule, braunschwarze Stellen.

Bakterienkrebs/Wurzelkropf (Agrobacterium): An *Rósa, Begónia, Dendránthema, Euphórbia* und Kakteen etc. Das Bakterium dringt vom Boden aus in die Wurzeln ein. An den Hauptwurzeln und am Wurzelhals, seltener weiter oben an der Sprossachse, bilden sich braune, warzenartige Wucherungen.

Bakterienkrebs (Corynebacterium): An *Aspáragus, Begónia* etc. Die Pflanzen werden vom Boden aus befallen und am Stängelgrund bilden sich große, bleichgrün gefärbte Wucherungen.

Viren

Viren sind die kleinsten Erreger von Pflanzenkrankheiten. Erst vor etwa 60 Jahren wurde es möglich, die nur ein millionstel Millimeter großen Teilchen mit Hilfe des Elektronenmikroskops sichtbar zu machen. Viren haben keinen eigenen Stoffwechsel. Sie bestehen lediglich aus einem ihre Erbinformation tragenden Molekül und einer Hülle aus Eiweißstoffen. Das Virus benötigt zu seiner Vermehrung eine lebende Wirtszelle. In einer Zelle ist der Zellkern für die Steuerung der Stoffwechselvorgänge zuständig, während die anderen im Plasma befindlichen Zellbestandteile die Herstellung der zelleigenen Stoffe durchführen. Gelangt das Virus in eine geeignete Zelle, wird der Zellkern »ausgeschaltet« und das Virus »übernimmt das Kommando«. Die Zelle produziert nun Virusteilchen und keine für sie selbst wichtigen Stoffe mehr. Viren können nur über Wunden in pflanzliche Zellen hineingelangen. Vornehmlich kommen saugende Insekten, und hier vor allem die Blattläuse, als Überträger in Betracht. Für das Eindringen genügen winzig kleine Wunden, wie sie z. B. beim Berühren der Pflanzen im Vorbeigehen entstehen.

Die sich entwickelnden Symptome sind vielfältig, jedoch nicht immer eindeutig. Es zeigen sich Kümmerwuchs, ring- oder mosaikartige Blattflecken, Blattverformungen, fahle Blütenfarbe oder streifige Blüten.

Nicht immer führt Virusbefall zu einer Schwächung der Pflanze. Bei weißbunten Abutilon-Formen und buntgestreiften Rembrandt-Tulpen entsteht die hier erwünschte Zeichnung durch Virusbefall.

!!!Merksätze

- Pflanzenkrankheiten werden durch Pilze, Bakterien und Viren verursacht.
- Pilze sind chlorophyllfreie, niedere Pflanzen, die aus Zellfäden, dem Mycel, bestehen und sich durch Sporen verbreiten. Sie ernähren sich von organischem Material. Wichtige pflanzenschädliche Pilze sind: Grauschimmel, echte und falsche Mehltaupilze, Rostpilze und verschiedene Blattflecken oder Welken verursachende Gattungen.
- Bakterien sind einzellige Lebewesen, die an Pflanzen ölige Flecken, Fäulen und Wucherungen hervorrufen.
- Viren erzeugen Missbildungen, Blattflecken und Kümmerwuchs. Ihre Übertragung geschieht häufig durch Blattläuse.
- Eine wirksame Bekämpfung der Virosen und Bakteriosen ist nicht möglich. Vorbeugende Maßnahmen sind daher besonders wichtig.

???Aufgaben

1. Grauschimmel (Botrytis) tritt auch an Schnittware auf. Erklären Sie, wie man einem Befall vorbeugen kann.
2. Eine Kundin besaß eine von Mehltau befallene Begonie, die sie nun weggeworfen hat. Da sie Begonien besonders liebt, möchte sie sich eine neue kaufen. Schreiben Sie auf, welche Empfehlungen und Hinweise Sie der Kundin während des Beratungsgespräches geben würden.
3. Sie haben eine Campanulapflanze im Laden, deren Blätter gelbe Ringe und Streifen aufweisen. Sie kennen die Ursache nicht. Die Pflanze ist außerdem mit Blattläusen befallen. Erklären Sie, welche Vorsichts- oder Bekämpfungsmaßnahmen hier sinnvoll wären.

46 Pflanzenschutzmaßnahmen

Hat man an Zimmer- oder Balkonpflanzen einen Schädling oder eine Krankheit festgestellt, gibt es drei Möglichkeiten. Erstens könnte man die Pflanze vernichten, was bei unheilbaren Virus- und Bakterienkrankheiten ratsam ist. Zweitens, man kann gar nichts tun und der Natur freien Lauf lassen. Dies verbietet sich natürlich, wenn es sich um Verkaufsware oder um größere und teurere Pflanzen handelt. Dennoch sollte man sich jedesmal fragen, ob die Bekämpfung – und dies wäre die dritte Möglichkeit – unbedingt sein muss. Hat etwa ein Kunde im Spätsommer einige Blattläuse an seinen Balkonpflanzen gesichtet, ist eine Bekämpfung, besonders wenn sie mit chemischen Mitteln erfolgt, reine Umweltverschmutzung, denn die Pflanzen werden ja ohnehin im Herbst weggeworfen. Ist eine Bekämpfungsmaßnahme unumgänglich, sollte versucht werden, mit möglichst umweltverträglichen Verfahren der Lage Herr zu werden. Nach den Grundsätzen des Integrierten Pflanzenschutzes haben pflanzenpflegerische, mechanische, biologische und biotechnische Verfahren Vorrang vor dem Einsatz chemischer Pflanzenschutzmittel. Erst wenn diese Maßnahmen nicht greifen, ist der Einsatz chemischer Mittel überhaupt zu verantworten. Um Schaden von Mensch, Pflanze und Umwelt abzuwenden, müssen sowohl die Auswahl des Mittels als auch dessen Anwendung mit Sachverstand erfolgen.

Vorbeugende Maßnahmen

Durch geeignete Hygiene- und Kulturmaßnahmen kann man die Gefahr des Auftretens oder die Weiterverbreitung von Krankheiten und Schädlingen verhindern.

Hygienemaßnahmen

Zugekaufte Ware, auch die Schnittware, ist auf Krankheiten und Schädlinge zu kontrollieren. Befallene Pflanzen, besonders wenn man nicht weiß, um welchen Erreger es sich handelt, sollten isoliert aufgestellt werden, um eine Ansteckung der gesunden Pflanzen auszuschließen. Bei Pilz- und Bakterienerkrankungen im Anfangsstadium genügt es oft, wenn die befallenen Teile sorgfältig abgeschnitten und vernichtet werden. Bei der Beseitigung erkrankter Pflanzen ist unbedingt darauf zu achten, dass sie nicht auf dem Kompost verrotten; sie sollten in die Mülltonne geworfen, wenn möglich sogar verbrannt werden. Auf dem Kompost würden Nematoden, Pilzsporen, Insekteneier etc. überdauern. Auch die vorübergehende Aufbewahrung im Abfallbehälter ist nicht ratsam, denn fliegende Insekten und Pilzsporen breiten sich rasch aus. Abfallbehälter sollten häufig, auf jeden Fall aber am Abend, geleert werden, da abgestorbenes Gewebe ja der ideale Nährboden für den Grauschimmel ist. Als Vorbeugungsmaßnahme gegen diese Pilzerkrankung ist auch das regelmäßige Ausputzen aller Pflanzen anzusehen. Hat man kranke Teile von einer Pflanze abgeschnitten, sollte das Werkzeug in Spiritus getaucht oder mit einem spiritusgetränkten Lappen abgewischt werden. Anschließend wäscht man sich die Hände. Kulturgefäße, in denen kranke Pflanzen gestanden haben, sind nach Möglichkeit ebenfalls zu vernichten. Blumenübertöpfe und teure Pflanzgefäße sind gründlich auszuscheuern. Zur Bepflanzung von Gefäßen ist nur entseuchte Blumenerde, niemals schon gebrauchte oder dem Freiland entnommene Erde zu verwenden.

Kulturmaßnahmen

Als Vorbeugung gegen Pilzbefall ist eine ausgewogene Düngung anzusehen. Besonders reichlich mit Stickstoff gedüngte Pflanzen haben häufig ein sehr weiches und krankheitsanfälliges Gewebe. Die relative Luftfeuchte sollte für die meisten Pflanzen 60 % nicht übersteigen, folglich ist regelmäßiges Lüften z. B. des Ladens oder Verkaufsgewächshauses erforderlich. Oft werden Pflanzen aus Platzmangel sehr eng gestellt. Dies fördert wegen des feuchten Kleinklimas die Ausbreitung von Pilzen und erleichtert Schadtieren das Erreichen neuer Futterpflanzen. Das Gießen der Pflanzen sollte so rechtzeitig erfolgen, dass das Laub zum Abend hin schon wieder abgetrocknet ist, denn die kühlere Nacht und Feuchtigkeit begünstigen die Pilzsporenkeimung. Starke Temperaturwechsel zwischen Tag und Nacht sind zu vermeiden. Zur Vorbeugung gegen Spinnmilben und Mottenschildläuse dürfen die Pflanzen nie welk werden, und bei zu niedriger Luftfeuchtigkeit ist regelmäßiges Übersprühen sinnvoll.

Bekämpfungsmaßnahmen

1. Mechanische Maßnahmen

Da in Blumengeschäften und Privathaushalten oft nur wenige Pflanzen mit Schädlingen befallen sind, können **mechanische Bekämpfungsmaßnahmen** angewendet werden. Große Tiere, z. B. Raupen, werden abgesammelt, Schildläuse kratzt man mit einem Hölzchen von den Pflanzen, Spinnmilben und Thripse vertreibt gründliches Abduschen der Pflanzen mit Wasser. Dabei müssen die Blattunterseiten besonders sorgfältig abgespült werden. Da die Eier meist sehr fest haften, muss man diese Maßnahme im Abstand von wenigen Tagen mehrmals wiederholen, bis alle Larven geschlüpft sind. Bei Trauermücken- und Springschwanzbefall kann man die Pflanze in neue Erde umtopfen und fortan trockener halten. Dies vernichtet den Schädling zwar nicht, hält ihn aber in erträglichen Grenzen. Das Umtopfen und Ausspülen des Wurzelballens mit Wasser kann auch einen Großteil der Dickmaulrüsslerlarven beseitigen. Gegen Minierfliegen hilft regelmäßiges Abpflücken und Vernichten der befallenen Blätter, solange sich die Larven noch in ihnen befinden. Viele Leute schwören auf »Hausmittel« zur Vernichtung von Schädlingen. Die Wirksamkeit wird jedoch sehr unterschiedlich bewertet. Nicht immer sind diese Mittel ungefährlich oder ungiftig, sie unterliegen jedoch keinen gesetzlichen Bestimmungen. Blattläuse besprüht man mit Wasser, in das ein Schuss eines herkömmlichen Geschirrspülmittels gegeben wurde. Bei den hartnäckigen Schild- und Wollläusen werden 20 g gelbe Schmierseife und 10 ml Brennspiritus in 1 Liter Wasser gegeben und die Pflanzen damit abgewaschen. Man kann die Läuse auch mit dieser Lösung betupfen. In letzter Zeit sind im Zuge eines steigenden Natur- und Umweltbewusstseins viele »Pflanzenstärkungsmittel«, wie etwa Brennnesselbrühe gegen Blattläuse und Spinnmilben, Rainfarnbrühe gegen Blatt- und Wurzelläuse, Wurmfarnbrühe gegen Schildläuse u.s.w., in den Handel gekommen. Die Meinungen über die vorbeugende oder bekämpfende Wirksamkeit gehen auch hier weit auseinander. Es spricht jedoch nichts dagegen, solche Produkte auch im Angebot zu führen. Ein Kunde, der an die Wirksamkeit glaubt, kauft sie sich sowieso – also warum nicht beim Floristen?

2. Biologische Maßnahmen

Gegen zahlreiche tierische Schädlinge sind heute **Nützlinge** erhältlich. Der Kunde erwirbt sie, indem er in einem Fachgeschäft eine Bestellkarte für den entsprechenden Nützling kauft und diese versehen mit der eigenen Anschrift an den Nützlingsproduzenten schickt. Mit der Post werden dann umgehend oder zum gewünschten Zeitpunkt die Nützlinge zugesandt. So sind z. B. derzeit Raubmilben gegen Spinnmilben, räuberische Gallmücken gegen Blattläuse, Florfliegen gegen Blattläuse und Thripse, Schlupfwespen gegen Mottenschildläuse, verschiedene räuberische Nematodenarten gegen Trauermücken und Dickmaulrüsslerlarven und australische Marienkäfer gegen Woll- und Schmierläuse erhältlich. Jeder Nützlingslieferung liegt eine Anwendungsbeschreibung bei. Der Einsatz ist einfach und für Mensch, Umwelt und Pflanze vollkommen ungefährlich. Wichtig ist jedoch, dass die Nützlinge frühzeitig eingesetzt werden, nachdem die ersten Schädlinge entdeckt wurden. Derzeit ist der Verkauf von Nützlingen wegen des geringen Bekanntheitsgrades dieses Verfahrens noch sehr beratungsintensiv, aber er bietet auch die Chance, sich als umweltbewusster Fachbetrieb zu profilieren.

3. Biotechnische Maßnahmen

Auch einige **biotechnische Hilfsmittel** gehören ins Sortiment, wie z. B. Gelbsticker und Gelbtafeln gegen Mottenschildläuse, aber auch Gemüsefliegennetze, Raupenleimringe u. a. Produkte, die im Obst- und Gemüsebau zum Einsatz kommen, wenn die Kundenstruktur dies sinnvoll erscheinen lässt.

4. Chemische Maßnahmen

Die **chemischen Pflanzenschutzmittel** unterteilt man nach ihrer Wirksamkeit in Insektizide (Insekten tötend), Akarizide (Milben tötend), Fungizide (Pilze tötend), Molluskizide (Schnecken tötend), Nematizide (Nematoden tötend), Herbizide (Unkräuter tötend) und Rodentizide (Nagetiere tötend). An Zimmer- und Balkonpflanzen werden überwiegend Insektizide und Akarizide, seltener Fungizide angewendet. Molluskizide sind dem Garten vorbehalten und die anderen Mittel sollten nur im erwerbsmäßigen Pflanzenanbau eingesetzt werden.
Pflanzenschutzmittel bestehen aus dem eigentlichen Wirkstoff und weiteren Zusätzen. Letztere

sorgen für eine bessere Verteilbarkeit oder Dosierbarkeit des Mittels oder sie erhöhen dessen Haftfähigkeit auf der Pflanzenoberfläche. Bei Pflanzenschutzstäbchen ist das Gift in andere Begleitstoffe eingebunden und löst sich erst allmählich heraus.

Hinsichtlich der Wirkungsweise unterscheidet man vorbeugende (prophylaktische) und heilende (curative) Mittel. Vorbeugende Mittel befinden sich auf oder in Pflanzen und hemmen z. B. das Keimen der Pilzsporen. Heilende Mittel werden nach einem Befall ausgebracht und töten den Schädling oder Krankheitserreger. Für den Endverbraucher kommen mit wenigen Ausnahmen nur curative Mittel in Frage, um die ausgebrachten Giftmengen möglichst gering zu halten. Besonders bedeutsam sind in diesem Zusammenhang diejenigen Mittel, die von der Pflanze über die Wurzeln oder die Blätter aufgenommen und in ihr verteilt werden. Diese Mittel mit so genannter **systemischer** Wirkung haben den Vorteil, dass sie auch im Inneren der Pflanze befindliche Schädlinge und Krankheitserreger töten oder wenigstens hemmen. Ferner wirken sie auch an unzugänglichen Stellen, da z. B. versteckt sitzende Blattläuse den Wirkstoff mit dem Pflanzensaft aufsaugen. Ihre Anwendung ist also einfacher, denn ein lückenloser Spritzbelag ist nicht erforderlich. Außerdem hält ihre Wirkung über einige Zeit an und beinhaltet auch den Neuaustrieb der Pflanzen.

Die Ausbringung der Mittel ist je nach Präparat unterschiedlich schwierig.

Recht einfach ist die Anwendung eines **Granulates**. Die kleinen Körnchen werden auf die Erde gestreut und lösen sich mit dem Gießwasser auf. Das Mittel wird über die Wurzeln aufgenommen und verteilt sich in der Pflanze. Die Aufwandmenge richtet sich nach dem Durchmesser des Topfes bzw. der Länge des Balkonkastens. Die Mittel sollten nicht mit der Haut in Kontakt kommen und werden direkt aus der Packung oder mit Hilfe eines beigegebenen Messlöffels ausgestreut. Ebenso einfach ist die Anwendung von **Pflanzenschutzstäbchen** oder **-zäpfchen**, die man in die Erde steckt. Die benötigte Anzahl richtet sich ebenfalls nach dem Topfdurchmesser. Die Anwendung solcher Mittel ist relativ umweltverträglich. Leider wirken sie nicht gegen alle Schadtiere und auch nicht unbedingt zuverlässig, denn die Wirkung in der Pflanze hängt von deren Wüchsigkeit ab. Im

Winter ist der Erfolg daher nicht befriedigend. Am häufigsten werden Pflanzenschutzmittel für Zimmerpflanzen in **Sprühflaschen mit Pumpzerstäuber** ohne schädliche Treibgase verkauft. Sie haben den Vorteil, dass der Wirkstoff schon in der richtigen Dosierung vorliegt und sich ein Abmessen erübrigt. Beim Sprühen muss man auch die Blattunterseiten benetzen. Die Mittel sollen nicht eingeatmet werden; daher sind sie am besten im Freien anzuwenden. Dabei ist darauf zu achten, dass man den Wind im Rücken hat; man spritzt also mit dem Wind und nicht gegen ihn. Wind birgt allerdings die Gefahr, dass das Mittel abdriftet und gar nicht an sein Ziel gelangt. Ein absolut windstiller Tag wäre daher ideal.

Schwieriger und gefährlicher ist der Umgang mit **konzentrierten Wirkstoffen in flüssiger oder pulverisierter** Form. Diese werden mit Wasser zu einer Spritzbrühe angesetzt und mit einer Spritze ausgebracht. Schwierig ist hier die richtige Dosierung des Mittels. Eine zu geringe Wirkstoffmenge hat keinen Erfolg, eine zu hohe Konzentration führt zu Pflanzenschäden. Bei einigen Mitteln sind auf den Fläschchen mit der Wirkstoffflüssigkeit Messstriche angebracht. Die Maßeinteilungen auf den beigegebenen Messbechern sind bei einigen Mitteln zu grob, sodass man z. B. gleich 5 Liter Spritzbrühe ansetzen muss, was für eine oder wenige Zimmerpflanzen natürlich zu viel ist. Dadurch entsteht ungewollt das Problem der fachgerechten Entsorgung der Restbrühe. Möchte man kleinere Mengen abmessen, muss man sich eine Messpipette besorgen. Pulver wiegt man mit einer Briefwaage ab. Während man mit giftigen Pflanzenschutzmitteln hantiert, sollte man stets Gummihandschuhe aus Neopren oder Dupren tragen, da die Gifte diese Kunststoffe nicht durchdringen. Stoff- oder Lederhandschuhe sind ungeeignet. Zur Ausbringung gibt es verschiedene kleine Spritzen, bei denen der nötige Druck durch Pumpen mit der Hand erzeugt wird. Auch diese Mittel dürfen natürlich nicht eingeatmet werden.

Gesetzliche Vorschriften

Kennzeichnung der Pflanzenschutzmittel
In der Bundesrepublik Deutschland dürfen nur solche Pflanzenschutzmittel vertrieben werden, die von der Biologischen Bundesanstalt im Einvernehmen mit dem Bundesgesundheitsamt zuge-

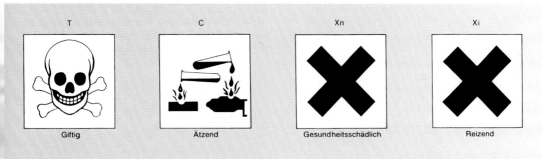

Abb. 181.
Gültige Gefahrensymbole für die Kennzeichnung von Pflanzenschutzmitteln.

lassen wurden. Sie tragen ein amtliches Zeichen (s. Abb. 180). Giftige Stoffe werden entsprechend ihrer Giftigkeit mit einem von vier verschiedenen schwarzen Symbolen auf orangefarbenem Grund gekennzeichnet (s. Abb. 181). Besonders giftige Mittel sind mit dem Totenkopf, dem Wort giftig und dem Buchstaben T versehen. Sie verursachen nach Einatmen, Verschlucken oder Aufnahme durch die Haut erhebliche Gesundheitsschäden oder sogar den Tod. Geringe Gesundheitsschäden sind beim unsachgemäßen Umgang mit den mit Xn gekennzeichneten Mitteln zu befürchten. Ätzende Stoffe zerstören bei Berührung lebendes Gewebe. Entzündungen auf Haut oder Schleimhaut entstehen durch als reizend eingestufte Mittel.

Abb. 180.
Zulassungszeichen der Biologischen Bundesanstalt (BBA) für Land- und Forstwirtschaft für zugelassene Pflanzenschutzmittel. Für anerkannte Pflanzenschutzgeräte enthält das Zeichen statt des Wortes „zugelassen" ein „anerkannt".

Regeln für den Umgang mit Pflanzenschutzmitteln
78 % aller Pflanzenschutzmittel tragen keines dieser vier Gefahrensymbole und gelten damit als relativ ungefährlich. Es gibt jedoch keine ungiftigen Pflanzenschutzmittel und beim Umgang mit ihnen sollten immer folgende Regeln beachtet werden.

1. Vor der Arbeit ist die Gebrauchsanweisung genau durchzulesen. Jeder Hinweis ist unbedingt zu befolgen.
2. Es sollen nur die notwendigen Mengen genau nach Anweisung und wenn möglich im Freien angesetzt werden.
3. Je nach Mittel sind Handschuhe, Schutzkleidung und Atemschutzmaske zu tragen.
4. Während des Hantierens nicht essen, trinken oder rauchen.
5. Nur mit funktionsfähigen Geräten arbeiten.
6. Beim Spritzen ist auf Windstärke und Windrichtung zu achten.
7. Bienengefährliche Mittel, sie sind als solche gekennzeichnet, nicht an blühenden Pflanzen und nicht in der Nähe von Bienenständen anwenden.
8. Nach der Arbeit verschmutzte Kleidung wechseln, Gesicht und Hände gründlich waschen.
9. Restmengen nicht in den Ausguss oder in Gewässer gießen. Erkundigen Sie sich bei der für die Abfallbeseitigung zuständigen Gemeinde- oder Kreisbehörde, wie Reste und leere Packungen ordnungsgemäß zu beseitigen sind.
10. Pflanzenschutzmittel dürfen niemals aus den Originalbehältern in andere Gefäße umgefüllt werden!

11. Pflanzenschutzmittel dürfen nur unter Verschluss, unzugänglich für Kinder und nicht zusammen mit Lebens- oder Futtermitteln gelagert werden.
12. Bei Vergiftungsanzeichen sofort einen Arzt aufsuchen. Dazu den Beipackzettel des Pflanzenschutzmittels mitnehmen und vorzeigen.

Ausbringung im Kundenauftrag

Im Kundenauftrag darf nur derjenige Pflanzenschutzmittel ausbringen, der die nötige **Sachkunde** nachweisen kann. Vorher ist außerdem beim Pflanzenschutzamt die für den Betriebssitz und für den Ort der Tätigkeit zuständige Behörde zu erfragen. Bei dieser muss die Tätigkeit unter **namentlicher Nennung** der die Pflanzenschutzmaßnahme durchführenden Person angemeldet werden. Außer demjenigen, der den Sachkundenachweis erbracht hat, dürfen auch Auszubildende unter dessen Anleitung und Aufsicht Pflanzenschutzmaßnahmen durchführen.

Einzelhandelsverkauf

Pflanzenschutzmittel dürfen nur an volljährige Personen verkauft werden. Ein Verkauf durch Selbstbedienung ist verboten. Die Pflanzenschutzmittel müssen zwar nicht eingeschlossen werden, aber der Zugriff durch den Kunden darf nicht möglich sein. Es darf nur derjenige Pflanzenschutzmittel verkaufen, der durch seine Sachkenntnis in der Lage ist, den Kunden richtig zu beraten. Der Verkauf von Pflanzenschutzmitteln kann von der zuständigen Behörde untersagt werden, wenn der Sachkundenachweis nicht erbracht werden kann. Es sei noch einmal betont, dass derjenige, der die Pflanzenschutzmittel verkauft, **persönlich** die Sachkunde nachweisen muss. Es genügt nicht, wenn z. B. der Geschäftsinhaber einen Sachkundenachweis erbracht hat.

Erlangung des Sachkundenachweises Pflanzenschutz

Für diejenigen, die den Sachkundenachweis nicht im Rahmen ihrer Berufsausbildung erworben haben, bieten die Landesfachverbände des FDF

Lehrgänge an. Sie umfassen 40 Unterrichtsstunden und schließen mit einer schriftlichen und einer mündlichen Prüfung. Hinweise zur nötigen Fachliteratur finden Sie im Literaturverzeichnis.

!!!Merksätze

- Der sinnvollste Pflanzenschutz besteht in der Vorbeugung durch geeignete Kultur- und Hygienemaßnahmen.
- Bevor giftige Pflanzenschutzmittel eingesetzt werden, sollten mechanische Maßnahmen, z. B. Abduschen und weniger giftige Mittel angewendet werden.
- Chemische Pflanzenschutzmittel unterscheidet man nach ihrer Wirkung in Insektizide, Akarizide, Fungizide usw.
- Bei Zimmerpflanzen sollten nach Möglichkeit nur die Mittel, die kein Gefahrensymbol tragen, angewendet werden. Sie sind weniger giftig, aber nicht ungefährlich.
- Dosierung und Anwendung müssen genau den Vorschriften entsprechend erfolgen.
- Es ist so zu arbeiten, dass die Gifte nicht eingeatmet, verschluckt oder von der Haut aufgenommen werden können.
- Der Verkauf von Pflanzenschutzmitteln darf nur von solchen Personen durchgeführt werden, die den erforderlichen Sachkundenachweis erbracht haben.

???Aufgaben

1. Informieren Sie sich, welche der in ihrem Betrieb verkauften Pflanzenschutzmittel systemisch wirken und erläutern Sie die Vorteile dieser Mittel.
2. Ein Insektizid gegen Schildläuse soll in einer Konzentration von 0,2 % angewendet werden. Sie möchten 500 ml Spritzbrühe ansetzen. Wie viel ml Insektizid benötigen Sie?
3. Eine Kundin betritt den Laden und möchte ein Spray gegen Blattläuse kaufen. Üben Sie das Beratungsgespräch, indem Sie ein Rollenspiel mit einem Mitschüler/einer Mitschülerin vorführen.
4. Informieren Sie sich bei dem für Sie zuständigen Pflanzenschutzamt über das behördliche Anmeldeverfahren, das einer Ausbringung von Pflanzenschntzmitteln im Kundenauftrag vorausgehen muss.

47 Pflege und Behandlung der Schnittware

Unter Schnittware versteht man vom Wurzelsystem abgetrennte Pflanzenteile, die frisch oder trocken verarbeitet werden. Sie ist das überwiegende Arbeitsmaterial des Floristen, das er zur Herstellung der verschiedenen Werkstücke benötigt. Das Angebot hat sich in den letzten Jahren ständig vergrößert, nicht zuletzt durch die Importe aus klimatisch günstigeren Gebieten wie Mittel- und Südamerika, Afrika und Asien. Für ihre richtige Behandlung sind botanische Grundkenntnisse erforderlich.

Was erwartet der Kunde von der Schnittware?

Er erwartet eine möglichst lange Haltbarkeit! Bei Trockenblumen ist dieser Wunsch von der Natur selbst erfüllt, bei frischer Ware stellt er ein Problem dar. Die langen Transport- und Handelswege, die Lagerungen, z. B. um Angebotsschwankungen auszugleichen, und die durchaus nicht immer sachgemäße Behandlung der Frischblumen in dieser Zeit, vermindern ihre Haltbarkeit deutlich. Den Kunden interessieren diese Probleme wenig, für ihn zählt nur, was er von einer gekauften Schnittblume hat. Je länger sie hält, desto eher sieht der Kunde seine nicht immer unerhebliche Geldausgabe für gerechtfertigt an und ist geneigt, erneut Schnittblumen zu kaufen.

Ursachen vorzeitiger Welke

Jedem Lebewesen ist eine von der Natur vorbestimmte Lebensspanne gegeben. Eine Schnittblume kann daher auch nicht unbegrenzt haltbar sein, im günstigsten Fall bleibt sie so lange ansehnlich, wie sie es im nicht abgeschnittenen Zustand geblieben wäre. Unsere Bemühungen zielen also darauf, Blüten und Blätter möglichst lange in einem guten Zustand zu erhalten. Andererseits möchten wir aber, dass z. B. Knospen nicht verharren, sondern ihre Entwicklung fortsetzen. Um diese Ziele zu erreichen, sind verschiedene Maßnahmen notwendig. Da die Pflanze auf die Verwundung durch den Schnitt mit einer Veränderung ihres Stoffwechsels reagiert und andererseits die Umweltbedingungen die Haltbarkeit beeinflussen, muss man die Faktoren vorzeitiger Welke kennen, um Frischhaltemaßnahmen daraus ableiten zu können.

Welche Einflüsse führen zu vorzeitiger Welke?

Wassermangel

Pflanzen reagieren auf das Problem der Wasserknappheit in zweierlei Hinsicht. Je nach Standortbedingungen haben sie im Laufe ihrer Entwicklung eine unterschiedlich dicke Kutikula gebildet, die sie vor unkontrollierten Wasserverlusten schützen soll. Wichtiger ist jedoch die Wasserdampfabgabe über die Stomata (= Spaltöffnungen). Die Stomata öffnen und schließen sich, um die Wasserdampfabgabe und den Austausch von Sauerstoff und Kohlendioxid zu regulieren. Eine Schnittblume in einer warmen, trockenen Wohnung befindet sich in dem Dilemma, dass ihre Stomata zur Kohlendioxidaufnahme geöffnet, wegen der erhöhten Verdunstung und des drohenden Wassermangels aber eigentlich geschlossen sein müssten. Die Pflanze entscheidet sich zumeist für letzteres, um Wasser zu sparen. Dabei schließen sich die Stomata bei den verschiedenen Pflanzen unterschiedlich schnell und auch nicht immer vollständig. Aus diesem Grund welkt zum Beispiel die Rosensorte ‚Superstar' nicht so rasch wie die Sorte ‚Dr. Verhage'. Viele Pflanzen haben an den Blütenblättern nur wenige oder gar keine, an den Laubblättern aber sehr viele Stomata. So befinden sich beim Flieder etwa 30 000 Spaltöffnungen/cm² auf der Unterseite des Laubblattes. Die genannten Tatsachen führen dazu, dass die Laubblätter den Blüten einen großen Teil des Wassers wegnehmen und somit die Haltbarkeit der Blüte stark beeinträchtigen. Es ist daher eine sinnvolle Maßnahme, überflüssige Blätter nach dem Schnitt der Blume zu entfernen. Auch das »Hängenlassen der Köpfe« bei Rosen geht im wesentlichen auf die **Wasserkonkurrenz der Blätter** zurück. Besonders bei sehr knospig geschnittenen Rosen ist das Gewebe der Sprossachse unterhalb der Blüte noch nicht verholzt, allein der Turgor hält die Blüte aufrecht. Lässt er infolge des Wassermangels nach, »lässt sie den Kopf hängen«.

Durch Erhöhung der Luftfeuchte und Reduzieren des Blattwerkes kann diese Erscheinung wieder rückgängig gemacht werden.

Wassermangel entsteht aber nicht nur durch eine erhöhte Transpiration aufgrund zu trockener und warmer Luft, sondern durch mangelhaften Wassernachschub. Dafür gibt es verschiedene Ursachen.

Viele Untersuchungen sprechen dafür, dass die Pflanze selbst Stoffe erzeugt, die die Xylembahnen verstopfen. Es handelt sich hier um eine Reaktion auf die Verwundung durch den Schnitt mit dem Ziel, die Wunde möglichst schnell abzudichten. Da zur Bildung der dafür nötigen Substanzen Sauerstoff gebraucht wird, ist sie in Höhe des Wasserspiegels in der Vase am stärksten. Dies ist die Stelle der Sprossachse, die der Wunde am nächsten liegt und die gleichzeitig mit Sauerstoff gut versorgt ist.

Gelangen Blätter ins Vasenwasser, so bilden sich in ihnen Stoffe (Phenole), die die Haltbarkeit der Blumen stark vermindern. Aus diesen **Phenolen** entstehen holzstoffartige Verbindungen, die die Leitbahnen verstopfen.

In den Xylembahnen ist der Wasserstrom infolge des Transpirationssoges stets zur Spitze hin gerichtet. Im Moment des Abschneidens wird Luft in die Leitbahn gesaugt und zwar ist dies um so eher der Fall, je größer der Wassermangel zum Zeitpunkt der Ernte ist. Die eingedrungene Luft erzeugt eine sogenannte **Luftembolie**. Der Wassertransport in den Gefäßen wird behindert, auch wenn die Blume in Wasser gestellt wird. In diesem Zusammenhang ist auch die Wassertemperatur von Bedeutung. Kaltes Wasser enthält mehr Luft als warmes Wasser. Verwendet man Wasser, das kälter ist als die umgebende Raumluft, so erwärmt es sich und es scheiden sich Luftblasen am Stängel ab. Wenn sie mit dem Wasser aufgesogen werden, entsteht ebenfalls eine »Luftembolie«. Andererseits kann man durch die Verwendung von warmem Wasser die in den Xylemzellen befindlichen Luftblasen entfernen, da sich die Luft im Wasser löst, wenn es sich auf Raumtemperatur abkühlt.

Der zuweilen erteilte Rat, Blumen unter Wasser anzuschneiden, zielt auf die Vermeidung der »Luftembolie«. In der Praxis ist dieses Vorgehen jedoch nicht möglich. Sinnvoller ist sicher die Ernte der Blumen in voll turgeszentem Zustand und das Einstellen in temperiertes Wasser.

Ein guter Rat ist jedoch die Verwendung eines wirklich scharfen Messers zum Anschneiden der Blumen. Bei Benutzung eines stumpfen Messers entsteht eine große Menge **Zellschutt**, bestehend aus Zellwandteilchen und austretendem Plasma, der die Leitbahnen verstopfen kann.

Manche Pflanzen scheiden aus der Wunde Milchsaft (Euphorbien, Mohn) oder Schleim (Narzissen) aus, so dass die Wasseraufnahme noch mehr erschwert wird.

Ein besonders bedeutsamer Faktor sind die **Mikroorganismen,** die sich in unvorstellbaren Mengen in Luft, Wasser und Boden befinden. Das Vasenwasser bietet ihnen günstige Lebensbedingungen, so dass sie sich außerordentlich rasch vermehren. Besonders die Schnittstelle der Blumen bietet ihnen Nahrung, da aus den Phloembahnen zuckerhaltiger Pflanzensaft austritt. Nach wenigen Tagen können sich die Bakterien und Pilze so stark vermehrt haben, dass sie die Leitbahnen an der Schnittstelle vollständig blockieren, ja sie wandern sogar innerhalb der Sprossachse hinauf. Der regelmäßige Neuanschnitt hat also seine Berechtigung. Das alleine genügt jedoch nicht, da sich im Vasenwasser zum Beispiel abgestorbene Mikroorganismen befinden, die die Leitbahnen mit ihrem Zellkörper verstopfen. Außerdem werden durch die Bakterientätigkeit Stoffe ins Vasenwasser abgegeben, die die Haltbarkeit der Blumen stark herabsetzen. Offenbar sind diese Substanzen in der Lage, pflanzliches Gewebe zu zerstören. Daher nutzt es zum Beispiel gar nichts, bakterizide Stoffe, wie sie in Blumenfrischhaltemitteln enthalten sind, nachträglich in nicht ganz sauberes Wasser zu geben, denn die Zellkörper und die Stoffwechselprodukte der Mikroorganismen bleiben natürlich erhalten. Eine wichtige haltbarkeitsverlängernde Maßnahme ist folglich, ein Wachstum der Mikroorganismen gar nicht erst entstehen zu lassen.

Besonders bei Rosen hat man festgestellt, dass ein niedriger pH-Wert des Vasenwassers die Haltbarkeit verlängert. Durch Zugabe von zum Beispiel Zitronensäure kann ein hoher pH-Wert gesenkt werden. Auch der zuweilen erteilte Rat, einen Schuss Essig ins Vasenwasser zu geben, verfolgt diese Zielsetzung. Bei einem pH-Wert von 4 wird das Bakterienwachstum gehemmt und die von der Pflanze selbst hervorgerufene Leitbahnblockade verlangsamt sich, da sich die Enzymaktivität verringert. Beide Auswirkungen haben eine bessere

Wasseraufnahme zur Folge. Andere Alterungsprozesse, wie etwa das Verblauen der Blütenblätter bei roten Rosen, werden jedoch nicht beeinflusst.

Energiemangel

Die für alle Lebensvorgänge nötige Energie wird durch die Veratmung der durch die Fotosynthese gebildeten energiereichen Stoffe gewonnen. Je höher die Temperatur ist, desto schneller läuft dieser Prozess ab. So wird durch eine Erhöhung um 10 °C die Atmungsrate verdoppelt. Eine Schnittblume verbraucht also die in ihren Geweben gespeicherte Energie zum Beispiel zum Öffnen der Knospen. Eine Neugewinnung von Energie durch die Fotosynthese ist aber kaum möglich, da bei einer Schnittblume nur eine sehr begrenzte Menge an assimilationsfähigem Gewebe vorhanden ist und die Lichtmenge in den dunklen Räumen nicht ausreicht. Ist die gespeicherte Energie veratmet, funktioniert der Stoffwechsel nicht mehr, d. h. ein Wachstum ist nicht mehr möglich und die Blüten öffnen sich nicht. Als letzte Maßnahme kann die Pflanze Eiweißstoffe zur Energiegewinnung heranziehen. Äußerlich wird dies durch ein Vergilben und Vertrocknen der Laubblätter erkennbar. Beim Eiweißabbau entsteht in den Zellen außerdem Ammoniak, was zu einer Erhöhung des pH-Wertes in den Zellen führt.

Dadurch entstehen Farbumschläge bei den in den Zellen enthaltenen Farbstoffen. So ist das Verblauen roter Rosen eine Folge des Eiweißabbaues. Wie lange eine Schnittblume hält, hängt allerdings nicht nur von ihren Energiereserven ab. Die Atmungsrate, also die Geschwindigkeit, mit der die Assimilate veratmet werden, ist bei Chrysanthemen zum Beispiel viel langsamer als bei Nelken, weshalb Chrysanthemen haltbarer sind.

Ethylen

Vor über 100 Jahren stellte man fest, dass aus undichten Leitungen ausströmendes Leuchtgas Bäume vollständig entblättern kann. 1901 fand man, dass der ungesättigte Kohlenwasserstoff Ethylen als ein Bestandteil des Leuchtgases dafür verantwortlich war.

Besonders empfindlich reagieren Nelken auf Ethylen. Man kann sie als Anzeigerpflanzen für undichte Gasleitungen bezeichnen, denn die Blüten schließen sich und öffnen sich nie mehr, sie »gehen schlafen«.

Ethylen entsteht außerdem bei der Verbrennung von Erdöl, Benzin usw.. Blumengeschäfte, die durch ihre Lage großen Mengen von Autoabgasen ausgesetzt sind, müssen mit Schäden durch Ethylen rechnen. Die hohen Ethylengehalte der Luft haben zum Beispiel in einigen kalifornischen Städten den Anbau der sehr empfindlich reagierenden Cattleyen unmöglich gemacht. 1934 entdeckte man, dass Pflanzen selbst Ethylen erzeugen können und damit zu einem schnelleren Verblühen selbst beitragen. Durch kleinste Mengen Ethylen in der Luft werden Pflanzen zur Ethylenproduktion angeregt. Besonders reichlich wird Ethylen von reiferen und alternden Pflanzenteilen, zum Beispiel Früchten (Äpfel, Birnen, Passionsfrüchte), gebildet, so dass sich eine gemeinsame Lagerung oder ein Verkauf von Früchten und Schnittblumen in einem Raum verbietet.

Besonders von Orchideen weiß man, dass eine Befruchtung der Blüte zu einer starken Ethylenproduktion führt. Das Ethylen sorgt für einen Transport von Zucker aus den Blütenblättern in den Fruchtknoten, da hier der Verbrauch nun steigt.

Die Blüte vergeht innerhalb kurzer Zeit. Es deutet vieles darauf hin, dass auch andere Pflanzenarten entsprechend reagieren. Die von einer Pflanze gebildete Ethylenmenge hängt ferner von der Temperatur ab. Kühle Lagerung der Blumen senkt nicht nur die Atmungsrate, sondern auch die produzierte Ethylenmenge.

Beim Transport der Blumen in Kartons steigt besonders im Sommer bei höheren Temperaturen der Ethylengehalt in der Verpackung stark an. Offensichtlich schadet das aber knospigen Blumen viel weniger als geöffneten Blüten. Ist ein solcher Transport unumgänglich, sollten zum Beispiel Nelken in knospigem Zustand geerntet werden.

Auch mechanische Verletzungen des pflanzlichen Gewebes regen die Ethylenproduktion an. Der Schnitt ist die erste Wunde, danach erfolgt das Abtrennen einiger Blätter, das Entstacheln der Stängel usw. Diese Verletzungen sind bei Schnittblumen unvermeidlich. Unachtsamer Umgang, Druck bei der Verpackung u. ä. müssen aber nicht sein.

Auch kranke Pflanzen bilden verstärkt Ethylen. Festgestellt hat man dies etwa bei Befall durch Chrysanthemenrost, Grauschimmel, Sternrußtau, verschiedene Blattfleckenkrankheiten und die Rote Spinne.

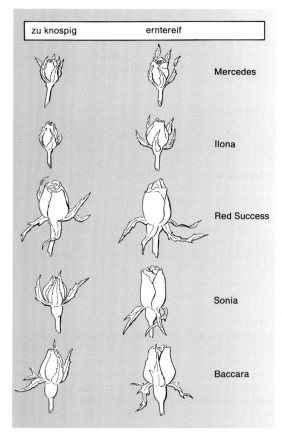

zu knospig	erntereif	
		Mercedes
		Ilona
		Red Success
		Sonia
		Baccara

Abb. 182.
Optimale Entwicklungsstadien von Rosenknospen zur Zeit der Ernte.

!!!Merksätze
- Die Ursachen vorzeitiger Welke sind im wesentlichen Wassermangel, Energiemangel und der Einfluss von Ethylen.
- Wassermangel entsteht durch fortgesetzte Verdunstung und mangelnden Wassernachschub, der seine Ursache in einer Leitbahnblockade durch Luftblasen, Mikroorganismen oder das Gewebe zersetzende Substanzen hat.

- Besonders bei höheren Temperaturen tritt ein Energiemangel auf, da die Assimilate zum Beispiel zum Öffnen der Blüten zwar verbraucht, aber keine neuen, energiereichen Stoffe gebildet werden.
- Ethylen führt zum raschen Verblühen der Blumen. Es entsteht durch die Verbrennung von Erdöl oder Benzin, wird aber auch von der Pflanze selbst gebildet (Früchte; kranke, verletzte Pflanzenteile).

???Aufgaben
1. Beurteilen Sie die gemeinsame Verarbeitung von Blumen und Früchten in
   a) einem Brautstrauß
   b) einem Geschenkstrauß.
2. Beschäftigen Sie sich mit dem rot-blauen Farbstoff in der Pflanze (vgl. Kap. A 3).
   a) Stellen Sie fest, wie er heißt.
   b) Erklären Sie, wovon die Ausprägung des jeweiligen Farbtones abhängt.
3. Eine Kundin möchte in einem Gesteck selbst einige Blumen durch frische ersetzen, da die übrigen Blumen noch ansprechend aussehen. Sie kauft zu diesem Zweck bei Ihnen drei knospige Rosen. Erklären Sie, warum dieses »Auffrischen« problematisch ist.

48 Frischhaltemaßnahmen

Im vorigen Kapitel wurden die Zusammenhänge erläutert, die zum vorzeitigen Welken und Vergehen von Schnittblumen führen. Aus diesen Erkenntnissen lassen sich zahlreiche Maßnahmen ableiten, die zu einer längeren Haltbarkeit beitragen. Wichtig ist, dass von der Ernte bis zum Endverbraucher konsequent das Ziel einer längeren Frischhaltung verfolgt wird, denn die beste Blumenqualität kann durch unsachgemäße Behandlung zunichte gemacht werden.

Ernte

Die Ernte der Schnittblumen sollte im voll turgeszenten Zustand erfolgen. Am ehesten erreicht man dies bei einer Ernte am Morgen. Die Pflanzen sind dann auch noch nicht von der Sonne erwärmt, was sich günstig auf den Energieverbrauch durch Atmung auswirkt. Andererseits hat eine Ernte am Abend den Vorteil, dass die Pflanzen eine größere Menge an Assimilaten mit auf den Weg nehmen. Setzt man voraus, dass die Pflanzen turgeszent sind und sofort nach dem Schnitt in ein Gefäß mit Wasser gestellt werden, so kann man, den Bedürfnissen der Betriebsorganisation entsprechend, zu jeder Tageszeit ernten. Eigentlich sollten Blumen so knospig wie möglich geschnitten werden, damit ihr Vasenleben recht lang ist. Andererseits sind zu diesem Zeitpunkt die Gewebe noch nicht ausgereift und die Menge der gespeicherten Assimilate ist noch gering. Nicht allen Blumen gelingt es unter diesen Bedingungen, die Knospen zu öffnen. Knospig können geerntet werden: Freesien, Gladiolen, Amaryllis, Iris, Lilien, Rosen (s. Abb. 182), Tulpen, Narzissen. Voll erblüht werden geschnitten: Chrysanthemen, Margeriten, Gerbera (drei Ringe mit geöffneten Pollen), Orchideen, Alpenveilchen, Euphorbien.

Verpackung, Lagerung und Transport

Blumen mit kleinen Blüten werden dicht in Bündeln verpackt. Es ist nicht ratsam, zu viele Bündel übereinander zu stapeln, da sonst Schäden durch Druck entstehen, was die Ethylenerzeugung der Pflanzen anregt. Größere und empfindliche Blüten wie Anthurien, Gerbera und Orchideen werden zur Vermeidung von mechanischen Verletzungen in Kartons verpackt. Es ist auch möglich, sie in luftgefüllte Foliensäcke einzuschweißen (z. B. *Gloriósa*). Schnittblumen sollten nicht in Zeitungspapier eingewickelt werden, da das trockene Papier den Pflanzen Feuchtigkeit entzieht. Gebräuchlich ist heute die Verwendung von Kunststofffolien, die mit einem Antikondensbelag beschichtet oder perforiert sein sollten. Für Pflanzen, die während des Transportes mit Wasser versorgt werden müssen (Orchideen, Anthurien), haben sich Kunststoffröhrchen mit dehnbarem Verschluss bewährt.

Auf ihrem zuweilen sehr langen Weg vom Erzeuger zum Verbraucher werden die Blumen manchmal mehrmals zwischengelagert. Für jede Lagerung, natürlich auch für die im Blumengeschäft, gelten die gleichen Anforderungen. Um den Wasserverlust in Grenzen zu halten, sollte die Luftfeuchtigkeit zwischen 85 und 95 % betragen. Für die meisten Schnittblumen, außer z. B. Orchideen, Anthurien, Poinsettien und Gerbera, ist eine kühle Lagerung zwischen 2 und 4 °C am günstigsten. So werden Atmung und Mikroorganismenwachstum stark verlangsamt.

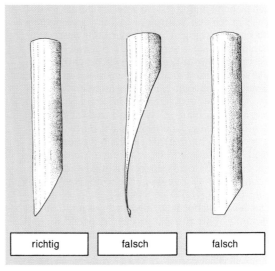

richtig | falsch | falsch

Abb. 183.
Das Anschneiden der Sprossachse.

Nach einer Lagerung bei so niedrigen Temperaturen sollten die Blumen nicht gleich in einen warmen Raum gebracht, sondern erst in einem leicht temperierten Raum an die Erwärmung gewöhnt werden.

Um den Ethylengehalt möglichst gering zu halten, sollten weder Obst noch Gemüse mit Blumen gemeinsam gelagert werden. Kranke, faulende und beschädigte Blumen sind aus dem Lagerraum zu entfernen.

Für den Transport gelten die gleichen Bedingungen wie für das Lager. Werden Blumen nicht gekühlt, so steigt in den Transportkisten, zum Beispiel bei Sonneneinstrahlung während des Verladens, die Temperatur leicht bis auf 50 °C. Grundsätzlich sollte der Transport so kurz und so schonend wie möglich sein.

Behandlung im Geschäft und beim Verbraucher

Zunächst ist das Laub im unteren Bereich der Sprossachsen zu entfernen. Dies gilt insbesondere für Rosen (Produktion von Phenolen) und Pflanzen mit weichen und leicht von Mikroorganismen zu zersetzenden Blättern.

Der glatte, **schräge Anschnitt** ist nach heutigen Erkenntnissen die geeignetste Methode der Sprossachsenbehandlung. Die Wasseraufnahme wird zwar durch den Stängelquerschnitt begrenzt, aber durch den schrägen Schnitt wird die wasseraufnehmende Fläche vergrößert, so dass eher der maximale Wasserdurchsatz erreicht wird. Durch die vergrößerte Oberfläche dauert es zum Beispiel auch länger, bis die sich vermehrenden Mikroorganismen die Leitbahnen verstopfen können. Wie schräg der Schnitt geführt wird, richtet sich nach dem Durchmesser der Sprossachse. Man sollte hier auch nicht übertreiben, denn die sonst verbleibenden dünnen Enden knicken leicht um und verstopfen die Leitbahnen. Wichtig ist, dass der Schnitt durch die gesamte Breite der Sprossachse geht (s. Abb. 183).

Das **Anklopfen** holziger Sprossachsen mit dem Hammer führt zu einer großen Menge Zellschutt, der die Leitbahnen verstopft. Der an sich positive Effekt der Vergrößerung der wasseraufnehmenden Oberfläche wird so wieder zunichte gemacht. Außerdem ist Zellschutt eine begehrte Nahrung für Mikroorganismen.

Eher zu empfehlen ist schon das **Spalten der Sprossachsen** bei holzigen Pflanzen oder das **Abschälen der Rinde** in den unteren fünf bis zehn cm. Die wasseraufnehmende Fläche wird so vergrößert, da das Wasser nun auch seitlich in die Sprossachse eindringen kann. Das gleiche Ziel hat das **Einschneiden oder Einritzen** bei Alpenveilchen und Christrosen.

Das kurzfristige **Eintauchen der Sprossachsen in heißes Wasser** lässt das Eiweiß in den Zellen gerinnen, die Zellen sterben ab. Damit wird der Nährboden für Mikroorganismen ungünstiger. Das tote Gewebe kann nicht selbst aktiv als Reaktion auf die Wunde eine Leitbahnblockade bilden und es können keine lebenden Zellen mehr ins Vasenwasser gelangen, die in die Leitbahnen eingesaugt werden und dort durch Quellung eine Gefäßverstopfung verursachen könnten. Bei milchsaftführenden Pflanzen (Euphorbien, Mohn) und schleimabsondernden Pflanzen (Narzissen) verhindert das Ankochen den weiteren Austritt dieser Substanzen, die die Schnittfläche verkleben würden. Bei milchsaftführenden Pflanzen sollte innerhalb der angekochten Zone noch einmal nachgeschnitten werden.

Narzissen, die in ihrem Schleim für viele Pflanzen giftige Stoffe enthalten, kann man auch für 24 Stunden in einem separaten Gefäß **ausschleimen** lassen, bevor man sie ohne Neuanschnitt verarbeitet. Die gleiche Wirkung wie das Ankochen hat das **Anbrennen** der Sprossachsenenden über einer Kerzenflamme. Schneidet man eine Euphorbie kurz ab, so dass die Schnittstelle in der noch nicht angekochten Zone liegt, kann man mit dieser Maßnahme den Milchsaftfluss stoppen.

Auffrischen

Trotz des Anschnittes erholen sich manche Blumen von den Transportstrapazen nur langsam. Solche Blumen werden in Papier eingewickelt und für zwei bis zwölf Stunden in ca. 40 °C warmes Wasser gestellt. Je nach Pflanzenart sollte die Raumtemperatur 4 bis 10 °C betragen. Häufig wird empfohlen, die Blumen so tief ins Wasser zu stellen, dass auch über die Blätter eine Wasseraufnahme erfolgen kann. Die damit verbundenen Nachteile wie Fäulnis, Vermehrung der Mikroorganismen und Bildung von Phenolen in den Blättern überwiegen aber diesen Vorteil.

Vase und Wasser

Eigentlich sollte das regelmäßige, gründliche Ausscheuern der Gefäße, die zum Einstellen von Schnittblumen verwendet werden, selbstverständlich sein.

Für die Blumen am besten geeignet ist temperiertes, also luftarmes Wasser. Man sollte keinen Siebeinsatz im Wasserhahn verwenden, weil dadurch das Wasser mit Luft angereichert würde. Es ist aus diesem Grunde auch nicht ratsam, das Wasser heftig sprudelnd ins Gefäß laufen zu lassen. Der tägliche Wasserwechsel bietet nur dann Vorteile, wenn er mit einem Neuanschnitt der Blumen einhergeht. Denn die meisten Mikroorganismen befinden sich an der Schnittfläche und werden sonst ins neue Vasenwasser übertragen. Alle anderen Reaktionen der Pflanze wie Leitbahnblockade, Zellschutt usw. bleiben erhalten. Außerdem besteht bei neuem Wasser wieder die Gefahr, dass Luftblasen in die Leitbahnen gelangen.

Zusätze zum Vasenwasser

Die Fantasie der Menschen kennt in diesem Punkt offenbar keine Grenzen. Von der Antibabypille über Spülmittel, Alkohol usw. bis hin zum Kupferpfennig wurde alles mögliche ausprobiert. Bisher sind keine positiven, zuweilen jedoch schädliche Wirkungen dieser Hausmittel bekannt. Ein bewährter Wasserzusatz ist aber der **Zucker**. Mit ihm lässt sich der Energiemangel der Schnittblumen ausgleichen und die energieverbrauchenden Lebensvorgänge, wie das Öffnen der Blüte, können weitergehen, ohne die Reserven zu erschöpfen.

Da ein Eiweißabbau nicht stattfinden muss, verblauen die roten Rosen nicht, die Ethylenproduktion der Blume setzt erst später ein und die Zellmembranen werden stabiler, was sich günstig auf die Transpiration auswirkt. Probleme ergeben sich aber dadurch, dass bei den einzelnen Schnittblumen die benötigten Zuckerkonzentrationen verschieden sind und bei einer Überdosierung Schäden auftreten. Leider ist Zucker auch für Mikroorganismen das ideale Futter und so vermehren sie sich rasch. Zucker als alleiniger Wasserzusatz verlängert die Haltbarkeit daher selten.

Blumenfrischhaltemittel (BFH) enthalten deshalb immer bakterizid und fungizid wirkende Stoffe. Außerdem mischt man Substanzen bei, die die von der Pflanze selbst herbeigeführte Leitbahnblockade vermindern und auch die pflanzeneigene Ethylenproduktion hemmen. Dadurch wird die Wasseraufnahme gefördert und der Alterungsprozess verzögert. Der Zucker als Energiespender ist entweder schon im BFH enthalten, oder er wird vom Floristen bzw. Verbraucher hinzugefügt.

Auch aus arbeitswirtschaftlichen Gründen ist die BFH-Anwendung interessant, denn das Vasenwasser braucht nicht täglich erneuert zu werden. Da das Mikroorganismenwachstum unterdrückt wird, entstehen keine schleimigen, übelriechenden Substanzen mehr, wodurch das mühsame Vasenscheuern entfällt. Stehen Blumen in Glasvasen, wird auf dem Boden des Gefäßes ein weißer Niederschlag sichtbar. Hierbei handelt es sich um Pflanzenteile, Pflanzensäfte, Substanzen des Leitungswassers usw., die durch das BFH gebunden und dadurch unschädlich gemacht wurden. Der Belag lässt sich leicht aus den Gefäßen herausspülen, da er sich nicht festsetzt.

Bei der Anwendung der BFH ist auf eine genaue Dosierung zu achten, da durch Überdosierung Schäden entstehen und eine Unterdosierung nur mangelhafte Wirkung zeigt. BFH sollten nur in sauberes Wasser gegeben werden. Obwohl die verschiedenen Blumenarten und -sorten auf die einzelnen BFH unterschiedlich reagieren, verlängern sie die Haltbarkeit im Durchschnitt im Sommer um 67 % und im Winter sogar um 139 %. Da aber die Ansprüche der Blumen auf ihrem Weg vom Erzeuger zum Verbraucher nicht konstant sind, empfehlen sich unterschiedliche Mittel für die einzelnen Stadien und Blumenarten, bei denen es sich um spezielle Mixturen der Bestandteile, die auch in den üblichen Blumenfrischhaltemitteln enthalten sind, handelt. In der Regel kommen heute beim Erzeuger so genannte **Vorbehandlungsmittel** zum Einsatz, für einige Handelswege ist dies sogar zwingend vorgeschrieben. So dürfen z. B. bei der Versteigerung in Aalsmer *Dianthus, Bouvardia* und *Alstroemeria* nur mit einer Vorbehandlung gegen Ethylenschäden (z. B. Chrysal-AVB) und *Rosa, Syringa* und Sommerblumen nur mit einer Vorbehandlung zur Abwehr von Mikroorganismen (z. B. Chrysal-RVB) verkauft werden. Außerdem gibt es Vorbehandlungsmittel gegen Blattvergilbung (z. B. Chrysal-SVB) und zur Förderung der Blüten (z. B. Chrysal-AKC) für besonders knospig zu erntende Blumen. Die **Zwischenbehandlungsmittel**, die z. B. beim Floristen zum Einsatz kommen, haben eine breite bakterienhemmende Wirkung und eine gute Verträglichkeit für viele Schnittblumenarten (zum Beispiel Chrysal Professional). Der Endverbraucher verwendet so genannte **Nachbehandlungsmittel**, die überwiegend der Versorgung der Schnittblume mit Nahrung dienen und somit das Erblühen gewährleisten sollen (z. B. Chrysal Universal). Optimal ist eine ununterbrochene Frischhaltekette mit sorgfältig aufeinander abgestimmten Frischhaltemitteln.

!!!Merksätze

- Pflanzen sollten in voll turgeszentem Zustand und bei entsprechender Schnittreife geerntet werden.
- Bei Verpackung, Lagerung und Transport sind mechanische Beschädigungen, hohe Temperaturen und trockene Luft zu vermeiden.
- Frischblumen werden schräg angeschnitten, bei milchsaftführenden Pflanzen ist das Ankochen wichtig.
- Das Vasenwasser sollte sauber, temperiert und sauerstoffarm sein. Es dürfen keine Blätter ins Vasenwasser gelangen.
- Blumenfrischhaltemittel enthalten Zucker, bakterizide und fungizide, ethylenhemmende und die Leitbahnblockade verhindernde Stoffe. Sie können die Haltbarkeit deutlich verlängern und ersparen einige Arbeitsgänge.

???Aufgaben

1. Nennen Sie Pflegemaßnahmen (Anschnitt, Lufttemperatur, Wasserzusätze usw.) die Sie bei folgenden Pflanzen anwenden:
   a) *Adiántum*
   b) Blätter von *Codiǽum und Dracǽna*
   c) *Gérbera*
   d) *Bouvárdia*
   e) *Euphórbia pulchérrima*
   f) *Tulípa*
   g) *Hippeástrum*
2. Beschreiben Sie, welche Maßnahmen die Verdunstung vermindern oder die Wasseraufnahme einer Schnittblume erhöhen.
3. Nennen und begründen Sie drei Maßnahmen zur Versorgung eines Brautstraußes ohne natürliche Stiele.
4. Behandeln Sie Rosen gleicher Sorte und Frische unterschiedlich:
   a) nicht anschneiden, in kaltes Wasser stellen
   b) anschneiden, in kaltes Wasser stellen
   c) anschneiden, in warmes Wasser stellen
   d) anschneiden, kurz in heißes Wasser tauchen, dann in warmes Wasser stellen
   e) anschneiden, in warmes Wasser mit Blumenfrischhaltemittel stellen.
   Beobachten Sie, bei welcher Behandlung die Rosen voll erblühen und am längsten halten.

49 Trocknen und Färben

Getrocknete Pflanzenteile haben ihren ganz besonderen Charme. Sie verdeutlichen das Vergehen alles Lebendigen, sind aber keineswegs immer tot. Früchte und Samen sind schließlich Träger neuen Lebens. Als Arrangement verarbeitet sind sie zwar sehr viel länger haltbar als Frischblumen, aber auch nicht unvergänglich. Gerade das macht jedoch ihren Reiz aus und macht sie wertvoller als jede künstliche Blume.

Das Angebot an Trockenmaterial wird ständig größer. Exotische Pflanzen aus Südafrika, Australien usw. bereichern den Markt. Häufig weiß niemand ihre botanischen Namen und so werden sie unter zuweilen recht seltsamen Handelsnamen verkauft. Auch für viele hier produzierte Blumen sind inzwischen gute Trocknungsverfahren entwickelt worden, die sogar in Bezug auf die Frische der Farbe überzeugen. Das Verfahren der Gefriertrocknung ist bis jetzt noch Spezialfirmen vorbehalten, andere Verfahren können von jedem angewendet werden, brauchen teilweise aber viel Erfahrung.

Wann wird geschnitten?

Schneidet man die Pflanzen selbst, ist auf die richtige Schnittreife zu achten. Knospig geerntet werden das Papierknöpfchen (*Ammóbium*) und die Kugeldistel (*Echínops*), halb erblüht die Strohblume (*Helichrýsum*), der Lauch (*Állium*), der Sonnenflügel (*Helípterum*) und die Prachtscharte (*Líatris*), voll erblüht die Schafgarbe (*Achilléa*), der Frauenmantel (*Alchemílla*), der Fuchsschwanz (*Amaránthus*), die Celosie (*Celósia*), die Hortensie (*Hydrangéa*), der Lavendel (*Lavándula*), die Statize (*Limónium*), der Rittersporn (*Consólida*) und das Schleierkraut (*Gypsóphila*). Gräser werden nach der Blüte und dem Samenansatz, aber noch grün geschnitten. Der Rohrkolben (*Týpha*) darf noch nicht ausgefärbt sein, sonst fällt er auseinander. Anders ist es bei den Karden (*Dípsacus*), die in voll reifem Zustand geerntet werden. Die Edeldisteln (*Erýngium*) sollen gut ausgefärbte Hochblätter haben. Die meisten Samen- und Fruchtstände schneidet man nach beendeter Reife,

wenn sie gut ausgefärbt (*Phýsalis*) oder genügend verholzt sind (*Papáver*). Zierkürbisse müssen vollständig ausgefärbt sein. Blätter und Farnwedel trocknet man am besten, wenn sie voll ausgereift sind oder bereits ihre schöne Herbstfärbung zeigen (siehe Kapitel A 18).

Welche Methoden der Trocknung bzw. Haltbarmachung gibt es?

Trocknen an der Luft

Gestielte Trockenblumen werden in kleinen Bündeln an einem luftigen, warmen und dunklen Ort mit den Blüten nach unten aufgehängt, meistens werden die Blätter vorher entfernt. Die Bündel sollten mit einem Gummi und nicht mit Bast zusammengebunden werden, da sie beim Trocknen schrumpfen und sich folglich lockern würden. Will man die natürliche Gestalt, also die Haltung der Blüten und Blätter bewahren, so können einige Pflanzen durchaus auch locker in einzelnen Gefäßen aufgestellt werden (*Amaránthus, Phýsalis,* Gräser). Ginster und Weidenzweige lassen sich zu skurrilen Formen gebogen trocknen. Will man Pflanzen etwas bleichen, müssen sie während des Trocknens, z. B. in einem Gewächshaus, von der Sonne beschienen werden. Sollen nur die Blütenköpfe, Samen, Moose, Flechten oder Blätter, die sich bizarr verformen sollen, getrocknet werden, so breitet man sie in dünner Lage auf Papier, besser auf feinen Maschendrahtgittern in stapelbaren Holzrahmen aus. *Helichrýsum* sollte man schon zuvor andrahten, indem man einen dünnen Steckdraht durch ein kurzes Stielstück in den Blütenstandsboden schiebt. Beim Trocknen schließt sich dann der Stiel eng um den Draht. Schon getrocknete Strohblumen lassen sich wesentlich schwieriger andrahten. Günstig ist es, wenn die Materialien möglichst schnell trocknen, da dann die Farben besser erhalten bleiben. Wenn man keinen warmen Raum, z. B. einen Heizkeller, zur Verfügung hat, geht es auch mit einem Heißlüfter oder in Einzelfällen im Backofen. Besonders rasch und schonend geht das Trocknen mit einem Blumen-Trocknungsapparat (s. Kap. B 12). Blätter und Farnwedel kann man pressen. Dazu werden sie zwischen Zeitungs- und Löschpapierbögen gelegt. Zwischen jede Lage kann man außerdem noch ein Brett legen, und den ganzen Stapel beschwert man mit Büchern oder Steinen. Eleganter ist natürlich die Verwendung einer speziellen Pflanzenpresse.

Trocknen mit Silikagel

Um einzelne, schöne Blüten (*Alstroeméria, Begónia, Campánula, Fúchsia, Narcíssus, Caléndula*) zu trocknen, gebraucht man Silikagel (= Kieselgel). Diese Substanz kann Feuchtigkeit aufnehmen und bei Hitze wieder abgeben. Je feinkörniger das Silikagel ist, desto besser wird das Trockenresultat. Man verwendet ein luftdicht schließendes Gefäß, z. B. ein Weckglas mit Gummiring und Klammer oder eine Blechdose, deren Deckel man mit einem Klebeband luftdicht verschließen kann. In das Gefäß füllt man eine Schicht mit Silikagel, legt die Blume hinein und füllt das Gefäß mit der Substanz auf. Es muss darauf geachtet werden, dass die Blüte ganz dicht mit Silikagel umgeben ist. Dies gelingt meist nur, wenn die Blüte mit der Öffnung nach oben eingelegt wird. Nach zwei bis sechs Tagen kann das Silikagel vorsichtig ausgegossen und die Blüte dem Gefäß entnommen werden. Das feuchte Silikagel kann man im Backofen bei 200 °C trocknen und immer wieder verwenden. Es gibt auch Silikagel, das durch die Beimischung eines Kobaltsalzes im trockenen Zustand blau und im feuchten rosa gefärbt ist.

Präparieren mit Glyzerinlösung

Saftige Früchte am Zweig, wie etwa *Cratáegus*- oder *Pyracántha*-Früchte und Laubzweige, kann man haltbarer machen, wenn man das in ihnen befindliche Wasser, welches ja schnell verdunstet, durch Glyzerin ersetzt. Glyzerin verdunstet sehr viel langsamer und hält somit die Zellen länger straff. Die Zweige werden angeschnitten und in ein Glyzerin-Wasser-Gemisch mit dem Mischungsverhältnis 1:2 gestellt. Das Wasser sollte erhitzt sein. In ein bis zwei Wochen fühlen sich die Blätter fettig an, ein Zeichen dafür, dass das Glyzerin oben angekommen ist. Will man das Laub grün erhalten, müssen die Zweige in dieser Zeit hell stehen. Manche Blätter, z. B. *Ílex*, färben sich jedoch braun. Schneidet man die Zweige vor der Fruchtreife (Kastanien, Buchen), so bleiben die sich öffnenden

Früchte am Zweig haften. Geeignet ist diese Methode auch für Aspidistrablätter, Eucalyptuszweige usw.

Auch ein Verdunstungsschutz von außen erhöht die Haltbarkeit. Zierkürbisse etwa reibt man mit Bohnerwachs ein. Sprühlack, glänzend oder matt, die so genannte »Elefantenhaut«, ein halbmatter Spraylack, aber auch Haar- und Fixierspray helfen, durch ihren verklebenden Effekt das Auflösen von Getreideähren, Rohrkolben u. a. Fruchtständen zu verhindern.

Präparieren mit Flora-Balsam

Mit Flora-Balsam präparierte Blumen bleiben lange frisch und in Form, da ihre Verdunstung reduziert ist. Sie sind sowohl mit anderen Trockenmaterialien als auch mit Frischblumen kombiniert zu verarbeiten. Die Anwendung des Balsams erfordert einige Übung und daher wird das Mittel nur mit intensiver Unterweisung abgegeben. Die gerade erblühten und turgeszenten Blumen werden meist angedrahtet, in die milchige Flüssigkeit getaucht, gut ausgeschleudert und getrocknet. Bewährt hat sich diese Verfahren bei *Dáhlia, Víola, Narcíssus, Rósa, Paeónia, Convallária* u. a.

Gefriergetrocknete Blumen

Seit Mitte der 90er-Jahre sind so genannte Freezies, gefriergetrocknete Blumen, erhältlich. Die direkt beim Erzeuger gekauften Blumen werden mit flüssiger Luft schockgefrostet und bei niedrigem Druck bei –35 °C gekocht. Die angebotene Ware überzeugt durch ihre Farbigkeit. Erhältlich sind z. B. *Rósa, Víola, Caléndula, Heliánthus, Hydrangéa, Nymphǣa* und viele Kräuter. Es können auch ganze Sträuße gefriergetrocknet werden. Dazu sind die Werkstücke gut verpackt und mit Wasserversorgung versehen an die Firma zu schicken. Als Beiwerk eignen sich in solchen Fällen besonders *Hédera, Fágus, Aspáragus, Sédum, Búxus, Alchemílla* und Gräser.

Lagerung und Verarbeitung

Die gut getrockneten Materialien verwahrt man trocken, dunkel und staubfrei am besten in Kartons, da die Pflanzen so auch gegen Beschädigungen einigermaßen geschützt sind. Vor dem

Verarbeiten kann man spröde Materialien durch Wasserdampf oder Überbrühen elastischer machen.

Durch den Trocknungsprozess verlieren viele Blumen an Farbe oder die Farben verändern sich. Frischblumen sind nicht immer in den vom Gestalter gewünschten Farbtönen erhältlich, die Natur setzt hier ihre Grenzen. Beides hat dazu geführt, pflanzliche Materialien färben zu wollen. Sicherlich entfernt man sich mit dieser Maßnahme vom Natürlichen und zuweilen werden auch die Grenzen dessen, was man noch als material- oder zweckgerecht bezeichnen kann, überschritten. Letztlich muss jeder Gestalter selbst entscheiden, inwieweit der Zweck hier die Mittel heiligt.

Welche Färbemethoden gibt es?

Färben mit Sprayfarben

Der Gebrauch der Sprühdose zum Verändern der pflanzlichen Farbe ist heute eine Selbstverständlichkeit. In der Weihnachtszeit sind Gold-, Silber- und Kupfertöne beliebt, als gleichmäßige Farbschicht oder aus einzelnen, glitzernden Teilchen bestehend. Sprayfarben gibt es inzwischen aber in beinahe jedem Farbton, glänzend oder matt, und das Angebot wird ständig größer. Einige diese Sprayfarben sind auch für Frischblumen geeignet. Bei Blüten mit sehr dünnen Blütenblättern sollte man mit der Dose ca. 30 cm Abstand halten, damit die Blütenblätter sich nicht einrollen. Ob man nun weiße Blüten mit einer Farbe tönt oder aus einer einfarbigen gelben Blüte, zum Beispiel mit einem Hauch Orange, eine zweifarbige macht, bleibt dem Gestalter überlassen. Verwendet man zwei Farben übereinander, so kann man interessante Effekte erzielen, wenn man die zweite Farbschicht auf die noch feuchte unterste Schicht sprüht. Selbstverständlich ist auch die Kombination von Farbe und Glimmer undsoweiter möglich.
Man hüte sich allerdings vor einem übertriebenen Gebrauch der Sprayfarben, denn gesprayte Blumen und Blätter wirken immer etwas künstlich, auch weil ihre natürliche Oberflächenstruktur überdeckt werden kann. Ein Hauch von Farbe oder Glanz, der nur einen Akzent setzt, ist vielfach schöner als das totale, deckende Färben pflanzlicher Materialien.

Bei der Arbeit mit Sprayfarben sollte man Gummihandschuhe tragen und nur in gut gelüfteten Räumen arbeiten. Damit die Umgebung nicht mit eingefärbt wird, empfiehlt sich ein großzügiges Abdecken des Tisches mit Zeitungspapier. Sehr zweckmäßig ist auch die Verwendung eines Kartons als Spraykammer (s. Abb. 184). Da sich die Düsen nach dem Gebrauch leicht zusetzen, sollte man sie reinigen, bevor man das Spray wegstellt. Dies macht man, indem man die Dose mit dem Spraykopf nach unten hält und kurz das Ventil betätigt. In dieser Stellung befindet sich die in der Dose enthaltene Gasblase oben, also dort, wo jetzt der Ansaugschlauch des Ventils endet. Durch ein kurzes Sprühen reinigt das Gas die Düse von zurückgebliebenen Farbresten. Spraydosen dürfen natürlich nicht neben der Heizung oder in der Sonne gelagert werden, da sich das Treibgas ausdehnt und die Dose platzen kann. Entleerte Dosen gehören nicht in den Haushalts-, sondern besser in den Sondermüll.
Da das in den Spraydosen befindliche Treibgas umweltschädlich ist, wird angestrebt, die für den Floristen interessanten Sprayfarben in Dosen mit mechanischem Zerstäuber anzubieten. Es ist sehr zu hoffen, dass diese Umstellung möglichst bald erfolgt und dann von vielen Floristen unterstützt wird.

Färben durch Einstellen in Farblösung

Frische Blumen lassen sich mit diesem Verfahren schön färben, da hier die Struktur der Pflanze eher erhalten bleibt und das Ergebnis lebendiger wirkt. Auch hier kann man weiße Blüten in der gewünschten Farbe einfärben oder die natürliche bunte Blütenfarbe durch die künstliche verändern, da sich die natürliche und die künstliche Farbe mischen. Die pulverförmigen Farben werden in heißem Wasser aufgelöst und anschließend mit kaltem Wasser auf die gewünschte Intensität verdünnt. Dann schneidet man die Blumen an und stellt sie in die Farblösung, wobei die Flüssigkeit im Gefäß nur ca. 5 cm hoch stehen muss. Die Pflanze saugt die Farblösung auf und verteilt sie in wenigen Stunden in Blättern und Blüten. Ist die gewünschte Intensität erreicht, stellt man die Blumen wieder in klares Wasser. Im Prinzip funktioniert dieses

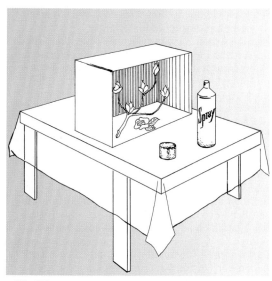

Abb. 184.
Ein Karton dient als Spritzkammer.
Der Tisch wird mit Folie oder Zeitungspapier abgedeckt.

Verfahren auch mit vielen wasserlöslichen Malfarben, Stoff- oder Lebensmittelfarben.

Färben durch Tauchen in Farblösung
Die Farben für das Tauchverfahren werden flüssig in Flaschen angeboten und sind auf Spiritusbasis hergestellt.

Daher dürfen diese Farben auf keinen Fall in Zerstäuber gefüllt und gesprüht werden, denn der feine Sprühnebel ist gesundheitsschädlich und bei offenem Feuer, eine Zigarette genügt hier!, besteht Explosionsgefahr.

Bei Trockenblumen kann man auch die pulverförmigen und wasserlöslichen Saugfarben für das Tauchverfahren verwenden.

Die Blumen taucht man einzeln oder in Bündeln in das Farbbad ein und schwenkt sie ein wenig. Danach lässt man die Farbe kurz abtropfen und spült die Blumen in klarem Wasser, was am besten in drei Durchgängen mit immer wieder frischem Wasser geschieht. Zum Schluss werden die Blumen gründlich ausgeschleudert. Es empfiehlt sich, bei der Färbarbeit seine Kleidung durch einen langen Folienumhang zu schützen.

Färben durch Streichen oder Sprühen
Streichen kann man Zweige, Fruchtkapseln und andere Materialien mit fester Oberfläche. Heute sind für jeden Zweck geeignete Farben im Fachhandel erhältlich. Man sollte sich hierzu immer fachkundig beraten lassen.

Für den floristischen Bedarf gut geeignet sind zum Beispiel Dispersions- beziehungsweise Vollton- oder Abtönfarben. Sie sind nach dem Trocknen nicht mehr wasserlöslich, während sich der nasse Pinsel noch mit Wasser reinigen lässt. Nach dem Trocknen entsteht eine matte Oberfläche. Es gibt dabei sehr viele Farbnuancen, die sich auch untereinander mischen lassen. Manchmal ist es rationeller, die Farben nicht zu streichen, sondern mit der Sprühflasche oder Spritzpistole aufzutragen. Dazu verwendet man verdünnte Farblösungen, zum Beispiel um 10 bis 15 % verdünnte Dispersionsfarben. Nach getaner Arbeit muss die Spritzpistole mit dem entsprechenden Lösungsmittel gereinigt werden.

Färben durch Beizen
Beizen gibt es in Pulverform oder als fertige Lösungen in Flaschen im Farbenfachhandel zu kaufen. Sie sind wasserlöslich und werden auf rohes Holz beziehungsweise unbehandelte, holzige Trockenmaterialien aufgetragen. Man kann diese Beizen mit dem Pinsel streichen oder die Trockenmaterialien darin eintauchen. Durch Zugabe von einigen Tropfen Geschirrspülmittel dringt die Beize besser in die Pflanzenteile ein und färbt dadurch intensiver.

Durch das Beizen wird die natürliche Holzmaserung nicht überdeckt, sondern es ändert sich lediglich die Farbnuance. Da die Beizen nicht deckend sind, beeinflusst der Farbton des jeweiligen Untergrundes das endgültig zu sehende Farbergebnis entscheidend mit. Je heller der Untergrund, zum Beispiel bei gebleichten Trockenmaterialien, desto klarer wird dann im Endeffekt die Farbnuance. Normalerweise entstehen dunkle und getrübte, dem Charakter von Trockenmaterial jedoch sehr gut entsprechende Farbtöne.

Eine ähnliche Wirkung erzielt man mit Lasurfarben, die man wie oben beschriebene Beizen verarbeitet. Sie sind nicht wasserlöslich, aber untereinander mischbar und werden in kleinen Kanistern verkauft.

!!!Merksätze

- Will man Pflanzen trocknen, ist die Schnitt-reife zu beachten, da z. B. zu weit geöffnete Blüten sonst später auseinander fallen.
- Das übliche Trockenverfahren ist das Trocknen an der Luft, Blätter können gepresst werden.
- Für einzelne Blüten ist das Trocknen in Silikagel oder mit Flora-Balsam möglich.
- Saftige Früchte und Zweige werden mit Glyzerinlösung haltbarer gemacht.
- Seit einigen Jahren sind gefriergetrocknete Blumen im Handel.
- Trockenblumen müssen trocken, dunkel und staubfrei gelagert werden.
- Gefärbt werden Pflanzen im Blumengeschäft heute überwiegend mit Sprayfarben. Möglich ist auch das Aufsaugenlassen von Farblösung, das Eintauchverfahren, das Beizen oder Streichen.

???Aufgaben

1. Fertigen Sie eine Materialsammlung gebräuch-licher Trockenblumen und Fruchtstände an (s. Kap. A 18), indem sie die Pflanzenteile auf eine Spanplatte aufleimen und mit Namens-schildern versehen.
2. Sprühen Sie auf ein Trockenmaterial, z. B. gebleichte Mohnkapseln, mit Sprayfarben verschiedener Hersteller. Vergleichen Sie die Wirkung der Farbtöne und der Oberflächen sowie die Preise.
3. Färben Sie weiße Frischblumen, z. B. Nelken, durch Verwendung von Spray, das Einstellen in eine Farblösung und durch Eintauchen. Verwenden Sie möglichst ähnliche Farbtöne und vergleichen Sie die Wirkung.

Teil B
Materialkunde

Gestalterische Mittel und Werkstoffe

1 Gefäße aus Keramik

2 Glasgefäße, Glasschmuckformen

3 Gefäße aus Metall

4 Körbe aus Flechtwerk

5 Gefäße aus Holz, Stein und Kunststoff

6 Bänder, Kordeln und Schnüre

7 Dekorationsstoffe und Folien

8 Kerzen

Der Florist nimmt nicht nur Blumen und Pflanzen in die Hand. Für seine Werkstücke und für den Verkaufsvorgang benötigt er weitere Gestaltungs- und Hilfsmittel. Dazu zählen Gefäße, Bänder, Kerzen, Steck- und Bindemittel, Werkzeuge und Geräte, Verpackungsmittel und vieles mehr. Nicht zuletzt ist die Ausstattung seines Arbeitsplatzes Voraussetzung für sein floristisches Tun. Auch diesbezüglich gilt die Regel: Nur was man kennt und beherrscht, kann man zum Nutzen einsetzen.

So ist die Kenntnis
a) der nicht floralen Gestaltungsmittel
b) der technischen Hilfsmittel und
c) der zweckmäßigen Gestaltung des Arbeitsplatzes
unumgänglich.

Gute Material- und Werkstoffkenntnis ist die Voraussetzung für den vorteilhaften Einkauf. In der Fertigung verhilft sie zu rationellen und den Anforderungen gemäßen Ausführungen. In gestalterischer Hinsicht werden die Möglichkeiten bereichert, um fantasievolle, stilvolle und ausdrucksstarke Arrangements zu schaffen. Materialkenntnisse geben Sicherheit in der Handhabung und Beratung. Der Kunde sucht im Fachgeschäft auch individuellen Rat, und fachlich fundierte Auskünfte schaffen Vertrauen und Zufriedenheit. So muss es ein besonderes Anliegen für den Floristen sein, materialkundliche Kenntnisse zu erwerben.

1 Gefäße aus Keramik

Die Eigenschaften der Gefäße, ihre Formen, Farben und stofflichen Strukturen sind Wirkungsfaktoren, welche die Gesamterscheinung des gesteckten oder gepflanzten Arrangements wesentlich mitbestimmen. Die Auswahl der Gefäße beim Einkauf und beim Gestalten entscheidet mit über den Stil des Betriebes und die Befriedigung der Kundenkreise. Deshalb ist es wichtig, sich mit den Besonderheiten der Gefäßarten zu beschäftigen. Gefäße aus Keramik spielen im Blumengeschäft die größte Rolle.

Was heißt »Keramik«?

Das Wort »Keramik« kommt aus dem Griechischen. »Keramos« heißt Ton. Unter Keramik verstehen wir die Gesamtheit der Erzeugnisse aus gebranntem Ton. Dazu gehören Geschirr, Gefäße für verschiedenartige Verwendungen, künstlerische Plastiken, sanitäre Einrichtungen, Baustoffe und vieles mehr.

Bestandteile von Keramiken

Der Hauptbestandteil ist Ton. Eigentlich muss man von »Tonen« sprechen, denn die Tonerden können in ihrer chemischen Zusammensetzung und so auch in ihren Eigenschaften, leicht unterschiedlich sein.
Tone sind Verwitterungsprodukte von Gesteinen, in denen die gesteinsbildenden Mineralien Feldspat, Gneis und Glimmer enthalten sind. Dies sind alles Verbindungen aus Metallen (Aluminium, Kalium u. a.) mit der Kieselsäure, so genannte Silikate. Sie sind sehr feinkörnig, jedoch nicht wasserlöslich, sodass sie vom Wasser aufgeschlämmt werden und sich wieder ablagern. Deshalb kommen Tone in Erdschichten vor, wo sie abgebaut werden. Trocken sind sie hart wie Stein, feucht sind sie knetbar. Unter dem Einfluss von Hitze verändern sie sich, sie verschmelzen zu einer beständigen, harten Masse, dem »Scherben«. Die Tonmasse wird in den Betrieben mit anderen Bestandteilen durchsetzt, welche die Eigenschaften beim Formen und Brennen oder die des Scherbens beeinflussen. Da werden unverwitterte,

gemahlene Mineralien wie Feldspat, Quarz und Kalkspat (ein Kalziumsalz der Kohlensäure) oder schon gebrannter und wieder zermahlender Ton (Schamottemehl) zugesetzt. Jeder Betrieb hat seine Rezepte, die geheim gehalten werden, denn sie machen ja die Besonderheit des Produktes aus.

Herstellungstechniken von Keramikgefäßen

Vom ungeformten Werkstoff bis zum fertigen Gefäß müssen viele Schritte durchlaufen werden.

1. Vorbereitung der Masse
- Brechen der Tonbrocken
- Aufschlämmen der Tonmasse, dabei Reinigung von Steinen und organischer Masse

Abb. 185.
Das Freihanddrehen auf der Drehscheibe.

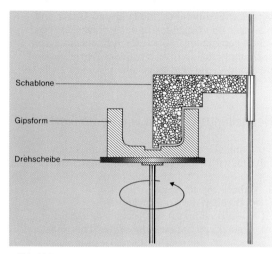

Abb. 186.
Das Eindrehen mit Gipsform und Eisenschablonen.

- Mischen der benötigten Bestandteile nach Rezeptur des Betriebes
- Festigen der Masse durch Schleudern und Pressen
- Kneten der Masse, sodass ein gleichmäßiger, plastischer, nicht klebender Teig entsteht, in dem es keine Lufteinschlüsse mehr gibt.

2. Das Formen des Gefäßes

Dabei sind unterschiedliche Techniken üblich:

Aufbautechnik. Aus Röllchen, Streifen oder Platten wird das Gefäß aufgebaut. Durch den Druck der Finger werden die Teile zusammengeknetet. Heute Herstellungstechnik für kunsthandwerkliche Artikel.

Freihanddrehen. Auf der Drehscheibe wird aus einem Klumpen Ton mit nassen Händen durch den Druck der Finger eine Hohlform gezogen (s. Abb. 185). Häufigste Herstellungstechnik für kunstgewerbliche Artikel.

Eindrehen. In eine Gipsform, die auf der Drehscheibe steht, wird Tonmasse hineingestrichen und mit einer Metallschablone beim Drehen geformt (Abb 186). Herstellungstechnik für Serien bei industrieller Produktion.

Überdrehen. Ähnlich wie das »Eindrehen«, nur bildet die auf der Drehscheibe liegende Gipsform den Innenraum des Tellers o. ä., die Schablone formt den äußeren Gefäßumriss.

Gießen. In auseinander nehmbare Gipsformen wird eine Tonschlempe gegossen. Der Gips saugt Wasser auf, wobei sich die Tonteilchen an der Formwand ansetzen. Ist diese Tonablagerung dick genug, wird überflüssige Masse abgegossen. Nach einiger Zeit der Trocknung wird die ledrig harte Tonform aus dem Gipsgehäuse genommen. Häufigste Herstellungstechnik z. B. bei Porzellangeschirren und eckigen Gefäßformen.

Stanzen. Metallstempel drücken die Tonmasse in Formen, die oben weit offen sein müssen. Blumentöpfe und einfache Pflanzschalen werden z. B. so hergestellt.

3. Weiterbehandlung des Gefäße

Zusammensetzen der Endform. Müssen vorgefertigte Teile (z. B. Gefäßkörper und Henkel) verbunden werden, geschieht das im so genannten »lederharten« Zustand, indem die Kontaktstellen mit Schlicker (aufgeschlämmte Tonmasse) bestrichen und fest zusammengedrückt werden.

Abb. 187.
Zu den unterschiedlichen Techniken des Glasierens gehört auch das Spritzverfahren.

Aufstellen zum Trocknen. Das Gefäß muss langsam bei normaler Temperatur trocknen, sodass es gleichmäßig Feuchtigkeit abgibt. Dabei schwindet seine Masse um 10 bis 30 %. Trocknet die Form zu schnell oder ungleichmäßig, gibt es Risse.

Erster Brand = Rohbrand im heute meist elektrisch beheizten Ofen. Die Hitze ist nach der Zusammensetzung der Tonmasse und dem davon abhängigen Schmelzpunkt unterschiedlich und beträgt 700 bis 1200 °C. Der Ton soll versintern, aber die Form darf nicht zusammenschmelzen. Damit wird aus dem im Wasser immer wieder weich werdenden Ton der wasserfeste Scherben. Jedoch verschmelzen die Tonteilchen nicht so dicht. Der Scherben ist porös, weshalb er Feuchtigkeit durchlässt und deshalb die Glasurmasse gut an dem rohen Scherben anhaftet.

Auftragen der Glasurmasse durch Tauchen, Bemalen oder Bespritzen (s. Abb. 187), wenn nicht je nach Keramikart oder rationellem Verfahren bei moderner Keramikproduktion dies schon mit dem ungebrannten Rohling geschieht und somit nur ein Brand notwendig ist, der dann gleich als »Glattbrand« zu bezeichnen ist.

Zweiter Brand/Glattbrand oder Glasurbrand, bei dem die Glasuren (siehe S. 314) mit dem Scherben verschmelzen oder sich als glasige Schicht darüber legen (je nach Brenntemperatur). Bei Weichkeramik ist die Brenntemperatur etwa 800 °C bis 1000 °C, bei Hartkeramik 1100 °C bis 1500 °C. Im letzten Fall versintert der Scherben porenlos dicht, und die Glasur ist fest mit dem Scherben verbunden.

Malen auf der Glasur geschieht nur bei Porzellandekoren mit hitzeanfälligen Farben (Gold und Rot). Diese so genannte Aufglasurmalerei ist sorgfältig zu behandeln, weil sie sich partikelweise ablösen kann. Also scharfe Waschmittel, Bürsten oder Spülmaschinen vermeiden.

Dritter Brand. Er ist nur notwendig bei Dekoren mit Aufglasurmalerei, z. B. goldgerändertem Porzellangeschirr.

Abkühlen. Nach der starken Erhitzung beim Brennen muss der Ofen noch länger geschlossen bleiben und im Ganzen langsam abkühlen, damit es keine Sprünge und Risse in den Keramiken gibt.

Kontrollieren. Jedes Stück muss eine Wertkontrolle durchlaufen. Sollten Sprünge vorhanden sein, können sie eventuell durch einen erneuten Glasurvorgang und weiteren Brand gedichtet und die Gefäße damit gerettet werden. Sind beim Brand Partikelchen angeschmolzen, z. B. Glasurteile vom Nachbartopf, was geschieht, wenn nicht ordentlich mit trennenden Schamotte-Stellhilfen gestapelt worden ist, so müssen diese abgeschliffen werden.

Oberflächenstrukturen

Da die Wirkung des Gefäßes nicht nur von der Form, sondern weitgehend von den Eigenschaften der Oberfläche ausgeht, soll über diese etwas ausführlicher berichtet werden.

Der Scherben hat eine stumpfe, raue Oberfläche. Die Farbe hängt von Metalloxidbeimischungen im Ton ab. Meist sind es Eisenverbindungen, die dem Ton Farbe geben. So gibt es weiße Tone, die auch nach dem Brand weiß bleiben, meistens sind es aber rötlich-braun bis schwarz- und graubrennende Tone. Unglasierte Keramik wirkt urtümlich, naturnahe und rustikal.

Raue Oberflächen werden verstärkt, wenn der Tonmasse kein Schamottemehl, sondern körniger Schamottegrus beigemischt wird, den es in unterschiedlichen Korngrößen gibt. Diese Schamottekörnchen werden durch ein Abziehen mit einem Plastikblatt beim Drehen auf der Scheibe im weichen Ton des soeben gefertigten Gefäßes verschoben, sodass sie Schleifspuren im Ton hinterlassen. Dadurch ist die Oberfläche nicht nur körnig, sondern auch reizvoll aufgerissen. Bei großen, erdhaft rustikal wirkenden Gefäßen und so genannter »Gartenkeramik« ist dies eine beliebte Oberflächengestaltung.

Malerei kann durch Engoben (farbig brennender Tonschlicker) oder Metalloxidfarben durch Pinsel (freihand oder mit Schablonen), Schwämme, Spritzbeutel und Spritzdüsen aufgetragen werden. Die Farben werden immer erst beim Brand ausgebildet, sodass der Brand dem Laien wie ein Zaubervorgang erscheinen muss. Engoben werden auf den ungebrannten Ton aufgebracht, Malfarben auf den roh gebrannten Scherben, entweder unter eine deckende, durchsichtige Glasurschicht (= Unterglasurmalerei) als Glasurfarben (= Glasurmalerei), oder in die bereits aufgetragene weiße Glasur aufgemalt, sodass sie beim Brand verschmelzen (= Inglasurmalerei), oder auf

die Glasur nach dem zweiten Brand gemalt
(= Aufglasurmalerei).

Da Gefäße mit gemaltem Dekor wegen ihrer
starken Eigenwirkung in der Floristik eine geringe
Rolle spielen, betrachten wir die Dekore durch
die Glasuren aufmerksamer.

Als besonders schön werden solche Glasuren
angesehen, bei denen die Art des Auftrages oder
der Brennvorgang maßgeblich am endgültigen
Erscheinungsbild mitwirken. Der Werkvorgang
bleibt sichtbar, weshalb diese Glasuren als
»werkgerecht« bezeichnet werden und jedes
Gefäß zu einem Unikat machen, denn es gibt
kaum genaue Wiederholungen. Häufig vor-
kommende Glasurarten sind:

Laufglasuren. Auf eine Grundglasur wird oben am
Rand des Gefäßes eine zweite dick aufgetragen,
die beim Brand möglichst unregelmäßig über die
erste herunterläuft.

Spritzglasuren. Auf eine Unterglasur, die meist
durch Tauchen des Gefäßes in der Glasurauf-
schlemmung aufgetragen wird, kommt eine
zweite, farblich abweichende Glasur, die mit der
Spritzpistole aufgetragen wird. Je nach Verteilung
der aufgespritzten Partikel deckt die zweite
Glasur schwächer oder intensiver. Außerdem gibt
es immer wieder andere Fleckenformen, wodurch
diese Keramik lebendig wirkt und im Grunde
genommen jedes Stück einmalig ist.

Wischglasuren. Auf eine Unterglasur wird eine
zweite aufgetragen und dann mit dem Schwamm
teils wieder abgewischt. Häufig geschieht das auf
der Drehscheibe, sodass die unregelmäßig hervor-
sehende Unterglasur die Drehbewegung der
Scheibe sichtbar macht.

Blasenglasuren. Beim Brand bildet die Glasur
Blasen, die nach dem Abkühlen hart wie Glas
sind, aber ebenso leicht zerstoßen werden
können. Deshalb sind diese Gefäße sorgfältig zu
behandeln.

Kraterglasuren. Auch hier bildet die Glasur beim
Brand Blasen, doch sie gehen auf und sinken zu
einem runden Ring zusammen, der wie ein
Kraterrand etwas wulstig stehen bleibt.

Kristallglasuren. Normale Glasuren, die mit kristallinen Substanzen übersättigt sind (z. B. Zinkoxid),
lösen die Kristalle beim Brand. Beim Abkühlen
scheiden sie diese wieder aus, dadurch gibt es
schöne Kristallwirkungen in den Glasurflächen.

Reduktionsglasuren enthalten Metallverbindungen,
die beim Brand das Metall freisetzen, sodass

meist unregelmäßige Flecke von metallischem
Glanz oder dunkler Tönung in der farbigen Glasur auftreten. Gerade die Zufälligkeit der Flecken
macht die Oberfläche reizvoll und schön.

Craqueléeglasuren. Aus einem Fehler, dem Glasur-
riss beim Abkühlen, ist ein beabsichtiger
Schmuck gemacht. Feine Risse überziehen das
Gefäß (s. Abb. 188), sie sind mit dem Fingerna-
gel festzustellen. Achtung bei Weichkeramik! Die
Glasur im Gefäßinneren darf keine Sprünge haben, oder aber es muss nach der Craqueleeglasur
eine zweite Glasur die Risse abdichten (Fingerna-
gelprobe lässt keine Risse mehr fühlen, obgleich
diese sichtbar sind).

Salzglasur. Eine spezielle Art des Glasierens bei
Steinzeug. Während des Brandes wird Kochsalz
durch Luken von oben in den Brennraum ge-

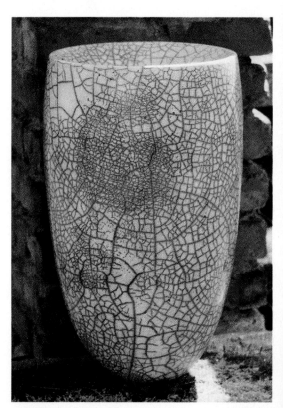

Abb. 188.
Glasurrisse sind beabsichtigt und wirken als
material- und werkgerechter Schmuck.

Tab. 55a. Unterschiede von Hart- und Weichkeramik

	Weichkeramik		Hartkeramik
Brenntemperaturen Versinterung	700 °C–1200 °C Scherben bleibt porös, d. h., Feuchtigkeit und Luft können hindurchtreten		1100 °C–1500 °C Scherben verschmilzt glashart und wasserdicht, falls es nicht kleine Brennrisse gegeben hat!
Erkennen durch Klang	Durch Anklopfen entsteht ein dunkler, weicher Klang		Durch Anklopfen entsteht ein heller, schwingender Ton, wobei die Form mitbestimmend die Tonhöhe beeinflußt
Erkennen durch die Zungenprobe	Da der Scherben porös ist, saugt er Wasser auf. Kommt man mit der Zunge an den unglasierten Stellrand, hat man ein Gefühl, als ob sie angesogen würde		Da der Scherben fest versintert ist, dringt kein Wasser ein. Bringt man mit der Zunge Feuchtigkeit darauf, bleibt diese sichtbar. Die Zunge gleitet darüber wie über ein Glas
Zugehörige Arten von Keramikgefäßen	Irdenware Hafnerware Majolika	Fayencen Steingut	Steinzeug Schamotte Porzellan

schaufelt. Es wird durch die Flammen des Feuers, die um die Gefäße schlagen, auf die Gefäßwandungen getragen und dort eingeschmolzen. Nach dem Abkühlen ergibt dies eine durchsichtige Glasur, in der man noch die aus den Salzkörnchen entstandenen Tröpfchen sehen kann.

Dass die Glasur nicht nur eine verschönende, sondern, vor allem bei Weichkeramik, eine nützliche Rolle spielt, wird im nächsten Abschnitt deutlich, denn erst durch die Glasur werden die meisten Keramiken wasserdicht. Das hängt mit den Eigenschaften der Glasurmassen zusammen, die aus flüssig verschmelzenden Bestandteilen, vor allem aus Quarz und Kieselsäure mit so genannten »Flussmitteln« bestehen, sodass sie die Poren des Scherbens verkleben und ihn mit einem dichten, glasharten Film überziehen. Glasurrisse sind Fehler, die vor allem bei Weichkeramik folgenschwer sein können.

Keramikarten

Nach dem Grad der Versinterung unterscheidet man zwei Keramiktypen, die »Weichkeramik« und die »Hartkeramik«. Da mit diesen Begriffen auch Wertvorstellungen und Verwendungsmöglichkeiten verbunden sind, muss der Florist diese Keramiktypen erkennen (Tab. 55a und 55b).

Beurteilung von Keramiken

Keramikgefäße müssen bestimmte technische und gestalterische Anforderungen erfüllen:
Sie dürfen nichts beschädigen. Das heißt, sie müssen für den Wohnraum wasserdicht sein (s. Abb. 191). Demnach müssen sie zumindest eine unbeschädigte Glasur im Innenraum haben, wenn es nicht sehr hoch gebrannte Hartkeramik ist. Und

Tab. 55b. Hauptarten der Keramikgefäße

Keramikart	Farbe des Scherbens	Glasur	Verwendung
WEICHKERAMIKEN			
Irdenware, Terrakotta[1]	rot, braun, gelb, grau	ohne, daher luft- und feuchtigkeitsdurchlässig, für Einstellgefäße innen glasiert, aber nur bedingt wasserdicht	alle Gefäße und Terrakotten der Vorzeit und des Altertums; Blumentöpfe, Pflanzenschalen, moderne Gartenkeramik, Töpfe und Kübel, Einstellgefäße der »Trendfloristik«
Hafnerware	meist braun	durchsichtige Bleiglasur, evtl. Unterglasmalerei oder Engobemalerei (Engobe = farbig brennende Tone, auf die trockene, aber noch ungebrannte Tonform aufgebracht)	Gurkeneinlegetöpfe, Milchsatten, bäuerliche Gebrauchskeramik; Volkskunstkeramik
Majolika (nach Mallorca benannt, der spanischen Insel, wo diese Keramikart schon im späten Mittelalter hergestellt wurde)	braun, gelb, rot, rosa	deckend, meist kräftig gefärbt durch Metalloxide evtl. Glasurmalerei mit Schablone und Pinsel	Schmuck- und Gebrauchsgefäße, Töpfe, Schalen, Vasen, Übertöpfe; heute alle Weichkeramik mit farbigem Scherben und unterschiedlichen Glasuren
Fayencen (nach der oberitalienischen Stadt Faenza benannt, dem ersten Herstellungsort)	weißlich, gelblich, bräunlich, rosa	weiße, deckende Zinnglasur; Malerei in die ungebrannte Glasurmasse; erst beim Brand verschmelzen die Farben = Inglasurmalerei; die Striche wirken verfließend und weich (Abb. 189)	historische Küchengeschirre, Schalen, Vasen (heute schöne Stücke in Museen zu finden); Weiterentwicklung in Delfter Kacheln und Vasen sowie im Steingut
Steingut (Anfang 1700 in Wedgewood, England, erfunden)	weißbrennender Ton oder zart gelblich-elfenbein	durchsichtige Glasur, teils mit Unterglasurmalerei, sehr bunt und farbrein, weil beim relativ niedrigen Glasurbrand die Farben nicht zerstört werden; Glasur verschmilzt deshalb auch nicht gut mit dem Scherben, springt bei Stoß leicht ab	Küchengeschirre, Schalen, Vasen, Übertöpfe, sanitäre Anlagen

Tab. 55b. (Fortsetzung)

Keramikart	Farbe des Scherbens	Glasur	Verwendung
HARTKERAMIKEN			
Steinzeug	grau, braun, braungelb	Salzglasur, braune oder blaue Engobe- od. Glasurmalerei; nur ein Brand notwendig; Brenntemperatur um 1400 °C (Abb. 190)	Schüsseln, Krüge, Einlegetöpfe, bäuerliche Keramik aus dem Westerwald und moderne kunsthandwerkliche Keramik
Schamotte	meist braun, sehr körnig durch Zusätze von gemahlenem, schon gebranntem Ton oder Sand	ohne, im modernen Kunsthandwerk auch mit Laufglasuren oder matten Glasuren	Pflanzgefäße, Gartenkeramik, schwere, dickwandige Krüge und Schalen, teils moderne Kunstkeramik in Aufbautechnik geformt
Porzellan (1709 von Johann Friedrich Böttger in Meißen bei Dresden entwickelt: Porcella = eine Muschel, die den gleichen weißen Schimmer hat wie die Porzellan genannte Keramik)	weiß, cremgelblich; feinste Tone, genannt Kaolin, sind die Grundbestandteile, außerdem wird Quarz beigemischt (macht den Scherben durchscheinend) sowie Feldspat (fördert die dichte Versinterung)	transparente Glasur; Unterglasurmalerei nur dann, wenn die Farben durch hohe Temperatur des Glattbrandes (1500 °C) nicht zerstört werden; Rot, Gold und andere Farben werden auf die Glasur gemalt und bei einem 3. niedrigeren Brand aufgeschmolzen; Gefäße mit Aufglasurmalerei darf man nicht mit scharfen Mitteln waschen oder gar scheuern	Tafelgeschirre, Schmuckgefäße, Plastiken, Kerzenleuchter u. a.

[1] Terrakotta (lat. = gebrannte Erde) ursprünglich als Bezeichnung für Kleinplastiken des Altertums aus gebranntem Ton gebraucht

sie dürfen nichts zerkratzen, also müssen sie mit Filz oder einem Gleitschutz unterklebt sein. Ist beides nicht gegeben, darf man den Rat für den Kunden nicht vergessen, unter das Gefäß eine Fliese oder andere wasserfeste, möbelfreundliche Unterlagen zu legen.

Sie sollen selbst unbeschädigt sein. Wenn man eine Lieferung auspackt, sollte man jedes Gefäß durch Anklopfen zum Klingen bringen. Schwingt der Ton nicht etwas nach oder kommt nur ein Scheppern zustande, so hat das Gefäß einen Sprung und sollte reklamiert werden.

Sie sollen sich gestalterisch harmonisch einordnen lassen. Hier treffen viele Gesichtspunkte zusammen, die zur Kaufentscheidung führen. Es ist nicht nur an die Harmonie mit Blumen und Pflanzen zu denken, sondern auch auf wesens- und wertmäßige Zuordnung zum späteren Stellplatz. Je nach gestalterischem Einsatz ist Folgendes zu beachten:

Formales: Schlichte klare Formen sind keramikgemäße Umrisse, die an Steinbrocken und Kiesel erinnern (= materialgerecht) oder die Drehbewegung der Drehscheibe spüren lassen (= werkgerecht). Proportionen sind für die verschiedenen Gestaltungsstile (s. Florist Band 1) passend zu wählen. Für dominant abfließende Gestaltungen werden hohe Gefäße, solche mit Fuß oder in Eisenständern eingehängt, bevorzugt. Größen müssen unterschiedlich je nach Art des Arrangements sein, wobei das Gefäß nicht zu untergeordnet angesehen werden darf! Bei formal-linearen Gestaltungen ist das Gefäß als Form sehr bedeutend; als Masse hat es haltende und sammelnde Funktion und mit seinem optischem Gewicht beeinflusst es die Ausgewogenheit, was vor allem bei assymetrischen Anordnungen wesentlich ist.

Farbliches: Erdfarbene und stumpfe, trübe Farbtone betonen am besten Blütenfarben durch den wirkungssteigernden Qualitätskontrast (s. Band 1). Eine kraftvolle Farbigkeit bei Gefäßen ist deswegen aber nicht abzulehnen, da sie besondere Farbkombinationen mit Blumen zur Wirkung bringt und »modische« Akzente setzt.

Strukturelles: Matte, raue Oberflächen wirken sanfter, ruhiger, naturbezogener und keramikgemäß. Glänzende Glasuren, eventuell sogar besondere Effekte wie metallisches Irisieren (in Regenbogenfarben schillern) sind machbar, lenken aber vom Erdhaften der Keramik ab, wären also nicht materialgerecht. Sie bringen mehr das Glatte und Elegante eines Glases zum Ausdruck, was

Abb. 189.
Fayencen haben einen farbigen Scherben, eine weiße Glasur und bunte Inglasurmalerei.

Abb. 190.
Das Westerwälder Steinzeug wird auf dem getrockneten, ungebrannten Scherben bemalt.

gestalterisch durchaus gewünscht sein kann. Sie wären damit zweckgerecht oder stilgerecht. Weitere Hinweise zu den Gesichtspunkten der Material- und Werkgerechtigkeit sowie Wahrhaftigkeit siehe Band 1, Stichwortindex und Fachwörterbuch.

Abb. 191.
Weil Terracotta Feuchtigkeit durch den Scherben treten läßt, wurde für dieses
noch nicht ganz komplette Arrangement ein zweites Gefäß in den Kübel gestellt.

Die Pflege von Keramikgefäßen

Die pflegliche Behandlung im Blumengeschäft beschränkt sich nicht nur auf das Reinigen der Gebrauchskeramik, wozu handelsübliche Spülmittel, ein fester, etwas kratzender Schwamm und eine runde Stielbürste wichtige Hilfsmittel sind. Hinzu kommt die nötige Sorgfalt beim Aufstellen der Gefäße:

Nicht verkantet aufstoßen, es könnten Teile abspringen. Nicht aneinanderstoßen, vor allem Lauf- und Blasenglasuren können abspringen. Wenn überhaupt, dann so stapeln, dass nichts kippen kann. Beim Auszeichnen das Preisschild in die Nähe des Stellrandes auf die Gefäßwand kleben. Dann sieht man den Preis immer, ohne das

Gefäß unnütz anheben zu müssen. Hinsichtlich Gartenkeramik aus Terrakotta ist dem Kunden in der Regel zu empfehlen, die Gefäße oder Plastiken frostfrei zu überwintern. Da Terrakotta als Weichkeramik Feuchtigkeit aufnimmt, kann es bei Frost leicht zerschürfeln, d. h. in Teilen abplatzen. Wenn »winterfeste Terrakotten« angeboten werden, sind sie relativ hart gebrannt und daher dicht versintert, also eine moderne Abwandlung der klassischen Terrakotten.

Schamottegefäße haben als Hartkeramik bessere Chancen, Frostperioden unbeschadet zu überstehen, vorausgesetzt, in der Form hat sich kein Wasser angesammelt, welches als Eis jede steilwandige oder sich nach oben verengende Form zersprengen kann.

!!!Merksätze

- »Keramik« ist ein Sammelname für Erzeugnisse aus gebranntem Ton.
- Tone sind Verwitterungsprodukte von Gesteinen und in Erdschichten abgelagert.
- Die formbare Masse entsteht durch Aufschlämmen, Mischen, Schleudern, Pressen und Kneten.
- Herstellungstechniken der Gefäße sind: Aufbauen, Drehen (Frei-, Ein- und Überdrehen) Gießen und Stanzen.
- Im Brennofen wird der Ton zum Scherben. Häufig wird heute nur einmal gebrannt, was eine ausgeklügelte Rezeptur der Ton- und Glasurmasse voraussetzt. In vielen Fällen sind aber zwei, seltener sogar drei Brände notwendig.
- Je nach Brenntemperatur und Versinterung unterscheiden wir zwischen Weich- und Hartkeramik.
- Die fünf Weichkeramik- und drei Hartkeramikarten unterscheiden sich durch Versinterung, Farbe und Struktur des Scherbens, Glasurfarben oder Glasurarten.
- Keramikgefäße dürfen nichts beschädigen, sollen selbst nicht schadhaft sein und sollen sich harmonisch mit den Blumen und dem Umfeld (Stellplatz, Wohnung) verbinden lassen.

???Aufgaben

1. Sie haben in Ihrem Ausbildungsbetrieb
   a) keramische Gefäße zum Einstellen der Verkaufsware
   b) Verbrauchsartikel (Steck- und Pflanzschalen ohne großen Eigenwert)
   c) Schmuckgefäße, die mit oder ohne Blumen verkauft werden und mehr oder weniger Eigenwert haben, vom Übertopf bis zum künstlerischen Unikat als »Gefäßplastik«.
   d) Stellen Sie fest, ob diese Gefäßgruppen vornehmlich aus Weich- oder Hartkeramik bestehen.
   Prüfen Sie stichprobenartig die Wasserdichte, indem Sie ein Gefäß mit Wasser mehrere Stunden lang oder über Nacht auf Seidenpapier stellen.
2. Fragen Sie in Ihrem Ausbildungsbetrieb, ob Sie in alten Fachzeitschriften blättern dürfen. Sie werden Artikel über Keramiken in Blumengeschäften oder Ausstellungen finden. Klären Sie mit deren Hilfe oder in Gesprächen die Frage, wann man ein Gefäß als »schön« bezeichnen kann.
3. Gehen Sie in ein kunstgewerbliches Museum und betrachten Sie dort alte Keramikgefäße. Die verschiedenen Epochen haben besondere Vorlieben für Keramikarten. Finden Sie drei Stilepochen (z. B. Mittelalter, Barockzeit und 19. Jahrhundert) und die darin bevorzugte Keramikart.

2 Glasgefäße, Glasschmuckformen

Glas verkörpert das Reine, aber auch das Zerbrechliche. Meist durchsichtig, aber fest, glatt und glänzend ist es wesensmäßig als etwas Anspruchsvolles anzusehen. Auch wenn durch die häufige Verwendung von Industriegläsern in unserer heutigen Zeit unser Gefühl für diese Ausstrahlung des Werkstoffes Glas etwas abgestumpft ist, sollte die Sorgfalt, die wir dem Glas wegen seiner Zerbrechlichkeit zuwenden müssen, auch zur Sorgfalt beim Kombinieren mit Blumen führen. Schöne Gläser werden schon um ihrer selbst willen als Gestaltungselement im modernen Wohnraum sehr geschätzt. Glasgefäße mit Blumen harmonieren immer mit dem Stellplatz im Wohnraum.

Sie erleichtern auch die Pflege, nicht nur, weil sie absolut wasserdicht sind, sondern weil man den Wasserstand einfach kontrollieren kann. Glaskugeln, Glastropfen und figürliche Schmuckteile werden gern in Geäst- oder an Gerüstformen am Fenster aufgehängt, weil sie durch die Lichtreflexe reizvolle Blickfänge sind, ohne sich durch Massenwirkung oder Farbe aufzudrängen. Glasblätter und andere Glasformen oder Spiegelglasstückchen an Draht sind begehrte Schmuckelemente für etwas verspielte Floristik. Künstler gestalten gern mit farbiger Glasmasse, weil sie viele werkgerechte Gestaltungsmöglichkeiten eröffnet (s. Abb. 192). Glas ermöglicht die Bildung schwerer, blockhafter Formen wie ein Eisblock oder die grazilen, eleganten Formvarianten wie Seifenblasen, so leicht und fast schwebend. Diese Leichtigkeit und relative Körperlosigkeit hat Glasgefäße in Röhrenform wie Reagenzgläser und speziell entwickelte Blumengläser zu Steckhilfsmitteln zwischen Geäst und Gerank oder an Gerüsten werden lassen (s. Band 1). Die Transparenz des Glases ermöglicht auch den Einsatz von hohen Gefäßen bei Stehsträußen, denn der Straußstil bleibt ganz sichtbar.

Glasgefäße und Glasfiguren fordern den Floristen zu Gestaltungen heraus, in denen sie ihren Reiz voll entfalten können. Grundkenntnisse über Gläser können dabei nur helfen.

Bestandteile des Glases

Die Glasmasse wird aus mehreren Mineralien gemischt. Jede Glasart benötigt besondere Zuschläge und Mengenverhältnisse.
Die Hauptbestandteile sind:
- Quarz, ein feinkörniger, sauberer Sand, chemisch ein Oxidationsprodukt von Silizium. Er ist in allen Glasarten zu etwa 75 % enthalten
- Soda, ein Natriumkarbonat (Natriumsalz der Kohlensäure), etwa 13 % der Normalglasmasse
- Kalk, ein Kalziumkarbonat, ist etwa mit 12 % an der Mischung beteiligt
- Pottasche, ein Kaliumsulfat (Kaliumsalz der Schwefelsäure) kann statt Soda genommen werden. Dann entsteht ein »Kristallglas«, das geschliffen werden kann.

Abb. 192. Auch die unbunte Abbildung macht deutlich, wie verschiedenfarbige Glasmasse zu einer interessant strukturierten Form verschmolzen wurde.

Abb. 193.
Blick in die Glasmacherwerkstatt.

- Glasmacherseife, ein roter mineralischer Farbstoff, der den naturgegebenen grünen Farbton der Glasschmelze komplementär ergänzt und damit auslöscht. So wird das Glas farblos.
- Farbstoffe, z. B. Metalloxide oder Metalle, wenn man ein farbiges Glas haben möchte, wie Kupferoxid = Blaufärbung, Mangan- oder Nickeloxid = Amethystgläser, violett oder Kupfer und Gold = Rubingläser, rot.
- Trübungsmittel, wenn man opake (undurchsichtige) Gläser haben möchte.

Glasherstellung

Der Herstellungsvorgang führt von körnigen, kristallinen und mehligen Substanzen über den Schmelzvorgang und Herstellungsprozeß zu dem reinen, fast nicht sichtbaren Glas. Welche Wandlung! Dabei werden folgende Schritte durchlaufen:

Mischen. Die Ingredienzien (Zutaten) werden je nach Rezeptur der Glasart grob gemischt.

Schmelzen. In Schamottekesseln (Häfen) wird das Gemenge bei großer Hitze (1400–1500 °C) geschmolzen. In einem Ofen stehen sechs bis zwölf solcher Häfen. Geheizt wird heute weitgehend mit Gas. Nach etwa zehn bis zwölf Stunden ist die Glasmasse zur Verarbeitung bereit, die Schmutzteile sind herausgeschäumt und abgeschöpft.

Formung. Dabei gibt es unterschiedliche Herstellungsverfahren.

1. Mundgeblasen: Mit dem Blasrohr, der »Glasmacherpfeife«, wird ein glühender Glasmassetropfen passender Größe aus dem Hafen geholt (s. Abb. 193). Er wird durch Senken und Heben, Drehen und Blasen gestreckt, gedehnt, geweitet und in einer nassen Holzform durch Blasen und Drehen zur Endform gebracht. Neue Glastropfen werden angesetzt, zu Hen-

Abb. 194 a + b.
Die Arbeit mit der Glasmacherpfeife und dem Hefteisen.

keln und Stellfüßen oder zu Schmuckteilen geformt (s. Abb. 194). Dabei wird die Masse fest und glasig, ist aber noch sehr heiß.

2. Maschinell geblasen: Fließbandähnlich wird ein Glastropfen zu einer Eisenform geführt und in ihr durch Druckluft zur Endform geblasen. Die aufklappbare Form hinterlässt leichte Wülste auf der Glasform, weil hier die Drehung wie beim Mundblasen fehlt. So können aber auch nicht runde Formen und verzierte Oberflächen gefertigt werden.

3. Pressen: Eine industrielle Fertigungstechnik, wobei Glasmasse in eine Eisenform fließt, mit einem Negativstempel hineingedrückt wird und somit zugleich die Innenform erhält. Dies ist bei gradwandigen oder offenen Formen, wie bei halben Glasbausteinen, Backformen, Schüsseln und Schalen, Aquarien, Bechern und Vasen, möglich. Auch Figürliches ist durch Pressen in Formen herstellbar, wie Kleinplastiken und Schmuckmotive, z. B. für den Weihnachtsbaum.

Abkühlen. Die Glasform wird von der Glasmacherpfeife abgesprengt, was durch Abkühlung mit einem Wasserstrahl an der Ablösestelle geschieht. In einer Tragehalterung wird das heiße Gefäß durch Helfer oder ein Transportband zu einem Ofen gebracht, in welchem das Glas, anfangs noch erhitzt, sehr langsam abkühlt, sodass sich keine Spannungen in der Form entwickeln.

Nachbehandeln. Bei geblasenen Gläsern wird der Absprengrand erneut durch Gasflammen erhitzt und glattgeschmolzen, Schmucktechniken wie Ätzen, Bemalen, Schleifen werden angewendet.

Kontrollieren. Jedes Glas wird kontrolliert, ob die Glasmasse z. B. ohne Schmutzschlieren oder Blaseneinschlüsse und ob die Form fehlerfrei ist. Anderenfalls wird es als 2. Wahl angeboten oder wieder eingeschmolzen und neu geformt.

Kunsthandwerkliche Glasgefäße

Der Bedarfsartikelhandel bietet meist Pressgläser als »Verbrauchsmittel«, also als Steckschalen, z. B. für kleine Orchideengestecke oder Tischschmuckgestaltungen an. Dieses Sortiment ist durch Tischgeschirre zu bereichern, z. B. Vorlegeplatten, Salatschüsseln und Obstschalen, die der Kunde mehrfach gebrauchen kann und die auch

als Einzelstücke gekauft werden. Doch so, wie man anspruchsvolle Keramik beim Spezialhandel oder direkt vom Erzeuger kauft, sind auch entsprechende Glasgefäße auf Börsen, Messen oder in Glashütten auszusuchen. Um auch hier Kenntnisse als Entscheidungshilfen anzubieten, sollen einige Schmucktechniken bei der Glasherstellung angesprochen werden.

Schlieren im Glas. Beim Aufschmelzen des Gemenges schmelzen auch Schmutzteile, die in den Mineralien naturgegeben sind. Zumeist werden diese herausgebrannt oder abgeschöpft. Durch Zusatz bestimmter Mineralien mit passender Schmelztemperatur kann man gewollte Schlierenbildungen erzeugen. Im fertigen Glas bilden sie zufällige Dekore, welche durch das Schmelzen und Fließen der Glasmasse entstanden sind, die also werkgerecht und dadurch besonders charaktervoll sind.

Ascheteile im Glas. Wird die fertige, aber noch heiße Glasform über Aschegruß gerollt, bleiben Ascheteile kleben und brennen fest. Damit die Oberfläche des Gefäßes aber glasig glatt ist, kann das Gefäß noch einmal in flüssige Glasmasse getaucht werden, sodass eine dünne Schicht die angeschmolzenen Ascheteile überzieht. Asche und Feuer gehören zusammen. Feuer gehört zum Glasschmelzen. So empfindet man die gewollte Verschmutzung als passend, ausdruckssteigernd und reizvoll.

Lufteinschlüsse im Glas. Verbrennungsvorgänge führen zu Gasblasen in der Glasmasse, bis sie sich voll gesäubert hat. Gasblasen als Folge der Hitze beim Schmelzen können gewollt hervorgerufen werden, sodass sie im fertigen Glas sichtbar bleiben. Auch dies ist eine werkgerechte Schmucktechnik, die im Kunstgewerbe und Kunsthandwerk gern eingesetzt wird.

Zweifarbigkeit durch Glasschichtung. Hier spricht man von Überfanggläsern, weil ein vorgeformtes Glasgefäß in eine andersfarbige Glasmasse getaucht wird und nun fertig ausgeformt wird. Ist die Farbschicht innen und transparentes Glas außen, so gibt der transparente Glaskörper den Blick auf einen farbigen »Kern« frei, was vor allem bei »Dickgläsern« mit sehr dicker oder unterschiedlich dicker Wandung besonders reizvoll ist. Ist die Farbschicht außen und wird sie in der Nachbehandlung teilweise wieder abgeschliffen, ergeben sich unterschiedliche Dekore. Für Blumenvasen sollten diese Muster recht schlicht, geometrisch einfach und die Gefäßform betonend ausgewählt werden.

Mehrfarbigkeit im Glas. Mehrere verschiedene Glasmassen, transparente, farbige oder opake, werden beim Formungsprozess zusammengenommen oder in Überfangtechnik, als farbige Bänder, Fäden oder Tropfen aufgetragen, wobei technische Vorgänge, Bewegungen beim Drehen, Ziehen und Blasen der Form einer besonderen handwerklichen Kunst unterliegen und zu künstlerischen Unikaten führen (s. Abb. 192).

Oberflächenkontraste durch Ätzung. Glas ist ein Werkstoff, der von Chemikalien kaum angegriffen wird. Deshalb sind Laborgefäße weitgehend aus Glas. Flusssäure jedoch, eine stark ätzende, wässrige Lösung mit einer Fluorverbindung, ätzt die Glasfläche, sodass sie blind wird und milchig weiß wirkt. Deckt man Oberflächenteile mit einer fest werdenden Gummi- oder Kunststofflösung ab und taucht das Glas in die Ätzlösung, so erscheinen nach der Ablösung der Schutzmasse durchsichtige Flächen zwischen den stumpf geätzten. Der Oberflächenkontrast glatt und glänzend gegen rau und stumpf und der Stofflichkeitskontrast durchsichtig zu undurchsichtig, verbunden mit den Formkontrasten der Muster, sind Wirkungsfaktoren dieser Glasgefäße, die sie zu etwas Besonderem machen.

Schmuck durch aufgeschmolzene Glasteile. Diese Schmucktechnik ist jahrtausendealt und durch den Herstellungsprozess des Glasgefäßes möglich. An das soeben gefertigte, aber noch heiße Glasgefäß werden ebenfalls heiße, deshalb formbare Glasfäden, Glasbänder, Glastropfen usw. aufgesetzt. Sie verschmelzen mit dem Glaskörper, bleiben aber als erhabene Formen wirksam. Dieser spezielle, werkgerechte Schmuck des Glaskörpers ist nur in Handarbeit möglich, weshalb solche Gläser zu den kunsthandwerklichen Einzelanfertigungen gehören. In der Presstechnik sind ähnliche Oberflächenbildungen machbar und erkennbar.

Verspiegelungen. Da der Florist mit Spiegelplättchen an Draht oder mit Spiegelflächen als Unterbau für festlich elegante Dekorationen gestaltet, sollte auch bekannt sein, wie Spiegelglas entsteht. Normalglas oder Kristallglas, als Flachglas gegossen, gewalzt, eventuell auch geschliffen und poliert, bekommt auf der Rückseite einen feinen Metallüberzug. Dies geschieht durch mehrmaliges Übergießen mit einer Versilberungsflüssigkeit. Auch Gefäße können von innen verspiegelt werden. Sie wirken dann silbrig und sind reich an

Reflexen wie die silbernen Glaskugeln für die Weihnachtsdekoration. Verspiegelte Glasgefäße tradierter Formen werden auch als »Bauernsilber« bezeichnet. Wertmäßig sind sie, wie Silbergefäße auch, gehobenen Wertstufen zuzuordnen.

Gläser in Eisengerüsten. Die Kombination Glas und Eisen hat einen besonderen Reiz. Werden Glasformen an der Glasmacherpfeife im heißen, formbaren Zustand in vorgefertigte Eisengestelle aus gitterartig verbundenen Rundeisenstäben mit Fuß gehalten und durch Blasen gedehnt, passen sie sich so in die Metallfassung ein, dass sie sich in den Zwischenräumen des Gitters aufbeulen. Klare oder farbige, transparente oder opake Gläser lassen neben der Formenvielfalt eine große Variationsbreite dieser modernen Glasgefäße zu (s. Abb. 195).

Behandlung und Pflege

Dass Glasgefäße mit Gefühl behandelt werden müssen, ist auf Grund ihrer Zerbrechlichkeit selbstverständlich. Vor allem dünnwandige, ele-

Abb. 195.
Glasformen in Eisengittern sind eine reizvolle Kombination verschiedener Werkstoffe.

Abb. 196.
Die Durchsichtigkeit des Gefäßes lässt die Floralien und grafischen
Formen bis zum Stielende zur Wirkung kommen.

verwendet werden, wird diese abgedeckt. Dies kann durch eine farblich zu den Blumen passende Metallfolie geschehen oder mit durchscheinender Plastikfolie.

Letzte wird knittrig um die Steckmasse gelegt, wodurch sie genügend abdeckt, auch wenn grünliche Partien durchschimmern. Ist genug Hohlraum im Gefäß, kann eine Schicht gewaschener Flusskiesel oder Glaskugeln bzw. Glasbruchgrus vom Sicherheitsglas der Autoscheiben um die Steckmasse geordnet werden.

Gestalterisch ist zu bedenken, dass die leichte, fast immaterielle (unkörperliche) Wirkung des Glases zu besonders grazilen, lockeren, duftigen und leicht wirkenden Blumenarrangements herausfordert. Gleichheit verbindet. Die Transparenz des Glases wird durch ebenfalls transparente Arrangements, also solche mit viel Freiräumen und Durchblicken, bestätigt. Selbst blockhaft wirkende, dickwandige Glasgefäßformen bleiben vom Wesen des Glases beeinflusst und sollten nur grafische oder sehr locker und rhythmisch aufgebaute, dekorative Gestecke enthalten. Geschlossene Gebindeformen würden das Glasgefäß nur als halt- und wassergebendes Hilfsmittel benutzen, ohne seine Wirkung gestalterisch zu bestätigen, es sei denn, man wählt ein hohes zylindrisches Glas, füllt es mit einer interessanten Schichtung und setzt einen flachen Strukturstrauß mit locker abfließenden Partien wie einen Abschluss darauf. Benötigt dieser Strauß Wasser, wird ein extra Wasserglas eingehängt.

gante Gläser stellt man mit ruhigen, kraftkontrollierten Bewegungen ab, ohne irgendwo anzustoßen. Gebrauchte Gefäße werden mit lauwarmem Wasser abgewaschen, wobei ein glanzsteigerndes Spülmittel zu verwenden ist. Zum Abtrocknen nimmt man ein nichtfaserndes Tuch. Beim Blumenstecken in einem Glasgefäß beachtet man die Durchsichtigkeit. Vielfach ist sie erwünscht, um den Verlauf der Blumenstiele sichtbar zu machen (s. Abb. 196). Sollten Stellhilfen notwendig sein, wählt man solche, die gestalterisch mitwirken, wie attraktive Bindungen, eingelegte Steine oder Glasbrocken, abstützende Gerüste über dem Gefäß oder eingeklemmte Ast- oder Stilstücke usw. Sollte technische Steckmasse

!!!Merksätze
- Glasgefäße passen wesensmäßig zu grazilen, eleganten und leicht wirkenden Arrangements.
- Wertmäßig gibt es große Unterschiede, bedingt durch Herstellung und Gestaltung der Gefäße.
- Bestandteile der Glasmasse sind in der Hauptsache drei Mineralien: Quarz, Soda und Kalk.
- Glas wird durch Metalloxide gefärbt, wie die Glasuren für Keramiken auch.
- Formungsprozesse der heißen, zähflüssigen Glasmasse sind das Blasen mit der Glasmacherpfeife, maschinelles Blasen und Pressen.

- Schmucktechniken sind Schlieren oder Blasen im Glas, angeschmolzene Ascheteile, Glasfäden, Glasbänder, Glastropfen, Zweifarbigkeit durch Überfangglas oder Mehrfarbigkeit durch Verwendung mehrerer Glasmassen beim Formungsprozess, außerdem die Oberflächenbehandlung des Ätzens und Schleifens.

???Aufgaben

1. Skizzieren Sie die Formen der Glasgefäße und Glasschmuckteile, die in Ihrem Betrieb vorhanden sind und zwar
   a) fünf Formen der preiswerten Verbrauchsgefäße
   b) fünf Formen der auch als Einzelstücke angebotenen Warengruppe
   c) fünf Formen von Schmuckteilen an Draht oder Fäden
2. Beschaffen Sie sich aus Einrichtungshäusern mit Geschirrabteilung oder entsprechenden Geschäften Werbeprospekte von Gläserherstellern. Sie finden darin interessante Beschreibungen der Herstellung, zum Teil attraktiv bebildert. Ergänzen und illustrieren Sie damit ihre Unterrichtsaufzeichnungen.
3. In Bastelgeschäften gibt es Gerätschaften und Anleitungen zum Gravieren von Glas. Man ritzt Muster oder Zeichen (auch nach Vorlage) in das Glas und kann damit z. B. aus jedem einfachen Trinkglas ein individuelles Geschenk machen. Die gefühlsmäßige Beziehung zum Glas können Sie durch dieses kleine Hobby entwickeln und bereichern.

3 Gefäße aus Metall

Metallische Gefäße gibt es im Blumengeschäft in vielen Formen und aus verschiedenen Werkstoffen. Sie spielen nicht die Rolle wie solche aus Keramik und Glas, bereichern aber das Verkaufsangebot, die Gestaltungsmöglichkeiten beim Arrangieren und als Dekorationsmittel die Wirkungen des Schaufensters. Metallgefäße sind uralte Gerätschaften in den Küchen und auf der Tafel.

Wählt man unter dem heutigen Formenangebot solche, die an alte Gebrauchsgefäße erinnern, knüpft auch die modernste floristische Gestaltung

Abb. 197.
Dieses Gefäß ist antiken Amphoren nachgebildet. Dass es aus rostendem Eisen ist und mit strukturell wirkenden Floralien ausgestaltet wurde, entspricht modernem Design.

an altes Kulturgut an (s. Abb. 197). Es heißt hier wie überall: Augen auf und feststellen, was der Handel bietet und erkennen, was auch im Blumengeschäft nutzbar ist. Um das zu können, muss man sich mit Metallen und ihren Eigenschaften beschäftigt haben.

Werkstoffe

Metalle sind Elemente, d. h. Grundbestandteile vieler Dinge und kommen überall in der Natur vor. Sie sind nicht in andere Stoffe zerlegbar, es sei denn, man zerstört ihr Atom (die kleinste stoffliche Einheit). Sie verbinden sich mit Sauerstoff zu Oxiden, mit Wasserstoff und Sauerstoff zu Laugen und mit Säuren zu Salzen. Sie sind in vielen Verbindungen, also auch im menschlichen Organismus, wichtige Bestandteile. Wie sie ge-

Abb. 198.
Da Eisen rostet, kann es Rostflecken verursachen, doch auf dem Rasen stören sie nicht.

wonnen werden und welche Eigenschaften sie haben, zeigt die folgende Aufstellung.

Eisen. Es kommt in Gesteinsadern vor, wo es als Eisenerz abgebaut und ausgeschmolzen wird. Eisen ist ein hellgrau-weißliches, relativ weiches Metall. Zur Härtung erhält es bei der Schmelze in der Hütte Zuschläge, zum Beispiel Kohlenstoff, wodurch es je nach Rezeptur zu Stahl werden kann. Eisen rostet, das heißt es verbindet sich mit Bestandteilen der Luft und des Wassers zu braunen, krümeligen Verwitterungsprodukten. Deshalb wird es als Küchengeschirr zum Teil emailliert (Emaille ist eine aufgeschmolzene Glasschicht), Dosen werden lackiert, Rohre werden verzinkt. So ergeben sich Strukturveränderungen, die auch in der floristischen Gestaltung zu nutzen sind.

Unter dem Aspekt der Naturnähe und Echtheit ist aber auch das unbehandelte Eisen beliebt. Rost wird sogar als eine reizvolle Farb- und Strukturvariante und als materialgerechte Gegebenheit angesehen. Rustikale Gefäße, vor allem aber Eisenständer und -gerüste, die man mitunter selbst aus Armierungseisen, Rohren und Blechen zusammenschweißt, werden gern leicht angerostet verwendet (siehe Abbildung 198).

Kupfer. Als Erz in Gesteinsadern oder im Schiefer vorkommend, wird es abgebaut und ausgeschmolzen. Es ist ein rötliches, weiches, dehnbares Metall. Deshalb sind an Kupfergefäßen die belasteten Teile, wie Füße oder Henkel, aus anderen Metallen, wie Eisen oder Messing. Mit dem Kohlendioxid in feuchter Luft verbindet sich Kupfer zu der türkis-grünlichen Patina. Man kann diese auch künstlich in wenigen Stunden erzeugen, indem man das Kupferblech mit Heringslake bestreicht.

Zinn. Zinn enthaltende Mineralien (anorganische Bestandteile der Erdkruste) heißen Zinnstein. Das Zinn ist als ein Oxid enthalten und wird durch Reduktion (Entzug von Sauerstoff) mit Koks gewonnen. Zinn ist ein silbriges, weiches Metall, sodass es durch Beimischungen (Legierungen) gehärtet werden muss. Man legiert mit Kupfer oder Antimon in verschiedenen Mengenverhältnissen, je nachdem, ob man Bleche walzen möchte oder die Masse in Formen gießt. Zinn verändert sich kaum durch Korrosion (chemische Veränderung), weshalb es in der alten Zeit gern für Tafelgeschirre verwendet wurde. Nur für den Herd eignet es sich nicht, da es einen niedrigen

Schmelzpunkt (232 °C) hat. Deshalb muss man bei Zinnleuchtern auch auf die herabbrennenden Kerzen achten.

Bronze. Dies ist eine Legierung aus Kupfer und Zinn. Die Bronze gab einer ganzen Kulturperiode den Namen. Die Bronzezeit war in unserem Raum etwa im 2. Jahrtausend vor Christi (1750 bis 800 v. Chr.). Danach folgte die Eisenzeit. Bronze ist mattgolden und von warmem, weichem Glanz. In Blumengeschäften gibt es selten Bronzegefäße, doch sind kleine Bronzeplastiken, Leuchter oder Relieftafeln aus Bronze im Angebot bei den Geschenkartikeln.

Messing. Dies ist eine Legierung aus Kupfer und Zink, einem blässlichgrauen Metall, das man auch als Rostschutzüberzug für Eisen kennt. Messing hat einen hellen, schimmernden Goldglanz, ist durch den Kupferanteil gut dehn- und formbar und sehr widerstandsfähig durch den Zinkanteil. »Gold«-Teller und Tabletts, Figuren und Drähte, Dekorationsbleche und Gitter sind oft aus Messing.

Zink. Zink ist ein weißgraues, bläulich schimmerndes, sprödes Metall. Es wird in Verbindungen als Zinkblende, Zinkspat oder Kieselzinkerz abgebaut und durch Reduktion mit Kohle in so genannten »Muffelöfen« gewonnen. Zink oxidiert zwar an der Luft, doch diese dünne Schicht Zinkoxid macht es unempfindlich für weitere chemische Beeinflussung durch Bestandteile der Luft. Deshalb werden Gegenstände aus Eisen (Rohre, Eimer, Dachrinnen usw.) durch Eintauchen in erhitztes und verflüssigtes Zink mit einer dünnen Zinkschicht überzogen, die diese vor Korrosion schützen. Auch in Legierungen, z. B. in Messing, bewirkt der Zinkanteil eine große Haltbarkeit. Wird Eisen verzinkt, z. B. Gitter und Ständerformen, so werden diese anschließend mit einer Grundierungs- und dann einer Farbschicht bemalt, um die farblich korrekte Eisenerscheinung zu rekonstruieren.

Aluminium. Es wird elektrolytisch (Trennung der elektrisch geladenen Teilchen in einer wässrigen Lösung durch elektrischen Strom) aus seinen Verbindungen im Bauxit und in Tonerden gewonnen. Dieses silbrigweiße Leichtmetall spielt in unserer Zeit, z. B. im Auto- und Flugzeugbau, eine große Rolle. Alufolien, Bleche und Geschirrformen sind floristisch gut zu nutzen. Eine dünne Oxidationsschicht macht zwar die Oberfläche leicht »blind«, schützt aber vor weiterer Korrosion.

Silber. Dieses Edelmetall wird im Bergbau aus Erz gewonnen. Das relativ weiche, glänzende Metall wird unter Lufteinwirkung mit der Zeit schwärzlich. Gefäße aus Silber spielen im Blumengeschäft kaum eine Rolle, es sei denn das Ambiente: italienische Atmosphäre, Umfeld, Stil, von Geschäft und Kundenkreis entsprechen der Wertmäßigkeit. Und wer Schmuck und Geschenkartikel anbietet, muss auch mit Silber umgehen können.

Legierungen wie »Armetale«, »Alpacca« usw. sind Gemische aus mehreren Metallen. Mitunter sind zehn verschiedene Metalle und mehr gemischt. Unsere heutige Zeit entwickelt stets neue Legierungen, um Eigenschaften des Metalls zu erzielen, die die Elemente allein nicht aufweisen, wie z. B. silbriger Glanz verbunden mit Korrosionsbeständigkeit, Feuerfestigkeit, hoher Schmelzpunkt, Säurefestigkeit usw. Im Bereich der Tafel- und Küchengeschirre sind auch für Floristen interessante Gefäße aus Legierungen zu finden.

Herstellungstechniken

Gießen. Alle Metalle verflüssigen sich bei Erhitzung. Im flüssigen Zustand werden sie in Formen gegossen. Die Formen können aus Sandstein, Lehm oder Gips sein. Heute sind sie vielfach aus Messing oder Eisen. Das Gießen ist eine handwerkliche Kunst, denn beim Einfließen in die Form muss alle Luft herausgedrückt werden. Das Verhalten der Schmelze beim Abkühlen in der Form muss bekannt und berücksichtigt sein, und das Herauslösen aus der Form muss je nach Werkstoffen unterschiedlich und sorgfältig geschehen. Fehler sind Hohlräume in der Metallform durch Lufteinschlüsse, raue Oberflächen oder Sprünge durch ungleichmäßiges Abkühlen. Vor allem beim Zinnguss ist der Abkühlvorgang mit nassen Lappen über der Eisenform von viel Erfahrung abhängig und wird auch heute noch rein handwerklich vorgenommen (s. Abb. 199). Gegossenes Zinn erkennt man an dem »Zinnschrei«, einem merkwürdigen, hellklingenden Knirschen, das entsteht, wenn man die Gefäßwandung drückt. Gegossen werden Figuren, Relieftafeln, Glocken, Gefäßkörper und Teile wie z. B. Henkel und vieles mehr.

Walzen. Metallblöcke werden glühend gemacht, gehämmert und gewalzt, bis Bleche entstehen. Die dehnungsfähigen Bleche werden durch immer

Abb. 199.
Das heiße Zinn in der Gußform wird mit nassen Tüchern abgekühlt.

engere Walzenpaare geführt, bis sie die gewünschte Dicke erhalten haben, mitunter sogar zu hauchdünnen Folien geworden sind. Alle Metalle sind walzbar. Sie werden allerdings zumeist durch Zuschläge beim Ausschmelzen zu der notwendigen Dehnbarkeit gebracht. Die Formung der Bleche zu Gefäßen erfordert weitere Arbeitsschritte.

Schmieden. Eisen wird erhitzt und durch Hammerschlag geformt. Handgeschmiedete Gitter oder Leuchter können schöne Schmuckelemente im Blumengeschäft sein. Gefäße aus Eisen werden nicht geschmiedet, sondern gegossen. Der Silberschmied formt in gleicher Weise, wenn auch mit anderem Gerät, Schmuckstücke, Schalen usw.

Treiben. Weiche Metallbleche wie Kupfer und Silber werden kalt mit dem Treibhammer geschlagen und dadurch gedehnt und in eine Form »getrieben«. Die so entstandenen Gefäße lassen in ihrer beuligen Oberfläche die Hammerschläge erkennen. Die Werkgerechtigkeit der Form und Struktur werden als besonders reizvoll angesehen.

Stanzen. Aus Blechen werden maschinell Formen ausgestochen, so wie man mit Plätzchenformen Gebäckstücke aus dem flach gerollten Teig aussticht. Zum Gefäß werden diese Bleche beim nächsten Arbeitsgang.

Pressen. Das dehnbare Blechstück mit der passend ausgestanzten Umrissform wird durch einen Eisenstempel mit der Negativform in eine hohle Positivform gedrückt. Es kann auch umgekehrt sein, sodass der Stempel die Hohlform enthält und das Blech über die Wölbung des späteren Innenraumes vom Gefäß gedrückt wird.

Schweißen. Durch Schweißen werden schweißbare Metalle zusammengefügt, indem die Schweißstellen auf Weißglut erhitzt und durch Drücken und Hämmern verbunden werden. Mit der Hinwendung zum Naturhaften, Ursprünglichen und Rustikalen der Outdoor-Floristik sind nicht nur Terrakotten und Körbe beliebter geworden, sondern es werden auch Eisenformen wie Gitter und Ständer, Leuchter und Ampeln, Dekobögen und Klettergerüste für Rankpflanzen, oft sogar im angerosteten Zustand, verwendet. Um individuell gestaltete, für den eigenen Bedarf passende Teile selbst fertigen zu können, lernen Floristen gern selbst das Schweißen. Es werden diesbezüglich Kurse angeboten, z. B. in Volkshochschulen, bei der Deula (Deutsche Lehranstalt für Agrartechnik) u. a., die mit den unterschiedlichen Schweißgeräten und Handhabungen vertraut machen. Doch auch ohne zu schweißen kann man aus Baustahlstangen oder dünnen Rohren kleinere Gestelle fertigen, und zwar mit der typischen Technik der Floristen, durch Binden!

Formen auf der Drehbank. Ähnlich dem Pressen ist die Formung auf der Drehbank, nur dass das Blech mit einer Drehbewegung gegen Form beeinflussende Teile gedrückt, dadurch gedehnt und gebogen und somit schrittweise zur Endform entwickelt wird.

Nachbearbeitungen. Bei gegossenen Gefäßen müssen die Gussnähte und unerwünschte Unebenheiten abgeschliffen oder abgefeilt werden. Sind mehrere Formteile gegossen, werden sie nun in einer Art Lötverfahren zusammengesetzt, d. h. zwei Metallteile werden durch ein leicht schmelzendes Metall zusammen-»geklebt«. Da die Oberfläche gegossener Formen immer etwas rau ist, werden vielfach die Oberflächen nachbehandelt, z. B. bei runden Formen auf der Drehbank durch Abdrehen eines Spans geglättet und poliert. Zinn erhält dadurch seinen matt-silbrigen Glanz.

Auch aus Blechteilen getriebene, gepresste oder gedrehte Formteile werden so zum Gefäß zusammengesetzt, mitunter auch genietet und oberflächenbehandelt. Will man den Glanz nach dem Polieren erhalten, wird das Metall mit einem Schutzüberzug versehen, wie z. B. bei Kupfer- oder Messingübertöpfen, oder man muss mit speziellen, nicht kratzenden Putzmitteln und einem weichen Tuch öfter nachpolieren. Soll die Oberfläche eine Alterspatina zeigen wie das dunkle, matte Grau von »Altzinn«, so wird durch das Eintauchen in eine Säure künstlich eine Korrosionsschicht erzeugt.

Verzierungen werden ziseliert (Ornamente werden gestochen), graviert (Ornamente werden geritzt), gepunzt (Ornamente werden eingestanzt), geätzt (Ornamente werden durch chemische Einwirkungen erzeugt) oder Schmuckteile werden gegossen, gestanzt oder gepresst und angesetzt.

Umgang mit Metallgefäßen

Unbunte Farben, vom Silberglanz der Aluminium- und polierten Zinngefäße über dumpfe Grautöne vom »Altzinn« bis zum Schwarz von Gusseisenkesseln, oder die Gold- und Kupferfarben der Metallteller und -kübel sind jedem, der bewusst mit Farben gestaltet, sehr willkommen. Auch die metallischen Strukturen der Gefäße helfen, Gestaltungen ausdrucksstark zu machen. Das Wesen der Metallgefäße bietet Nuancen vom Rustikalen, Derben der Gusseisenpfannen über matte, sanfte Wirkungen der Bronze und vom mattierten (glanzlos gemachten) Zinn bis zur glänzenden, edel und elegant wirkenden Silber- und Golderscheinung. Diese Wirkungsfaktoren sind wertvolle Ausdrucksmittel, die der Florist einsetzt.

Verwendete Formen sind Kessel aus Eisen, Kupfer und Messing sowie Pfannen, Kannen und Töpfe aus dem Angebot der Küchengerätschaften. Dazu kommen Kübel, Eimer und Schalen, Teller und Tabletts, Dosen und Becher, sodass man immer einmal eine andere Serie im Angebot haben kann. Alte Stücke vom Flohmarkt oder die durch Eingraben künstlich altgemachten Gefäße aus dem Orienthandel stehen neben modernen Angeboten von Haushaltswaren und Geschenkartikeln zur Verfügung. Messen und Börsen sowie der Küchengroßhandel sind Einkaufsquellen. Der Floristen-Bedarfsartikelhandel bietet vielfach nur serienweise zumeist Übertopfformen an. Einzelstücke und das Besondere muss jeder selbst aufspüren. Metallgefäße sind leicht zu pflegen. Meist genügt ein trockenes Abwischen. Kommen sie mit Wasser zusammen, geschieht bei Zinn und Kupfer, Aluminium und Legierungen, Messing und Bronze wenig. Sollte doch einmal ein Korrosionsfleck entstehen, wird er mit nicht kratzenden, speziellen Putzmitteln beseitigt. Nur Altzinn darf nicht geputzt werden, sonst putzt man den gewünschten, matten Grauton mit weg. Ist Eisen angerostet, kann es etwas »herzhafter« gescheuert werden. Will man den Rost als Oberflächenstruktur mitwirken lassen, ist auf mögliche Verschmutzung durch Rostflecke hinzuweisen. Doch lassen sich immer gestalterisch passende Unterlagen finden, wozu Empfehlungen zu geben sind.

Kommen Metalle aber mit Erde zusammen, verwittern sie schneller und gründlicher. Das hängt mit den Chemikalien in der Erde, vor allem mit Säuren zusammen. Zinn kann dadurch sogar »krank« werden; es bekommt die Zinnpest und zerfällt und zerkrümelt. Daher wird in Zinngefäße nichts gepflanzt, auch nichts Gepflanztes gestellt. Alle anderen Metalle werden ebenfalls mehr als Schmuckgefäß für den Blumentopf genommen, aber nicht direkt bepflanzt.

!!!Merksätze
- Metallgefäße bereichern das Verkaufsangebot und die Gestaltungsmöglichkeiten.
- Ihre Eigenschaften (Farben, Strukturen und ihr Wesen) sind wertvolle Ausdrucksmittel.
- Aus folgenden Metallen werden Gefäße verwendet; Eisen, Kupfer, Zinn, Bronze, Messing, Aluminium, Silber und spezielle Legierungen.
- Die Herstellungstechniken sind: Gießen, Schmieden, Treiben, Stanzen, Pressen, Drehen und Schweißen.

- Oberflächenbehandlungen sind Polieren, Mattieren, Lackieren und Patinieren, außerdem Ätzen, Gravieren, Punzen und Ziselieren.
- Folgende Gefäßformen sind floristisch nutzbar: Kessel und Kübel, Pfannen, Teller, Schalen und Tabletts, Krüge, Kannen, Becher und Vasen, auch Dosen, frei geformte Bleche und abgedichtete Rohrabschnitte.

???Aufgaben

1. Stellen Sie in Ihrem Ausbildungsbetrieb fest, welche Metallgefäße benutzt oder verkauft werden. Machen Sie eine Aufstellung nach Metallarten und Formengruppen, und zählen Sie die ermittelten Warengruppen zusammen.
2. Gehen Sie in ein Geschäft, welches Zinngefäße anbietet und lassen Sie sich Prospekte über Zinnsachen geben. Stellen Sie daraus den Unterschied zwischen »Altzinn« und »Neuzinn« fest.
3. In Großküchen und Hotels werden viele Geschirrteile aus silbrigen Metall-Legierungen verwendet. Skizzieren Sie davon eine flache Form z. B. eine Vorlegeplatte, eine Schalenform, z. B. eine Gemüseschüssel und eine tiefe Form, z. B. einen Sektkühler. Entwerfen Sie für jede dieser Formen den Aufriss eines Blumenarrangements, das zu der jeweiligen Gefäßform in Umriss und Proportionen passt.

4 Körbe und Flechtwerk

Die Kombination von Körben oder Geflechten aller Art mit Blumen hat einen besonderen, urtümlichen Reiz. Das hat mehrere Gründe. Körbe sind uralte Sammel-, Transport- und Aufbewahrungsgefäße und das Flechten ist eines der ältesten Handwerke. Lange bevor die Menschheit keramische oder gar metallene Gefäße fertigen konnte, hat sie Blätter, Halme oder Ruten zu Gefäßformen verflochten. Matten sind als Baumaterial und Wärmeschutz verwendet worden oder um Dinge zusammenzuschnüren und zu transportieren. Die pflanzliche Herkunft des Materials und die handwerkliche Methode des Verflechtens wirken im Korb und in der Matte weiter. So sind sie in der einfachsten Weise material- und werkgerecht (s. Abb. 200). Die Gleichheit der Herkunft verbindet Geflecht und Blumen sehr harmonisch; die Unterschiede der Bindungen, Strukturen, Farben und Formen helfen beim Gestalten. Der Nachteil, dass Körbe nicht wasserdicht sind, ist mit passenden Einsätzen leicht zu beheben. So spielen Körbe als Schmuckgefäße für Blumenarrangements eine große Rolle. Dazu kommen Matten, Sets und Taschen, sogar Hüte und Flechtbänder, die vielfältig einsetzbar sind und das Verkaufsangebot bereichern.

Materialien zur Geflechtherstellung

Zu den heimischen Materialien wie Weide, Holzspan, Stroh, Ginster und Binsen, auch kombiniert mit Hanf, Stoffstreifen, gecrashten Papierstreifen u. a. kommen die vielen exotischen Pflanzenteile wie Bambus, Rohr, Palmenblätter, Sisal, Bast und verschiedene Gräser und Blätter. Dass auch Körbe aus Drahtgeflecht, Maschen- oder Gitterdraht, hergestellt oder aus einem Materialmix gefertigt werden, erweitert das Angebot geflochtener Behälter ungemein. Jedes Material hat typische Eigenschaften und wirkt am Erscheinungsbild des Geflechtes mit.

Weide. Die Korbweide (*Sálix viminális*), die Mandelweide (*S. triándra*) und Purpurweide (*S. purpúrea*) liefern lange, biegsame, unverzweigte Ruten. Diese werden während der Saftruhe im Winter geerntet. Sie werden vollrund oder halbiert, mit Rinde oder geschält verwendet. Geschälte

Abb. 200.
Körbe sind Gefäße aus floralen Werkstoffen, weshalb sie wichtige Gestaltungsmittel im Blumengeschäft sind.

Weide hat eine helle Farbe mit einem seidigen Glanz, was durch die feinzellige, freigelegte Kambiumschicht bewirkt wird. Wird geschälte Weide gekocht (= gesotten) und mit kaltem Wasser abgeschreckt, wird das ehemals helle Holz rötlich braun.

Holzspan. Aus Brettern von Weichhölzern (Pappel, Linde, Kiefer, Fichte) werden dünne, schmale Streifen geschnitten, sodass lange, elastische Holzbänder entstehen. Diese gibt es in verschiedenen Stärken und Breiten, naturfarben oder gebeizt.

Binsen und Simsen. Diese Pflanzen (*Júncus* und *Scírpus*) feuchter Standorte haben lange, knotenlose Triebe, die durch luftreiches Mark sehr elastisch sind. Die Halme werden vor der Blüte geschnitten und sehr luftig getrocknet und gelagert, damit sie nicht faulen und schimmeln. Getrocknet sind sie graugrün, oliv bis gelbgrün.

Stroh. Als Stroh bezeichnet man Halme der Getreidearten. Sie werden nach der Reife geerntet und von den Blättern befreit. Roggenstroh ist spröder als Weizen- und Haferstroh.

Maisstroh. Dies sind eigentlich die Blätter, welche den Kolben umhüllen. Unter den äußeren, grünen Deckblättern befinden sich helle, fast silbrig weiße, seidig glänzende Blätter, die den Kolben fest umschließen. Sie werden nach der Maisernte gesammelt und getrocknet.

Palmblätter. Die parallelnervigen Blätter verschiedener Palmenarten sind fest, elastisch, lang und bandartig, sodass man sie gut zum Verflechten verwenden kann.

Bast. Auch Bast kommt von einer Palme, der Raffiapalme (*Ráphia farinífera*). An der Oberseite der meterlangen Blattrippen sitzt eine zähfaserige Schutz- und Stützschicht. Diese ergibt den Bast, der je nach Qualität unterschiedlich lang und breit ist. Die weiche aber reißfeste Faser wird allein oder in Kombination mit anderen Materialien für viele Geflechte verwendet.

Hanf. Nicht ganz so exotisch wie Bast ist Hanf. Die Ursprungpflanze, ein einjähriges Maulbeergewächs (*Cánnabis satíva*), wird heute noch in Russland, Polen, in Nord-Italien und mit der heutigen Wertschätzung von Naturfasern auch bei uns kultiviert. Das Stützgewebe im zwei bis drei Meter hohen Stängel ergibt die raue, matt-strohgelbe Faser, indem der Stängel gebrochen und gehechelt (gekämmt), gerauft (gerupft), geröstet (durch Fäulnis von Pflanzenteilen befreit) und geschwungen (geschlagen) wird. Die Fasern werden zu Fäden versponnen und weiterverarbeitet.

Sisal. Diese Faser wird aus den Blättern einer Agavenart gewonnen, der *Agáve sisalána*. Die ausgewachsenen Blätter werden von der Pflanze abgeschlagen. Die Faser wird ähnlich gewonnen wie der Hanf. Auch sonst ist die Faser dem Hanf ähnlich, allenfalls etwas derber, spröder und im Einzelfaden kürzer.

Kokos. Die Kokospalme (*Cócos nucífera*) hat ihre Frucht, die Nuss, mit einer dicken, faserigen Schicht umgeben, welche beim Fall den Nusskern schützt und die Frucht schwimmfähig macht. Diese für die Verbreitung der Pflanzenart nützliche Einrichtung hat der Mensch zur Fasergewinnung gebraucht. Ähnlich wie beim Hanf und Sisal sind viele Arbeitsschritte notwendig, um die relativ kurzen, mittelbraunen, spröden Fasern zu gewinnen. Kokosstricke und Geflechte aus ihnen sind auch in der Floristik vielfach einzusetzen.

Peddigrohr. Die Rotangpalme (*Cálumas rótang*) ist eine lianenartige Kletterpflanze. Der Holzkörper der langen Triebe wird maschinell geteilt und in gleichmäßig dicke, runde Stränge gehobelt. Durch dieses Hobeln ist die Oberfläche des etwa drei bis vier Meter langen, sehr elastischen Rohres faserig und rau, weshalb es leicht verschmutzt. Das Korbflechten mit diesem Rohr ist recht einfach, weshalb man mit ihm seine ersten Erfahrungen bei diesem schönen und nützlichen Hobby machen sollte.

Stuhlrohr. Es wird wie Peddigrohr aus der Rotangpalme gewonnen, doch wird nur die abgefräste Rinde verwendet. Diese ist kieselsäurehaltig und dadurch glasig fest und glänzend, dennoch natürlich elastisch. Die Formen des Rohres sind flache, schmale Bänder, die für sehr kunstvolle Verwebungen verwendet werden.

Bambus. *Bambúsa* ist ein riesiges tropisches Gras mit verholzten Stängeln. Diese werden abgeschlagen und längs bis zu feinstem Splint aufgespalten (Gespaltenem). Die entstandenen Bambusholzbänder sind sehr scharfkantig, wenn sie nicht »geglättet« worden sind. Bambusspan ist im ostasiatischen Raum ein oft verwendetes Material für viele Geflechte grober und feinster Art.

Sonstige Materialien wie Birkenreisig, Ginster, Rosmarin, Triebe von rankenden Pflanzen und Heidekraut und viele verschiedene exotische Pflanzenteile sollen hier nicht unerwähnt bleiben. Doch da sie trocken, spröde und brüchig sind, werden aus ihnen teils Wülste geformt, die zusammen mit anderen Werkstoffen verflochten oder anderweitig zum Gefäß geformt werden. Frisch verwendet kann man mit Hilfe anderer Hilfsmittel (Hanf, Wickeldraht, Holzbretter und Weidenstaken) selbst leicht nestähnliche »Korb«-Schalen fertigen. Auch biegbare Ruten von Hasel, Hartriegel, Trauerweide und Birkenreisig, gedrehtes und verflochtenes Rankenwerk von Kletterpflanzen, Zweiggerüste mit eingeflochtenen Schilfblättern sind Werkstoffe für geflochtene Gefäße, die für vergängliche florale Gestaltungen oder kurzlebige Dekorationen durchaus ihren Reiz haben.

Körbe aus Drahtgeflecht unterschiedlicher Art und Stärke sind heute sehr beliebt. Gerüste aus starkem Eisendraht, verwebt mit Ruten, Gräsern, Blättern oder feineren Drähten, Formungen aus Maschendraht, Gitterdraht, selbst verdrehte und verflochtene Drahtnester u. a. liefern viele Arten von Körben und Geflechten. Teils verzinkt oder lackiert, teils naturbelassen und rostend sind für jeden Anlass formal und farblich passende Gefäße zu finden.

Herstellungstechniken

Das Grundprinzip der Korb- und Mattenherstellung ist die Verflechtung. Flechten heißt, durch regelmäßiges Verschränken (verkreuzen) verbinden. Ein »Gerüst« aus »Staken« (Stecken, feste Ruten), das von der Mitte des Korbbodens durch die Korbwand bis zum Korbrand führt, wird von innen nach außen von quer und rund laufenden Materialteilen über- und unterkreuzt. Dabei können wie beim Weben Muster erzeugt werden, wenn man nicht immer nur eine Stake überdeckt und die nächste unterkreuzt. Auch der Einsatz verschiedener Materialstärken oder gar unterschiedlicher Materialien führt zu Musterungen oder funktionellen Vorteilen. So werden Spankörbe fester, wenn die Staken aus geschälter Vollweide bestehen. Der Korbboden von Weiden- oder Peddigrohrkörben wird gerade und stabiler, wenn der Bodenrand mit stärkerem Material verdreht verflochten wird. Der Korbrand wird aus den Staken nach unterschiedlichen Flechtsystemen gebildet. Hat der Korb einen Henkel, soll er sich aus dem Flechtwerk des Korbes entwickeln und nicht nur aus einfach zwischen das Geflecht gesteckten und umwundenen oder verflochtenen Staken bestehen, weil sich ein solcher Henkel bei Belastung leicht herauslöst. Aus Stuhlrohr und feinem Bambussplitt verstehen vor allem die Asiaten kunstvolle Körbe, Korbschalen und Matten zu flechten, in denen nicht nur rechtwinklige Überkreuzungen das Geflecht erzeugen, sondern auch diagonal verlaufende Streifen zu reizvollen Mustern führen. Beim Flechten von Matten sind die Längsfäden meist aus faserigem Material, wie Sisal, Hanf, Baumwolle oder anderem. Die quer verwebten Teile aus Stroh, Gräsern, Holzspan, Holzstäbchen oder Rohr geben der Matte den Namen. Vor dem Verflechten muss das Material durch vorsichtiges Wässern elastischer und geschmeidiger gemacht werden. Dabei darf man das Wasser nicht zu lange einwirken lassen, sonst wird hellholziges Material wie Peddigrohr leicht grau. Stroh verliert seinen Glanz. Natürlich gibt es je nach Material ganz erhebliche Unterschiede. Wenn es beim Peddigrohr z. B. genügt, es kurz durch das Wasser zu ziehen, müssen ungeschälte Weidenruten bis zu vierzehn Tage lang im Wasser liegen. Wissen und Erfahrung gehören zum Handwerk des Korbmachers genauso wie zu jedem anderen Beruf.

Eine andere Technik ist das Verflechten des Materials wie Stroh, Binsen und Bast zu langen Zöpfen oder das Verdrehen zu Wülsten und Schnüren, die mit Bast oder Hanfstrick zu Sets, Schalen und Tellern, auch zu Taschen, Hüten und Matten, mitunter auch zu Schuhen zusammengenäht werden.

Das Maisstroh ist recht kurzteilig, was für die Flechttechnik ungünstig ist. So hat sich im bäuerlichen Kunsthandwerk eine besondere Knüpf- und Knotentechnik entwickelt, wodurch schöne Matten, Taschen und Schalen entstehen. Auch die Palmblätter werden kunstvoll verschlungen, verknüpft, verwebt, verknotet und zu Matten, Körben, Taschen und Hüten verarbeitet. Solange die Blätter frisch sind, brechen sie bei den Fertigungstechniken nicht. Erst im fertigen Geflecht trocknen diese Blätter.

Gefäße aus Draht werden seltener geflochten, sondern aus Teilen zusammengebaut. Wer selbst mit Drähten oder Drahtgeflecht in Kombination mit Weidenruten oder Leistengestellen experimentieren will, kann immer zu einem Erfolgserlebnis kommen. Selbst wenn nur ein Maschendrahtstreifen zu einer Nestform oder einer Tüte zusammengedrückt wird, ist dieser Körper mit Moos ausgelegt bereits ein Gefäß für kleine Topfpflanzen oder Sommerblumen. Zieht man noch ein paar Schilfblätter oder Grashalme z. B. durch das Geflecht, verliert es etwas von der technischen Nüchternheit.

Flechtungen aus Papierstreifen (Blumenseide, Packpapier, Transparentpapier) sollen der Vollständigkeit halber auch genannt werden, denn als Tüte, Schachtelhälfte oder Nest gestaltet, gelackt oder gewachst, können sie mit Hilfe eingestellter Gefäße attraktive Körbe für unterschiedlichste Floristik werden.

Aufbewahrung von Flechtwerk

Das pflanzliche Material bleibt auch ausgetrocknet eine Zellstruktur, in die sich Feuchtigkeit einlagern kann. Feuchtigkeit führt aber zu Schimmelbildung und Stockflecken. Will man Körbe und Matten lagern, geschieht das am besten nicht im luftfeuchten Bereich des Blumengeschäftes. Ein trockener, luftiger Bodenraum wäre ideal. Außerdem sollte er relativ dunkel sein, sodass gebeizte Matten nicht so schnell ausbleichen. Matten werden auf Latten gerollt und in ein Regalfach gelegt oder gestellt. Körbe werden gestapelt oder aufgehängt. Will man beides bei längerer Lagerung vor Verstaubung schützen, darf man sie nicht in Folie einwickeln. Das Geflecht muss atmen können. In Kartons mit Luftlöchern oder mit Zeitungspapier abgedeckt überdauern Geflechte unbeschadet längere Zeit, vorausgesetzt, sie waren vor der Lagerung gut ausgetrocknet und der Raum selbst ist trocken. Bei Dekorationsmatten ist demnach nach Gebrauch, z. B. im Schaufenster, sehr darauf zu achten, dass sie erst wieder gut austrocknen, ehe sie zusammengerollt und gelagert werden. Bei Körben, die mit Einsatz als Übertöpfe oder als Gefäß für gesteckte Blumenarrangements verwendet werden, ist auf die Dauer nicht zu vermeiden, dass sie feucht werden und mit der Zeit auch Schaden nehmen. Doch das muss einkalkuliert werden.

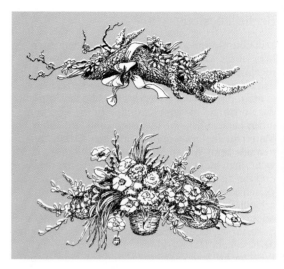

Abb. 201.
Ein Sisal-Set und ein Strohhut sind reizvolle „Gefäße" für Arrangements aus Sommerblumen.

Verwendung von Körben und Matten

Jedes geflochtene Gefäß, ob als »Kartoffelkorb« oder »Kiepe« (Tragekorb mit Gurten), als Papierkorb, Schmuckkorb oder Einkaufskorb, als Tasche oder Koffer gedacht, ob rund oder eckig, flach oder tief, es ist immer, natürlich je nach Anlass, auch gut mit Blumen zu kombinieren. Dazu kommen die vielen speziell für Blumen entwickelten Körbe, vor allem die »Übertopf«-Formen. Sogar das zusammengelegte Sisal-Set oder der umgekehrt gelegte Hut sind zusammen mit eingearbeiteten Wasserbehältern reizvolle Gefäße für Blumenarrangements (s. Abb. 201). Kommt die Topfpflanze mit Blumentopf in den Korb, muss in diesem ein möglichst hohes Wassersammelgefäß sein. Ein Blumentopfuntersetzer genügt nicht, weil er zu wenig abfließendes Wasser hält und daher meistens überläuft.

Werden Pflanzen ohne Töpfe mit Erde in den Korb gesetzt, muss die wasserdichte Folie bis zum Rand des Korbes aufragen und dort so befestigt sein, dass keine Erde herausgeschlämmt werden kann.

Für Arrangements aus Trockenblumen sind Körbe besonders gut geeignet, weil das Wasserproblem wegfällt. Doch ist nun das leichte Gewicht des Korbes zu beachten. Mitunter ist dadurch die Standsicherheit des Arrangements gefährdet. Deshalb werden ein dicker Kieselstein oder Sand in einer Plastiktüte als Gewicht in den Korb gelegt und darüber erst die Trockensteckmasse angebracht oder die Pflanzenteile angeordnet.

Für Schnittblumenarrangements sind Körbe zu verwenden, wenn Gefäße hineingestellt werden. Es werden Gefäße eingearbeitet, deren Größe dem Wasserbedarf entspricht, ansonsten aber den Korbraum frei lassen. Können Gefäße nicht eingeklemmt werden, befestigt man sie mit hellbraun abgewickeltem Steckdraht so, dass unter dem Korb nur der glatte, ummantelte Draht verläuft, die Knotenstellen oben liegen und später zwischen den Blumen verschwinden. Sollte mit der Klebepistole eine sichere Befestigung möglich sein, kann man sich die Verdrahtung sparen. Dieses Plastikgefäß wirkt optisch nicht mit. Auf die Korbinnenfläche können ergänzend zu den Blumen Früchte, Trockenformen oder Moosstücke gelegt und mit Heißkleber fixiert werden, natürlich nur in Gruppen, damit immer auch etwas vom Geflecht wirksam bleibt.

Wird mit Glasröhrchen als Wasserreservoire für einzelne Blüten, Ranken oder Blätter gearbeitet, werden sie in senkrechter Stellung z. B. am Korbrand oder mit Hilfe eingeklemmter Aststücke festgebunden. Der Kunde ist darauf aufmerksam zu machen, damit die Pflege entsprechend sorgfältig erfolgen kann.

Für adventliche Arrangements werden zum Teil keine wasserhaltenden Gefäße benötigt. Doch wenn feuchte Moostuffs auf- oder eingearbeitet werden, sollte man ein Stück Folie zwischenfügen, damit das Geflecht trocken bleibt. Diese Folie darf nicht mit Draht durchstochen werden. Sorgfalt und Überlegung vermeiden Ärger mit dem Kunden.

Untergründe für attraktiv aufgestellte Blumenarrangements sind Sets und Matten. Das Arrangieren darf nicht mit der Fertigstellung des Werkstückes aufhören. Das Umfeld gehört genauso zur Erscheinung der Blumen wie die floristische Gestaltung. Das Set unter dem Arrangement im keramischen Gefäß oder die Matte unter der Deko-Gruppe helfen nicht nur, die Gestaltungen farblich und strukturell zu ergänzen und in der Wirkung zu steigern, sie motivieren den Betrachter auch, sich das Arrangement leichter in seinem Wohnraum vorstellen zu können.

Matten, als Hintergründe oder Raumteiler aufgehängt, gliedern und gestalten nicht nur den Verkaufsraum, sie heben auch die einzelnen Blumengestaltungen hervor, sodass sie auffallen und gefallen können. So sind Matten nicht nur Gestaltungsmittel, sondern auch Helfer in der Werbung!

!!! Merksätze

- Körbe und Matten sind seit den frühesten Kulturen Produkte menschlicher Handfertigkeit und erzeugen heute noch das Gefühl vertrauter Wohnkultur.
- Das pflanzliche Material der Geflechte verbindet sich unproblematisch in Harmonie mit arrangierten Blumen.
- Körbe und Matten werden hergestellt aus Weide, Holzspan, Binsen und Simsen, Stroh, Maisstroh, Palmblättern, Bast, Hanf, Sisal, Kokosfasern, Peddigrohr, Stuhlrohr, Bambus u. a.
- Die Herstellungstechniken sind das Verflechten, das Vernähen von Zöpfen oder Wülsten, das Verknüpfen und Verknoten.
- Geflechte müssen trocken, luftig, staubfrei und sonnengeschützt aufbewahrt werden.

??? Aufgaben

1. Körbchen und Korbplatten aus Peddigrohr sind auch in Ihrem Ausbildungsbetrieb vorhanden. Beschaffen Sie sich verschiedene Holzbeizen und Sprühlack. Beizen Sie einige Geflechte, wobei Sie verschiedene Farben ansetzen und auch Farbtöne mischen können, und lackieren Sie nach dem Trocknen der Beize. So werden die Körbe farblich reizvoller und strukturell glatter und schmutzgeschützt. Die Verwendbarkeit wird außerdem noch gesteigert.

2. Nennen Sie fünf Anlässe und beschreiben Sie die fünf jeweils passenden floristischen Arrangements, bei denen Körbe als ideal passende Gefäße zur Wirkung kommen.

3. Suchen Sie sich drei verschiedene Körbe aus dem Bestand in Ihrem Betrieb heraus, und zeichnen Sie als eine Art »Webmuster« das System der Verflechtungen auf.

4. Fertigen Sie Matten aus Gitterdraht, die als Raumteiler aufgehängt werden, indem Sie florale Teile (Blätter, Gräser, Blumenstiele, Reisig u. a.) und nicht florale Teile (Papierstreifen, Strick, Schnur oder Kordel, Bänder oder Stoffstreifen u. a.) hindurchflechten. Die Werkstoffe können jeweils über die ganze Breite greifen, dann entstehen Streifen. Werden nur Teilbereiche erfasst, so entsteht eine Flechtwirkung á la Patchwork.

5 Gefäße aus Holz, Stein und Kunststoff

Die natürlichen Stoffe Holz und Stein werden durch Kunststoffe ergänzt, wodurch noch weitere Gefäßtypen bereitgehalten werden. Jeder Werkstoff hat seine eigenen Schönheiten, seine wesensmäßige Ausstrahlung, typische Formen (s. Abb. 202), teils auch rein praktische Vorteile, sodass dem Floristen mit solchen Gefäßen noch viele weitere Gestaltungsmöglichkeiten gegeben sind. Nur der Kunststoff ist dabei manchmal ein »Lügner«. Er kann nämlich alles nachmachen, z. B. aussehen wie ein ausgehöhlter Baumstamm oder einem Marmorblock gleichen. Wirklich echt wirkt das nie und ist wohl oft dem Kitsch zuzuordnen. Doch wird es von Fall zu Fall Entscheidungen geben, dennoch zu solchen technischen Mimikrys (Nachahmungen, in der Tierwelt als Schutz) zu greifen, auch wenn die Forderung nach »Wahrhaftigkeit« nicht erfüllt ist.

Abb. 202.
Gefäße sind materialgerecht, wenn ihre Formen dem Wesen der Stofflichkeit entsprechen.

Holzgefäße

Holz ist pflanzlich. Es lebt. Es strahlt Natürlichkeit und Wärme aus. Seine braunen Farbtöne vom hellen Krem (Ahorn) bis zum Schwarz (Ebenholz) sind natürliche Partnerfarben für Blumen und Pflanzen aller Art. So steigert ein Holzgefäß mit seinen Eigenschaften den natürlichen Charme der Blumen. Allerdings stellt es auch gewisse Ansprüche an die Pflege. So werden Holzgefäße (leider) immer noch relativ selten im Blumengeschäft eingesetzt. Daher wird öfter zu den »Verbrauchsartikeln« wie einfachen Abschnitten von Ästen oder Stämmen, den Baumscheiben von Birken, Obstgehölzen oder Oliven gegriffen, zu Tischlerabfällen von Brettern, Leisten oder Balken und zu Wurzelknorren. Auch die preiswerten Abendbrotbrettchen sind in der Floristik beliebt, vor allem im Herbst und vor Weihnachten, für Trockenblumenarbeiten und adventliche Arrangements.

Gefäße aus Holz sind vielartig in der Herstellung und Holzart. Die Tabelle 56 gibt einen kurzen Überblick.

Behandlung und Pflege der Holzgefäße

- Werden flache Holzformen, Platten, Teller oder Schalen für Blumenarrangements verwendet, sollte man die Pflanzenteile aufgelockert und »transparent« über die Holzfläche ranken und schwingen lassen, damit von der Gefäßform und schönen Holzstruktur, der Maserung durch Jahresringe, recht viel zur Wirkung kommen kann.
- Werden kleine Schmuckgefäße aus Spanten für Schnittblumen verwendet, ist Folgendes zu beachten: Diese sind zwar meist imprägniert, weshalb das Holz nicht mehr so stark arbeitet wie beim normalen Holzgefäß. Es nimmt aber dennoch Feuchtigkeit in seinem Gewebe auf, weshalb das Arrangement auf einen wasserunempfindlichen Untergrund, z. B. auf den Kaminsims, oder auf eine wasserabdichtende Unterlage wie eine Kachel gestellt werden sollte.
- Baumscheiben oder Bretter sind häufig noch nicht ganz ausgetrocknet. Vor allem frisches Holz gibt Feuchtigkeit ab, weshalb derartige Gestaltungsmittel für Blumenarrangements mit Füßchen (Gleitschutz, Styroporscheiben, Leis-

Tab. 56. Gefäße aus Holz

Holzarten	Böttcherwaren	Bemerkungen
Fichte, Kiefer	Wannen, Zuber, Sauna-Wasserkübel, kleine Schmuckgefäße	Die Gefäße sind aus Spanten, Brettern und durch metallene Ringe
Ahorn	Butterfässer, Tonnen, Zuber	zusammengehalten. Die Spanten
Eiche	Pflanzkübel, Weinfässer, Bottiche Schmuckgefäße	quellen durch Wasser und drücken sich in den Ringen fest zusammen. Deshalb sind Böttcherwaren für Pflanzen und Schnittblumen gut geeignet,

Holzarten	gedrechselte und geschnitzte Ware	Bemerkungen
alle Holzarten mit festem Kern- und Splintholz sind brauchbar. Weichhölzer: z. B. Balsa, Linde, Pappel Harthölzer: z. B. Ahorn, Buche, Ebenholz, Eiche, Obstgehölze, Rosenholz Nadelhölzer: z. B. Zeder, Kiefer, Wacholder	Schalen Teller, Becher, Büchsen, Dosen, Kübel Leuchter Figuren Blumenständer Backtröge Mollen	Die Gefäße sind aus einem Stück Holz durch Span abhebende Techniken entstanden. Die Holzzellen quellen, wenn sie nass werden. Dadurch entstehen Verfärbungen und Verwerfungen, beim Trocknen dann Risse und Spalten. Daher Vorsicht! Möglichst Kontakt mit Wasser vermeiden.

tenstückchen, Scheiben von Flaschenkorken u. a.) versehen werden, damit die Luft zirkulieren kann und die Feuchtigkeit wegträgt, ohne das Holzfurnier des Möbelstückes zu beschädigen.

- In gedrechselten oder geschnitzten Schalen sollten nur trockene Gestaltungsmittel arrangiert werden. Wischt man eine Holzschale feucht aus, so sollte man sie zum Trocknen nicht an die Heizung stellen. Wärme verbiegt das Holz, und durch ungleiches Austrocknen entstehen Risse.
- Die pflegliche und holzgemäße Oberflächenbehandlung geschieht am besten, indem man sie mit einem weichen Lappen abwischt, den man aus einer Mischung aus vier Teilen Terpentin und einem Teil Leinsamenfirnis getränkt hat. Auch gibt es ein spezielles »Polierwachs«, in dem viel Bienenwachs enthalten ist. Dies ist

ein ideales Holzpflegemittel, wodurch das Holz einen matten Schimmer erhält. Essgefäße aus Holz werden mit Olivenöl eingerieben, da das Lebensmittelgesetz andere Behandlungen verbietet. Das Lackieren mit Polyesterlacken kann das Holzgefäß zwar wasserdicht machen, verändert aber die Holzoberfläche unschön, weshalb wir allenfalls Innenseiten tiefer Schalen und Büchsen so behandeln, da man diese beim fertigen Blumenarrangement meist nicht sieht.

- Will man ein Holzgefäß farbig verändern, wird es nicht gestrichen, denn unter der Farbe verschwindet die Holzstruktur. Dagegen erhalten Beizen die Holzwirkung, weshalb man zum Beispiel Bretter beizen wird.
- Alle Holzteile sollen trocken, luftig und sonnengeschützt gelagert werden.

Gefäße aus Stein

Gefäße aus Stein sind relativ selten im Blumengeschäft. Doch wer Kunden mit eigenem Garten
hat, sollte einige Kenntnisse auf diesem Gebiet erwerben.

Kleine Steintröge, reizvoll mit »Minis« (kleinblei-
bende Pflanzen) bepflanzt, schaffen Angebote, die
zum Kaufwunsch führen können. Angebohrte
Steinbrocken als Vasen für Orchideen sind kritisch zu betrachten. Meist ist der Hohlraum für
Wasser zu klein und der Stein nicht immer ein
harmonischer Partner für ein Möbelstück. Im
Wintergarten oder auf der Terasse, im Garten,
Wohnhof oder Dachgarten sind bepflanzte Steingefäße gestalterisch und funktionell ideal. Die Tabelle 57 zeigt, welche Werkstoffe und Gefäßformen angeboten werden.

Vor- und Nachteile von Steingefäßen

Vorteile sind:

Standsicherheit. Stein ist schwer. So sind Steingefäße formal auch meist schlicht, breit lagernd
und massiv. Dies alles ist vorteilhaft für Pflanzgefäße im Freien, wenn man zum Beispiel an
den Winddruck denkt.

Wesensmäßige Wirkung. Stein ist den Erden verwandt, die ja durch Verwitterung von Gesteinen
entstanden sind. So passt er naturgegeben zur
Pflanze. Die rustikale Erscheinung von Steingefäßen fügt sich harmonisch dem Gesamtbild im
Freien ein.

Unvergänglichkeit. Praktisch sind Steingefäße
unzerstörbar, vorausgesetzt, man lässt sie beim
Transport nicht fallen und schützt sie vor der
zersprengenden Kraft gefrierenden Wassers.

Tab. 57. Gefäße aus Stein

Werkstoffe	Formen	Bemerkungen
Kalkstein, Sandstein Kalksandstein, seltener Urgestein wie Granit und Porphyr	Tröge alte Futtertröge Schalen	Vom Steinmetz gehauen, wobei die Grobarbeiten des Vorformens wie Schneiden und Ausfräsen maschinell gemacht werden können
Kunststein, der aussicht wie eine natürliche Gesteinsart	Trogformen, Schalen, Kübel, Vogeltränken	Der Stein, egal welcher Art, wird gebrochen oder gemahlen, mit einem Bindemittel versehen und in Form gebracht (meist gegossen). Nach dem Erstarren kann die Oberfläche des Gefäßes noch nachbehandelt werden, z. B. geraut, geschliffen oder gar poliert
Betonstein: Beton ist eine Mischung aus Sand, Kies und Zement	Kästen Tröge Kübel Schalen in vielen Formen und Abmessungen	Der Beton wird in Form gegossen und erhärtet. Häufig ist die Ober- fläche durch eingegossenen Steingrus oder durch Kiesel strukturiert (Waschbeton)

Nachteile sind:

Transportierbarkeit. Durch das Gewicht des Werkstoffes und die steingemäße Größe sind solche Gefäße nur in »handlichen« Ausführungen für das Blumengeschäft akzeptabel. Ansonsten gehören sie in den entsprechenden Fachhandel.

Beachtung der Frostwirkung. Tröge ohne Abflussloch sind im Sommer sehr attraktiv mit Wasserpflanzen wie Zypergras, Simse und Wasserhyazinthe zu besetzen. Zur Überwinterung kommen die Pflanzen ins Haus, die Tröge werden entleert und umgekippt. Sind sie zu schwer, werden sie mit Styroporstückchen und Laub voll gefüllt, was den Druck des gefrierenden Wassers abfängt.

Sollen Steingefäße mit einheimischen Sumpf- und Wasserpflanzen auch über Winter bepflanzt bleiben, wählt man oben weit offene Gefäßformen, sodass sich das Eis an der schrägen Wand nach oben schieben kann, ohne gegen die Wände zu drücken und die Schale zu zersprengen.

Bepflanzte Gefäße haben Abflusslöcher, die man mit darüber gelegten Topfscherben oder einer Dränageschicht vor Verstopfung schützt. Außerdem muss im Pflanzensubstrat viel Styromull recht großer Körnung enthalten sein, sodass die Feuchtigkeit im Erdreich nicht zu einem geschlossenen Block zusammenfrieren kann.

Die Verwendbarkeit von Steingefäßen ist durch die Größe und rustikale Wirkung auf besondere Fälle begrenzt, dann aber sehr attraktiv und nicht zu vergessen.

Gefäße aus Kunststoff

Dieser moderne Werkstoff hat dem Floristen viele Gebrauchs- und Verbrauchsartikel beschert: Balkonkästen, Blumeneinstellgefäße für Verkaufsware, Blumentöpfe, Blumenschalen und -vasen, Eimer, Einsätze, Gießkannen, Grabvasen, Hydrokulturtöpfe, Kanister, Steckröhrchen, Transportgefäße, Übertöpfe, Wannen und vieles mehr. Gestalterisch interessant sind Pflanzkastensysteme, Tabletts, Plexiglasschalen und -bausysteme für attraktiven Tafelschmuck, zusammensteckbare Schalen, die zu ganzen Schalenlandschaften oder -türmen verbunden werden können und bepflanzt oder besteckt prächtige Schmuckelemente in der Raumgestaltung oder Hilfen bei der Schaufensterdekoration sind. Sofern Kunststoff nichts vorgaukelt, was er nicht ist, z. B. aussieht wie ein Edelholz, ein alter hohler Baumstamm oder wie eine gehämmerte Kupferschale usw., sondern schlicht und klar in der Form, stumpf oder glatt in der Oberflächenstruktur seinem technischen Ursprung gemäß erscheint, sind auch Kunststoffgefäße wertvoll für die Floristik.

Wissenswertes über Kunststoffe

Statt Kunststoff wird auch »Plastik« gesagt. Diese Bezeichnung geht auf die Plastizität (Formbarkeit) des Stoffes zurück. Die Hauptbestandteile von Kunststoffen werden aus Kohle oder Erdöl gewonnen. Die Grundbausteine sind Kohlenwasserstoffe (Verbindungen aus Kohlenstoff und Wasserstoff). Diese werden zu Polymerisaten (= Verbindung vieler Moleküle eines Stoffes zu einem neuen Stoff) zusammengeschlossen. Dabei werden weitere Elemente oder Verbindungen eingefügt, sodass riesige Moleküle (= kleinster Teil mit den Eigenschaften des Stoffes) entstehen, die es in der Natur nicht gibt. Je nach Rezeptur und Molekülbildung haben Kunststoffe unterschiedliche Eigenschaften.

Kunststoffgefäße sind absolut wasserdicht, zum Teil fast unzerbrechlich, leicht und für viele Zwecke praktisch geformt. Bei der Formung des Kunststoffes zum Gefäß gibt es unterschiedliche Formungsprozesse: Thermoplastische (bei Hitzeeinwirkung formbar) Kunststoffplatten werden unter Erwärmung durch Luftdruck in eine Form gedrückt bzw. durch Sog in die Hohlform gezogen (Hohlkörperblasverfahren), oder die erwärmte und dadurch teigige Kunststoffmasse wird in eine Form gespritzt, wo sie erkaltet und erhärtet (Spritzgussverfahren).

Ein ganz anderes Verfahren braucht eine Kunststoffmasse, die mit einem Aufschäummittel durchsetzt ist. Diese Masse wird in Form kleiner Kügelchen in die Form für das Gefäß gelegt und erwärmt. Dadurch schäumen die Perlen auf, die Masse füllt die ganze Form aus und erhärtet. So haben wir Kunststoffgefäße aus verschiedenen Stofflichkeiten. Die einen sind dünnwandig, fest, glatt und stabil (z. B. Lupolen). Die anderen sind dickwandig, sehr leicht, und sie lassen sich leicht zerbrechen (z. B. Styropor).

Der Kunststoff »Plexiglas« ist glasartig, farblos oder farbig, durchsichtig oder opak. Er ist wie Holz zu bearbeiten. Platten werden zersägt und mit einem Spezialmittel (Methylenchlorid) wasserdicht zum Gefäß zusammengeklebt. Plexiglas ist aber auch durch Wärme formbar. Das ist sogar für den Hausgebrauch nutzbar. Legt man eine passende Plexiglasplatte auf einen umgekehrten Blumentopf und erwärmt beides im Backofen, sinken die frei schwebenden Plattenteile beim Weichwerden durch Hitze herab und falten sich lose um den Blumentopf. Erkaltet und umgedreht aufgestellt, wird daraus ein reizvolles, frei und zufällig geformtes Gefäß, welches sich gut für ein locker gestaltetes, beschwingt wirkendes Blumengesteck eignet (s. Abb. 203).

Plexiglas kann durch Zerkratzen oder Absplittern von Ecken beim harten Anstoßen beschädigt werden. Kratzer können durch ein Verflüssigungsmittel, in Spezialgeschäften erhältlich, wieder geglättet werden, doch abgesplitterte Ränder sind meist nicht korrigierbar. So sollte man solche Gefäße sorgfältig behandeln.

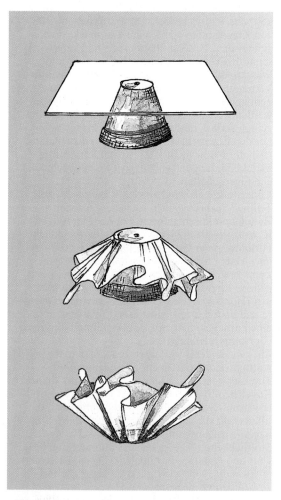

Abb. 203.
Eine Plexiglasscheibe wird in der Hitze des Backofens weich, verformt sich und ergibt erkaltet ein interessantes Gefäß.

!!!Merksätze

- Gefäße aus Holz, Stein oder Kunststoff bereichern die Gestaltungs- und Ausdrucksmöglichkeiten des Floristen.
- Holzgefäße wirken naturnah, warm, strukturell und farblich organisch und natürlich.
- Steingefäße wirken schwer, erdverwandt, rustikal, kernig, den Pflanzen nahe.
- Kunststoffgefäße sollen keine anderen Werkstoffe vortäuschen. Sie wirken werkstoffgemäß, wenn sie schlicht und klar, konstruktiv und das Funktionelle betonend, zurückhaltend und neutral sind.
- Nur Holzgefäße aus Spanten (Böttcherware) eignen sich für Pflanzen und Schnittblumen.
- Holzgefäße aus einem Stück sind vor Feuchtigkeit zu schützen.
- Steingefäße als Wasser- oder Pflanzgefäße für den Stellplatz im Freien müssen vor der sprengenden Kraft des gefrierenden Wassers geschützt werden.
- Aus Kunststoff sind viele unentbehrliche Nutzgefäße und Verbrauchsmittel. Gestalterisch wertvoll sind Kombinationssysteme oder schlichte, großflächige Schalen.

1. Beschaffen Sie sich in einem Farbgeschäft eine Musterkarte von Holzbeizen. Die Farbmuster zeigen Ihnen die natürlichen Farben der Holzarten. Beschreiben Sie danach die Farben von Kastanie, Kirsche, Mahagoni, Eiche hell und dunkel und Palisander.

2. Stellen Sie Pflanzenarten für drei Bepflanzungsbeispiele eines Steintroges zusammen. Diese Beispiele sollen folgenden Pflanzengruppen zuzuordnen sein:
   a) Polsterbildende Stauden und Gräser für sonnige Standorte
   b) Dickblatt- und Steinbrechgewächse
   c) Zwerggehölze und kriechende Gehölze.

3. Denken Sie sich ein dickes Holzbrett und Plexiglasrohre verschiedener Stärken. Über die Abmessungen entscheiden Sie. Entwerfen Sie mit diesen Teilen zeichnerisch 2 bis 3 denkbare Aufbauten für eine Tafeldekoration. Mit einem dieser Entwürfe entwickeln Sie planerisch die fertige Gestaltung mit Werkstoffaufstellung, Beschreibung von Farbigkeit und Gestaltung inklusive einer Entwurfsskizze.

6 Bänder, Kordeln und Schnüre

Bänder, Kordeln und Schnüre sind wichtige Gestaltungsmittel in der Floristik. Sie haben sogar an Bedeutung gewonnen, seit abfließende Formen eine größere Rolle spielen, seit Bindungen sichtbar und schmückend sind, seit ineinander geflochten, verwebt und Gerank durchgezogen wird (s. Band 1, S. 302 u. a.). Bänder und Schnüre liefern abfließende und zufällige Formen, Strukturen, Farben und Wesenheiten. So sind sie auch wirkungsvolle Ausdrucksmittel. Flatternde Bänder sind Ausdruck der Lebensfreude (Maikranz, Richtkranz, Erntekrone). Bänder betonen Eleganz oder Gefälligkeit (Tischschmuck, Brautschmuck, Biedermeierstrauß). Sie verdeutlichen Verbundenheit (Trauerkranz) oder Festlichkeit (Weihnachtsschmuck). Sie repräsentieren und vervollkommnen. Mit ihrer Anbringung erfüllen Bänder und vor allem Kordeln meistens auch wichtige Funktionen. Sie binden, umschlingen, verknoten,

Abb. 204.
Dieser Stehstrauß erhält unter anderm seinen Reiz durch die Mitwirkung verschiedener Bänder.

Tab. 58. Faserarten

Faserart	Faserherkunft	Fasereigenschaften
Naturprodukte **Pflanzliche Fasern**		
Flachs Jute Hanf	Stängelfasern *Línum usitatíssimum* *Córchorus capsuláris* *Cánnabis sattíva*	»Leinen« ist fest, etwas störrisch »Rupfen«, faserig, grob »Nessel«, grob, fest, rustikal
Sisal	Blattfaser *Agáve sisalána*	fest, grob, rustikal
Cocos	Fruchtfaser *Cócos nucífera*	holzig, spröde, kurzfaserig
Baumwolle	Samenhaare *Gossýpium hirsútum*	weich, dünn, kurzfaserig
Tierische Fasern		
Seide	Kokon der Seidenraupe	glatt, glänzend, fließend, wirkt kühl beim Anfassen
Wolle	Haarkleid vom Schaf, Kamel, Lama	weich, wuschelig, stumpf
Haare	Haarkleid vom Kaninchen (Angora), Ziegen	weich, anschmiegsam, fusselig
Metallfäden		
Kupfer Messing Aluminium	dünngewalzte Metallfolie in feine Streifen geschnitten	rötlich, glänzend goldfarben, glänzend silbrig, glänzend
Mineralische Fasern		
Glas	sehr dünn ausgezogener Glasfaden, mit anderen Fasern verwebt	elastisch, mattglänzend, glatt
Chemiefasern oder Fäden		
Kunstseide	aus Holz wird Zellulose chemisch gelöst und in Fadenform erhärtet	glänzend, glatt, weich
Zellwolle	Kunstseide in Fadenstückchen geschnitten und versponnen	stumpf, wollig
Synthetische Fasern		
Nylon Redon Dralon Orlon Diolen Dolan Trevira Lycra und andere	Grundstoffe aus Erdöl oder Kohle werden mit Zuschlägen zu neuen, hochmolekularen Verbindungen gebracht (s. Seite 341). Diese sind erhitzt flüssig; durch feine Düsen gedrückt, erkalten sie zu festen Fäden	dünn, unendlich, fest, glatt oder rau, glänzend oder matt, auch wollig wirkend, wenn geschnitten und versponnen

festigen und verbinden. Sie halten zusammen oder halten fest. Auch wenn tatsächlich schon Wickeldraht oder Bast die technische Aufgabe erfüllen, so werden die zugleich schmückenden Gestaltungsmittel doch so angebracht, als ob sie die Funktion übernehmen würden. Dann ist Band auch sinnvoll und bandgemäß eingefügt. Benutzt man Band oder Kordel gestalterisch statt als abfließende Formen auch als nicht florale Strukturen, so wird glatt gespannt oder gerafft, verschlungen und verknotet, aufgebauscht und zusammen gedreht, wie das Material es zuläßt. Dann ist allerdings zu erwägen, ob es nicht preislich vorteilhafter, ergiebiger und nicht zuletzt auch gestalterisch reizvoller sein kann, gerissene Stoffstreifen und Folien statt Bänder zu nehmen und Kordeln durch Schnüre zu ersetzen. Um sinnvoll einzukaufen und gestalterisch Bänder und

Kordeln fantasievoll einsetzen zu können (s. Abb. 204), muss man sich mit den Werkstoffen, den Band- und Kordelarten, den Eigenschaften und der Behandlung dieser Gestaltungsmittel beschäftigen.

Werkstoffe für die Herstellung von Bändern, Kordeln und Schnüren

Es werden recht unterschiedliche Rohstoffe verwendet. Je nach Herkunft unterscheiden wir Naturprodukte, Chemiefasern und synthetischen Fasern (Tab. 58).
Die Herkunft der Fasern ist durch die Brennprobe feststellbar, wodurch man in etwa auch die Art der Faser testen kann:
Alle pflanzlichen Fasern, auch die Chemiefasern, verbrennen zu grauer Asche. Alle tierischen Fa-

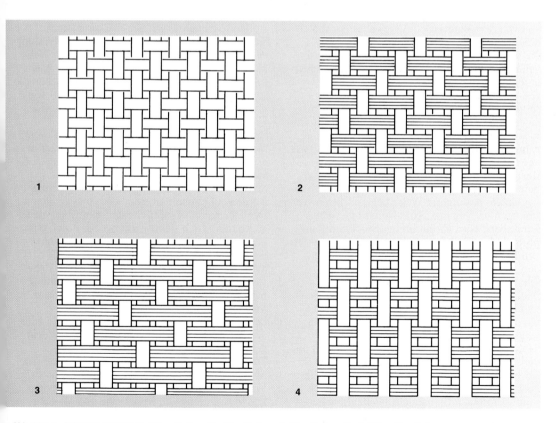

Abb. 205. 1. Leinwand-Bindung, 2. Köper-Bindung, 3. Atlas-Bindung, 4. Rips-Bindung (Zwei-fädiger Querrips).

sern verbrennen zu einem schwarzen, nach verbrannten Haaren riechenden, krümeligen Rückstand. Alle synthetischen Fasern schmelzen bei großer Hitze und verbrennen dann fast rückstandslos.

Bandherstellung

Bänder werden in der »Schmalweberei« gewebt. Durch Verkreuzen entsteht eine Verflechtung der Fäden und damit ein Gewebe. Im Allgemeinen sind zwei Fadensysteme beteiligt. Mit der Länge des Gewebes verlaufen die »Kettfäden«. Quer über die Breite des Bandes verlaufen die Schussfäden, weil sie mit dem Schiffchen durch das von der Kette gebildete »Fach« »geschossen« werden. Kette und Schuss sind oft unterschiedlich im Werkstoff und in der Farbe. Je nachdem, wie die Schuss- und Kettfäden verkreuzt werden, spricht man von der »Bindung« des Gewebes (s. Abb. 205).

Die Taft- oder Leinenbindung ist die einfachste, weil immer ein Faden überkreuzt und einer unterlaufen wird, und das wechselweise. Diese Gewebe sind auf beiden Seiten gleich.

Bei der Atlas- oder Satinbindung werden mehr Fäden überkreuzt als unterlaufen. Die Kreuzungspunkte sind regelmäßig verteilt, aber unsichtbar, wenn man auf die glänzende, glatte Oberseite das Gewebes sieht.

Musterbänder entstehen, wenn der Schussfaden mehr Kettfäden überkreuzt als unterläuft und dies sich in bestimmter Weise beim nächsten verschiebt. Man nennt das ein »Jaquard-Gewebe«. Schnittband wird als ein breites Stück Stoff aus synthetischen Fasern gewebt und mit heißen Messern in die gewünschte Bandbreite geschnitten. Dabei verschmilzt der Werkstoff, sodass die Schnittkante nicht auffasert.

Die Nachbearbeitung kann in folgenden Maßnahmen bestehen: Moirieren (Verschiebung der Fäden durch heiße Walzen, sodass ein holzmaserungsähnliches Muster entsteht), Kreppen (Höhen und Tiefen werden wie kleine Beulen und Dellen durch Walzen eingeprägt), Bedrucken (Farbdruck oder Foliendruck), Appretieren (Tauchen in eine paraffinhaltige Lösung und Trocknung), Umspulen (in handelsübliche Einheiten – 25, 50 oder 100 m – auf Kunststoffkerne oder Papprollen). Bänder werden in unterschiedlichen

Breiten angeboten, schmale Bänder von 10 bis 100 mm, breitere, von 100 bis 320 mm, Kupferbänder von 15 bis 100 mm und Lahnbänder von 10 bis 75 mm. Doch ist das je Bänderart und Produktionsstätte recht unterschiedlich. Auch führt die Marktlage zu Veränderungen, sodass man sich von Fall zu Fall informieren muss.

Bandarten

Seidenband. Es ist teuer, aber sehr elegant, fließend, glänzend.

Organza. Sehr feines, zartes Gewebe aus Naturseide, duftig, leicht, kostbar.

Kunstseidenband. Häufigstes Material, oft gemischt mit synthetischen Fasern, seltener auch mit Seide, seidig glänzend, etwas fester als Seide, daher für stehende Schlaufen besser geeignet.

Satinband. Es kann aus unterschiedlichen Werkstoffen wie Baumwolle, Seide, Chemie- und Kunststofffasern sein, hat durch die Atlasbindung eine glänzende Oberseite. Teils sind in der Webkante feine Drähte mit eingewebt, um die Bandschlaufen gut formen zu können. Zwar fließen die so gefestigten Bänder nicht weich und glatt wie ohne diese Drahtkanten, doch sind sie für lose Umwindungen und Drapierungen ideal.

Florband. In sehr lockerer Leinenbindung gewebt, meist aus Kunstseide und Perlon. Webkanten fester verflochten.

Samtband. Beim Weben wird jeder 3. bis 6. Schussfaden schlaufig eingewebt. Diese Schlaufen werden aufgeschnitten, geschoren und gedämpft. Der Flor hat einen »Strich« und nur, wenn man gegen den Strich sieht, wirkt der Samt tief, glanzlos und flauschig. Samt ist meistens aus Kunstseide und Zellwolle.

Kunstsamt. Kunstseidenbänder werden mit Zellwollflusen beklebt. Durch die Nachbehandlung haben auch diese Bänder Strich, auf den beim Verarbeiten zu achten ist.

Lahnbänder. Zwischen Fäden aus Kunstseide oder synthetischer Faser sind feine Metallstreifen eingewebt.

Brokatband. Gemusterte Bänder mit eingewebten Metallfäden. Ursprünglich sehr wertvoll durch Verwendung von Seide, Gold- und Silberfäden. Die Verwendung von Kunstseide und Messing- oder Aluminiumlitzen (Litze = gedrehte Fäden) mindert die optische Wertzumessung nicht. Verwendung bevorzugt bei Weihnachtsschmuckgestaltungen und bei Brautschmuck.

Rupfenband. Aus fein gesponnener Jute werden in Leinenbindung meist Stoffbreiten gewebt. Das geschnittene Band erhält eine Verleimung an der Schnittkante. Das rustikale, feste, grobe Band mit seinen stumpfen Farben ist vielfach gut einsetzbar. Aus etwas feiner gesponnenen Fäden und teils sehr locker gewebt wird es auch »Juteband« oder »Jutatexband« genannt.

Naturbänder aus Flachs (Leinen), Jute (Rupfen), Hanf (Nessel), Baumwolle und Seide spielen in der modernen Floristik eine große Rolle. Das aktuelle Angebot sollte aufmerksam beobachtet und genutzt werden.

Gitterbänder im klaren, quadratischen Muster oder netzartig verflochten werden nach ihren Werkstoffen benannt, zum Beispiel Baumwollgitterband, Bastgitterband u. a. Sogar aus feinen, goldfarbenen Drähten gibt es ein Gitterband. In den stofflichen Gitterbändern sind Drahtkanten zur besseren Formbarkeit eingearbeitet.

Spitzenbänder. Sie sind gewebt oder gewirkt, gehäkelt oder geklöppelt. Sie können aus Kunstfasern, Leinen oder Baumwolle sein. Herstellungstechnik, Werkstoff, natürlich auch das Muster und die Bandbreite bestimmen den Preis. Ausgesuchte Spitzenbänder werden gern mit anderen Bändern in einem Werkstück kombiniert, passend zur bräutlichen oder romantischen, verspielten oder bäuerlichen Gestaltung.

Litzen, wie Zackenlitze aus Leinen oder Baumwolle, Litze aus Jute mit Baumwolle, sog. »Flachsbändchen«, sind schmale Schmuckbänder aus gedrehten Fäden, meist ohne gerade Bandkanten, weil gewirkt oder geflochten.

Tüllband. Synthetische Fäden werden hier nicht verwebt, sondern verschlungen. Die Wasser abstoßende Kunststofffaser macht den »Deko-Tüll« besonders für die Floristik geeignet.

Folienbänder. Sie haben mit Bändern nur die Streifenform gemeinsam. Sie sind nicht gewebt, sondern aus der flüssigen Kunststoffmasse in einem Stück gezogen, häufig als weiter Schlauch und dann geschnitten. Mitunter werden auch Industrieabfälle (zum Beispiel Stanzrückstände der Paillettenherstellung) als »Dekobänder« angeboten.

Kräusel- oder Ringelband. Es ist kein Gewebe, sondern besteht aus vielen Kunststofffasern, die parallel, nebeneinander zusammenhaftend, längs im Band liegen. Durch das Streichen über einen Messerrücken werden diese Fasern unterschiedlich gedehnt und verschoben. Die dadurch entstehende Spannung zwischen den Fasern führt zur Verdrehung des Bandes. Auch manches Kunstseidenband reagiert so auf das Ziehen über einen Messerrücken, wenn auch nicht so stark, wodurch es gefällig und schwungvoll herabfließt.

Papierbänder, glatt, gekreppt oder gecrasht, geleimt oder gewachst, bereichern noch die Palette der Bandstrukturen, (ansonsten siehe Papier Seite 360).

Kordelherstellung

Es sollen drei Wege aufgezeigt werden:

1. Mehrere gesponnene Fäden einer Faserart werden »gezwirnt«, d. h. zu einem Faden zusammengedreht. Ein weiterer Gang der Verzwirnung fügt zwei oder mehr schon einmal gezwirnte Fäden zu einer dickeren Schnur zusammen.

2. Ein Strang von Baumwollfäden wird mit feinstem Garn umwickelt. Das können Kunstseide, synthetisches Material oder Metallfäden mit Kunstseide gemischt sein. Mehrere solcher Stränge werden verzwirnt.

3. Ein hohles Schlauchgespinst wird gewirkt, ähnlich dem Vorgang im »Strickliesel«. Feste, aber elastische Kunststofffäden geben dem feinen Schlauch Festigkeit, damit er nicht flach zusammenfällt. Zellwolle, Kunstseide, Kunststoff- und Metallfäden oder feine Folienstreifen können eingeflochten sein.

Aus Garnen jeder Art kann man selbst Kordeln flechten oder knüpfen oder aus Bändern Kordeln drehen. Das bereichert die gestalterischen Möglichkeiten ungemein und macht die Gestaltungen eigentümlich und individuell.

Kordelarten

Je nach verwendeten Fadenarten oder Herstellung werden unterschieden:

Kunstseidenkordeln. Sie bestehen aus Kunstseidenfäden, die um Baumwollkerne gesponnen sind, und zwei- bis dreifachen Verzwirnungen. Sie sind 3 bis 12 mm dick und sind die üblichen Dekorationskordeln.

Metallkordel. Wie Kunstseidenkordel mit zwischengefügten Metallfäden.

Kokoskordel. Gibt es nicht nur naturfarben, sondern auch gebleicht und gefärbt in 500 g Doggen.

Schilfkordel. Mit der noch grünlichen Farbe getrockneter Schilfblätter ist sie relativ unflexibel, aber sehr reizvoll für großzügige Umschlingungen zu verwenden.

Schnur. Dazu gehören auch alle Fäden, Garne, Stricke, Seile. Sie sind aus gesponnenen Fäden einfach oder mehrfach gezwirnt. Da sie aus unterschiedlichen Rohstoffen gefertigt sind, zum Beispiel Hanf, Sisal, Baumwolle, Kokosfasern unter anderem liefern sie die verschiedensten Strukturen, was dazu führt, dass sie in der Hand des fantasievollen Floristen eine große Rolle spielen.

Hohlkordeln. Mit verschiedenen Materialien gewirkte Schlauchformen. Da sie hohl sind, kann man sie über Drähte oder dünne Stäbe ziehen, wodurch sie zwar nicht mehr kordelgemäß, aber attraktiv eingesetzt werden können. Es werden 3 mm dünne bis 40 mm dicke Hohlkordeln angeboten.

Drahtseele. Wird 0,3 cm stark auf 25 m Rollen angeboten. Ein feines Drahtbündel ist dicht mit einem Kunstseidenfaden umwickelt. In unterschiedlichen Farben angeboten, ist diese frei formbare Drahtseele (Seele, hier = Achse) wertvoll für Verschlingungen, verspielte und schwingende Linien oder dekorative Bindungen.

Abb. 206.
Bänder sollen im Verkaufsangebot so dargebracht werden, dass es Freude macht, sie zu betrachten und die Kauflust angeregt wird.

Lagerung von Bändern und Kordeln

Da Kordeln und Bänder unterschiedlich »aufgemacht« sind, die Kordeln in Doggen, Schnüre in Knäueln oder anders aufgewickelt, Bänder aber auf Rollen geliefert werden, lagert man sie unterschiedlich.

Grundsätzlich gilt für beide: Die Aufbewahrungsorte müssen so beschaffen sein, dass sie leichten Überblick über den Lagerbestand ermöglichen, dass die Entnahme schnell geschehen kann, dass die Wiedereinordnung unproblematisch erfolgen kann, kurz: dass man gut Ordnung halten kann. Außerdem soll der Lagerort trocken, lichtgeschützt und staubfrei sein. Metallbänder und -kordeln werden während längerer Lagerabschnitte in Ölpapier oder Folienbeutel eingewickelt aufbewahrt, damit sie wenig Luftkontakt haben und nicht korrodieren, wodurch sie den Glanz verlieren würden.

Die Aufbewahrungsorte unterscheiden sich durch den Zweck:

1. Das Band soll für den Kunden sichtbar und für den Floristen schnell greifbar gelagert sein.
2. Das Band muss gelegentlich zur Verfügung stehen.

Im ersten Falle ist eine attraktive Präsentation verkaufsfördernd. Eine für die Saison passend ausgewählte Zusammenstellung von Bändern sollte im Aktionsbereich bei der Kasse angeboten sein. Zusammen mit Kerzen, Servietten, Sets und anderen Zusatzangeboten regen sie die Kreativität und Kauflust des Kunden an. Die Präsentation sollte praktisch, sauber, zur Ladengestaltung passend und optisch reizvoll sein (s. Abb. 206). Die Bandlieferanten bieten meist auch praktische Ständer oder Bandspender an, in denen die Bandrollen sichtbar z. B. unter Plexiglas oder in Metallrinnen nebeneinander stehen. Doch auch eigene Ideen sind auszuführen und wenn es »nur« Holz oder Eisenstangen zwischen 2 Regalen sind, auf die die Bandrollen gesteckt werden. Die entsprechende Preisauszeichnung gehört dazu.

Im zweiten Falle sind Schränke oder Schrankteile im Binderaum angebracht, Schrankunterteile mit vielen flachen Schubladen für die Kordeln oder für die speziell gewickelten Samtbänder, Schrankoberteile mit geringer Raumtiefe und verstellbaren Fächerböden für die Bandrollen. So vermeidet man das verdeckende Übereinanderliegen oder Hintereinanderstehen der Doggen oder Rollen. Natürlich kann man diesen Bänderschrank auch so einrichten, dass die Bandrollen zur Bandentnahme nicht herausgenommen werden. Zum Beispiel sind Dachrinnenabschnitte eingebaut, in denen die Rollen wie im »Bandspender« stehen oder Stangen, über die sie gezogen werden. Jede Methode hat Vor- und Nachteile.

Zur Ausrüstung des »Bandschrankes« gehören noch folgende Gerätschaften:

- ein Tesafilm-Abroller, damit die Bandenden immer wieder an der Rolle fest gehalten werden können. Die Kordel wird an der Schnittstelle mit Folie umklebt und diese dann durchschnitten. So sind beide Schnittenden vor dem Aufribbeln gesichert
- ein Messstab oder ein Metermaß, das auch an der Schrank- oder Tischkante angezeichnet sein kann
- eine Schere oder eine andere Abschneideeinrichtung, die immer zur Hand ist, also angebunden bzw. angeschraubt.

Die Ordnung im Bandfach wird nach Farbrichtungen vorgenommen, bei viel Bandbestand nach einer groben Vorabeinteilung in breite und schmale Bänder. Damit diese Ordnung beibehalten wird, sind entsprechende Bandabschnitte an die Brettkante oder Schrankrückwand dort angetackert, wo die Bandrolle stehen soll. Diese Bandabschnitte kann man zugleich mit dem Meterpreis des Bandes versehen, wenn nicht eine Preisliste der Bandarten und Bandbreiten extra gefertigt wurde und in der Schranktür hängt.

Die Verwendung von Bändern und Kordeln

Diese Überschrift steht hier nur, um der Frage danach vorzubeugen. In jedem floristischen Werkstück oder bei jeder Dekoration ist Band einsetzbar. Die Entscheidung, welches Band oder welchen Band-Kordel-Schnur-Mix man wählt, hängt vom Werkstück und der Fantasie des Floristen ab. Natürlich gibt es Bandtypen die bevorzugt als Kranzschleifen, solche, die für adventliche und weihnachtliche Binderei gedacht sind oder als Brautbänder bezeichnet werden. Sind es aber nicht Musterbänder mit eindeutigen Bildmotiven wie Osterhasen, Adventlichter u. a., so kann jedes Band, passt es farblich und strukturell, auch anderweitig einge-

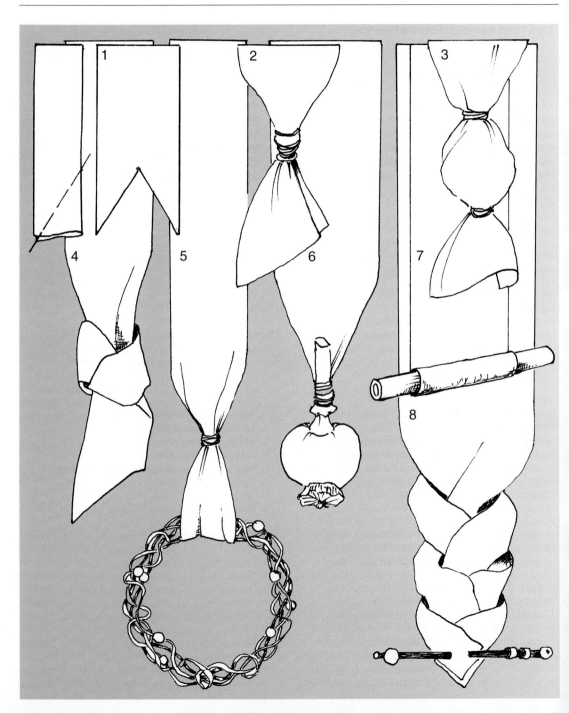

Abb. 207. Bandabschlüsse: 1. Zweispitziges Wimpelende, 2. Eine Einschnürung durch Wickelung, 3. Zwei Einschnürungen, 4. Geknotetes Bandende, 5. Eingebundenes Rankenkränzchen oder andere Teile wie Gardinenringe, Heu- oder Strohkränzchen o.a., 6. Angebundene Formen wie Frucht, Fruchtstand, Blüte, Blatt, Tropfen, Perle, Kugel o. a., 7. Eingerolltes Stängelstück, 8. Geschnitten, verflochten und mit einer Schmuckform abgeschlossen.

setzt werden. Solche Verwendungsschubladen grenzen nur ein. Hier sei noch auf die Gestaltung der Bandenden hingewiesen. Der gerade oder schräge glatte Schnitt oder der mit der Zackenschere ist zwar schnell erledigt, aber mitunter kann ein bisschen mehr Aufwand eine ganze Menge mehr Wirkung erzielen. Die Abb. 207 zeigt 8 Vorschläge. Ist das Werkstück aufwändig und anspruchsvoll, sollte die Bandgestaltung mit frei hängenden Bandenden ebenfalls Sorgfalt zeigen. Zum Schluss muss darauf hingewiesen werden, dass farbige Bänder und Kordeln nicht immer farbecht sind. Man sollte vermeiden, dass das Band im Werkstück mit Wasser in Berührung kommt; nass wird es unansehnlich. Es kann Wasser aufsaugen und wieder aus dem Gewebe ausfließen lassen. Gibt es dabei Farbe ab, entstehen Beschädigungen durch Verfärbung. Man testet das Band auf Farbechtheit, indem man ein Stückchen durchnässt, es in ein weißes Zellstoffküchentuch einschlägt und kräftig auswringt.

!!! Merksätze

- Bänder und Kordeln bereichern formal, strukturell und farblich floristische Gestaltungen.
- Sie erfüllen Funktionen und steigern den Ausdruck
- Die unterschiedlichen Strukturen entstehen durch die verwendeten Rohstoffe oder die Bindungsart des Gewebes.
- Die Brennprobe gibt Auskunft über die verwendeten Fasern: pflanzliche Fasern verbrennen zu weißlicher Asche, tierische Fasern verschmoren zu einem riechenden, schwarzen Rückstand, synthetische Fasern schmelzen und verbrennen fast rückstandslos.
- Wir unterscheiden Seiden- und Kunstseidenband, Florbänder, Gitterbänder, Spitzenbänder und Litzen, Samt-, Tüll-, Jute- oder Rupfenband und andere Bänder aus Naturmaterialien, außerdem Folienbänder, Papierband und Kräuselband. Eine Ordnung im Bandschrank sollte aber nach Farbgruppen, nicht nach möglichen Verwendungsge-

bieten vorgenommen werden, um auf einen Blick die Vielfalt aller stofflichen Möglichkeiten der benötigten Farbrichtung vor sich zu haben.
- Kordeln werden unterteilt in Kunstseidenkordeln, Metallkordeln, Kordeln aus Naturfasern wie Cocos, Schilf, Bast u. a. Schnüre und Hohlkordeln.
- Handarbeitsgarne bieten immer wieder neue Strukturen und Farben. Sogar Lederbänder können reizvoll sein. Für Umwicklungen, Verflechtungen und abfließende Partien findet der Florist viele unterschiedliche Gestaltungsmittel.

??? Aufgaben

1. Ziehen Sie den Schussfaden vom Bandende folgender Bänder ab:
   - von einem changierenden (in mehreren Farben schimmernden) Band
   - von einem Nationalband der Bundesrepublik
   - von einem Lahnband.
     a) Stellen Sie die Materialherkünfte durch Brennproben fest.
     b) Beschreiben Sie die verwendeten Fadenfarben und die erzielte Bandfarbe.
     c) Zählen Sie aus, wie viele Kettfäden jeweils überkreuzt und unterfahren werden.
     d) Achten Sie auf Besonderheiten bei der Bandrandfestigung.

2. In einer größeren Gemeinschaft (Klasse, Familie, Kollegenkreis) ist immer jemand, der aus zwei Fäden oder Schnüren eine Kordel knüpfen oder aus Band eine Schnur drehen kann. Lassen Sie sich zumindest eine Technik zeigen. Fertigen Sie eine Kordel (Schnur) selbst an. Beschreiben Sie ihre Eigenschaften, vor allem ihr Wesen. Nennen Sie drei verschiedene floristische Gestaltungen, in welchen Ihre Kordel eine Rolle spielen kann.

3. Beschaffen Sie sich fünf bis zehn Band- und Kordelstücke ganz unterschiedlicher Beschaffenheit, aber harmonierender Farbtöne. Es soll ein Strukturbild daraus geklebt werden. Auf einer Pappe, etwa der Größe DIN A 3, kleben Sie aus Schnipseln Ihres Materials Fleckformen auf, die schließlich das ganze Feld bedecken. Die Fleckformen sollten vorher zeichnerisch festgelegt werden (s. Florist Band 1).

7 Dekorationsstoffe, Folien und Papiere

Der moderne Florist nennt sich auch »Florist-Designer«. Ursprünglich war ein Designer jemand, der für ein Industrieprodukt eine Form entwirft. Heute wird jedwede gestalterische Ausprägung »Design« genannt. Einfühlsamer Einsatz nicht floraler Werkstoffe hilft dem Florist bei der Ausprägung seiner Gestaltungen. Stoffe, Folien und Papier sind wichtige nicht florale Gestaltungsmittel in der Floristik. Sie bereichern Werkstücke, helfen attraktiv zu präsentieren, sind Hilfsmittel bei der Raumgestaltung, Werbung und Verpackung.

Sie sind einfarbig, mehrfarbig oder bunt, glatt oder rau und strukturiert, glänzend oder matt, fein oder grobfaserig, transparent oder undurchsichtig, weich oder fest-knittig, naturnahe und rustikal oder elegant im Design usw.

Sie lassen sich spannen oder drapieren, reißen oder schneiden, falten und knicken, crashen und verdrehen, verschlingen und verflechten, verknüpfen und verknoten, kleben, tackern, vernähen und vielfältig formen. Sie lassen sich klein- und größerformatig zu schmückenden Details für jedwede Floristik verarbeiten und in vielen weiteren Gestaltungen bis zu künstlerischen Rauminstallationen oder beim Großeinsatz bei Raum- und Saaldekorationen wirkungsvoll verwenden. Stoffe, Folien und Papier schaffen Flächen, glatte, konstruktive Flächen, wenn sie einen Rahmen oder eine Platte umspannen, freie Formen, wenn sie gefaltet, gecrasht, verschlungen und verknotet werden, egal ob hängend oder liegend drapiert. So sind sie wertvoll für die Raumgliederung des Ladens, des Schaufensters, sowie für wechselnde Gestaltungen der Stellflächen. Damit helfen sie auch bei der Schauwerbung. Stoffe und Folien sind materiell weich und fließend. In Streifen gerissen oder geschnitten werden sie materialgerecht in Gestaltungen mit herabhängenden Partien eingesetzt, wie in Brautsträußen, Gestecken und Sträußen mit Dominanz herabfließender Formen, Trockenblumenwandschmuck als Tropfen, Feston oder Kranz u. a. Man kann sie auch hindurchwinden, verschlingen, verweben, verknoten, weshalb sie wie Bänder oder Schnüre mit besonderem Volumen eingesetzt werden.

Papier kann das alles auch. Doch da es etwas spröder ist, wird es durch Craschen (Zerknittern und wieder Glätten), durch Zusammenfalten, Drücken und Drehen geschmeidiger gemacht. Andererseits erlaubt seine Festigkeit weitere Verwendungen wie Papiermanschetten, Hohlraum bildende Umspannungen und Verpackungen oder das Herstellen von Papierformen wie Schleifen, Tuffs und Blütenformen, Mühlen u. a. Wo eine stärkere Festigkeit benötigt wird, als das Papier zulässt, werden Stäbe als Stützen hindurchgesteckt oder hinterklebt, Pappen oder Styroporflächen eingearbeitet oder Rahmen aus Stäben oder Latten verwendet.

Stoffarten

Nachdem schon über Faserarten im Zusammenhang mit Bändern berichtet wurde (s. Seite 344) und auch das Weben mit einigen Bindungsarten (s. Seite 345) bekannt ist, werden Hinweise über die Stoffarten gegeben, die auf dieses Wissen zurückgreifen. Der gegebene Überblick in Tabelle 59 spricht einige markante Folien- und Stoffarten an.

Folien

Diese sind entweder hauchdünn ausgewalzte Metalle oder Plastik- »Häute« ganz verschiedener Stärke und Aufmachung. Die aus Erdöl oder Kohle gewonnenen Grundstoffe, mit den je nach Folienart speziellen Zuschlägen sind bei Erhitzung flüssig. Diese Masse wird durch Ringdüsen gepresst, gezogen, gedehnt und aufgeblasen, bis ein Folienschlauch passender Stärke entstanden ist. Daraus werden die Bahnen geschnitten; Deko-Folien meistens 120 oder 130 cm breit, Abdeckfolien sehr viel breiter. Selbstklebende Folien sind nur 45, 50 oder 100 cm breit. Da man den Folien durch Zuschläge oder Behandlung fast jedes Aussehen geben kann, gibt es auch solche, die wie Holz oder Stoff, Marmor oder anderes Gestein, Mosaik oder Backsteinflächen aussehen. Diese sind jedoch nicht gemeint, wenn hier über Dekorationsfolien gesprochen wird. Folien sind Produkte der modernen Technik und als solche auch ein Ausdrucksmittel für modernes Gestalten. Tabelle 60 informiert über einige Folienarten.

Tab. 59. Stoffarten

Stoffart	wie beschaffen	woraus gefertigt	wofür einsetzbar
Atlas	fließendes, glattes Gewebe mit glänzender Ober- und matter Unterseite durch die Atlasbindung	ursprünglich aus Seide, doch auch aus Kunstseide und Kunstfaser	für elegante Gestaltungen hoher Geltungsforderung, Bespannungen, Drapierungen; gerissen als abfließende Bänder, Verflechtungen, Struktugestaltungen u. a.
Boutique-Stoff	derber, matter bis mattglänzender Stoff in grober Leinenbindung, einfarbig	meist aus Zellwolle oder Fasergemisch	für naturnahe, aber noch nicht rustikale Gestaltungen; ideal für Bespannungen
Brokat	schwerer, gemusterter Stoff mit Jaquard-Gewebe und eingewebten Metallfäden	ursprünglich Seide mit Gold- oder Silberfäden, heute auch Mischgewebe mit Alu- oder Messingfäden	elegant, kostbar, festlich für besondere Anlässe, z. B. Weihnachten, für Rahmengestaltungen gespannt oder drapiert. Durch starke Musterung und Eigenwirkung leicht mit Blumen konkurrierend
Duchesse	schweres, glänzendes Gewebe in Atlasbindung	wie »Atlas«	wie »Atlas«
Filz	nicht gewebtes, sondern gepresstes Tuch, daher dehnbar. Beidseitig gleich. Farben wirken matt »weich«	meist aus tierischen Fasern oder aus Zellwolle	ideal zum Bespannen von Brettern, relativ unempfindlich gegen Wasserflecken oder Druck
Gärtnervlies	weiß, fasrig, licht-, luft- und wasserdurchlässig	aus synthetischen Fasern, übereinander gelegt und verschweißt	ideal für Bespannungen, Umkleidungen u. a., läßt sich farblich gut bearbeiten
Gittergewebe	entweder sehr locker gewebt (z. B. Ballentuch) oder netzartig verflochten, naturfarben, grob, rustikal	Rupfen, Jute, Cocos, Bast, Baumwolle, Draht	in Materialmix, als Basis zum Einflechten floraler Teile für Dekorationen u.a.
Krepp	feinfädiger Stoff mit unregelmäßiger Bindung, daher diffus strukturiert, beidseitig gleich	meist aus Kunstfasern	wirkungsmäßig vielseitig einsetzbar, da weich und gefällig fließend, gut für hängende Raumteiler und Drapierungen

Tab. 59. (Fortsetzung)

Stoffart	wie beschaffen	woraus gefertigt	wofür einsetzbar
Lederimitate	fest, filzig wie Roh- oder Wildleder	aus synthetischen Fasern, auf einem Untergewebe sind Faserflusen aufgewalzt und fest verbunden, ohne verklebt zu sein	für kernige, robuste, aber doch edle Wirkungen, für Bespannungen oder Strukturflecken
Leinen	grob oder fein, je nach Garnen, in Leinenbindung gewebt, stumpf oder matt glänzend	aus Flachsfasern, als »Schwedenleinen« aus synthetischen Fasern	für naturnahe, häusliche bis bäuerliche Themen, für Bespannungen, Drapierungen oder Strukturen
Lurex	Gewebe verschiedener Art. Eingesponnene oder eingewebte Metallfäden führen zu Glanzeffekten	meist aus synthetischen Fasern, die mit Metallfäden zusammen versponnen wurden, teils auch metallische Kunststoffstreifen verwendet	für festliche oder verspielte Themen geeignet; als Abspannung, Drapierung oder Strukturflächen
Molton	beidseitig aufgerautes Gewebe, so auch beidseitig gleich und ohne Struktur; durch die Bindung glanzlos, weich, anschmiegsam	Baumwollgewebe, teils mit Zellwollbeimischung	gebräuchlichster Deko-Stoff für Bespannungen, ist druck- und wasserunempfindlich und recht wirkungsneutral
Mull	lockeres, stumpfes Gewebe in Leinenbindung	Baumwolle	Abspannungen, Verschlingungen, Materialmix
Organza	leichtes, sehr feines Gewebe in Leinenbindung	aus Naturseide	für duftige Drapierungen, weich fließende Partien
Rips	Gewebe wirkt gerippt: Querrippen bei starken Schuss- und feinen Kettfäden, Längsrippen bei starker Kette und feinem Schuss	meist aus Kunst- oder synthetischen Fasern	für »gediegene« Dekorationen edler, kostbarer Wirkung; als Abspannung oder sparsame Drapierung mit straffgespannten Falten
Rupfen	rau, grob, rustikal, in Leinenbindung gewebt, naturfarbig oder gefärbt, durch die Faser aber nicht glänzend oder leuchtend wirkend	Jutefasern, pflanzliche Stengelfaser	idealer, unempfindlicher Abspannstoff, Wirkung gleich mit rustikalen, erdnahen, vegetativen Gestaltungen
Sackleinen	grober, in Leinenbindung locker gewebt	aus Jute oder Jute mit Hanf	für Abspannungen Strukturarbeiten

Tab. 59. (Fortsetzung)

Stoffart	wie beschaffen	woraus gefertigt	wofür einsetzbar
Samt	meist gewebt, teils auch gewirkt. Flor ist 2 bis 3 mm lang, flauschig, weich, nur wenn man gegen den Strich sieht, glänzt er nicht	Baumwolle oder Zellwolle, Kunstseide oder Seide, auch Mischgewebe mit synthetischen Fasern	elegant, kostbar, das Besondere betonend. Wenn hängend, muß der »Strich« von unten nach oben weisen. Als Bespannung für Stellflächen empfindlich, Druckstellen bleiben sichtbar
Segeltuch	stark, fest, dicht, oft gestreift (für Markisen) auch einfarbig	aus Baumwolle	für Bespannungen von Bodenplatten z. B., für segelartige Verspannungen im Raum, Paravants u. a.
Seide	rel. teuer, aber leichte Gewebe in Leinenbindung im Sinne des »Knitterlooks« gut zu verwenden, leicht selbst zu färben	Naturseide	für Drapierungen, Verschlingungen, Verknotungen usw. – jeglicher Art
Shantun	gewebt mit Garnen unterschiedlicher Dicke, reizvolle Textur einer unebenen Stofffläche	reine chinesische Seide, auch Kunstseide	Drapierungen und Abspannungen höherer Wertstufe
Struktur-Stoffe	in Leinenbindung gewebt, aber mit verschieden starken Fäden, teils auch mit unterschiedlich gesponnenen Fäden; so ist die Struktur des Stoffes lebendig, materialgerecht	jede Faser kann verwebt werden, spezielle Deko-Stoffe sind meist aus synthetischen Fasern	je nach Materialart und Feinheit des Gewebes für viele Anlässe brauchbar
Tüll	netzartige Verflechtung der Fäden läßt einen schleierartigen Stoff entstehen, schlicht oder bestickt, beklebt, betupft	Kunststofffäden sind besonders gut für die Floristik, weil Wasser abstoßend und nicht weich zusammenfallend	für festliche, duftige zarte Gestaltungen, Drapierungen, Fächer, Schleifen oder Strukturflächen
Vlieseline	wie gepresste Watte, unterschiedlich dick und dicht	Baumwolle oder synthetische Fasern	Aufpolstermaterial für Strukturarbeiten, gedreht für Verflechtungen, für duffe Flächenbespannungen

Tab. 59. (Fortsetzung)

Stoffart	wie beschaffen	woraus gefertigt	wofür einsetzbar
Voile (sprich. Woal)	dünnes, zartes, schleierartiges Gewebe aus feinen Fäden in Leinenbindung; leicht, weich, durchscheinend	Seide, Kunstseide und andere Fasern, stark gezwirnt	für elegante, festliche Anlässe, für durchscheinende Raumteiler, z. B. gespannt zwischen Latten. Gerissen, verschlungen, verknotet für herabfließende Partien und für Strukturen

Tab. 60. Folienarten

Folienart	wie beschaffen	wozu einsetzbar
Abdeckfolien	farblos, durchsichtig oder durchscheinend in verschiedenen Stärken und Abmessungen, gefaltet als Planen oder auf Rollen	als Schutz des Bodens bei Dekorationen, zusammengeraffte Stücke um Steckmasse in Glasgefäßen gelegt, zur Abdeckung
Blasenfolie	Verpackungsfolien, milchig weiß, Wärmeschutzfolien, farblos, durchscheinend. Meist zwei Folienschichten mit unterschiedlich großen Lufteinschlüssen	zum Ausschlagen, Verpacken, aber auch gestalterisch einsetzbar – wie auch immer!
Farbfolien	feste, relativ dicke Folien, einfarbig, mit matter Oberfläche, daher sich gut einfügend	zum Bespannen oder Bekleben von Wand- oder Stellflächen
irisierende Folien	farblos, glasklar, im Licht in Regenbogenfarben schillernd, dünn	für Drapierungen, Bespannungen, Strukturflächen; wirken fast immateriell, unkörperlich, schaffen aber dennoch Flächen, Strukturen und Farben
Lackfolien	glänzend, glatt, wie gut gelackt, relativ dick und fest, daher unempfindlich für Stellflächen	für Bespannungen oder zum Bekleben von Flächen. Durch den Glanz leicht zu auffällig, wenn in aktiven, reinen Farben gewählt. Für Strukturflächen sind unbunte Farben am häufigsten verwendbar
Metallic-Folien	synthetische Folien mit metallischen Farbwirkungen ähnlich dem Metallic-Lack der Autos, einfarbig oder mit Farbschlieren im transparenten oder unbunten Grund	recht auffällig und nur speziell zu passenden Themen als Abspannung einsetzbar. Als Strukturfleck sehr kontrastreich und spannungssteigernd
Metall-Folien	Alufolien sind silbern, Messingfolien golden, außerdem gibt es Alufolien in allen Farben, oft beide Seiten unterschiedlich gefärbt, für die Weihnachtsbastelei angeboten	für Strukturflecken mit starken Oberflächenkontrasten, für Umkleidungen von Steckmasse in Glasgefäßen
Spiegelfolie	eine Seite sieht silbrig aus und reflektiert das Licht, sodass sie Spiegelwirkung zeigt; kann leicht Unruhe ins Bild bringen, daher nur bei großzügigen, eleganten Dekorationen mit wenig Objekten wirkungssteigernd	drapiert oder als Strukturfläche gefältelt gibt es interessante Lichtstreueffekte, sorgfältig glatt gespannt erhält man Flächen mit einer weichen, etwas vernebelnden Spiegelwirkung

Tab. 60. (Fortsetzung)

Folienart	wie beschaffen	wozu einsetzbar
Strukturfolien	Oberflächenstruktur durch Prägungen erzielt, z. B. Noppen, Waffelmuster u. a., Folie selbst meist metallisch glänzend	für Bespannungen oder Beklebungen, da aber sehr lebendig in der Oberflächenstruktur und daher auffällig, nur im Sonderfall einsetzbar
transparente Folien, Klarsichtfolie u. a.	wie Cellophan, dünn und durchsichtig aber nicht knitternd, farblos und einfarbig, auf Rollen und selbstklebend	Verpackungsfolien, zum Bespannen von Rahmen für transparente Raumteiler, zum Bekleben von Scheiben für Form- und Farbgliederungen der Flächen
Verdunklungsfolien	durch Rußbeimischungen schwarz und lichtundurchlässig. Im Gartenbau für die Blütensteuerung verwendet	als Abdeckfolien für den Bodenschutz, als Bespannungen, Drapierungen, Strukturfleck, wo Schwarz gebraucht werden kann, doch durch die »technische Wirkung« nur zu wenigen Themen passend

Abb. 208. Zwei schlichte Holzrahmen mit Hanfschnurbespannung und eingewebten Papierstreifen ergeben einen Paravent, hier als Übung in einer Berufsschule gefertigt.

Abb. 209.
Die Papierstreifen in der Paravent-Flechtung sind gefaltetes und bemaltes Zeitungspapier.

Papier

Papier hat in der letzten Zeit für Floristen an Bedeutung gewonnen. Zwar ist es neben seiner zweckmäßigen Verwendung als Verpackungsmittel und durch den Aufdruck auch als Werbeträger schon häufiger als Dekorationsmittel eingesetzt worden, wenn zum Beispiel Papierbahnen des firmeneignen Einwickelpapiers oder Tapeten als Raumteiler für schneller wechselnde Dekorationen aufgehängt worden sind. Man kannte auch

Manschetten für Sträuße und Blumentöpfe aus Papier. Doch ist dieser Einsatz von Papier als Gestaltungsmittel sehr erweitert worden. Rund gebundene Sträuße zum Beispiel werden gern mit farbig passenden Manschetten (aus gefalteten und gerafften Papierstreifen) unterlegt. In Strukturgestaltungen mit trockenen Werkstoffen werden interessante Papierarten als Knuddel, gecrashte Bänder, Kordeln und Flechtungen unter anderem eingearbeitet. Verpackungen werden im Sonderfall zu regelrechten Kunstwerken.

Papierherstellung

Papier besteht aus verfilzten Pflanzenfasern.
Schon vor 2000 Jahren wurde es in China hergestellt, während in Ägypten papierähnliche Stücke
zum Beschreiben gefertigt wurden und zwar aus
Papyrus (*Cypérus papýrus*), der auch dem heuti-
gen Papier seinen Namen gab. Gerissene oder ge-
schnittene Faserstreifen der Papyrus-Pflanzen
wurden überkreuz gelegt und durch Pressen und
Hämmern zu einer Fläche verdichtet. Heute wird
Papier industriell, selten auch noch in Handarbeit
aus einer breiigen Masse feinstens zerkleinerter
Pflanzenfasern hergestellt. Dünne Lagen dieser
Fasern werden herausgefiltert oder mit einem
Sieb geschöpft, gepresst und getrocknet.
Ausgangsmaterialien sind Holz wie Birke, Fichte,
Kiefer u. a., strohige Bestandteile vom Mais, Ge-
treide, von Gräsern wie dem schnell und groß
wachsenden Halfa-Gras, von Bambus, Hanf und
Zuckerrohr, Reisstroh und Bananen. Sogar
Zuckerrüben, Meeresalgen und natürlich Altpapier liefern die Grundstoffe für neues Papier. Sind
von den Pflanzenfasern noch die Strukturen sichtbar, werden mitunter ganze Faserbündel, trockene
Gräser oder Blätter mit eingelagert, so entstehen
interessante Strukturpapiere, die ihren Reiz durch
die Kriterien der Material- und Werkgerechtigkeit
erhalten.
Papier als Werkstoff im Blumengebinde muss
sorgfältig eingearbeitet werden, damit es nicht
nass wird. Es verliert Festigkeit und färbt meistens! Die großen Manschetten um kuppelig, rund
oder flach gestaltete Sträuße sind ja mehr als Verpackung gedacht. Wird der Strauß aber ohne
Manschette eingestellt, so verliert er an Wirkung.
Papier als Mittel der Raumgestaltung, z. B. als
hängende Bahn, als Paravant mit Flechtwerk (s.
Abb. 208 u. 209) oder einer Patchworkarbeit (s.
Band 1, S. 110), als Wandbespannung oder als
Bezug von Bodenplatten, hilft den Ladenraum attraktiv umzugestalten.

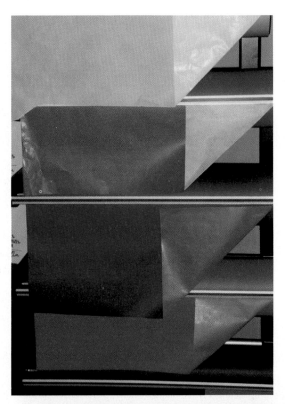

Papierarten

Es gibt sehr unterschiedliche Papiere. Der Florist
nutzt die Farben und Stofflichkeiten, die ihm damit in großer Zahl zur Verfügung stehen. Tabelle
61 stellt in der Floristik verwendete Papierarten
übersichtlich dar (siehe Tab. 61, S.362).

Umgang mit Stoffen

Beim Umgang mit Stoffen muss man viele Erfahrungen sammeln. Stoffart, Einsatzbereich und technische Hilfsmittel stellen bestimmte Forderungen an Handhabung und Behandlung. Sorgfalt, Einfühlung und klare Zielsetzungen mit Berücksichtigung der speziellen Anforderungen sind Voraussetzungen und Quellen der Erkenntnisse beim Umgang mit Stoffen, Folien und Papier.

Zu fünf wichtigen Stichpunkten sollen hier Hinweise gegeben werden:

1. Lagerung von Stoffen: Stoffbahnen werden auf Papprollen glatt und straff aufgerollt und liegend oder stehend, trocken, luftig, licht- und staubgeschützt aufbewahrt. Ein Schrank oder das mit einer Klappe abgeschlossene Regalfach sind passende Aufbewahrungsorte. Kleinere Stücke werden sorgfältig zusammengelegt und im vorn offenen Schubfach gelagert, damit man auf einen Blick den Lagerbestand übersehen kann. Für Folie- und Papierrollen gilt das Gleiche wie für Stoffbahnen.

2. Die Glättung von Stoffen muss nicht mühsam mit dem Bügeleisen geschehen. Meist genügt es, die bespannte oder locker herabhängende Fläche mit Wasser aus der Sprühflasche zu besprühen. Die meisten Stoffe glätten sich dann von allein, am sichersten tierische und pflanzliche Fasern. Synthetische Fasern wie Perlontüll knittern teils ohnehin nicht oder sind sehr schwer zu entknittern; dann hilft nur Sorgfalt bei der Lagerung.

3. Das Bespannen von Platten oder Holzrahmen mit dem Tacker erfolgt in bestimmter Reihenfolge der Seiten. Nachdem der Spannstoff mit der Rückseite nach oben auf den Tisch und die Platte daraufgelegt worden ist, wird zuerst der Stoffüberstand für eine Längsseite herumgeschlagen, straff gezogen und unter Beachtung des Fadenlaufes parallel zur Plattenkante etwa alle 10 cm festgetackert. Danach kommt die gegenüberliegende Seite an die Reihe, wobei der Stoff straff gezogen wird und bei Stoffen mit sichtbaren Bindungen wiederum der Fadenverlauf zu beachten ist. Filz, Molton oder Samt sind diesbezüglich problemlos. Dann folgen die beiden Schmalseiten. Zum Schluss wird die Web- oder Schnittkante des Stoffes auf der Plattenrückseite mit Klebeband über-

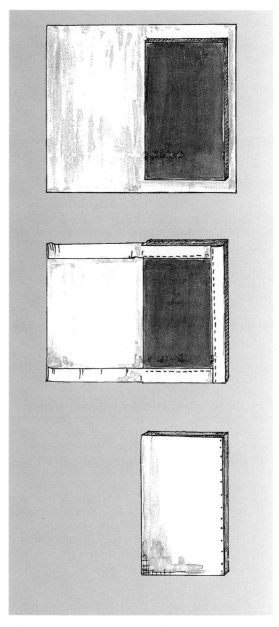

Links oben: Abb. 210. Blumenseide, beidseitig mit verschiedenen Farben bedruckt, ermöglicht einen reizvollen bis raffinierten Einsatz.
Links unten: Abb. 211. Wellpappe liefert hier eine wirksame Struktur in dem patchwork-artigen Bodenbelag.
Oben: Abb. 212. Arbeitsschritte beim Antackern von Stoff auf einer Holzplatte mit beidseitiger Ansicht.

Tab. 61. Papierarten

Papierart	Bemerkungen	Verwendung
firmeneigenes Einwickelpapier von der Rolle	bedruckte, gewachste, daher etwas Wasser abstoßende Papiere unterschiedlicher Qualität	vornehmlich Verpackung, in Bahnen aufgehängt auch als Raumteiler und Werbeträger
Blumenseide	dünn, fest, gewachst, einfarbig oder in Mustern bedruckt, auch doppelseitig in verschiedenen Farben bedruckt (Abb. 210)	für einfache und anspruchsvolle Verpackungen und vielerlei Detailarbeiten (Kordel, Schleifen, Fransen, Troddel u. a.) für Collagen, Umkleidungen, Rauminstallationen u. a.
transparentes Zeichenpapier von der Rolle und Pergamin in Blättern	milchig, grauweiß, leicht und neutral wirkend, etwas starr, leicht knitternd	auf Rahmen geheftet, für durchscheinende, aber gut abgrenzende Raumteiler mit neutraler Wirkung, für Strukturgestaltungen, reizvolle Verpackungen im Materialmix
Krepppapier	gekrepptes, dehnbares Schmuckpapier in vielen Farben, das aber leicht »ungepflegt« aussehen kann, wenn es mit Wasser in Berührung kommt. Daher nur für schnell wechselnde Dekorationen einsetzen	als hängende Bahnen ergeben sich schnell auswechselbare Farbwirkungen und Gliederungen im Schaufenster. Drapiert, gefaltet, geknuddelt, evtl. zusammen mit Maschendraht, ergeben sich freie Formen, die Strukturen setzen können
China- bzw. Japanpapier von Rollen und in Blattform	schwach durchscheinend mit sichtbaren Faserstrukturen, wirkt interessant, materialgerecht, lebendig, ohne unerwünscht auffällig zu sein	viele Verwendungen z. B. zusammen mit Lattenkonstruktionen und dazwischen gespannten Papierbahnen ergeben sich attraktive Raumgliederungen, die grafische Gestaltungen in ihrer Wirkung unterstützen
Packpapier meist von der Rolle	grobfasrig, teils einseitig geleimt, daher mit einer glatten und einer rauen Seite, oft aus Altpapier, bräunlich oder grau	vielfältig verwendbar, für Verpackungen, Struktur- und Patchworkarbeiten, für Details in der Raumgestaltung mit rustikaler, naturgebundener Wirkung
Wellpappe	gewelltes Papier, ein- oder zweiseitig mit glattem Papier beklebt. Dadurch hat sie Volumen, auch gerissen interessant	für Verpackungen, Strukturarbeiten (Abb. 211), Collagen, Rauminstallationen u. a.
Blumenkarton in Blättern	dünne Pappen, farbig passend zu den Blumenseiden lieferbar	für Papierarbeiten jeglicher Art, wo Versteifungen oder Festigkeiten angebracht sind

Tab. 61. (Fortsetzung)

Papierart	Bemerkungen	Verwendung
Fotokarton in Blättern	in vielen Farben, auch neutralen »Hintergrundfarben«, im Fachhandel für Künstlerbedarf zu erstehen	für Papierarbeiten jeglicher Art, wo Versteifungen oder Festigkeiten angebracht sind
Strukturpapiere in Blattformaten	wenn handgeschöpft, dann rel. kostbar, dickeres, grob fasriges Papier mit eingelagerten Pflanzenteilen, aus deren Faserbrei es gemacht wurde, oder es werden in einen anderen Faserbrei Gräser, Blätter, Zeitungsstückchen, Kokosfasern u. a. eingeschöpft	sehr wertvoll für anspruchsvolle florale Kartonverpackungen, für Collagen, Flechtungen usw.
Tapeten: China-Lacktapete Grastapete Korktapete Raufasertapete Steintapete Stofftapete Strukturtapete	sehr verschiedene Typen stehen zur Auswahl, sodass farblich, strukturell, materiell und wirkungsmäßig fast immer das Passende gefunden werden kann. Dazu kommen die vielen Möglichkeiten der Oberflächenbearbeitung mit Farben, Wachs, Klebstoff und Sand, Moosfasern u. a.	hängende Bahnen als Raumteiler sind preiswerte und dennoch attraktive Gestaltungshilfen im Verkaufsraum. Bei floralen Bildern liefern bevorzugt oberflächenstrukturierte Tapeten Hintergründe im Rahmen, durch Pappen unterstützt, auch gut einsetzbar in collagierten Patchworkflächen

klebt und somit versäubert und zusätzlich befestigt. Bei runden Platten verfährt man ähnlich, nur dass man entsprechende Kreisausschnitte wählt. Der Stoffüberstand auf der Rückseite der Platte muss gefaltet aufgetackert werden – unter Umständen öfter als alle 10 cm damit ja keine Stofffalte lose herabhängt. Das würde sonst unsauber wirken.

Soll die bespannte Platte beidseitig zu betrachten sein, greift der entsprechend geschnittene Stoff der Rückseite über die erste Tackerspur. Die sichtbare zweite Tackerspur wird mit einem Band überdeckt, das gleichzeitig einen flächengliedernden und schmückenden Effekt erzielt. Oder man tackert drei zusammenhängende Seiten fest, zieht den Abdeckstoff über die Rückseite und heftet ihn, mit passendem

Einschlag, mit schwarzen Dekonadeln (langen Stecknadeln) fast unsichtbar auf den angetackerten Seiten fest, wobei der Stoffeinschlag möglichst an den Plattenkanten verläuft (s. Abb. 212).

4. Die Isolierung gegen Wasser ist beim Einarbeiten von Stoffknuddeln als Strukturfleck oder abfließenden Stoffpartien in Sträußen und Gestecken wichtig, denn Textiles saugt Wasser auf und wird unansehnlich. Abfließende Stoffpartien leiten das Wasser aus dem Gefäß heraus und lassen es aus den herabhängenden Teilen abtropfen. Deshalb wird Textiles zwischen frischen Blumen stets angedrahtet und so gesteckt oder eingebunden, dass der Stoff die nasse Steckmasse oder das Wasser nicht berührt. Zur Sicherheit kann man die Andraht-

Abb. 213.
Der angedrahtete Stoffknuddel wird mit einem Folienstück vor Wasserberührung geschützt.

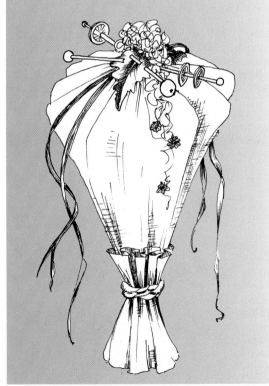

Abb. 214. Die komplette Straußverpackung kann so attraktiv wirken, daß der Strauß eingewickelt überreicht werden muss. Splittstäbe oder Schaschlik-Spiesse helfen bei der Befestigung und Gestaltung.

stelle mit Kautschuk-Blumenband abwickeln oder den unabgewickelten Draht bzw. die Drahtgabel durch einen etwa 6 × 6 cm großen Folienfleck stoßen und diesen heraufschieben, sodass sich die Folie um den angedrahteten Stoffbereich legt (s. Abb. 213).

5. Werden Stoffe bei Großraumdekorationen eingesetzt, müssen sie aus Gründen des Brandschutzes schwer entflammbar gemacht werden. Die einfachste Methode ist das Besprühen des Stoffes mit einem entsprechenden Mittel aus der Sprühdose, das es in Geschäften für Dekorationsbedarf gibt.

Hilfsmittel für die Papierbearbeitung

Hier soll als Hilfe für die eigene Praxis im Umgang mit Papier eine Aufzählung von Hilfsmitteln gegeben werden, die sicher je nach speziellen Vorlieben erweitert werden kann:

Zum Schneiden und Lochen: Tapeziermesser, Papierschere, kleine Schere für kleine Schnitte, wenn gerissen werden soll eine Metallschiene oder ein 80 cm langes Metalllineal, Locher, eventuell Stanzeisen und Hammer, Kräuselbandsplitter.

Zum Kleben: Tapetenkleister, Papierkleber, Klebestift, Klebeband, doppelseitiges Klebeband.

Zum Zusammenheften: Tacker und Heftzange, Dekonadeln, Stecknadeln, Zahnstocher, Schaschlikspieße (s. Abb. 214).

Zum Nähen und Binden: Sacknadel, Stopfnadel, Perlgarne, Hanfgarne, Schnur verschiedener Art, Kordel, Bast, Draht, Golddraht u. a., Nylonfäden z. B. zum Aufhängen u.s.w.

Stäbe zum Festigen, Zusammenstecken oder Schmücken: Splittstäbe, Giunco-Stäbe und indisches Blumenrohr (Cánna índica), die beide gut zu färben sind und in vielen Farben angeboten werden, außerdem Holzstäbe, Holzspieße, z. B. Schaschlikspieße u. a.

Hilfsmittel zum Aufhängen: Bambusstangen, Holzstäbe oder -latten, Metallstangen wie Baustahl- oder Gewindestangen, Kupferrohr u. a., je nachdem, was zum Umfeld passt.

Zum Appretieren: Sprühlack, matter Klarlack; auch flüssiges Wachs über hängende Papierbahnen gegossen imprägniert und erzielt zugleich interessante Muster und Strukturen, aber Vorsicht: leicht entflammbar!

!!! Merksätze

- Stoffe, Folien und Papier werden in folgenden Bereichen eingesetzt: Strukturen in flächigen Gestaltungen, abfließende Partien in Sträußen, Gestecken und Gebinden, Bespannung von Stellflächen, Gestaltung von Raumteilern und Hintergründen, gespannt oder drapiert bei Großraumdekorationen.
- Die Werkstoffe wirken mit ihren Eigenschaften und bestimmen so den Ausdruck der Gesamtgestaltung mit.
- Elegante, festliche, kostbare und attraktive Wirkungen haben die Stoffe Atlas, Brokat, Duchesse, Lurex, Samt, Tüll und Voile, dazu die Spiegelfolie und Metallfolien.
- Rustikale, naturverbundene und ungekünstelte Wirkung haben Butike-Stoff, Lederimitate, Leinen, Rupfen und Struktur-Stoffe, dazu Gras-, Kork- und Steintapeten, die mit feinem Steinkies beklebt sind, sowie Strukturpapiere.
- Recht neutral und fast universell einsetzbar sind Filz, Krepp, Molton, Rips und matte Farbfolien, sowie einfarbige Papiere.
- Bei der Lagerung von Stoffen ist glattes Falten oder Aufrollen zu beachten, sowie trockene, luftige, licht- und staubgeschützte Aufbewahrung.

??? Aufgaben

1. Stellen Sie fest, welche Dekostoffe in Ihrem Betrieb vorhanden sind, und beschaffen Sie sich Stoffmuster von möglichst vielen der genannten Stoffarten. Bereichern Sie mit diesen Stoffmustern Ihre Aufzeichnungen.
2. Molton ist ein Universaldekostoff. Nehmen sie drei Moltonstücke in verschiedenen Farben. Vom farblichen und stofflichen Eindruck dieser Stoffstücke inspiriert, beschreiben Sie für jede Moltonsorte eine Verwendung hinsichtlich folgender Gesichtspunkte: Wie wird Molton eingesetzt, welche Blumenarten und -farben werden zugeordnet, welches Thema soll erfüllt oder welcher Ausdruck erreicht werden?
3. Stellen Sie fest, in welchen Stoffbreiten die Stoffarten Butike-Stoff, Filz, Molton, Rupfen und Samt lieferbar sind.

8 Kerzen

Kerzen sind für den Floristen Gestaltungsmittel und Verkaufsartikel. Sie steigern den Ausdruck von Festlichkeit und Feierlichkeit. In anderem Zusammenhang vermitteln sie das Gefühl von Geborgenheit und Gemütlichkeit. Wahrscheinlich liegt das an den gefühlsmäßig weiterlebenden Erfahrungen unserer Vorfahren, für die die Kerzen- oder Öllampenflamme zum schützenden Lebensraum im Haus gehörte. Die Idee, Öllampen in gläsernen Kerzenformen statt Kerzen zu verwenden, konnte wohl nur deshalb so viele Freunde finden, weil diese beiden Beleuchtungspraktiken der »Guten alten Zeit« zusammenwirken. Kerzen sind aber auch Ausdrucksmittel geistiger Inhalte wie die der Ankündigung Christi Geburt, der Hoffnung und der Erneuerung des Lebens, weshalb sie in der Advents- und Weihnachtszeit zur Floristik gehören wie das Immergrün, die Frucht und wie teilweise auch die Blume. Als Lebenslicht macht die Kerze den Geburtstag zum besonderen Tag und als »Ewiges Licht« tröstet sie durch den Hinweis auf Liebe und Vergebung. Kenntnisse über Kerzen helfen beim Einkauf, bei der Handhabung und Lagerung sowie bei der Beratung. Der Kunde soll an der Kerze seine Freude haben; so muss der Florist sie anforderungsgemäß einarbeiten und Pflegetips mitgeben.

Tab. 62. Kerzen

Rohstoff	Beschreibung	Vorteile	Nachteile
Bienenwachs	Ausscheidungsprodukt der Biene für den Wabenbau, honigfarben oder gebleicht und gefärbt; Schmelzpunkt bei 64 °C	honigartiger, blumiger Geruch, leichte Formbarkeit, Naturprodukt	teuer, leicht verbiegbar, klebrig bei Wärme, brennt mit Stearinbeimischung besser als allein
Stearin	aus pflanzlichen und tierischen Fetten, sehr hart und spröde; milchig weiß; Schmelzpunkt 50 °C bis 60 °C	brennt fast tropffrei, verbiegt sich nicht so leicht bei Wärme, verbessert in der Mischung die Eigenschaften anderer Rohstoffe	teuer, bricht leicht
Paraffin	chemisch gewonnen aus Erdöl und Kohle; etwas glasig, weißlich. Weichparaffin schmilzt bei 40 °C bis 50 °C, Hartparaffin bei 50 °C bis 72 °C	leicht formbar (je nach Bestandteilen des Weichparaffins)	verbrennt schnell, läuft leicht, sehr gut gereinigt, verbrennt umweltfreundlich ohne nennenswerte Schadstoffe, verbiegt sich leicht bei Wärme
Zeresin	ein Erdwachs, im Bergbau begrenzt gewonnen oder chemisch aus Kohle hergestellt, glasig, cremig; Schmelzpunkt bei 54 °C bis 56 °C	brennt gut, entwickelt hohe Hitze → Teelichte (Preise von den Behältern beeinflußt)	schmilzt in großer Menge ehe es brennt, daher in Behälter eingegossen

Bestandteile der Kerzen

Die Bestandteile bestimmen die Eigenschaften und Qualität der Kerze.

Die Rohstoffe werden nach unterschiedlichen Rezepten gemischt, um die bestmöglichen Kerzeneigenschaften oder um preisgerechte Kerzen zu erhalten. Dabei werden noch Zuschläge beigemischt, wie z. B. Stoffe, die den Schmelzpunkt erhöhen, damit nicht zu viel Wachs aufschmilzt, ehe es verbrennt und die Kerze nicht tropft. Das sind meist »Hartwachse«, synthetisch aus Erdöl gewonnen, oder es sind fettlösliche und organische, brennbare Farbstoffe sowie Duftstoffe (Tab. 62).

Ein weiterer wichtiger Bestandteil der Kerze ist der Docht. Er besteht meist aus Baumwollfäden. Seine Stärke muss dem Kerzendurchmesser entsprechen, damit nicht zu viel oder zu wenig Wachs geschmolzen wird. Im ersten Falle würde die Kerze tropfen, im zweiten würde sich die Brennschüssel in die Kerze einschmelzen.

Es gibt Flach- und Runddochte, die aus mehreren Bündeln verflochtener Fäden bestehen, wobei Runddochte bevorzugt bei Bienenwachskerzen verwendet werden. Der Docht ist gut, wenn er folgende Anforderungen erfüllt:

- er muss das Schmelzen, Aufsaugen, Verdampfen und Verbrennen des Kerzenmaterials der Kerzenform gemäß richtig steuern

Abb. 215. Durch den schichtweisen Auftrag des Wachses beim „Tunken" oder „Tauchen" entstehen die paarweise zusammenhängenden Spitzkerzen. Zuletzt wird der Farbmantel erzeugt.

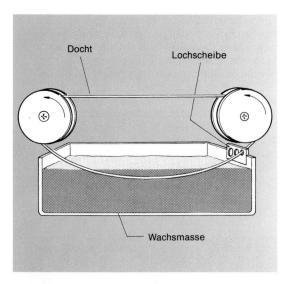

Abb. 216.
Schematische Darstellung vom Kerzenziehen.

Abb. 217.
Die gezogenen Wachsstränge können bis zu fünf Zentimetern stark werden. Daraus werden Stab- und Stumpenkerzen, mitunter auch Kugelkerzen hergestellt.

- er muss nach etwa 1 bis 1,5 cm Länge vollkommen verbrennen. Dazu biegt er sich seitlich aus der Flamme heraus. Das wird durch speziell eingeflochtene Fäden erreicht
- er darf keine Verschmutzungen oder Feuchtigkeit enthalten, sonst kann es zu einem kleinen Feuerwerk kommen.

Kerzenherstellung

Der Herstellungsprozess der Kerzen erklärt auch manche ihrer Eigenschaften . Ein kurzer Überblick der Herstellungsverfahren und entsprechende Hinweise machen das deutlich.

Das Tauchen oder Tunken. Kerzendochte werden in Rahmen gespannt oder über Latten gehängt (siehe Abb. 215). Diese werden wiederholt in erwärmtes, flüssiges Kerzenmaterial getaucht. Nach jedem Tauchgang kühlt die Wachsschicht ab und bildet eine unten etwas dickere Schicht als oben durch das Herablaufen der anfangs noch fließenden Masse. So entstehen Spitzkerzen mit etwas welliger Oberfläche, also sehr werkgerechte Formen.

Das Pressen. Der Docht läuft durch ein Rohr (Kaliber). Die Kerzenmasse wird als Granulat hinzugefügt und unter hohem Druck verdichtet (Strangpressverfahren). Der Kerzenstrang wird auf Kerzenlänge zerschnitten und der Docht freigefräst. Schwere Mängel bei diesen Kerzen können entstehen, wenn sich Hohlräume im Kerzenkörper gebildet haben oder der Docht nicht fest eingebettet wird. Im ersten Falle läuft das Kerzenwachs unerwartet weg, im zweiten wird der Docht beim Zerschneiden des Stranges leicht etwas herausgezogen und die Kerze kann nicht voll genutzt werden. Neben dickeren Stumpen und Kugelkerzen werden auch die Schwimmkerzen durch kaltes Pressen hergestellt. Anschließend werden sie im heißen Wachsbad geglättet.

Das Gießen. Der Docht wird in eine Form gespannt und diese dann voll Wachs gegossen. So macht auch mancher Hobbykerzenmacher seine Kerzen selbst. Industriell gießt man reine Stearinkerzen oder Bienenwachsgemische. Schichtkerzen oder Formkerzen werden gegossen. Nach dem Erkalten werden sie aus der Zinnform gezogen oder der aufklappbaren Form entnommen.

Das Ziehen. Dies ist die industrielle Herstellungstechnik walzenförmiger Kerzen. Das Materialgemisch muss ausreichend plastisch sein, also z. B. genügend Paraffinanteile enthalten. Der Docht läuft in Ringform auf Trommeln (s. Abb. 216 u. 217). Er wird mehrere Male durch eine Wanne mit flüssigem Wachs gezogen und durch eine Lochscheibe geführt, die überflüssiges Wachs abstreift, sodass sich eine gleichmäßig dicke Wachsschicht anlagert. Der Wachsstrang bleibt zunächst elastisch, bis die gewünschte Kerzendicke erreicht ist. Dann wird der Wachsring aufgeschnitten, hängend abgekühlt, in Kerzenlängen zerschnitten und der Kerzenkopf gefräst. Die Wachsschichten können beim Andrahten einer solchen Kerze abbröckeln, also ist Vorsicht geboten.

Das Kneten oder Knautschen. Dies ist eine handwerkliche und körperlich anstrengende Herstellungsweise. Die bei Zimmer- und Handwärme knetbare Masse (Bienenwachs oder Wachsgemische) wird zu Wachsplatten geformt, um den Docht gerollt und zur Kerzenform gedrückt und geknetet. Werden verschiedenfarbige Wachse gemischt, ergeben sich interessante Strukturen.

Das Rollen des Wachses um den Docht bleibt bei den so genannten »Wabenkerzen« sichtbar, weil die leicht formbaren Wachswabenplatten nur um den Docht gerollt werden; natürlich so dicht und fest wie möglich, eine Technik zum Selbermachen. Eine Wabenplatte von 14 x 50 cm ergibt eine Kerze von 14 cm Höhe und 3,3 cm Durchmesser.

Oberflächenbehandlung. Die Kerzenrohlinge sind meist weiß. Durch ein Tauchbad in farbigem Wachs erhalten sie den Farbüberzug, der durch den weißen Untergrund sogar etwas leuchtender wirkt als bei den selteneren durchgefärbten Kerzen (s. Abb. 218). Die Farben der Kerzen sind bevorzugt einfarbig, lichtecht und pflanzenfreundlich. Das traditionelle Rot für Advent und Weiß für das Fest der Weihnacht sind ergänzt durch Farben einer großen Farbpalette. Matte, dunkle Töne wie Altrot, Aubergine, Oliv, Schoko, Nachtblau und violette Nuancen, dazu pastellene Farben wie Puder, Sand, Ecru, Champagner, Lind und Silbergrau haben nicht nur zu den floralen und nicht floralen Gestaltungsmitteln Bezug, sondern auch zur aktuellen Mode und zu Trendrichtungen der Einrichtungsbranche. So ändern sie sich laufend, sollten aber vom Floristen kritisch und im Sortiment begrenzt ausgewählt werden. Ein zu buntes Angebot verwirrt. Besser ist es, sich auf wenige Farben einzustellen. Dann kann man im nächsten Jahr eine andere Farbe der Kerzen in den Mittelpunkt seiner Arbeiten stellen und so seinem Angebot ein neues Gesicht geben! Das Bemalen von Kerzen, teils von Hand mit speziellen, fettlöslichen Wachsfarben oder farbigen Wachsen lässt viele Muster und Dekore zu, weshalb damit entsprechende Modetrends realisiert werden. Nicht nur die Kerzenwachse, auch die Farben werden auf schadstoffarme Verbrennung hin vorbehandelt, gereinigt, untersucht und getestet, sodass die Kerzen unbedenklich angebrannt werden können.

Weitere Schmucktechniken sind das Aufkleben von Wachsmotiven oder ganzen Relieftafeln, wie bei den so genannten »Renaissancekerzen«. Die Schmuckmotive werden als dünne Platten in Formen gegossen oder gepresst und auf den Kerzenrohling gebracht. Solche Renaissancekerzen sind jedoch Ausnahmefälle im Blumengeschäft, da sie zu starke Eigenwirkung haben, um sich in eine floristische Gestaltung harmonisch einzufügen.

Kerzenarten

Die Einteilung nach Verwendung wie Adventskerzen, Baumkerzen, Altarkerzen und Haushaltskerzen ist zwar eingebürgert, aber nicht immer sinnvoll, da viele Verwendungsbereiche nicht erfasst sind und obendrein jede Kerze ganz unterschiedlich eingesetzt werden kann. So wird auf die ebenfalls gebräuchliche Benennung der Kerzenarten nach Formen oder anderen Eigenschaften zurückgegriffen (Tab. 63).

Abb. 218.
Der weisse Kerzenrohling wird in einen Halter eingeklemmt und in farbiges Wachs getaucht.

Tab. 63. Kerzenarten

Kerzenart	Beschreibung	Wirkung im Arrangement
Langkerzen, Stabkerzen	zylindrisch, dünn im Verhältnis zur Länge	festlich, elegant, repräsentativ als Kerzengruppe
Spitzkerzen (Peitschenkerzen)	konisch, oben schmaler als unten, oft paarweise durch den Docht verbunden	aufstrebend, leicht, festlich und elegant
Pyramidenkerzen	konisch, oben sehr spitz, unten immer breiter werdend durch häufiges Tauchen in immer geringere Eintauchtiefe	formal sehr klar und streng wirkend. Als Adventskalender mit Goldziffern bemalt
Stumpenkerzen	im Verhältnis zur Länge recht breit	massive, schwere, ruhende Erscheinung, passen zu besinnlichen, gemütlichen Anlässen
Formkerzen	z. B. Kugel-, Kegel-, Würfel- und figürliche Formen	sind im Arrangement als besonderes Formelement herauszustellen. Wirkungen sind spezifisch unterschiedlich
Strukturkerzen	durch besondere Strukturierungen wirksam. Marmorkerzen, Reifkerzen, Schichtkerzen, Wabenkerzen u. a.	recht unterschiedlich in der Wirkung, doch verlangen sie in jedem Falle sparsame Zuordnungen
Reliefkerzen (Renaissancekerzen)	durch aplizierte, figürliche Darstellungen geschmückt und meist mit besonderem Wachsüberzug gedunkelt, sodass sie gealtert wirken	als Einzelstücke schon wirksam genug
Bemalte Kerzen »Design-Kerzen«	farbig bemalt, z. B. gestreift, mit Blütenranken und in vielen sog. »Trendmustern«	gern zusammen mit im Muster passenden Bändern, Servietten, bemalten Terrrakotten u. a. für die häusliche Tischschmuckgestaltung angeboten
Bienenwachskerzen	glatte, geknetete oder Wabenoberfläche, angenehmer Honigduft, Brennqualität durch Beimischungen erhöht. Wachsreinigung durch Filtration	Die Farben vom Rotbraun bis Hellgelb und die matte Oberfläche harmonieren gut mit winterlicher »Natur«
Duftkerzen	Duftöle dem Kerzenwachs beigemischt. Wachs meist im Gefäß, da sich ganz verflüssigend	je nach Ausführung im Arrangement einsetzbar, meist aber »Mitnahmeartikel« im Angebot

Tab. 63. (Fortsetzung)

Kerzenart	Beschreibung	Wirkung im Arrangement
Gefäßkerzen (z. B. Teelichte)	schmelzen stark, Teelichte ganz, brauchen das haltende Gefäß aus Glas oder Weißblech (verzinntes Eisenblech), auch Terrakotta oder andere Keramik	Teelichte sind in Flächen ohne eigene, starke Formwirkung einzufügen, beleben, gliedern und strukturieren Flächen. Hängend eingearbeitete Gefäßkerzen wirken wie kleine Ampeln
Schwimmkerzen	leichter als Wasser, schmelzen und verbrennen nur im inneren Bereich, sodass der Schwimmkörper erhalten bleibt	auf großen Wasserflächen mit floraler Akzentgestaltung einsetzbar
Figurkerzen	sie sollen hier nur der Vollständigkeit halber genannt werden. Wegen ihrer starken Eigenwirkung und der teils unästhetischen Formveränderung beim Abbrennen werden sie in der Floristik kaum verwendet, allenfalls als Mitnahmeartikel angeboten	

Behandlung von Kerzen

- verschmutzte Kerzen werden mit einem weichen Tuch, das mit Spiritus oder Terpentinersatz befeuchtet wurde, gereinigt
- das Bemehlen der Kerzen, indem sie durch eine mit Mehl bestäubte Handfläche gezogen werden, nuanciert und dämpft die Farbigkeit der Kerze reizvoll
- krumm gewordene Kerzen werden einige Zeit in handwarmes Wasser gelegt und durch Rollen auf der Tischplatte gerade gedrückt
- die Anbringung der Kerzen muss standsicher und in jedem Brennstadium von Brennbarem weit genug entfernt (Brandgefahr) sein, daher besser Kerzenhalter aus Metall benutzen, statt sie nur angedrahtet zwischen trockenes Material zu setzen
- sollen Kerzen angedrahtet werden, stellt man sie vorher in flaches, handwarmes Wasser. So wird die Kerzenmasse im unteren Bereich leicht plastisch und das Abplatzen oder Aufbrechen wird verhindert
- dicht nebeneinander stehende Kerzen erwärmen sich gegenseitig und schmelzen schnell ab. Bei gleichhohen Kerzen Mindestabstand

- gleich Kerzendurchmesser, bei ungleichhohen Kerzen Mindestabstand drei Kerzendurchmesser beachten
- den Kerzendocht aufrichten. Dochtlänge mindestens 1 cm, besser 1,5 cm. Ist er zu kurz, muss Wachs weggenommen werden, bis der Docht in ausreichender Länge frei liegt
- brennende Kerzen niemals in Zugluft stellen; wenn der Docht zu lang werden sollte, rußt die Flamme. Dann wird der Docht gekürzt. Die Dochtschere verhindert, dass das Dochtstück in die Brennschüssel fällt
- die Brennschüssel sauber halten
- sollten breite Kerzen ungleich abbrennen, muss man den Docht im weichen Wachs etwas zum höheren Kerzenrand hindrücken
- der weiche Kerzenrand sollte bei Stumpenkerzen öfter nach innen gedrückt werden, damit er leichter mit abschmilzt oder der zu hohe Rand wird im noch warmen Zustand abgeschnitten
- breite Kerzen sollten jeweils mindestens so lange brennen, bis die ganze Brennschüssel voll flüssigem Wachs ist
- Kerzen nicht unbeobachtet brennen lassen
- beim Auslöschen der Kerze Docht mit der

Spitze der Dochtschere in das flüssige Wachs drücken und wieder aufrichten. Das verhindert das Nachglühen und Qualmen und versorgt den Docht mit Wachs, wodurch er auch vor dem leichten Abbrechen geschützt ist. Die Kerze lässt sich auch leichter wieder anzünden.

Lagerung von Kerzen

- Kerzen sollten kühl, staubfrei und dunkel gelagert werden
- Stumpenkerzen stehend, Langkerzen gerade und voll aufliegend, Spitzkerzen ebenfalls gerade aufliegend oder hängend lagern
- verschiedenfarbige Kerzen nicht sich berühren lassen. Die Farbstoffe diffundieren im Laufe längerer Lagerzeit in die berührte Kerze und es gibt unangenehme Verfärbungen
- nicht zu große Mengen im Verkaufsraum aufbauen, da lange Lichteinwirkung, auch die der Leuchtstoffröhren, die Farben unschön verändert
- im Lager ein klares Ordnungssystem einhalten, z. B. zuerst nach Farben, in den Farbgruppen nach Formen ordnen
- die Fächer entsprechend dem Ordnungssystem kennzeichnen
- verpackte Kerzen deutlich beschriften, falls kein Klarsichtfenster im Karton ist. Übersicht und Ordnung sparen Zeit und Geld.

!!! Merksätze

- Kerzen sind wichtige Gestaltungs- und Ausdrucksmittel
- Die Kerze soll möglichst gleichmäßig, rußfrei, tropffrei, schadstoffarm und langsam abbrennen.
- Die Mischung der Rohstoffe und die Eigenschaft des Dochtes bestimmen die Qualität der Kerze.
- Wenn mehr als 25 % Bienenwachs oder Stearin enthalten sind, wird dies als Wertmerkmal der Kerze angesehen.
- Die aus Erdöl oder Kohle gewonnenen Paraffine und Zeresine sind jedoch zumeist die Hauptbestandteile in Kerzen.

- Herstellungstechniken für Kerzen sind das Tauchen oder Tunken, das Pressen, das Gießen, das Ziehen, das Kneten oder Knautschen und bei Wabenkerzen das Rollen.
- Die Farben sind fettlöslich und verbrennen rückstandslos. Färbt man Kerzen selbst mit Sprühfarben z. B. mit Gold, verbrennen die Partikel nicht, was die Brennqualität mindert.
- Der Florist arbeitet zumeist mit Stumpenkerzen, Langkerzen bzw. Stabkerzen und Spitzkerzen und mit Formkerzen, Strukturkerzen, Gefäßkerzen, Schwimmkerzen oder Reliefkerzen.
- Die Lagerung von Kerzen soll kühl und lichtgeschützt sein, sodass sie sich nicht verformen oder verfärben. Ordnung und Übersicht erleichtern die Lagerhaltung.
- Die Pflege und Behandlung der Kerze ist besonders zu beachten und diesbezügliche Tipps sind an den Kunden weiterzugeben.

??? Aufgaben

1. Von der Oberflächenbildung und inneren Struktur der Kerze kann man auf die Herstellungstechnik schließen. Finden Sie eine gezogene, eine gepresste und eine getauchte Kerze. Nennen Sie Hilfsmittel der Kerzenbefestigung, die in Ihrem Betrieb eingesetzt werden.
2. Wählen Sie fünf verschiedene Kerzen aus und wiegen Sie diese. Dann zünden Sie sie an und lassen sie eine Stunde lang brennen. Nun wiegen Sie die Kerzen wieder. So stellen Sie fest, wie viel Kerzenmasse in einer Stunde verbrannt ist. Errechnen Sie danach die mögliche Brenndauer jeder Kerze.
3. Skizzieren Sie ein festliches Blumengesteck mit Kerzen Ihrer Wahl.
4. Es gibt reinfarbige Blumenwachse zum Eintauchen von Blüten. Farblich nicht mehr erwünschte, alte Kerzen können durch Eintauchen in verflüssigtes Wachs der gewünschten Farbe neues Aussehen erlangen. Führen Sie dies einmal durch. Beachten Sie aber die Feuergefährlichkeit von Wachs. Es darf nicht auf die Heizplatte tropfen oder im Topf zu heiß werden! Ein ebenfalls in Wachs getauchtes Stückchen Stoff drapieren Sie so um den Fuß der Kerze, dass sie nach dem Abkühlen des wachsgetränkten Stoffes fest steht.

Technische Hilfsmittel

Der Begriff »Technik« meint die Herstellungsweise eines Werkstückes und den zweckmäßigsten Einsatz von Hilfsmitteln, um eine bestimmte Absicht zu verwirklichen. Beim Herstellungsverfahren von floristischen Gestaltungen werden Gerätschaften und Hilfsmittel benötigt, die dazu dienen, Blumen und andere gestalterische Materialien in die beabsichtige Ordnung zu bringen.

Die Technik ist eine wichtige Grundlage des Gestaltens. Ohne Beherrschung der Mittel gelingt nichts. Zwar ist diese »Beherrschung der Mittel« nicht durch ein Buch erlernbar, das bringt allein die Übung und die Handfertigkeit, doch ist die Kenntnis der technischen Hilfsmittel der erste Schritt zum erfolgreichen Umgang mit ihnen.

9 Bindematerialien

Die ältesten Hilfsmittel, um Blumen zusammen-zubinden, waren Fäden, Schnüre und später auch feine Drähte, wenn man die Halm- oder Blätterbündel archaischer Zeiten und heute noch praktizierter volkstümlicher Bindemethoden nicht mitrechnet. Der Florist heute hat sehr unter-schiedliche Hilfsmittel, die in der Handhabung zu Abwandlungen führen.

Raffiabast

Diese Naturfaser wird aus den Blättern einer im tropischen Afrika und Amerika wachsenden Pal-me gewonnen (*Ráphia farnífera,* Raffiapalme, Bambuspalme, Bastpalme oder Nadelpalme, griech. rhaphis = Nadel). Sie hat 10 bis 20 m lan-ge Fiederblätter, deren Blattscheidenfasern (Piasa-ven) den Bast ergeben. Der bambusähnliche Blattstiel wird von den Eingeborenen als Baustoff für ihre Hütten verwendet (Bambuspalme). Der Bast wird im Allgemeinen in Zöpfen von 1 kg Ge-wicht gehandelt.

Platilonbast

Dies ist ein grünliches Kunststoffprodukt, auf Rollen à 250 m mit Rollenhalter und Abschneider lieferbar. Vorteile: endlos, stärken- und breiten-gleich, ohne Schnittverlust zu verarbeiten, elas-tisch, wetterfest, reißfest (nicht unbedingt, wenn verknotet).

Neopren – Neoraphia – oder Polybast

Diese Kunstfaser, bastfarben oder grün, hat raf-fiaähnliche Struktur; sie ist weich und reißfest, endlos und ohne Schnittverlust zu verwenden und wird in Beuteln oder Haltern mit Abschneider ge-liefert. Ähnlich wie Neoraphia ist Polybast, der nur in Grün und in kleinen Portionen gehandelt wird.

Bastband

Dieses Baumwollgespinst ist olivgrün, 3 mm breit, reißfest, aber schlüpfrig, wenn nass, und auf 500 m Rollen zu kaufen.

Bindestreifen, Bindefolie

Zum schnellen Zusammenbinden gibt es Papier- oder Plastikstreifen mit ein- oder zwei Drahteinla-gen, grün, grünweiß, goldgetönt und andersfarbig mit Firmenaufdruck lieferbar; zu 1000 Stück ge-packt, in Längen von 6 bis 40 cm.

Blitzbinder

Plastikstreifen mit druckknopfähnlichen Vorrich-tungen oder mit Einfädelöffnung und Einrast-schlitz. Sie sind zum Verschließen von Beuteln, zum Anbinden von Gerank an Stäben usw. gut geeignet. Klebende Plastikstreifen in Bündelma-schinen sind für preiswerte Bündelware sehr praktisch.

Kokosstrick

Dieser wird aus der faserigen Umhüllung der Ko-kosnuss (*Cócos nucífera,* Kokospalme) gewon-nen, die zwischen der äußeren Hautschicht und der steinharten Schale des Kerns sitzt. Er ist zu Seilen in verschiedenen Stärken gedreht und in Docken von 1 kg gehandelt. Im Blumengeschäft sehr vielseitig zu verwenden: zum Aufhängen von Ampeln, Dekorationsbrettern usw., zum Um-wickeln von Blumentöpfen, Kunststoffvasen, De-kohockern u. ä., zum Spannen in Holzrahmen, um raumgestalterische Elemente zu schaffen usw.

Blumenband

Es ist zum Abwickeln von Drähten, Andrahtstel-len usw. zu verwenden und in verschiedenen Fa-brikaten auf dem Markt. Guttacoll, ein Blumen-band aus Gummigrundstoffen, ist in 100 g-Rol-len, in 13 mm und 25 mm Breite und in verschie-denen Farben erhältlich. Der Kautschukgrund-stoff wird aus dem Milchsaft tropischer Urwaldbäume aus der Familie der *Sapotáceae* gewonnen. Er wird bei Handwärme klebrig. Dies ist ein Vorteil für die Arbeit, aber auch bei der Lagerung zu beachten: das Band kühl aufbewahren, nicht im sonnenbestrahlten Auto liegen lassen, es verklebt! Gummi altert und wird brüchig, so auch dieses Material, also nicht zu großen Vorrat lagern. Blumenband aus präpariertem, klebrigem Krepp-Papier (Flower-Tape, ein amerikanisches Produkt). Auf 80 m Spulen in zwölf Farben und zwei Breiten, 13 und 25 mm lieferbar; wie das Kautschuk-Blumenband zu gebrauchen.

Gummiringe

Dünne, stark dehnbare Gummiringe aus Naturgummi, meist rot gefärbt, besser kremweiß oder mattgrün, werden kiloweise im Bedarfsartikelhandel angeboten. Sie sind für schnelle Bündelungen, auch für das Zwischenbündeln beim Fertigen von Parallelsträußen, vorteilhaft.

Bindedraht, Wickeldraht

Wickeldraht ist blaugeglühter, auf Holzstäbe gewickelter Eisendraht in den gebräuchlichen Stärken 0,7 mm und 0,65 mm. Auf einer Rolle sind etwa 33 m. Es sind etwa 25 Rollen in einer Schachtel von 2,5 kg Gewicht. Grün lackierter Wickeldraht ist 0,65 mm stark und wird ebenfalls im Karton a 2,5 kg gehandelt.

Chrysanthemendraht

Dünne Hanfschnur mit dünnem Eisendraht verdrillt, auf 500 m-Rollen im Handel, wird von Gärtnern bei der Chrysanthemenkultur verwendet. Er eignet sich auch in der Floristik zum schnellen Binden ohne Knoten.

Rebdraht

Ein papierummantelter Draht, im Weinbau für das schnelle Anbinden der Reben genutzt. Für Floristen sehr praktisch, vor allem für sichtbare Bindestellen, da die braune Papierhülle das technische Hilfsmittel natürlich strukturiert. Auch ist

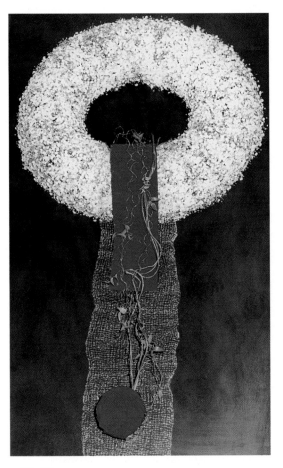

Abb. 219.
Dieser Kranz aus Schleierkraut wird in seiner Besonderheit und seinem Wert durch den ungewöhnlichen Schleifenschmuck mit einem gehäkelten Band aus Schmuckdraht unterstrichen.

die Bindung schnell angelegt und durch Verzwirbelung der Enden befestigt.
Auf Rollen oder in Bündeln geschnittener Stücke erhältlich.

Myrtendraht

Ihn gibt es auf 100 g Spulen. Er ist eine 0,31 mm starke Haarstahllitze, grün lackiert oder mit grünem Baumwollfaden umsponnen. Auf einer Rolle von 100 g sind etwa 180 m.

Schmuckdraht

Farbig lackierter Eisendraht, geglüht, auf Holzstäben, wie Wickeldraht oder feine Metalllitze, 0,5 oder 0,31 mm stark, 100 g auf Spulen, farbig lackiert oder aus farbigem Metall: Silber = Alumimium, Gold = Messing, kupferfarben = Kupfer, für sichtbare Bindungen, Wickelungen, Auffädelungen usw. (s. Abb. 219).

Silberdraht

Silberdraht ist ein sehr dünner, weicher Eisendraht, verzinkt, 13 cm lang, in 1 kg Packungsgrößen. Dies bedeutet etwa 5500 Drähte im Paket.

Bouilliondraht

Feinste Metalllitze, gold-, silber- oder kupferfarbig, spiralig aufgedreht in zwei Stärken, sodass er lang auseinander ziehbar ist. Für Überspannungen, Umschlingungen, Gespinnst usw. verwendet.

Steckdraht

Die Drahtstücke sind nach Stärke in Zehntel mm und Länge in cm benannt. Es sind je nach Lieferant unterschiedliche Größen im Handel. Übliche Steckdrähte sind: 07/22, 07/25, zum Beispiel zum Andrahten von Blüten in der Brautschmuckbinderei oder kleinen Zapfen für Adventsschmuck; 09/22, 09/28, 10/26, 10/28, zum Beispiel für Adventsschmuck, kleinen Grabschmuck oder schwere Blüten im Brautschmuck; 11/28, 12/30, 12/35, gebräuchlichste Drähte bei der Kranzschmuckgestaltung; 14/35 oder 14/40, 16/40, 18/45 oder 18/50, zum Beispiel für schwere Blüten oder Zapfen im Kranz- und Adventsschmuck. Gut verwendbar bei Dekorationen zu verschiedenen Zwecken und Anlässen. Die Stärken 11 bis 18 sind meistens einseitig angespitzt. Bei Bedarf bekommt man sie auf Bestellung auch zweiseitig angespitzt (zum Beispiel zum Stecken »angegabelten« Materials auf Strohunterlagen). Der Steckdraht ist in Stangen zu 2 kg abgepackt.

Stützdraht

Dieser grün lackierte Draht ist in Stangen zu 1 kg in den Größen 07/28, 08/35, 08/40 und 09/40, 09/45, 10/50 erhältlich.

Römerhaften

Dies sind Eisendrahthaken mit spitzen Schenkeln und glattem Rücken, Breite und Länge werden in mm angegeben. Üblich sind folgende Größen: 10/30, 10/35, 10/50. Sie sind zu 1 oder 2,5 kg gepackt.

Patenthaften

Patenthaften haben im Gegensatz zu den Römerhaften einen gewellten Rücken. Sie sind ebenfalls zu 1 kg gepackt und haben meist die Maße 17/30, 17/35, 17/40, 17/45, 17/50 und 17/60.

Efeunadeln

Sie können bei der Adventsschmuckbinderei, bei Blumenfriesen oder bei der Herstellung eines Plattenmooskranzes behilflich sein. Sie werden kiloweise gehandelt, sind haarnadelähnlich und 8 cm lang. Im Kilopaket sind etwa 700 Stück.

Strohblumennadeln

Sie sind wie kleine Haften, 25 mm lang, 6 mm breit, kiloweise gepackt.

Stecknadeln

Vernickelte Eisennadeln, 3 cm lang, 1/2 kiloweise in Schachteln gepackt.

Dekonadeln

Diese 5 cm langen, schwarzen Stecknadeln sind in 500 g-Schachteln im Handel. Dekonadeln werden nicht nur beim Umspannen von Brettern, Stellwänden u. a. mit Stoff benutzt, auch beim

Fertigen von flächigen Gestaltungen sind sie vielfältig einsetzbar, z. B. bei Blattdecken auf Stoff als Sargschmuck oder Aufarbeitungen auf Styroporplatten usw.

Holzspieße

Wie Zahnstocher oder Schaschlikspieße, dünne, angespitzte Holzstäbchen, 8 und 20 cm lang aus nicht harzenden Weichhölzern. Sie werden gern z. B. zur Verbindung von Papier bei Verpackungen und für handwerklich betonte, sichtbare Zusammenschlüsse (z. B. Abb. 214) genommen, auch zum Aufstecken von Blättern auf Gitterstoff und bei Patchworkarbeiten.

Klebstoffe

Heißkleber aus der Klebepistole mit runden »Schmelzklebstoff-Sticks«, weißlich oder fast farblos, 20 cm lang in 2 kg-Packungen. Kaltkleber für Frischblumen, auch Glas, Holz und Bänder z. B. »Oasis Floral Adhesive«, Spezialkleber, schnell trocknend, wasserfest (s. Abb. 220), leicht entflammbar, in 250 ml Flaschen erhältlich. Dass für Kaltkleber auch Tapetenkleister gut einsetzbar ist, vorausgesetzt man hat Zeit für die Trocknung, sei hier nur am Rande erwähnt.

Kranzreifen

Zum Fertigen gebundener Kränze oder Fichtenwülste werden sie gebraucht. Sie sind aus aufgespaltenen Weidenruten geformt und werden in den Größen 4,5/5,5/6/7/8/9 und 12 gehandelt, wobei die Größe dem Durchmesser des Reifens in Dezimeter entspricht. Im Bund sind bei den kleinen Größen 48 Stück, ab Größe 8 nur 24 Stück enthalten.

Adventsringe

Die »Kranzreifen« für kleine Kränze sind aus gewelltem Eisenband, damit das aufgewickelte Material nicht so leicht verrutscht oder sich um den Ring dreht. Sie sind zu 50 Stück gepackt und in den Größen 15 cm, 18 cm, 20 cm und 25 cm Durchmesser im Handel. Sonderformen wie kleine Kronen (16, 25 und 35 cm hoch), Sterne

Abb. 220.
Dieser florale Kragen aus verschiedenen Blättern wurde auf eine textile Unterform geklebt.

(30 und 35 cm groß) und Herzen (25 cm) gibt es auch aus gewelltem Draht, alles zum Bebinden.

Strohreifen

Auf Kranzbindemaschinen durch Profileisen gepresste Strohwülste sind mit verrottbarer Schnur, meist aber mit Jutefaden oder feinem, schnellrostendem Draht gebunden. Im Interesse der problemloseren Abfallbeseitigung sollten diese Strohreifen nicht mehr mit Perlonschnur gewickelt sein. Auch zum Umwickeln gibt es ein Vliesband aus Baumwoll- oder Zellwollfasern, sodass man nicht mehr das Kranzabwickelband aus Kunststofffolie nehmen muss. Diese Strohreifen werden vollrund und relativ schmal im Verhältnis zum Durchmesser als Adventskranzunterlagen oder mit dreiviertelrundem Profil als Kranzunterlagen für Trauerkränze in verschiedenen Größen und

Abmessungen geliefert. Die Zentimetermaße vom Kranzdurchmesser und von der Kranzstärke sind die Größenangaben des Reifens wie 35/8, 40/10, 45/10, 50/12, 55/12, 60/14, 65/14, 70/16, 75/16, 80/16, 90/20 und 100/20.

Kranzunterlagen

Die bisher meist verwendeten Kunststoffunterlagen aus aufgeschäumtem Styropor mit Deich- oder Wulstprofil, weiß oder grün gefärbt, gibt es heute noch, doch sie werden mehr und mehr durch Kranzformen aus kompostierbaren Werkstoffen ersetzt. Da gibt es Wellpappe-Römer in Größen von 60 bis 80 cm Durchmesser, die schredder- und kompostierbar sind und sich gut behaften und bewickeln lassen. Andere Unterlagen entstehen durch Mischung kompostierbarer Stoffe mit Bindemitteln wie natürliche oder synthetische Harze. Die verwendeten Werkstoffe sind z. B. Holzspäne, Strohhäcksel, Holzfasern und Gräser, Kokosfasern und Sägemehl, Altpapier-Schnipsel oder Korkschrot. Sie entstehen durch Mischung, Verdichtung und Formungstechniken, die sicher noch weiter entwickelt werden. Doch auch Trockensteckschaum ist weiterhin beliebt. Es gibt braune, grüne oder graue Unterlagen. Die Hersteller- und Lieferfirmen beschreiben diese Kunststoffformen meist als kompostierbar, wenn sie geschreddert werden. Die Auswahl ist groß. Die Firmen kombinieren ihre Produktnamen wie Oasis, Mosy, Swampy, Bellaflor u. a. mit weiteren Bezeichnungen wie ....Ideal, bio..., öko..., ...Perfect u. a., um die Neuentwicklungen zu kennzeichnen. Müssen Unterlagen abgewickelt werden, so werden ebenfalls verrottbare Bänder genommen. Sie bestehen aus Viskose oder Krepppapier oder einem Zellstoffvlies. Dieses »Römerwickelband« ist hell- oder dunkelgrün, 6 cm breit, auf 100 m-Rollen. Kranzformen für das Aufstecken von Frischblumen bestehen aus wasserhaltender Steckmasse, die geschreddert ebenfalls kompostierbar ist. Und wenn für größere Kränze festigende Bodenplatten notwendig sind, so bestehen diese aus Holz oder einem ebenfalls vergänglichen Hartschaum. Das Rundumgitter aus feinem Eisendraht, das alles gut zusammenhält und den Blumen festen Halt sichert, rostet schnell und zerkrümelt dann (z. B. Oasis-bioFlor und Oasis Bioline).

Formteile

Unterlagen für Kissen, Kreuze, Herzen usw. gibt es in vielen Abmessungen aus den gleichen Werkstoffen wie die der Kranzunterlagen. Styropor oder Trockensteckmasse mit stabilisierenden Unterformen aus hartem Kunststoff sind am häufigsten im Angebot. Natürlich gibt es immer auch die Möglichkeit, aus dünnem, nicht verzinktem Gitterdraht und floralen Abfällen, eventuell mit Stäben stabilisiert, oder aus einem Zweig- und Moospolster selbst Unterformen herzustellen. Auch Rankenwerk ist so gut formbar, dass damit jede Form zu entwickeln ist, die allerdings nicht mehr nur Unterform sein wird. Mit einem Kern aus Steckmasse sind damit recht unterschiedliche Gestaltungen zu fertigen.

Außerdem gibt es Schalen, Töpfe und Container aus Altpapier oder einem Papier-Torf-Gemisch. Mit eingelegter Steckmasse lassen sich mannigfache Grabschmuckgestaltungen herstellen. Die kompostierbaren Schalen sollen 12 Monate halten. Beim Transport dürfen sie jedoch nicht am Gefäßrand hochgehoben werden, der könnte ausbrechen.

!!!Merksätze

- Bindematerialien aus Naturfasern sind: Raffiabast, Bastband, Kokosstrick, Hanfschnur, Flora-Tape und Abwickelbänder; aus Zellulose oder Baumwolle, außerdem kleine Holzspieße wie z. B. Zahnstocher.
- Bindematerialien aus Kunststoff sind Platilonbast, Neoraphia oder Reblonbast, Bindefolie und Blitzbinder.
- Bindematerialien aus Naturkautschuk sind z. B. Guttacoll und Gummiringe.
- Bindematerialien aus Draht sind Wickeldraht, Rebdraht und Chrysanthemendraht, Myrtendraht, Steckdraht, Stützdraht, Schmuckdraht, Silberdraht, Haften und Nadeln.
- Unterlagen für Gebinde sind aus den verrottbaren Stoffen wie Stroh, Wellpappe, Torf-Papier-Gemisch, Strohhäcksel, Korkkrümel, Sägespäne mit Bindemitteln.
- Unterlagen aus nicht verrottbarem Styropor und Plastikartikeln sind auf vielen Friedhöfen nicht mehr zugelassen.

1. Beschaffen Sie sich von den in Ihrem Betrieb üblichen Bindematerialien für die Straußbinderei Muster und Informationen über Liefermengen, Preise sowie über Vor- und Nachteile beim Verarbeiten. Fertigen Sie daraus ein Musterblatt mit entsprechender Beschriftung an. Einige der hier genannten »technischen« Bindematerialien haben auch gestalterische Wirkung. Suchen Sie diese heraus, begründen Sie Ihre Wahl, und finden Sie aus dem Kapitel »Bänder, Kordeln und Schnur« drei weitere Materialien, welche auch die Technik des Bindens gut ausführen können.

2. Durchforschen Sie den Bedarfsartikelmarkt durch Großmarktbesuche, Firmenbesuche und Lesen in den Fachzeitungen im Hinblick auf Angebote kompostierbarer Unterlagen für die Trauerfloristik, und stellen Sie in einer Liste die Ergebnisse zusammen: a) Art des Bedarfsartikels b) Bestandteile c) welche Größen sind lieferbar d) Bemerkungen hinsichtlich Einsatzfähigkeit.

10 Steckhilfsmittel und Einstellhilfen

Schnittblumen brauchen etwas, was sie in der neuen, gestalterischen Ordnung festhält. Dieses Hilfsmittel soll dem Pflanzenteil die wachstumsgemäße oder stilgemäße Stellung im Arrangement erhalten, soll ihm Wasser zuführen und darf die Pflegbarkeit nicht behindern. Dem Floristen stehen recht unterschiedliche Steckhilfsmittel zur Verfügung. Vielfach nutzt er selbstgefertigte Stellhilfen wie Geäst und Rankengitter, Stängelabschnitte oder Stängelbündel und Steine, Querhölzer u. a. Auch der Bedarfsartikelhandel bietet die verschiedensten Gitter- und Rankenformen z. B. aus Weinranken oder Weidenruten, die auch als Stellhilfen eingesetzt werden, obgleich sie sichtbar bleiben und gestalterisch mitwirken. Doch zumeist sind Steckhilfsmittel im Angebot, die abgedeckt werden müssen, also nur technische Funktion haben. Der Florist wird sich jeweils das wirtschaftlichste aussuchen.

Blumensteckschaum für Schnittblumen

Auch »Steckmasse«, »Steckschwamm« oder »Kunstmoos« genannt. Blumensteckschaum ist eine aufgeschäumte grüne Kunststoffmasse. Sie enthält Stoffe, welche die erwünschten Eigenschaften ausmachen: Sie ist hydrophil, d. h. wasseraufnehmend, in Grenzen sogar aufsaugend. Sie ist fäulnisverhindernd, weshalb sie ohne Schaden länger nass gehalten werden kann, und sie enthält den pH-Wert (Säuregehalt) des Wassers regelnde Bestandteile. Sogar geringe Mengen Nährstoffe für Schnittblumen sind enthalten. Die feinkörnige Struktur soll zwar leicht zu bestecken sein, andererseits aber auch fest zusammenhalten, sodass die Steckmasse nicht allzu leicht auseinander bricht. Die Herstellerfirmen arbeiten diesbezüglich ständig an Verbesserungen. Die Rezepturen sind natürlich firmeneigen und geheim. Etliche Fabrikate sind auf dem Markt z. B. Bioline und Biolit, Oasis ideal, mosy Duplex und mosy Perfect, Swampy usw., nachdem 1962 ein amerikanisches Produkt dieser Art das »alte« Moospolster abgelöst hat. Die Firmen bieten unterschiedliche Qualitäten und unterschiedliche Formen oder spezielle Eignungen an.

Ein besonderer Werbefaktor ist die Umweltverträglichkeit dieser Kunstprodukte, wie der Hinweis auf FCKW-freien Idealschaum und eine Kompostierbarkeit im zerkrümelten Zustand (FCKW = Fluor-Chlor-Kohlenwasserstoff).
Da der Florist auch für den Hausgebrauch die Steckmasse verkaufen kann, folgen hier in Stichworten die beratenden Tipps: Nur einweichen, was unbedingt benötigt wird. Zum Einweichen auf das Wasser legen, nicht untertauchen. Die Steckmasse sinkt sehr schnell in das Wasser ein und ist voll Wasser, wenn die Oberfläche des Steckblocks nass ist. Im Gefäß fest einklemmen, aber Zwischenräume für das Wasser lassen. Nicht unnötig hineinstechen, da Löcher bestehen bleiben. Das fertige Blumenarrangement wird gepflegt, indem das verbrauchte Wasser ersetzt wird. Noch brauchbare Steckmasse nach der ersten Verwendung im Plastikbeutel aufbewahren, damit sie nass bleibt; sie saugt zum zweiten Mal nur sehr schlecht wieder Wasser auf.

Trockensteckschaum für trockene Werkstoffe

Diese Kunststoff-Steckmassen, sogenannter Hartschaum, wie Styropor, Styrofoam, Oasissec, Steckfix, Swampy, Flory- und Pic-fleur-Steckschaum, sind in einer Kugel-, Kegel- und Plattenform sowie als Ziegel, Quader und Zylinder oder Ringe, Herz- und Sternform im Handel. Auf Styropor muss man binden oder mit Spezialkleber aufkleben, beziehungsweise mit Stecknadeln, Haften oder mit Steckdraht angegabelt stecken. Deshalb werden Styroporformen als Unterformen für geschlossene Formgestecke verwendet, wenn man nicht zu den Formteilen aus verrottbaren Werkstoffen greift (siehe Seite 378).
Die Trockensteckschaum-Produkte wie bio-Sec, Oasis Dry-Super, mosy Ökodur, Swampy usw. sind bräunlich oder grünlich. Sie werden als FCKW-frei und kompostierbar und zum Teil aus natürlich wachsenden Rohstoffen hergestellt. Sie sind zwar fest, im Gefüge aber so feinkörnig, dass sie leicht mit den natürlichen Stielen der Blumen und Gräser besteckt werden können. Deshalb sind sie für dekorative und formal-lineare Gestaltungen sehr gut geeignet.

Steckschaum in Halterungen

Die Hersteller von Kunststoff-Steckschaum bieten vielfach Halterungen für den hydrophilen Steckschaum an, wie z. B.:

1. Straußhalter, für Brautsträuße und Biedermeiersträuße, aber auch für gesteckte Sträuße anderer Gestaltungsart verwendbar.

2. Straußhalter für Grabsträuße aus Kunststoff oder einem festen Drahtgestell, unter dem Aspekt des Umweltschutzes auch aus einer Holzhalterung und feinem, leicht rostendem Drahtgitter oder einem Baumwoll-Gumminetz zur Befestigung der Steckmasse.

3. Schalen mit eingepasstem Steckschaumstück, meist aus Hartplastik, für den Friedhof aus verrottbarem, gepresstem Torf-Papier-Gemisch.

4. Der speziellen Steckmasseform angepasste Gefäße wie Ringformen, Ziegel in verschiedenen Größen, Kreuze und gefäßhafte Unterlagen für bis zu 100 cm lange Steckmassestangen für Raumschmuck und Raumdekorationen.

Knetbare Steckmasse

Sie wird auf der Basis Naturkautschuk hergestellt. Die Grundmasse, in der auch Öle und Fette, Füll- und Farbstoffe sowie Weichmacher enthalten sind, wird längere Zeit warmgeknetet. Nach dem Abkühlen wird sie durch Strangpressen in die entsprechende Form gebracht.
Der Florist kauft für seinen Bedarf Kilopakete. Diese knetbare Steckmasse wird für Trockenblumenarrangements oder adventliche Arbeiten verwendet. Vor dem Verarbeiten sollte man sie durch Kneten in der warmen Hand klebefähiger machen. Auf glatter, sauberer Unterlage hält die Masse gut fest, würde sich aber lösen, wenn das Arrangement ins Kühle gestellt wird, weil die Masse dann fester wird und ihre Klebefähigkeit verliert. Deshalb ist es ratsam, es durch eine besser klebende Masse, z. B. »Oasis-fix«, und »Pinholder« oder eine Tesafilm-Umwindung abzusichern.

Auf rauem Holz kann man die Knetmasse durch Einschlagen von zwei bis drei Nägeln, zwischen die sie gedrückt wird, vor dem Abfallen bewahren. Es ist zu beachten, dass diese Masse im warmen Zimmer weicher wird und daher schwere Formen nicht sicher zu halten vermag. Deshalb kombiniert man sie gern mit Trockensteckschaum.

Ton

Ton kann beim Stecken von den Trockenformen oder bei adventlichem Material sehr gute Dienste leisten. Man muss nur auf jeden Fall bedenken, dass Ton beim Trocknen an Masse verlieren wird. Er löst sich also von jeder Unterlage, wenn er nicht durch Nägel oder Draht gehalten wird, und er kann auseinanderplatzen.

Ton ist bei der Lagerung vor Austrocknung zu schützen (im Plastikbeutel oder im Eimer unter einem stets feucht gehaltenen Lappen). Für Gestecke, die im Freien aufgestellt werden sollen, ist Ton ungeeignet als Steckmasse, weil der Regen den Ton aufweicht und das Gesteck auseinander fallen lässt.

Moos

Am besten eignet sich *Sphágnum* (Sumpfmoos). Das Moos kann so viel Wasser speichern, wie das eigene Volumen beträgt. Mit Wickeldraht zu Knäueln und Parallelbündelchen brauchbarer Größe zusammengebunden (nicht zu fest) oder in Maschendraht gepackt, ist es für kurzlebige Dekorationen, für Kranz- und Sargschmuck sowie für die Adventsschmuckbinderei sehr gut geeignet.

Maschendraht und Gitterdraht

Man nimmt ihn für Bodenvasen, Vasen mit weiter Öffnung, Kübel und tiefe Schalen. Verzinkter oder mit grünem Kunststoff ummantelter Maschendraht (4 – 6 cm Maschenweite) oder Gitterdraht sind vielfältig formbar. Man kann sie in Streifen schneiden und bogig im Gefäß einklemmen. Man kann weitmaschige Knäule falten oder lockere, zylindrische Wickel in das

Abb. 221.
Lockere Wickel aus Fliegengaze schaffen Nischen im Gefäßraum, zwischen denen Blumenstiele Halt finden.

Gefäß einpassen. Sogar Fliegendraht ist verwendbar (siehe Abbildung 221). Mit diesen Mitteln werden bevorzugt lockere, transparente oder grafische Gestaltungen gefertigt.

Das Drahtgerüst von Knäueln wird mit Hilfe von Stäben in die Öffnung der Gefäße gehängt (für dekorative Anordnungen bestens geeignet, auch als Ratschlag für den Kunden bezüglich Steckhilfsmittel in der Bodenvase). Arbeitet man passende Einsätze mit mindestens zwei Drahtgitterschichten aus mit Kautschukband umwickelten Ringen von Schweißdraht oder starkem Steckdraht und Maschendrahtflächen, wird 1,5 bis 2 cm weiter, ummantelter Maschendraht oder quadratisch verknüpfter Gitterdraht verwendet.

Gitteraufsätze

Sie sind aus festem Eisendraht zu einem groß-
maschigen Gitter verschweißt, grün lackiert und
in verschiedenen Größen im Handel, um sie auf
die unterschiedlichsten Vasen aufstecken zu
können. Diese Gitteraufsätze verhindern, dass
sich die Blumen an den Vasenrand lehnen oder
sich gegenseitig drücken. Um die Blumen in der
richtigen Höhe und Position zu halten, ist
natürlich ein weiteres Hilfsmittel im Vasenraum
notwendig. Als Widerlager ist z. B. »Plastik-
Sprengeri-Grün« sehr gut geeignet, das man
geknäuelt in die Vase steckt. Oder man verwendet einen Einsatz aus einer Metallplatte und
senkrecht daraufstehenden Flaschenbürsten
bzw. ein Bund flaschenbürstenähnlicher Kunst-
stoffbürsten, die senkrecht nebeneinander liegend den Vasenraum ausfüllen. Die Blumenstiele sind leicht dazwischen zu schieben und ebenso leicht herauszuziehen. Zur Pflege dieser Materialien im Vasenraum ist dann und wann ein
kräftiges Auswaschen mit Spülmittel oder Neu-
tralseife ratsam. Diese Gitteraufsätze werden
gern zum Aufstecken der Verkaufsware verwendet.

Kunststoffhalter

Sie werden fest in Schalen eingefügt oder mit Hilfe eines Gummisaugers befestigt. Es gibt sie in
den verschiedensten Ausführungen, und sie sind
vor allem für das häusliche Blumenstellen über-
aus geeignet. Ihr Prinzip des Haltens entspricht
der Gitterschichtung ähnlich wie beim Maschendrahtknäuel.

Klebefolie und Glaskugeln

Dies nur als Tipp, den man für den Kunden
eventuell einmal im Schaufenster zeigen kann.
Ein paar Glaskugeln, farblos oder farbig passend zur Blütenfarbe, oder Kieselsteine werden
in das Glas gelegt, über die Öffnung des Gefäßes wird durchsichtige Klebefolie (zum Beispiel Tesafilm) in einer Gitterstruktur geklebt.
Etwa 2 cm am Gefäß herablaufende Streifen auf
das absolut trockene Glas geklebt, schaffen ein
haltbares Gitter (Abb 223).

Abb. 222.
Links: Gitterhaltungen verschiedener Art.
Rechts: Abb. 223.
Glaskugeln und Klebefilm sind geeignete Stellhilfen für Glasgefäße.

Kenzan

Er wird auch »Nagelblock« oder »Blumenigel«
genannt. Dies ist ein Steckhilfsmittel, das vornehmlich für das häusliche Blumenstellen oder
für zur Schau gestellte Steckarrangements geeignet ist, weil sich die so arrangierten Blumen
schlecht transportieren lassen. Dieser Bleiblock
mit Messingnägeln ist aus dem japanischen Blumenstellen übernommen. Im Verkaufsangebot
sollte man nicht zu kleine Nagelblöcke haben
und auch immer zum Kauf von größeren Formen raten (Block mindestens 5 cm Durchmesser, 6 bis 8 cm und mehr sind besser). Die kleinen müssen im Gefäß angeklebt werden, um die
Blumen halten zu können. Deshalb sind schwere Nagelblöcke vorteilhafter. Es gibt sogar 12
cm breite Kenzane, in Ikebana-Spezialgeschäf-
ten noch größere. Dass es neben den meist runden auch rechteckige oder zusammensetzbare
Kenzan-Formen gibt, sollte bekannt sein. Der
Kenzan spielt nicht nur im Ikebana oder häuslichen Blumenstellen eine große Rolle, er gewinnt
auch im Blumengeschäft eine größere Bedeutung, z. B. zum Aufstellen von Parallelsträußen
oder andersartigen Stehsträußen. Zur Pflege des

Kenzans gibt es kleine Gerätschaften zum Aufrichten verbogener Nägel und zum Schutz des Gefäßes passende Gummiunterlagen.

Steckblöcke

Steckblöcke aus Glas, Plastik oder Keramik sollen hier nur der Vollständigkeit halber erwähnt werden. Im Angebot für den Blumenliebhaber können sie erscheinen, wenn sie auch nicht so freie Gestaltungen ermöglichen wie der Kenzan oder die wassersaugenden Steckschaumprodukte.

Blumenspirale

So nennt sich ein 90 bis 100 cm langer, hellgrau kunststoffummantelter Bleidraht, zum Verkauf spiralig zusammengedreht und in Klarsichtfolie verpackt. Er ist erstaunlich leicht zu verbiegen und hält doch die umwundenen Zweige in der gewünschten Position, wenn er mehrmals die Gefäßwand berührt. Genau genommen schafft man mit diesem Bleidraht ein Gerüst, in welchem der Zweig, die Blume oder der gebundene Strauß hängt (s. Abb. 224). Mitunter greift der Draht zur Verankerung auch über den Gefäßrand. Durch diese Blumenspirale kann man Einzelformen oder gebundene Sträuße in weiter offenen Gefäßen aufstellen oder sie in Glasgefäßen einhängen, ohne dass die Stellhilfe störend sichtbar wird. Der Florist nimmt meist statt des langen Bleidrahtes mehrere abgewickelte Steckdrähte, was jedoch arbeitsaufwändiger und weniger zweckmäßig ist. Statt der »Blumenspirale« sind ebenso leicht die Bleistreifen für Bleiverglasungen einsetzbar.

Einstellhilfe für gebundene Sträuße

Außer den schon genannten Hilfsmitteln Kenzan und Blumenspirale sind zum Einstellen von gebundenen Sträußen noch folgende Materialien zu nennen: Kieselsteine für Keramikkübel oder starke Glasgefäße, Glaskugeln, die nicht hohl sein dürfen oder Glasbruch vom Sicherheitsglas, bei Glasgefäßen besonders reizvoll.

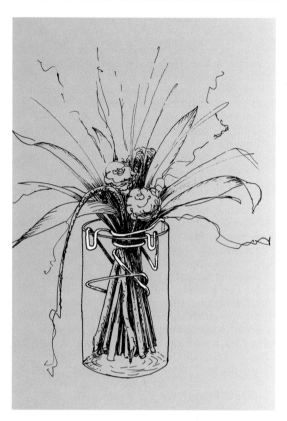

Abb. 224.
Die Blumenspirale verankert den gebundenen Strauß im Gefäß so, dass er seine richtige Position bewahrt.

Auch die bereits erwähnten Folienknuddel sind geeignet: in Glasgefäßen wählt man gestalterisch mitwirkende Metallfolien passender Farbe oder transparente Kunststofffolie, die durch Lufteinschlüsse und Knitterschichten das Wasser reizvoll belebt, ohne farbliche Veränderungen zu verursachen. Von allen genannten Hilfsmitteln ist nur der Kenzan für flache Schalen einsetzbar. Alle anderen Materialien brauchen den Innenraum des Gefäßes, in den sie sich einlehnen und den Straußstiel umfassen. Doch ermöglichen sie, den Strauß in der richtigen Stellung auch in weit offene Gefäße zu stellen, ohne dass er zur Seite kippt und sich an den Gefäßrand anlehnt.

!!!Merksätze

- Durch das Steckhilfsmittel wird der Schnittblume Halt gegeben, sodass sie ihren Platz in der gestalterischen Ordnung behält.
- Das universellste Hilfsmittel ist der hydrophile (wasseraufnehmende) Blumensteckschaum; den es in unterschiedlichen Formen, Fabrikaten und Qualitäten gibt.
- Zum Aufstecken von Schnittblumen sind, neben eingeklemmten und zusammengebundenen Hölzern außerdem geeignet: Der Kenzan, Moosbündel oder Moosknäuel, Maschendrahtknäuel und Gitterdrahtverflechtungen bzw. Maschendraht- oder Drahtgittereinsätze, Gitteraufsätze mit Flaschenbürstenbündeln, die Blumenspirale oder ersatzweise abgewickelte Steckdrähte.
- Zum Stecken von Materialien ohne Wasserbedarf sind geeignet: Trockensteckschaum, knetbare Steckmasse, Ton, Moosknäuel oder -wülste, in entsprechenden Fällen auch der Kenzan, Maschendraht oder die Blumenspirale, mitunter auch nur Stützhölzer, Rankengitter oder gar der verwurzelte Topfballen einer abgeschnittenen Topfpflanze u. a.
- Die Auswahl des richtigen Hilfsmittels hängt von der Erfüllung der Anforderungen und wirtschaftlichen Gesichtspunkten ab:
  - das Steckhilfsmittel muss den einzelnen Teilen wie dem ganzen Arrangement den erforderlichen Halt geben
  - es muss, wenn notwendig, die Wasserversorgung sichern
  - es darf optisch nicht stören
  - und es muss leicht zu handhaben, einzupassen und zu stabilisieren sein.

???Aufgaben

1. Stellen Sie einen trockenen Steckschaumziegel hochkant in eine Schale und gießen Sie etwa 5 cm hoch Wasser hinein. Falls die Steckmasse schwimmen will, beschweren Sie sie mit einem Stein. Beobachten Sie, wie hoch über dem Wasserspiegel das Wasser im Steckschwamm aufsteigt. Nun wissen Sie, welchen Wasserstand der Steckschwamm braucht, um ständig Wasser an die Blumenstiele heranführen zu können.
2. Wickeln Sie einen 14er Steckdraht ab und biegen Sie ihn so, dass Sie einen zweiten Steckdraht damit senkrecht oder leicht schräg auf eine Fläche stellen können, indem Sie den zweiten Draht lose zwischen die Windungen schieben.
3. Stellen Sie fest, welche Steckhilfsmittel für den Hausgebrauch beim Kunden in Ihrem Betrieb angeboten werden, und finden Sie für jeden Artikel drei Verkaufsargumente.
4. Nennen Sie die Handelsnamen von fünf Halterungen mit Steckmasse und beschreiben Sie das lieferbare Sortiment.

11 Werkzeuge, Preisauszeichnung, Verpackung

Die Hand ist das bewundernswerteste Werkzeug. Sie kann viel, doch für spezielle Aufgaben braucht sie Helfer, die Werkzeuge. Der Florist benutzt viele solcher Arbeitsgeräte. Es würde den Rahmen dieses Buches sprengen, sollten alle Gerätschaften in ihren Merkmalen, Besonderheiten, Fabrikaten mit Vor- und Nachteilen, ihren speziellen Einsatzgebieten und Handhabungen beschrieben werden. Der Umgang mit Werkzeugen findet in der praktischen Floristik statt; dort lernt man sie kennen und nutzen. Aber soll z. B. ein Werkzeugkasten für eine Dekoration außer Haus mit Werkzeugen bestückt werden, passiert es leicht, dass man an das Selbstverständlichste nicht denkt. So ist diese Übersicht als eine »Checkliste« zu betrachten. Auch wird eine Nennung der nutzbaren Werkzeuge in der Floristik, ergänzt mit einigen Hinweisen aus praktischer Sicht, helfen, sich mit diesen Arbeitsmitteln vertraut zu machen.

Werkzeuge

Messer. Vom einfachen Küchenmesser über Gärtnermesser, Hippen, Okuliermesser und Veredlungsmesser bietet der Bedarfsartikelhandel vieles. Zum Schärfen der Messerschneiden können im Haushalt übliche Schleifgeräte dienen, das Wetzeisen oder für feinste Behandlung des Gärtnermessers der Abziehstein.

Scheren. Papierschere, Bandschere, Drahtschere, Baumschere, Rosenschere, Ikebanaschere, Bonsaischere und die langheblige Astschere sind Scherentypen, die alle vom Floristen gebraucht werden. Die Rosen- oder Baumscheren sind recht unterschiedlich konstruiert, mit oder ohne auswechselbaren Schneiden, ein- oder zweischneidig, mit Kerbe zum Drahtschneiden oder ohne.

Zangen. Flachzange, Kneifzange oder die isolierte Kombizange helfen beim Umgang mit Draht und Nägeln. Zum Abzwicken der Nagelköpfe dient der Vorschneider.

Hammer. Der so genannte Zimmermannshammer ist auch gleichzeitig ein gut geeignetes Gerät, Nägel wieder herauszuziehen, weil man den Nagel-kopf in die gespaltene Seite des Hammerkopfes einklemmen und mit Hebelkraft ziehen kann.

Sägen. Dazu zählen Stichsäge, Bügelsäge, Fuchsschwanz usw. Praktisch für den Werkzeugkasten ist eine kleine Bügelsäge mit leicht austauschbaren Sägeblättern für Holz und Metall und eine zusammenklappbare »Taschensäge«, mit der man sogar dicke Äste schnell durchtrennen kann.

Sonstige Werkzeuge sind Holzraspel, Feilen und Sandpapier, Bandmaß und Gliedermaßstab (Zollstock), Spachtel und diverse Pinsel, Schraubendreher und Schraubzwingen, Glasschneider und Teppichschneider, schwarzer Filzschreiber (um Schnittstellen an Astwerk dunkel zu färben) und Bleistifte, Eisenlineal und Eisenwinkel.

Wer für die adventliche Floristik viel bastelt, wer florale Bilder fertigt und Dekomittel baut, der benötigt vieles. Für ihn sind die Werkbank mit dem Schraubstock, Heimwerkermaschinen, die bohren und schrauben oder sägen und schleifen, unentbehrliche Helfer.

Sonstige Hilfsmittel und Gerätschaften sind Schrauben und Nägel, Stahlstifte und Schraubhaken, Holzspieße und Zahnstocher, Stecknadeln und Dekonadeln, Nähnadeln und Garne, Perlonschnur und andere Bindemittel, natürlich Drähte verschiedener Art, Klebefolien oder klebende Abdeckbänder aus Papier, Kerze und Streichhölzer, Glasröhrchen mit Gummikappen sowie Steckvasen und Reagenz- bzw. Blumengläser, dazu Ruten oder Stäbe zum Verlängern, Spritzbälle, Spritzflasche oder Rückenspritze mit Feinzerstäuberdüse und Gießkannen. Schließlich sind noch Leitern zu nennen. Dass diese den Sicherheitsbestimmungen entsprechen müssen, stabil, standfest, rutschsicher und stets richtig aufgestellt sein sollen, sei hier mit einem Hinweis auf die Unfallverhütungsvorschriften erwähnt.

Werkzeugkasten

Transportable Werkzeugkästen aus Blech oder Kunststoff mit vier oder sechs und mehr auseinander ziehbaren Kästen sind im Handel zu haben. Sie sind für jeden praktisch, der auch außer Haus Dekorationen macht. Mit einem Griff hat man alles übersichtlich vor sich liegen, sofern Ordnung im Kasten herrscht und alle notwendigen Hilfsmittel und Werkzeuge eingepackt wurden. Für das Arbeiten im Binderaum sind sie unhandlich.

Hier ist eine andere Möglichkeit gegeben, die hilft, den Arbeitsplatz in Ordnung zu halten und die notwendigen Hilfsmittel in greifbarer Nähe zu haben.

Aus zwei festen Holzsteigen oder kleineren flachen Kisten und einigen Latten wird eine zweietagige Werkzeugablage gebaut, die auch einen Griff zum Transport, darunter einen Stab zum Aufhängen von Bänderrollen und sogar einen Drahthalter für den Brautstrauß bekommen kann. Lederschlaufen am Griffbügel können zum Einhängen von Schere, Zange und Hammer dienen. Schräg eingebaute Plastikrohrabschnitte nehmen die Steckdrahtsorten auf, abgeteilte Fächer oder hineingestellte Plastikschachteln sind für Haften, Stecknadeln usw. da (s. Abb. 225).

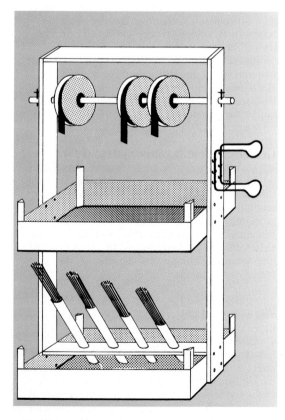

Abb. 225.
Aus zwei Holzsteigen wird ein einfacher Werkzeug- und Hilfsmittelkasten gebaut.

Hier ist der Fantasie und dem praktischen Sinn jede Möglichkeit gegeben. Ein Anstrich kann dem Ganzen noch mehr Sauberkeit verleihen.
Weitere praktische Werkzeugablagen werden im Kapitel »Der Arbeitsraum« beschrieben.

Verbandskasten

Er soll sowohl im Geschäft vorhanden sein als auch bei Aufträgen außer Haus mitgeführt werden. Man überzeugt sich, ob er alle wichtigen Teile enthält.
Hansaplast in zwei Breiten, Leukoplast, Mullbinden (5 und 8 cm breit), Schnellverbandpäckchen (zwei Größen), Brandbinden, Desinfektionsmittel und ein Wundgel, Baldrian, Schmerztabletten (rezeptfreie), eine Schere, Dreiecktücher und Sicherheitsnadeln.

Hilfsmittel für die Preisauszeichnung

Preisauszeichnung muss sein. Sie hilft dem Kunden bei der Auswahl und fördert den Kaufentschluss. Zudem ist der Einzelhändler gesetzlich zum Auszeichnen seiner Waren verpflichtet. Wir haben verschiedene Auszeichnungsmethoden bei Schnittblumen, Topfpflanzen und Gefäßen. Die Preisschilder sollen gut lesbar, sauber, wasserbeständig und leicht auswechselbar sein
Für **Schnittblumen** gibt es folgende Möglichkeiten: Pappschilder, rund, rechteckig, trapezförmig, mit Spickstäben aus Holz oder Plastik aufzustecken, evtl. mit Klebefolie vor dem Herausziehen sichern (s. Abb. 226), mit Tusche und Federn, Filzschreiber, Fettstift oder Abreibebuchstaben zu beschriften, außerdem Plastikschilder zum Beschreiben oder mit auswechselbaren Zahlen zum Bestecken an Teleskopstäben (sind zu verlängern). Diese Preisschilder werden zwischen die Blumen gesteckt und sollten beidseitig beschriftet sein, damit man von vorn und hinten den Preis ablesen kann. Runde Papp- oder Plastikschilder können mit einem Gummiband um das Gefäß gehängt oder angeklebt werden. Das geht zwar nicht bei allen Vasenformen, hat aber den Vorteil, dass nichts zwischen den Blumen stört. Preisschilder aus Pappe, Plastik oder Plexiglas mit Halterungen zum Aufstellen sind bei Arrangements, floralen Objekten und räumlich großzügiger Schaufenster-

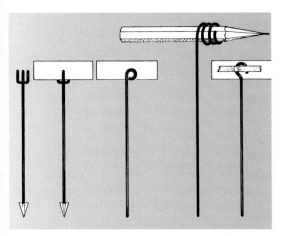

Abb. 226.
Spickstäbe aus Plastik oder Draht mit selbstgedrehter Haltespirale oder Öse und Klebefolie.

gestaltung verwendbar; je nach Ausführung können sie nicht nur nützlich, sondern auch schön wirken.

Für **Einzelblüten** oder **Zweige** benutzt man kleine Kartonanhängeschildchen, meist in rechteckiger Form mit weißem Baumwollfaden. Man kann auch einen selbstklebenden Papierstreifen um den Blumenstiel herumlegen und die Streifenenden, mit den klebenden Rückseiten gegeneinandergelegt, zusammenfügen. So hat man zwei Schreibflächen, von denen man aber nur eine zu benutzen braucht. Beschriftet wird natürlich vor dem Umkleben.

Für **Topfpflanzen** werden meist Steckschilder aus Holz oder Plastik verwendet. Stellt man einheitliche Pflanzengruppen, wird ein beschriftetes Papp- oder Plastikschild am Holz- oder Plastikstab bzw. Eisendrahthalter benutzt, auf dem der Preis je Einheit angegeben ist. Wer den Preis an jeden Blumentopf schreibt, sollte Kreide oder Bleistift verwenden, damit man die Beschriftung leicht wieder abwischen kann.

Für **Gefäße** nimmt man selbstklebende weiße Papierschilder in verschiedenen Formen und Größen. Meist werden sie unter das Gefäß geklebt und mit Kugelschreiber beschriftet. Doch muss man dabei das Gefäß hochnehmen, um den Preis zu erfahren. Deshalb empfiehlt es sich, das Preisschild auf die äußere Gefäßwand zu kleben; das ist in jedem Fall praktischer. Will man Serien

in Wandregalen deutlich sichtbar mit dem Preis auszeichnen, greift man zu aufstellbaren Schildern mit auswechselbaren Zahlen. Es gibt auch sehr handliche Prägezangen oder Stanzapparate, mit denen man in einen Folienstreifen Buchstaben und Zahlen einprägen kann. Das beschriftete Stück wird abgeschnitten, vom rückseitigen Schutzpapier befreit und auf das Schild geklebt.

Preisauszeichnungsapparate

Das maschinelle Drucken und Ankleben von Preisschildchen an viele Artikel geschieht mit handlichen Geräten. Die dazu notwendigen Etikettenrollen gibt es in verschiedenen Farben. Auch können sie mit dem Firmenzeichen bedruckt sein, wodurch sie zum Werbeträger werden. Man achte auf leichtes Gewicht der Geräte, denn jeder Druck- und Klebevorgang erfordert eine Handbewegung mit dem Gerät, auf einfache Bedienung zum Auswechseln der Etiketten und Farbrollen sowie der Druckeinstellung, auf einen sauberen Druck und ungestörten Etikettentransport. In Geschäften mit vielen Zusatzartikeln oder in Gartencentern sind diese Geräte unentbehrlich.

Gestalterisch wirksame Preisschilder

Alle bisher genannten Methoden der Preisauszeichnung sind bis auf Ausnahmen mehr zweckmäßig als schön! In ein ästhetisch gestaltetes Schaufenster gehören Mittel der Preisauszeichnung, die sich nach gestalterischen Gesichtspunkten farblich, formal, strukturell und wesensmäßig einpassen. Gelegte oder gestellte Teile können sein: Brettabschnitte, kleine Baumscheiben, Blechstreifen, Plexiglasstücke, in bestimmte Formen geschnittene und mit Folien beklebte oder gestrichene Pappen, Fliesen, Keramikscherben, Muscheln, feste, trockene Blätter, wie z. B. das Rundblatt *Coccóloba uvífera,* helle, große Kieselsteine, kleine Schiefertafeln oder nur Schieferstücke und vieles mehr. Einiges von dem Genannten ist neutral und passt in unterschiedlich gestaltete Schaufenster, einiges passt nur zu bestimmten Themen. Der Fantasie sind nur durch die Gesamtgestaltung selbst Grenzen gesetzt (siehe auch Abb. 237).

Praktisch ist es, nicht das Brett direkt zu beschriften, sondern es mit transparenten Foliestreifen

Tab. 64. Verpackungsmittel

Materialart	Herstellung	Eigenschaften	Handelsform
Seidenpapier	aus Holz, Stroh, Altpapier; Weichholz wird für holzfreies Papier zermahlen und in schwefliger Säure gekocht. Der so gewonnene Zellstoff wird gewaschen, gebleicht, fein zerfasert, mit Leim, Kaolin oder Farben vermengt, gewalzt, gepresst, getrocknet, geglättet und geschnitten. Zum Wachsen wird Paraffin oder eine wachshaltige Kunststoffemulsion verwendet	weiß, leicht, nicht wasserabstoßend, einseitig glatt	nach Gramm bzw. Kilogramm gehandelt; Bogengröße 50 × 74 und 75 × 100 cm
Blumenseide und gewachste Blumenseide		weich, aber fester, mehr oder weniger durchscheinend, wenn ein- oder zweiseitig gewachst auch wasserabstoßend, ein- oder zweiseitig farbig bedruckt	Rollenbreiten 50, 75 und 100 cm; eine Rolle wiegt etwa 10–12 kg; ohne speziellen Druck, aber auch mit Firmen- bzw. Dessindruck lieferbar
Zeitungspapier		bekannt durch Tageszeitungen	möglichst großformatige Zeitungen werden gesammelt. Sie dienen im Winter als praktische, wenn auch unschöne Unterverpackung bei Frostwetter
Cellophan (heute von Klarsichtfolie fast verdrängt)	Kunststofffolie aus Zellulose, die mit hydrophilen Weichmachern geschmeidig gemacht ist, hergestellt nach dem Viskoseverfahren	glasklar, vollkommen wasserabweisend, wasserdampfundurchlässig, reißfest, verrottbar	in Rollen und Bogen gehandelt. Wählt man keinen Firmendruck, können selbstklebende Folienstreifen, sog. »Siegelmarken«, zum Verschließen verwendet werden. Diese Werbung wirkt dezent und vornehm
Klarsichtfolie	eine Spezial-Blumenfolie aus weichem, griffigem Kunststoff (Polypropylen). Der aus dem erwärmten, zähflüssigen Material gespritzte Plastikschlauch wird durch Aufblasen gedehnt, wodurch die Folie sehr dünn wird	sehr dünne, leichte Folie, wasserundurchlässig, transparent, mit hoher Reißfestigkeit, nicht verrottbar, aber recycelbar	die Folie wird in Rollen zu 50, 75 und 100 cm Breite geliefert, bedruckt oder unbedruckt; ein Spezialmesser zum Abreißen der gewünschten Stücke kann an jeden Rollenhalter anmontiert werden
Polypropylen-Folie, -Tüten und -Tragetaschen	Kunststofffolie synthetisch aus Kohlenwasserstoffen aufgebaut; Ausgangsgrundstoff der Herstellung ist Kohle bzw. Rohöl	wie Klarsichtfolie oder fester und gefärbt, z. B. weiß mit Firmenaufdruck	für Blumentöpfe und Schnittblumen in unterschiedlich großen, auch unten offenen, trapezförmigen Tüten angeboten mit einem Verpackungsständer. Tragetaschen auch asymmetrisch für herausragende Topfpflanzen lieferbar

Tab. 64. (Fortsetzung)

Materialart	Herstellung	Eigenschaften	Handelsform
Folienbeutel »Kranzbeutel«	Produkt der Plastikindustrie, also auch aus polymerisierten Kohlenwasserstoffen und spez. Anlagerungen	dünne, durchsichtige, leichte, feste, dichte Beutel zum Verpacken von Brautsträußen, Trauersträußen und Kränzen; sollten mindestens 1 m^2 groß sein	Folie gibt es in verschiedenen Stärken und Breiten auf Rollen, teils als Schlauchtüten und Beutel verschiedenster Abmessung; günstig für Brautsträuße sind »Matrazenbeutel«
Papiertragetaschen	meist aus Altpapier hergestellt, mit verstärkten, reißfesten Griffen	unterschiedlich dick, einfarbig, meist holzbraun, graugrün oder sandfarben, auch bedruckt	in Packen von 100/500 oder 1000 Stück, je nach Lieferfirma auch nach Gewicht gehandelt; für Zusatzartikel besser als Plastiktüten im Interesse der Umwelt

(Tesafilm) abzukleben und diese zu beschriften. Von dieser Folie kann man die Filzschreiberschrift mit einem Lösungsmittel abwischen oder den Streifen entfernen und so das Brettchen oder jede andere Unterform häufiger verwenden. Abschließend kann gesagt werden: größte Sorgfalt bei der Auswahl der Mittel und bei der Beschriftung sind wichtig, denn die Preisschilder informieren nicht nur über Preise, sie prägen das Bild des Geschäftes sehr stark mit und lassen Ordnungs- und Schönheitssinn des Floristen erkennen. Zur Beschriftung wird meist wasserfester Filzschreiber verwendet, den es in verschiedenen Breiten und Farben gibt (Beschriftung siehe Der Florist, Band 1).

Verpackungsmittel

Anforderungen an die Verpackung

Die Verpackung soll die Blumen vor Druck und Stoß, vor Zugluft und Verdunstung, vor Frost und sonstigem Schaden bewahren. Also muss sie die Blumen, ohne sie zu drücken, ganz umschließen, sowie oben und unten ebenfalls geschlossen und gesichert sein, damit die Verpackung sich beim Transport nicht öffnet. Den Wasserverlust in den Blumenstielen kann man verringern, wenn der Straußstiel mit den Schnittstellen mit feuchtem Zellstoff umgeben wird, der mit Kunststoff- oder Alufolie gegen das Durchfeuchten isoliert ist. Die Verpackung soll den Käufer des Straußes schützen, damit er nicht mit Nässe oder Blütenstaub in Berührung kommt.

Arten der Verpackungsmittel

Papier und Kunststofffolien sind die Werkstoffe, aus denen die Verpackungsmittel hergestellt sind. Unterschiede durch Ausgangsmaterial, Bearbeitung, Eigenschaften und Handelsformen führen zu den in Tabelle 64 aufgeführten Verpackungsmitteln.
Die Verpackung soll sauber und schön aussehen, das verpackte Objekt optisch wertvoll erscheinen lassen und das Niveau des Blumengeschäftes attraktiv und werbewirksam darstellen. Die Farbwahl des Papiers und der Firmendruck oder die Verwendung von selbstklebenden Siegelmarken in

Form des Firmenetiketts und schmückenden Bändern oder anderen Zugaben bei Klarsichtfolie sind Maßnahmen der Werbung. Auch besonders aufwändige Verpackungen mit hohem Schmuckwert, die als extra Dienstleistung berechnet werden, werden immer beliebter (s. Abb. 214).

!!!Merksätze

- Werkzeuge sind nur nützlich, wenn man ihre Handhabung geübt hat und wenn sie funktionsfähig und griffbereit zur Verfügung stehen.
- Werkzeuge werden gepflegt, wenn sie ihrer Bestimmung gemäß genutzt werden, wenn man sie sauber hält und trocken aufbewahrt.
- Werkzeugkästen sollen kein Sammelplatz für »Krimskrams« sein, sondern stets die notwendigen Werkzeuge und Hilfsmittel enthalten.
- Preisschilder sollen gut lesbar, sauber, wasserbeständig und leicht auswechselbar sein.
- Preisschilder sollen weder optisch noch funktionell stören.
- Preisschilder sollen nicht nur praktisch, sondern in ihren Eigenschaften zur Gesamtgestaltung passend sein.
- Die Beschriftung wird zur Werbemaßnahme, wenn nicht nur der Preis darauf steht.
- Verpackungsmittel dienen der Ware, dem Kunden und der Werbung für das Geschäft.

Die Verpackung soll außerdem bequem tragbar und unkompliziert zu handhaben sein, weshalb nicht nur Rollenpapier, sondern auch spezielle Tüten, Tragetaschen und Verpackungskartons für Schnittblumen und Topfpflanzen angeboten werden.

???Aufgaben

1. Schreiben Sie auf, welche Werkzeugarten in Ihrem Betrieb zur Verfügung stehen (ohne Tacker, Klebepistole und Maschinen). Kommen Sie auf 20, 30, 40 oder mehr verschiedene Arten?
2. Sehen Sie den Verbandskasten in Ihrem Betrieb durch und stellen Sie fest, was darin ist, hier aber nicht genannt wurde. Informieren Sie sich über den jeweiligen Verwendungszweck.
3. Nennen Sie jeweils Materialien für selbst gebastelte Preisschilder, die zu folgenden Themengestaltungen passen:
   a) dekorativer Herbst
   b) gepflanzte Osterüberraschungen
   c) festlicher Tafelschmuck

12 Apparate und Maschinen

In den Blumengeschäften werden verschiedene Apparate und Maschinen eingesetzt. Der Florist muss mit ihnen umgehen, denn jede Maschine ist nur dann nützlich, wenn man sich mit ihrer Handhabung vertraut macht und mit ihr arbeitet. Ob überhaupt eine Maschine angeschafft wird, ist nach den betrieblichen Erfordernissen zu entscheiden. Informationen über Angebote, Typen und spezielle Daten sammelt man aus Inseraten und Werbebeilagen in Fachzeitschriften, beim Besuch von Börsen und Messen, durch Betriebsprospekte und spezielle Gebrauchsanweisungen.
Im Folgenden kann nur ein Überblick gegeben werden über die in der Floristik regelmäßig verwendeten Apparate (Hilfsvorrichtung für bestimmte Arbeitsgänge) und Maschinen (Vorrichtung mit Kraftübertragung, die selbstständig Arbeitsvorgänge ausführen kann).

Schleifendruckapparate

Es gibt drei unterschiedliche Verfahren, in welchen Schleifendruckapparate sowohl für den Kranzschleifendruck als auch zum Druck von Texten für das werbewirksame Schaufenster mitverwendet werden.

Schreiben durch Druckvorgang

Einzeltypen aus Gummi auf Holzstempeln werden gesetzt, mit einer Metallklammer gefasst, mit auf einer Platte ausgewalzter Druckerfarbe bestempelt und auf die Schleife gedrückt. Diese Handarbeit einschließlich der notwendigen Typenreinigung ist recht arbeitsaufwändig.
Der Apparat ist allerdings einfach und nicht teuer.

Schreiben durch Prägevorgang

Es gibt unterschiedliche »Prägemaschinen«. Allen ist gleich, dass man den Text setzt und die Maschine ihn mittels Hitze und einer Farbfolie auf die Kranzschleife oder andere Druckflächen überträgt.

Ein System arbeitet folgendermaßen: Stahltypen werden in eine Stahlfassung gesetzt, oder es gibt Magnetbandhalterungen für Querprägungen und Magnetklemmvorrichtungen für Längsprägungen. Elektrisch erhitzt und mit einer Hebelvorrichtung auf eine Farbfolie und das Schleifenband gedrückt, übertragen die Negativtypen die Positivschrift auf das Band. Durch die Hitze wird die Farbe der Folie (Schwarz, Gelb und Gold oder Silber) mit dem Band verbunden.

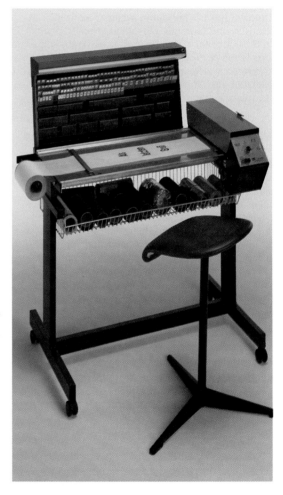

Abb. 227.
Kranzschleifen-Prägemaschine mit elektrischem Rotationsdruckvorgang.

Trocknen der Farbe oder Putzen der Typen ist nicht notwendig.

Ein anderes System lässt es zu, auf einem Setztisch den Text bequem positiv mit Spezial-Gummibuchstaben zu setzen. Das Band wird darüber gelegt und darauf die Folie. Der Druck wird durch das Hineinschieben des Setztisches in die Druckmaschine eingeleitet. Durch hydraulisches Anheben des Setztisches gegen eine beheizte Gegendruckplatte wird die Farbe der Prägefolie dort, wo die Buchstaben darunter liegen, fest und sauber auf das Band übertragen. Leichter und unkomplizierter ist das Gerät, welches auch mit Setztisch und Gummibuchstaben arbeitet, aber den Druck nicht durch hydraulische Kraft, sondern durch eine elektrisch beheizte Druckwalze vornimmt, welche elektronisch gesteuert über den gesetzten Text läuft. Als Tisch- oder Wandgerät ist es handlich und Raum sparend (s. Abb. 227).

Schreiben durch Aufkleben von Buchstaben

Metallbuchstaben werden durch Magnetscheiben auf dem Band oder Papier festgehalten, so wie man sie darauf legt. Bei elektrischer Erwärmung einer Deckplatte wird die Masse auf der Unterseite der Buchstaben klebrig und verbindet dadurch die Lettern fest mit dem Band. Die Magnetplatten gibt es in verschiedenen Größen und Preisen. Der preiswerte Grundapparat ist klein und handlich und in einem Schubkasten mit einer übersichtlichen Anordnung der Lettern leicht unterzubringen. Dass es inzwischen auch computergesteuerte Druckapparate gibt, ist nicht erstaunlich. Diese PCs (Personalcomputer) haben eine große Speicherkapazität, sodass die drei vorprogrammierten Schriftarten über eine »Mouse« betriebsgemäß erweitert werden können. Außer für den Schleifendruck sind diese Computer in vielen betriebswirtschaftlichen Bereichen wie Buchhaltung, Lagerbetrieb und Auftragsverwaltung durch mitlieferbare Programme einsatzfähig. Auch Farbdrucker werden angeboten, mit denen man neben Kranzschleifen T-Shirts, Karten sowie Pappen und Stoffe bedrucken kann. Die Entscheidung, welches Gerät für den Betrieb das Richtige ist, setzt immer erst eine gründliche Information voraus. Börsen und Firmenkataloge geben Auskunft. Dann aber muss gerechnet werden. Kosten und erwarteter Nutzen müssen im richtigen Verhältnis stehen!

Binde- und Andrahtmaschinen

Kranzbindemaschine

Strohunterlagen mit Profilen von unterschiedlichem Durchmesser, Fichtenunterlagen, Moos- und Blaufichtenrömer, Waldkränze, Girlanden und Adventskränze können mit einer solchen Maschine gebunden werden. Deshalb wird sie auch Kranzbinde- und Römermaschine genannt.

Der Motor wird mit einem Fußschalter bedient. Durch die elektronische Regelung kann die Geschwindigkeit stufenlos verändert werden. Bei einem anderen Maschinentyp sorgt eine Kupplung dafür, dass man mehrere unterschiedliche Laufgeschwindigkeiten einstellen kann. Bei beiden Typen kann mit einem Fußkontaktschalter der Bindering jederzeit angehalten werden. Dieser Bindering dreht sich um den Kranzreifen oder die Unterlage und führt den Bindedraht in einstellbarer

Abb. 228.
Kranzbinde- und Römermaschine.

Spannung um das angelegte Kranzmaterial. Es werden Maschinen unterschiedlicher Größe und Ausstattung angeboten (s. Abb. 228). Für Betriebe mit viel Kranzbinderei sind sie vorteilhaft und wirtschaftlich einzusetzen. Zur Herstellung von Strohrömern gibt es noch speziell ausgestattete Maschinen, sodass man die Kranzbindemaschine nicht immer entsprechend umrüsten muss. Zum Binden gibt es nicht nur Drahtspulen oder einen Kunststoff-Bindefaden, sondern auch einen Kranzbindefaden aus Jute, um den Bestimmungen der Friedhöfe nach Verwendung verrottbarer Materialien entsprechen zu können.

Andrahtmaschine
Maschine für Blumen und Grünbüschel (auch »Spitzmaschine« genannt).

Diese Maschine aus Eisen und Stahl steht fest auf dem Arbeitstisch. Durch Hebeldruck werden Klemmvorrichtungen bewegt, die die Haken an einer »Blechnadel« um den Blütenstiel oder das Tannenbüschel legen, je nachdem, was man zum Andrahten einlegt. Die leicht gefalzte Blechnadel, 4,5/5,5/7,5 und 11,5 cm lang, hält dann das Kranzmaterial am oberen Teil fest und wird mit dem unteren Teil in die Wulstunterlage gestoßen. Dieser Wulst wird meistens aus Stroh oder Kunststoff oder verrottbaren Matrialmixturen (s. Seite 378) bestehen. Verwendet man Fichte, muss diese sehr fest gebunden sein.

Wie bei allen Maschinen muss man auch hier mit der Handhabung vertraut sein. Arbeitet man im Team, indem einer die Tannenbüschel oder Blätterfächer zurechtlegt bzw. Blüten stützt oder in richtiger Stiellänge vorbereitet, und der andere das Einlegen und Hebeln ausführt, kann man einen guten Zeitgewinn erzielen. Das Bestecken der Wulstunterlage selbst entspricht dem Arbeitsvorgang wie mit »angegabelten« Gestaltungsmitteln. Der Kranzschmuck kann ebenso befestigt werden.

Andrahtmaschine für Zapfen
Mit dieser Maschine können außer Zapfen auch Grünbüschel gedrahtet werden. Den Steckdraht legt man selbst an die Zapfen oder Büschel, doch die Verdrillung übernimmt die Maschine je nach Bedarf wahlweise ein oder mehrere Male. Es wird normaler Steckdraht in passender Stärke verwendet, und es kann lang oder an »Gabel« gedrahtet werden. Durch einen Drucktastenschalter wird nach dem Einlegen der Drähte die Verdrillung vorgenommen. Dadurch wird ein kraftaufwändi-

Abb. 229.
Blumenstiel-Putzmaschine.

ger Arbeitsgang maschinell durchgeführt, womit eine erhebliche Arbeitserleichterung verbunden ist.

Putz-, Anschneide- und Aufbereitungsmaschinen

Blumenstiel-Putzmaschine
Sie dient zum Putzen, Entblättern und Entstacheln von Schnittblumenstielen. Der leicht und gefahrlos zu bedienende Apparat besteht aus einem gut verkleideten Antriebsaggregat und zwei runden Gummibürsten, die ineinander greifend rotieren, je nach Bedarf stufenlos schaltbar. Bei empfindlicheren, weichen Blumenstielen können auch weichere Bürsten aufgesteckt werden, während die härteren für feste, verholzte und stachelige Blumenstiele geeignet sind. Hält man Blumenstiele dazwischen, werden alle Blätter abgestreift, die Stiele, wenn sie fest genug sind, aber nicht beschädigt. Es können nicht nur einzelne Blumenstiele in einem Arbeitsgang gesäubert werden, sondern auch mehrere auf einmal, je nach Größe 10 bis 25 Stück (s. Abb. 229). Auch hier gibt es unterschiedliche Ausführungen. Teils sind dieser »Putzeinrichtung« auch Anschnittmesser zugeordnet.

Blumenstiel-Anschneidemaschine

Sie ist teils mit der Blumenstiel-Putzmaschine gekoppelt. Rotierende Messer in einem schützenden
Gehäuse schneiden gleich ganze Bündel von Blumenstielen an, welche man durch eine Metallzu-
führung an die Messer bringt. Die Winkel der
Messer sind verstellbar, sodass man wahlweise einen langen oder kurzen schrägen Anschnitt erhält. Der Abfall vom Putzen und Anschneiden
wird in einem Sack oder Plastikbehälter aufgefan-
gen.

Sollen ganze Blumenbunde gerade abgeschnitten
werden, so gibt es spezielle Anschneidemaschi-
nen, die mit einer rotierenden Schneideeinheit
ausgerüstet sind. Diese sieht wie ein Kreissäge-
blatt mit aufsitzenden Messern aus. Die Schnitt-
länge ist einstellbar. Das Stielende des Blumen-
bundes wird in den Beschickungstrichter eingeführt, und ein Hebel setzt das Spezialmesser in
Bewegung. Der Schnitt ist schnell geschehen und
glatt.

Für besonders hartstielige Pflanzenteile gibt es ein
spezielles Gerät, »Exotenschneider« genannt. Es
schneidet die holzigen Stiele in jeder gewünschten
Schräglage an, wodurch sie wie angespitzt sind
und sich leicht auch in Steckhilfsmittel stecken
lassen, die nicht so leicht nachgeben wie Steckmasse.

»Islandmoos«-Putz- und Aufbereitungsmaschine

Sie wird zum Putzen und Auflockern von Rentierflechte eingesetzt. Ein 220 Volt-Elektromotor

treibt eine Drahtgittertrommel, in die etwa eine
halbe Lage aufgeweichtes Islandmoos aus dem
Trockenmooskarton passt. Beim Drehen der
Trommel wird das Moos von Schmutz und Tan-
nennadeln befreit, die durch das Drahtgitter hin-
durchfallen. Die Islandmoosflocken werden bei
einer Laufzeit der Trommel von fünf bis zehn Minuten aufgelockert und dadurch ergiebiger (s.
Abb. 230).

Gerbera-Stützapparat

Er hilft, die Basis des Stützens eines Gerbera-Blu-
menstieles zu erleichtern. Die Methode ist anders
als die per Hand. Der Gerberastiel wird in einen
Folienschlauch gesteckt. Die Vorrichtung des Ap-
parates, durch die nun dieser umhüllte Gerberastiel geführt wird, erhitzt die Folie, wodurch sie
sich zusammenzieht und den Gerberastiel glatt
und fest umschließt. Das ergibt ein kaum sichtba-
res »Stützkorsett« des Stieles, dem man während
der Erwärmung sogar gewünschte Bewegungen
geben kann. Der Blumenstiel wird durch die Erwärmung nicht geschädigt (s. Abb. 231).

Kerzendraht-Erhitzer

Dieses kleine Gerät erleichtert das Andrahten von
Kerzen durch Einschmelzen des Drahtes in den
Kerzenboden. Man kann immer Draht zur Verfügung haben, dessen Ende die notwendige Wärme
zum Einschmelzen hat. Das kleine Elektrogerät
arbeitet folgendermaßen: In einer kleinen, elek-

Abb. 230.
Islandmoos-Putz- und Aufbereitungsmaschine.

Abb. 231.
Gerbera-Stützsystem bei der Arbeit.

trisch beheizten Vertiefung werden mitgelieferte Zinnstöckchen geschmolzen. In dieses geschmolzene Zinn wird der Draht gestellt. Durch eine Haltevorrichtung bleibt er dort, bis das eingetauchte Ende erwärmt ist oder bis der Draht gebraucht wird. Das eingetauchte Ende hat schnell die notwendige Wärme, der Eisendraht leitet die Wärme aber langsam, sodass man den nicht eingetauchten Drahtbereich anfassen kann, um den Druck zum Einschmelzen des Drahtendes in den Kerzenboden gut ausführen zu können.

Kerzenandrahter

Diese Maschine arbeitet nicht mit angewärmten Drähten. Sie bohrt mit hoher Drehzahl den Draht etwa 2,5 cm tief in den Kerzenboden. Es werden 1,4 und 1,8 mm starke und 10, 15 und 20 cm lange Steckdrähte verwendet. Man kann einen oder nacheinander mehrere Drähte in die Kerze drücken. Der Draht wird in einen Turbokopf gesteckt und die Kerze in eine Führung darunter gestellt. Beim Herunterdrücken der Mechanik wird der Draht schnell in der Kerze versenkt. Dieser Kerzenandrahter ist dort wirtschaftlich, wo Kerzen gängiger Formen in großer Stückzahl angedrahtet werden sollen.

Blumen-Trocknungsapparat

Auch dieser Apparat gehört zu den Geräten, welche Blumen aufbereiten. Sie machen aus frischen Blumen relativ schnell getrocknete mit gut erhaltener Blütenfarbe. Die Blumenbunde werden im Gerät aufgehängt, insgesamt mit einer passenden Folienhülle umkleidet und durch eine Warmluftumwälzung schnell und gleichmäßig getrocknet. Von einem Tag zum anderen sind die Blumen verarbeitungsfertig, ohne wie die an der Decke des Arbeitsraumes hängenden eventuell braun zu werden oder zu schimmeln. Wer viel mit getrockneten Pflanzenteilen gestaltet und neben dem Angebot gefriergetrockneter Werkstoffe trockene Blumen und Blätter benötigt, hat mit diesem Gerät einen praktischen Helfer.

Haftmaschinen

Haftmaschinen verwenden wir zum Festhalten von Islandmoos (*Cladónia alpéstris*, Rentierflechte) auf der Stroh- oder Schaumstoffunterlage, zum Anheften von Dekostoffen auf Holzplatten oder zum Zusammenheften von Papier im Büro oder beim Blumeneinpacken. Entsprechend diesen Verwendungszwecken gibt es drei verschiedene Konstruktionen.

Der Mooshefter. Er presst beim Herunterdrücken des Griffes eine Hafte aus dem Magazin in das darunter befindliche Kranzmaterial und heftet es so auf dem ihm zugedachten Platz fest. Die Haften gibt es in folgenden Abmessungen: 17/25, 17/30 und 17/35 mm. Das Gerät ist sehr handlich, es erspart das Aufnehmen jeder einzelnen Hafte und die Beanspruchung des drückenden Daumens.

Der Papierhefter. Mit ihm heftet man die gefaltete Papierverpackung zusammen. Er erleichtert das schnelle, feste und saubere Verpacken von Schnittblumen und Topfpflanzen im Laden und ist so eingerichtet, dass er die Metallhafte durch die eingelegten Papierteile drückt und die Haftenden hinter den Papierschichten zusammengebogen werden. Für den Floristen sind kleine, handliche Geräte beim Verpacken nützlich. In Büros werden gerne schwere Tischapparate verwendet, will man viele Papiere fest zusammenheften.

Die Heftmaschine. Sie wird auch »Tacker« genannt und von den Dekorateuren zum Anheften von Stoffen oder Folien auf Holzunterlagen benutzt. Sie arbeitet mit Stahlhaften ähnlicher Größen wie der Papierhefter. Der handliche Apparat wird auf die festzuheftende Stelle gesetzt und die Hafte mittels eines Hebels unter dem Haltegriff regelrecht in die Unterlage geschossen. Wer im Schaufenster farblich passend umspannte Holzplatten als Objektträger verwendet und gern häufig umdekoriert oder häufiger Raumteiler, Strukturflächen, Paravants, florale Bilder u. a. gestaltet, kann einen Profi-Tacker mit elektrischem Hebelantrieb verwenden, wodurch die Hand nicht ermüdet und sehr schnell viele Haften platziert werden können. Die Haften sind so leicht herauszuziehen wie Reißzwecken. Es gibt dazu ein kleines Werkzeug, mit dem man wie mit einer Zange von beiden Seiten unter den Haftenbogen greift und die Hafte herausziehen kann.

Die Klebepistole. Sie heftet auch Dinge zusammen, weshalb sie sinngemäß hier einzuordnen ist. Sie verklebt allerdings die Teile durch einen Kunststoff, der innerhalb der Pistole erhitzt wird und dann flüssig ist, herausgedrückt und erkaltet die berührten und zusammengedrückten Teile zusammenhält. Wenn man sich eine Klebepistole anschafft, sollte man ein Gerät kaufen, das mit einer Kontrolllampe anzeigt, ob sie eingeschaltet ist und das sich durch eine Regelung bei Überhitzung selbst ausschaltet. Wird die »Pistole« an einer Schnur mit Rückspulautomatik und mit einem ausziehbaren Spiralkabel an der Decke über dem Arbeitstisch angebracht, ist sie immer greifbar und nicht behindernd, was die Arbeit sehr erleichtert. Beim Umgang mit der Pistole ist darauf zu achten, dass man die ausreichende Erwärmung abwarten muss. Fließt die Kunststoffmasse nicht durch leichten Druck des Hebels, so muss man noch warten, anderenfalls kann man die Pistole in ihrem Innenraum verkleben und unbrauchbar machen. Und wenn ein Eimer mit kaltem Wasser bereit steht, sodass man eventuell an der bis 200 °C heißen Masse verbrannte Finger schnell eintauchen kann, bleibt manche Brandblase erspart.

Die Klebesticks für die Klebepistole sind im Allgemeinen 20 cm lang und in 2 kg-Packungen im Handel.

Kann man statt weißer Klebesticks farblose kaufen, so sind diese vorzuziehen, weil dann eventuell sichtbare Klebepunkte nicht so auffällig sind. Vielleicht gibt es deshalb eines Tages auch grüne oder braune Sticks?

Topfmanschetten-Kreppmaschine

Sie gehört noch zu den typisch floristischen Geräten. Ein sinnvolles Scheibensystem, durch die der Rand des Krepppapierbandes geführt wird, dreht sich durch einen kleinen Elektromotor und zieht und rollt dabei das Krepppapier zu einem sauberen Wellenrand. Schon geschnittene Krepppapierrollen verschiedener Breiten und in unterschiedlichen Farben sind durch eine Bandfirma lieferbar, sodass die wieder sehr beliebten und umweltfreundlichen Papiermanschetten fast automatisch herzustellen sind. Neben den genannten Apparaten und Maschinen werden noch etliche andere technische Hilfsmittel in der Floristik verwendet. Von den Kühlzellen, Kühlvitrinen, Verkaufsautomaten, Einschweißgeräten für Folienverpackungen oder Foliehüllen für Preisschilder, Styroporschneider für Buchstaben und Bildmotive zur Dekoration, bis zu Spritzpistolen am Wasserschlauch wäre noch viel aufzuzählen, die Registrierkassen oder gar Computeranlagen nicht zuletzt. Jeder Betriebsleiter wird aber erwägen, welche Maschine und welcher Maschinentyp in seinem Betrieb nutzbringend einzusetzen ist und der Rationalisierung dienen kann.

!!!Merksätze

- In der Floristik sind viele Maschinen einsetzbar. Sie helfen, die Arbeit zu erleichtern und zu rationalisieren, vorausgesetzt, sie werden sauber und funktionsbereit gehalten und man hat sich mit ihrer Handhabung vertraut gemacht.
- Für die Trauerfloristik gibt es Kranzbindemaschine, Römerbindemaschine, Andrahtmaschine und Spitzmaschine, Schleifendruckapparat, Moos-Putzmaschine und Mooshefter.
- Für die Schnittblumenaufbereitung gibt es Blumenstiel-Putzmaschinen, Blumenstiel-Anschneidemaschinen, Gerbera-Stützapparate und Blumen-Trocknungsapparate.
- Beim Gestalten mit Blumen, Trockenmaterial und anderen Gestaltungsmitteln helfen Klebepistole, Kerzendrahterhitzer oder Kerzenandrahtmaschine und Topfmanschetten-Kreppmaschine.
- Bei der Dekoration von Schauräumen helfen Haftmaschinen (Tacker), Styropor-Schneideapparate und auch Schleifendruckapparate, außerdem Heimwerkermaschinen zum Bohren, Schrauben, Sägen usw.

???Aufgaben

1. Wählen Sie eine in Ihrem Betrieb eingesetzte Maschine und machen Sie sich mit ihrer Bedienung so vertraut. dass Sie den Arbeitsvorgang an der Maschine, aufgegliedert in die notwendigen Arbeitsschritte vom Ingangsetzen bis Abstellen, genau beschreiben können.
2. Beim nächsten Besuch einer Gärtner- und Floristenbörse sammeln Sie Prospekte über die genannten Maschinen und Apparate, sodass Sie Lieferfirmen und Neuerscheinungen kennen lernen.
3. Schneiden Sie aus den gesammelten Prospekten passende Abbildungen zur Illustration Ihrer Unterrichtsaufzeichnungen aus und ergänzen Sie damit Ihre Eintragungen.

Der Arbeitsplatz

Der Arbeitsplatz des Floristen reicht vom Bürgersteig vor dem Laden bis in den letzten Winkel des Lagerraumes. Die Beziehungen des Floristen zu seinem Arbeitsplatz sind wechselseitig: Jeder Beschäftigte prägt das Aussehen, die Ausstattung und Einrichtung seines Arbeitsplatzes mit. Rückwirkend wird aber auch jeder in seiner Arbeit durch Aussehen, Ausstattung und Einrichtung des Arbeitsplatzes beeinflusst. Die Tätigkeit des Floristen beschränkt sich daher nicht nur auf den Umgang mit den Blumen und das binderische Werken. Die Warenpräsentation, das Anlocken der Kunden, die Kundenberatung und der Verkauf fordern zu entscheidenden Aktivitäten heraus. Das wichtigste Hilfsmittel dafür ist der Laden mit all seinen Wirkungsfaktoren.

13 Die Außenfront des Geschäftes

Im ersten Augenblick denkt sicher jeder, dass es hier allein um die bauliche Ausstattung geht. Es ist sicher sehr wichtig, wie das »Gesicht« des Ladens allein durch die Architektur gestaltet ist. Doch das ist nicht alles! Wenn man sich fragt, welchen Eindruck die Ladenfront dem Vorbeigehenden vermitteln soll, so findet man schnell Antworten, die zu vielen Maßnahmen führen werden.

Was will man mit der Gestaltung der Außenfront erreichen?

1. Dem Vorübergehenden soll eingeprägt werden: Dort ist das Blumengeschäft mit dem Namen »So und so«.
2. Die optische Information über das Blumengeschäft soll lauten: Dies ist ein Floristik-Fachgeschäft, in welchem gute Floristik geboten wird.
3. Jeder soll merken, hier geschieht etwas Besonderes. Es gibt Neues – Interessantes – Erfreuliches. Auch wer nicht an Blumen interessiert ist, soll stehen bleiben und hereinsehen.
4. Jeder soll spüren, dass man sich hier wohl fühlen kann.
5. Das Eintreten in den Laden soll so erleichtert werden, dass es für den Kunden fast unbewusst geschieht.

Wie die Außenfront über die Branche und Firma informiert

1. Durch Schriftzeichen

Der Firmenname, möglichst verbunden mit einem einprägsamen Bildmotiv oder Symbol, soll gut lesbar angebracht sein. Von weitem kann man Leuchtbuchstaben oder Schattenschrift über dem Schaufenster ungehindert lesen. In schmalen Straßen sollte die Schrift quer zur Front angebracht werden. Die Kombination von Blockschrift und Schreibschrift wirkt interessant und individuell. Auch die harmonische Zweifarbigkeit steigert die Auffälligkeit. Deutet das eingearbeitete Firmenzeichen auf Blumen oder Blumengestaltungen hin oder wird der Begriff »Blumen« im Schriftzeichen mit verwendet, ist der Hinweis auf die Branche deutlich.

Geht man dicht am Laden vorbei, so ist die Schrift über dem Schaufenster unwirksam, weil sie sich außerhalb des Blickwinkels befindet. So muss ein weiterer Schriftzug in Augenhöhe am Schaufenster und das Firmenzeichen am Türgriff dafür sorgen, dass auch hier der Kunde aufmerksam gemacht wird: Hier ist das Blumengeschäft »So und so«.

2. Durch eine blumige Dekoration

Ob relativ dauerhaft oder saisonmäßig angelegt, ob gepflanzt oder gebunden, genagelt, verschraubt, ob an der Hausfassade, auf der Sonnenpergola, vor dem Wandpfeiler oder frei stehend als florale Großplastik, die Gestaltung muss fest, wetter- und windsicher und ohne Gefahr für Passanten sein. Gestalterisch muss sie gut an die baulichen Gegebenheiten und Größen angepasst und selbstverständlich jederzeit in bestem Zustand sein. Die Wirkung einer solchen Außendekoration ist mit den schönen, schmiedeeisernen Innungszeichen früherer Zeit zu vergleichen.

3. Durch ein Warenangebot vor dem Laden

Wenn es die Räumlichkeiten zulassen, ist es werbewirksam, Ware vor dem Laden zu präsentieren. Ob man einen wahren »Marktstand« aufbaut oder nur eine attraktive Blumengruppe mehr als Blickfang hinstellt, hängt von der Lage, den Kunden und den Verkaufsgewohnheiten ab. Immer sollte die Warendarbietung gepflegt, sauber und dem gestalterischen Beruf des Floristen gemäß auch mit harmonisch passenden und wirkungssteigernden Hilfsmitteln ausgeführt sein. Rationell ist es, wenn man Aufbauhilfen mit Rollen benutzt, um die Wareneinheiten nach Geschäftsschluss in den Laden oder einen anderen Raum, eventuell auch nur in einen mit Rollengitter verschließbaren Teil des überdachten Vorplatzes vor dem Laden zu schieben.

4. Durch das Schaufenster

Ein durch das Schaufenster gut zur Wirkung kommender Schauraum hinter dem Fenster gibt deutliche Auskunft über die Art des Geschäftes und die Qualität des Angebotes. Die Schaufensterscheibe muss aber immer sauber sein, sie darf nicht beschlagen sein und nicht spiegeln.
Gegen das Beschlagen helfen Isolierglasscheiben, das Abspritzen der beschlagenen Scheibe mit entspanntem Wasser, was eine Wasserauffangrinne

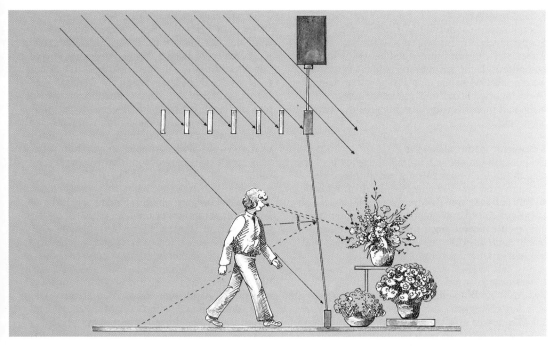

Abb. 232.
Die Schrägstellung der Scheibe verhindert die Blendwirkung des Himmels. Die Beschattung vor dem Schaufenster und der Lichteinfall durch das Oberlicht wirken dem Spiegeln der Scheibe entgegen.

unter der Scheibe voraussetzt, oder die Heizung aus einer im Boden versenkten Heizleiste dicht hinter der Scheibe. Das Abtrocknen der Scheibe durch Ventilatorwind ist nicht zu empfehlen, da der Windzug für die Blumen schädlich sein kann. Gegen das Spiegeln hilft ein wenig das Verdunkeln durch eine Markise und das Einschalten der Innenbeleuchtung, denn der Effekt des Spiegelns tritt nur ein, wenn es draußen heller als drinnen ist. Fest angebaute Holzkonstruktionen als Sonnenschutz oder andere schattengebende Vordächer sind bei südlichen Lagen empfehlenswert. Eine weitere bauliche Maßnahme kann erreichen, dass die Spiegelung weniger störend wirkt, indem die Scheibe nämlich nicht senkrecht, sondern leicht schräg, oben nach außen gekippt, eingebaut wird. Das ist aber nur sinnvoll, wenn der Fußboden vor dem Laden nicht mit hellen Steinen belegt und von der Sonne beschienen wird, denn nun ist er als Spiegelbild zu sehen und kann blenden (s. Abb. 232).

Wie Vorübergehende besonders angelockt werden können

Wenn dies noch nicht durch das Warenangebot oder die Dekoration vor dem Laden geschieht, ist es gut, sich an Maßnahmen anderer Branchen zu erinnern, durch die Neugierige angelockt werden sollen.

1. Aktionen wecken Neugier
Warum nicht einmal den Arbeitstisch draußen oder zumindest im Schaufenster aufbauen und dort floristische Werkstücke herstellen? So mancher wird stehen bleiben und vielleicht sogar etwas kaufen. Böcke mit einer Holzplatte als Tisch, ein ordentlich eingerichteter Werkzeugkasten, Besen und Abfallkorb gehören als Grundeinrichtung zu diesem Aktionsbereich vor dem Laden. Andere Aktionen sind kleine Demonstrationen, das Arbeiten eines Korbmachers z. B. wenn man Körbe im Angebot hat, und Ähnliches.

2. Sonderangebote

Überall sieht man auffällige Anpreisungen von Sonderangeboten. Sie wären also im Bereich der Außenwirkung von Blumengeschäften nichts besonderes. Dennoch sollten sie nicht vergessen werden. Rechts neben dem Eingang zum Laden ist der richtige Platz für Sonderangebote, weil mehr und intensiver nach rechts gesehen wird als nach links.

3. Bewegung macht aufmerksam

Ob man ein Objekt sich im Wind drehen lässt, ob man durch Intervallschaltung mit aufblitzenden Lichtern oder an- und ausgehender Lichtreklame auffällt, ob man nur Bänder flattern lässt oder ob etwas auf einer Drehscheibe rotiert, immer müssen die notwendigen Installationen so angebracht sein, dass alle Aspekte der Sicherheit und der Ästhetik berücksichtigt werden.

4. Akustische Reize locken auch

Zwar soll ein Blumengeschäft nicht marktschreierisch wirken, aber das Ausrufen der Ware auf Märkten ist eine uralte Praxis, die Anregungen geben kann. Wie wäre es denn, wenn draußen ein Lautsprecher installiert wäre, über den man Musik oder kurze Kundeninformationen, Trendberichte, Angebote, Erklärungen zur Schaufenstergestaltung u. a. per Band überträgt? Natürlich darf keine Lärmbelästigung damit verbunden sein, weshalb man sehr genau zu prüfen hat, ob die örtlichen Gegebenheiten dies zulassen.

Wie die Gesamtgestaltung der Front positiv beeindrucken kann

Schon vor dem Laden soll eine Atmosphäre wirken, in der sich der Passant wohl fühlen kann. Viele Faktoren können dies bewirken:

1. Sauberkeit und Ordnung

Sie sind bei allem, was vor dem Laden geschieht, oberstes Gebot. Von den Pflanzen ist keine welk, die Schnittblumen sind ordentlich eingestellt. Die Warengruppen sind gut zu überschauen und behindern nicht. Die Gefäße, Behälter und Objektträger sind kein zufälliges Sammelsurium, sondern einheitlich, gestalterisch passend und funktionell gut.

2. Raumwirkung bezieht den Passanten ein

Wenn man schon draußen Räume schaffen kann, fühlt sich der Passant bereits wie im Laden, ohne ihn betreten zu haben. Raster-Vordächer, Pergolen oder der Raum vor dem zurückversetzten Schaufenster oder der Tür sind bauliche Maßnahmen, um das zu erreichen. An den Balkenkonstruktionen sind auch gut hängende Dekorationen, Blumenampeln, Seile zur Befestigung von Körben als Verkaufsware usw. anzubringen und unter ihnen werden einige Warengruppen angeordnet, sodass sich der Passant bereits von Blumen umgeben fühlt.

3. Die Baumaterialien wirken in Struktur und Farbe mit

Wer baulich Einfluss nehmen kann, wird gut überlegen, welche Steine die Wände verkleiden, welche Platten den Boden belegen und welche Hölzer für die Rasterdächer oder Pergolen verwendet werden. Alles soll harmonisch zusammen und zur Blume passen und möglichst auch, zumindest teilweise, im Laden eingesetzt werden können. Denn wenn durch die Gleichheit der Materialien drinnen und draußen der Zusammenhang beider »Räume« spürbar wird, ist das Eintreten erleichtert. Auch ist die Wirkung großzügiger und die überlegte Materialwahl deutlicher. Bei der Kombination von Unterschiedlichem denke man an reizvolle Kontraste wie hell und dunkel, rau und glatt, ungegliedert und gegliedert. Bestehen die Wände z. B. aus hellem Rauputz und mattglasierten, dunkelbraunen Klinkern oder weißem Glattputz und anthrazitfarbenen Schieferplatten, so sind solche Kontrastwirkungen gegeben. Und sind die Aufbauhilfen für die Dekorationen und Warenangebote vor dem Laden so ausgewählt, dass sie harmonisch zum Gesamtbild passen, so kann der erwünschte positive Eindruck erreicht werden.

4. Die Gliederung der Fassade ist ein starker Wirkungsfaktor

Gestalten heißt auch: Teile zusammenfügen, Gliederungen schaffen, Neues erstehen lassen. Die Front eines Geschäftes ist mitunter durch ein paar passend gebeizte Bretter leicht neu zu gliedern (s. Abb. 233). Werden dabei freie Wände neben dem Laden einbezogen und schafft man Überschneidungen und zusammenfassende Linien, so ist eine großzügigere Wirkung und ein schönerer Zusammenklang zu erreichen, als wären Wandelemente, Tür, Schaufenster und Firmenbeschriftung nur ne-

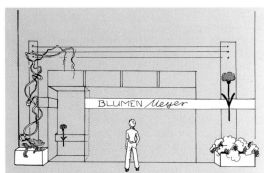

Abb. 233. Zweimal die gleiche Ladenfront, einmal nüchtern und unattraktiv, einmal großzügig und auffällig.

beneinander liegende formale Einheiten. Wenn man selbst baut oder baulich verändern kann, sollte man versuchen, Plätze für den Verkauf im Freien, das eventuell vorhandene Verkaufsgewächshaus und das Wohnhaus mit dem Verkaufspavillon durch Pergolen und Holzkonstruktionen oder anderen architektonischen Lösungen zu einer großen Anlage zusammenzufassen. Dadurch wird nicht nur die Fernwirkung der Betriebsanlage gesteigert, sie gewinnt auch an Überzeugungskraft bezüglich der gestalterischen Leistungsfähigkeit des Fachbetriebes.

Übergang von draußen nach drinnen erleichtern

Diesbezüglich sind bereits viele Hinweise gegeben worden. Deshalb genügt hier eine kurze Aufzählung der Maßnahmen.

1. Warenangebot vor dem Laden, das räumlich so gruppiert ist, dass der Kunde schon draußen von Blumen umgeben ist (wenn ortsgegeben möglich).
2. Hilfsmittel für das Warenangebot draußen verwenden, die sich im Laden wiederholen.
3. Eine Außendekoration schaffen, die in Teilen zum Schaufenster hinführt und sich drinnen fortsetzt.
4. Materialien der Außenfront wiederholen sich in den architektonischen Teilen im Verkaufsraum.
5. Durch ein anziehend gestaltetes Schaufenster.
6. Durch Schaffung einer einladend wirkenden Atmosphäre vor dem Laden.
7. Wenn möglich, schon draußen durch bauliche

Maßnahmen Räume schaffen, wie durch Pergolen und Schattendach, in Straßen mit Passantenstrom durch zurückversetztes Schaufenster oder zumindest zurückversetzte Tür.
8. Die Tür so anlegen, dass sie entweder von allein aufgeht oder leicht schwingt und einen schönen Türgriff hat, den man bequem fassen kann (z. B. ein breites Brett über die ganze Türbreite gehend, mit Firmensymbol zur Werbung versehen).

!!! Merksätze
- Der erste Eindruck vom Geschäft wird durch das Aussehen der Außenfront vermittelt, und dieser erste Eindruck soll so gut und wirkungsvoll wie möglich sein!
- Es soll sich einprägen: Dort ist das Blumenfachgeschäft »So und so«.
- Der Passant soll neugierig werden.
- Dem Passanten soll der Eintritt in den Laden erleichtert werden.
- Geeignete bauliche Maßnahmen sind z. B. zurückversetzte Schaufenster und Tür oder Schattendächer, Pergolen, klare Gliederung und Zusammenfassung aller Baukörper, Ausnutzung der Materialsprache für draußen und drinnen, Lichtreklame und sonstige Beschriftungen, eventuell Lautsprecheranlage.
- Geeignete, zeitbegrenzte Maßnahmen sind z. B. florale Dekorationen, Warenangebote und Aktionen draußen, ständig wechselnde Schaufenstergestaltungen.

???Aufgaben

1. Erklären Sie, wann eine Schaufensterscheibe beschlägt und weshalb Entspannungsmittel für Wasser die Behinderung der Durchsichtigkeit beheben.
2. Finden Sie für die Front des Geschäftes in Abb. 233 eine andere Lösung der Fassadengliederung mit selbst zu wählenden Mitteln.
3. Besichtigen Sie drei Blumengeschäfte und nennen und beschreiben Sie jeweils die Baumaterialien, welche außen und innen eingesetzt worden sind (Boden- und Wandverkleidungen sowie Deckenkonstruktionen).

14 Der Laden in seiner Gesamtwirkung

Im Laden müssen im Wesentlichen zwei Aufgaben erfüllt werden:
1. Die Ware muss attraktiv und werbend zur Schau gestellt werden, und überall, wo das geschieht, ist ein Schauraum.
2. Die Aktionen des Verkaufens müssen reibungslos vonstatten gehen können, und überall, wo das geschieht, ist Verkaufsraum. Eine Besonderheit des Blumengeschäftes ist es, dass Schauräume und Verkaufsräume nicht zu trennen sind. Sogar aus dem Schauraum hinter dem großen Fenster, landläufig insgesamt als das Schaufenster bezeichnet, wird verkauft, während im »Aktionsbereich« mit Bindetisch Packtisch und Kasse auch Warenangebote Platz finden müssen. Hinsichtlich der Einrichtung und Organisation beider Bereiche gibt es viel zu beachten. Wenden wir uns zunächst einmal der Raumwirkung zu, ehe wir über technische Einzelheiten sprechen.

Raumatmosphäre

Wenn der Kunde den Laden betritt, wird er von der Ausstrahlung des Raumes gefühlsmäßig beeinflusst. Er soll empfindungsmäßig wahrnehmen:
- Hier gibt es frische Blumen und gesunde Pflanzen
- hier sind Gestalter am Werk, die kreativ sind und Spaß an der Floristik haben
- hier ist es angenehm, sich aufzuhalten.

Durch die Einrichtung und verwendeten Hilfsmittel sind diese Empfindungen und Gedanken auszulösen.

Wie erreicht man eine blumen- und pflanzengemäße Atmosphäre?

Blumen und Pflanzen haben Bedürfnisse, denen der Raum mit seinen Gegebenheiten so gut wie möglich entsprechen soll. Die Raumwirkungen können wie folgt beschrieben sein: Hell und licht, weiträumig, dem Wachstum Raum gebend, luftig oder feuchtwarm, naturnah und praktisch für den

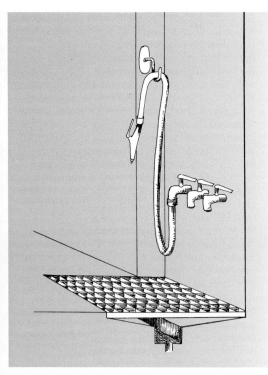

Abb. 234.
Wasseranlage mit Kalt- und Warmwasserhahn, Schlauchanschluss mit Spritzpistole, Wassersammelbecken im Boden mit Trittrost und Schmutzfang.

Umgang mit Wasser, speziell für Schnittblumen kühl und frisch.
Aus den unterschiedlichen Bedürfnissen von Schnittblumen und Topfpflanzen erwachsen Probleme. Ideal sind sie zu lösen, wenn viel Raum zur Verfügung steht. Dann ist es vorteilhaft, Raumteile unterschiedlich zu erwärmen und zu belüften (klimatisieren). Glaswände erhalten die großzügige Raumwirkung. Leicht rollende Schiebetüren oder sich automatisch öffnende Türen erleichtern das Hinundhergehen.
Der Schnittblumenraum soll in der Nähe des Aktionsbereiches sein und mit einem Kühlaggregat und einer Wasseranlage (s. Abb. 234) ausgerüstet sein. Der Fußboden hat zum Abfluss hin leichtes Gefälle und wird zum Reinigen nur mit dem Wasserschlauch abgespritzt.
Der Topfpflanzenbereich ist ein Gewächshaus mit allen notwendigen technischen Einrichtungen. Ob man die Topfpflanzen auf die typischen Anzuchttische stellt, ob man Grundbeete in landschaftlicher Gestaltung mit Pflanzen besetzt und Pflanzenbecken als Verkaufstische dazu kombiniert, oder ob man das Haus wie einen Wintergarten und eine Wohnlandschaft einrichtet, hängt vom Pflanzenangebot, dem Kundenkreis und dem eigenen Geschmack ab.
Die Gewächshausidee ist sogar in einem Stadtgeschäft mit winkligen Geschäftsräumen zu verwirklichen. In einen Raumteil wird eine Gewächshausattrappe eingebaut. Die Gläser in Dach und Wänden sind durchscheinend, aber nicht durchsichtig, damit Licht von »draußen«, von den dort installierten Lampen, eindringt, aber der Blick nicht auf die Raumwände fällt. Tritt man in den Mittelgang zwischen die zwei langen Pflanzentische, so fühlt man sich wie in einem kleinen, alten Gewächshaus.
Sind keine gesondert klimatisierten Räume zu schaffen, können von Fall zu Fall folgende Maßnahmen verwirklicht werden:
- kühl und frisch wird es – wenn nötig – durch ein Kühlaggregat im Zusammenwirken mit Luftbefeuchtung. Eine »sanfte« und meist ausreichende Kühlung wird erreicht, wenn man die Wasserleitung in langen Windungen über

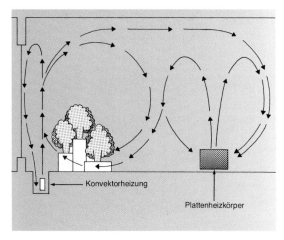

Konvektorheizung

Plattenheizkörper

Abb. 235.
Dieses Schema einer Luftzirkulation im Verkaufsraum durch Konvektorheizung am Schaufenster links und einem Plattenheizkörper im Arbeitsbereich rechts zeigt, dass die Kaltluft am Fenster von den Blumen abgelenkt wird, ohne dass diese von der Warmluft negativ beeinflusst werden können.

dem Deckenraster entlangführt. Bei jedem Wassergebrauch fließt kühles Wasser nach. Die Wasserrohre geben Kälte ab, diese sinkt herab und erfrischt den Raum. Das Wasser in den Rohren fließt nicht mehr all zu kalt aus dem Hahn, was ein weiterer Vorteil ist

- erwärmt wird in der kalten Jahreszeit der Fußboden vor allem dort, wo bevorzugt Topfpflanzen aufgestellt werden, damit sie wenigstens »warme Füße« haben
- kalte Zugluft wird vermieden, wenn die Raumheizung dort angebracht ist, wo der Wärmeverlust am größten ist (Schaufenster, Eingang, Außenwand). Im Schaufensterraum sind Konvektorheizungen (Lamellen-Systeme mit bestimmter Kaltluftzuführung) in einem Unterflurschacht oder flachen Sockel vorteilhaft. Zusätzliche Raumbeheizung durch angenehm strahlende Plattenheizkörper im Bereich der Kasse und des Bindetisches oder durch Fußbodenheizung mit der gleichmäßigen, milden Wärme von unten sind nicht nur gut für die im Geschäft arbeitenden Menschen, sondern auch für die richtige Luftbewegung im Schaufensterraum (s. Abb. 235)

Abb. 236.
Wenn die Einbauten so eingerichtet sind, dass man sie schnell und leicht umplazieren kann, fällt ein Umdekorieren leicht.

- das Helle, Lichte wird durch helle Raumfarben verstärkt. Elfenbeinweiß, Kremweiß, mit Ocker oder Blau gebrochenes Weiß. Auch sind sie farbneutral, sodass jede spezielle farbliche Raumveränderung durch zeitlich begrenzte Installationen für themengerechte Dekorationen zu ihnen passt. Die Beleuchtung (s. Seite 411) wird dort besonders hell angelegt, wo es Werbewirksamkeit oder der Aktionsbereich verlangen. Pflanzengemäß ist eine gute Belichtung dort anzuraten, wo die meisten Pflanzengruppen stehen. Es können spezielle Lampen eingesetzt werden, die auch für Wohnräume empfohlen werden und Assimilationslicht (s. Seite 411) geben. Diese Beispiele würden auch bei der Beratung hilfreich sein
- Weite und Großräumigkeit werden erreicht, wenn trennende Wände, auch die zum Binderaum hin, fallen, und wenn im vorderen Raumteil die Höhe des Raumes über zwei Etagen gehen kann, wenn keine festen, massiven Einbauten vorgenommen werden (s. Abb. 236) und notwendige Raumteiler (s. S. 409) hell, leicht, gegliedert und mit Durchblicken gestaltet sind
- Naturnähe wird spürbar, wenn die Werkstoffe der Innenausstattung eine materialgemäße Ausstrahlung haben, wie Naturstein- oder raue Klinkerverblender neben sandigem Putz als Wandgestaltung. Wenn Keramikfliesen den Boden bedecken, dann solche mit einer rauen Struktur und Farbnuancen, die zufällig durch den Brand entstehen, also besonders material- und werkgerecht sind. Wenn Hölzer im Deckenraster und bei den Aufbauhilfen verwendet werden, dann nur lasierte oder gebeizte. Für Pflanzen schafft man Bereiche, wo sie auf feuchtem Vlies, Torf, Lecaton oder Bimskies stehen oder sogar eingefüttert sind, sodass Feuchtigkeit gehalten und die Erdnähe spürbar wird.

Wie kann eine Atmosphäre geschaffen werden, die die gestalterische Leistungsfähigkeit des Betriebes deutlich macht?

In zehn Punkten sollen hier die wichtigsten Gesichtspunkte dargestellt werden:
1. Nichts darf zufällig wirken. Die Auswahl der im Raum wirksamen Materialien und Farben ist nach gestalterischen Gesetzen vorzunehmen wie Gleichheiten im Wesen, Kontraste der Hel-

Abb. 237.
Farbliche Harmonie bis in die Preisschilder macht den bewussten Umgang mit Farben eindrucksvoll deutlich.

ligkeiten, Quantitäten, Qualitäten, Strukturen, Harmonie- und Proportionsgesetze u. a.

2. Die Aufbauhilfen (Regale, Podeste, Platten, Raumteiler, Vasen, Schalen usw.) dürfen kein ungeordnetes Sammelsurium darstellen.

3. Die Ware wird in Gruppen zusammengefasst, innerhalb dieser die Gruppengesetze (Rangordnung, Beschränkung, optisches Gleichgewicht usw.) beachtet sind.

4. In den Gruppen wird besonders auf Farbharmonien geachtet, deren Bedeutung unterstrichen wird, wenn Beigaben zu den Blumen und Pflanzen (Geschenkartikel, Sets, Abspannungen, Preisschilder (s. Abb. 237) usw.) Farben der Harmonie aufgreifen und ergänzen.

5. Die raumgliedernde Wirkung der Warengruppen wird gesteigert, wenn mit Raumteilern (s. Seite 409) gearbeitet wird.

6. Die Warengruppen werden so in den Raum gestellt, dass eine Wegeführung erreicht wird, die den Kunden zu den Wareninseln hinführt und nicht daran vorbei (s. Abb. 238).

7. Der ganze Raum wird dekorativ erfasst. Vom Boden bis zur Decke gibt es etwas zu sehen. Wirkungssteigernder Platz ist in Augenhöhe und etwas darunter, kleine Mitnahmeartikel gehören in Greifhöhe (Hüft- bis Schulterhöhe). Die Raumdecke muss so eingerichtet sein, dass man fast überall etwas aufhängen kann (s. Abb. 240).

8. Licht wird blickführend eingesetzt, indem die Hauptmotive einiger Warengruppen besonders hell angestrahlt werden.

9. Die Veränderbarkeit der Dekoelemente ist Voraussetzung für immer neue und daher auffällige und werbewirksame Gestaltungen (s. S. 409).

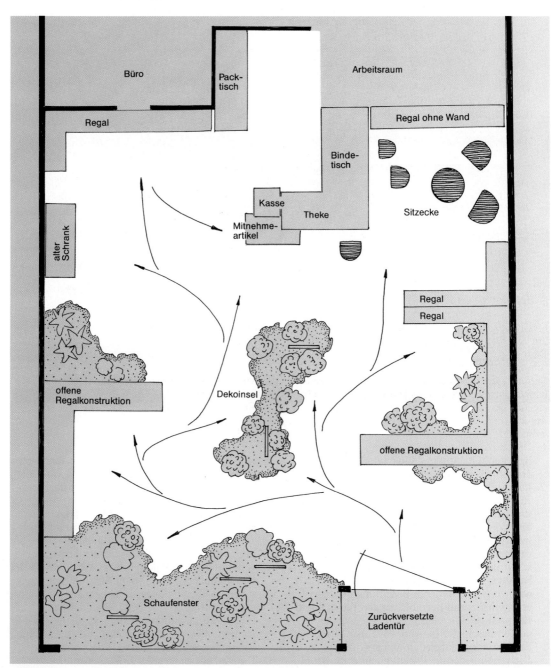

Abb. 238.
Beispiel einer möglichen Wegeführung im Verkaufsraum mit abwechselnden Blickrichtungen.

10. Die Veränderbarkeit der Raumordnung und Raumwirkung macht es möglich, mit den Dekorationen nicht nur dem jeweiligen Raumbedarf zu entsprechen, sondern durch Veränderungen neue Reize zu erzielen, mitunter auch einmal einen Trend aufzugreifen. Also keine festen Einbauten wählen, farbliche Veränderungen durch wechselnde Abspannungen, Strukturflächen usw. erzielen. Können z. B. Wandteile mit anschraubbaren Pressholzplatten verkleidet werden, so kann man diese Platten streichen, mit Rupfen oder anderen Stoffen, mit Folien oder Matten immer wieder anders beziehen oder Werkstoffe zu Strukturflächen verbinden und neu anschrauben, sodass man häufiger neue dekorative Effekte und neue Raumwirkungen erzielt. Dies zieht die Kunden immer wieder von Neuem an.

Wie wird eine einladende, fast wohnliche Atmosphäre erreicht?

Das Blumenfachgeschäft sollte den Gepflogenheiten zeitgemäßer Innenarchitektur folgen, denn Blumen sind Partner im Wohnraum. Stehen sie schon im Geschäft in einer Umgebung mit wohnraumtypischen Details, so ist es für den Kunden leichter, sich die Beziehung zwischen Ware und eigener wohnlicher Umwelt vorzustellen, wodurch eventuell leichter und vermehrt Kaufwünsche geweckt werden.

1. Die Farbigkeit im Raum ist wichtig. Abgesehen von den Naturfarben der Steinverblender sollte die allgemeine Farbigkeit hell und freundlich sein. Weiß, mit Gelbtönen oder Braunfarben gebrochen, führt zu warmen, angenehmen Weißtönen. Die Kombination mit anderen Farben, wie ein dunkles Braun, ein tiefes Moosgrün oder lichtes Lindgrün, ein dichtes Anthrazitgrau oder Taubenblau, wirkt gut, natürlich in geringerer Menge als das Weiß, damit die Farbe nicht zu massiv auftritt. Auch im modernen Wohnraum wird gern eine Wand farbig getönt. Wählt man nur unbunte Farben, z. B. viel Weiß, etwas Nebelgrau, Mausgrau und wenig Schwarz, erzielt man zwar eine neutrale Farbumgebung für die Buntheit der Blumen, doch der Raum wirkt leicht nüchtern und sachlich, allenfalls bei Verwendung edler Werkstoffe und sparsamster Zurschaustellung von Werkstücken und Blumen besonderer Art vornehm und exklusiv.

2. Das Licht beeinflusst ebenfalls die Atmosphäre. Die Lichtfarben müssen im Schauraum zwar so sein, dass die Blumenfarben gut zur Wirkung kommen. Im Aktionsbereich können Warmtonanlagen dominieren, die im Farbwert mehr dem Glühlampenlicht der Wohnräume entsprechen (s. Seite 411). Auch sind unterschiedliche Lichtintensitäten vorteilhaft, sodass Lichtinseln zwischen weniger intensiv ausgeleuchteten Bereichen entstehen.

3. Attribute des Wohnraumes werden in die Raumeinrichtung und die Dekoration mit einbezogen, z. B.: Ein alter, rustikaler Schrank mit offenen Türen enthält Geschenkartikel, Trockenblumensträußchen und vieles mehr in reizvollem Miteinander, das zum Kramen und Suchen reizt. Auf dem alten Küchentisch liegen die Utensilien für das floristische Werkstück, an dem man arbeitet, wenn kein Kunde da ist. Der Spiegel an der Wand ist mit Blumenschmuckteilen rechts und links flankiert, die auch beim Kunden neben dem Spiegel in der Diele gut aussehen würden! In der Anbauwand stehen die besonderen Angebote kunstgewerblicher Gefäße und kunsthandwerkliche Einzelstücke. Ein Paravant mit floral strukturierten Flächen ist auch als reizvoller Raumteiler im Wohn-Ess-Bereich der Kundenwohnung denkbar. Ein Stück Vorhang und andere Stoffabspannungen lassen Textiles mitwirken, und unter den Arrangements liegen Sets oder Matten wie beim Kunden zu Hause. Die Zugpendellampe in der Schreibecke verteilt gemütliches Licht und andere, auch wechselnde Details, werden zwischen die sonst schlichten und zweckmäßigen Einrichtungsteile gefügt.

4. Raumteile werden geschaffen, die zum Verweilen einladen: Die Schreibecke ist mit Tisch, Eckbank und Hängelampe hinter einem abgrenzenden Regal oder Raumteiler und mit Mattenteppich eingerichtet, sodass man dort auch gut mit Kunden etwas besprechen kann, oder wo einfach gewartet wird, bis bedient werden kann. Ein Platz – vielleicht sogar von draußen einsehbar – ist eine Spielecke für Kinder, mit Bauklötzen und Malstiften auf dem stabilen Tischchen, einem großen Kuscheltier und bunten Vögeln auf dem Zweig unter der Decke. Neben dem Bindetisch, wo die Sträuße der

Kunden vor deren Augen gebunden werden, können Barhockern ähnliche Sitzgelegenheiten stehen, damit sich der Kunde beim Warten wohl fühlt.

5. Alles ist sauber und ordentlich. Nur dann kann sich der Kunde wie ein gern gesehener Gast fühlen. Dass auch zur gepflegten Raumwirkung die Beachtung der Sicherheit gehört, ist selbstverständlich. Alle Aufbauten müssen standsicher und alle hängenden Teile fest verankert sein. Die Gehbereiche müssen frei von Teilen sein, an denen man sich stechen, reißen oder stoßen kann. Der Boden ist rutschsicher und ohne Stolperfallen.

6. Das Angebot der Ware wird in begrenzten Teilen in überschaubaren Gruppierungen auf die häusliche Verwendung und Bedürfnisbefriedigung bezogen, in Szene gesetzt, d. h. kleine Texte geben Informationen und Gedankenanstöße. Das zugeordnete Warenangebot umfasst neben den ausgewählten Blumen und Arrangements auch Zusatzartikel, die zum Thema oder der Gestaltungsidee passen. Alles sollte wie zufällig gestellt und gelegt wirken. So kann sich jeder Teile davon, oder gar Zusammenstellungen mit Beigaben, gut in seinem eigenen Wohnraum vorstellen (s. a. Band 1, Abb. 459 und Abb. 460).

!!!Merksätze

- Im Laden empfängt den Kunden ein Raum, in dem alle Einzelheiten zusammenwirken, was man als »Raumatmosphäre«, modern auch als »Ambiente« bezeichnet.
- Soll diese »Raumatmosphäre« das Gefühl suggerieren, hier gibt es frische Blumen und gesunde Pflanzen, dann müssen die Bedingungen im Raum den Bedürfnissen von Blumen und Pflanzen entsprechen.
- Soll die Ausstrahlung des Raumes deutlich machen: Hier ist ein gestaltender Beruf tätig, dann muss in allem nach gestalterischen Gesichtspunkten ausgewählt, zusammengestellt und geordnet werden.
- Soll die Raumwirkung einladend sein und ein positives Gefühl auslösen, dann müssen Details eines gepflegten, gemütlichen Wohnens eingefügt sein.
- Der Betrieb kann eine der Wirkungsweisen des Ladenraumes allein anstreben, je nach Art des Warenangebotes und Kundenkreises sowie der unternehmerischen Absicht.
- Der Betrieb kann aber auch kombinieren und entscheiden, ob Teilräume spezialisiert werden können, oder ob alles so gut wie möglich vereint wird.

???Aufgaben

1. Um selbst Raumwirkungen intensiv zu erfassen, gehen Sie
   a) in einen Supermarkt,
   b) in eine Modebutike,
   c) in ein Friseurgeschäft. Sammeln Sie Eindrücke und beschreiben Sie die jeweilige Raumatmosphäre.
2. Zählen Sie mindestens fünf Details der Ausstattung und Einrichtung auf, welche in Ihrem Ausbildungsbetrieb
   a) den Bedürfnissen von Pflanzen entsprechen,
   b) die Kreativität zum Ausdruck bringen und
   c) Wohnlichkeit spüren lassen.
3. Zeichnen Sie in den Grundriss des Verkaufsraumes in Ihrem Ausbildungsbetrieb die Warengruppen und die Wegeführung ein.

15 Einrichtungen im Verkaufsraum

Vor einer Geschäftseröffnung wird geplant und gebaut, bis alles im Rahmen der Möglichkeiten so ist wie man es sich vorstellt. Doch dieser Prozess ist mit der Geschäftseröffnung nicht abgeschlossen. Neue Erkenntnisse und neue Absichten führen zu neuen Maßnahmen, und jeder im Betrieb Tätige ist daran beteiligt. Die Kreativität des Floristen macht beim vollendeten floristischen Werkstück nicht Schluss! Doch zu allem was man tut, braucht man Denkanstöße, Beurteilungsgesichtspunkte und Entscheidungshilfen. Im folgenden Kapitel ist von all dem etwas enthalten. Fertige Lösungen jedoch müssen selbst gefunden werden, denn sie werden von Fall zu Fall anders sein. Hier können aus Platzgründen ohnehin nur Hinweise einen Überblick geben:

Hilfsmittel für die Zurschaustellung

Objektträger

So nennt man alle Aufbauhilfen für das Warenangebot, manchmal auch als »Warenträger« bezeichnet. Grundsätzlich ist zu sagen: Sie sollen standfest oder sicher hängend sein, kombinierbar, stapelbar und veränderbar und möglichst mobil (siehe Abbildung 236) damit sie häufiger wieder anders gestellt und zum Thema und Gesamtbild in ihren Eigenschaften passend eingesetzt werden können. Für das zeitweilige Wegräumen ist es vorteilhaft, wenn sie zusammenlegbar, ineinander schiebbar oder wegwerfbar sind. Der letzte Gesichtspunkt bedingt viel Fantasie und Organisationstalent, um die Verwendbarkeit von preiswerten Teilen oder vom »Abfall« anderer Vorgänge zu erkennen und zu nutzen. Zusammenfassend kann man sagen: Alle Objektträger sollen funktionell, praktisch und ästhetisch befriedigend sein.

Beispiele von Objektträgern

1. Zur ständigen Einrichtung gehören: Regale, Schränke, Vitrinen, evtl. Dekohocker und -tische, Säulen, Podeste und Kastenrahmen. Wählt man Dekohocker zum Beispiel in Würfelform so aus, dass man auch darauf sitzen kann und beim Regalbau Stellflächen so, dass man im Sitzen daran Blumenstecken kann, dann ist der Laden mit wenig Aufwand auch schnell in einen Schulungsraum für Blumensteckkurse umgewandelt.
2. Auswechselbare Teile sind: Ytongsteine, Backsteine oder große Hohlsteine, Leistenrahmenkonstruktionen, auch Leitern und Glasplatten, Spanholzplatten, gestrichen oder bespannt, Transportkästen und Paletten, gestrichen oder gebeizt, Balkenstücke und Bretter, Baumstammstücke und Baumscheiben, so genannte »Schweben«, das sind an Ketten oder Stricken hängende Bretter, außerdem Tonnen, Kabeltrommeln, halbe Fässer, ganze Bündel aus Papprollen als Sockel für runde Holzplatten, zusammensetzbare »Warentürme« aus Glasplatten mit Verbindungsteilen u. a.

Man kann sehr gut verschiedene Systeme und Hilfsmittel kombinieren, muss aber immer von jeder Art mehrere Teile haben, um Gleichheiten in Gruppen und Wiederholungen in anderen Gruppen bringen zu können, anderenfalls entstünde ein Sammelsurium, das keinen gestalterischen Grundsätzen entspricht!

Raumteiler

Wer im großen Ladenraum mehrere kleine Räume schafft, ohne die großzügige Raumwirkung zu zerstören, kann viel Ware in gut übersehbaren Gruppen zeigen (s. Band 1, Kap. 45). So sollen die raumteilenden Hilfsmittel den Blick bremsen, ihn aber auch wieder freigeben.

Stehende Raumteiler sind z. B. vom Boden bis zur Decke reichende Regale ohne Rückwand oder regalähnliche Rahmenkonstruktionen aus Brettern, transparente Stellwände aus Baustahlgewebe oder gestellte Lattenrahmen mit Gitterdrahtbespannung mit eingewebten Papierstreifen, Bändern, Schnüren, Grasbündeln und ähnlichem, Holzstellwände mit Öffnungen in geometrischen oder freien Formen, Paravents (klappbare Stellwände), die man selbst aus Lattenrahmen mit Matten oder durchscheinenden Kunststoffplatten bauen kann und die durch winklige Aufstellung Standfestigkeit bekommen.

Hängende Raumteiler sind Matten, Papier- oder Stoffbahnen, Lattenroste, Bretter, Lattenrahmen mit eingearbeiteten floralen Formen oder gespannten und verflochtenen Schnüren, Stoff- und Papierteilen, flächige Gehänge aus Aststücken oder Bambus, aus Ketten oder Bändern, aus Rohren, Bündelungen oder Stäben, aus Strohreifen oder Reihungen von Trockenformen, z. B. Blätter

Abb. 239.
Die Blätter des Silberbaumes (Leucadéndron argénteum) aus dem südlichen Afrika bilden einen attraktiven Vorhang.

Raumdecke darüber dunkel-anthrazit oder schwarz gestrichen werden. Vor allem im Schaufensterraum sind farblich abgestimmte Deckengitter sehr vorteilhaft. Will man keine regelmäßigen Kassetten im Deckenraster, können Balken oder Bretter in freier Gruppierung mit etwas Freiraum über sich fest unter der Decke verankert werden, sodass die Deckenfläche reizvoll gegliedert wird. Will man dann gerade dort etwas aufhängen, wo die Raumdecke frei geblieben ist, kann eine zusätzliche Leiste mit gleicher Oberflächenbehandlung wie die Deckenkonstruktion über benachbarte Balken gelegt werden. Ist der Raum zu niedrig, um noch solche hängenden Gitter anzubringen, kann die Decke mit flächengliedernden Platten beschraubt werden, die so geartet oder so angebracht sind, dass je nach Bedarf Metallriegel mit Haken zwischen zwei Platten geschoben werden können, die dann bei Drehung über die Deckenplatten greifen und dort aufliegen (s. Abb. 240).

(s. Abb. 239), Zapfen u. a. an feinem Draht oder Schnur. Egal, wozu man je nach Dekorationsidee und seinen Möglichkeiten greift, auch hier gilt wie bei den Objektträgern die Regel: Keine zusammengewürfelte Vielfalt schaffen, sondern neben der Standardeinrichtung selbst herstellbare, gleichartige Raumteiler im ganzen Ladenraum einsetzen, um die große Einheit zur Wirkung zu bringen, und sie nach einiger Zeit wieder auswechseln, um neue Eindrücke schaffen zu können.

Aufhängevorrichtungen
Um Schweben und Raumteiler, dazu natürlich auch Dekorationsteile, Schrift- und Bildtafeln usw. aufhängen zu können, benötigt man im Blumengeschäft Deckenkonstruktionen, welche auch die technischen Voraussetzungen dafür bieten. Zwischendecken aus quadratischem Holzgitterwerk, weiß gestrichen, holzfarben gebeizt oder imprägniert, ermöglichen in jeder Raumverschiebung die Anbringung von hängenden Dekorationselementen. Bei weißen Holzgittern kann die

Die Beleuchtung
Licht ist Vorraussetzung für das Leben (s. Seite 56). Ohne Licht sehen wir nichts. Ohne eine optimale Beleuchtung im Blumengeschäft ist der wirtschaftliche Erfolg sehr fraglich. Licht lockt – es erweckt Aufmerksamkeit. Es hebt hervor, beeinflusst die Stimmung und fördert die Erlebnisfähigkeit. Heute spricht man vom »Kauferlebnis«, das der Kunde positiv erfahren soll, um ein zufriedener, also wiederkommender Kunde zu sein. Dazu verhilft auch die Beleuchtung des Verkaufsraumes. Nun gibt es so viele Lampen (Lampe = die Lichtquelle, die Technik mit dem Leuchtmittel zur Erzeugung von Licht) und unterschiedlichste Ausführungen von Leuchten (Leuchte = das Gehäuse für die Lampe mit Fassung, Reflektor und weiteren Einrichtungen wie Vorschaltgerät u. a.),

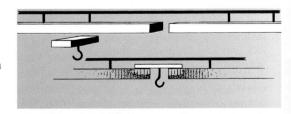

Abb. 240.
Plattenkonstruktion als Deckenverkleidung, die nahezu überall und schnell die Anbringung von Haken ermöglicht.

dass es im Blumengeschäft fast nicht ohne individuell entwickelte Beleuchtungskonzepte geht. Kompetente Helfer sind dabei die Fachunternehmen und sogenannte »Lichtplaner«, Ingenieure oder Architekten mit speziellen Kenntnissen über Leuchten und Lampen, deren Leistungsvermögen und Wirtschaftlichkeit. Dieses kleine Kapitel kann nur in das Thema einführen.

Anforderungen an die Beleuchtung

1. **Gute Helligkeitsverteilung:** Es wird eine »Allgemeinbeleuchtung« oder »Grundbeleuchtung« für die notwendige Ausleuchtung des gesamten Raumes mit besonders hervorgehobenen Lichtinseln durch Strahler (gebündeltes Licht) oder Spots (Punktlicht) kombiniert.
2. **Unterschiedliche Lichtintensität:** Helligkeitspunkte im Raum sind blickführend. Eine schattenarme, gleich helle Ausleuchtung wirkt uninteressant und monoton. Unterschiedliche Helligkeiten beleben und Schattenbildung macht die Objekte plastisch. Die Wahl, Anordnung und Verteilung der Leuchten ist diesbezüglich überlegt zu planen.
3. **Lichtrichtung:** Die Grundbeleuchtung wird so eingerichtet, dass der Lichteinfall von oben kommt. Das ist gewohnt und zweckmäßig. Gerichtetes Licht sollte seitlich von oben mit der Blickrichtung verlaufen. So entsteht auch die gewünschte Schattenbildung am vorteilhaftesten. Licht von unten ist ungewohnt, kann aber zu reizvollen, vorübergehenden Effekten führen.
4. **Blendwirkung:** Sie muss vermieden werden. Die Direktblendung durch Leuchten wird durch den Einsatz blendfreier Leuchten und die richtige Wahl der Lichtrichtung bei Strahlern vermieden. Die Reflexblendung durch glänzende Flächen muss durch Korrektur der Stellung des Strahlers oder des spiegelnden Objektes und damit der Veränderung des Ein- und Ausfallwinkels behoben werden.
5. **Passende Beleuchtungsstärke wählen:** Die Beleuchtungsstärke wird in Lux gemessen und bezeichnet die Menge des einfallenden Lichtes (Lumen) pro m². Die Allgemeinbeleuchtung sollte zwischen 300 und 800 Lux Beleuchtungsstärke haben, je nachdem, ob man Zwischenbereiche oder Angebots- oder Aktionsflächen beleuchtet. Akzentbeleuchtung kommt mit 800 bis 1000 Lux aus (Sommersonne hat ca. 100 000 Lux!).

Im Schaufensterbereich braucht man bis 2000 Lux, Assimilationslicht bei mittlerem Lichtanspruch 800 bis 1000 Lux. Entscheidungen über die Beleuchtungsstärke im Geschäft hängen auch von den Farben und Werkstoffen der Raumgestaltung, der gewünschten Raumatmosphäre und vom Licht in der Nachbarschaft ab.

6. Vorteilhafte **Lichtfarbe** und **Farbwiedergabe:** Die Lichtfarben sind wesentlich für die Farbwiedergabe und für die atmosphärische Wirkung, das sogenannte »Farbklima« verantwortlich. Hier dürfen keine Fehler gemacht werden. Gute bis sehr gute Farberscheinungen entstehen im Licht von neutral-weißen oder warmweißen Lampen. Dabei erzielt die spektrale Zusammensetzung der neutral-weißen Lampen mehr den Farbeindruck von Tageslicht, während die warm-weißen Lampen die gelben und roten Farben aufleuchten lassen und zugleich eine wohnliche Atmosphäre bewirken. So gehören die neutral weißen Lampen mehr in das Schaufenster und über Pflanzengruppen, die warm-weißen Lampen mehr in den Aktionsbereich. Gemischt sind sie vorteilhaft über Blumen und sonstigen Angeboten.
7. **Variabel gestaltete Lichtanlage:** Sie ermöglicht, mit den Veränderungen der Warenpräsentation auch das Licht entsprechend unterschiedlich zu lenken oder verschiedene Lichtwirkungen zu erzielen. So sollte die Grundbeleuchtung an mehrere Stromkreise angeschlossen sein, damit

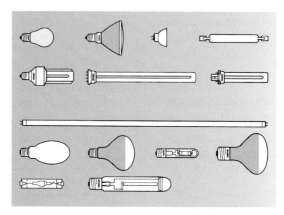

Abb. 241.
Lampenarten.

Tab. 65. Beleuchtung

Lampenart	Vorteile	Nachteile
Glühlampenlicht (Abb. 241/1)	gerichtetes Licht in Strahlern, warmer Farbwert	zu wenig Lichtausbeute, zu viel Wärme erzeugend. Blau enthaltende Farbtöne wirken matt
Leuchtstofflampen (Abb. 241/8)	hohe Lichtausbeute, geringe Wärme-entwicklung, gute Raumausleuchtung durch Streulicht, lange Lebensdauer, Spektren mit guter Farbwiedergabe, z. B. bei Lichtfarbe Warmweiß, Warmton-extra, Natura oder Interna u. a. (je nach Herstellerfirma)	Vorschaltgerät kann brummen, Lampen ziehen Schmutz an, müssen auch ab und zu geputzt werden, verlieren nach einiger Zeit an Leuchtkraft
Energiesparleuchtstofflampen als 5- oder 3-Bandentyp (Kompakt-Leuchtstoff-Lampen) (Abb. 241/5-7)	Leuchten, eingerichtet für gestreutes oder gebündeltes Licht. Geringer Stromverbrauch, hohe Lichtausbeute, gute bis sehr gute Farbwiedergabe. Mit Glühlampensockel in entsprechenden Leuchten einsetzbar	Licht durch Gasentladung, daher Starter und Vorschaltgerät notwendig. Diese können eingebaut oder extra installiert sein. Häufiges Ein- und Ausschalten verringert Lebensdauer
Halogen-Lampen (Abb. 241/3,4)	gute Lichtausbeute, effektvoll auf den Punkt zu richten, hell ohne großen Verlust durch Wärmebildung, gute Farbwiedergabe	teuer in der Anschaffung, einseitig einsetzbar, weil nur gerichtetes Licht und Punktlicht entsteht
Hochdruck-Halogen-Lampen gefüllt mit Edelgas und wenig Halogen (= salzbildende Elemente, hier Brom oder Jod) **(Abb. 241/14)**	für normale Netzspannung und mit Glühlampensockel	für Effektlicht müssen starke Lichtleistung (ab 50 Watt) und enge Bündelung, 5–12° Ausstrahlungswinkel gewählt werden
Niedervolt-Halogen-Glühlampen (Abb. 241/3)	für Spots und Akzentbelichtung, bei großem Ausstrahlungswinkel auch für Raumlicht, sehr gute Farbwiedergabe bei »brillant-weißem« Licht, Kaltlichtreflektoren	Transformator notwendig, in Leuchte oder extra, bei Lampen an Seilsystemen, den separaten Transformator nahe der Lampe, gut erreichbar und betriebssicher installieren
Hochdruck-Gasentladungslampen (Abb. 241/11, 13)	hohe Lichtausbeute, leistungsstärkste Lampen, erhellen ihren Bereich sehr stark, natürliche Farbwiedergabe	hohe Anschaffungskosten, bei gesamter Raumausleuchtung nur mit solchen Lampen ungemütlich hell
Quecksilberdampf-Hochdruck-Lampen(Abb. 241/9, 10)	Leuchten als Hänge- oder Wandlampen sichtbar. Hohe Lichtausbeute, als zusätzliches Raumlicht über Pflanzengruppen einzusetzen	volle Lichtausbeute erst nach mehreren Minuten erreicht, daher nur als Dauerbelichtung brauchbar. Licht vom normalen Lampentyp wirkt kalt, Warmton-Lampen sind teuer

Tab. 65. (Fortsetzung)

Lampenart	Vorteile	Nachteile
Metallhalogen-Hochdruck-Lampe (Halogenmetalldampflampen) (Abb. 241/11-14)	sehr gute Lichtfarben, warmweiß bevorzugt, gibt wenig Wärme ab, wirtschaftliche Lichtausbeute, lange Lebensdauer, auch schwenkbare Einbaukugeln mit breit strahlendem Reflektor zu haben	Zünd- und Vorschaltgerät z. B. im Deckenbereich einbauen, nach dem Abschalten Abkühlphase notwendig
Natriumdampf-Hochdrucklampen (Abb. 241/14)	meist nur für Assimilationslicht zusammen mit Tageslicht im Gartenbau verwendet, allenfalls bei verbesserter Farbwiedergabe als Zusatzlicht über Pflanzengruppen	Farbwiedergabe wenig befriedigend, geringer Blauanteil im Spektrum

man verschiedene Beleuchtungsschaltungen vornehmen kann. Dimmer lassen mit Lichtintensitäten spielen. Die Strahler soll man je nach Bedarf anschließen können, ohne lange Kabel verlegen zu müssen. Ob man mit Lichtschienen oder Seilzugsystemen arbeitet bzw. viele Steckdosen auch über dem Deckenraster hat, hängt von den erwählten Lampen und Leuchten ab.

Dazu ein tabellarischer Überblick:

Hilfsmittel für die Verkaufsaktionen

Ladentheke

Die Ladentheke muss nicht übermäßig groß sein. Wenn man ihr zusätzlich einen Bindetisch und einen Packtisch zuordnet, dann ist sie nur Platz für die Kasse und Abstellgelegenheit für die Taschen der Kunden. Meist jedoch wird die Theke auch als Bindetisch und Packtisch benutzt. Somit ist eine größere Fläche, besser noch eine Kombination von Flächen notwendig. Dann wird sie wirklich zur »Theke«, hinter der etwas geschieht und vor der erwartungsvolle und beobachtende Menschen warten.
Die Ladentheke soll schön aussehen und durch Material, Größe und Form in die Gesamtgestaltung des Ladens harmonisch einbezogen sein. Gestalterisch für das Blumenfachgeschäft passend

und durchaus zweckmäßig ist sie z. B., wenn sie aus den oben genannten Dekowürfeln und einer dicken Holzplatte oder aus Bahnschwellen, einer Balkenkonstruktion oder gestrichenen großen Bausteinen, z. B. Ytong, und einer mit Rupfen oder Folie bespannten Spanholzplatte besteht, was natürlich nur dann zu machen ist, wenn auch sonst im Laden diese Materialien und Formen am Dekoaufbau oder der Einrichtung mitwirken. Das gestalterische Gesetz, dass Gleichheiten verbinden, und der Wunsch nach leichter Veränderbarkeit und Mobilität führen dazu, dass man selbst solche Möbel wie die Ladentheke baut oder, passend zu den bestimmenden Regalen und sonstigen Objektträgern in variabel zusammenstellbaren Teilen bauen lässt.
Soll die Theke allen Funktionen im Aktionsbereich (Beraten, Binden, Abfallbeseitigung, Verpacken, Kassieren) entsprechen, so ist sehr genau zu überlegen, was alles zuzuordnen ist und wie man die Bereiche räumlich anlegt, um möglichst unnötige Wege zu vermeiden. Mitunter löst man dann aus diesem Aktionsensemble die Kasse heraus, stellt sie auf einen eigenen, möglichst fahrbaren Unterbau, um sie am jeweils günstigsten Platz aufstellen zu können.
Ob man je nach Ladengröße alle Aktionen an einem Tisch ausführt oder eine große, vielleicht sogar halbrunde oder über Eck gehende Theke oder eine lose kombinierte Tischgruppe benutzt, immer

gehören zu den verschiedenen Aktionen viele Hilfsmittel, die hier im kurzen Überblick genannt werden sollen:

Beratungen und Bestellungen
Sie sind am besten etwas abseits vom Verkaufsbetrieb zu führen, z. B. in der auf Seite 407 erwähnten Sitzecke.
Doch wenn sie am Stehpult oder bei der Ladentheke durchgeführt werden müssen, so gehört auch hier alles Notwendige in Greifnähe.
Das wären:
- Schreibutensilien
- Bestellbuch und Bestellblöcke
- Fleurop-Adressen, Adressbuch und Kartei von Fleurop-Geschäftspartnern
- Telefon und Telefonbücher
- Stadtplan mit Angabe von Preiszonen für Zustellgebühren
- Grußkarten
- Foto- und Bildsammlungen von Werkstücken
- Fachbücher und Fachzeitschriften
- evtl. eine Kundenkartei

Die Karteien müssen in einem abschließbaren Schrank verwahrt werden, wenn sie nicht ohnehin im extra Büroraum eingeordnet sind.

Verpacken
Zum Verpacken werden benötigt
- Packtisch in guter Arbeitshöhe, sauber und trocken
- Papier, geschnitten unter dem Tisch liegend, auf Rollen hinter dem Tisch an der Wand oder auf extra Ständer
- Folie auf Rollen
- Tragetaschen und Tüten, eventuell auch Klarsichtkartons
- Papierwolle oder Zellophanschnipsel für empfindliche Blüten
- Klebeetiketten
- Klebeband
- Papierhefter, Stecknadeln, Holzspießchen
- Werbebeilagen, z. B. Frischhaltemittel, Pflegeanweisungen
- Schmuckbänder, eventuell vorbereitete Bandabschlüsse und andere Schmuckmittel
- Werkzeuge: Schere, Messer
- Hilfsmittel wie Blattglanzspray, Manschetten u. a.

Kassieren
- Registrierkasse, je nach Ladengröße unterschiedlich (Spezialberatung einholen)
- Ersatzkassenstreifen
- Rechnungs- und Quittungsblock mit Schreibutensilien
- Anschreibebuch für Dauerkunden und Lieferscheinheft
- Firmenstempel mit Stempelkissen
- Kundenzeitschriften
- zur Werbung eventuell Informationsschriften über Aktionen des Betriebes

Hilfsmittel für die Schnellbinderei

Bindetisch
Der Bindetisch sollte nicht an der Wand stehen, damit dem Kunden nicht ständig der Rücken zugedreht wird. Am besten ist die Integration in die Ladentheke, wenn man nicht Einzeltische mit passender Arbeitshöhe stellen möchte, um lange Wege um eine geschlossene Theke zu vermeiden. Unter der Tischplatte in guter Greifhöhe sollten Fächer oder Schübe für diverse Utensilien, Bindemittel und Werkzeuge sein. Im Freiraum unter dem Tisch stehen rollbare Transporteinheiten mit Drahtkörben für Beiwerk und Hilfsmittel und einem Abfallcontainer, wenn der Abfall nicht direkt vom Boden in eine Rutsche gekehrt werden kann. Die Öffnung der Abfallrutsche liegt am Fuß der Wand und ist mit einer Klappe geschlossen, damit keine Zugluft entstehen kann. Vor dem Bindetisch stehen wie bei einer Theke mehrere Hocker, damit die Kunden von Anfang an die Entstehung ihres Straußes oder Steckarrangements beobachten können.

Bereitstellung von floralen Ergänzungen
Hinter dem Bindetisch und Arbeitsfreiraum stehen die Töpfe mit den diversen Blättern, Zweigen, Fruchtständen, Gräsern und sonstigen »Zutaten«. Da jede Art ihren eigenen Behälter haben soll, braucht man viele Gefäße. Es eignen sich z. B. braune Gurkentöpfe oder weiße Keramikvasen (Verkaufsvasen) verschiedener Höhe und Breite. Diese müssen alle nun so aufgestellt werden, dass man zwar schnell greifen kann, was gebraucht wird, dass es aber auch ästhetisch befriedigend aussieht, denn die wartenden Kunden achten darauf. Am besten baut man mit Dekohockern und

Brettern oder Bänken in verschiedenen Höhen zwei- oder dreistufige, treppenartige Abstellflächen. Oben und hinten stehen sinnvollerweise die großen Gefäße mit den Zweigen und langen Gräsern, davor die Blätter und Ranken u. a. Was ohne Wasser auskommt, wie angedrahtete Moostuffs, Wacholderspitzen, Heuknuddel, Strohbündel u. a., liegt in Korbschalen auf der vordersten, untersten Stufe, über die man leicht bis zu den Zweigen greifen kann.

Wasseranlage

Da Gefäße mit Wasser gefüllt, Schnittgrün besprüht, Steckmasse durchnässt werden muss, ist eine Wasseranlage im Aktionsbereich beim Bindetisch eine zweckmäßige Einrichtung. Sie braucht nicht besonders groß zu sein, und die Nische sollte eine Steinverkleidung haben, wie sie sonst auch im Verkaufsraum vorkommt.

Doch soll sie mindestens folgende Teile enthalten: Ein Abflussbecken im Boden mit Schmutzfang und Trittrost, einen Wasserhahn etwa in Hüfthöhe und einen Wasseranschluss mit Schlauch und Sprühpistole. Daneben einen Abstelltisch mit Stellrost und Wasserablauf, um fertige Gestecke abstellen, säubern und besprühen zu können. Ein Becken wäre in diesem Bereich kein besonders schöner Blickfang, weshalb der Abfluss im Boden mit Sammelbecken ausreicht.

!!! Merksätze

Für das Warenangebot werden benötigt:
1. Objektträger zum Aufbau von Warengruppen und Wareninseln.
2. Raumteiler zur Gliederung des ganzen Schauraumes in überschaubare Raumteile und Schaffung von wirkungssteigernden Rückwänden.
3. Eine Deckenkonstruktion, an der man Objekte anhängen kann.
4. Eine Lichtanlage mit Streulicht und gerichtetem Licht, um Raumteile unterschiedlich ausleuchten und Objekte sehr hell beleuchten zu können.

Für die Schaubinderei werden benötigt:
1. Bindetisch in guter Arbeitshöhe
2. Ablagen für Werkzeuge und Bindemittel
3. Einrichtung zur Abfallbeseitigung
4. Bereitstellung von Beiwerk
5. Eine kleine, ästhetisch integrierte Wasseranlage
6. Sitzgelegenheiten für die wartenden Kunden

Für die Verkaufsaktion werden benötigt:
1. Ein Packtisch
2. Verpackungsmaterial und Beigaben
3. Werbebeilagen
4. Schreibgelegenheit für Kunden mit Grußkarten
5. Schreibgelegenheit für Verkäufer mit Bestell- und Rechnungsformularen
6. Beratungs- und Informationshilfen
7. Telefon/Haustelefon
8. Stadtplan mit Preiszonen für Zustellgebühr
9. Kasse, evtl. auf fahrbarem Untergestell
10. Eine Ablage für Kundentaschen

Ob alle Funktionen in einer »Ladentheke« zusammengefasst werden, oder ob der Aktionsbereich zu einer aufgegliederten Raumorganisation führt, hängt von dem Platzangebot und dem Kundenkreis, natürlich auch von den Entscheidungen des Betriebsinhabers ab.

??? Aufgaben

1. Beobachten Sie bei einem Geschäfts- und Schaufensterbummel in der Stadt die Deckengestaltungen in den Räumen anderer Branchen. Machen Sie sich Skizzen und Notizen, und beurteilen Sie diese Deckenkonstruktionen nach der Verwendbarkeit in Blumenfachgeschäften.
2. Stellen Sie fest, welche Farbtonbezeichnung die Leuchtstofflampen in Ihrem Betrieb haben, und ob die Farbwerte im Schaufenster und Aktionsbereich, im Arbeitsraum und Büro unterschiedlich sind. Üben Sie dabei gleich das Auswechseln von Leuchtstoffröhren.
3. Beschreiben Sie das Bestellsystem in Ihrem Ausbildungsbetrieb von der Bestellungsannahme, Aufbewahrung und Bereitstellung der Bestellscheine, Ausführung bis Bereitstellung der Ware zur Auslieferung.

16 Arbeitsraum und Nebenräume

Neben dem Arbeitsraum gibt es das Büro, den Aufenthaltsraum und das Lager. Mitunter muss auch nur ein Raum all diesen Funktionen entsprechen. Alle Räume oder Raumteile müssen in erster Linie für ihre Bestimmung eingerichtet sein. In allen Räumen arbeiten und leben aber auch Menschen. So sind funktionelle und rationelle Gesichtspunkte neben solchen der »Lebensqualität« bei der Einrichtung und Pflege der Räume zu berücksichtigen.

Früher nannte man den Arbeitsraum die »Bindestube«. Dieser alte Begriff weist auf das Arbeiten, nämlich das Blumenbinden und zugleich auf den Lebensraum im Haus, die Stube, hin. So soll im Folgenden nicht nur auf Praktisches, sondern auch auf Angenehmes hingewiesen werden.

Der Arbeitsraum

Er beginnt bereits im Laden mit dem Bindetisch, wo vor den Augen der Kunden Sträuße gebunden und je nach zeitlichen Möglichkeiten auch andere Werkstücke gefertigt werden. Im Interesse der großzügigen Raumwirkung trennen keine Wände den Laden von dem speziellen Arbeitsraum. Transparente Regalsysteme oder ein Vorhang, eine leicht aufzustoßende kleine Schwingtür wie im Westernsalon oder die Anordnung der Ladentheke machen unaufdringlich deutlich, dass nun ein Raum ohne Kundenzutritt beginnt.

Allgemein ist zu sagen:

Der Arbeitsraum soll freundlich, hell und gut beleuchtet sein. Leuchtstofflampen mit Streuraster geben diffuses, schattenfreies Licht. Auch hier wählen wir Mischlicht aus Weiß- und Warmton-Leuchtstofflampen in einem entsprechenden Farbwert. Der Fußboden soll elastisch (nicht ermüdend), warm (gut isoliert) und leicht sauber zu halten sein. Ein Abfluss im Boden nahe der Wasserbeckenanlage oder gar das Wassersammelbecken vor der ganzen Wasseranlage (s. Seite 403) ermöglichen die gründliche Reinigung sogar mit dem Schlauch. Die Wände sollen abwaschbar sein. Unter einem Tisch oder Wandschrank befin-

det sich eine Fallrutsche für den Abfall, sodass dieser einfach dort hineingekehrt werden kann und im Keiler in den Müllbehälter fällt. Voraussetzung ist freilich, dass dies baulich möglich ist und der Müll aus dem Keller leicht abtransportiert werden kann, indem z. B. eine Fahrrampe in den Keller führt (Garage). Das Problem der Mülltrennung in kompostierbare, recycelbare und zu entsorgende Teile ist nicht ohne besondere Aufmerksamkeiten und gesonderte Container zu lösen.

Arbeitstische

Arbeitstische können so gebaut sein, dass sie ein- oder zweiseitig zu verwenden sind (0,75–0,90 m oder 1,50–1,80 m breit). Das hängt vom Raumgrundriss ab. Die Höhe der Arbeitsplatte soll so bemessen sein, dass man nicht gebückt stehen muss (0,82–0,90 m hoch). Hat man nicht zu große Arbeitstische, kann man verstellbare Tischbeine anbringen, sodass auch sehr große oder kleine Personen sich immer die richtige Arbeitshöhe einstellen können. Mitunter helfen auch Aufsätze, um einen zu niedrigen Tisch in die richtige Arbeitshöhe zu bringen. Sind alle Tische für einen Mitarbeiter zu hoch, sollte ein Tisch ausgewechselt oder an den Beinen gekürzt werden. Bodenroste oder Podeste sind gefährliche Stolperfallen

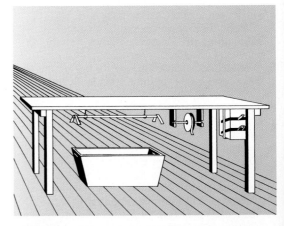

Abb. 242.
Einfach und praktisch: Arbeitstisch mit griffbereiten Gerätschaften.

und deshalb ungeeignet. Praktische Tischauflagen sind z. B. Hartfaserplatten auf Tischlerholzplatten mit wasserfestem Speziallack behandelt (ebenfalls sehr preiswert), wasserfeste, verleimte Holzschichtenplatten, Blech- oder Resopalauflagen (letztere zerkratzen aber und sind teuer – unnötiger Aufwand).

Unter der Tischplatte befinden sich an jedem Arbeitsplatz Halterungen für Blumenbänke, Messer, Schere, Bandrollen und Bast (s. Abb. 242). Unter dem Tisch stehen, falls keine Abfallrutsche vorhanden ist, rollbare oder leicht tragbare Abfallbehälter aus Plastik, Holz, Zinkblech oder Korbgeflecht, gesondert bereitgestellt für die unterschiedlichen Müllsorten. Auch der in der Höhe verstellbare Hocker kann dort Platz finden.

Die Wasseranlage

Sie besteht am günstigsten aus zwei Becken, drei bis fünf Wasserhähnen, einem etwa 200 bis 300 l fassenden, unter der Raumdecke montierten Durchlaufkessel, in dem sich das Wasser auf Raumtemperatur erwärmen kann, ohne dass man eine Wärmequelle braucht.

Ein flaches Becken ist in bequemer Arbeitshöhe installiert, bestehend z. B. aus einer Dusch-Fußwanne auf einem Sockel oder aus einem flachen, aber sehr weiten Betonbecken. Der Ablauf kann in das zweite tiefere Becken geführt werden; dieses ist mit einem Schmutz sammelnden Sieb über dem Ablauf versehen. Neben diesem Becken befindet sich ein Abfluss im Fußboden mit einer Zapfstelle darüber zum Füllen von Eimern oder Gießkannen. Ideal wäre es, könnte der Fußboden um die gesamte Wasseranlage herum ein Schmutz und Wasser sammelndes Becken sein, das mit einem Laufrost abgedeckt ist. Ein ausreichend langer Schlauch zum Reinigen des Arbeitsraumes hängt an einem Haken. Über den zwei Becken sind in ausreichender Höhe je zwei Hähne angebracht, einer für kaltes und einer für vorgewärmtes oder erhitztes Wasser. An dem Warmwasserhahn über dem tiefen Becken befindet sich eine Sprühpistole mit etwa 2,5 m Schlauch. Wenn man sichergehen will, dass der Schlauch mit der Sprühpistole nachts nicht unter Wasserdruck steht, eventuell platzt und alles unbemerkt unter Wasser setzt, kann eine Zuführungssperre, die mit der Ladenbeleuchtung gekoppelt ist, eingebaut werden,

sodass automatisch beim Abschalten einer bestimmten Lichtpartie auch dieser Schlauch ohne Wasserdruck ist (Magnetabsperrventil).

In erreichbarer Höhe über oder neben den Wasserbecken ist ein Wandbrett, auf dem Spritzbälle und Sprühflaschen stehen können. Auch Eimer und Kannen werden in der Nähe untergebracht, z. B. unter dem Pflanztischteil mit Ablaufrost.

Regale

Regale für Gebrauchskeramik sollen unten für die sehr großen Vasen, in Augenhöhe durch schmalere Bretterabstände für kleinere Gefäße und oben wieder für große Gegenstände, die man seltener braucht, eingerichtet sein. Eine betriebssichere, nach DIN-Vorschrift ausgerüstete, doch leichte Leiter ist immer zur Hand. Was in Kartons gelagert wird, muss leicht zu finden sein. Dazu sind die Kartons auf beiden Frontseiten sauber zu beschriften.

Für die Warenannahme sind rollbare Regale (Transportstellagen für Topfpflanzen wie auf dem Großmarkt) vorteilhaft. In Regalen, wo bestellte Werkstücke für die Auslieferung bereitgestellt werden, sind mitunter sehr hohe Teilräume erforderlich. Deshalb ist es ratsam, eine Regalkonstruktion mit leicht herausnehmbaren Böden zu verwenden.

Der Pflanztisch

Ideal ist es, wenn er speziell zum Pflanzen eingerichtet ist, entweder gemauert oder als Eisenkonstruktion mit Platten ausgeführt. Die Arbeitsfläche ist eine sauber verlegte Klinker-, oder eine mit Blech überzogene Holzplatte. Darunter liegen die durch Ziegelmauern oder imprägnierte Holzplatten abgetrennten Nischen für Pflanzerde, Moos, Steine, Wurzelknorren, Borkenstücke u. a. Die Seitenwände der Materialspeicher enden nach vorn mindestens 10 cm zurückversetzt, damit man vor dem Tisch gut stehen kann. Es sind Laufschienen für herausnehmbare Bretter eingebaut, damit man je nach Erdvorrat den Stauraum nach vorn abgrenzen kann.

Zum benachbarten Wasserbecken hin ist ein Teil mit leicht schräger Ablauffläche und Ablaufrinne zum Becken angebaut, mit einem Holzrost darauf,

auf dem die fertig gepflanzten Schalen zum Abputzen und Gießen stehen können. Will man auch auf der Arbeitsfläche einen kleinen Erdvorrat schnell greifbar lagern, so wird auf dem hinteren Drittel des Pflanztisches ein flacher Erdkasten gebaut oder aufgestellt und nach vorn mit einer zementierten schiefen Ebene versehen, sodass man die nicht mehr benötigte Erde einfach in den Kasten fegen kann.

Genügt ein kleinerer Erdvorrat, als in dem Materialbunker unter dem Tisch zu lagern wäre, und will man ohnehin auf die leicht zu Dreckecken werdenden Lagernischen verzichten, so ist es praktisch, wenn man unter der Pflanztischplatte einen angehängten Erdvorratsbehälter hat. Die Tischplatte muss dann auseinander ziehbar sein, sodass man von oben in den Erdkasten greifen kann, nach dem Pflanzen die restliche Erde einfach wieder hineinfegt und die Tischplatte zusammenschiebt.

Werkzeugbrett oder -schrank

Werkzeuge sollen in einem Schrank oder an einem Brett mit aufgemalten Werkzeugumrissen angeordnet sein, sodass man mit einem Blick übersehen kann, ob alles da ist. Eine Werkbank ist auch in der Blumenbinderei gut zu gebrauchen. Zumindest sollten ein anschraubbarer Schraubstock und ein Werkzeugkasten vorhanden sein (siehe Seite 385). Bei jedem Arbeitsplatz sollte eine Werkzeugablage für die notwendigsten Gerätschaften, also zumindest für Schere und Messer vorhanden sein, und wenn sie nur an Ketten unter der Tischplatte befestigt leicht zu greifen vor einem hängen.

Der Aufenthaltsraum

Er gehört zu den so genannten »Nebenräumen«. Die Bezeichnung »Nebenräume« ist nicht wertend aufzufassen. Ein Betrieb ist wie ein Organismus, in dem jeder Teil, auch der kleinste, lebensnotwendig ist. So sind die im Folgenden erwähnten Räume ebenfalls wichtig. Doch sie sind in so mannigfacher Weise individuell zu gestalten oder je nach den Gegebenheiten als Raumteil in die Werkstatt integriert, dass hier nur Grundsätzliches gesagt werden kann.

Der Aufenthaltsraum ist für die im Betrieb Beschäftigten da. In Blumengeschäften kommt er bei der Raumplanung meist zu kurz. Der Platzbedarf zur Lagerung von Material ist nun einmal groß, weshalb viele Betriebe auf einen extra Aufenthaltsraum verzichten. Das kann man auch getrost tun, wenn der Arbeitsraum freundlich, sauber und warm ist und wenn es eine bequeme Sitzecke gibt, in der man in Muße sein Frühstücksbrot verzehren kann.

Die Trennung zwischen Arbeiten und Wohnen ist eine Folge der industriellen Entwicklung; im Grunde nimmt sie uns etwas von der Lebensqualität. Das Blumenfachgeschäft kann dem etwas entgegenwirken, wenn auch der Arbeitsraum wohnliche Atmosphäre hat.

Außerdem gehören alle für die akzeptablen Bedürfnisse der Betriebsangehörigen notwendigen Einrichtungen dazu. Dies sind z. B.: Ein abschließbarer Spind für jeden Angestellten (in kleineren Betrieben genügt eine Raumnische für Ablage von Mänteln und Taschen), ein bequemer Sitz für jeden Mitarbeiter und ein Tisch bzw. eine Abstellfläche, eine Kochgelegenheit oder ein Heißwassergerät bzw. eine Kaffeemaschine, eine Waschgelegenheit, ein Schrank für Tassen und Gläser, ein Bord für Fachbücher und eine Ablage für Fachzeitschriften, falls man diese Einrichtung nicht schon für die Kundenberatungsecke vorgesehen hat. Zur Entspannung gehört u. a. auch die Möglichkeit, Musik hören zu können. Ist beispielsweise eine Musikanlage für den Verkaufsraum eingebaut, sodass leise Musik den Kunden erfreuen und stimulieren kann, dann sollte die Anlage mit getrennt schaltbaren Lautsprechern ausgestattet sein, von denen einer im Aufenthaltsraum steht.

Wenn allerdings Betriebsangehörige eine lange Mittagspause im Betrieb zubringen müssen, wenn Mittagessen aufgewärmt wird und wenn in einem großen Betrieb mehrere gleichzeitig pausieren, dann muss ein extra Raum vorhanden sein, damit die Erholpause nicht durch die Betriebsamkeit anderer gestört wird, damit kein Essensgeruch in den Verkaufsraum dringt und man andererseits auch nicht von der Arbeit abgelenkt wird. Es liegt ganz am Unternehmer. den Arbeitsraum oder den gesonderten Aufenthaltsraum so zu gestalten, dass man sich darin wohl fühlen kann (Wandfarben, Temperatur, Licht, Raumgliederung, Einrichtung u. a.), und es liegt an jedem Mitarbeiter, die Wohnlichkeit durch Sauberkeit und Ordnung zu erhalten oder zu fördern.

Das Büro

Dieser Raum ist für die betriebsleiterische Tätigkeit des Unternehmens wichtig. Es hängt von der Betriebsgröße ab, ob dies ein großer Raum mit Schreibtischen und Aktenschränken oder Computeranlage, Fernschreiber und sonstigen technischen Büroeinrichtungen ist, oder nur ein Klapptisch in der Regalwand des Binderaumes. Auch für kleinere Betriebe ist es ideal, wenn man einen abgetrennten Raum für die Büroarbeit und den »Papierkram« zur Verfügung hat. Es lässt sich dann besser Ordnung halten. Doch heißt das nicht, dass er hinter Türen verschlossen sein muss.

Wenn der Chef floristisch mitarbeitet, wenn tagsüber nicht laufend die Schreibmaschine klappert, wenn auch die Angestellten zwecks Annahme von telefonischen Bestellungen oder Fleurop-Aufträgen das Büro benutzen und eine nette Sitzgruppe für Gespräche mit Kunden zum Büro gehört, so ist es schöner, wenn dieses Büro architektonisch zum Verkaufs- oder Binderaum gehört. Die Trennung kann durch Regalwände und andere Raumteiler geschehen.

Zweckmäßig ist es, wenn dieser Platz eine Übersicht über den Verkaufs- und Arbeitsraum gestattet, doch sollte der Eindruck vermieden werden, dass von dort aus eine Überwachung der Betriebsangehörigen erfolgt.

Die Toilette

Sie wird vielerorts als Abstellplatz oder Kühlraum benutzt, doch ist sie eigentlich auch ein Raum, der letzten Endes der »Erholung« dient. Dies ist zwar eine ungewöhnliche Bezeichnung, aber wozu braucht man sanitäre Einrichtungen, wenn nicht dazu, das Wohlbefinden der Menschen zu fördern? Sauberkeit und Ordnung, Zweckmäßigkeit und freundliche Atmosphäre, ja sogar Bequemlichkeit sind also auch dort erforderlich. Wenn man nicht gerade in einem Großbetrieb arbeitet, in dem es Putzfrauen gibt, wäre es nicht schlecht, die Verantwortlichkeit für diesen Ort nach einem Plan im **Wechsel** auf die Benutzer zu verteilen, damit auch immer Papier, WC-Reiniger, Seife, Handtuch oder Papierhandtücher im Spender, evtl. auch Handkrem usw. vorhanden sind und Sauberkeit herrscht.

Sollte eine Dusche für Betriebsangehörige installiert sein, ist das sicher nicht schlecht, aber in den meisten Fällen wohl ein ungenutzter Luxus.

Lagerräume und Keller

Auf sie soll hier nicht weiter eingegangen werden, doch ein Tipp hilft Zeit zu sparen und sich vor Verlusten zu schützen: Türen mit Schnappschlössern, die man nur aufzudrücken braucht, und Fuß-Lichtschalter oder ein Einschaltsystem, das auf Bewegung reagiert mit einer Ausschaltuhr bei Räumen mit überschaubarer, begrenzter Nutzungsdauer sind eine große Erleichterung, weil man Blumen, Vasen oder anderes nicht erst aus der Hand stellen muss, wenn man die Tür öffnen und den Lichtschalter bedienen will.

Merksätze und Aufgaben siehe nächste Seite

!!!Merksätze

- Alle Räume oder Raumteile sind funktionsgerecht einzurichten, zugleich soll die Raumatmosphäre freundlich, fast wohnlich wirken.
- In allen Räumen muss ständig Ordnung herrschen, denn Unordnung kostet Zeit.
- Die Raumpflege wird vereinfacht durch Abfallrutschen, Fliesenfußboden mit Gefälle, Wasserauffangbecken mit Schmutzfang und Wasserschlauchanschluss.
- Die Arbeit am Tisch wird erleichtert durch Tischplatten in richtiger Arbeitshöhe, höhenverstellbare Hocker, Werkzeugablagen in Greifnähe und blendfreie, schattenfreie Ausleuchtung.
- Für den Umgang mit Erde wird ein spezieller Pflanztisch eingerichtet mit Erdkasten, Materialnischen und Abstellrost mit Wasserablauf darunter.
- Zur Wasseranlage gehören: ein im Boden eingelassenes, begehbares Wasserauffangbecken mit Schmutzfang, ein Tauchbecken für Topfpflanzen, ein Handwaschbecken, je Becken zwei Wasserhähne (warm und kalt), ein Schlauchanschluss mit Sprühpistole, ein Schlauchanschluss zur Raumreinigung, Abstellplatz für Eimer, Kannen, Spülflaschen, Reinigungsmittel und Bürsten.
- Alle Schränke, Regale müssen standfest, unfallsicher und leicht zugänglich sein und sollten so beschriftet sein, dass man schon von außen erkennen kann, was in Schüben, Fächern, Kästen und Containern ist.

???Aufgaben

1. Zeichnen Sie Grundrisse vom Geschäfts- und Arbeitsraum des Betriebes, in dem Sie arbeiten, und überlegen Sie. ob die gegebenen Anordnungen in den Räumen arbeitstechnisch noch zu verbessern wären. Vor allem beachten Sie möglichst kurze Arbeitswege.
2. Beschreiben Sie eine Methode der deutlichen Beschriftung von Containern im Lager (Schreibmittel, evtl. Klebeetiketten. Farbe oder Beschriftung, wo beschriftet usw.).
3. Gehen Sie in drei Blumenfachgeschäfte, bitten Sie darum, in den Arbeitsraum sehen zu dürfen und beachten Sie dort
   a) die Art der Abfallbeseitigung
   b) die Wasseranlage
   c) die Ablagen für Werkzeuge und Hilfsmittel.
   Vergleichen Sie die Beobachtungen und beschreiben Sie die jeweils praktischste Einrichtung.

Teil C
Berufskunde

Eine kurze Berufsgeschichte

1 Vom Blumenbinder zum Floristen

Blumen haben im kulturellen Leben der Menschen immer eine bedeutende Rolle gespielt. Symbole der Freude, der Zuneigung und Liebe, des Sieges und der Trauer waren und sind auch heute noch untrennbar mit Blumen verbunden. Doch so, wie die Blumen und Gebinde zum Leben aller Menschen gehörten, so gingen auch alle mit ihnen um. Vor allem waren es die Frauen, die das Schmücken mit Blumen und das Herstellen von Traditionsgebinden übernahmen. Und so ist es heute noch. Dabei hat das häusliche Blumenbinden einen besonderen Stellenwert im kultivierten Wohnen, in der Rückerinnerung an überliefertes Brauchtum und im Hobbybereich erhalten. Das berufliche Blumenbinden jedoch ist in unserem Lande relativ neu.

Vom Blumenbinder zum Floristen unserer Tage

Während viele Berufe des Handwerks schon vor vielen tausend Jahren bekannt waren und Produkte erstellten, die, ähnlich der Blumen, zum Leben der Menschen gehörten, so ist nur sehr wenig von gewerblichen Blumenbindern überliefert (Vergl. Der Florist 1, Kapitel 3 »Stilkunde«). Als sich im Mittelalter in Deutschland die ersten Zünfte bildeten, in denen sich Handwerksmeister zusammenschlossen, fanden sich in manchen Städten auch kaufmännische Berufe zusammen und gründeten Gilden. Besonders in den Hansestädten sind die kaufmännischen Gilden zum Teil auch heute noch zu finden. Aus dieser Zeit ist uns die Gründung einer Gärtnerzunft in Hildesheim bekannt, die vor einigen Jahren ihr 600-jähriges Bestehen feiern konnte. Gärtner waren es, die über einige Jahrhunderte hinweg den Blumenschmuck anfertigten, der für die vielen Anlässe des Lebens notwendig war. Erst durch die industrielle Entwicklung des letzten Jahrhunderts spaltete sich vom Gartenbau ein eigener Berufsstand ab. Das war die Geburtsstunde unseres Berufes.

Rechts: Abb. 243.
Das Prüfungszeugnis als Gehilfenbrief des VDB von 1928.

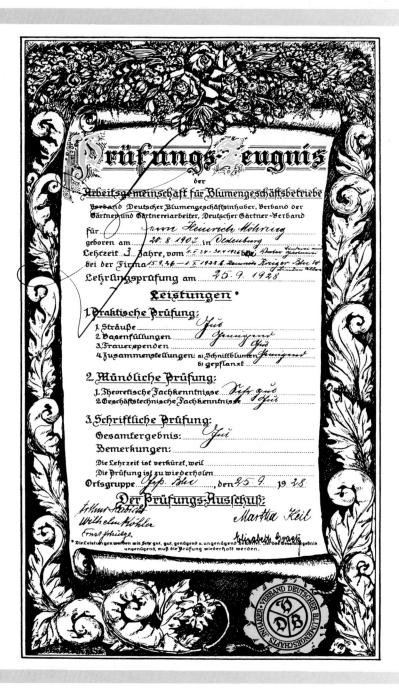

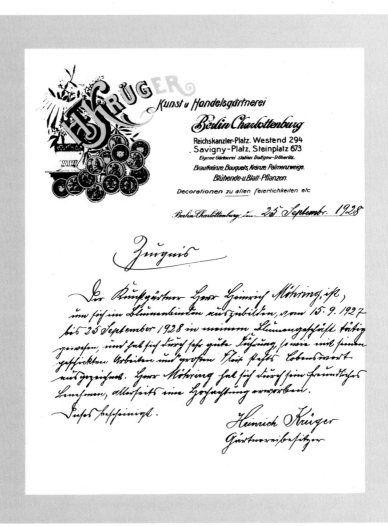

Abb. 244.
Der Briefkopf eines Blumengeschäftes aus den 20er Jahren.

Wie kam es dazu, dass sich die Wege des Gärtners und des Blumenbinders plötzlich trennten? Die Erklärung ist einfach. Die Städte in Deutschland wuchsen, die Industrie lockte viele Menschen vom Lande in die großen Zentren, besonders in den 70er und 80er Jahren des letzten Jahrhunderts herrschte eine rege Bautätigkeit. Noch heute können wir in vielen Großstädten die Bauten der so genannten Gründerzeit bewundern.

Aber für diese Bauten brauchte man Platz, und so mussten Gartenbaubetriebe weichen. Sie siedelten sich an den Rändern der Städte neu an, nur Blumengeschäfte verblieben am oft angestammten Platz. Der Reichtum der Städte, der Wohlstand breiter Bevölkerungsschichten und der dadurch zunehmende Bedarf ließ mancherorts auch die ersten selbstständigen Blumengeschäfte entstehen. So kam es, dass der Blumenbinder sich nicht nur organisatorisch vom Gärtner trennte, es entstand ein gänzlich neuer Beruf. Die Entwicklung dieses Berufes verlief rasant, die modischen »Trends« der Jahrhundertwende verhalfen den Blumenbindern zu einer regelrechten »Blüte« (s. Abb. 244). Der Zusammenschluss der Blumengeschäftsinhaber 1904 zu einem Berufsverband führte zu den ersten offiziellen Lehrabschlussprüfungen, die Lehrlinge nach dreijähriger Lehrzeit in einer Blumenbinderei ablegen konnten (s. Abb. 243) (s. a. Seite 458, Berufsständische Organisationen). 1927 arbeitete der »Verband Deutscher Blumengeschäftsinhaber« erste Lehrpläne aus, die für die Berufsschulen maßgebend sein sollten. Nicht überall gab es Fachklassen für Blumenbinder, das war nur in den großen Städten der Fall. 1928 entstand in Weihenstephan bei Freising der Höhere Lehrgang für Blumenbinderei. Die Weichen für eine Meisterausbildung für Blumenbinder waren gestellt.

Durch die Machtergreifung der Nationalsozialisten in Deutschland wurden Berufsverbände verboten, die Ausbildung verstaatlicht. Aber die Bemühungen, die sich der VDB um die Meisterausbildung gemacht hatte, sollten nicht vergebens gewesen sein. 1936 wurden in Hannover die ersten Meisterprüfungen abgelegt. In Lübeck, Berlin, Breslau und anderen Städten folgten noch weitere Prüfungen, doch mit dem Ausbruch des 2. Weltkrieges war der beruflichen Bildung vorläufig ein Ende gesetzt.

Als 1945 Deutschland in Trümmern lag, waren es erst die großen wirtschaftlichen Schwierigkeiten, die gelöst werden mussten. Der Blumenbau in Gärtnereien war zunächst verboten, Gemüse und Früchte waren wichtiger. Aber schon bald konnten auch wieder die ersten Blumengeschäfte öffnen und Blumenbinder-Lehrlinge bereiteten sich auf ihre Abschlussprüfungen vor. 1951 entstand das erste Berufsbild nach dem Kriege. Diese »Durchführungsverordnung« für die Ausbildung sorgte für nahezu gleiche Bedingungen, schrieb den Betrieben den Lehrstoff vor und regelte die Abschlussprüfungen. Durch ein neues Berufsbild 1967, welches sehr viel umfangreicher und detaillierter die Fertigkeiten und Kenntnisse beschrieb, bekam der Beruf auch eine neue Bezeichnung: Florist.

Die Umbenennung macht deutlich, dass der Beruf sich insbesondere nach dem Krieg sehr verändert hatte. Es war nicht nur mehr das reine Zusammenbinden von Blumen oder das Binden von Kränzen, mit denen man sich in Blumengeschäften beschäftigte Der Einfluss der Meisterschulen, die inzwischen in Friesdorf und Ahlem, später auch in Hamburg und Stuttgart-Hohenheim eingerichtet waren, hinterließ viele positive Spuren im Berufsstand. Ebenso trugen die vom Fachverband Deutscher Floristen durchgeführten Kurzseminare über verschiedene Fachthemen dazu bei, die Blumenbinderei zu verändern. Aus der reinen Zusammenstellung von natürlichen Schmuckmitteln wurde die Gestaltung, die Einflüsse von Form und Farbe wurden wichtiger, technische Materialien hielten Einzug, kurz: es waren keine »Blumenbinder« mehr, die diesen Beruf ausübten. Aus dem englischen Sprachgebrauch übernahm man das Wort »Florist«, um auch deutlich die internationale Bedeutung des Berufes herauszustellen. Viele kritische Stimmen regten sich damals gegen die Umbenennung, doch müssen wir heute feststellen, dass vor allen Dingen allein durch die Namensänderung das Ansehen des Berufes in der Öffentlichkeit beträchtlich gestiegen ist.

Die Aufgaben des Berufes Florist sind zwar im Grunde den Aufgaben der Blumenbinder von damals ähnlich. Freud und Leid liegen so dicht im menschlichen Leben beieinander, Blumen geben Trost und vermitteln Anteilnahme, zeigen Liebe, Achtung und Wertschätzung und erfreuen den Menschen im Alltag und Beruf. Der Florist, wie der Blumenbinder vor 100 Jahren, stellt Kombinationen von Blumen zusammen für all die vielen Anlässe, die sich im Miteinander von Menschen ergeben. Die Ansprüche des Kunden haben sich aber im Laufe der Jahre sehr verändert, Modeeinflüsse, höhere Bedürfnisse, andere Gewohnheiten und natürlich steigende Einkommen waren dabei von entscheidender Bedeutung. Floristen sind zu gefragten Fachleuten geworden, die auch in der Zukunft mehr denn je benötigt werden.

Auch weiterhin wird sich der Beruf ständig verändern. Neue Gestaltungsrichtungen, andere Techniken der Anfertigung, auch andere Vermarktungsformen machen vor den Werkräumen und Läden des Floristen nicht Halt. Noch vor wenigen Jahren schien es undenkbar, dass Floristen sich auch mit der elektronischen Datenverarbeitung beschäftigen, inzwischen stehen schon Computer in manchen Geschäften. Die Frage drängt sich dabei auf: Wie sieht das Berufsbild des Floristen wohl in 100 Jahren aus?

!!!Merksätze

- Obgleich das Blumenbinden eine jahrtausende alte Kunst ist, besteht der Beruf des Blumenbinders/Floristen erst rund 100 Jahre.
- Durch die historische Entwicklung des Berufes und durch die Materie Pflanze, mit der sich der Beruf beschäftigt, zählt man allgemein den Beruf Florist zum »grünen Bereich«. Nach der Verordnung über die Ausbildung zum Beruf des Floristen/der Floristin ist der Beruf ein Querschnittberuf und findet deshalb keine Zuordnung zu einem Berufsfeld.
- Da im Beruf in erster Linie Handel getrieben wird, gehört der Florist heute berufsorganisatorisch zu den Industrie- und Handelskammern.
- Da im Beruf auch handwerkliche Leistungen gefordert sind, ist der Bildungsweg wie im Handwerk in Lehre (Ausbildung), Gehilfen(Abschluss-)prüfung und Meisterprüfung aufgegliedert.

???Aufgaben

1. Wenn Sie Zugang zu alten Meisterbriefen haben, stellen Sie fest, welche Institutionen diese Prüfung abgenommen haben. Finden Sie eine Erklärung für den gefundenen Unterschied im Vergleich zu heute.
2. Erkundigen Sie sich bei Ihrem FDF (Bezirksstelle oder Landesverband), ob es Informationsmaterial über die Entwicklung der Blumenbindereien im entsprechenden Bereich gibt und erbitten Sie es zum Selbststudium.
3. Lesen Sie in Der Florist, Band 1 das Kapitel 38 und im dortigen Literaturverzeichnis und nennen Sie die dort erwähnten Autoren der ersten Lehrbücher für Floristen (Blumenbinder) und die Erscheinungsjahre der Bücher oder andere aus früherer Zeit. Sollten Sie eines dieser Bücher antiquarisch erstehen können, haben Sie ein wertvolles Zeitdokument, aus dem man auch heute noch sehr viel lernen kann.

Die Berufs-ausbildung zum Floristen

Der Beruf des Floristen ist in der Bundesrepublik Deutschland »Ausbildungsberuf«, das heißt, wer ein anerkannter Florist werden möchte, muss eine Ausbildung in einem Betrieb durchlaufen und Prüfungen ablegen. Dies alles ist geregelt. Alle an der Berufsausbildung Beteiligten brauchen deshalb Kenntnisse über die gesetzlichen Grundlagen der Berufsausbildung. Insbesondere ist es wichtig, sich mit den Auswirkungen einzelner Gesetze und den damit zusammenhängenden Rechtsvorschriften für die Ausbildung Florist auseinander zu setzen. Dabei muss man sich beschäftigen mit

1. dem Berufsbildungsgesetz,
2. dem dort vorgeschriebenen Berufsbild, sowie dem Ausbildungsrahmen,
1. mit Zwischen- und Abschlussprüfungsordnungen,
2. mit Fortbildungsmaßnahmen wie Ausbildereignungsprüfung und Floristmeisterprüfung.

Dies alles sind Themen, über die sich auch Auszubildende frühzeitig Gedanken machen, schließlich behandeln sie die Schritte der späteren Berufskarriere. Auszubildende, die schon während der beruflichen »Grundausbildung« über spätere Aufstiegswege informiert sind, werden motiviert, frühzeitig zu lernen, Wissen zu erweitern und zu festigen.

In den folgenden fünf Kapiteln sind die Informationen über die Rechtsgrundlagen der Ausbildung zum Floristen zusammengefasst. Alles Weitere folgt unter dem Thema »Ausbildung und Weiterbildung«.

2 Das Berufsbildungsgesetz

Seit dem 1. September 1969 gilt in der Bundesrepublik Deutschland für alle anerkannten Ausbildungsberufe das Berufsbildungsgesetz, abgekürzt auch BBiG genannt. Dieses Gesetz regelt in seinen wesentlichen Teilen, dass für jeden Ausbildungsberuf ein Berufsbild, ein Ausbildungsrahmenplan sowie Prüfungsanforderungen erstellt werden müssen. Daneben werden in weiteren Abschnitten Einzelheiten über den Ausbildungsvertrag, das Prüfungswesen für Zwischen- und Abschlussprüfungen, Zuständigkeiten berufsständischer Einrichtungen für die Berufsausbildung sowie die berufliche Fortbildung und Umschulung geregelt. Als Lernorte der beruflichen Ausbildung sind der Betrieb und die berufsbildende Schule bestimmt worden. Damit hat der Gesetzgeber der Tatsache Rechnung getragen, dass sich die »Duale Ausbildung« in vielen Jahrzehnten beruflicher Bildung bewährt hat. Alte Begriffe wie »Lehrling« oder »Lehre« sind durch das Gesetz geändert worden. Aus dem Lehrling wurde der Auszubildende, der einstellende Betrieb heißt nun Ausbildender und die für die Ausbildung verantwortliche Fachkraft ist der Ausbilder. Die Industrie- und Handelskammer, eine berufsständische Einrichtung (s. Seite 460), wurde nach Verabschiedung des Gesetzes mit der Überwachung der Ausbildung sowie mit der Durchführung der Prüfungen im gewerblichen und kaufmännischen Bereich, also auch für den Beruf Florist, beauftragt. Für andere Berufe sind andere Kammern mit diesen Aufgaben bestimmt worden, so ist z. B. für den Ausbildungsberuf Gärtner die Landwirtschaftskammer zuständig. Handwerksberufe wie Tischler oder Maler gehören zur Handwerkskammer. Im Berufsbildungsgesetz ist diesbezüglich immer von der »zuständigen Stelle« die Rede.

3 Die Verordnung über die Berufsausbildung zum Floristen/zur Floristin

Bis zum Inkrafttreten dieser Verordnung 1997 gab es das Berufsbild Florist, in dem die Ausbildung zum Florist/zur Floristin geregelt war.

Dieses Berufsbild galt genau 30 Jahre.
Der Beruf Florist/Floristin ist durch die Verordnung staatlich anerkannt, somit sind u. a. Fördermaßnahmen des Arbeitsamtes zur Berufsaus- und -weiterbildung möglich.
Die Regelausbildung beträgt 3 Jahre und endet mit der Abschlussprüfung. Eine Zwischenprüfung hat vor dem Ende des 2. Ausbildungsjahres stattzufinden.
Bestandteil der Verordnung ist u. a. auch das Berufsbild, welches die Art und Tätigkeiten des Berufes umschreibt und die erforderlichen Fähigkeiten und Kenntnisse festlegt, die während der Ausbildungszeit vermittelt und erlernt werden müssen.
In § 3 der Verordnung heißt es dazu:
Gegenstand der Berufsausbildung sind mindestens die folgenden Fertigkeiten und Kenntnisse:

1. Berufsbildung
2. Aufbau und Organisation des Ausbildungsbetriebes
3. Arbeits- und Tarifrecht, Personalwesen
4. Arbeitsschutz, Arbeitssicherheit
5. Umweltschutz,rationelle Energieverwendung
6. Planen von Arbeitsabläufen, Einsetzen und Pflegen von Werkzeugen, Geräten und Maschinen
7. Bestimmen, Einordnen, Versorgen und Pflegen von Pflanzen und Pflanzenteilen
8. Gestalten von Pflanzen- und Blumenschmuck
9. Anwenden berufsbezogener rechtlicher Vorschriften
10. Abgabe von Pflanzenschutzmitteln im Fachhandel
11. Beschaffen und Lagern von Waren
    11.1 Einkauf
    11.2 Warenannahme, Lagerung und Bestandsüberwachung
12. Beratung und Verkauf
    12.1 Verkaufsförderung und -vorbereitung
    12.2 Beraten und Bedienen von Kunden
13. Kaufmännische Steuerung und Kontrolle.

Für den Auszubildenden wie für den Ausbilder ist das Berufsbild eine große Hilfe, denn alle Partner wissen bereits vor und auch während der Ausbildung, welche Lerninhalte Grundlagen der Ausbildung sind. Das Berufsbild ist Bestandteil des Ausbildungsvertrages und somit für alle Vertragspartner rechtlich bindend (s. a. Kap. 4 »Ausbildungsrahmenplan«).

4 Der Ausbildungsrahmenplan und der individuelle Ausbildungsplan

Seit einiger Zeit arbeiten Fachleute an einer neuen Ordnung für den Beruf Florist. Am 6. März 1997 trat die Verordnung über die Berufsausbildung zum Floristen/zur Floristin in Kraft. Sie beinhaltet einen, an die heutigen Anforderungen angepassten Ausbildungsrahmenplan, ein aktualisiertes Berufsbild sowie eine völlig neue Form der Abschlussprüfung.

Der Ausbildungsrahmenplan ist die Grundlage für den individuellen Ausbildungsplan, den der Betrieb für jeden Auszubildenden vor Beginn der Ausbildung zu erstellen hat. In sachlich und zeitlich gegliederter Form wird dort aufgelistet, welche Lerninhalte dem einzelnen Auszubildenden wann und wo vermittelt werden. Dabei sind die unterschiedlichen Voraussetzungen einzelner Auszubildender zu berücksichtigen. Schulabschlüsse oder der Berufsausbildung vorangegangene andere Berufsabschlüsse können unter Umständen eine Ausbildungsverkürzung bedeuten. Die im Ausbildungsrahmenplan vorgegebenen Inhalte müssen dann in einer verkürzten Form vermittelt werden, sodass der individuelle Ausbildungsplan anders als im Normalfall aussehen muss.

Ein konkreter Fall:

Eine Auszubildende im Beruf Florist hat bereits eine Ausbildung zur Gärtnerin erfolgreich abgeschlossen. Auszubildende und Betrieb können nun bei der Industrie- und Handelskammer einen Antrag stellen, die Ausbildungszeit zu verkürzen. Der Grund einer solchen verkürzten Ausbildung ist die umfangreiche Pflanzenkenntnis, die die Gärtnerin in die Zweitausbildung mitbringt. Die Pflanzenkenntnis braucht in der Ausbildung Florist nicht mehr so umfangreich vermittelt zu werden. Ganz ähnlich wird es sein, wenn ein Einzelhandelskaufmann eine Zweitausbildung als Florist beginnt, mit dem Unterschied, dass sein vorhandenes Wissen ein anderes Teilgebiet der Zweitausbildung umfasst.

Die im Berufsbild aufgelisteten Fertigkeiten und Kenntnisse werden im Ausbildungsrahmenplan umfangreich beschrieben. Der Ausbildungsrahmenplan ist, wie der Name ja schon sagt, der Rahmen, der in der Ausbildungszeit gefüllt werden soll. Ausbildender und Ausbilder sowie der Auszubildende haben hier grobe Anhaltspunkte, die eine Selbstkontrolle der Ausbildung für jeden Vertragspartner jederzeit möglich machen. Während der Auszubildende und/oder der Ausbilder diese »Check-Liste« als Gedankenstütze benutzen, um auch alle Einzelheiten zu vermitteln, kann der Auszubildende von Zeit zu Zeit in dieser Auflistung seinen bisherigen Wissensstand kontrollieren.

Hier folgt nun der genaue Text des Ausbildungsrahmenplanes, der zwar Grundlage, aber nicht Bestandteil des Ausbildungsvertrages ist.

Bemerkung: Die kurzen Kapitel C2, 3 und 4 wurden in den Merksätzen und Aufgaben zusammengefasst. Die Aufgliederung in diese Kapitel wurde jedoch vorgenommen, um die wichtigen Begriffe ihrer Bedeutung entsprechend in das Inhaltsverzeichnis aufzunehmen.

Anlage zu Kap. 4. Ausbildungsrahmenplan für die Berufsausbildung zum Floristen/zur Floristin

Abschnitt I

Lfd. Nr.	Teil des Ausbildungsberufsbildes	Fertigkeiten und Kenntnisse, die unter Einbeziehung selbständigen Planens, Durchführens und Kontrollierens zu vermitteln sind	Zeitliche Richtwerte in Wochen im Ausbildungsjahr		
			1	2	3
1	2	3	4		
1	Berufsbildung (§ 3 Nr. 1)	a) Bedeutung des Ausbildungsvertrages, insbesondere Abschluß, Dauer und Beendigung, erklären b) gegenseitige Rechte und Pflichten aus dem Ausbildungsvertrag nennen c) Möglichkeiten der beruflichen Fortbildung nennen d) Bedeutung beruflicher Wettbewerbe und floristischer Veranstaltungen erläutern			
2	Aufbau und Organisation des Ausbildungsbetriebes (§ 3 Nr. 2)	a) Aufbau und Aufgaben des ausbildenden Betriebes und die Stellung am Markt erläutern b) Organisation des ausbildenden Betriebes, wie Einkauf, Verkauf, Dienstleistung und Verwaltung, erklären c) Beziehungen des ausbildenden Betriebes und seiner Belegschaft zu Wirtschaftsorganisationen, Berufsvertretungen, Sozialversicherungsträgern und Gewerkschaften nennen d) Grundlagen, Aufgaben und Arbeitsweise der betriebsverfassungsrechtlichen Organe des ausbildenden Betriebes beschreiben			
3	Arbeits- und Tarifrecht, Personalwesen (§ 3 Nr. 3)	a) Arten und Bestandteile von Arbeitsverträgen unterscheiden b) Rechte und Pflichten aus dem Arbeits- und Tarifvertrag erläutern c) Funktion der Tarifvertragsparteien erläutern d) bei der innerbetrieblichen Zusammenarbeit mitwirken e) Bestandteile von Entgeltabrechnungen erklären und Nettovergütung ermitteln f) Personalpapiere, die im Zusammenhang mit Beginn und Beendigung eines Arbeitsverhältnisses notwendig sind, beschreiben g) betriebliche Arbeitszeitregelungen unter rechtlichen und organisatorischen Gesichtspunkten beschreiben h) Ziele und Aufgaben der Personalplanung, insbesondere des Personaleinsatzes, beschreiben i) Gesichtspunkte für die Einstellung und Beurteilung von Mitarbeitern erläutern	während der gesamten Ausbildung zu vermitteln		
4	Arbeitsschutz, Arbeitssicherheit (§ 3 Nr. 4)	a) Aufgaben des betrieblichen Arbeitsschutzes sowie der zuständigen Berufsgenossenschaften und der Gewerbeaufsicht erläutern b) wesentliche Bestimmungen der für den ausbildenden Betrieb geltenden Arbeitsschutzgesetze nennen c) berufsbezogene Arbeitsschutzvorschriften bei den Arbeitsabläufen anwenden			

Anlage zu Kap. 4. (Fortsetzung)

Abschnitt I

Lfd. Nr.	Teil des Ausbildungsberufsbildes	Fertigkeiten und Kenntnisse, die unter Einbeziehung selbständigen Planens, Durchführens und Kontrollierens zu vermitteln sind	Zeitliche Richtwerte in Wochen im Ausbildungsjahr		
			1	2	3
1	2	3	4		
		d) unfallverursachendes Verhalten sowie berufstypische Unfallquellen und -situationen beschreiben e) Gefahren des elektrischen Stroms beschreiben f) wesentliche Vorschriften über die Feuerverhütung und die Brandschutzeinrichtungen nennen g) Verhalten bei Unfällen beschreiben und Maßnahmen zur Ersten Hilfe einleiten			
5	Umweltschutz, rationelle Energieverwendung (§ 3 Nr. 5)	a) zur rationellen Energie- und Materialverwendung im beruflichen Beobachtungs- und Einwirkungsbereich beitragen b) zur Vermeidung betriebsbedingter Umweltbelastungen beitragen c) Stoffe und Materialien umweltgerecht einsetzen und entsorgen			
6	Planen von Arbeitsabläufen, Einsetzen und Pflegen von Werkzeugen, Geräten und Maschinen (§ 3 Nr. 6)	a) Arbeitsschritte festlegen b) Arbeitsplatz einrichten sowie Material und Arbeitsmittel bereitstellen c) Werkzeuge handhaben d) Geräte und Maschinen unter Berücksichtigung der Bedienungsanleitung und der Sicherheitsvorschriften einsetzen e) Informations- und Kommunikationstechniken anwenden		6	
7	Bestimmen, Einordnen, Versorgen und Pflegen von Pflanzen und Pflanzenteilen (§ 3 Nr. 7)	a) handelsübliche Pflanzen und Pflanzenteile in das botanische System einordnen b) Blütenkalender aufstellen c) Sorten und Herkunft von Pflanzen und Pflanzenteilen erläutern		7	
		d) Lebensvorgänge von Pflanzen unter Berücksichtigung ihrer Ansprüche an die Wachstumsfaktoren fördern e) Pflanzen pflegen f) Schnittwaren entsprechend ihren spezifischen Ansprüchen versorgen		11	
8	Gestalten von Pflanzen- und Blumenschmuck (§ 3 Nr. 8)	a) Gestaltungselemente einsetzen und Gestaltungsregeln anwenden b) Fertigungstechniken ausführen, insbesondere andrahten, stützen, wattieren, abwickeln c) Pränsente und Verpackungen schmücken		5	

Anlage zu Kap. 4. (Fortsetzung)

Abschnitt I

Lfd. Nr.	Teil des Ausbildungsberufsbildes	Fertigkeiten und Kenntnisse, die unter Einbeziehung selbständigen Planens, Durchführens und Kontrollierens zu vermitteln sind	Zeitliche Richtwerte in Wochen im Ausbildungsjahr		
			1	2	3
1	2	3	4		
		d) Pflanzen, Blumen und Werkstoffe dem Verwendungszweck entsprechend auswählen	4		
		e) Sträuße und Gestecke nach den Grundregeln der Gestaltung anfertigen	5		
		f) Girlanden und Kranzkörper binden	2		
		g) Pflanzungen nach den Grundregeln der Gestaltung durchführen	2		
9	Anwenden berufsbezogener rechtlicher Vorschriften; Abgabe von Pflanzenschutzmitteln im Fachhandel (§ 3 Nr. 9)	a) Bedeutung und Ziel des Pflanzenschutzgesetzes und der Pflanzenschutz-Sachkundeverordnung erläutern b) Begriffe des Pflanzenschutzgesetzes, insbesondere integrierter Pflanzenschutz, Pflanzenschutzmittel, Nützlinge, Inverkehrbringen von Pflanzenschutzmitteln, Pflanzenschutzgeräten – nichtgewerblicher Bereich – und Pflanzenstärkungsmitteln, erklären c) Schadbilder an Pflanzen erläutern und Ursachen nennen d) Eigenschaften und Anwendungsverfahren von Pflanzenschutzmitteln erläutern e) Maßnahmen des integrierten Pflanzenschutzes aufzeigen f) Gefahrensymbole erläutern g) Aufgaben, Rechte und Pflichten der Überwachungsstelle beschreiben; örtlich zuständige Behörden nennen h) Vorschriften zum Naturschutz beachten	5		
10	Beschaffen und Lagern von Waren (§ 3 Nr. 10)				
10.1	Einkauf (§ 3 Nr. 10.1)	a) Bedarfsermittlung durchführen b) betriebsinterne und externe Informationen für die Warenbeschaffung nutzen c) Angebote einholen	2		
11	Beratung und Verkauf (§ 3 Nr. 11)				
11.1	Beraten und Bedienen von Kunden (3 Nr. 11.2)	a) Kundengespräche führen b) Waren verpacken und aushändigen c) betriebliche Serviceleistungen anbieten d) Rechnungssumme ermitteln, Kasse bedienen und Zahlungsmittel entgegennehmen	3		

Anlage zu Kap. 4. (Fortsetzung)

Abschnitt II

Lfd. Nr.	Teil des Ausbildungsberufsbildes	Fertigkeiten und Kenntnisse, die unter Einbeziehung selbständigen Planens, Durchführens und Kontrollierens zu vermitteln sind	Zeitliche Richtwerte in Wochen im Ausbildungsjahr		
			1	2	3
1	2	3	4		
1	Planen von Arbeitsabläufen, Einsetzen und Pflegen von Werkzeugen, Geräten und Maschinen (§ 3 Nr. 6)	a) Werkzeuge, Geräte und Maschinen einsatzbereit halten	2		
		b) Arbeitszeiten und -ergebnisse festhalten		2	
		c) Arbeitsplanung kontrollieren und Ergebnisse bewerten			2
2	Bestimmen, Einordnen, Versorgen und Pflegen von Pflanzen und Pflanzenteilen (§ 3 Nr. 7)	a) handelsübliche Pflanzen und Pflanzenteile in das botanische System einordnen sowie deutsche und botanische Bezeichnungen anwenden		3	
		b) Handelszeiten von Pflanzen und Pflanzenteilen erläutern			2
3	Gestalten von Pflanzen- und Blumenschmuck (§ 3 Nr. 8)	a) handwerkliche und gestalterische Vorgehensweise unter Berücksichtigung ökologischer und wirtschaftlicher Gesichtspunkte planen		5	
		b) Sträuße und Gestecke, insbesondere unter Berücksichtigung des Werkstoffes, des Anlasses, der Saison und der Form, gestalten	8		
		c) Hochzeitsfloristik, insbesondere Brautschmuck, anfertigen			4
		d) Kränze und Girlanden, insbesondere unter Berücksichtigung des Werkstoffes, des Anlasses, der Saison und der Arbeitstechniken, gestalten		4	
		e) Trauerfloristik, insbesondere Sarg- und Urnenschmuck sowie Trauergebinde, unter Berücksichtigung der regionalen Friedhofsverordnungen anfertigen			5
		f) Pflanzen unter Berücksichtigung ihrer Eigenschaften und Pflegeansprüche in Gefäße arrangieren		2	
		g) unterschiedliche Pflanzsysteme für Raumbegrünung beschreiben			2
		h) Raumschmuck unter Berücksichtigung von Stilarten, Raumgröße und Lichteinwirkung planen und skizzieren		3	
		i) Raumschmuck für verschiedene Anlässe ausführen			4
		k) Tische für verschiedene Anlässe schmücken		3	

Anlage zu Kap. 4. (Fortsetzung)

Abschnitt II

Lfd. Nr.	Teil des Ausbildungsberufsbildes	Fertigkeiten und Kenntnisse, die unter Einbeziehung selbständigen Planens, Durchführens und Kontrollierens zu vermitteln sind	Zeitliche Richtwerte in Wochen im Ausbildungsjahr		
			1	2	3
1	2	3	4		
4	Anwenden berufsbezogener rechtlicher Vorschriften; Abgabe von Pflanzenschutzmitteln im Fachhandel (§ 3 Nr. 9)	a) Vorschriften für die Abgabe von Pflanzenschutzmitteln gemäß Pflanzenschutz-Sachkundeverordnung anwenden, insbesondere aa) Kunden über die Anwendung von Pflanzenschutzmitteln und die damit verbundenen Gefahren unterrichten bb) Schutzmaßnahmen zur Vermeidung gesundheitlicher Gefahren bei der Anwendung von Pflanzenschutzmitteln und Sofortmaßnahmen bei Unfällen beschreiben cc) Verhütung schädlicher Auswirkungen von Pflanzenschutzmaßnahmen auf Mensch, Tier und Naturhaushalt beschreiben dd) Pflanzenschutzmittel sachgerecht lagern und beseitigen sowie Kunden entsprechend beraten b) Vorschriften zum Artenschutz von Pflanzen anwenden		6	
5	Beschaffen und Lagern von Waren (§ 3 Nr. 10)				
5.1	Einkauf (§ 3 Nr. 10.1)	a) Angebote hinsichtlich Art, Beschaffenheit, Qualität, Menge, Preis, Lieferzeit, Liefer- und Zahlungsbedingungen sowie Umweltverträglichkeit von Ware und Verpackung vergleichen b) gesetzliche und branchenspezifische Regelungen für Lieferungen und Zahlungen berücksichtigen c) Einkauf durchführen; Liefertermine überwachen		4	
5.2	Warenannahme, Lagerung und Bestandsüberwachung (§ 3 Nr. 10.2)	a) Waren annehmen sowie auf Beschaffenheit, Art, Menge und Preis überprüfen b) Mängel und Schäden feststellen und beurteilen sowie erforderliche Maßnahmen einleiten; Ware weiterleiten c) Wareneingänge erfassen d) Transportverpackungen unter Berücksichtigung der Rücknahme- und Verwertungspflichten nach der Verpackungsverordnung umweltgerecht entsorgen e) Waren entsprechend ihren Ansprüchen lagern		2	
		f) beim Erstellen und Führen von Warenstatistiken mitwirken g) durchschnittlichen Lagerbestand, Umschlaghäufigkeit und Lagerdauer beispielhaft berechnen h) wirtschaftliche Überlegungen zur Zusammensetzung und Höhe des Lagerbestandes darlegen			3

Anlage zu Kap. 4. (Fortsetzung)

Abschnitt II

Lfd. Nr.	Teil des Ausbildungsberufsbildes	Fertigkeiten und Kenntnisse, die unter Einbeziehung selbständigen Planens, Durchführens und Kontrollierens zu vermitteln sind	Zeitliche Richtwerte in Wochen im Ausbildungsjahr		
			1	2	3
1	2	3	4		
6	Beratung und Verkauf (§ 3 Nr. 11)				
6.1	Verkaufsförderung und -vorbereitung (§ 3 Nr. 11.1)	a) Aufgaben zur Warenpräsentation und -dekoration ausführen	3		
		b) Erscheinungsbild des Betriebes als Werbeträger beurteilen c) Verkaufsfähigkeit der Ware prüfen, nichtverkaufsfähige Ware zur weiteren Verwendung aufbereiten oder umweltgerecht entsorgen d) Vollständigkeit des Warenangebotes im Verkaufsbereich prüfen und fehlende Ware ergänzen e) Verkaufspreise nach dem betrieblichen Kalkulationsschema ermitteln f) Waren auszeichnen		4	
		g) an Werbemaßnahmen und Sonderaktionen mitwirken, Erfolgskontrolle durchführen h) bei der Sortimentsgestaltung mitwirken, Entscheidungsgründe darstellen			3
6.2	Beraten und Bedienen von Kunden (§ 3 Nr. 11.2)	a) Kunden unter Berücksichtigung von Kaufmotiven und Kundenwünschen beraten b) Kunden über ökologisch sinnvolle Produkte und Verhaltensweisen informieren		6	
		c) Verkaufsgespräche kundenbezogen und situationsgerecht unter Berücksichtigung angemessener sprachlicher und nichtsprachlicher Ausdrucksmöglichkeiten führen d) Kunden über Eigenschaften und Qualitätsmerkmale von Waren sowie deren Verwendung und Pflege informieren e) Zusatzartikel anbieten f) Qualitäts- und Preisunterschiede begründen g) Reklamationen entgegennehmen und Lösungen anbieten			11
7	Kaufmännische Steuerung und Kontrolle (§ 3 Nr. 12.)	a) Rechnung mit Lieferschein vergleichen und bei Abweichungen betriebsübliche Maßnahmen ergreifen b) bei der Abwicklung des Zahlungsverkehrs mitwirken c) beim Schriftverkehr mitwirken	3		

Anlage zu Kap. 4. (Fortsetzung)

Abschnitt II

Lfd. Nr.	Teil des Ausbildungsberufsbildes	Fertigkeiten und Kenntnisse, die unter Einbeziehung selbständigen Planens, Durchführens und Kontrollierens zu vermitteln sind	Zeitliche Richtwerte in Wochen im Ausbildungsjahr		
			1	2	3
1	2	3	4		
		d) betriebliche Steuern und Abgaben nennen e) bei Inventuren mitwirken, Gründe für Inventurdifferenzen aufzeigen f) betriebliche Leistungskennziffern, insbesondere Lagerumschlag, Umsatz pro Mitarbeiter, Umsatz pro qm Verkaufsfläche, an Beispielen errechnen und ihre Bedeutung als Instrument kaufmännischer Planung, Steuerung und Kontrolle erläutern g) Kasse abrechnen, Kassenberichte erstellen und im Hinblick auf verschiedene Kennzahlen auswerten h) bei vorbereitenden Arbeiten für die Buchführung mitwirken i) über die Anwendung von Ergebnissen der Erfolgsrechnung im Ausbildungsbetrieb Auskunft geben k) Möglichkeiten der Übertragung von Aufgaben des Rechnungswesens auf andere Dienstleistungseinrichtungen aufzeigen l) betriebliche Risiken und Versicherungsmöglichkeiten beschreiben, bei der Abwicklung eintretender Versicherungsfälle mitwirken			8

!!!Merksätze

- Das Berufsbildungsgesetz (BBiG) gilt für alle anerkannten Ausbildungsberufe.
- Berufsbild, Ausbildungsrahmenplan und Prüfungsanforderungen sind im Berufsbildungsgesetz für alle Ausbildungsberufe vorgeschrieben.
- Die zuständige Stelle für die Berufsausbildung der Floristen ist die Industrie- und Handelskammer.
- Das Berufsbild Florist beschreibt die Kenntnisse und Fertigkeiten, die ein Auszubildender erlernen muss.
- Der Ausbildungsrahmenplan enthält die wesentlichen Lerninhalte des Berufes.
- Der individuelle Ausbildungsplan ist ein auf einen bestimmten Auszubildenden zugeschnittener Plan, der in zeitlicher und sachlicher Gliederung vom Betrieb erstellt werden muss. Er ist Bestandteil des Ausbildungsvertrages.

???Aufgaben

1. Vergleichen Sie Ihren individuellen Ausbildungsplan mit dem Ausbildungsrahmenplan und dem Berufsbild. Stellen Sie fest, wo Ihr Ausbildender für Ihre Ausbildung besondere Schwerpunkte gesetzt hat.
2. Listen Sie auf, welche Lerninhalte Sie bereits beherrschen, welche Lerninhalte Sie noch nicht in vollem Umfange beherrschen und welche Lerninhalte bis zum Ende Ihrer Ausbildungszeit noch vermittelt werden müssen.
3. Stellen Sie die Adresse der für Ihre Ausbildung zuständigen Industrie- und Handelskammer fest.

5 Der Ausbildungsvertrag

Vor Beginn der Ausbildung wird zwischen dem Auszubildenden und dem Ausbildenden (Betrieb) der Ausbildungsvertrag geschlossen. Ist der Auszubildende noch minderjährig, so müssen auch die Erziehungsberechtigten den Vertrag unterschreiben.

Für den Vertrag schreibt das Berufsbildungsgesetz verschiedene Mindestinhalte vor, die im Vertragsvordruck der Industrie- und Handelskammer berücksichtigt sind. Die Kammer muss, nachdem der Vertrag geschlossen ist, diesen anerkennen und in das Verzeichnis der Ausbildungsverhältnisse eintragen. Das ist sehr wichtig, denn Auszubildende, deren Vertrag nicht eingetragen ist, können an vorgeschriebenen Zwischen- und Abschlussprüfungen nicht teilnehmen. Kosten, die durch die Eintragung entstehen, trägt der Ausbildungsbetrieb.

Der Ausbildungsbetrieb

Die Industrie- und Handelskammer, die für den Beruf Florist die zuständige Stelle ist, muss vor einem Vertragsabschluss prüfen, ob ein Betrieb nach Art und Einrichtung geeignet ist, eine Berufsausbildung vorzunehmen. Auch während der Ausbildung überwacht die Kammer den Ausbildungsbetrieb.

Ein Blumengeschäft muss, will es Auszubildende einstellen, Gewähr leisten, dass alle im Berufsbild aufgeführten Tätigkeiten vermittelt werden können. Wenn aus irgendeinem Grunde einzelne Kenntnisse und Fertigkeiten nicht vermittelt werden können, so hat der Betrieb Vorsorge zu treffen, dass der Auszubildende diese Tätigkeiten in einem anderen Betrieb oder durch Lehrgänge und Seminare erlernen kann. Im Ausbildungsvertrag ist in diesem Fall ein besonderer Zusatz vorzunehmen.

Die Ausbildung im Betrieb wird von einem Ausbilder vorgenommen, der die Kenntnisse und Fertigkeiten vermittelt. Dies kann der Betriebsinhaber selber oder eine beauftragte Fachkraft sein. Der Ausbilder muss die fachliche Qualifikation nachweisen, d. h., er muss in unserem Fall Florist sein. Außerdem muss der Ausbilder Kenntnisse der Berufs- und Arbeitspädagogik nachweisen.

Das Berufsbildungsgesetz schreibt dafür die Ausbildereignungsprüfung vor, die von der Industrie- und Handelskammer durchgeführt wird.

Die Probezeit

Im Ausbildungsvertrag muss eine Probezeit vereinbart werden, das schreibt das Berufsbildungsgesetz vor. Die Probezeit muss mindestens einen Monat und darf höchstens drei Monate betragen. Während der Probezeit soll der Betrieb die Möglichkeit haben, den Auszubildenden auf seine Berufseignung zu prüfen.

Der Auszubildende soll in dieser Zeit ebenfalls prüfen, ob der gewählte Beruf auch tatsächlich seinen Erwartungen und Neigungen entspricht. Durch geeignete Arbeitsproben kann ein Ausbilder eine Berufseignung gut feststellen. Andrahtproben, die Warenbehandlung, das Anschneiden von Blumen, die ersten kleinen gebundenen Sträuße und das Verpacken von Topf- und Schnittblumen sind erste Handhabungen, die ein Auszubildender erlernt.

Der Auszubildende kann dabei ebenso feststellen, ob diese täglichen Tätigkeiten dem entsprechen, was er sich unter dem Beruf Florist vorgestellt hat. Natürlich spielen auch ganz persönliche Erfahrungen des Auszubildenden eine große Rolle, ob das Ausbildungsverhältnis über die Probezeit hinaus fortgesetzt wird. Das Betriebsklima, die Arbeitskollegen, der Ausbilder, auch die Betriebsräume und die betrieblichen Einrichtungen sind für einen jungen Menschen wichtige Kriterien, ob er sich wohl fühlt. Während der Probezeit kann ein Ausbildungsvertrag ohne Angabe von Gründen jederzeit gekündigt werden. Da der schriftlich geschlossen wurde, muss auch schriftlich gekündigt werden. Nach der Probezeit kann der Vertrag nur unter ganz bestimmten Bedingungen gekündigt werden.

Beendigung und Kündigung des Ausbildungsvertrages

Nach der Probezeit kann der Ausbildungsvertrag nur gekündigt werden
1. im gegenseitigen Einvernehmen,
2. wenn ein wichtiger Grund vorliegt (siehe unten),
3. wenn der Auszubildende die Ausbildung beenden will, um einen anderen Ausbildungsberuf zu ergreifen, oder wenn er die Berufsausbildung ganz aufgeben will,
4. bei Aufgabe oder Übertragung des Betriebes, bei Konkurs oder Verlegung des Betriebes an einen anderen Ort.

Ein wichtiger Grund der Kündigung, wie ihn das Berufsbildungsgesetz vorsieht, sind z. B. kriminelle Verfehlungen eines Vertragspartners gegenüber dem anderen. Aber auch Pflichtverletzungen, die sich aus den im nächsten Kapitel besprochenen Verpflichtungen aus dem Vertrag ergeben, können ein Grund sein, den Vertrag zu kündigen. Das Ausbildungsverhältnis wird mit dem Ablauf des Vertrages beendet. Besteht der Auszubildende die Abschlussprüfung bereits vor Ablauf des Vertrages, so endet das Ausbildungsverhältnis mit Bestehen der Prüfung. Das trifft in unserem Beruf sehr häufig zu, da der letzte Teil der Prüfung oft bereits einige Wochen vor dem regulären Ablauf aller in dem Jahr ablaufenden Verträge liegt. Besteht der Auszubildende die Prüfung nicht, so endet der Vertrag mit dem festgelegten Vertragsende. Nur auf Verlangen des Auszubildenden kann die Ausbildung bis zum nächsten Prüfungstermin verlängert werden.

!!!Merksätze
- Der Ausbildungsvertrag wird vom Ausbildenden (Betrieb) und vom Auszubildenden geschlossen. Erziehungsberechtigte müssen den Vertrag mitunterschreiben, wenn der Auszubildende noch minderjährig ist.
- Der Ausbildungsvertrag muss von der Industrie- und Handelskammer anerkannt werden und in das Verzeichnis der Ausbildungsverhältnisse eingetragen werden.
- Ausbilder müssen der Industrie- und Handelskammer nachweisen, dass sie die notwendigen Fachkenntnisse besitzen und eine Ausbildereignungsprüfung abgelegt haben.
- Die Probezeit muss mindestens einen Monat und darf höchstens drei Monate betragen. Diese Zeit ist vorgesehen, damit Auszubildende und Ausbildende die Möglichkeit haben, eine Berufseignung festzustellen.

- Der Ausbildungsvertrag kann während der Probezeit von den Vertragspartnern ohne Angabe von Gründen jederzeit gekündigt werden. Nach der Probezeit ist der Vertrag nur unter bestimmten Voraussetzungen kündbar.
- Der Ausbildungsvertrag endet mit Bestehen der Abschlussprüfung. Besteht der Prüfling nicht, so endet der Vertrag mit dem festgelegten Datum.

???Aufgaben

1. Diskutieren Sie im Kreis Ihrer Mitschüler den Sinn der Probezeit und konzentrieren Sie sich dabei besonders auf die Themen: »Sinnvolle Arbeiten der Floristen in der Probezeit« und »Meine ersten Eindrücke im Beruf des Floristen«.
2. Erklären Sie, welche Auswirkungen eine vorzeitig abgelegte und bestandene Abschlussprüfung eines Auszubildenden hinsichtlich des Vertragsendes hat. Bedenken Sie dabei die rechtliche Situation.
3. Nennen Sie drei Gründe, die eine Vertragskündigung während der Ausbildung rechtfertigen.

6 Rechte und Pflichten

Mit den Unterschriften unter dem Vertrag haben der Auszubildende und der Ausbildende bestimmte Rechte und Pflichten übernommen, die nun im Zusammenhang behandelt werden sollen. Die Rechte und Pflichten beider Partner sind im Vertrag genau beschrieben, sodass sie hier zunächst einmal aufgelistet werden sollen:

Pflichten des Ausbildenden (Betrieb):

1. Ausbildungspflicht
2. Bereitstellung von Ausbildungsmitteln
3. Freistellung des Auszubildenden zur Berufsschule und zu Prüfungen
4. Sorgepflicht
5. Übertragung von ausbildungsbezogenen Tätigkeiten
6. Verpflichtung, dem Auszubildenden eine Vergütung zu zahlen, ihn zur Zwischen- und Abschlussprüfung anzumelden, ihm Urlaub zu gewähren und ihm ein Zeugnis zu erstellen.

Pflichten des Auszubildenden:

1. Lernpflicht
2. Pflicht zur Teilnahme am Berufsschulunterricht
3. Weisungsgebundenheit
4. Pflicht, die Betriebsordnung zu beachten
5. Sorgfaltspflicht
6. Schweigepflicht
7. Pflicht, ein Berichtsheft zu führen
8. Benachrichtigungspflicht
9. Pflicht, vorgeschriebene ärztliche Untersuchungen durchführen zu lassen (nur Auszubildende unter 18 Jahren).

Diese Pflichten, die der Betrieb und der Auszubildende übernommen haben, sind gleichzeitig die Rechte des jeweiligen anderen Partners. Z. B. ist der Ausbildungsbetrieb verpflichtet, die Ausbildung auch tatsächlich vorzunehmen, darauf hat der Auszubildende ein Recht. Beide Partner des Vertrages müssen demnach ihre Pflichten genau kennen, damit es zu keinen Störungen in der Ausbildung kommt.

Ausbildungs- und Lernpflicht

Im schon besprochenen Berufsbild und dem Ausbildungsrahmenplan sind alle Kenntnisse und Fertigkeiten aufgeschrieben, die der Betrieb dem
Auszubildenden vermitteln muss. Auszubildende
und Ausbilder können anhand der Liste und auch
am individuellen Ausbildungsplan jederzeit genau
feststellen, was in der verbliebenen Ausbildungszeit noch zu vermitteln ist. Alle vorgeschriebenen
Kenntnisse und Fertigkeiten sind ja auch die
Grundlage der Zwischen und Abschlussprüfung.
Der Auszubildende hat die Verpflichtung übernommen, diese Ausbildungsinhalte zu erlernen.
Beide Partner, Ausbilder (Ausbildender) und Auszubildender, können nicht von sich aus einfach
auf einzelne Teile des Ausbildungsplanes verzichten, nur weil der eine diesen Teil nicht vermitteln
kann oder der andere die Bedeutung dieses Teiles
nicht sieht und sich weigert, ihn zu erlernen.

Bereitstellung von Ausbildungsmitteln und die Sorgfaltspflicht

Während der Ausbildung wird dem Auszubildenden alles notwendige Material, welches zur Ausbildung und zu den Prüfungen benötigt wird, kos-
tenlos vom Betrieb zur Verfügung gestellt. Diese
Verpflichtung ist der Betrieb eingegangen. Der
Auszubildende hat mit dem ihm anvertrauten Material sowie mit Werkzeugen und Maschinen sorgfältig umzugehen. Bei häufig vorkommenden
Fahrlässigkeiten oder Unachtsamkeiten sowie bewusst mangelnder Sorgfalt beim Arbeiten mit
Ware oder Maschinen kann der Betrieb nach einer Ermahnung den Auszubildenden gegebenenfalls haftbar machen.

Berufsschulpflicht

Natürlich muss der Auszubildende am Berufsschulunterricht teilnehmen, da ein großer Teil des
theoretischen Stoffes in der Berufsschule behandelt wird. Diese Schulpflicht ergibt sich schon
aus den Schulgesetzen der einzelnen Bundeslän-
der. Der Betrieb stellt den Auszubildenden für
den Berufsschulunterricht von der Arbeit frei.
Aber was ist, wenn der Berufsschulunterricht aus-
fällt? Oder was ist in den Ferien? Da der Betrieb

den Auszubildenden »zum Unterricht freistellt«,
Unterricht aber nicht stattfindet, wird an den un-
terrichtsfreien Tagen im Betrieb normal ausgebildet. Das »Freistellen« bedeutet aber auch, dass
der Betrieb nicht ohne weiteres aus »betrieblichen
Gründen« den Auszubildenden einfach von der
Berufsschule fernhalten darf. Die Berufsschule ist
verpflichtet, bei unentschuldigtem Fehlen eines
Auszubildenden den Betrieb zu informieren.

Die Sorgepflicht

Oft wird vom Auszubildenden nicht ganz klar
verstanden, was es mit der Sorgepflicht des Ausbildenden auf sich hat. Eigentlich müsste es »Für-
sorgeverpflichtung« heißen, das wäre ein ver-
ständlicherer Begriff. Der Betrieb und damit der
Betriebsleiter oder Inhaber verpflichten sich mit
der Vertragsunterschrift, dass der Auszubildende
sittlich und körperlich nicht gefährdet und charakterlich gefördert wird. Diese soziale Verpflichtung hat ein Betrieb oder dessen Inhaber auch gegenüber allen anderen Betriebsangehörigen. Ver-
stöße gegen diese Vertragsvorschrift können unter
Umständen zum Entzug der Ausbildungsberechti-
gung führen.

Ausbildungsbezogene Tätigkeiten

Dass der Auszubildende nur dadurch eine floristische Fertigkeit erlangen kann, indem er mehrfach
übt und bereits Geübtes durch Wiederholungen
festigt, versteht sich von selbst. Oft ist aber auch
von »ausbildungsfremden« Arbeiten die Rede, mit
denen Auszubildende während der Ausbildung
beschäftigt werden. Es stellt sich dabei natürlich
zunächst die Frage: Was sind ausbildungsfremde
Tätigkeiten? Oder anders: Welches sind die Tätigkeiten, die mit der Ausbildung zu tun haben? Zu
welchem Bereich gehört das Aufräumen und Säubern des Arbeitsplatzes? Gehört es auch zu den
Aufgaben des Floristen, Ware an Kunden zuzu-
stellen? Eigentlich lässt sich jede dieser Fragen
sehr schnell mit dem Inhalt des Berufsbildes und
des Ausbildungsrahmenplanes beantworten. Jede
Tätigkeit, die dort verzeichnet ist, gehört zur Ausbildung. Natürlich gehört auch das Aufräumen
und Saubermachen des Arbeitsplatzes zu den täglichen Aufgaben des Floristen. Da er auch mit

dem Verkauf zu tun hat, muss auch der Verkaufsraum sauber gehalten werden, denn das Hantieren mit Blumen und Pflanzen verursacht
Schmutz. Die Zustellung von Blumen gehört
ebenfalls zu den Tätigkeiten des Floristen. Genau
genommen schließt sie den Verkaufsvorgang ab.
Allerdings dürfen durch solche Nebenarbeiten
nicht die anderen wichtigen Ausbildungsinhalte
vergessen werden.

Die Ausbildungsvergütung und der Urlaub

Der Ausbildungsbetrieb zahlt dem Auszubildenden eine Vergütung. Im Berufsbildungsgesetz
heißt es, dass sie angemessen sein muss. Darunter
ist zu verstehen, dass mindestens die Vergütungssätze gezahlt werden, die im Lohntarif für Floristen zwischen den Tarifpartnern festgelegt worden
sind (s. Kap. Arbeitsrecht 2. Teil). Steigen
während der Ausbildungszeit die tariflich vereinbarten Vergütungen, wird die Vergütung des Auszubildenden angehoben.
Der Urlaub, der dem Auszubildenden während eines Kalenderjahres zusteht, wird auf Grund des
Bundesurlaubsgesetzes und gegebenenfalls nach
dem Jugendarbeitsschutzgesetz gegeben. Das Le-
bensalter des Auszubildenden spielt bei der Be-
messung des Urlaubs eine wichtige Rolle. Der Urlaub soll möglichst während der Berufsschulferien
genommen werden. Urlaub dient der Erholung,
daher ist eine Erwerbstätigkeit während des Urlaubs nicht gestattet.Nach Abschluss der Ausbildung ist der Betrieb verpflichtet, dem Auszubildenden ein Zeugnis auszustellen. Dieses Zeugnis
muss Angaben enthalten über Art, Dauer und
Ziel der Ausbildung sowie über erworbene Fertigkeiten und Kenntnisse. Wenn der Auszubildende
es verlangt, muss der Betrieb auch Angaben über
Führung und Leistung sowie über besondere
fachliche Fähigkeiten des Auszubildenden in das
Zeugnis aufnehmen. Dabei muss sich der Ausstel-
ler eines Zeugnisses an die Wahrheit halten. »Ge-
fälligkeitszeugnisse« sind verboten.

Die Schweigepflicht

Der Auszubildende hat sich im Vertrag verpflichtet, über Betriebsgeheimnisse zu schweigen. Sehr
oft wird diese Verpflichtung nicht ernst genug ge-

nommen. Kundennamen, Lieferantennamen, auch
Umsatz- oder Kundenzahlen, Verfahren der Anfertigung, Einkaufs- oder Verkaufspreise von Waren oder Lieferungen, all dies sind Geheimnisse
des Betriebes, über die der Auszubildende Dritten
gegenüber zu schweigen verpflichtet ist. Auch im
Berufsschulunterricht oder in den Pausen darf
über diese Themen nicht gesprochen werden.

Anweisungen und Betriebsordnung

Der Ausbildende muss dem Lernenden Anweisungen für seine Tätigkeiten geben. Auch andere
Mitarbeiter können vom Betriebsleiter beauftragt
werden, Anweisungen zu erteilen. Der Auszubildende hat diesen Anweisungen zu folgen, dazu
hat er sich verpflichtet. Natürlich müssen die Anweisungen im Rahmen der Ausbildung gegeben
werden und der Ausbildung dienen.
Für viele Betriebe gibt es keine geschriebene Betriebsordnung, wie sie in Großbetrieben üblich
ist. Der oder die Inhaber eines Betriebes sind be-
rechtigt, eine solche Betriebsordnung auch mündlich auszusprechen. So kann ein mündlich ausge-
sprochenes Rauchverbot Bestandteil einer Betriebsordnung sein. Die Arbeitszeiten gehören
ebenfalls zur Betriebsordnung. Sind sie nirgends
schriftlich festgelegt, so genügt auch der Hinweis:
»Wir fangen morgens um 8 Uhr an!« Allerdings
muss einschränkend gesagt werden, dass für Jugendliche im »Verzeichnis der Jugendlichen« die
Arbeitszeit genau festgelegt werden muss. Dieses
Verzeichnis ist im Betrieb an geeigneter Stelle
auszuhängen.

Die ärztlichen Untersuchungen

Das Jugendarbeitsschutzgesetz schreibt vor, dass
Jugendliche vor einer Berufsausbildung ärztlich
daraufhin untersucht werden müssen, ob sie für
den gewählten Beruf gesundheitlich geeignet sind.
Eine Nachuntersuchung soll ergeben, ob sich
während des ersten Ausbildungsjahres gesundheitliche Schäden gezeigt haben oder ob der Jugendliche die Ausbildung ohne Bedenken fortsetzen
kann. Für den Auszubildenden sind diese Untersuchungen, die jeder praktische Arzt vornimmt, kostenfrei. Sie müssen durchgeführt werden; dieses
steht als Verpflichtung im Ausbildungsvertrag.

Das Berichtsheft

Mit Beginn der Ausbildung bekommt der Auszubildende ein Berichtsheft, welches in der Ausbildungszeit geführt werden muss (s. Seite 444).
Das Berichtsheft muss dem Ausbildenden oder dem Ausbilder regelmäßig gezeigt werden. Es muss selbstverständlich auch regelmäßig geführt werden. Zur Abschlussprüfung ist das Berichtsheft der Industrie- und Handelskammer und dem Prüfungsausschuss vorzulegen, da einem Auszubildenden andernfalls die Zulassung zur Prüfung verwehrt werden kann.

Arbeitsrechtliche Fragen während der Ausbildungszeit

Alle bisher beschriebenen Rechtsverhältnisse, die sich durch den Ausbildungsvertrag ergeben, scheinen sehr kompliziert zu sein. Für den Auszubildenden klingen sie manchmal recht abstrakt, sodass manche sich gar nicht erst damit beschäftigen. Die wenigen Darstellungen haben aber gezeigt, dass sich jeder Beteiligte an der Ausbildung, auch der Auszubildende, mit den übernommenen Pflichten auseinander setzen muss. Missverständnisse können leicht entstehen. Besser ist es, ihnen vorzubeugen. Das geht aber nur, wenn man den Inhalt des Vertrages auch versteht.
Fühlt sich ein Auszubildender trotzdem einmal in seinen Rechten beschränkt oder beschnitten, dann hilft am sichersten ein klärendes Gespräch mit dem Ausbildenden oder dem Ausbilder. Bei sehr schwierigen Problemen sollten im Bedarfsfall auch die Erziehungsberechtigten an diesem Gespräch teilnehmen.
Kommt man dabei zu keiner einvernehmlichen Lösung, so hat die Industrie- und Handelskammer dafür Mitarbeiter eingestellt.
Der Ausbildungsberater bzw. die Ausbildungsberaterin hat die Aufgabe, in allen Fragen der Ausbildung beiden Vertragspartnern, also dem Auszubildenden und dem Ausbildenden zur Verfügung zu stehen. Arbeitsrechtliche Streitigkeiten, die während einer Berufsausbildung entstehen, sind zunächst dem Schlichtungsausschuss der Industrie- und Handelskammer vorzutragen. Dieser, mit einem Arbeitnehmer- und einem Arbeitgebervertreter sowie dem Ausbildungsberater der Kammer besetzte Ausschuss versucht, vor einer Arbeitsgerichtsverhandlung eine Einigung herbeizuführen. Erst wenn auch dieser Ausschuss kein Ergebnis erzielen kann, ist das Arbeitsgericht für eine Klage zuständig.

!!! Merksätze

- Ausbildender und Auszubildender haben im Berufsausbildungsvertrag Pflichten übernommen, die während der Vertragsdauer von beiden Seiten eingehalten werden müssen.
- Die Pflichten des einen Vertragspartners sind die Rechte des jeweiligen anderen.
- Der Ausbildungsberater der Industrie- und Handelskammer ist Ansprechpartner für Ausbildende und Auszubildende bei auftretenden Schwierigkeiten innerhalb der Ausbildung.
- Bei Streitigkeiten zwischen beiden Vertragspartnern ist vor einer Arbeitsgerichtsverhandlung immer erst der Schlichtungsausschuss der Industrie- und Handelskammer einzuschalten.

??? Aufgaben

1. Besorgen Sie sich die Broschüre »Ausbildung und Beruf« des Bundesministers für Bildung und Wissenschaft. Lesen Sie dort nach, was das Gesetz über die Rechte und Pflichten im Ausbildungsvertrag vorschreibt.
2. Diskutieren Sie im Kreise Ihrer Mitschüler den Sinn der ärztlichen Untersuchung Jugendlicher. Stellen Sie dabei auch Überlegungen an, ob es sinnvoll wäre, nicht nur jugendliche Auszubildende sondern generell alle Auszubildenden vor und während der Berufsausbildung zu untersuchen.
3. Formulieren Sie in der Klassengemeinschaft eine Betriebsordnung für einen Floristbetrieb. Was gehört nach Ihrer Meinung unbedingt in eine solche Betriebsordnung, was könnte berücksichtigt werden?

Ausbildung und Weiterbildung

Der Weg bis zur Berufsprüfung als Florist oder gar bis zur Meisterprüfung ist weit. Die gesetzlichen Regelungen haben ihn gangbar gemacht, doch die Schritte auf dem Weg muss jeder selbst tun!
Hilfen und Anregungen dazu kann jeder finden, man muss nur gut beobachten, viel sehen, lesen und Fragen stellen, sich Ziele setzen und auf sie zusteuern. Selbst ein kleiner Umweg schadet nichts. Es führen viele Wege zum Ziel, wie vor allem das Kapitel 10 aufzeigt.

7 Die Ausbildung

Während der Ausbildungszeit wird der Auszubildende von seinem Ausbilder und vom Berufsschullehrer fachlich betreut. Dabei richtet sich der eine nach dem Berufsbild und dem Ausbildungsrahmenplan, der andere nach den Rahmenrichtlinien für den Berufsschulunterricht. Beide Vorschriften sind nicht in allen Fällen sachlich und zeitlich deckungsgleich. Das kann dazu führen, dass Auszubildende in der Schule z. B. den Brautstrauß durchnehmen, im Betrieb aber zur gleichen Zeit intensiv Trauerschmuck vermittelt wird. Aber auch sachlich können erhebliche Abweichungen des Lehrstoffs vorhanden sein. Der Auszubildende kann noch nicht beurteilen, dass auch scheinbar Unterschiedliches nicht Gegensätzliches bedeutet, sondern nur verschiedene Bausteine in einem großen Wissensgebiet sind. Vor allem in der Gestaltungslehre kann man Grundsätze unterschiedlich auslegen und Schwerpunkte setzen, die zu scheinbaren Gegensätzen der »Lehrmeinungen« führen. So ist im Ausbildungsbetrieb wie in der Berufs- oder Meisterschule Aufgeschlossenheit und Toleranz notwendig, um die Meinung des anderen als einen Weg zur Erkenntnis und beruflichen Weiterentwicklung anzuerkennen. Nur nicht erklärbare oder begründbare Behauptungen sind skeptisch zu betrachten. Das Fachbuch kann dabei eine große Hilfe sein. Hier findet man neben den Grundlagen der Gestaltung viele Hinweise auf Variationsmöglichkeiten in der angewendeten Floristik. Fachzeitschriften und andere Veröffentlichungen geben ebenfalls Anregungen, Hinweise und Tipps für sinnvolles Gestalten mit Blumen. Natürlich muss der Auszubildende auch von sich aus bereit sein, diese Hinweise aufzunehmen und zu verarbeiten. Das Ziel der Ausbildung, das erfolgreiche Bestehen der Abschlussprüfung, motiviert einen Auszubildenden zwar, sich mit der Materie eingehend zu beschäftigen, doch ist diese Motivation auch immer groß genug? Das Ziel ist ja noch in weiter Ferne! Die Zwischenprüfung ist eigentlich nur eine »Überprüfung«. Niemand kann durchfallen! Man muss im Grunde nur an ihr teilgenommen haben. Kann sie daher Motivation genug sein, Lernbereitschaft zu fördern? Es ist wohl klar, dass niemand mit schlechten Punktzahlen von der Zwischenprüfung in den Betrieb kommen mag, also strengt man sich auch an. Bereit sein zur Leistung, Bereitschaft zum Lernen und Erlerntes zu verarbeiten zahlen sich während der Ausbildungszeit immer aus. Die Anerkennung im Betrieb, beim Chef wie auch bei den Kollegen, die Anerkennung durch Zensuren bei Klassenarbeiten und letztlich auch durch Punktzahlen in der Zwischenprüfung bieten eine Fülle von Motivationen, die es dem Auszubildenden ermöglichen, sein Lernen auf ein Ziel zu richten. »Ich muss wissen, warum ich das überhaupt lernen soll!« ist eine häufig geäußerte Kritik Auszubildender gegenüber dem Lehrstoffangebot. Und wo findet ein kritischer Auszubildender die Begründung, warum er das alles lernen muss, was von Schule und Betrieb angeboten wird? Nicht nur in den Berufsordnungsmitteln Berufsbild und Ausbildungsrahmenplan. Die tägliche Berufspraxis ist die Antwort auf die Frage. Wer sich im späteren Beruf bewähren will, muss frühzeitig Erlerntes anwenden, schon um auch Erfahrungen zu sammeln.

Lernhilfen

Für einige Fachbereiche gibt es eine Fülle von Lernhilfen, die es dem Auszubildenden leicht machen, einen Lehrstoff zu verstehen und anzuwenden. Auch zu diesem Buch (erster Band) gibt es entsprechende Arbeitsblätter, die, zum großen Teil durch Zeichnungen verdeutlicht, gezieltes Lernen ermöglichen.

Auch für das systematische Erlernen des Fachrechnens haben viele Verlage programmierte Übungsbogen herausgebracht. Im Schulbuchhandel gibt es ein umfangreiches Angebot an solchen Hilfsmitteln. Kann man sich auch selbst Lernhilfen schaffen? Ja, eigentlich ganz einfach! Man schreibt einen kleinen Aufsatz über ein Thema. Will man in logischen Zusammenhängen ein Thema »begreifen«, in diesem Falle also niederschreiben, muss man sich damit beschäftigen. Und wer sich mit einer Sache auseinander setzt, der lernt im selben Augenblick. Dieser Umstand ist auch der Grund, weshalb das Berufsbildungsgesetz vom Auszubildenden die Führung eines Tätigkeitsnachweises (Berichtsheft) verlangt.

Es gibt aber noch weitere Möglichkeiten, sich selber Lernhilfen zu schaffen. Die Pflanzenkenntnis, insbesondere die Pflanzenpflege, kann sich ein Auszubildender sehr gut einprägen, indem er sich ein eigenes »Pflanzenlexikon« verfasst (s. Seite 431). Abbildungen von Pflanzen gibt es in jeder Zeitschrift und Illustrierten. Diese Bilder, oder auch gepresste oder getrocknete Pflanzenteile, klebt man in ein Heft oder Album und schreibt neben dem exakten botanischen Namen die Pflege- und Standorthinweise dazu. Besser kann man eigentlich diesen umfangreichen Komplex nicht erlernen.

Ein ähnliches Fachlexikon kann man sich auch über die Gestaltungsarten oder Werkstücke verfassen. Eigene Fotos aus der täglichen, praktischen Tätigkeit sowie gezielte Beschreibungen der dort abgebildeten Gestaltungsmittel, eingesetzten Ordnungsarten und technischen Abläufe unterstützen die Bildaussage.

Ähnlich können stilkundliche Informationen aus Zeitschriften, Kalendern, Prospekten usw. ausgenutzt werden und zu einer individuellen, sehr wertvollen Lernhilfe werden.

Wer Ausstellungen und Lehrgänge besucht, Wettkämpfe beobachtet oder auch die Schaufenster der Kollegenbetriebe aufmerksam studiert, der wird immer mit einer Fülle von Arbeiten »konfrontiert«, mit denen man sich auch auseinander setzen muss. Durch kritische Beobachtung kann man bei diesen Gelegenheiten sehr viel lernen. Dabei helfen schnelle Skizzen, sogenannte Diagramme, denn wer zeichnet, muss auch beobachten. Wer beobachtet, sieht bewusst, erkennt und lernt (s. »Der Florist 1«, S.155).

Der Tätigkeitsnachweis

Während der Ausbildung muss ein Tätigkeitsnachweis, auch Berichtsheft genannt, vom Auszubildenden geführt werden. Im Grunde sollen diese Aufzeichnungen über die täglich vorgekommenen Ausbildungsinhalte eine Art von Protokoll ergeben, damit am Ende der Ausbildungszeit nachgewiesen werden kann, dass auch alle Inhalte vermittelt worden sind.

Die verschiedenen Industrie- und Handelskammern haben sehr unterschiedliche Berichtshefte eingeführt, sodass man an dieser Stelle nur sehr schwer einen Rat zur richtigen Ausführung dieser Aufzeichnungen geben kann. Die täglichen Eintragungen der durchgenommenen Ausbildungstätigkeiten aber sind bei allen Berichtsheftausführungen gleich. Manche Ausbilder und auch Auszubildende meinen, dass diese täglichen Eintragungen eine recht sinnlose Beschäftigung wären. Zweifellos sind sie das, wenn man es lediglich bei der Aufzählung von täglichen Routinearbeiten belässt. Wichtig sind jedoch die fachlichen Einzelschritte, sogenannte »Arbeitsschritte«, die man bei den Aufzeichnungen eines neu erlernten Arbeitsganges berücksichtigen muss. Dann bekommt dieses Berichtsheft tatsächlich einen Protokollcharakter, und es informiert beim Durchlesen immer wieder neu und gründlich.

In vielen Berichtsheften sind auch einige Felder, die für Fachaufsätze gedacht sind. Grundlegende Erkenntnisse, Materialbeschreibungen oder fachliche Zusammenhänge sollen hier dargestellt werden. Unter »fachlich« kann man dabei gestalterische, handwerkliche, aber auch kaufmännische und betriebswirtschaftliche Beobachtungen und Erkenntnisse verstehen. Irgendwo etwas abzuschreiben ist wenig sinnvoll, denn nur die eigenen Erfahrungen führen in der beruflichen und persönlichen Entwicklung weiter! Die Tätigkeitsberichte und -aufzeichnungen müssen regelmäßig geführt werden und sind nur aktuell und eine Lernhilfe, wenn man eine Art Tagebuch (tägliche Eintragungen) und daraus wöchentliche Tätigkeitsberichte entwickelt. Was einmal vergessen wurde, ist verloren! Aktuelle Aufzeichnungen schützen vor Wissensverlusten.

Der Ausbildende, gegebenenfalls der Erziehungsberechtigte und der Berufsschullehrer müssen den Tätigkeitsnachweis abzeichnen. Die Berichte sind zur Abschlussprüfung vorzulegen, andernfalls kann eine Zulassung zur Prüfung versagt werden.

!!! Merksätze

- Grundlage für die Ausbildung im Betrieb ist das Berufsbild und der Ausbildungsrahmenplan. Die Schule richtet sich nach den Rahmenrichtlinien.
- Durch Lernhilfen kann sich ein Auszubildender das Lernen erleichtern. Lernhilfen werden von Verlagen angeboten. Besser noch ist es, sich eigene Hilfen zu entwickeln und herzustellen.
- Auch der Tätigkeitsnachweis, das Berichtsheft, kann eine Lernhilfe bedeuten, wenn die Berichte aktuell und sinnvoll erstellt werden.

??? Aufgaben

1. Besorgen Sie sich die »Arbeitsblätter« zum Fachbuch Der Florist, Band 1, und lösen Sie die Fragen, die zu Ihren augenblicklichen Lerninhalten gehören.
2. Schaffen Sie sich ein eigenes Pflanzenlexikon mit Abbildungen, Pflanzenbeschreibungen, Standort- und Herkunftsangaben sowie den Pflegehinweisen.
3. Fertigen Sie nach gleichem Muster »Lexika« für Stilkunde, Gestaltungsarten und Materialkunde (Gefäße, Stoffe, Bänder, Steckhilfsmittel usw.) an. Wenn Sie dabei viel zeichnen, werden diese Mappen oder Alben für Sie besonders wertvoll.

8 Eingliederung im Betrieb

Wie jeder Mitarbeiter muss sich auch der Auszubildende in die Betriebsgemeinschaft einordnen. Ganz ähnlich wie im Betrieb läuft ja auch die soziale Beziehung in einer Familie ab, ebenso in Klassengemeinschaften, in Vereinen oder losen Gruppen. Der Einzelne muss dabei versuchen, seine Fähigkeiten, sein Können und Wissen der Gemeinschaft zur Verfügung zu stellen, dabei aber auf eigene Interessen weitgehend verzichten, es sei denn, er macht die Ziele der Gemeinschaft zu seinen eigenen Absichten! Das ist natürlich nicht einfach, auch werden dann und wann Spannungen und Schwierigkeiten auftreten. Doch wenn sich jeder in einem Betrieb Tätige vor Augen hält, dass er die längste Zeit des Tages in einer Betriebsgemeinschaft verbringt, dann wird klar, wie wichtig das »soziale Miteinander« ist.

Das Betriebsklima

So wie man unter »Klima« den gesamten Ablauf der Witterung für ein bestimmtes Gebiet versteht, bezieht sich das »Betriebsklima« auf die Gesamtstimmung zwischen den im Betrieb Tätigen. Und so wie beim Klima viele Faktoren zusammenwirken, so entscheiden über die Grundstimmung im Betrieb die positive oder negative Einstellung der beteiligten Personen zur Arbeit, zum Betrieb, zu Kollegen und Mitarbeitern, aber auch zum Verdienst und dem eigenen Wissen und Können. Natürlich spielen auch private Lebensumstände oder die charakterliche Haltung Einzelner eine Rolle. Die Bezeichnung »freundlich«, »heiter« oder »mild, rau, kühl« und »stürmisch«, die das allgemeine Klima beschreiben, können auch auf das Betriebsklima angewendet werden.

Kreislauf zwischen Betriebsklima und Leistung

Alle Betriebsangehörigen versuchen aus unterschiedlichen Motiven das Geschäft zum Erfolg zu führen. Während für den Betriebsinhaber Umsatz und Gewinnzahlen eine Rolle spielen, sind die Mitarbeiter an der Sicherung ihres Arbeitsplatzes und der Entlohnung interessiert. Der geschäft-

liche Erfolg, steht bei beiden, Arbeitgeber wie Arbeitnehmer, im Vordergrund ihrer Einstellung zum Erfolg. Ein erfolgreiches Geschäft wird dadurch gewährleistet, dass Leistungen erbracht werden. Diese Leistungen können aber nur sichergestellt werden, wenn die Arbeit auch mit Freude getan wird. Und hier schließt sich ein Kreis: Arbeitsfreude und damit Arbeitseinsatz können nur dort gezeigt werden, wo die Umgebung, das Umfeld, also das Betriebsklima in Ordnung sind. Der freundliche Ton untereinander, die Anerkennung einer Leistung von allen Seiten, das Lob, aber auch die positive, wohlmeinende Kritik bewirken, dass eine Tätigkeit mit Freude geleistet wird.

Aber wie so oft: Es muss dabei vor Übertreibungen gewarnt werden. Übertriebene, gespielte Freundlichkeit kann sehr schnell Gegenteiliges bewirken. Jeder wird am Arbeitsplatz oder im privaten Bereich schon Erfahrungen gesammelt haben, wo gespielte Freundlichkeit sich dann entlarvt, wenn kritische Situationen eintreten. Wenn in einer hektischen Arbeitsphase, wenn unter Stress und Anspannung eine Leistung erbracht werden muss, hält die übertriebene, unehrliche Freundlichkeit nicht Stand. Das Klima unter den Beteiligten wird gestört (s. Abb. 245).

Einflussfaktor Arbeitsplatz

Auszubildende sind oft mit den ihnen übertragenen Arbeiten unzufrieden, weil ihnen einige Tätigkeiten zu einfach erscheinen, um sie intensiv erlernen zu müssen. Auch wird oft angenommen, dass bestimmte Arbeiten bereits beherrscht werden und es nicht nötig ist, diese ständig zu wiederholen. Dabei wird natürlich nicht bedacht, dass allein durch Wiederholen und Vertiefen von Arbeitsschritten eine Erfahrung gewonnen wird, die notwendig ist, um die Arbeitsgänge sicher zu beherrschen. Diese wichtige Einsicht muss vom Ausbilder geweckt werden, sodass sich keine Unlust, Unzufriedenheit und dadurch bedingt wiederum ein negativer Einfluss auf das Betriebsklima einstellen.

Das trifft natürlich nicht nur auf Auszubildende zu. Wer mit den ihm übertragenen Arbeiten nicht zufrieden ist, wer sich über- oder unterfordert fühlt, wen also eine Tätigkeit nicht erfüllt oder wer die geforderte Leistung nicht erbringen kann,

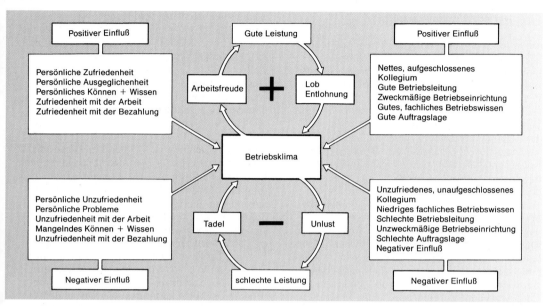

Abb. 245.
Positive und negative Einflüsse auf das Betriebsklima.

der wird durch seine unzufriedene Haltung das Betriebsklima nachhaltig stören. Erfahrene Betriebsleiter bemerken diese Umstände oft sehr schnell. Sie sind gut beraten, die betreffende Person zunächst einmal mit einer anderen Arbeit zu betrauen.

Auch Mitarbeiter in einem Betrieb sollten eine Antenne für solche »Störfaktoren« entwickeln, da sie ja häufig die Unzufriedenheit eines Kollegen als Erstes zu spüren bekommen. Unter Kollegen lässt sich nämlich diese Störung relativ leicht aus der Welt schaffen. Besonders Auszubildende untereinander sollten versuchen, ihre Erfahrungen auszutauschen, d. h. der Auszubildende im 3. Ausbildungsjahr kann sehr wohl und oft auch glaubhafter als der Ausbilder dem Kollegen des 1. Ausbildungsjahres eigene Erkenntnisse begreiflich machen.

Warum der Kranzkörper mit Koniferengrün oft genug gebunden und damit geübt werden muss, lässt sich sicher mit dem Hinweis auf die Zwischenprüfung erklären. Dass sich Formgefühl, ein »Gespür« für das Material, eine saubere Bindetechnik usw. aber erst durch wirklich häufiges Üben entwickelt, das kann der selbst »betroffe-

ne« Auszubildende dem anderen viel besser, viel verständlicher, viel einfacher erklären. Übung macht bekanntlich den Meister! Eine Spruchweisheit! Es ist die Erfahrung jedes Menschen, der einen Lernprozess durchläuft.

Erst häufiges Üben führt zum gewünschten Erfolg. Wer diese Einsicht gewonnen hat, macht somit auch einen weiteren Schritt zu einem guten Betriebsklima.

Einflussfaktor Umgebung

Ein intaktes Betriebsklima ist nicht nur abhängig von den im Betrieb arbeitenden Personen. Auch die Umgebung, in der diese Personen arbeiten, beeinflusst das Betriebsklima erheblich. Die Qualität des Arbeitsplatzes ist entscheidend für das Wohlbefinden. Helligkeit, Sauberkeit, auch Zweckmäßigkeit der Einrichtung, eine freundliche, fast wohnliche Atmosphäre, dies alles sind äußere Faktoren, die auf das Miteinander im Betrieb großen Einfluss nehmen können. Wer sich gern an einem Arbeitsplatz aufhält, der wird auch Freude an seiner Arbeit haben (s. Seite 416).

Einflussfaktor Arbeitsqualität

Oft wird die Qualität der geleisteten Arbeit als »Klima«-Faktor unterschätzt. Nichtzeitgemäße Floristik z. B., Vernachlässigung von modischen Entwicklungen in Gestaltungen, Ablehnung von neuen technischen Entwicklungen, all das kann auch Einfluss auf die Zufriedenheit einzelner im Betrieb tätiger Personen haben. Hier wird zwar der Betriebsinhaber oder -leiter als Auslöser dieser Unzufriedenheit angesehen. Doch jeder Mitarbeiter kann sehr wohl durch eigene Initiative, durch eigene Versuche zeitgemäßer Floristik, durch Ausprobieren und Variieren mit Formen und Farben dazu beitragen, dass sich langfristig ein Geschäftserfolg fortsetzt oder festigt, unter Umständen gar erst einstellt. Auch Auszubildende sind dazu schon aufgefordert. Das bisher Erlernte kann man nur durch ständige praktische Anwendung festigen. Erlerntes muss aber auch übertragen werden können. Der Auszubildende, der den Übergang vom Erlernten zum Neuen in eigener Initiative wagt, wird positive Erfahrungen sammeln, die auf das Betriebsklima ebenso positiv zurückstrahlen.

Übernahme von Verantwortung

Auszubildende haben sich vertraglich verpflichtet, einen vorgegebenen Ausbildungsinhalt zu erlernen. Umgekehrt hat sich der Ausbilder verpflichtet, diese Inhalte zu vermitteln. Mit anderen Worten würde das heißen: Die einzelnen Punkte des Ausbildungsplanes werden der Reihenfolge nach Stück für Stück gezeigt, nachgemacht, korrigiert, erneut gezeigt, wiederum nachgemacht, zum Schluss bewertet. Nächster Punkt ...
Das ist jedoch viel zu theoretisch und lässt sich so in der Praxis des täglichen Geschäftsbetriebes gar nicht durchführen. Es wäre auch völlig sinnlos. Denn erst, wenn Übungen in die sonstigen Aktionen des Geschäftsalltags eingebaut werden, also ein Bezug zur Geschäftswirklichkeit hergestellt wird, ist eine Ausbildung im Betrieb sinnvoll.
Der Umgang mit dem Kunden gehört zur Berufsausbildung des Floristen. Angefertigte floristische Arbeiten stellen sich erst dann als gelungen heraus, wenn sie auch vom Kunden angenommen werden. Zum Teil bestimmen Kunden auch das notwendige Arbeitstempo, Kundenwünsche die verschiedensten Gestaltungen. Erst durch die tägliche Herausforderung durch den Kunden können sich Sicherheit und Ausdauer in der Arbeit einstellen.
Notwendig für die Sicherheit in der Arbeit ist auch die Bereitschaft des Auszubildenden, Verantwortung zu übernehmen. Verantwortung heißt, sein Wissen und Können selbstständig anzuwenden und für das Geleistete einzustehen. Diese Entscheidung ist für den Betroffenen nicht einfach, besonders für den Auszubildenden nicht. Es verlangt Selbstsicherheit, Bereitschaft zur Leistung und Zuverlässigkeit. Wer bereit ist, Verantwortung zu übernehmen, erlernt gleichzeitig Selbstständigkeit. Und wer möchte nicht selbstständig handeln können? Selbstständig entscheiden bedeutet aber auch, dass ein gewisses Können und Beherrschen von Tätigkeiten vorhanden sein muss. Wer also frühzeitig lernt, kann sehr schnell Verantwortung tragen. Wer Verantwortung übernehmen kann, dem werden schnell neue, fortführende Arbeitsschritte und -techniken gezeigt, die wiederum zu neuen, erweiterten Verantwortungen führen. Und auch hier schließt sich wiederum ein Kreis: Verantwortung für Teilbereiche im Betriebsablauf fördert die Zufriedenheit mit der Arbeit, fördert ein positives Arbeitsverhalten und beides hat letztendlich günstige Auswirkungen auf das Betriebsklima.

!!!Merksätze
- Unter Betriebsklima versteht man die Gesamtstimmung und die Äußerungen der in einem Betrieb Tätigen.
- Das Betriebsklima ist abhängig von den im Betrieb tätigen Personen, von der geleisteten Arbeit, von der Arbeitsplatzgestaltung, von der Entlohnung und von der Auftragslage des Betriebes.
- Das Betriebsklima ist steuerbar, wenn sich jeder Betriebsangehörige die Vorgänge verdeutlicht, die das Betriebsklima positiv oder negativ beeinflussen.
- Die Übernahme von Verantwortung ist ein entscheidender Schritt zu einem guten Betriebsklima.

1. Bei jedem Betriebsklima kann man positive Seiten finden und wenn es »nur« Ansätze zum Positiven sind. Beschreiben Sie eine positive Seite Ihres Betriebsklimas.
2. Nehmen Sie kritisch Stellung zu Ihrer Rolle in der Entwicklung des Betriebsklimas Ihres Ausbildungsbetriebes.
3. Nennen Sie drei Aufgabengebiete, in denen schon ein Auszubildender Verantwortung übernehmen kann, die über die Verantwortung für die eigene Arbeitshaltung hinausgeht und für die Gemeinschaft etwas leistet.

9 Die Zwischen- und Abschlussprüfung

Während der Berufsausbildung ist zur Ermittlung des Ausbildungsstandes vom Auszubildenden mindestens eine Zwischenprüfung abzulegen. Am Ende der Ausbildung wird die Abschlussprüfung durchgeführt, die früher »Gehilfenprüfung« hieß.

Worum geht es bei diesen Prüfungen? Welche Inhalte liegen ihnen zu Grunde? Wer muss und wer kann diese Prüfungen ablegen? Um all diese Fragen geht es im folgenden Kapitel.

Die Zwischenprüfung

Der Ausbildungsbetrieb und der Auszubildende selbst, gegebenenfalls auch die Erziehungsberechtigten wollen darüber informiert werden, ob die Kenntnisse und die Fertigkeiten des Auszubildenden erwarten lassen, dass die am Ende der Ausbildung stattfindende Abschlussprüfung bestanden werden kann. Darum sieht das Berufsbildungsgesetz eine Zwischenprüfung vor, die von der Industrie- und Handelskammer durchgeführt wird. Jeder Auszubildende, der einen Ausbildungsvertrag mit einem Betrieb abgeschlossen hat, ist verpflichtet, an einer Zwischenprüfung teilzunehmen. Der Betrieb meldet den Auszubildenden zur Prüfung an.

Die Prüfung gliedert sich in einen praktischen und einen theoretischen Teil: letzterer wird meistens in schriftlich-programmierter Form durchgeführt. Für beide Prüfungsteile bilden das Berufsbildungsgesetz und der Ausbildungsrahmenplan die Grundlage.

Der von der Industrie- und Handelskammer berufene Prüfungsausschuss legt für die Zwischenprüfung mehrere Arbeitsproben fest, zu denen z. B. das Stützen von Blumen, das Andrahten von Koniferengrün, das Binden eines einfachen Straußes und eines einfachen Kranzkörpers gehören. Im schriftlichen Teil werden Fragen aus den Gebieten Pflanzenkenntnis, Warenannahme und Verkaufsvorbereitung, kaufmännisches Wissen sowie Arbeitsschutz, Umweltschutz, Arbeitssicherheit und allgemeine Fragen der Berufskunde gestellt.

Bei der Zwischenprüfung gibt es kein »Bestehen« oder »Nichtbestehen«. Das Ergebnis dieser Überprüfung soll lediglich den Wissensstand des Prüflings wiedergeben, und so wird auch nur die erreichte Punktzahl auf dem Prüfungszeugnis eingetragen. Die Punktwertung erfolgt nach dem Punkteschlüssel 0 bis 100, der auch in der Abschlussprüfung angewendet wird.

Die Abschlussprüfung

Am Ende der Ausbildungszeit legt der Auszubildende die Abschlussprüfung ab, für die – wie bei der Zwischenprüfung – die Inhalte in der Verordnung über die Berufsbildung zum Floristen/zur Floristin und im Ausbildungsrahmenplan festgelegt sind.

Wer wird zur Prüfung zugelassen?

Alle Auszubildenden, die einen Ausbildungsvertrag abgeschlossen und erfüllt haben und die zur Prüfung angemeldet sind, können zugelassen werden. Zur Anmeldung ist ein Vordruck einzureichen, der vom Ausbildungsbetrieb ausgefüllt werden muss. Der Prüfling hat auf diesen Vordruck einen Lebenslauf zu schreiben. Die Teilnahmebescheinigung einer Zwischenprüfung ist ebenso der Industrie- und Handelskammer einzureichen wie die Tätigkeitsberichte. Wer ohne einen Ausbildungsvertrag die Abschlussprüfung ablegen möchte, hat nach dem Berufsbildungsgesetz die Möglichkeit dazu. Er muss mindestens die doppelte Zahl der Jahre, die nach dem Berufsbild zur Ausbildung nötig sind, im Beruf gearbeitet haben. In unserem Fall wären dies sechs Jahre, die nachweisbar in einem Blumengeschäft, mit floristischen Arbeiten betraut, gearbeitet sein müssten.

Wer veranstaltet die Abschlussprüfung?

Für den Beruf Florist führen die Industrie- und Handelskammern die Abschlussprüfungen durch. Sie stellen auch die erforderlichen Zeugnisse über die Prüfung aus. Der Prüfling hat die Möglichkeit, nach Abschluss der Prüfung bei der IHK Einblick in die Prüfungsunterlagen zu nehmen, d. h. die Einzelnoten zu erfahren.

Wer trägt die Kosten?

Die Prüfungen sind für den Auszubildenden kostenfrei. Die Kosten für die Durchführung der Prüfung sowie alle Kosten, die mit der Prüfung in Zusammenhang stehen, trägt der Betrieb. Das erforderliche Material für die praktische Prüfung stellt der Ausbildungsbetrieb zur Verfügung, es verbleibt daher auch nach der Prüfung in seinem Besitz.

Wann finden Prüfungen statt?

Im Durchschnitt finden zwei Prüfungen pro Jahr statt, eine zu einem Zeitpunkt am Ende der meisten laufenden Verträge, d. h. Ende Juli, eine zweite während des Winters. In den meisten Fällen erstreckt sich eine Abschlussprüfung über zwei, manchmal sogar über drei Monate.

Wer prüft bei Abschlussprüfungen?

Die Industrie- und Handelskammer beruft für einen Zeitraum von drei Jahren einen Prüfungsausschuss. Die Mitglieder eines Ausschusses müssen für das Prüfungsgebiet sachkundig und für die Mitwirkung im Prüfungsausschuss geeignet sein. Dem Prüfungsausschuss gehören mindestens drei Mitglieder an, ein Arbeitnehmer, ein Arbeitgeber sowie ein Lehrer einer berufsbildenden Schule. Werden mehr als drei Mitglieder für einen Ausschuss berufen, so müssen die gleiche Anzahl Arbeitnehmer und Arbeitgeber berufen werden. Der oder die Arbeitnehmer werden von einer Arbeitnehmerorganisation für den Prüfungsausschuss vorgeschlagen.
Die IHK beruft nach eigenem Ermessen, wenn von einer Arbeitnehmerorganisation kein Vorschlag gemacht wird. Der Lehrervertreter wird nach Absprache mit der Schulbehörde berufen. Die Tätigkeit eines Prüfers ist ehrenamtlich. Lediglich ein Kostenersatz für Fahrten und ein Tagesspesensatz werden von der Kammer übernommen. Arbeitnehmer, die wegen der Tätigkeit im Prüfungsausschuss einen Lohnausfall haben, bekommen diesen erstattet. Manche Industrie- und Handelskammern bedienen sich der Prüfungsausschüsse oder einzelner Prüfer der Nachbarkammern, wenn am Ort wenige oder keine Prüfer zur Verfügung stehen.

Die Bewertung

Alle erbrachten Leistungen eines Prüflings werden nach einem Punktesystem bewertet. Das Berufsbildungsgesetz schreibt vor, dass Punkte von 0 bis 100 vergeben werden können und diese Punkte in Noten umgerechnet werden müssen.

Der Punkteschlüssel:

100–92 Punkte =	sehr gut = 1
91,9–81 Punkte =	gut = 2
80,9–67 Punkte =	befriedigend = 3
66,9–50 Punkte =	ausreichend = 4
49,9–30 Punkte =	mangelhaft = 5
29,9– 0 Punkte =	ungenügend = 6

Während die schriftlichen Leistungen des Prüflings sich noch sehr einfach nach Punkten bewerten lassen, ist die Benotung bei den praktischen Arbeiten sehr kompliziert.
Die Arbeiten der Fertigkeitsprüfung werden bewertet nach:
* handwerklicher Verarbeitung
* gestalterischer und farblicher Ordnung
* Zeitaufwand.

Die Inhalte der praktischen Prüfung

Die Verordnung über die Berufsausbildung zum Floristen/zur Floristin sagt aus, dass der Prüfling in der Abschlussprüfung zeigen soll, dass er »Arbeitsabläufe planen, Arbeitstechniken und Gestaltungsregeln praxisbezogen anwenden, Kunden beraten sowie Arbeitsschutz, Arbeitssicherheit, Natur- und Umweltschutz berücksichtigen kann.«
Dies soll in praxisbezogenen Aufgaben vom Prüfling gelöst werden, die in der Verordnung über die Berufsausbildung zum Floristen/zur Floristin verzeichnet sind:
Für die Prüfungsaufgabe kommen insbesondere in Betracht:
1. Planen und Herstellen eines Pflanzen- und Blumenschmucks aus einem der nachstehend genannten Bereiche nach Wahl des Prüflings:
   a. Hochzeitsschmuck,
   b. Trauerschmuck,
   c. Raumschmuck,
   d. Tischschmuck.
Dazu ist eine Skizze mit Farbangabe, eine Liste pflanzlicher und nicht pflanzlicher Werkstoffe nach Menge, Art und Qualität sowie eine Kalkulation zu erstellen. Diese Aufgabenstellung soll Ausgangspunkt für ein kundenorientiertes Beratungsgespräch sein. Innerhalb der Prüfungsaufgabe sollen höchstens 30 Minuten auf das Beratungsgespräch entfallen.
2. Als Arbeitsproben kommen insbesondere in Betracht:
   a. Binden eines Straußes,
   b. Fertigen einer gesteckten Gefäßfüllung und
   c. Bepflanzen eines Gefäßes.

Die Prüfungsaufgabe soll mit 70 vom Hundert und die Arbeitsproben sollen mit 30 vom Hundert gewichtet werden.
Der Zeitrahmen erstreckt sich dabei auf insgesamt höchstens drei Stunden für eine komplexe Prüfungsaufgabe einschließlich eines Beratungsgespräches sowie höchstens drei Stunden für drei Arbeitsproben.

Die Inhalte der schriftlichen Prüfung

In der schriftlichen Prüfung soll der Prüfling anhand praxisbezogener Aufgaben oder Fälle zeigen, dass er die fachlichen, wirtschaftlichen und ökologischen Zusammenhänge im Floristbetrieb versteht sowie die Bedarfs- und Sortimentsstruktur überblickt. Es sind Fragen und Aufgaben insbesondere aus folgenden Gebieten zu bearbeiten:
1. im Prüfungsfach Technologie:
   1.1 Gestalten mit pflanzlichen und nicht pflanzlichen Werkstoffen,
   1.2 Bestimmen, Einordnen, Versorgen und Pflegen handelsüblicher Pflanzen und Pflanzenteile,
   1.3 Anwenden fachspezifischer Rechtsvorschriften, insbesondere erforderliche fachliche Kenntnisse gemäß Pflanzenschutz-Sachkundeverordnung, Natur- und Umweltschutz;
2. im Prüfungsfach Warenwirtschaft:
   2.1 Einkauf, Verkauf, Dienstleistung,
   2.2 Betriebliche Abläufe und kaufmännische Kontrolle,
   2.3 Warensortimente;
3. im Prüfungsfach Wirtschafts- und Sozialkunde: Allgemeine wirtschaftliche und gesellschaftliche Zusammenhänge der Berufs- und Arbeitswelt.

Eine mündliche Prüfung ist seit Inkrafttreten der Verordnung über die Berufsausbildung vom 28. Feb. 1997 entfallen.

Das Zeugnis

Die Industrie- und Handelskammer fertigt dem Prüfling über die Teilnahme an einer Abschlussprüfung ein Zeugnis aus, welches die erreichten Noten der Fertigkeits- und der Kenntnisprüfung enthält. Dieses Zeugnis ersetzt den »Gehilfenbrief« früherer Zeiten.

Und was ist, wenn man durchfällt?

Eigentlich kann dies jedem passieren, denn zum »Bestehen« müssen alle erforderlichen Fertigkeiten und Kenntnisse während der Prüfungszeit erbracht werden. Während man sich bei der praktischen Prüfung, also der Fertigkeitsprüfung, auf die einzelnen Arbeiten schon weit gehend vorher einstellen kann, so ist die Kenntnisprüfung immer eine ungewisse Sache.

Natürlich bewahrt ein gründliches Vorbereiten und Lernen jeden Prüfling davor, allzu ungewiss in eine Prüfung zu gehen. Wer aber dennoch Pech hat, etwas gefragt zu werden, was er/sie gerade nicht weiß und dann mangelhafte oder ungenügende Kenntnisse bescheinigt bekommt, der kann die Abschlussprüfung noch zweimal wiederholen. Dabei wird der bestandene Prüfungsteil für die nächste Prüfung angerechnet.

Der Ablauf einer Prüfung

Natürlich gibt es auch für die Durchführung und den Ablauf der Prüfung eine Ordnung, die Prüfungsordnung. Nach dem Berufsbildungsgesetz müssen alle Industrie- und Handelskammern eine solche Prüfungsordnung aufstellen und verabschieden.

Hierin sind auch für den Prüfling sehr wichtige Bestimmungen enthalten, sodass es ratsam ist, sich eine Prüfungsordnung zu besorgen. Da diese Prüfungsordnungen sich in den verschiedenen Kammerbezirken etwas unterscheiden, kann an dieser Stelle nicht näher darauf eingegangen werden.

!!!Merksätze

- Während der Ausbildung hat ein Auszubildender mindestens an einer Zwischenprüfung teilzunehmen.
- Auszubildender und Ausbildender sollen durch die Zwischenprüfung über den Wissens- und Kenntnisstand des Auszubildenden unterrichtet werden.
- Zur Abschlussprüfung wird jeder Auszubildende mit anerkanntem und erfülltem Ausbildungsvertrag zugelassen. Die Teilnahme an einer Zwischenprüfung und das Führen eines Berichtsheftes sind Voraussetzung zur Zulassung.
- Die Zwischen- und Abschlussprüfung sind für Auszubildende kostenfrei.
- Dem Prüfungsausschuss gehören mindestens ein Arbeitnehmer, ein Arbeitgeber und ein Lehrer der berufsbildenden Schule an.
- Die Industrie- und Handelskammer erlässt für die Durchführung von Zwischen- und Abschlussprüfungen Prüfungsordnungen.

???Aufgaben

1. Stellen Sie fest, welche Arbeiten zur Zwischenprüfung von den Prüflingen in Ihrem Kammerbezirk gearbeitet werden müssen.
2. Machen Sie sich für Ihre Abschlussprüfung eine Aufstellung aller Arbeiten der Prüfung. Tragen Sie in die Liste Kombinationen von Blumen ein, die möglich sind und ergänzen Sie dieses durch Skizzen. Eine Vielzahl von dargestellten Möglichkeiten hilft Ihnen bei der Auswahl Ihrer Prüfungsarbeiten.
3. Besuchen Sie während Ihrer Ausbildung Ausstellungen von Prüfungsarbeiten, fertigen Sie einen Beobachtungsbericht nach einem dieser Besuche an.
4. Sammeln Sie Bildmaterial von Prüfungsarbeiten, die in den verschiedenen Fachzeitschriften veröffentlicht werden und schaffen Sie ein Bildlexikon.

10 Die berufliche Weiter- und Fortbildung

Die Ausbildung ist mit dem letzten Teil der Prüfung zwar abgeschlossen, der Auszubildende ist nun junger Florist. Das Gelernte muss jedoch nun in der täglichen Praxis unter Beweis gestellt werden. Wer aber meint, dass das Lernen mit der Abschlussprüfung aufhören würde, der sieht sich spätestens dann getäuscht, wenn er/sie eine neue Stelle in einem anderen Blumengeschäft antritt.
Da fängt das Lernen noch einmal richtig an!
Für alle gilt: »Wer rastet, der rostet!« Diese Spruchweisheit wird besonders in unserem Beruf sehr deutlich.
Sich immer ändernde Modeeinflüsse und damit ständig neue Gestaltungsarten in der Floristik, neu auf den Markt gekommene, technische Mittel zur Fertigung von Werkstoffen und sich verändernde Kundenwünsche zwingen den Floristen, bereits Gelerntes immer wieder zu überdenken, zu erweitern und Neues hinzuzulernen. Beruflicher Aufstieg ist ebenfalls mit Lernen verbunden. Wer das Ziel der Ausbildereignungsprüfung oder die Meisterprüfung ansteuert, der ist sich im Klaren, dass das bisher Gelernte noch wesentlich erweitert werden muss und viele neue Inhalte hinzukommen.

Bildungswege

Zum Verständnis sei hier der Unterschied zwischen beruflicher Weiterbildung und beruflicher Fortbildung deutlich gemacht:
Unter beruflicher Weiterbildung versteht man das Erweitern und Vermehren von Kenntnissen und Fertigkeiten. Qualifizierende Abschlüsse gibt es dabei nicht.
Berufliche Fortbildung bedeutet höhere Qualifikation durch einen neuen, höheren Abschluss der gleichen Fachrichtung (s. Abb. 246, S.461).
Dies ist sehr wichtig zu wissen, wenn es um die Förderung von Lehrgängen oder Seminaren durch die Bundesanstalt für Arbeit geht, denn berufliche Fortbildung kann gefördert werden, während es für berufliche Weiterbildung nur unter ganz bestimmten Voraussetzungen und im Einzelfall finanzielle Unterstützung gibt.

Zur Weiterbildung werden in unserem Beruf eine ganze Reihe von Lehrgängen und Seminaren von unterschiedlichen Organisationen angeboten. So gibt es Speziallehrgänge des Fachverbandes Deutscher Floristen, Kurse privater Veranstalter oder von Institutionen, wie Lehr- und Versuchsanstalten für Gartenbau und Fachschulen für die Meisterausbildung.
Die Themenbereiche sind zum Beispiel Brautsträuße, Trauerfloristik, Adventlicher Raumschmuck, Saal- und Bühnendekorationen usw..
Die gesamte Bandbreite der Floristik wird behandelt.
Die Seminarteilnehmer arbeiten in der Regel während dieser meist mehrtägigen Kurse selbst mit und festigen und erweitern dabei ihre Fertigkeiten und Kenntnisse. Aber auch andere Themen sind für Floristen interessant und zählen zur beruflichen Weiterbildung. Kenntnisse der Buchführung oder der EDV, auch Schreibmaschinenschreiben, sind mehr denn je in unserem Beruf notwendig.
Entsprechende Lehrgänge zu diesen Themen bieten neben den Volkshochschulen auch die Industrie- und Handelskammern an. Berufserfahrene Floristen besuchen Verkaufstrainings- oder Betriebsleiterseminare, Lehrgänge über Steuerrecht, Betriebsgründungsseminare usw., die vom FDF oder der IHK ausgeschrieben werden.
Die hier gewonnenen Kenntnisse helfen allen Teilnehmern bei der Führung des Betriebes und werden an Mitarbeiter und Auszubildende weitergegeben.
Bei all diesen Kursangeboten darf aber der wichtigste Weg zur Weiterbildung nicht vergessen werden, das Selbststudium. Dabei helfen: Kritische Stellungnahme zu eigenen Arbeiten, Erinnerungsaufzeichnungen mit vielen Zeichnungen, Beobachtungen von Gestaltungen anderer, auch nichtflorale Fachliteratur und Fachzeitschriften, die gelesen werden, Teilnahme an Diskussionsgruppen und Übungsabenden mit befreundeten Kollegen sowie Besuche von floristischen Ausstellungen und Wettkämpfen (siehe Berufswettkämpfe).
Zu den beruflichen Fortbildungsmaßnahmen gehören Lehrgänge zur Berufs- und Arbeitspädagogik, die mit der Ausbildereignungsprüfung abschließen. Auch Lehrgänge zur Vorbereitung auf die Meisterprüfung oder anderer Abschlüsse zählen dazu.

Die Ausbildereignungsprüfung

Mit dem Inkrafttreten des Berufsbildungsgesetzes 1969 wurde für die gewerbliche Wirtschaft, der die Floristen angehören, der Begriff des »Ausbilders« gesetzlich verankert. Insbesondere wurde im BBiG die Qualifikation des Ausbilders festgelegt, der in einer besonderen Prüfung vor einem Ausschuss der Industrie- und Handelskammer Kenntnisse der Berufs- und Arbeitspädagogik nachweisen muss. Grundlage für die Prüfung ist die Ausbildereignungsverordnung von 1972 und 1982. Danach werden Kenntnisse folgender Themenbereiche im Unterricht behandelt und in der Prüfung erwartet:

1. Grundfragen der Berufsbildung:
   Kenntnisse über Aufgaben und Ziele der Berufsbildung, betriebliche, überbetriebliche und schulische Ausbildung
2. Planung und Durchführung der Ausbildung:
   Kenntnisse folgender Bereiche: Berufsbild, Rahmenpläne, Prüfungsanforderungen, Umsetzen von Lernzielen in der praktischen Ausbildung im Betrieb, Lehr- und Beurteilungsverfahren
3. Der Jugendliche in der Ausbildung:
   Jugendgemäße Ausbildung, Entwicklung und Verhalten Jugendlicher, Motivationen, Jugend und Umwelt, gesundheitliche Betreuung Jugendlicher
4. Rechtsgrundlagen:
   Kenntnisse der Gesetze und Rechtsvorschriften der Berufsbildung, Ausbildungs- und Prüfungswesen, Arbeits- und Sozialrecht, Tarifrecht, Jugendschutz- und Unfallschutzvorschriften.

Die Prüfung gliedert sich in einen theoretisch-schriftlichen Teil, einen theoretisch-mündlichen Teil und eine Unterweisungsprobe.
Floristen können zur Vorbereitung auf die Prüfung Lehrgänge des Fachverbandes Deutscher Floristen besuchen. Auch die Industrie- und Handelskammern führen Seminare durch, zum Teil in Abendschulform, teilweise auch im Ganztagsunterricht.
In Meisterschulen und Meisterkursen wird ebenfalls auf diese Prüfung vorbereitet, da einer der Teile der Meisterprüfung die Ausbildereignungsprüfung ist. Hat ein Meisterkandidat bereits vor der Meisterprüfung die BAP-Prüfung bestanden, so ist er/sie bei der Meisterprüfung von diesem Teil befreit.

Berufswettkämpfe

In gewisser Weise gehören auch die Berufswettkämpfe, die in den vergangenen Jahren in verschiedenen Teilen der Bundesrepublik Deutschland durchgeführt wurden, zur beruflichen Weiterbildung, und zwar für Teilnehmer und Fachpublikum gleichermaßen.
Die Vergangenheit hat nur allzu oft bewiesen, dass die Herausforderung durch die Teilnahme an derartigen Veranstaltungen den Einfallsreichtum, das Geschick und Können der Teilnehmer sehr stark gefördert haben. Den Zuschauern sind die gefertigten Arbeiten Anregung für die täglichen eigenen Arbeiten der Praxis.
Die Landesverbände des FDF schreiben in regelmäßigem Abstand den Berufswettkampf um die »Silbernen Rosen« aus, an dem alle Floristen mit abgeschlossener Berufsausbildung teilnehmen können.
Alle zwei Jahre wird vom Bundesverband FDF der Wettkampf um die »Goldene Rose« veranstaltet, an dem jedoch nur die Gewinner der Silbernen Rosen teilnehmen dürfen.
Auf der Ebene des Europäischen Fachverbandes der Floristen (FEUPF) streiten Floristen vieler europäischer Verbände um den Europa-Cup. Die Welt-Interflora führt den Welt-Cup durch.
Aber auch auf regionaler Ebene können sich Floristen an Wettbewerben beteiligen. In vielen Orten gibt es Wettkämpfe um die »Bronzene Rose«, eine Ausscheidung für Landesmeisterschaften.
Blumengroßmärkte oder Bundes- und Regionalausstellungen für Blumen und Gärten führen Wettkämpfe durch, die an dieser Stelle nicht alle aufgezählt werden können.
Die »Goldene Orchidee« in Hannover, der »Geschmückte Advent« in Wesel, der »Kölner Frühling« oder der »Städtewettkampf der Jungfloristen« in Oldenburg sind nur einige Beispiele. Alle zwei Jahre findet im Rahmen der Bundesgartenschauen die Ausstellung »Floristen gestalten mit Blumen« statt. Gold-, Silber- und Bronzemedaillen werden dort für die besten Arbeiten vergeben.

!!!Merksätze

- Unter beruflicher Weiterbildung versteht man das Erweitern und Vermehren von Kenntnissen und Fertigkeiten. Berufliche Weiterbildung führt zu keinen qualifizierenden Abschlüssen.
- Berufliche Fortbildung führt zu neuen Berufsabschlüssen und ist in der Regel mit beruflichem Aufstieg verbunden.
- Die Ausbildereignungsprüfung ist neben dem Nachweis der fachlichen Kenntnisse und Fertigkeiten Voraussetzung für Floristen, um ausbilden zu können.
- Die Ausbildereignungsprüfung wird von der Industrie- und Handelskammer abgenommen. Ein Lehrgang geht der Prüfung voraus.
- Der Abschluss der beruflichen Fortbildung eines Floristen ist die Meisterprüfung. Einer der Prüfungsteile dieser Prüfung ist die Berufs- und Arbeitspädagogik. Prüflinge, die bereits eine Ausbildereignungsprüfung bestanden haben, sind bei der Meisterprüfung von diesem Prüfungsteil befreit.
- Berufswettkämpfe werden von Berufsorganisationen durchgeführt und sollen der Leistungssteigerung des Berufsstandes dienen. Berufswettkämpfe sind Weiterbildungsveranstaltungen für Teilnehmer und Zuschauergruppen«.

???Aufgaben

1. Lesen Sie die Rubrik: »Lehrgänge und Seminare« in Fachzeitschriften oder fordern Sie Lehrgangsprogramme des FDF an. Kreuzen Sie Seminare an, die auch für Auszubildende interessant sind.
2. Besorgen Sie sich Programme der Volkshochschulen und der Industrie- und Handelskammer und informieren Sie sich über geeignete Weiterbildungsseminare für Floristen.
3. Informieren Sie sich über die Ausschreibungen zu Berufswettkämpfen. Vergleichen Sie die verschiedenen Aufgabenstellungen.

11 Die Floristmeisterprüfung

Nach mehreren Jahren Berufspraxis kann der Florist bei einigen Industrie- und Handelskammern in der Bundesrepublik Deutschland die Floristmeisterprüfung ablegen. Meistens geht der Prüfung ein vorbereitender Lehrgang voraus. Wer kann eine Meisterprüfung ablegen? Wo kann ein Lehrgang zur Vorbereitung auf die Prüfung besucht werden? Diese und andere Fragen beschäftigen uns im folgenden Kapitel.

Die Inhalte der Floristmeisterprüfung

Für die Durchführung der Floristmeisterprüfung haben einige Industrie- und Handelskammern besondere Vorschriften erlassen, die auch die Inhalte der Prüfungen regeln. Da sich diese Vorschriften auch heute noch in Details voneinander unterscheiden, ist es nicht sinnvoll, sehr genau darauf einzugehen. Grundsätzlich kann festgehalten werden, dass der Prüfling Kenntnisse der Wirtschaftslehre und Sozialkunde, der Buchführung und der Kostenrechnung, des Handels-, Arbeits- und Steuerrechts sowie der fachbezogenen Bereiche Pflanzenkunde, Materialkunde, Gestaltungslehre und Blumenschmuckkunde nachweisen muss. Im fachpraktischen Teil der Prüfung sind verschiedene Arbeiten anzufertigen, die u. a. den Brautschmuck, den Trauerkranz, eine Gefäßbepflanzung und auch den Blumenstrauß oder ein gebundenes Werkstück umfassen. Eine größere Arbeit unter einem vom Prüfungsausschuss gestellten Thema rundet den fachpraktischen Teil ab.

Zu den Inhalten der Floristmeisterprüfung gehört auch das Fach Berufs- und Arbeitspädagogik, somit beinhaltet die Prüfung Floristmeister auch die Ausbildereignungsprüfung. Wer diese Prüfung bereits vorher bei einer Industrie- und Handelskammer abgelegt und bestanden hat, ist bei der Floristmeisterprüfung von diesem Teil befreit.

Wo kann eine Floristmeisterprüfung abgelegt werden?

Zurzeit bestehen bei den Industrie- und Handelskammern Braunschweig, Duisburg, Flensburg, Gelsenkirchen, Dresden, Hamburg, Hannover,

Köln, Nürnberg und Stuttgart Prüfungsausschüsse für Floristmeisterprüfungen. Nicht alle Kammern führen regelmäßig Prüfungen durch.

Wo kann man einen Lehrgang zur Vorbereitung besuchen?

Es werden zwei Lehrgangsformen angeboten: Vollzeitunterricht an einer schulischen Bildungseinrichtung in Hamburg, Hannover-Ahlem, Köln-Auweiler und Stuttgart-Hohenheim, in gewisser Weise auch in Freising-Weihenstephan, sowie Kurzseminare in Blockform in Grünberg (Oberhessen), Gelsenkirchen, Dresden-Pilnitz und Xanten (Niederrhein). Die letztgenannten Seminare werden vom Fachverband Deutscher Floristen angeboten und organisiert. Daneben finden in Braunschweig, Flensburg und Nürnberg von Zeit zu Zeit Abendseminare statt. Auch diese werden vom FDF betreut.

Wer kann eine Floristmeisterprüfung ablegen?

Voraussetzung zur Teilnahme an der Prüfung ist eine abgeschlossene Ausbildung Florist sowie mehrere Jahre praktischer Tätigkeit in diesem Beruf.
Die Vorschriften der einzelnen Kammern sehen zwischen drei und vier Jahren Praxis vor, wobei z. B. der Vollzeitunterricht mit bis zu einem Jahr angerechnet wird. Zum Teil können auch Personen zur Prüfung zugelassen werden, die keine Abschlussprüfung Florist abgelegt haben, wohl aber mindestens acht Jahre in diesem Beruf tätig waren und nachweisen können, dass sie zur Weiter- und Fortbildung an Kursen oder Lehrgängen teilgenommen haben.

Wer prüft die Leistungen in der Floristmeisterprüfung?

Ähnlich wie bei der Abschlussprüfung beruft die Industrie- und Handelskammer für die Floristmeisterprüfung mindestens drei berufserfahrene Personen, und zwar einen Arbeitnehmer, einen Arbeitgeber sowie einen Lehrer einer berufsbildenden Schule.

Der Abschluss der Meisterprüfung

Die Meisterprüfung ist bestanden, wenn die in der Prüfungsordnung festgelegten Ergebnisse erreicht worden sind. Das Prüfungszeugnis enthält für jeden der vier Prüfungsteile (A Fachpraxis, B Fachtheorie, C Wirtschaftskunde, D Berufs- und Arbeitspädagogik) eine Gesamtnote, die sich aus dem Durchschnittswert der Punktzahlen aller Teilergebnisse errechnet. Die Einzelbewertungen kann man nur erfahren, wenn man die IHK um Auskunft bittet.
Sollte ein Prüfungsteil nicht bestanden worden sein, kann man die mangelhafte Leistung in einer Wiederholungsprüfung ausgleichen. Zwei Wiederholungen sind möglich.
Der Meisterbrief als traditioneller Beleg für die Meisterwürde wird gerahmt und im Betrieb aufgehängt. Wenn er von meisterlichen Leistungen im Betrieb unterstützt wird, so hilft er, Anerkennung und Vertrauen der Kunden zu gewinnen.

Wo erhält man Auskunft über bestehende Lehrgänge?

Alle Schulen die Vollzeitlehrgänge eingerichtet haben, erteilen gerne Auskunft. Ebenso können Informationen über die Geschäftsstellen der Landesverbände und des Bundesverbandes des FDF eingeholt werden.

Die staatlichen Prüfungen

An den staatlichen Bildungseinrichtungen der »Meisterschulen« in Ahlem, Auweiler, Freising, Hamburg und Hohenheim werden Schulabschlussprüfungen durchgeführt. Auch diese berechtigten zu Berufsbezeichnungen, die zusätzlich zum Meistertitel oder allein geführt werden können. Der einjährige Lehrgang in Hannover-Ahlem schließt z. B. mit der Prüfung »staatlich geprüfter Wirtschafter« ab. Am Ende des zweijährigen Lehrgangs in Weihenstephan steht die Prüfung »staatlich geprüfter Florist« bzw. »Florist-Techniker«. Wenngleich diese Berufsbezeichnungen bisher wenig in Erscheinung treten, so werden sie in Zukunft möglicherweise an Bedeutung gewinnen oder gar traditionelle Bezeichnungen ablösen.

!!!Merksätze

- Es gibt in der Bundesrepublik Deutschland mehrere Industrie- und Handelskammern, die Floristmeisterprüfungen abnehmen.
- Für die Durchführung der Floristmeisterprüfungen sind besondere Prüfungsordnungen aufgestellt, die auch die Zulassung zur Prüfung regeln,
- Zu den Inhalten der Floristmeisterprüfung gehört die Ausbildereignungsprüfung. Diese Prüfung kann auch vorher gesondert abgelegt werden und wird bei der Meisterprüfung angerechnet.
- Schulabschlussprüfungen werden von staatlichen Bildungseinrichtungen abgenommen. Der »staatlich geprüfte Wirtschafter« und der »staatlich geprüfte Florist« sind durch Schulabschlussprüfungen erworbene Berufsbezeichnungen.

???Aufgaben

1. Interviewen Sie einen Floristmeister über seine Eindrücke bei der Meisterprüfung. Ziehen Sie daraus eine Lehre für Ihren Berufsweg.
2. Besuchen Sie eine oder mehrere Ausstellungen von Floristmeisterarbeiten und nehmen Sie Stellung zu der Frage: Welches Können beweisen die Themengestaltungen?
3. Lassen Sie sich von Ihrer zuständigen oder nächstgelegenen IHK, die Floristmeisterprüfungen durchführt, die Prüfungsordnung der Floristmeisterprüfung zuschicken und informieren Sie sich daraus über die Prüfungsteile mit ihren Prüfungsgebieten.

Berufsständische Organisationen

12 Ein Überblick über Verbände und Vereine

Im floristischen Betrieb hört man sehr oft Namen oder Abkürzungen von berufsständischen Einrichtungen wie FDF, GGLF, FEUPF, IHK usw. Wer ist das? Wer steckt dahinter? Welche Aufgaben haben diese Verbände oder Vereine? Die folgenden Erläuterungen sollen Auszubildenden und Ausbildern einen Überblick verschaffen.

Fachverband Deutscher Floristen e. V. (FDF)

Geschichte

Mit der Verselbstständigung unseres Berufes in der Mitte des 19. Jahrhunderts traten viele Probleme an den Berufsstand heran, die einzelne Berufsangehörige allein nicht lösen konnten. Steigende Blumenimporte aus dem Ausland führten schon damals zu Störungen auf dem Markt. Das Problem der Ladenschlusszeiten war auch vor rund einhundert Jahren schon aktuell. Vor allem aber waren es Fragen der Ausbildung der Berufsangehörigen, die dazu führten, dass sich insbesondere in den größeren Städten Kollegen zu einer Berufsorganisation zusammenschlossen. In Berlin wurde 1878 der »Ortsverein der Blumengeschäftsinhaber« gegründet. Schnell wurde klar, dass nur eine im Deutschen Reich einheitliche, große Berufsvertretung Erfolge erzielen konnte, aber es sollte noch bis 1904 dauern, bis in Düsseldorf der »Verband Deutscher Blumengeschäftsinhaber« (VDB) gegründet wurde. Vorsitzender wurde der Berliner Max Hübner, der später auch Gründer der ersten Blumenspendenvermittlung wurde. In seine Amtszeit fielen so wichtige Entscheidungen wie die Berufsbezeichnung »Blumenbinder«, die ersten Verbands-Lehrabschlussprüfungen, die Einführung des Muttertages in Deutschland sowie erste verbandseigene Einrichtungen wie das »Mahnwesen für Blumengeschäfte«. Max Hübner blieb bis 1933 im Amt.

Mit der Machtergreifung der Nationalsozialisten in Deutschland war das Ende der freien Berufsverbände besiegelt, sie passten nicht in das »System«. 1935 wurde der Verband aufgelöst und die

Berufsgruppe als »Fachgruppe Blumenbinderei« in die Reichsgruppe »Handel« eingegliedert.
Schon gleich nach dem Zusammenbruch des Deutschen Reiches bildeten sich in den Besatzungszonen erste Arbeitsgemeinschaften der Blumenbinder.
1951 gelang dann nach schwierigen Verhandlungen die Gründung des »Fachverbandes Blumenbinderei e.V.« (FB). Mitglieder dieses Bundesverbandes wurden die 11 Landesverbände, die sich inzwischen bereits gebildet hatten. Seinen Sitz bekam der Verband in Düsseldorf.
Sehr wichtige Entscheidungen musste der Verband bereits in den 50er und 60er-Jahren treffen. Das erste Berufsbild »Blumenbinder« wurde verfasst, die seit 1948 bestehende Zeitschrift »Der Blumenbinder« wurde erweitert, Ausstellungen und Wettbewerbe für Floristen wurden geschaffen, man gründete eine Einkaufsgenossenschaft für Floristen, und Schulungen und Lehrgänge wurden durchgeführt.
Die wirtschaftlichen Abläufe dieser Verbandsaktivitäten liegen inzwischen in den Händen der 1960 gegründeten »Förderungsgemeinschaft Blumen GmbH«, einer »Tochter« des Verbandes.
1967 wurde durch das neue Berufsbild die Berufsbezeichnung »Blumenbinder« in »Florist« geändert. Der Verband wechselte 1970 daraufhin seinen Namen und heißt nun »Fachverband Deutscher Floristen e.V. (FDF)«.
Nach der Vereinigung der beiden deutschen Staaten wurden weitere Landesverbände Mitglied im Bundesverband, der nun aus 15 Einzelorganisationen besteht. Die Geschäftsstelle des Bundesverbandes befindet sich inzwischen im Florist-Park Gelsenkirchen.

Organisation

An der Spitze des Bundesverbandes stehen ein Präsident sowie mehrere Vorstandsmitglieder. Ein hauptamtlicher Geschäftsführer leitet die Verwaltung des Verbandes. Das oberste Entscheidungsorgan ist die Mitgliederversammlung, die während des alljährlich stattfindenden Bundeskongresses der Floristen durchgeführt wird. Die 15 Landesverbände werden jeweils von einem Vorsitzenden und weiteren Vorstandsmitgliedern geleitet. Teilweise haben diese Landesverbände auch hauptamtliche Geschäftsführer. Eine

jährlich stattfindende Mitgliederversammlung ist das oberste Entscheidungsorgan der Landesverbände.

Aufgaben

Seit der Gründung des Verbandes haben sich neben den Themen Ausbildung und allgemeines Handelsrecht viele neue Aufgaben entwickelt. Die Beratung der Mitgliedsbetriebe in Fragen des Sozial- und Handelsrechts, der Betriebswirtschaft und des Steuerrechts steht dabei an vorderster Stelle. Schulungen und Seminare, Vorträge und andere Veranstaltungen sollen den Betrieben bei ihrer täglichen Arbeit Hilfestellung geben. Darüberhinaus nimmt der Verband Aufgaben für den gesamten Berufsstand wahr. Verhandlungen mit Behörden und Ämtern sowie Berufsverbänden und -organisationen gehören zum Alltag der Geschäftsführung. Der FDF ist Tarifpartner zusammen mit der Gewerkschaft Gartenbau, Land- und Forstwirtschaft. Die inzwischen in »Florist« umbenannte Fachzeitschrift wird vom Bundesverband FDF herausgegeben.

Europäischer Bund der Floristenfachverbände

Federation Europeenne des Union professionelles des Fleuriste (FEUPF). Durch die Gründung der Europäischen Wirtschaftsgemeinschaft (EWG), der heutigen Europäischen Gemeinschaft (EG), wurde es notwendig, dass sich die Floristen in Europa zusammenschlossen, um mit den Kommissionen in Brüssel über Handelsfragen zu beraten. 1956 gründeten Vertreter verschiedener Fachverbände der Floristen die FEUPF, die heute ihren Sitz in den Niederlanden hat. Der europäische Verband wird von einem Präsidenten und weiteren Präsidiumsmitgliedern geführt. Die Aufgaben des Verbandes sind sehr vielfältig geworden. Wettbewerbsfragen, Ausbildung und Schulungen des Berufsnachwuchses, die Anerkennung der Berufsabschlüsse über die Grenzen hinaus, der Austausch von Floristen und vor allen Dingen der »Europa-Cup« sind wichtige Themen der regelmäßig stattfindenden Besprechungen des Präsidiums. Vertreter des Verbandes haben Sitz und Stimme in beratenden Ausschüssen der Europäischen Gemeinschaft.

Fleurop-Interflora-FTD

Zu Beginn dieses Jahrhunderts war es durchaus üblich, dass Blumengrüße von Geschäften mit der Post verschickt wurden. Eine Methode, die natürlich nicht immer ohne Reklamationen ablief. Deshalb stellte der Berliner Blumengeschäftsinhaber Max Hübner eine Liste von Kollegenbetrieben zusammen, damit Blumenspenden von Betrieb zu Betrieb vermittelt werden konnten. Schon sehr schnell nahm dieses »Adressbuch« umfangreiche Formen an und so lag es nahe, 1908 den »Blumenspendenvermittlungsverein« zu gründen, der bereits 1920 über 1300 Mitglieder zählen konnte. Im Ausland entstanden ähnliche Organisationen. 1927 schlossen sich mehrere europäische Blumenspendenvermittlungen zur FLEUROP zusammen. In England hatte sich inzwischen die INTERFLORA gebildet, die Mitglieder auf den Britischen Inseln sowie in den Koloniegebieten hatte. Amerikanische Kollegen hatten die FLORISTS TRANSWORLD DELIVERY ASSOCIATION (FTD) gegründet. 1946 schlossen sich alle drei großen Schwestergesellschaften zur INTERFLORA Inc. zusammen, sodass heute über 50 000 Mitgliedsbetriebe Blumen in die ganze Welt vermitteln können. Nur ganz wenige weiße Flecken sind auf der Karte der Erde vorhanden, wo kein Kollege dieser Weltorganisation angeschlossen ist. Wechselkurse machen den Fleurop-Interflora Mitgliedern keine Probleme. Der eigene »FLEURIN« als Währungseinheit macht die Verrechnung leicht. Alle Fleuropaufträge werden in den jeweiligen Landeszentralen nach den Grundsätzen des Bank-Geldverkehrs verrechnet, die angeschlossenen Mitgliedsbetriebe haben dafür eigene Konten. Inzwischen hat bei der Blumenspendenvermittlung auch schon das Computer-Zeitalter seine ersten Spuren hinterlassen. Lange Telefonate oder Zeit raubende handschriftliche Briefe werden in Zukunft entfallen; auch das Rechnungswesen hat sich dadurch stark vereinfacht. Die Abrechnungen erfolgen über die angeschlossene Zentrale, wodurch mühsame Vorarbeiten der Mitgliedsbetriebe entfallen.

Organisation

Jede Landesabteilung der Fleurop-Interflora hat eine eigene Zentrale, die für Deutschland besteht seit Beginn der Blumenspendenvermittlung in Berlin.
Die europäische Fleurop wird von Zürich aus verwaltet, auch die Welt-Interflora Inc. ist dort.
Die Zentrale der Interflora Ltd. ist in Sleaford (England), Australiens Interflora wird von Brunswick (Vic.) aus gesteuert, Sitz der Interflora Pacific Unit ist Christchurch (Neuseeland) und die Interflora African Unit hat ihre Zentrale in Booysens (Südafrika). Die Geschäftsstelle der FTD-Amerika ist in Downers Grove, Ill. USA.
An der Spitze einer Landesabteilung steht der Präsident, der aus den Reihen der Mitglieder gewählt wird. Hauptamtliche Geschäftsführer leiten die Verwaltungen. Ein Aufsichtsrat, der ebenfalls aus den Reihen der Mitglieder gewählt wird, beaufsichtigt die Arbeit der Verwaltung. Ähnlich sind auch die europäische Fleurop-Interflora und die Welt-Interflora Inc. organisiert.

Teleflor-Welt-Blumendienst GmbH

Die 1954 als Privatunternehmen gegründete »Helios« führt inzwischen wegen ihrer internationalen Zusammenarbeit den Namen »Teleflor-Welt-Blumendienst« und ist mit Schwesterorganisationen in 99 Ländern der Erde verbunden. In Deutschland sind z. Z. 2700 Blumengeschäfte dieser Vermittlung von Blumengrüßen angeschlossen. In der Welt gibt es über 30 000 Teleflor-Mitglieder, die der Teleflor-International angehören.
Auch die Teleflor hat ein eigenes Währungssystem, den Heller. Die Zentrale für Deutschland ist in Preetz/Holstein.
Jährlich findet ein Wettkampf »Florist des Jahres« statt, den die Schwesterorganisation »Teleflower« in England durchführt.

Die Industrie- und Handelskammer

In der Bundesrepublik Deutschland gibt es z. Z. 84 Industrie- und Handelskammern, bzw. Handelskammern, die auf Grund des Kammergesetzes als Körperschaften des öffentlichen Rechts berufsübergreifend eingerichtet sind. Sie sind vom Gesetzgeber mit vielen Pflichten und Rechten ausgestattet worden, verwalten sich selbst und erheben zur Durchführung ihrer Aufgaben von den Mitgliedsbetrieben Beiträge.

Aufgaben

Zu den Hauptaufgaben der Kammern gehören die Beratung und Betreuung der Mitglieder in allen Fragen des Handels- und Wirtschaftsrechts, der Betriebswirtschaft, der Aus-, Weiter- und Fortbildung, des Steuerrechts und der Wirtschaftsförderung. Sie informiert Mitglieder und die Öffentlichkeit über wirtschaftliche Themen des Kammerbezirks. Eine wesentliche Aufgabe, die der Gesetzgeber den Kammern aufgetragen hat, ist die Berufsbildung. Die dafür eingerichtete Berufsbildungsabteilung hat die Ausbildung in den Betrieben zu überwachen, die Prüfungen durchzuführen und Prüfungszeugnisse auszustellen. Geleitet wird die Berufsbildungsabteilung vom Ausbildungsberater.

Mitglieder und Organisation der Kammer

Der Industrie- und Handelskammer gehören alle Gewerbetreibenden an, die nicht durch ihre Berufstätigkeit bedingt anderen Kammern angehören müssen. Mitglied wird der Gewerbetreibende mit der Anmeldung seines Gewerbes. Unternehmer des Handwerks, der Landwirtschaft oder freier Berufe gehören automatisch den dafür in Frage kommenden Kammern an (Handwerkskammer, Landwirtschaftskammer, Ärztekammer, Rechtsanwalts- und Notarkammer usw.).
Die Mitglieder einer Kammer wählen nach einem festgelegten Verteilungsschlüssel ein »Parlament«, die Vollversammlung. Diese wiederum wählt aus ihren Reihen einen Präsidenten und mehrere Vizepräsidenten, die der Kammer vorstehen. Die Geschäfte führt ein von der Vollversammlung gewählter, hauptamtlicher Geschäftsführer (s. Abb. 247).

Die Industriegewerkschaft Bauen, Agrar und Umwelt (IG Bau)

In der Bundesrepublik Deutschland bestehen viele Arbeitnehmerorganisationen, die die Interessen von Beschäftigten in Handel, Industrie, Handwerk und der Landwirtschaft vertreten. Eine dieser Organisationen ist die Gewerkschaft Gartenbau, Land- und Forstwirtschaft, die unter anderem auch die lohnabhängig beschäftigten Floristen betreut.

Abb. 246.
Floristen mit Ausbildungseignungsprüfung oder Floristmeister sind gesuchte Leute, wie ein Blick in die Fachzeitungen beweist.

Geschichte

Bereits 1860 wurde in Hamburg der Gärtnergehilfenverein »Horticultur« gegründet, 1868 entstand in Berlin der »Gärtnerverein«. Auch in anderen Städten bildeten sich um die gleiche Zeit ähnliche Arbeitnehmerorganisationen, von denen sich einige 1889 zum »Zentralverein der Gärtner« zusammenschlossen. Erst 1904 entstand der »Allgemeine Deutsche Gärtnerverein«, der sich der freien Gewerkschaftsbewegung anschloss. Zahlreiche Arbeitskämpfe fanden während dieser Gründungsjahre statt. Es ging dabei nicht immer nur um Lohnforderungen. Der Kost- und Logiszwang der Gärtnergehilfen sollte aufgehoben werden. Mindestforderungen für die Unterkunft der Gärtner wurden aufgestellt. Es wurde der reine Barlohn an Stelle des Bar- und Naturallohns gefordert, der damals noch üblich war. Nach dem 1.

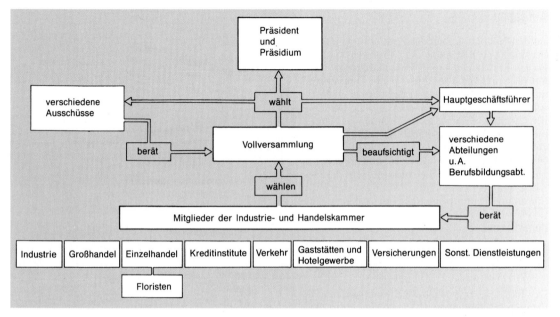

Abb. 247.
Organisation der Industrie- und Handelskammer.

Weltkrieg wurde der Name der Gewerkschaft in »Verband der Gärtner und Gartenbauarbeiter« geändert. Bewegte Zeiten standen auch für die Gewerkschaften bevor, die hohe Arbeitslosigkeit am Ende der 20er-Jahre forderte eine straffe Organisation.

So schloss man sich mit dem »Gesamtverband der Arbeitnehmer der öffentlichen Betriebe« zusammen, da ein großer Teil der Mitglieder in Arbeitsverhältnissen mit öffentlichen Betrieben stand.

Doch auch dieser Zusammenschluss konnte nichts mehr ändern: 1933 wurden nach der Machtübernahme der Nationalsozialisten die Gewerkschaften aufgelöst und dem damaligen System »gleichgeschaltet«.

Bereits 1945, kurz nach dem Zusammenbruch des Regimes, bildeten sich neue Arbeiterbewegungen. Durch die verschiedenen Besatzungszonen in Deutschland war die Arbeit von nationalen Gewerkschaften nicht möglich.

Erst 1949 gelang es, eine neue Organisation zu gründen, die »Gewerkschaft Gartenbau, Land- und Forstwirtschaft«. Bereits Anfang der 50er-Jahre fanden erste Tarifverhandlungen mit dem damaligen Fachverband Blumenbindereien e.V. statt, 1951 schloss man den ersten bundesweiten Rahmentarifvertrag.

Inzwischen hat sich die GGLF mit der Industriegewerkschaft Bau, Steine, Erde zur Industriegewerkschaft Bauen, Agrar, Umwelt (IG Bau) zusammengeschlossen.

Die Aufgaben

Die Hauptaufgabe der Gewerkschaft ist die Vertretung der Mitglieder in allen arbeitsrechtlichen Fragen. Sie berät die Mitglieder in Bereichen wie Arbeitsvertragsrecht, Sozialversicherungsrecht und vertritt sie in Arbeitsgerichtsverhandlungen. Daneben erarbeitet die Gewerkschaft eigene Entwürfe zu allgemeinen Themen des Sozialversicherungsrechts, der Unfallverhütung und des Arbeitsrechts.

Die IG Bau gibt eine eigene Mitgliedszeitschrift heraus und ist eine der Einzelgewerkschaften im Deutschen Gewerkschaftsbund (DGB).

Die Organisation

Zurzeit betreut die IG Bau über 40 000 Mitglieder der »grünen Berufe«. Alle zwei Jahre findet der Gewerkschaftstag statt, die Delegiertenversammlung der Organisation. Sie ist zugleich oberstes Entscheidungsorgan. An der Spitze steht ein vom Gewerkschaftstag gewählter Vorsitzender sowie ein Hauptvorstand.

Die IG Bau ist in Landesverbände aufgeteilt und unterhält in vielen Städten der Bundesrepublik Geschäftsstellen.

!!! Merksätze

- Berufsständische Organisationen haben sich die Förderung des Berufes zur Aufgabe gemacht.
- Der Fachverband Deutscher Floristen ist eine Arbeitgeberorganisation. 15 Landesverbände und der Bundesverband vertreten die Interessen der Mitgliedsbetriebe in der Öffentlichkeit, vor Ämtern und Behörden. Der Verband ist Tarifpartner.
- Die Fleurop-Interflora und die Teleflor sind die in der Bundesrepublik Deutschland arbeitenden Blumenspenden-Vermittlungs-Organisationen. Beide Gesellschaften vermitteln Blumengrüße in die ganze Welt.
- Die Industrie- und Handelskammer ist eine Körperschaft des öffentlichen Rechts, in der alle Gewerbetreibenden mit Ausnahme des Handwerks, der Landwirtschaft und der freien Berufe Mitglieder sind. Sie hat insbesondere Aufgaben in der Wirtschaftsförderung und der Berufsbildung.
- Die für unseren Beruf zuständige Arbeitnehmerorganisation ist die Industriegewerkschaft Bauen, Agrar, Umwelt.

??? Aufgaben

1. Stellen Sie fest, welchem Landesverband des FDF ihr Ausbildungsbetrieb angehört.
2. Erkundigen Sie sich, ob Ihr Ausbildungsbetrieb der Industrie- und Handelskammer als Mitglied angehört oder ob er gegebenenfalls einer anderen Kammer angehören muss.
3. Stellen Sie fest, wie sich die Abrechnungsverfahren der beiden Blumenspenden-Vermittlungsorganisationen unterscheiden.

Arbeitsrecht

13 Bewerbung, Einstellung, Kündigung
14 Lohnzahlung und Tarifvertrag
15 Arbeitsschutz
16 Mutterschutzgesetz und Schwerbehindertengesetz

Mit dem Ausbildungsvertrag hat der Berufsanfänger Informationen über seine Pflichten und Rechte bekommen. Doch auch jeder andere Arbeitnehmer steht in einem Rechtsverhältnis zum Arbeitgeber. Man spricht dabei vom Arbeitsrecht, dessen Rechtsgrundlagen in verschiedenen Gesetzen, Tarifverträgen, Betriebsvereinbarungen oder Einzelverträgen (Arbeitsverträgen) enthalten sind. Der Arbeitnehmer muss einige Fakten daraus kennen, um sich in der Arbeitswelt zurecht zu finden, seinen Pflichten zu genügen und seine Rechte in Anspruch zu nehmen. Hier sollen folgende Aspekte dargestellt werden: Die Bewerbung und Einstellung, der Arbeitsvertrag, die Rechte und Pflichten des Arbeitnehmers und des Arbeitgebers, die Beendigung des Arbeitsverhältnisses und der Kündigungsschutz.

13 Bewerbung, Einstellung, Kündigung

Nach der erfolgreichen Abschlussprüfung beginnt der junge Florist eine Tätigkeit als Fachkraft in einem Blumengeschäft. Vielfach werden Auszubildende vom Ausbildungsbetrieb in ein befristetes oder unbefristetes Arbeitsverhältnis übernommen, oft wechseln junge Menschen aber auch nach der Ausbildung den Betrieb. »Das Lernen beginnt erst richtig nach der Lehre« wird von erfahrenen Ausbildern jungen Menschen geraten, und daran ist sehr viel Wahres. Jeder Betrieb wird anders geführt, in jedem Betrieb wird anders gearbeitet. Die Materie ist zwar weitgehend die Gleiche, aber schon der unterschiedliche Kundenkreis und damit andere Kundenwünsche, Kaufgewohnheiten usw. stellen an die dort arbeitenden Floristen andere Anforderungen. So ist es verständlich, ja sogar sehr reizvoll, wenn ein junger Florist den Arbeitsplatz nach der Ausbildung wechselt.

Stellenanzeigen in Fachzeitschriften und regionalen Tageszeitungen, aber auch die Arbeitsvermittlung des Arbeitsamtes bieten einen Überblick, wo Arbeitsplätze zur Verfügung stehen. Oft ist mit einer neuen Tätigkeit ein Wohnortwechsel verbunden. Um sich fachlich weiterzubilden, kann eine Tätigkeit an einem anderen Ort sehr nützlich sein, denn die Floristik ist in Deutschland regional sehr unterschiedlich. Die kulturellen Einflüsse der verschiedenen Landschaften in der Bundesrepublik sind groß. Ein Florist, der viele Varianten in unserem Beruf kennen gelernt hat, kann sich zu einem versierten Fachmann (-frau) entwickeln.

Die Bewerbung

Einer Arbeitsaufnahme in einem anderen Betrieb muss natürlich eine Bewerbung vorausgehen. Es ist sinnvoll, sich auf eine Stellenanzeige schriftlich zu bewerben. Folgende Unterlagen gehören neben einem persönlichen Brief zu den Bewerbungsunterlagen:
- das Abschlusszeugnis der allgemein bildenden Schule
- das Abschlusszeugnis der Berufsschule
- das Ausbildungszeugnis

(IHK Ausbildungsprüfungszeugnis)
- das betriebliche Ausbildungszeugnis
- Teilnahmebescheinigungen über Fortbildungsmaßnahmen (Lehrgänge, Seminare, Kurse)
- evtl. andere Berufsabschlusszeugnisse (Ausbilder-Eignungsprüfung, Meisterprüfung)
- evtl. andere Arbeitszeugnisse
- ein tabellarischer Lebenslauf – ein neues Lichtbild

Bewerbungsunterlagen sollten immer aus Fotokopien der Zeugnisse und Bescheinigungen zusammengestellt werden, Originale darf man nicht aus der Hand geben!
Im Schreibwarenhandel bekommt man Bewerbungsmappen, in denen man sämtliche Unterlagen in der Reihenfolge zusammenstellen kann. Diese Mappen sind sehr sinnvoll, sie machen nicht nur einen guten Eindruck, es kann auch nichts verloren gehen.
Ist die Bewerbung erfolgreich, wird ein Vorstellungsgespräch vereinbart werden. Es ist heute durchaus üblich, dass Betriebsinhaber den sich bewerbenden Floristen zur Anfertigung verschiedener Arbeitsproben einladen, um sich einen Eindruck von den floristischen Leistungen und der Arbeitsweise des Bewerbers zu verschaffen. Zeugnisse allein sagen ja noch nicht alles!

Die Einstellung

Kommt es zur Einstellung, müssen dem neuen Arbeitgeber folgende Arbeitspapiere übergeben werden:
- die Lohnsteuerkarte des laufenden Jahres – das Versicherungsnachweisheft
- die Urlaubsbescheinigung des letzten Arbeitgebers
- evtl. die Mitgliedsbescheinigung einer Ersatz-Krankenkasse.
- Arbeitsbescheinigungen bzw. Arbeitszeugnisse vorheriger Arbeitgeber sowie der Sozialversicherungsnachweis gehören zwar zu den Arbeitspapieren, müssen aber nicht vom Arbeitgeber wie die vorgenannten Dokumente in Verwahrung genommen werden.

Wird das Arbeitsverhältnis beendet, hat der Arbeitgeber alle verwahrten Dokumente unverzüglich dem Arbeitnehmer wieder auszuhändigen.

Der Arbeitsvertrag

Zwischen dem Arbeitgeber und dem Arbeitnehmer wird bei der Einstellung ein Arbeitsvertrag geschlossen, in dem sich beide Vertragspartner zu Leistungen verpflichten. Der Arbeitnehmer stellt dem Arbeitgeber seine Arbeitsleistung zur Verfügung, der Arbeitgeber verpflichtet sich, dafür einen Lohn oder ein Gehalt zu zahlen.
Ein Arbeitsvertrag kann sowohl mündlich als auch schriftlich geschlossen werden. Es empfiehlt sich natürlich, einen derartigen Vertrag schriftlich abzufassen, schon um alle Rechte und Pflichten beider Seiten beweiskräftig festzuhalten. Ein Mustervertrag für Floristen wird vom Fachverband Deutscher Floristen herausgegeben, der bei allen Geschäftsstellen der Landesverbände und beim Bundesverband erhältlich ist.
Die wesentlichen Bestandteile eines Arbeitsvertrages sind:
- Name und Anschrift der Vertragspartner
- Beginn des Arbeitsverhältnisses (bei befristeten Arbeitsverhältnissen die Dauer des Vertrages)
- Arbeitsort oder auch Arbeitsorte (z. B. bei Filialbetrieben)
- Bezeichnung und/oder Beschreibung der zu leistenden Tätigkeit
- Zusammensetzung, Höhe und Fälligkeit der Vergütung/des Arbeitsentgeltes (einschl. evtl. Zuschläge etc.)
- Arbeitszeit
- Dauer des jährlichen Erholungsurlaubes
- Kündigungsfristen
- Hinweis auf den für den Arbeitsvertrag geltenden Tarifvertrag oder auf Betriebsvereinbarungen

Arbeitsverträge werden in aller Regel auf eine unbestimmte Zeit geschlossen, das heißt, sie laufen bis zu einer evtl. Kündigung von einer Seite. Befristete Arbeitsverträge sind nur zulässig, wenn bestimmte Gründe vorliegen, die z. B. in der Person des Arbeitnehmers liegen können. Wenn der Arbeitnehmer bei Vertragsabschluss äußert, dass er zu einem bestimmten Zeitpunkt innerhalb des nächsten Jahres das Studium an einer Meisterschule aufnehmen will, dann wird gegen einen befristeten Arbeitsvertrag nichts sprechen. Auch ist nach dem Beschäftigungsförderungsgesetz bis zum 1. Jan. 1990 ein befristeter Arbeitsvertrag möglich, wenn er im Anschluss an die Berufsaus-

bildung vom ehemaligen Ausbilder nur vorübergehend beschäftigt werden kann.

In vielen Fällen wird beim Abschluss eines Arbeitsvertrages eine Probezeit vereinbart. Für beide
Seiten ist dies von Vorteil (s. Seite 438). Die Probezeit bedeutet, dass zunächst eine Befristung des
Arbeitsvertrages vereinbart wird, danach wandelt
sich der Vertrag in ein unbefristetes Arbeitsverhältnis um.

Pflichten des Arbeitgebers

Mit dem Vertragsabschluss übernimmt der Arbeitgeber drei wesentliche Verpflichtungen:
• die Beschäftigungspflicht
• die Lohnzahlungspflicht
• die Fürsorgepflicht.

Der Arbeitgeber verpflichtet sich, den Arbeitnehmer zu beschäftigen, und ihn mit den im Arbeitsvertrag genannten Tätigkeiten zu betrauen. Weiter ist der Arbeitgeber zur Fürsorge für den Arbeitnehmer verpflichtet. Das schließt neben den
Beitragszahlungen für die Sozialversicherung und
die Lohnfortzahlung im Krankheitsfall auch solche Verpflichtungen wie Aufbewahrungspflicht
von Lohn- oder Versicherungsdokumenten des
Arbeitnehmers, sichere Aufbewahrung persönlichen Eigentums des Arbeitnehmers sowie die Bereitstellung sicherer Maschinen und Werkzeuge
ein. Selbstverständlich hat der Arbeitgeber auch
die Pflicht, dem Arbeitnehmer beim Ausscheiden
aus dem Arbeitsverhältnis ein Zeugnis über die
Tätigkeit zu erstellen.

Für entstandene Schäden aus diesen Verpflichtungen haftet der Arbeitgeber gegenüber dem Arbeitnehmer.

Die Pflichten des Arbeitnehmers

Der Arbeitnehmer verpflichtet sich mit der Unter-
schrift unter dem Arbeitsvertrag zur
• Arbeitspflicht
• Treuepflicht

Der Arbeitnehmer hat also seine Arbeitskraft dem
Arbeitgeber voll zur Verfügung zu stellen. Dies
schließt ein, dass er seine ihm übertragenen
Tätigkeiten persönlich an der Arbeitsstelle erle-

digt, mit dem ihm übertragenen Material sorgsam
und pfleglich umgeht, die Arbeit pünktlich aufnimmt (8 Uhr Arbeitsbeginn heißt, 8 Uhr am Arbeitsplatz, nicht in der Garderobe), den Anweisungen des Arbeitgebers Folge leistet und notwendige Mehrarbeit leistet, die allerdings gesondert bezahlt werden muss.

Für Schäden, die der Arbeitnehmer vorsätzlich
oder fahrlässig verursacht, muss er dem Arbeitgeber gegenüber haften.

Die Treuepflicht des Arbeitnehmers beinhaltet z.
B., keine Schwarzarbeit in anderen Betrieben zu
leisten, Schäden vom Betrieb abzuwenden, keine
Kunden abzuwerben, über Betriebsgeheimnisse
zu schweigen und den Betriebsfrieden zu wahren.

Die Beendigung des Arbeitsverhältnisses

Soll ein Arbeitsvertrag beendet werden, muss eine
vertragschließende Partei kündigen. Dies geschieht bei mündlichem Vertrag durch mündliche
Kündigung. Ein schriftlicher Arbeitsvertrag muss
auch schriftlich gekündigt werden. Beide Seiten
sind dabei an Fristen gebunden. Die Grundkündi-
gungsfrist, die Arbeitgeber und Arbeitnehmer ein-
zuhalten haben, beträgt vier Wochen zum 15. des
Monats oder zum Monatsende. Eine Ausnahme
von dieser Regelung gilt für Betriebe, die in der
Regel nicht mehr als 20 Mitarbeiter beschäftigen:
Durch Einzelvertrag kann eine vierwöchige Kündigungsfrist ohne festen Kündigungstermin vereinbart werden. Je nach Dauer des bestehenden
Beschäftigungsverhältnisses hat der Arbeitgeber
bei einer Kündigung verlängerte Fristen einzuhal-
ten. Die verlängerten Kündigungsfristen betragen
nach:
• 2 jähriger Betriebszugehörigkeit: 1 Monat zum
Monatsende
• 5 jähriger Betriebszugehörigkeit: 2 Monate
zum Monatsende
• 8 jähriger Betriebszugehörigkeit: 3 Monate
zum Monatsende
• 10jähriger Betriebszugehörigkeit: 4 Monate
zum Monatsende
• 12jähriger Betriebszugehörigkeit: 5 Monate
zum Monatsende
• 15jähriger Betriebszugehörigkeit: 6 Monate
zum Monatsende
• 20jähriger Betriebszugehörigkeit: 7 Monate
zum Monatsende

Berücksichtigt wird dabei die Betriebszugehörigkeit vom 25. Lebensjahr des Arbeitnehmers an. Natürlich können in Tarifverträgen alle Kündigungsfristen verlängert oder verkürzt werden, in Einzelarbeitsverträgen können die Fristen allerdings nicht verkürzt, wohl aber verlängert werden.

Da die Kündigung eine einseitige Willenserklärung ist, die der andere Vertragspartner »empfangen« muss, wird sie erst wirksam, wenn der andere Partner sie auch tatsächlich erhalten hat. Deshalb zählt zum Beispiel der Tag des Absendens des Kündigungsschreibens bei der Kündigungsfrist nicht mit.

Grundsätzlich unterscheidet man die ordentliche Kündigung, die unter Einhaltung der Fristen ausgesprochen wird, und die außerordentliche Kündigung, die ohne Einhalten einer Frist erfolgt. Von der fristlosen Kündigung kann nur in besonders begründeten Ausnahmefällen Gebrauch gemacht werden. Eine fristlose Kündigung kann vom Arbeitgeber ausgesprochen werden bei Diebstahl, Betrug oder Unterschlagung durch den Arbeitnehmer, bei Arbeitsverweigerung oder Fernbleiben von der Arbeit, bei vorsätzlicher Sachbeschädigung oder bei groben Tätlichkeiten gegenüber dem Arbeitgeber oder seinen Mitarbeitern. Ein Arbeitnehmer hat Grund zu einer fristlosen Kündigung, wenn der Arbeitgeber ihm den Lohn vorenthält, wenn Tätigkeiten, die von ihm verlangt werden, seine Gesundheit oder sein Leben bedrohen oder wenn andere Gefahren vom Betrieb oder dessen Mitarbeitern ausgehen (Diebstahl, Tätlichkeiten usw.).

Eine fristlose Kündigung darf nur innerhalb von zwei Wochen nach Bekanntwerden des Kündigungsgrundes ausgesprochen werden. Gegen eine außerordentliche Kündigung kann ein Arbeitnehmer innerhalb von 3 Wochen nach Erhalt der Kündigung Klage beim Arbeitsgericht einreichen. Außer durch Kündigung des Arbeitsvertrages kann dieser auch aus anderen Gründen beendet werden. Grundsätzlich endet das Arbeitsverhältnis durch den Tod des Arbeitnehmers, während der Tod des Arbeitgebers zunächst keinen Einfluss auf den Arbeitsvertrag hat. Automatisch treten die Erben in die Rechte und Pflichten des Verstorbenen ein. Aber auch durch einen Aufhebungsvertrag kann das Arbeitsverhältnis beendet werden. Wenn sich der Arbeitnehmer und der Arbeitgeber einig werden, das Arbeitsverhältnis nicht fortzusetzen, schließt man einen solchen Vertrag, der auch ohne Fristen wirksam werden kann. Dabei kann der Arbeitgeber unter Umständen eine so genannte Abfindung anbieten, damit der Arbeitnehmer den Aufhebungsvertrag annimmt. Der befristete Arbeitsvertrag endet mit dem vorher festgelegten Datum, er läuft also ohne eine Vertragskündigung zur vereinbarten Zeit aus.

Kündigungsschutz

Arbeitnehmern steht ein gesetzlicher Kündigungsschutz zu. Eine Kündigung seitens des Arbeitgebers darf sozial nicht ungerechtfertigt sein. Sozial ungerechtfertigt ist z. B. eine Kündigung,
* wenn der Arbeitnehmer an einem anderen Arbeitsplatz im gleichen Betrieb oder in einem anderen Betrieb des Arbeitgebers weiterbeschäftigt werden kann
* wenn ein Arbeitnehmer einverstanden ist, dass unter anderen Arbeitsbedingungen das Arbeitsverhältnis weitergeführt werden kann oder
* wenn der Arbeitnehmer bereit ist, nach entsprechenden Weiterbildungsmaßnahmen sich zu qualifizieren und die Tätigkeit dann fortsetzen will.

Auf jeden Fall kommt es bei einer Kündigung aus betrieblichen Gründen immer auch auf soziale Gesichtspunkte an. Ein Arbeitgeber hat abzuwägen, wer auf den Erhalt dieses Arbeitsplatzes am wenigsten angewiesen ist.
Eine Kündigung ist sozial gerechtfertigt,
* wenn die Kündigungsgründe in der Person des Arbeitnehmers liegen (z. B. mangelnde Fähigkeiten)
* wenn das Verhalten des Arbeitnehmers dazu Anlass gibt (wiederholte schlechte Leistungen, Vertragsbruch) oder
* wenn wichtige betriebliche Erfordernisse eine Kündigung unumgänglich machen (anhaltende schlechte Auftragslage, Schließung des Betriebes).

Einer Kündigung, die im Verhalten des Arbeitnehmers begründet liegt, muss eine Abmahnung durch den Arbeitgeber vorangehen. Darin weist der Arbeitgeber auf das Fehlverhalten des Arbeitnehmers hin und droht, falls das Verhalten nicht geändert wird, die Kündigung an.

Einen besonderen Kündigungsschutz genießen die Mitglieder des Betriebsrats, Wehrpflichtige, Schwerbehinderte, Schwangere und Erziehungsurlaubsberechtigte.

!!! Merksätze

- Einer Arbeitsaufnahme in einem anderen Betrieb geht eine Bewerbung voraus. Bewerbungsunterlagen sind neben den schulischen Zeugnissen, Prüfungszeugnissen und Lehrgangsbescheinigungen auch betriebliche Zeugnisse und ein tabellarischer Lebenslauf.
- Bewerbungsunterlagen sollten immer aus Fotokopien von Zeugnissen und Dokumenten zusammengestellt werden.
- Zu den Arbeitspapieren, die einem Arbeitgeber bei der Arbeitsaufnahme übergeben werden müssen, gehören die Lohnsteuerkarte, das Versicherungsnachweisheft, die Urlaubsbescheinigung und evtl. die Mitgliedsbescheinigung einer Ersatzkrankenkasse.
- Ein Arbeitsvertrag kann sowohl mündlich als auch schriftlich abgeschlossen werden.
- Zu den Pflichten des Arbeitgebers gegenüber dem Arbeitnehmer gehören die Beschäftigungspflicht, die Lohnzahlungspflicht und die Fürsorgepflicht.
- Der Arbeitnehmer ist zur Arbeitsleistung und zur Treue gegenüber dem Arbeitgeber verpflichtet.
- Eine Kündigung kann unter Einhaltung von bestimmten Fristen vom Arbeitnehmer ausgesprochen werden. Arbeitnehmer genießen einen Kündigungsschutz.

??? Aufgaben

1. Stellen Sie Ihre Bewerbungsunterlagen zusammen. Suchen Sie aus einer Fachzeitschrift eine Stellenanzeige heraus und verfassen Sie daraufhin ein Bewerbungsgesuch.
2. Besorgen Sie sich einen Musterarbeitsvertrag des FDF und lesen ihn durch. Stellen Sie fest, worin sich dieser Vertrag von allgemeinen Arbeitsverträgen unterscheidet (allgemeine Arbeitsverträge sind im Schreibwarenhandel erhältlich).
3. Verfassen Sie jeweils ein Kündigungsschreiben eines Arbeitnehmers und eines Arbeitgebers zu erfundenen Vorgängen. Berücksichtigen Sie dabei die Kündigungsfristen und sozial gerechtfertigte Kündigungsgründe.
4. Besorgen Sie sich vom Bundesministerium für Arbeit und Sozialordnung die Broschüre: Arbeitsrecht – Informationen für Arbeitnehmer und Arbeitgeber.

14 Lohnzahlung und Tarifvertrag

»Jede Arbeit ist des Lohnes wert« sagt der Volksmund. Natürlich muss auch die berufliche Arbeit entlohnt werden. Die Lohnzahlung gehört zu den Pflichten des Arbeitgebers (siehe Kapitel Arbeitsrecht 1. Teil). Der Lohn wird nach einer Arbeitsleistung fällig.

Lohnfälligkeit

Der Zeitpunkt der Lohnzahlung richtet sich nach dem Arbeitsverhältnis: Angestellte erhalten das Gehalt am Monatsende, Arbeitern wird der Lohn am Wochen- oder Monatsschluss ausbezahlt. In einigen wenigen Fällen gibt es auch noch den Tageslohn, der direkt nach der Arbeitsleistung fällig wird.
Heute wird der Lohn oder das Gehalt vielfach direkt auf das Gehaltskonto eines Arbeitnehmers bei einer Bank oder Sparkasse überwiesen. Grundsätzlich ist der Lohn in bar an der Arbeitsstelle auszubezahlen, jedoch wählt man aus vielerlei Gründen in Arbeits- oder Tarifverträgen den einfachen und sicheren Weg der Überweisung.

Lohnabrechnung

Um dem Arbeitnehmer eine Übersicht über die notwendigen Abzüge und Zulagen zum Gehalt oder Lohn zu geben, ist der Arbeitgeber verpflichtet, eine Lohnabrechnung mit der Lohnzahlung zu erstellen.
Diese Lohnabrechnung enthält Angaben über die Berechnung des Bruttoverdienstes, die abgezogenen Lohnsteuern, eventuell Kirchensteuerabzug sowie die abgezogenen Sozialversicherungsbeiträge. Hinzurechnungen, wie steuerfreie Zuschläge zum Lohn oder Gehalt, Auslagen, die der Arbeitnehmer im Abrechnungszeitraum hatte (Fahrtkosten, Spesen) und die Sparzulagen nach dem Vermögensbildungsgesetz, müssen ebenso aufgeführt werden, wie die vom Arbeitgeber einbehaltenen und abgeführten Spareinlagen (siehe Abbildung 248).
Die Lohnzahlung muss der Arbeitnehmer durch seine Unterschrift quittieren. Bei Banküberweisungen gilt der Bankbeleg als Quittung.

Die Lohnhöhe

Die Höhe des Lohnes richtet sich nach den Vereinbarungen zwischen dem Arbeitnehmer und dem Arbeitgeber und wird im Arbeitsvertrag festgehalten. Grundsätzlich ist der Lohn frei vereinbar. Besteht jedoch eine Tarifbindung (s. Seite 471), so sind mindestens die im Tarifvertrag festgelegten Lohn- oder Gehaltssätze zu zahlen.

Lohnarten

Man unterscheidet zwei Lohnarten:
1. **den Leistungslohn,** der auf Grund von Produktionsstückzahlen (z. B. bei der Heimarbeit), Arbeitsgeschwindigkeit (Akkordlohn), Provisionen, Umsatz- oder Gewinnbeteiligungen errechnet wird,
2. **den Zeitlohn,** der nach der Dauer der Beschäftigung (Stunden, Tage, Wochen oder Monate) errechnet wird.

Mitunter wird eine Kombination aus Zeitlohn und Leistungslohn vereinbart.

Der Tarifvertrag

Wenn zwischen Arbeitnehmern und Arbeitgebern Arbeitsverträge abgeschlossen werden, dann fallen sehr häufig die Begriffe »Tarif« oder »tarifliche Bedingungen«. Immer wieder stellen sich dabei Fragen wie: Was ist ein Rahmen- oder Manteltarif? Gelten Tarifverträge für jeden einzelnen Arbeitsvertrag? Woher bekommt man einen Tarifvertrag?

Grundsätzliches

Tarifverträge beinhalten Arbeitsbedingungen für eine genau bezeichnete Gruppe von Arbeitnehmern. Diese Verträge werden von Tarifvertragsparteien- auch Tarifpartner genannt- abgeschlossen. Das Tarifvertragsgesetz bestimmt Vereinigungen von Arbeitnehmern und Arbeitgebern, das sind Gewerkschaften und Arbeitgeberverbände, zu Tarifpartnern.
Auch einzelne Arbeitgeber können in ganz speziellen Fällen mit Arbeitnehmervertretungen Einzel-

tarife abschließen (so genannte Haus- oder Werk-
starife).

Für Floristen schließen die Industriegewerkschaft
Bauen, Agrar, Umwelt und der Fachverband
Deutscher Floristen auf Landesebene Tarifverträ-
ge ab.

Grundsätzlich gilt, dass Tarifverträge für die Arbeitsverträge Gültigkeit haben, deren Vertragspartner Mitglied der tarifabschließenden Parteien
sind. In manchen Fällen kann der Bundesminister
für Arbeit und Sozialordnung einen Tarifvertrag
für »allgemeinverbindlich« erklären. In diesem
Fall gilt der Tarif dann für alle in diesem Fachbereich angeschlossenen Arbeitsverträge ohne Rücksicht auf eine Mitgliedschaft in einem Berufsverband. Der Bundesminister kann nur auf Antrag
der Vertragsparteien eine »Allgemeinverbindlich-
keit« erklären.

Der Mantel- oder Rahmentarif

In diesem Vertragsteil sind viele Arbeitsbedingungen festgeschrieben, das heißt: die Arbeitszeit (sofern sie von der Arbeitszeitordnung abweicht),
Urlaub (sofern dieser vom Bundesurlaubsgesetz
abweicht), Urlaubsgeld, Zuschläge für Mehrarbeit, bestimmte Freistellungen von der Arbeit,
Gratifikationen, 13. Monatsgehalt, vermögens-
wirksame Leistungen usw.

Der Rahmen- oder Manteltarif wird für einen längeren Zeitraum abgeschlossen (so genannte Laufzeit), da sich an den Rahmenbedingungen nur selten etwas ändert (s. Abb. 249).

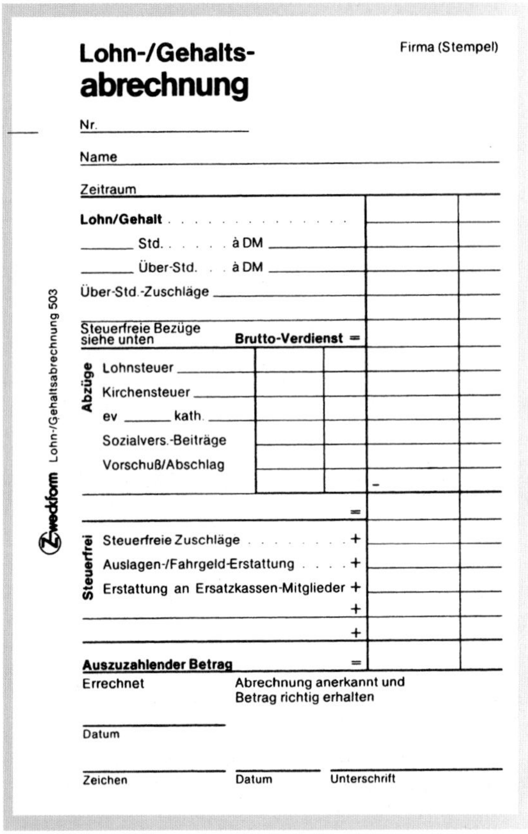

Der Lohn- oder Gehaltstarif

Dieser Vertragsteil hat meistens eine ein- oder
zweijährige Laufzeit. In ihm werden für die verschiedenen Lohn- oder Gehaltsgruppen die Entlohnungen pro Stunde, Woche oder, wie häufig
üblich, pro Monat ausgewiesen. Die Lohn- und
Gehaltsgruppen unterscheiden sich durch Vorbil-
dung bzw. durch bestimmte Berufsabschlüsse der
Arbeitnehmer. Oft sind auch Berufsjahre oder Betriebszugehörigkeit einzelner Arbeitnehmer die
Grundlage für die Lohnberechnung.

Im Tarifvertrag für Floristen unterscheidet man
folgende Lohngruppen:
1. Einfache Tätigkeiten, die keine floristische
   Ausbildung erfordern.

Abb. 248.
So oder ähnlich sieht eine Lohn- oder Gehaltsabrechnung aus, wie
sie Arbeitnehmern mit der Lohn-/Gehaltszahlung ausgestellt wird.

Persönliche Voraussetzung: ungelernte Arbeitskräfte.
2. Einfache floristische Tätigkeiten und Ver-
   kauftstätigkeiten, die erst nach eingehender
   Anweisung ausgeführt werden können.
   Persönliche Voraussetzung: Abschlussprüfung
   Florist oder angelernte Arbeitskräfte mit
   gleichwertigen Kenntnissen und Fertigkeiten.
3. Floristische Tätigkeiten, die weit gehende
   Kenntnisse und Erfahrungen voraussetzen und
   im Rahmen allgemeiner Anweisungen selbstständig ausgeführt werden.
   Persönliche Voraussetzung: Abschlussprüfung
   Florist.

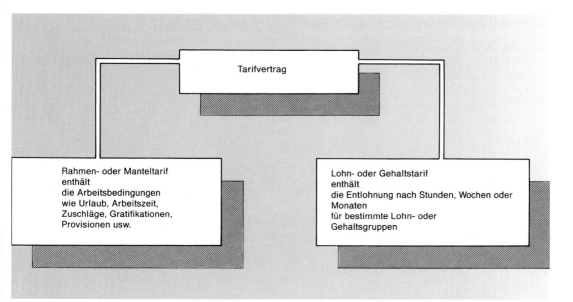

Abb. 249.
Tarifvertrag.

4. Qualifizierte kaufmännische und floristische Tätigkeiten, die im Rahmen allgemeiner Anweisungen für einen oder wenige Aufgabenbereiche mit Dispositions-, Weisungs- oder Aufsichtsbefugnis versehen sind, bzw. selbstständig ausgeführt werden und entsprechende weiter gehende Kenntnisse erfordern. Unterweisung von Floristen und Auszubildenden, Vorübergehende selbstständige Leitung des Betriebes und Filialleiter.
Persönliche Voraussetzung: Floristmeisterprüfung, Staatl. Prüfung Weihenstephan oder Abschlussprüfung Florist.

5. Selbstständige Leitung des Betriebes, verantwortungsvolle kaufmännische und floristische Tätigkeit, die mit Dispositions-, Weisungs-, Ausbildungs- und Aufsichtstätigkeit selbstständig ausgeführt wird und darüber hinaus umfangreiche Branchen- oder Spezialkenntnis erfordern. Die Tätigkeiten sind nicht auf einzelne Aufgabengebiete beschränkt.
Persönliche Voraussetzung: Floristmeisterprüfung oder Staatl. Prüfung Weihenstephan oder Abschlussprüfung Florist mit Ausbildereignungsprüfung und ausdrücklicher Einstellung als Meister.

Woher bekommt man einen Tarifvertrag?

Es ist verständlich, dass nur Mitglieder der Tarifpartner sofort nach Abschluss eines neuen Vertrages ein Exemplar erhalten. Die Mitglieder von Gewerkschaften und Verbänden sind durch ihre Mitgliedschaft tarifgebunden, d. h. nur für diesen Kreis haben die Verträge auch Gültigkeit. Durch ihre Mitgliedsbeiträge finanzieren sie diese Organisationen, somit auch die Tarifverhandlungen und den Abschluss. Deshalb wird der tarifgebundene Personenkreis den Tarifvertrag auch nicht anderen zur Verfügung stellen.

Gilt der Tarifvertrag für Ausbildungsverhältnisse?

Ja, das Berufsbildungsgesetz sieht das so vor. Auch wenn die Vertragspartner eines Ausbildungsverhältnisses nicht tarifgebunden sind, gilt ein abgeschlossener Tarif des betreffenden Berufes, jedoch nur, was die Vergütungssätze betrifft. Im Ausbildungsvertrag müssen mindestens die Sätze vereinbart werden, die ein Tarif vorsieht.

Kann man auch höhere Löhne vereinbaren?

Natürlich, denn die tariflichen Entlohnungen sind nur Mindestsätze für den tarifgebundenen Personenkreis. Über diese Mindestentlohnung hinaus ist keine Grenze gesetzt.

!!!Merksätze

- Löhne und Gehälter sind grundsätzlich zwischen Arbeitnehmer und Arbeitgeber frei vereinbar. Nur bei einer Tarifbindung gelten die im Tarif festgelegten Sätze als Mindestentlohnung.
- Eine Lohnabrechnung informiert den Arbeitnehmer über den Bruttolohn sowie über die gesetzlichen Steuer- und Sozialversicherungsabzüge.
- Man unterscheidet Leistungs- und Zeitlohn.
- Tarifverträge sind Vereinbarungen zwischen Arbeitnehmer- und Arbeitgeberorganisationen über die Arbeitsbedingungen der in einem Fachbereich tätigen Beschäftigten. Ein Tarifvertrag gilt nur für die Mitglieder der vertragabschließenden Parteien. Er kann im Ausnahmefall für »allgemeinverbindlich« erklärt werden. Tarifverträge werden in Mantel- oder Rahmentarife und Lohntarife unterschieden.
- Die in einem Tarifvertrag festgelegten Vergütungen für Auszubildende gelten nach dem Berufsbildungsgesetz für alle in dem Fachbereich abgeschlossenen Ausbildungsverhältnisse.

???Aufgaben

1. Stellen Sie schriftlich dar, warum der Staat die Tarifverhandlungen den Vereinigungen von Arbeitnehmern und Arbeitgebern überlässt.
2. Erklären Sie die Bestandteile des Lohn- oder Gehaltstarifs und des Rahmen- oder Manteltarifs.
3. Erklären Sie den Unterschied zwischen Bruttolohn und Nettoverdienst.

15 Arbeitsschutz

Jeder Beschäftigte soll vor eventuellen negativen Folgen der Arbeit geschützt werden, so heißt der Grundsatz, der den Staat veranlasst hat, Arbeitsschutzgesetze zu erlassen. Durch zu lange tägliche Arbeitszeiten, wenige oder kleine Ruhepausen, durch Nacht oder Schichtarbeiten usw. kann es zur Beeinträchtigung der Gesundheit des Arbeitnehmers kommen. Davor muss er geschützt werden. Die Arbeitszeitordnung, das Jugendarbeitsschutzgesetz, das Mutterschutzgesetz und die Unfallverhütungsvorschriften der Berufsgenossenschaft sind aus diesem Grunde für alle Arbeitsverhältnisse verbindlich.

Das Arbeitszeitgesetz

Seit dem 1. Juli 1994 ist das Arbeitszeitgesetz in Kraft, das die bisherige Arbeitszeitordnung von 1938 abgelöst hat.

Das ArbZRG – das ist die gebräuchliche Abkürzung – regelt die tägliche Höchstarbeitszeit und begrenzt die Mindestruhepausen während und nach der Arbeit.

Es gilt für alle Arbeitnehmer, die das 18. Lebensjahr vollendet haben. Die Arbeitszeit für Jugendliche wird durch das Jugendarbeitsschutzgesetz geregelt. Das erklärt, warum z. B. Auszubildende des gleichen Ausbildungsjahres durchaus andere Arbeitszeiten haben können.

Die Arbeitszeit wird immer ohne die vorgeschriebenen Ruhepausen berechnet und beträgt im Normalfall 8 Std. täglich. Natürlich lässt das Arbeitszeitgesetz für bestimmte Berufsgruppen und Arbeitsverhältnisse eine Reihe von Ausnahmen zu. So kann durchaus die Arbeitszeit in einer Vereinbarung zwischen dem Arbeitnehmer und dem Arbeitgeber bis zu 10 Std. täglich verlängert werden, vorausgesetzt, die über 8 Std. hinausgehende Arbeitszeit wird innerhalb der folgenden 6 Monate ausgeglichen.

Während der Arbeitszeit sind Ruhepausen vorgeschrieben, normalerweise ist dies eine mindestens 30 minütige Pause nach 6 Stunden ununterbrochener Arbeitszeit. Aber auch in diesem Fall hat das Gesetz für verschiedene Berufe und Berufsgruppen andere Pausenregelungen als Ausnahme vorgesehen.

Zwischen den jeweiligen Arbeitstagen ist eine große Pause einzulegen, die Nachtruhe. Im Gesetz heißt es dazu, dass zwischen dem Ende des einen und dem Beginn des anderen Arbeitstages mindestens eine 11 stündige Ruhepause einzulegen ist.

Für Mitarbeiter von Gaststätten und im Beherbergungsgewerbe, beim Rundfunk und Fernsehen sowie in Krankenhäusern und in der Landwirtschaft gibt es andere Pausenregelungen, gleiches gilt für Nachtarbeiter. Auf all diese Sonderregelungen soll hier aber nicht eingegangen werden.

Auch ein Gesetz über Arbeitszeit kann nicht bis in das kleinste Detail für alle Berufe Sonderregelungen beinhalten, es soll ja nur ein Gerüst sein, welches eine Grobeinteilung zulässt. Durch Verträge können von den Arbeitnehmer- bzw. Arbeitgeberorganisationen für einen bestimmten Beruf exakte Zeiten festgelegt werden, die in einem Rahmen- oder Manteltarif Gültigkeit bekommen. Für Floristen könnte dies u. a. eine Festlegung von Mehrarbeit zu den Arbeitsspitzen um Weihnachten, Muttertag oder das Balkonblumengeschäft sein.

Das Jugendarbeitsschutzgesetz

Eigentlich heißt es »Gesetz zum Schutz der arbeitenden Jugend« und gilt für alle Arbeitnehmer, die das 18. Lebensjahr noch nicht vollendet haben. Danach ist Kinderarbeit verboten. Jugendliche unter 15 Jahren dürfen nur dann beschäftigt werden, wenn sie die Vollzeitschulpflicht erfüllt haben und eine Berufsausbildung machen.

Jugendliche dürfen nicht mehr als 8 Stunden täglich und 40 Stunden wöchentlich beschäftigt werden. Auch dürfen sie nicht vor 6 Uhr morgens ihre Arbeit beginnen (Ausnahme: Bäckerei) und nach 20 Uhr abends noch arbeiten (Ausnahme: Hotel- und Gaststättengewerbe). Jugendlichen steht ein längerer Erholungsurlaub zu als den erwachsenen Arbeitnehmern. Zwar gilt für Jugendliche die 5-Tage-Woche und das Verbot der Samstagsarbeit, doch sind für verschiedene Gewerbzweige Ausnahmen vorgesehen, z. B. für Verkaufsstellen, zu denen auch der Blumeneinzelhandel zählt. Wird die Arbeitszeit auch für den Samstag festgelegt, so hat der Jugendliche an einem anderen Tag der gleichen Woche arbeitsfrei. Natürlich darf dieser Tag nicht gerade der Berufsschultag sein.

Sonntags darf der Jugendliche nicht beschäftigt werden.

Für den Berufsschultag gibt es im Jugendarbeitsschutzgesetz auch verschiedene Arbeitszeitbestimmungen. So darf der Jugendliche vor einem vor 11 Uhr beginnenden Unterricht nicht beschäftigt werden.

Beträgt die Unterrichtszeit mehr als 5 Unterrichtsstunden von 45 Minuten, so ist der Jugendliche danach vor der Arbeit freizustellen. Das heißt allerdings auch, dass der Jugendliche, ist die Unterrichtszeit kürzer, nach der Berufsschule wieder in den Betrieb gehen muss.

Diese letztgenannten Regelungen gelten unverändert auch für alle anderen Auszubildenden oder noch Schulpflichtigen, die das 18. Lebensjahr bereits vollendet haben.

Der Jugendliche ist am Tage vor der schriftlichen Abschlussprüfung von der Arbeit freizustellen.

Gesetz zum Schutze der Jugend in der Öffentlichkeit

Auch dieses Gesetz hat einige Auswirkungen auf die Berufsausbildung. Während es beim Jugendarbeitsschutzgesetz mehr um die gesundheitliche Betreuung der Jugendlichen geht, um sie vor möglichen gefährdenden Folgen der Arbeit zu schützen, soll das Jugendschutzgesetz vor den Gefahren der Öffentlichkeit bewahren. Dabei sind in erster Linie die charakterlichen und sittlichen Gefährdungen, aber auch gesundheitliche Gefährdungen gemeint.

Der Ausbildende hat im Ausbildungsvertrag auch erzieherische Tätigkeiten übernommen, er vertritt die Erziehungsberechtigten in ihrer Abwesenheit. Während der Ausbildungszeit untersteht der Auszubildende der Obhut des Ausbildenden bzw. des Ausbilders. Die übernommene Aufgabe, den Jugendlichen sittlich und charakterlich zu fördern und ihn vor Gefahren zu schützen, ist nicht leicht und sollte von den erwachsenen Mitarbeitern unterstützt werden.

Einer besonderen Gefahr unterliegen alle in einer Betriebsgemeinschaft zusammenarbeitenden Menschen. Diese Gefahr geht vom Alkohol am Arbeitsplatz aus. Der so genannte »Einstand« oder ein Geburtstag sind oft mit alkoholischen Getränken verbunden. Die Pflicht des Ausbildenden bzw. des Ausbilders ist es, diesen Alkoholgenuss für Jugendliche zu unterbinden. Schließlich gibt es andere Möglichkeiten, mit Kollegen eine bestandene Prüfung oder einen Geburtstag zu feiern.

Unfallverhütungsvorschriften

In jedem Betrieb müssen die Unfallverhütungsvorschriften der Berufsgenossenschaft für jedermann zugänglich ausgehängt werden. Doch was nützt der Aushang, wenn sie nicht gelesen werden? Mancher Florist denkt sicher auch: Was ich nicht gelesen habe, das brauche ich dann ja auch nicht zu beachten! Natürlich ist das ein Trugschluss. Sollte es tatsächlich einmal zu einem Unfall im Betrieb kommen, und es kann nachgewiesen werden, dass entgegen den Unfallschutzvorschriften z. B. schadhafte Leitern, Maschinen usw. benutzt wurden, so kann dem Betroffenen durchaus eine Mitschuld am Unfall angelastet werden.

Aber es sollte gar nicht erst zu einem Unfall kommen! Und so hat jeder im Betrieb tätige Mitarbeiter, auch der Auszubildende, die Verpflichtung, auf Arbeitssicherheit zu achten. Dies betrifft den Umgang mit Maschinen und Werkzeugen genauso wie die Sauberkeit am Arbeitsplatz. Im Blumengeschäft fallen nun einmal viele Abfälle auf den Fußboden. Dass besonders von Blättern eine große Rutschgefahr ausgeht, ist jedem klar, der einmal in einem Blumengeschäft gearbeitet hat. So ist es unverständlich, wenn nicht häufig genug die Abfälle zusammengefegt und in die Abfalltonne gefüllt werden oder besser noch, gar nicht erst auf den Boden fallen! Verbrennungen beim Umgang mit der Heißklebepistole lassen sich eigentlich vermeiden, wenn man sorgfältig mit diesem Elektrogerät umgeht. Zur Sicherheit kann man ja ein Gefäß mit Wasser zum Eintauchen des eventuell verbrannten Fingers am Arbeitsplatz bereithalten. Das ist ein Beispiel für praktische Unfallverhütung! Viele Floristen tragen bei der Arbeit Gummihandschuhe, um sich beispielsweise vor Allergien durch Narzissenschleim usw. zu schützen. Aber beim Umgang mit der Blumenputzmaschine oder der Kranzbindemaschine ist Vorsicht geboten! Handschuhe können dabei leicht in den Mechanismus der Maschinen geraten! Wackelnde, nicht feststellbare Leitern dürfen nicht benutzt werden. Gleiches gilt auch für Tisch-Stuhl-

Hocker-Konstruktionen, die an Stelle von Leitern benutzt werden. Jedem wird klar sein, dass von derartigen »Leitern« eine erhöhte Unfallgefahr ausgeht!

Kellertreppen müssen besonders sicher sein, die Treppenbeläge müssen rutschfest sein, Handläufe geben Sicherheit bei der Treppenbenutzung. Die im Betrieb befindlichen Elektrogeräte müssen den Sicherheitsbestimmungen entsprechen. Ein Prüfzeichen an den Geräten zeigt an, ob diese Geräte den Auflagen und Ansprüchen genügen.

Jeder Beschäftigte kann für die Arbeitssicherheit sehr viel tun, dabei muss er bei sich selber anfangen. So ist zum Beispiel festes Schuhwerk, das guten Halt bietet, im Blumengeschäft vorgeschrieben. Pantoletten sind eine sehr häufige Unfallursache, die von vielen Berufsangehörigen nicht ernst genug genommen wird.

Der Urlaub

Jedem Arbeitnehmer steht während seiner Erwerbstätigkeit ein Erholungsurlaub zu, der im Bundesurlaubsgesetz geregelt ist. Auch Ausbildungsverhältnisse unterliegen, wie jedes andere Arbeitsverhältnis, diesen Regelungen. Für Jugendliche gibt es, was die Dauer des Urlaubs angeht, Sonderregelungen, die im Jugendarbeitsschutzgesetz enthalten sind.

Auch Schwerbehinderte bekommen nach dem Schwerbehindertengesetz mehr Urlaub.

Grundsätzliches

Als Urlaubsjahr gilt das Kalenderjahr. Jeder Urlaub soll der Erholung dienen, daher ist jede Erwerbstätigkeit während eines Urlaubs verboten. Ein Arbeitnehmer erwirbt den vollen Urlaubsanspruch nach mindestens sechsmonatigem Bestehen des Arbeitsverhältnisses. Dauert das Arbeitsverhältnis im Kalenderjahr noch keine sechs Monate, so erhält der Arbeitnehmer 1/12 des Jahresurlaubsanspruches für jeden vollen Monat. Das gilt auch, wenn der Arbeitnehmer, der mehr als sechs Monate in einem Betrieb tätig ist, aber in der ersten Hälfte eines Kalenderjahres aus dem Arbeitsverhältnis ausscheidet. Sollten sich bei der Berechnung eines solchen Teilurlaubs Bruchteile von Tagen ergeben, so werden halbe Tage auf volle Urlaubstage aufgerundet. Scheidet der Arbeitnehmer in der zweiten Hälfte des Kalenderjahres aus dem Arbeitsverhältnis aus und die Wartezeit von sechs Monaten Betriebszugehörigkeit ist erfüllt, dann steht ihm der volle Jahresurlaub zu. Damit ist allerdings der Urlaubsanspruch des Arbeitnehmers erfüllt, der neue Arbeitgeber muss keinen weiteren Urlaub mehr gewähren. Um Doppelurlaub zu vermeiden, stellt der bisherige Arbeitgeber eine Urlaubsbescheinigung aus, die dem neuen Arbeitgeber vorgelegt werden muss.

Bei der zeitlichen Festlegung des Urlaubs sind die Urlaubswünsche des Arbeitnehmers zu berücksichtigen. Allerdings: dringende betriebliche Belange (im Blumengeschäft z. B. Muttertag, Weihnachten, auch Betriebsferien) oder Urlaubswünsche anderer Arbeitnehmer, die unter sozialen Gesichtspunkten Vorzug erhalten müssen (Eltern schulpflichtiger Kinder), können den gewünschten Urlaubszeitpunkt verhindern.

Berufsschulpflichtige Auszubildende sollen grundsätzlich ihren Jahresurlaub während der Berufsschulferien nehmen. Stehen dem ausnahmsweise betriebliche oder persönliche Belange des Ausbildenden im Wege, so ist der Auszubildende auch während seines Urlaubs verpflichtet, den Berufsschulunterricht zu besuchen. Für den Berufsschultag ist dann ein weiterer Urlaubstag zu gewähren. Kann der Urlaub nicht zusammenhängend gewährt werden und hat der Arbeitnehmer Anspruch auf mehr als 12 Urlaubstage, so muss mindestens ein Urlaubsteil 12 aufeinander folgende Urlaubstage umfassen. »Übernahme« von Urlaub aus dem vorangegangen Kalenderjahr, so genannter »alter Urlaub«, ist nur in Ausnahmefällen möglich, wenn durch betriebliche Gründe oder Umstände, die in der Person des Arbeitnehmers liegen, ein voller Urlaub im abgelaufenen Jahr nicht genommen werden konnte. Resturlaub, der im neuen Kalenderjahr übernommen wurde, muss spätestens bis zum 31. März genommen werden. Während des Urlaubs wird das Arbeitsentgelt weitergezahlt. Dieser Arbeitslohn muss vor Antritt des Urlaubs ausgezahlt werden. Eine Abgeltung des Urlaubs in Bargeld ist nicht gestattet. Ausnahme: Der Urlaub kann wegen Beendigung des Arbeitsverhältnisses nicht mehr genommen werden. Wird der Arbeitnehmer während des Urlaubs krank, so werden die durch ein ärztliches Attest nachgewiesenen Krankheitstage auf den Jahresurlaub nicht angerechnet.

Urlaubsdauer

Der gesetzliche Mindesturlaub für erwachsene Arbeitnehmer beträgt 24 Werktage.
- Jugendliche, die noch nicht 16 Jahre alt sind, erhalten 30 Werktage,
- Jugendliche, die noch nicht 17 Jahre alt sind, erhalten 27 Werktage,
- Jugendliche, die noch nicht 18 Jahre alt sind, erhalten 25 Werktage.
- Schwerbehinderte ab einem Behinderungsgrad
- von 50 % erhalten einen Zusatzurlaub von 5 Arbeitstagen pro Kalenderjahr.

Bei der Berechnung des Urlaubs wird von Werktagen ausgegangen, das heißt, dass alle Kalendertage mit Ausnahme der Sonn- und Feiertage als Urlaubstage zählen.

!!!Merksätze
- Das Arbeitszeitgesetz sieht eine werktägliche Arbeitszeit von acht Stunden vor. Es gibt Ausnahmeregelungen.
- Für Arbeitnehmer unter 18 Jahren gelten die Vorschriften des Jugendarbeitsschutzgesetzes. Arbeitszeit und Urlaubsdauer sind in diesem Gesetz für Jugendliche vorgeschrieben.
- Die Unfallverhütungsvorschriften müssen in jedem Betrieb für alle Mitarbeiter zugänglich ausgehängt werden. Jeder Mitarbeiter eines Betriebes ist verpflichtet, sich mit den Unfallverhütungsvorschriften vertraut zu machen.
- Auch die Texte des Jugendarbeitsschutzgesetzes, das Arbeitszeitgesetz und das Gesetz zum Schutze der werdenden Mutter müssen im Betrieb aushängen.
- Der Mindesturlaub für alle Arbeitnehmer ist im Bundesurlaubsgesetz festgelegt. Für jugendliche Arbeitnehmer gelten die Urlaubsbestimmungen des Jugendarbeitsschutzgesetzes.

???**Aufgaben**
1. Besorgen Sie sich den Text des Arbeitszeitgesetzes und stellen Sie die Ausnahmegenehmigungen von der täglichen achtstündigen Arbeitszeit fest. Begründen Sie die im Blumengeschäft vorkommenden Ausnahmefälle.
2. Lesen Sie die Unfallverhütungsvorschriften im Hinblick auf die Anwendung im Blumengeschäft. Stellen Sie eine Liste auf über Unfallgefahren und die Möglichkeiten, um diese abzustellen oder ihnen vorzubeugen.
3. a) Erklären Sie schriftlich die Begriffe »sittlich« und »charakterlich«.
   b) Versetzen Sie sich in die Lage des Ausbilders und finden Sie zwei Möglichkeiten, einen Jugendlichen erzieherisch zu beeinflussen. Geben Sie dazu jeweils ein konkretes Beispiel.

16 Mutterschutzgesetz und Schwerbehindertengesetz

Erwartet eine Frau ein Kind, hat sie Anspruch auf Rücksichtnahme. Das »Gesetz zum Schutze der erwerbstätigen Mutter«, besser bekannt unter dem Namen »Mutterschutzgesetz«, sieht verschiedene Maßnahmen und Regelungen vor, die den Arbeitsplatz, die Arbeitszeiten, Beschäftigungsverbote, Schutzfristen vor und nach der Geburt des Kindes sowie den erweiterten Kündigungsschutz betreffen.

Auch Behinderte in Arbeitsverhältnissen stehen unter einem besonderen Schutz durch das Schwerbehindertengesetz. Ein Überblick über die wichtigsten Vorschriften soll den Teil »Arbeitsrecht« abschließen.

Mutterschutzgesetz

Mitteilungspflichten

Werdende Mütter müssen, sobald ihnen ihr Zustand bekannt ist, den Arbeitgeber von der Schwangerschaft in Kenntnis setzen und den Tag der voraussichtlichen Geburt angeben. Der Arbeitgeber wiederum hat das Gewerbeaufsichtsamt über die Schwangerschaft seiner Arbeitnehmerin zu unterrichten.

Maßnahmen am Arbeitsplatz, Beschäftigungsverbote

Einer Schwangeren müssen Möglichkeiten eingeräumt werden, sich bei überwiegend stehender Arbeit zwischendurch setzen zu können, bei überwiegend sitzender Arbeit, die Tätigkeit zu unterbrechen. Akkord- und Fließbandarbeit sind für schwangere Frauen verboten.

Auch dürfen sie keine schweren Lasten heben, schwere Güter tragen, nicht mit Arbeiten beschäftigt werden, bei denen sie sich häufig strecken oder bücken müssen und keine Arbeiten erledigen, bei denen sie erhöhten Unfallgefahren durch Ausgleiten oder Rutschen ausgesetzt sind. Ferner dürfen sie keine Maschinen oder Geräte benutzen, die mit hoher Fußbeanspruchung verbunden sind. Schwangere dürfen ab dem

6. Schwangerschaftsmonat nicht länger als vier Stunden hintereinander stehen.

In den letzten sechs Wochen vor der voraussichtlichen Entbindung dürfen Frauen nur dann beschäftigt werden, wenn sie dies ausdrücklich wünschen und sich zur Arbeitsleistung bereit erklären. Diese Erklärung kann jederzeit widerrufen werden.

Während der acht Wochen nach der Entbindung darf die Mutter nicht beschäftigt werden. Bei Früh oder Mehrlingsgeburten erhöht sich diese Schutzfrist auf 12 Wochen.

Mehrarbeit, Nacht- und Sonntagsarbeit

Mehrarbeit, so genannte Überstunden, dürfen von Schwangeren nicht geleistet werden. Die Arbeitszeit darf nicht länger sein als

- 8 Stunden täglich oder 80 Stunden in der Doppelwoche bei Schwangeren unter 18 Jahren
- 8 Stunden täglich oder 90 Stunden in der Doppelwoche bei Frauen über 18 Jahren.

Ferner dürfen schwangere Frauen nicht während der Nacht von 20 Uhr bis 6 Uhr und nicht an Sonn oder Feiertagen beschäftigt werden. Da sie erhöhter Ruhe bedürfen, sieht das Gesetz hier sehr strenge Arbeitszeitregelungen vor.

Kündigungsverbot

Während der Schwangerschaft und bis zum Ablauf von 4 Monaten nach der Geburt kann einer Frau nicht gekündigt werden, wenn dem Arbeitgeber die Schwangerschaft oder Geburt bekannt war oder innerhalb von zwei Wochen nach Zugang der Kündigung mitgeteilt wird. Eine Arbeitnehmerin kann allerdings während der Schwangerschaft oder während der Schutzfrist nach der Geburt ohne Einhalten einer Kündigungsfrist den Arbeitsvertrag von sich aus kündigen.

Mutterschaftsgeld

Frauen, die in der gesetzlichen Krankenkasse versichert sind, erhalten während der Schutzfristen von der Krankenkasse ein Mutterschaftsgeld.

Erziehungsurlaub

Die Mutter oder der Vater des Kindes haben Anspruch auf einen 12-monatigen Erziehungsurlaub, der mindestens vier Wochen vor dem Zeitpunkt, ab dem er genommen werden soll, dem Arbeitgeber bekannt gegeben werden muss. Während dieser Zeit erhält die Mutter oder der Vater auf Antrag beim Arbeitsamt ein Erziehungsgeld. Dabei wird das während der Schutzfrist nach der Geburt gezahlte Mutterschaftsgeld angerechnet.

Während des Erziehungsurlaubs darf dem Arbeitnehmer nicht gekündigt werden.

Der Arbeitnehmer kann unter Einhaltung einer Kündigungsfrist von einem Monat zum Ende des Erziehungsurlaubs das Arbeitsverhältnis kündigen.

Steht der Erziehungsurlaubsberechtigte in einer Berufsausbildung, so ruht das Ausbildungsverhältnis wahrend des Erziehungsurlaubs.

Schwerbehindertengesetz

Schwerbehinderte werden durch das Schwerhindertengesetz besonders geschützt, da sie auf Grund ihrer Behinderung andernfalls erhebliche Nachteile im Erwerbsleben haben würden. Daher müssen Betriebe mit 16 ständig beschäftigten Personen Schwerbehinderte einstellen. Ausbildungsplätze zählen bei der Berechnung der Arbeitsplätze nicht mit. Können Schwerbehinderte nicht beschäftigt werden, weil dies nach Art und Wesen des Betriebes unmöglich ist, so hat der Betrieb eine Ausgleichsabgabe an die Hauptfürsorgestelle zu entrichten.

Schwerbehinderte im Sinne des Gesetzes sind Personen mit einem Behinderungsgrad von 50 %. Sie sollen am Arbeitsplatz ihren geistigen und körperlichen Kräften entsprechend beschäftigt werden. Dabei sollen sie ihre Kenntnisse und Fähigkeiten möglichst voll verwenden und weiterentwickeln können. Der Arbeitsplatz für Behinderte soll nach dem Bedarf der Behinderung eingerichtet sein.

Schwerbehinderte bekommen mehr Urlaub (s. Seite 475) und genießen einen erweiterten Kündigungsschutz. Ein schwer behinderter Arbeitnehmer kann nur mit Zustimmung der Hauptfürsorgestelle gekündigt werden. Die Kündigungsfrist beträgt vier Wochen.

!!!Merksätze

- Das Mutterschutzgesetz stellt schwangere Frauen unter einen besonderen Arbeits- und Kündigungsschutz.
- Sechs Wochen vor der voraussichtlichen Geburt dürfen schwangere Frauen nur dann beschäftigt werden, wenn sie dies ausdrücklich wünschen.
- Nach der Geburt dürfen Mütter acht Wochen nicht beschäftigt werden.
- Wahlweise haben Mutter oder Vater des Kindes Anspruch auf Erziehungsurlaub und Erziehungsgeld. Der Erziehungsurlaub muss beim Arbeitgeber beantragt werden. Der Antrag auf Erziehungsgeld wird beim Arbeitsamt gestellt.
- Schwerbehinderte haben einen erhöhten Urlaubsanspruch und erweiterten Kündigungsschutz. Betriebe ab einer bestimmten Mitarbeiterzahl sind zur Einstellung von Schwerbehinderten verpflichtet.

???Aufgaben

1. Besorgen Sie sich die Broschüre »Mutterschaftsurlaub« vom Bundesministerium für Arbeit und Sozialordnung in Bonn, und lesen Sie dort Wissenswertes über den Mutterschafts- und Erziehungsurlaub.
2. Die gesetzlichen Krankenkassen halten Broschüren bereit, die über die Vorsorge bei Schwangerschaften informieren. Besorgen Sie sich diese Informationen.

Die soziale Absicherung

17 Die gesetzliche Kranken-
versicherung
18 Die Invaliden- und Renten-
versicherung
19 Die Arbeitslosen- und
Unfallversicherungen
20 Die Pflegeversicherung

Jeder, der versichert sein muss oder sein will, hat
Pflichten zu erfüllen, kann aber auch Rechte in
Anspruch nehmen. Daher ist es notwendig, bestens informiert zu sein.
Gegen Ende des 19. Jahrhunderts gab es bereits
die ersten Sozialversicherungsgesetze. Der dama-
lige Reichskanzler Otto von Bismarck führte sie
ein. Heute hat die Sozialversicherung mit ihren
verschiedenen Versicherungsarten viele Aufgaben
übernommen, die den Versicherten vor wirt-
schaftlicher Not durch Alter, Krankheit, Unfall
oder Arbeitslosigkeit schützen.

Die soziale Absicherung

»Arbeit gibt Lohn und Brot« ist ein Sprichwort,
welches jeder versteht. Arbeit heißt Geld verdienen. Wer für seine Arbeit von einem Unternehmer bezahlt wird, gilt als »lohnabhängig beschäf-
tigter Arbeitnehmer«. Der Unternehmer ist der
»selbstständig Arbeitende«, der Künstler, der seine Werke zum Verkauf anbietet, ist der »Frei-
schaffende«. Alle müssen sie daran denken, dass
sie auch arbeitslos, krank oder arbeitsunfähig
werden können und dann keine Einkünfte haben.
Für die Gruppe der Beamten hat der Staat als Arbeitgeber die soziale Fürsorgepflicht übernommen
und eine Absicherung im Krankheitsfall durch
das Dienstverhältnis geregelt. Der Beamte kann
auch nicht arbeitslos werden. Nach dem Ausscheiden aus dem Dienst wird ihm eine Pension
gezahlt. Für Lohnabhängige Arbeitnehmer hat der
Staat die Sozialversicherung gesetzlich geregelt.
Dieser Personenkreis muss bis zu einer festgelegten Beitragshöhe in verschiedenen Versicherungen
Pflichtmitglied sein. Der Selbstständige kann in
einigen Versicherungsarten freiwilliges Mitglied
werden. Oft wird diese Vorsorge auch mit privaten Versicherungsgesellschaften geregelt.

Verschiedene Arten der Sozialversicherung

Zur Sozialversicherung gehören unter anderen:
1. die gesetzliche Krankenversicherung (seit 1883),
2. die gesetzliche Unfallversicherung (seit 1884),
3. die gesetzliche Invaliden- und Rentenversicherung (seit 1889),
4. die gesetzliche Arbeitslosenversicherung
   (seit 1927),
5. die Pflegeversicherung (1994).

Alle Versicherungsarten sind nach dem Prinzip der
Selbsthilfe aufgebaut, d.h., dass alle Versicherungsleistungen von der Gemeinschaft der Versicherten
aufgebracht werden. Die Versicherungsträger sind
Körperschaften des öffentlichen Rechts mit Selbst-
verwaltung. Das bedeutet, dass der Staat, der sie
gesetzlich eingerichtet hat, keinen Einfluss auf die
Verwaltung nehmen kann. Die Mitglieder der
Versicherungen, also die Beitragszahler, wählen
aus ihrem Kreis Beauftragte, die in Vertreterver-
sammlungen die Verwaltung beaufsichtigen. Alle
fünf Jahre werden die Versicherten aufgefordert,
in »Sozialwahlen« ihre Vertreter zu wählen.

17 Die gesetzliche Krankenversicherung

Wer ist versichert?

- Arbeiter (Gehilfen, Gesellen, Facharbeiter, Heimarbeiter, Hilfsarbeiter, Hausgehilfen, usw.)
- Angestellte (kfm. Angestellte, Betriebsleiter, Werkmeister, Geschäftsführer usw.) bis zu einer jährlich festgelegten Einkommenshöhe
- Auszubildende
- Familienmitglieder eines Versicherten (Ehegatten, Kinder), wenn diese nicht selber Pflichtmitglieder einer Krankenkasse sein müssen, sie kein eigenes Einkommen beziehen oder ihr Einkommen unter einer festgelegten Grenze liegt
- Rentner, die ein Altersruhegeld, eine Berufs- oder Erwerbsunfähigkeitsrente beziehen
- freiwillige Mitglieder, die aus verschiedenen Gründen aus der gesetzlichen Krankenkasse ausgeschieden sind, z. B. Angestellte mit höherem Einkommen oder ehemalige Arbeitnehmer, die inzwischen selbstständig geworden sind.

Wer »geringfügig« beschäftigt ist, d. h. weniger als 15 Std. wöchentlich arbeitet und unter einer festgelegten Einkommensgrenze entlohnt wird, ist von der Versicherungspflicht befreit.

Wo ist man krankenversichert?

Die **Allgemeine Ortskrankenkasse** (AOK) ist die gesetzliche Krankenkasse für Pflichtversicherte. Sie ist zuständig für alle Arbeitnehmer eines Stadt- oder Landkreises, die nicht einer der nachfolgenden Versicherungen angehören oder angehören müssen. Dieser Personenkreis ist dann von der Verpflichtung, der AOK anzugehören, befreit.
Betriebskrankenkassen sind für einzelne Großbetriebe eingerichtet und versichern die Betriebsangehörigen. **Innungskrankenkassen,** die für Innungen des Handwerks eingerichtet sind, versichern alle Innungsmitglieder und deren Betriebsangehörige.
Knappschaftskassen sind für den Bergbau zuständig, **Seekrankenkassen** versichern alle in der Handelsschifffahrt beschäftigten Arbeitnehmer.
Die **Ersatzkassen** sind von einzelnen Berufsgruppen eingerichtet worden und ersetzen die Pflichtkrankenkasse. Diesen Kassen kann man nur auf Antrag angehören (Beispiel: Gärtnerkrankenkasse, Deutsche Angestellten Krankenkasse).

Was leisten die gesetzlichen Krankenversicherungen?

Alle Krankenkassen haben eine in der Reichsversicherungsordnung gesetzlich vorgeschriebene Leistungspflicht. Dazu gehören:
1. **Krankenhilfe.** Die Kosten einer notwendigen ärztlichen oder zahnärztlichen Behandlung einschl. evtl. Krankenhauskosten, medizinische oder therapeutische Maßnahmen, Heilmittel, Medikamente, Brillen, orthopädische Maßnahmen sowie vorbeugende Untersuchungen werden mit gewissen Selbstbeteiligungen übernommen. Für die Dauer einer krankheitsbedingten Arbeitsunfähigkeit (höchstens jedoch für die Dauer von 78 Wochen innerhalb von drei Jahren vom Beginn der Arbeitsunfähigkeit an gibt es ein Krankengeld. Während der gesetzlich festgelegten Lohnfortzahlung im Krankheitsfall durch den Arbeitgeber (sechs Wochen) ruht der Anspruch auf Krankengeld.
2. **Mutterschaftshilfe.** Alle Kosten, die im Zusammenhang mit einer Entbindung stehen, werden von der Krankenkasse getragen. Hierzu gehören die ärztliche Betreuung, Hebammenhilfe, Heilmittel und Medikamente, Krankenhausaufenthalt und Mutterschaftsgeld.
3. **Familienhilfe.** Alle mitversicherten Familienangehörigen eines Mitglieds erhalten Krankenhilfe und gegebenenfalls Mutterschaftshilfe.

Alle Kosten, die über die Leistungen der gesetzlichen Krankenkasse hinausgehen, z. B. privatärztliche Behandlung, können bei privaten Krankenversicherungen zusätzlich versichert werden.

Wer trägt die Kosten für die gesetzliche Krankenkasse?

Die Beiträge zur gesetzlichen Krankenkasse werden je zur Hälfte vom Versicherten und von dessen Arbeitgeber getragen. Der Beitragsanteil des Arbeitnehmers wird vom Lohn einbehalten und vom Arbeitgeber an die Krankenkasse gezahlt.

18 Die Invaliden- und Rentenversicherung

Wer ist versichert?

Alle Arbeitnehmer, also Arbeiter, Angestellte, Auszubildende usw. sind pflichtversichert. Für Selbstständige besteht die Möglichkeit der freiwilligen Versicherung.

Wo ist man versichert?

Arbeiter sind in der für ihren Wohn- oder Arbeitsort zuständigen Landesversicherungsanstalt (LVA) versichert, Angestellte bei der Bundesversicherungsanstalt für Angestellte (BfA) in Berlin.

Was leistet die Rentenversicherung?

1. **Medizinische Behandlungen.** Alle medizinischen Behandlungen, die für die Erhaltung, Besserung und Wiederherstellung der Erwerbstätigkeit notwendig sind, trägt die Rentenversicherung. Dazu gehören auch Behandlungen in Kur- und Bädereinrichtungen.
2. **Berufsunfähigkeitsrente.** Kann der Versicherte wegen einer Berufsunfähigkeit nicht mehr oder nur in beschränktem Maße einer Erwerbstätigkeit nachgehen, so wird eine Berufsunfähigkeitsrente gezahlt.
3. **Erwerbsunfähigkeitsrente.** Kann der Versicherte wegen einer allgemeinen Krankheit nicht mehr oder nur in beschränktem Maße am Erwerbsleben teilnehmen, so wird eine Erwerbsunfähigkeitsrente gezahlt.
4. **Altersruhegeld.** Mit Erreichen der Altersgrenze (z. Z. 65. Lebensjahr) wird dem Versicherten ein Altersruhegeld gezahlt. Unter bestimmten Voraussetzungen kann das Altersruhegeld auch schon eher gezahlt werden (so genanntes flexibles Altersruhegeld), wenn der Versicherte das 63. Lebensjahr vollendet und eine Wartezeit von 420 Beitragsmonaten erfüllt hat. Vorgezogenes Altersruhegeld wird gezahlt, wenn der Versicherte das 60. Lebensjahr vollendet hat und in den letzten eineinhalb Jahren mindestens 52 Wochen arbeitslos war und durch das Arbeitsamt nicht mehr in eine Arbeitsstelle vermittelt werden kann.
   Weibliche Versicherte können das vorgezogene Altersruhegeld beziehen, wenn sie das 60. Lebensjahr vollendet, eine entsprechende Wartezeit erfüllt haben und einer versicherungspflichtigen Tätigkeit nicht mehr nachgehen.
5. **Witwen- oder Witwerrente.** An den hinterbliebenen Ehepartner eines Versicherten wird eine Rente in Höhe von 60 % (für Witwen) bzw. 40 % (für Witwer) der Rente oder Rentenberechnung des Verstorbenen gezahlt.
6. **Waisenrente.** Hinterlässt der Versicherte Waisen oder Halbwaisen, so erhalten diese bis zur Vollendung des 18. Lebensjahres, und wenn sie dann noch in der Schul- oder Berufsausbildung stehen, bis zur Vollendung des 25. Lebensjahres, eine Waisenrente.

Wer trägt die Beiträge für die Rentenversicherung?

Die Beiträge zur Rentenversicherung tragen der Arbeitnehmer und der Arbeitgeber je zur Hälfte. Für Geringverdiener, z. B. Auszubildende, trägt der Arbeitgeber den vollen Beitrag, wenn das Entgelt unter 610 DM in den alten Bundesländern, bzw. 520 DM in den neuen Bundesländern (1997) liegt. Der gesamte Beitrag wird vom Arbeitgeber zusammen mit den Beiträgen für die Krankenkasse und Arbeitslosenversicherung an die zuständige Krankenkasse gezahlt.

Was ist besonders zu beachten?

Jedem Arbeitnehmer wird bei Eintritt in das Berufsleben von der zuständigen Rentenversicherung ein Versicherungsnachweisheft mit der Versicherungsnummer ausgestellt. Das Versicherungsnachweisheft ist dem Arbeitgeber bei Antritt des Arbeitsverhältnisses auszuhändigen. Am Jahresende erhält jeder Arbeitnehmer von seinem Arbeitgeber die Kopie einer Jahresmeldung an die zuständige Rentenversicherung. Diese Jahresmeldung entnimmt der Arbeitgeber dem Versicherungsnachweisheft und trägt dort den Jahresverdienst des Versicherten ein. Die Kopie hat der Versicherte sorgsam aufzuheben, da sie für die Rentenberechnung im Alter unbedingt benötigt wird.

!!! Merksätze

- Um die wirtschaftliche Not der Arbeitnehmer im Krankheitsfalle und im Alter zu lindern, wurde bereits Ende des 19. Jahrhunderts in Deutschland die Sozialversicherung gesetzlich eingeführt.
- Die Sozialversicherung gliedert sich in Krankenversicherung, Invaliden- und Rentenversicherung, Unfallversicherung, Arbeitslosenversicherung und die Pflegeversicherung.
- Alle Versicherungsarten sind nach dem Prinzip der Selbsthilfe aufgebaut.
- Die Sozialversicherungsträger sind Körperschaften des öffentlichen Rechts.
- Die Familienmitglieder eines Versicherten der gesetzlichen Krankenkasse sind unter Umständen mitversichert.
- Die gesetzliche Krankenkasse hat eine Leistungspflicht gegenüber den Mitgliedern.
- Die Beiträge zur Krankenkasse werden vom Arbeitnehmer und Arbeitgeber je zur Hälfte getragen. Beide Beitragsteile werden vom Arbeitgeber direkt an die Krankenkasse gezahlt. Die Rentenversicherung der Arbeiter ist die Landesversicherungsanstalt (LVA), Angestellte sind bei der Bundesversicherungsanstalt für Angestellte (BfA) rentenversichert.
- Neben der Zahlung von Renten im Alters-, Berufs- und Erwerbsunfähigkeitsfalle übernimmt die Rentenversicherung auch Kosten für die Wiederherstellung der Gesundheit.
- Die Beiträge zur Rentenversicherung tragen der Arbeitnehmer und der Arbeitgeber je zur Hälfte.

??? Aufgaben

1. Stellen Sie fest, bei welcher Krankenkasse Sie versichert sind. Finden Sie heraus zu welcher Art von Krankenkasse »Ihre« gehört.
2. Finden Sie heraus. welcher Rentenversicherung Sie angehören und stellen Sie fest. ob es sich dabei um eine LVA oder die BfA handelt. Legen Sie sich einen Versicherungsordner an zur Ablage Ihrer Kranken- und Rentenversicherungsunterlagen. Benennen Sie die Dokumente. die für die spätere Rentenberechnung besonders wichtig sind.
3. Stellen Sie anhand Ihrer letzten Lohn-/Gehaltsabrechnung Ihren Beitrag zur Arbeitslosenversicherung fest.
4. Lesen Sie die Vorschriften zur Unfallverhütung, die in Ihrem Betrieb aushängen.
5. Besorgen Sie sich die von Ihrer Berufsgenossenschaft herausgegebenen Informationsschriften, die Ihr Betrieb regelmäßig erhält. und lesen Sie die für Floristen besonders wichtigen Informationen.
6. Seit der Gesundheitsreform gibt es neben den notwendigen Maßnahmen, die von den Kassen vergütet werden, auch solche, an deren Kosten der Versicherte beteiligt wird. Beschaffen Sie sich von Ihrer Krankenkasse Informationsmaterial darüber.
7. Beschaffen Sie sich vom Bundesministerium für Arbeit und Soz.ordnung den »Euro-Atlas – soziale Sicherung im Vergleich« und stellen Sie Unterschiede in der sozialen Sicherung der Europäischen Länder fest.

19 Die Arbeitslosen- und Unfallversicherungen

Die Arbeitslosenversicherung

Jeder Beschäftigte kann unverschuldet arbeitslos werden. Durch wirtschaftliche Verhältnisse des Betriebes, durch Arbeitsmangel, Betriebsschließungen und andere Umstände verlieren Arbeitnehmer ihren Arbeitsplatz. Die hiervon betroffenen Versicherten sollen finanziell abgesichert werden, das war der Grundgedanke der 1927 eingeführten Arbeitslosenversicherung.

Wo ist man versichert?

Die Bundesanstalt für Arbeit in Nürnberg mit ihren Landesarbeitsämtern und den Arbeitsämtern in Städten und Landkreisen ist Träger der Arbeitslosenversicherung, d. h. sie erhebt Beiträge und leistet die Zahlungen an Arbeitslose.

Wer ist versichert?

Alle lohnabhängig Beschäftigten müssen dieser Versicherung angehören. Ausgenommen sind nur Arbeitnehmer, die das 63. Lebensjahr vollendet haben, Empfänger von Erwerbsunfähigkeitsrenten und Beschäftigte, die weniger als 19 Std. wöchentlich einer Beschäftigung nachgehen.

Wer trägt den Beitrag?

Die Beiträge werden vom Arbeitnehmer und Arbeitgeber je zur Hälfte getragen und mit den Beiträgen zur Krankenkasse und Rentenversicherung vom Arbeitgeber an die zuständige Krankenkasse überwiesen. Für Arbeitnehmer und Auszubildende, die unter einer bestimmten Einkommensgrenze (1988 600,-- DM) liegen, zahlt der Arbeitgeber den vollen Beitrag.

Was leistet die Arbeitslosenversicherung?

1. **Arbeitslosengeld.** Jeder unverschuldet arbeitslos gewordene Versicherte erhält ein Arbeitslosengeld, wenn er durch eine Arbeitslos-Meldung der Arbeitsvermittlung zur Verfügung steht und die Anwartschaft auf Arbeitslosengeld erfüllt hat. Die Höhe des Arbeitslosengeldes richtet sich nach festen Prozentsätzen vom vorherigen Arbeitslohn. Die Dauer der Zahlung ist von festgelegten vorherigen Beschäftigungszeiten abhängig. Eine Anwartschaft auf Zahlung von Arbeitslosengeld ist erfüllt, wenn der Versicherte in den letzten drei Jahren, die der Arbeitslosigkeit vorangingen, mindestens 360 Tage versicherungspflichtig beschäftigt war. Die Kosten der Krankenkasse trägt während der Zahlung von Arbeitslosengeld die Bundesanstalt für Arbeit. Die Zeit der Arbeitslosigkeit wird bei der Rentenversicherung angerechnet (sog. Ausfallzeit).

Hat der Versicherte durch sein Verhalten den Verlust des Arbeitsplatzes verursacht oder hat er seinen Arbeitsplatz selbst gekündigt, so kann die Zahlung von Arbeitslosengeld zunächst gesperrt werden.

2. **Arbeitslosenhilfe.** Ein Arbeitsloser, der keinen Anspruch auf Arbeitslosengeld hat, kann Arbeitslosenhilfe beantragen, wenn er im Jahr vor der Arbeitslosigkeit mindestens 150 Tage beitragspflichtig beschäftigt war. Arbeitslosenhilfe wird auch dem gezahlt, dessen Arbeitslosengeldzahlung eingestellt wurde. Die Arbeitslosenhilfe ist niedriger als das Arbeitslosengeld.

3. **Konkursausfallgeld.** Beschäftigte, die an einen in Konkurs gegangenen Betrieb noch Lohnforderungen aus den letzten drei Monaten vor Anmeldung zum Konkurs haben, können Konkursausfallgeld beantragen.

4. **Leistungen zur beruflichen Fortbildung und Umschulung.** Um einer Arbeitslosigkeit des Versicherten vorzubeugen, finanziert die Arbeitslosenversicherung unter bestimmten Voraussetzungen eine berufliche Fortbildung, die eine berufliche Qualifikation bedeutet und den bisherigen Arbeitsplatz sicherer macht oder den Aufstieg in eine neue Position ermöglicht. So kann zum Beispiel der Besuch einer Florist-Meisterklasse, also der Fachschule, oder eines Lehrganges zur Ausbildereignungsprüfung gefördert werden, wenn diese Fortbildungsmaßnahme von der Bundesanstalt für Arbeit als förderungswürdig anerkannt ist. Auch Umschulungen können finanziell getragen werden, wenn dem Arbeitslosen kein Arbeitsplatz in seinem

ursprünglich erlernten Beruf vermittelt werden kann. Umschulungen können in schulischer Form oder in einer betrieblichen Ausbildung erfolgen.

Was ist besonders zu beachten?

Wer arbeitslos geworden ist, muss seinem zuständigen Arbeitsamt sofort eine Arbeitslosen-Meldung machen, da Arbeitslosengeld nicht rückwirkend gezahlt werden kann. Wer an einer beruflichen Fortbildung teilnehmen will (Besuch der Florist-Meisterklasse), muss vorher einen Antrag auf Förderung stellen!

Die gesetzliche Unfallversicherung

Jedem Arbeitnehmer kann während der Berufsausübung ein Arbeitsunfall passieren. Die finanziellen Folgen eines solchen Unfalls können den Betroffenen schnell in große wirtschaftliche Not bringen. Auch für diese Fälle muss ein Arbeitnehmer abgesichert sein.

Die gesetzliche Unfallversicherung, die unter dem Namen »Berufsgenossenschaft« jedem Arbeitnehmer besser bekannt ist, trägt die Folgekosten eines Berufsunfalls. Sie ist, wie alle bisher besprochenen Sozialversicherungen, eine Pflichtversicherung. Allerdings ist hier nicht der Beschäftigte selbst, sondern der Betrieb Mitglied.

Die Berufsgenossenschaften sind für einzelne Arten oder Tätigkeitsbereiche von Betrieben eingerichtet, so gibt es z. B. die Berufsgenossenschaft für den Einzelhandel, die Berufsgenossenschaft für den Gartenbau, die Berufsgenossenschaft für den Groß- und Außenhandel usw.. Floristbetriebe, die als Einzelhandelsunternehmen geführt werden, sind Mitglied der Berufsgenossenschaft für den Einzelhandel. Blumengeschäfte, die einem Gartenbaubetrieb angegliedert sind, gehören in den meisten Fällen zur Berufsgenossenschaft für den Gartenbau. Jeder Betrieb, ob er Arbeitnehmer beschäftigt oder von den Inhabern allein geführt wird, muss Mitglied einer Berufsgenossenschaft sein, die für die Art oder das Tätigkeitsgebiet des Betriebes zuständig ist. Die Anmeldung zur Berufsgenossenschaft muss der Betriebsinhaber bereits mit der Gewerbeabmeldung vornehmen, d. h. noch vor Eröffnung des Betriebes.

Wer bezahlt den Beitrag?

Die Beiträge zur Berufsgenossenschaft trägt der Unternehmer. Der Beitrag wird nach der Lohnsumme des Betriebes und dem Grad der Unfallgefahr der Berufsgruppe (Gefahrenklasse) berechnet.

Auf welche Unfälle erstreckt sich der Versicherungsschutz?

1. **Arbeitsunfälle.** Alle Unfälle, die mit Betriebstätigkeiten zusammenhängen, gelten als Arbeitsunfälle. Dabei kommt es nicht darauf an, ob sich der Unfall im Betrieb oder an einer Arbeitsstelle außerhalb des Betriebes ereignet hat. Ausgenommen sind nur Unfälle, die sich während einer privaten Tätigkeit innerhalb oder außerhalb der Arbeitszeit ereignen. So ist z. B. kein Versicherungsschutz während der Frühstücks- und Mittagspause gegeben, da diese innerhalb der privaten Zeit des Arbeitnehmers liegen.
2. **Wegeunfälle.** Auf dem Weg von und zur Arbeitsstelle sind alle Angehörigen eines Betriebes gegen die Folgen von Unfällen versichert. Der Versicherungsschutz beginnt dabei an der Haustür und endet auch dort. Allerdings kann der Versicherungsschutz gelöst werden, wenn der Versicherte seinen normalen Arbeitsweg verlässt oder ihn unterbricht.
3. **Schulbesuch.** Der Auszubildende, der eine berufsbildende Schule besucht, ist ebenfalls unfallversichert. Wegeunfälle unterliegen im Zusammenhang mit dem Berufsschulbesuch den gleichen Einschränkungen wie normale Wegeunfälle.
4. **Berufskrankheiten.** Die Folgen von Krankheiten, die mit der beruflichen Tätigkeit des Versicherten in Zusammenhang stehen, werden von der Berufsgenossenschaft finanziell abgesichert.

Was leistet die Berufsgenossenschaft?

1. **Heilbehandlung.** Alle Kosten einer Heilbehandlung, die durch einen Berufsunfall oder durch eine Berufskrankheit entstehen, werden von der Berufsgenossenschaft getragen. Dieses schließt neben den Arzt- und Krankheitskosten

auch Medikamente, Heilmittel, Körperersatzteile sowie Aufenthalte in speziellen Therapie- und Rehabilitationskliniken ein.

2. **Renten und Verletztengeld.** Wenn durch einen Arbeitsunfall oder eine Berufskrankheit zeitweise oder dauernd kein oder nur ein vermindertes Arbeitsentgelt gezahlt wird, zahlt die Berufsgenossenschaft eine Rente, Teilrente oder ein Verletztengeld. Müssen vom Verletzten oder Kranken auch Kinder versorgt werden, kann eine Kindergeldzulage gezahlt werden. Bei Unfällen mit Todesfolge zahlt die Berufsgenossenschaft neben einem Sterbegeld auch eine Witwen-/Witwer- und/oder Waisenrente.

3. **Berufshilfe.** Kann ein Versicherter durch einen Berufsunfall oder eine Berufskrankheit nicht mehr seinen ursprünglich erlernten Beruf ausüben, so finanziert die Berufsgenossenschaft eine Umschulung in eine gleichwertige Tätigkeit.

Was muss besonders bedacht werden?

Ein Arbeitsunfall muss durch eine Unfallanzeige innerhalb von drei Tagen der zuständigen Berufsgenossenschaft gemeldet werden. Hierzu sind im Betrieb besondere Formulare vorhanden. Unfälle mit Todesfolge sind auch der örtlichen Polizei mitzuteilen. Eine Berufskrankheit, die durch einen Arzt festgestellt wird, muss der Betrieb ebenso der Berufsgenossenschaft anzeigen.

Der Arbeitsschutz

Die Berufsgenossenschaft hat neben den bisher beschriebenen Versicherungsleistungen noch eine sehr wichtige Aufgabe: den Arbeitsschutz.
Von Zeit zu Zeit überprüfen Sicherheitsingenieure der Berufsgenossenschaft die angeschlossenen Betriebe auf Arbeitssicherheit. Im Blumengeschäft wird dabei natürlich besonders auf rutschsichere Fußböden im Laden und Arbeitsraum geachtet. Leitern und Treppen müssen den vorgeschriebenen Sicherheitsbestimmungen entsprechen, auch Maschinen und Werkzeuge werden auf Sicherheit überprüft.
Die von der Berufsgenossenschaft herausgegebenen Unfallverhütungsvorschriften müssen im Betrieb für jedermann zugänglich aushängen, auch darauf wird bei einer Überprüfung geachtet. Jeder im Betrieb Tätige muss sich über diese Unfallverhütungsvorschriften informieren!

!!!Merksätze

- Die Arbeitslosenversicherung schützt einen Arbeitslosen vor den wirtschaftlichen Folgen der Arbeitslosigkeit. Durch Arbeitslosengeld und Arbeitslosenhilfe soll der Arbeitslose bis zu einer erneuten Tätigkeit finanziell gesichert sein.
- Die Arbeitslosenversicherung übernimmt auch die berufliche Fortbildung oder Umschulung von Versicherten, damit diese eine höhere Qualifikation erhalten und ihr Arbeitsplatz dadurch sicherer wird.
- Die Beiträge zur Arbeitslosenversicherung tragen Arbeitnehmer und Arbeitgeber je zur Hälfte.
- Alle in einem Betrieb Tätigen sind gegen Arbeitsunfälle und Berufskrankheiten bei der Berufsgenossenschaft versichert.
- Die Berufsgenossenschaft ist eine Pflichtversicherung für Betriebe. Den Beitrag trägt der Betrieb allein.
- Mit den Unfallverhütungsvorschriften der Berufsgenossenschaft haben sich alle Betriebsangehörigen vertraut zu machen.
- Sicherheitsingenieure der Berufsgenossenschaft überprüfen in regelmäßigem Abstand alle Betriebe auf Arbeitssicherheit.

???Aufgaben

1. Stellen Sie anhand Ihrer letzten Lohn-/Vergütungsabrechnung Ihren Beitrag zur Arbeitslosenversicherung fest.
2. Lesen Sie die Vorschriften zur Unfallverhütung, die in Ihrem Betrieb aushängen.
3. Besorgen Sie sich die von Ihrer Berufsgenossenschaft herausgegebenen Informationsschriften, die Ihr Betrieb regelmäßig erhält, und lesen Sie die für Floristen besonders wichtigen Informationen.

20 Die Pflegeversicherung

Eine weitere Säule in der Sozialgesetzgebung ist neben den bisher besprochenen gesetzlichen Versicherungen die seit 1995 hinzugekommene Pflegeversicherung. Sie ist neben der Rentenversicherung eine so genannte Vorsorgeversicherung für den Fall, dass der Versicherte pflegebedürftig wird und auf die Hilfe anderer Menschen angewiesen ist. Oft reicht der Rentenanspruch nicht aus, die erhöhten Kosten einer Pflege zu tragen, hier springt die Pflegeversicherung ein. Anders als in den vier anderen Sozialversicherungen ist in dieser Versicherung jeder Mitglied, egal ob er Arbeitnehmer, Selbstständiger oder Freiberufler ist. Sozialversicherungspflichtige Arbeitnehmer sind bei den Krankenkassen für die Pflege versichert, Selbstständige oder Freiberufler müssen sich über ihre Krankenversicherungen absichern. Die Leistungen der Pflegeversicherung werden in verschiedene Stufen je nach Pflegebedürftigkeit eingeteilt. Sie reichen von der häuslichen Pflege durch Angehörige über Schwerpflegebedürftige bis zu Schwerstpflegebedürftige, die zumeist in Pflegeheimen oder -stationen untergebracht sind.

In der Regel verbindet man die Pflegeversicherung immer mit alten Menschen. Dass aber auch junge Menschen durch Unfälle oder Krankheiten oft dauernde Pflege benötigen, darüber denkt man nur wenig nach. Auch dieser Personenkreis hat Anspruch auf Hilfe und Leistungen durch die Pflegeversicherung.

Ein Hinweis zum Schluss

In den Kapiteln über die soziale Absicherung ist auf viele Details verzichtet worden, um dem Leser einen groben Überblick geben zu können. Von Jahr zu Jahr ändern sich diese Details durch Gesetzesänderungen – ein Fachbuch wäre damit zu schnell überholt. Es ist für jeden Leser empfehlenswert, die vom Bundesministerium für Arbeit und Sozialordnung herausgegebenen Broschüren über das Sozialrecht anzufordern. Eine Liste über die zum größten Teil kostenlosen Informationen wird gerne auf Anforderung zugeschickt. Empfehlenswert ist insbesondere die Broschüre »wie? so!«, die über viele Fragen zur Sozialgesetzgebung informiert und speziell für junge Menschen geschrieben wurde.

Bildquellen

Strichzeichnungen
aus Blumen-Einzelhandel 11/96:
  Abb. 241
Erlewein, K.: Abb. 142, 153
Flubacher, H.: Abb. 1, 4, 6, 8,
  10, 13, 19, 25, 32, 33, 36, 38,
  42, 48, 51, 56, 61, 124, 125,
  126, 127, 141, 143, 144, 145,
  152, 154, 155, 156, 157 a-c,
  158 a-d, 159, 160, 161, 162,
  163 a-d, 164 a-d, 165 a-c, 182,
  183, 216
Lindenbaur, E.: 3, 11, 23, 28,
  29, 31, 34, 39, 40, 43, 45, 47,
  49, 52, 53, 57, 60, 62, 63, 146,
  147, 149, 180, 181
Selveris, J.: Abb. 18, 20, 24, 54,
  121, 122, 128, 148, 184, 186,
  222, 223, 225, 226, 235, 240,
  242
Wundermann, I.: Abb. 201, 202,
  203, 205, 207, 212, 213, 214,
  224, 232, 233, 234, 238

Farb- und Schwarzweissfotos
Apel, J.: Abb. 73, 95, 103, 106,
  107
Bärtels, A.: Abb. 115, 116, 117,
  118, 119, 120
Bornemann, G.: Abb. 16, 17, 21,
  22, 26, 30, 35, 41, 46 a+b, 65,
  66
Fachhochschule Weihenstephan,
  Institut für Bodenkunde und
  Pflanzenernährung: Abb. 129,
  130, 131, 134, 135, 138, 139,
  140, 166, 167, 168, 169, 170,
  171, 175, 179

Fahrenkämper GmbH und Co
  KG, Löhne: Abb. 227, 228,
  229, 230, 231
Floristik-Marketing-Service, Me-
  dia concept-Henckel, Ratingen,
  Profil floral-Zeitschriften und
  Bücher: Abb. 195, 196, 200,
  204, 206, 211, 236, 237
Gehm-Büch: Abb. 191
Geigenmüller, M.: Abb. 173, 178
Gossen, Werkfoto: Abb. 123
Haberer, M.: Abb. 76, 77, 78,
  79, 80, 81, 83, 85, 96, 97, 98,
  102, 109, 110, 111, 112, 113,
  114
Heimann, M.: Abb. 132, 133
Henseler, E.: Abb. 136, 137
Kawollek, J.: Abb. 86, 87, 89, 90
Lehmann, J.: Abb. 75, 94
Morell, E.: Abb. 74, 82, 91, 100,
  104, 105
aus Sachweh, U., Der Gärtner 1
  (1998): Abb. 67, 68, 71
Seidl, S.: Abb. 84, 88, 92, 99,
  101, 108
Steil, C.: Abb. 208
Steiner, H.: Abb. 174, 176
Stobbe-Rosenstock, F.: Abb. 210,
  221
Taylor, P.: Abb. 93
Volkert-Kerzenfabrik, Abstatt:
  Abb. 215, 217
Walford, U.: Abb. 209
Werf, R.: Abb. 188, 189, 192
v. Wissel, W.: Abb. 197, 198,
  219, 220, 239
Wohanka, W.: Abb. 172, 177
Wundermann, I.: Abb. 185, 187,
  190, 193, 194, 199, 218

488

Literatur-verzeichnis

Pflanzenkunde

Bloom, A.: Koniferen – Zierde unserer Gärten. Verlag Willy F.P. Fehling, Hannover 1978.

Boros, G.: Boros, G.: Unsere Küchen- und Gewürzkräuter. Verlag Eugen Ulmer, Stuttgart 1981, 4. Aufl.

Briemle, G.: Farbatlas Kräuter und Gräser in Feld und Wald. Verlag Eugen Ulmer, Stuttgart 1996.

Bürki, M. und Fleischli, P.: Schnittblumen, Schnittgrün und Fruchtzweige. Verlag Bernhard Thalacker, Braunschweig 1995, 2. Auflage.

Carow, B.: Frischhalten von Schnittblumen. Verlag Eugen Ulmer, Stuttgart 1981, 2. Auflage.

Cervat, H.N.: Was fehlt denn meiner Zimmerpflanze? BLV-Verlagsges., München 1984.

Dörter, K.: Süßgräser, Riedgras und Binsengewächse, Urania-Verlag, Leipzig 1974.

Encke, F.: Kalt- und Warmhauspflanzen. Verlag Eugen Ulmer, Stuttgart 1987, 2. Aufl.

Encke, F.: Kübelpflanzen. Verlag Eugen Ulmer, Stuttgart 1987, 2. Aufl.

Encke, F. und Schiller, H.: Dachgärten, Terrasse, Balkone, Verlag Eugen Ulmer, Stuttgart 1979, 2. Aufl.

Encke, F., Buchheim, G. und Seybold, S.: Zander-Handwörterbuch der Pflanzennamen. Verlag Eugen Ulmer, Stuttgart 1993, 14. Aufl.

Frank, R.: Zwiebel- und Knollengewächse. Verlag Eugen Ulmer, Stuttgart 1986.

Fritzsche, H.: Der Kräutergarten. Verlag Eugen Ulmer, Stuttgart 1987.

Ganslmeier, H.: Beet- und Balkonpflanzen. Verlag Eugen Ulmer, Stuttgart 1997, 2. Aufl.

Ganslmeier, H. und Henseler K.: Schnittstauden. Verlag Eugen Ulmer, Stuttgart 1985.

Gelderen, D.M. van und Hoey Smith, J.R.P. van: Koniferen-Atlas, Band 1 und 2. Verlag Eugen Ulmer, Stuttgart 1996.

Grosse, E.: Biologie selbst erlebt. Aulis Verlag Deubner & Co., Köln 1976, 2. Aufl.

Haberer, M.: Farbatlas Zierpflanzen. Verlag Eugen Ulmer, Stuttgart 1996.

Hanselmann, E.: Hydrokultur. Verlag Eugen Ulmer, Stuttgart 1986, 2. Aufl.

Hansen, R. und Stahl, F.: Die Stauden und ihre Lebensbereiche. Verlag Eugen Ulmer, Stuttgart 1987, 3. Aufl.

Harmuth, P. u.a.: Sachkundennachweis Pflanzenschutz. Verlag Eugen Ulmer, Stuttgart 1990.

Hay, R., Synge, P., Herklotz, A. und Menzel, P.: Stauden und Sommerblumen für den Garten. Verlag Eugen Ulmer, Stuttgart 1988, 3. Aufl.

Herbel, D.: Sommerblumen. Verlag Eugen Ulmer Stuttgart 1989, 2. Aufl.

Herr, E. und Menzel, P.: Trockenblumen. Verlag Eugen Ulmer, Stuttgart 1986, 4. Aufl.

Herkner, H.: Rund um den Wassergarten. BLV-Verlagsges., München 1986.

Heß, O.: Entwicklungsphysiologie der Pflanzen. Verlag Herder, Freiburg/Br. 1976, 2. Aufl.

Hochrein, R.: Agrarwirtschaft, Fachstufe Gärtner. BLV-Verlagsges., München 1981.

Hoffmann, G.M. u.a.: Lehrbuch der Phytomedizin. Verlag Paul Parey, Berlin 1976.

Hubbard, C.E.: Gräser, Verlag Eugen Ulmer, Stuttgart 1985, 2. Aufl.

Jessen, H. und Schulze, H.: Botanik in Frage und Antwort. Verlag

M. und H. Schaper, Hannover 1984, 10. Aufl.

Kawollek, W.: Bonsai für das Zimmer. Verlag Eugen Ulmer, Stuttgart 1985, 2. Aufl.

Kawollek, W.: Kübelpflanzen. Verlag Eugen Ulmer, Stuttgart 1995.

Keitel, E. und Meyer-Ötting, U.: Agrarwirtschaft Grundstufe 1. BLV-Verlagsges., München 1980.

König, K., Klein, W. und Grabler, W.: Sachkundig im Pflanzenschutz. BLV, München 1988.

Koopowitz, H. und Kaye, H.: Helft den Pflanzen. C. Bertelsmann Verlag, München 1985.

Lancaster, R.: Gartenpflanzen für Kenner. Verlag Eugen Ulmer, Stuttgart 1991.

Leemans, T.: Knaurs Buch der Trockenblumen. Droemersche Verlagsanstalt Th. Knaur Nachf., München 1979.

Lorenzen, H. Physiologische Morphologie der höheren Pflanzen. Verlag Eugen Ulmer, Stuttgart 1972.

Madle, H.: Lehrbuch der Naturwissenschaften. Band 1: Biologie. Verlag Eugen Ulmer, Stuttgart 1967.

Mengel, K.: Ernährung und Stoffwechsel der Pflanzen. Gustav Fischer Verlag, Stuttgart 1979.

Moser, K.F. von: Der Florist 2. Verlag Eugen Ulmer, Stuttgart 1977, 2. Aufl.

Nolte, F.: Beliebte Blattpflanzen. Verlag Eugen Ulmer, Stuttgart 1988

Nultsch, W.: Allgemeine Botanik. Georg Thieme Verlag, Stuttgart 1974, 5. Aufl.

Oudshoorn, W.: Farne für Haus und Garten. Verlag Eugen Ulmer, Stuttgart 1986.

Pardatscher, G.: Die schönsten Ziergehölze. Verlag Eugen Ulmer, Stuttgart, 1985.

Phillips, R.: Das Kosmosbuch der Bäume. Franckh'sche Verlagshandlung, Stuttgart 1978.

Röber, R. und Schaller, K.: Pflanzenernährung im Gartenbau. Verlag Eugen Ulmer, Stuttgart 1985, 3. Aufl.

Rochford, T.C.: Die schönsten Kakteen und Sukkulenten. Verlag Eugen Ulmer, Stuttgart 1986.

Röth, J.: Zimmerpflanzen pflegen. Verlag Eugen Ulmer, Stuttgart, 1996.

Rücker, K.H.: Die Pflanzen im Haus. Verlag Eugen Ulmer, Stuttgart 1982.

Rünger, W.: Licht und Temperatur im Zierpflanzenbau. Verlag Paul Parey, Berlin 1976.

Sachweh, U.: Der Gärtner 1: Grundlagen des Gartenbaues. Verlag Eugen Ulmer, Stuttgart 1987, 3. Aufl.

Schmidt, W.: Die Kunst des japanischen Bonsai. Verlag Eugen Ulmer, Stuttgart 1983, 3. Aufl.

Stahl, M. und Umgelter, H.: Pflanzenschutz im Zierpflanzenbau. Verlag Eugen Ulmer, Stuttgart 1976, 2. Aufl.

Strasburger, E. u.a.: Lehrbuch der Botanik für Hochschulen. Gustav Fischer Verlag, Stuttgart 1983, 32. Aufl.

Taylor, P.: Die schönsten Zwiebel- und Knollenpflanzen für den Garten. Verlag Eugen Ulmer, Stuttgart 1996.

Walter, H.: Vegetation und Klimazonen. Verlag Eugen Ulmer, Stuttgart 1984, 5. Aufl.

Wegener, U. und Wegener, P.: Florales Gestalten mit Trockenblumen. Verlag Eugen Ulmer, Stuttgart 1981.

Wolle, E.F.: Kleines Repetitorium der Botanik. Privatdruck, Köln 1979, 2. Aufl.

Materialkunde

Adebahr-Dorel, L.: Von der Faser zum Stoff. Verlag Handwerk und Technik, Hamburg 1982, 28. Aufl.

Arndt, E.: Ravensburger Webbuch. Otto Maier Verlag, Ravensburg 1984.

Bohnsack, A.: Spinnen und Weben. Rowohlt-Taschenbuch Verlag, Reinbek 1981.

Brockmann, A.: Hand-, Lehr- und Musterbuch für Korb- und Strohflechter. Verlag Thomas Schäfer, Hannover 1984.

Büll/Moser: Wachs und Kerze, ein Beitrag zur Kulturgeschichte dreier Jahrtausende.

Colbeck, J.: Dekorationstechniken beim Töpfern. Bauverlag GmbH, Wiesbaden 1983.

Dexel, Th.: Formen des Gebrauchsgefäßes. Klinkhardt Verlag, Berlin und München 1986.

Dierend, Anette: Licht im Blumenfachgeschäft. Artikel aus "Florist" 21/90, FDF e.V. Düsseldorf.

Dolz, Renate: Von den Anfängen bis zur Glaskunst der 50er Jahre. Wilhelm Heyne Verlag, München 1994.

Hayen, Peter: Töpfe, Schalen, Terrakotta. Verlag Eugen Ulmer, Stuttgart 1997.

Hoffmann/Binho: Papier und Florales / Verpacken und Gestalten in der Floristik. Bernhard Thalacker Verlag, Braunschweig 1997.

Hora, Fernande/Lemstra, Siccama/van Ommeren: Körbe – schmückendes Flechtwerk für Haus und Garten. Gerstenberg Verlag, Hildesheim, 1992

Jansen, Dieter: Assimilationsbelichtung in der Innenraumbegrünung. Artikel aus Floristik international 5/92. Eugen Ulmer Verlag, Stuttgart.

Jansen, Dieter: Licht im Endverkauf. KTBL Arbeitsblatt Nr. 0663. Kuratorium für Technik und Bauwesen in der Landwirtschaft. Verlag Bernhard Thalacker, Braunschweig.

Jansen, Dieter: Optimale Ausleuchtung von Verkaufseinrichtungen. Floristik international 11/90. Eugen Ulmer Verlag, Stuttgart.

Keeling, Jim: Terrakotta, Ideen und Anregungen für einen neuen Garten. DuMont Buchverlag, Köln 1993.

Kunz, Ina: Das schöpferische Erlebnis – über Papier und Papier selber schöpfen, Artikel aus Floristik international, Eugen Ulmer Verlag, Stuttgart.

Pella, P.E. und Schneider, XX: Der Weg zum Band. Informationsschrift der Fa. Sentgen, Wuppertal-Ronsdorf.

Pfannkiche, B. u.a.: DuMonts Handbuch der keramischen Techniken. DuMonts Buchverlag, Köln 1987.

Profil floral: Shop und Deco 1996, FWS-Florist Marketing Sevice GmbH, Ratingen, Bernhard Thalacker Verlag, Braunschweig.

Profil floral: Shop und Deco 1997, FWS-Florist Marketing Sevice GmbH, Ratingen, Bernhard Thalacker Verlag, Braunschweig.

Schümann, U. und Schümann, H.: Moderne Verkaufseinrichtungen. Verlag Paul Parey, Berlin und Hamburg 1974.

Spannagel, F.: Gedrechselte Geräte. Verlag Thomas Schäfer, Hannover 1987.

Ströse, S.: Kerzen selbstgegossen, getaucht, gezogen und verziert. Don Bosco Verlag, München 1980, 5. Aufl.

Träger, Matthias/Ritter, Joachim: Licht schafft Atmosphäre, Artikel aus Floristik international, 11/96, Eugen Ulmer Verlag, Stuttgart.

Verband Deutscher Kerzenhersteller: Dokumentation: Rund um die Kerze 1991

Verdet Fierz, Bernard und Regula: Anleitungen zum Flechten mit Weiden, Verlag Paul Haupt, Bern,

Stuttgart, Wien, 1993

Weiß, G.: Ullstein Gläserbuch. Ullstein Verlag, Berlin 1979.

-: Ullstein Porzellanbuch. Ullstein Verlag, Berlin 1983.

-: Keramik-Lexikon. Ullstein Verlag, Berlin 1984.

-: Alte Keramik neu entdeckt. Ullstein Verlag, Berlin 1985.

Woody, E.: Aufbaukeramik. Otto Maier Verlag, Ravensburg 1985.

Berufskunde

Arbeitsgesetz v.b. Juni 1994.

Ausbildung und Beruf. Herausgegeben vom Bundesministerium für Bildung, Wissenschaft, Forschung und Technologie, 28. Aufl., Bonn

Berufsbildungsgesetz vom 14.8.1969 und 12.3. 1971.

Bundeserziehungsgeldgesetz vom 6.12.1985.

Bundesurlaubsgesetz vom 8.1.1963.

Die geschichtliche Entwicklung des Fachverbandes Blumenbindereien e.V. Herausgegeben vom FDF, Düsseldorf.

Die Industrie- und Handelskammer gibt Antwort. Herausgegeben von der Oldenburgischen Industrie- und Handelskammer.

Fleurop-Extra Magazin. Herausgegeben von der Fleurop Gesetz zum Schutze der erwerbstätigen Mutter vom 18.4.1968 und 7.10.1987.

Jubiläumsschrift des Fachverbandes Deutscher Floristen e.V. Herausgegeben vom FDF, Düsseldorf.

Jugenarbeitsschutzgesetz vom 12.4.1976 und 15.10.1984.

Die soziale Pflegeversicherung. Herausgegeben vom Bundesministerium für Arbeit und Sozialordnung. Ausgabe Januar 1997.

Die Rente. Herausgegeben vom

Bundesministerium für Arbeit und Soziales. Ausgabe Juli 1997.

Verordnung über die Berufsausbildung zum Floristen/zur Floristin vom 6. März 1997.

Arbeitsrecht – Informationen für Arbeitnehmer und Arbeitgeber. Herausgegeben vom Bundesministerium für Arbeit und Sozialordnung 1997.

Klare Sache. Herausgegeben vom Bundesministerium für Arbeit und Sozialordnung, Bonn.

Kündigungsschutzgesetz vom 25.8.1969.

Mutterschaftsurlaub. Herausgegeben vom Bundesministerium für Arbeit und Sozialordnung.

Politik für junge Leute. Herausgegeben vom Presse- und Informationsamt der Bundesregierung, Bonn.

Schwerbehindertengesetz vom 26.8.1986

Tarifvertragsgesetz vom 25.8.1969.

Unfallverhütungsvorschriften der Berufsgenossenschaft für den Einzelhandel.

Vom Knecht zum gleichberechtigten Partner. Herausgegeben von der Gewerkschaft Gartenbau, Land- und Forstwirtschaft, Kassel.

Adressen zum Bezug von Informationsmaterialien:

Bundesministerium für Bildung, Wissenschaft, Forschung und Technologie. Referat Öffentlichkeitsarbeit – Broschürenstelle – 53170 Bonn

Bundesministerium für Arbeit und Sozialordnung. Referat Öffentlichkeitsarbeit, Postfach 500, 53105 Bonn

Bundesinstitut für Berufsbildung, Fehrbelliner Platz 3, 10707 Berlin

Register